Winkler
Weltliteratur

JOHANN WOLFGANG VON GOETHE

FAUST

Sämtliche Dichtungen

Mit einem Nachwort
von Dieter Borchmeyer,
Anmerkungen
von Peter Huber
und einer Zeittafel

Artemis & Winkler

Die Deutsche Bibliothek verzeichnet diese Publikation
in der Deutschen Nationalbibliographie;
detaillierte bibliographische Daten sind im Internet
unter http://dnb.ddb.de abrufbar.

© 2003 Patmos Verlag GmbH & Co. KG
Artemis & Winkler Verlag, Düsseldorf und Zürich
Alle Rechte vorbehalten.
Umschlaggestaltung: Groothuis, Lohfert, Consorten (Hamburg)
Satz: Fotosatz Moers, Mönchengladbach
Druck und Bindung: Friedrich Pustet, Regensburg
ISBN 3-538-06968-9
www.patmos.de

Faust · Frühe Fassung
(Urfaust)

NACHT

In einem hochgewölbten engen gothischen Zimmer

FAUST *unruhig auf seinem Sessel am Pulten.*

Hab nun, ach! die Philosophey,
Medizin und Juristerey
Und leider auch die Theologie
Durchaus studirt mit heisser Müh.
Da steh ich nun, ich armer Tohr,
Und binn so klug als wie zuvor.
Heisse Docktor und Professor gar
Und ziehe schon an die zehen Jahr
Herauf, herab und queer und krumm
Meine Schüler an der Nas herum
Und seh, dass wir nichts wissen können:
Das will mir schier das Herz verbrennen.
Zwar binn ich gescheuter als alle die Laffen,
Docktors, Professors, Schreiber und Pfaffen,
Mich plagen keine Skrupel noch Zweifel,
Fürcht mich weder vor Höll noch Teufel.
Dafür ist mir auch all Freud entrissen,
Bild mir nicht ein, was rechts zu wissen,
Bild mir nicht ein, ich könnt was lehren,
Die Menschen zu bessern und zu bekehren;
Auch hab ich weder Gut noch Geld
Noch Ehr und Herrlichkeit der Welt:
Es mögt kein Hund so länger leben!
Drum hab ich mich der Magie ergeben,
Ob mir durch Geistes Krafft und Mund
Nicht manch Geheimniss werde kund,
Dass ich nicht mehr mit saurem Schweis
Rede von dem, was ich nicht weis,
Dass ich erkenne, was die Welt

Im innersten zusammenhält,
Schau alle Würckungskrafft und Saamen
Und tuh nicht mehr in Worten kramen.

O sähst du, voller Mondenschein,
Zum letzten mal auf meine Pein,
Den ich so manche Mitternacht
An diesem Pult heran gewacht!
Dann über Bücher und Papier,
Trübseelger Freund, erschienst du mir.
Ach, könnt ich doch auf Berges Höhn
In deinem lieben Lichte gehn,
Um Bergesshöl mit Geistern schweben,
Auf Wiesen in deinem Dämmer weben,
Von allem Wissensqualm entladen,
In deinem Thau gesund mich baden!

Weh! steck ich in dem Kercker noch?
Verfluchtes dumpfes Mauerloch,
Wo selbst das liebe Himmels Licht
Trüb durch gemahlte Scheiben bricht,
Beschränckt von all dem Bücherhauff,
Den Würme nagen, staubbedeckt
Und biss ans hohe Gewölb hinauf
Mit angerauch Papier besteckt,
Mit Gläsern, Büchsen rings bestellt,
Mit Instrumenten vollgepropft,
Urväter Hausrath drein gestopft:
Das ist deine Welt, das heisst eine Welt!

Und fragst du noch, warum dein Herz
Sich inn in deinem Busen klemmt?
Warum ein unerklärter Schmerz
Dir alle Lebensregung hemmt?
Statt all der lebenden Natur,
Da Gott die Menschen schuf hinein,
Umgiebt in Rauch und Moder nur
Dich Tiergeripp und Todtenbein.

30–64

Flieh! Auf hinaus ins weite Land!
Und dies geheimnissvolle Buch
Von Nostradamus eigner Hand
Ist dir das nicht Geleit genug?
Erkennest dann der Sterne Lauf,
Und wenn Natur dich unterweist,
Dann geht die Seelenkrafft dir auf,
Wie spricht ein Geist zum andern Geist.
Umsonst, dass trocknes Sinnen hier
Die heilgen Zeichen dir erklärt;
Ihr schwebt, ihr Geister, neben mir,
Antwortet mir wenn ihr mich hört!
er schlägt das Buch auf und erblickt das Zeichen des Makro-
Ha! welche Wonne fliesst in diesem Blick   *[kosmos.*
Auf einmal mir durch alle meine Sinnen!
Ich fühle iunges heilges Lebensglück,
Fühl neue Glut durch Nerv und Adern rinnen.
War es ein Gott, der diese Zeichen schrieb,
Die all das innre Toben stillen,
Das arme Herz mit Freude füllen
Und mit geheimnissvollem Trieb
Die Kräffte der Natur enthüllen?
Binn ich ein Gott? mir wird so licht!
Ich schau in diesen reinen Zügen
Die würckende Natur vor meiner Seele liegen.
Jezt erst erkenn ich, was der Weise spricht:
»Die Geister Welt ist nicht verschlossen,
Dein Sinn ist zu, dein Herz ist todt!
Auf! bade, Schüler, unverdrossen
Die irrdsche Brust im Morgenroth!«
er beschaut das Zeichen.
Wie alles sich zum Ganzen webt,
Eins in dem andern würckt und lebt!
Wie Himmelskräffte auf und nieder steigen
Und sich die goldnen Eimer reichen!
Mit Seegenduftenden Schwingen

Vom Himmel durch die Erde dringen,
Harmonisch all das All durchklingen!

Welch Schauspiel! aber ach, ein Schauspiel nur!
Wo fass ich dich, unendliche Natur?
Euch Brüste wo? Ihr Quellen alles Lebens,
An denen Himmel und Erde hängt,
Dahin die welcke Brust sich drängt,
Ihr quellt, ihr tränckt, und schmacht ich so vergebens?

er schlägt unwillig das Buch um und erblickt das Zeichen des Erdgeistes.
Wie anders würckt dies Zeichen auf mich ein!
Du, Geist der Erde, bist mir näher,
Schon fühl ich meine Kräffte höher,
Schon glüh ich wie vom neuen Wein.
Ich fühle Muth, mich in die Welt zu wagen,
All Erdenweh und all ihr Glück zu tragen,
Mit Stürmen mich herum zu schlagen
Und in des Schiffbruchs Knirschen nicht zu zagen.
Es wölckt sich über mir,
Der Mond verbirgt sein Licht!
Die Lampe schwindet!
Es dampft! Es zucken rothe Stralen
Mir um das Haupt. Es weht
Ein Schauer vom Gewölb herab
Und fasst mich an.
Ich fühls, du schwebst um mich,
Erflehter Geist!
Enthülle dich!
Ha! wies in meinem Herzen reisst!
Zu neuen Gefühlen
All meine Sinne sich erwühlen!
Ich fühle ganz mein Herz dir hingegeben!
Du musst! du musst! Und kostet es mein Leben.

er faßt das Buch und spricht das Zeichen des Geists geheimnissvoll aus. Es zuckt eine röthliche Flamme, der Geist erscheint in der Flamme, in wiederlicher Gestalt.

NACHT

GEIST. Wer ruft mir?
FAUST *abwendend.* Schröckliches Gesicht!
GEIST. Du hast mich mächtig angezogen,
An meiner Sphäre lang gesogen,
Und nun –
FAUST. Weh! ich ertrag dich nicht!
GEIST. Du flehst erathmend, mich zu schauen,
Meine Stimme zu hören, mein Antlitz zu sehn,
Mich neigt dein mächtig Seelen Flehn:
Da binn ich! Welch erbärmlich Grauen
Fasst Uebermenschen dich! Wo ist der Seele Ruf?
Wo ist die Brust, die eine Welt in sich erschuf,
Und trug, und heegte, und mit Freude Beben
Erschwoll, sich uns, den Geistern, gleich zu heben?
Wo bist du, Faust, des Stimme mir erklang?
Der sich an mich mit allen Kräfften drang?
Du! der, den kaum mein Hauch umwittert,
In allen Lebenstiefen zittert,
Ein furchtsam weggekrümmter Wurm.
FAUST. Soll ich dir, Flammenbildung, weichen?
Ich binns, binn Faust, binn deines gleichen!
GEIST. In Lebensfluthen, im Tahtensturm
Wall ich auf und ab,
Webe hin und her!
Geburt und Grab,
Ein ewges Meer,
Ein wechselnd Weben,
Ein glühend Leben!
So schaff ich am sausenden Webstuhl der Zeit
Und würcke der Gottheit lebendiges Kleid.
FAUST. Der du die weite Welt umschweiffst,
Geschäfftger Geist, wie nah fühl ich mich dir!
GEIST. Du gleichst dem Geist, den du begreiffst,
Nicht mir! *verschwindet*
FAUST *zusammenstürzend.* Nicht dir!
Wem denn?

Ich Ebenbild der Gottheit!
Und nicht einmal dir! *es klopft.*
O Todt! ich kenns, das ist mein Famulus.
Nun werd ich tiefer tief zu nichte!
Dass diese Fülle der Gesichte
Der trockne Schwärmer stören muss!
> *Wagner im Schlafrock und der Nachtmüzze, eine Lampe in der Hand. Faust wendet sich unwillig.*

WAGNER. Verzeiht! ich hört euch deklamiren.
Ihr last gewiss ein Griechisch Trauerspiel.
In dieser Kunst mögt ich was profitiren,
Denn heutzutage würckt das viel.
Ich hab es öffters rühmen hören,
Ein Kommödiant könnt einen Pfarrer lehren.
FAUST. Ja, wenn der Pfarrer ein Commödiant ist,
Wie das denn wohl zu Zeiten kommen mag.
WAGNER. Ach, wenn man in sein Museum gebannt ist
Und sieht die Welt kaum einen Feyertag,
Man weis nicht eigentlich, wie sie zu guten Dingen
Durch Überredung hinzubringen.
FAUST. Wenn ihrs nicht fühlt, ihr werdets nicht eriagen,
Wenns euch nicht aus der Seele dringt
Und mit urkrafftigem Behagen
Die Herzen aller Hörer zwingt.
Sizt ihr einweil und leimt zusammen,
Braut ein Ragout von andrer Schmaus
Und blast die kümmerlichen Flammen
Aus eurem Aschenhäufgen aus!
Bewundrung von Kindern und Affen,
Wenn euch darnach der Gaumen steht!
Doch werdet ihr nie Herz zu Herzen schaffen,
Wenn es euch nicht von Herzen geht.
WAGNER. Allein der Vortrag nüzt dem Redner viel.
FAUST. Was Vortrag! der ist gut im Puppenspiel.
Mein Herr Magister, hab er Krafft!
Sey er kein Schellenlauter Tohr!

Und Freundschafft, Liebe, Brüderschafft,
Trägt die sich nicht von selber vor?
Und wenns euch Ernst ist, was zu sagen
Ists nöthig, Worten nachzuiagen?
Und all die Reden, die so blinckend sind,
In denen ihr der Menschheit Schnizzel kräuselt,
Sind unerquicklich wie der Nebelwind,
Der herbstlich durch die dürren Blätter säuselt.
WAGNER. Ach Gott, die Kunst ist lang
Und kurz ist unser Leben!
Mir wird bey meinem kritischen Bestreben
Doch offt um Kopf und Busen bang.
Wie schweer sind nicht die Mittel zu erwerben,
Durch die man zu den Quellen steigt,
Und eh man nur den halben Weeg erreicht,
Muss wohl ein armer Teufel sterben.
FAUST. Das Pergament ist das der heilge Bronnen,
Woraus ein Trunck den Durst auf ewig stillt?
Erquickung hast du nicht gewonnen,
Wenn sie dir nicht aus eigner Seele quillt.
WAGNER. Verzeiht! es ist ein gros Ergözzen,
Sich in den Geist der Zeiten zu versezzen,
Zu schauen, wie vor uns ein weiser Mann gedacht,
Und wie wirs dann zulezt so herrlich weit gebracht
FAUST. O ia, biss an die Sterne weit!
Mein Freund, die Zeiten der Vergangenheit
Sind uns ein Buch mit sieben Siegeln.
Was ihr den Geist der Zeiten heisst,
Das ist im Grund der Herren eigner Geist,
In dem die Zeiten sich bespiegeln.
Da ists denn warrlich offt ein Jammer!
Man läufft euch bey dem ersten Blick davon:
Ein Kehrichtfass und eine Rumpelkammer,
Und höchstens eine Haupt und Staats Acktion.
Mit trefflichen pragmatischen Maximen,
Wie sie den Puppen wohl im Munde ziemen.

WAGNER. Allein die Welt! des Menschen Herz und Geist!
Mögt ieglicher doch was davon erkennen.
FAUST. Ja, was man so erkennen heisst!
Wer darf das Kind beym rechten Nahmen nennen?
Die wenigen, die was davon erkannt,
Die Töhrig gnug ihr volles Herz nicht wahrten,
Dem Pöbel ihr Gefühl, ihr Schauen offenbaarten,
Hat man von ie gekreuzigt und verbrannt.
Ich bitt euch, Freund, es ist tief in der Nacht,
Wir müssen diesmal unterbrechen.
WAGNER. Ich hätte gern biss morgen früh gewacht,
Um so gelehrt mit euch mich zu besprechen. *ab.*
FAUST. Wie nur dem Kopf nicht alle Hoffnung schwindet,
Der immer fort an schaalem Zeuge klebt,
Mit gierger Hand nach Schäzzen gräbt
Und froh ist, wenn er Regenwürmer findet!

Mephistopheles im Schlafrock, eine grose Perrücke auf · Student

STUDENT. Ich binn alhier erst kurze Zeit
Und komme voll Ergebenheit,
Einen Mann zu sprechen und zu kennen,
Den alle wir mit Ehrfurcht nennen.
MEPHISTOPHELES. Eure Höflichkeit erfreut mich sehr,
Ihr seht einen Mann wie andre mehr.
Habt ihr euch hier schon umgetahn?
STUDENT. Ich bitt euch, nehmt euch meiner an!
Ich komm mit allem gutem Muth,
Eim leidlich Geld und frischem Blut.
Meine Mutter wollt mich kaum entfernen,
Mögte gern was rechts hier aussen lernen.
MEPHISTOPHELES. Da seyd ihr eben recht am Ort.
STUDENT. Aufrichtig! Mögt schon wieder fort!
Sieht all so trocken ringsum aus,
Als säs Heishunger in iedem Haus.
MEPHISTOPHELES. Bitt euch, dran euch nicht weiter kehrt!
Hier alles sich vom Studenten nährt.

SCHÜLERSZENE

Doch erst, wo werdet ihr logiren?
Das ist ein Hauptstück!
STUDENT. Wolltet mich führen!
Binn warrlich ganz ein irres Lamm.
Mögt gern das gute so allzusamm,
Mögt gern das böse mir all vom Leib,
Und Freyheit, auch wohl Zeitvertreib!
Mögt auch dabey studiren tief,
Dass mirs über Kopf und Ohren lief!
O Herr, helft, dass meiner Seel
Am guten Wesen nimmer fehl.
MEPHISTOPHELES *krazt sich.*
Kein Logie habt ihr, wie ihr sagt?
STUDENT. Hab noch nicht mal darnach gefragt.
Mein Wirthshaus nährt mich leidlich gut,
Feines Mägdlein drinn aufwarten tuht.
MEPHISTOPHELES. Behüte Gott, das führt euch weit!
Kaffee und Billard! Weh dem Spiel!
Die Mägdlein, ach, sie geilen viel!
Vertripplistreichelt eure Zeit.
Dagegen sehn wirs leidlich gern,
Dass alle Studiosi nah und fern
Uns wenigstens einmal die Wochen
Kommen untern Absaz gekrochen.
Will einer an unserm Speichel sich lezzen,
Den tuhn wir zu unsrer Rechten sezzen.
STUDENT. Mir wird ganz greulich vorm Gesicht!
MEPHISTOPHELES. Das schadt der guten Sache nicht.
Dann fördersamst mit dem Logie
Wüsst ich euch wohl nichts bessers hie,
Als geht zu Frau Sprizbierlein morgen:
Weis Studiosos zu versorgen,
Hats Haus von oben bis unten voll
Und versteht weidlich, was sie soll.
Zwar Noes Arche war saubrer gefacht,
Doch ists einmal so hergebracht.

Ihr zahlt, was andre vor euch zahlten,
Die ihren Nahm aufs Scheis Haus mahlten.
STUDENT. Wird mir fast so eng ums Herz herum
Als zu Haus im Collegium.
MEPHISTOPHELES. Euer Logie wär nun bestellt.
Nun euren Tisch für leidlich Geld!
STUDENT. Mich dünckt, das gäb sich alle nach,
Wer erst von Geists Erweitrung sprach!
MEPHISTOPHELES. Mein Schaz, das wird euch wohl verziehn.
Kennt nicht den Geist der Akademien!
Der Mutter Tisch müsst ihr vergessen,
Klar Wasser, geschiedne Butter fressen,
Statt Hopfen Keim und iung Gemüs
Geniessen mit Danck Brennesseln süs,
Sie tuhn einen Gänse Stulgang treiben,
Aber eben drum nicht bass bekleiben,
Hammel und Kalb kühren ohne End
Als wie unsers Herr Gotts Firmament.
Doch zahlend wird von euch ergänzt,
Was Schwärmerian vor euch geschwänzt.
Müsst euren Beutel wohl versorgen,
Besonders keinem Freunde borgen,
Aber redlich zu allen Maalen
Wirth, Schneider und Professor zahlen.
STUDENT. Hochwürdger Herr, das findet sich.
Aber nun bitt ich: leitet mich!
Mir steht das Feld der Weisheit offen,
Wäre gern so grade zu geloffen,
Aber sieht drinn so bunt und kraus,
Auch seitwärts wüst und trocken aus.
Fern täht sichs mir vor die Sinnen stellen
Als wie ein Tempe voll frischer Quellen.
MEPHISTOPHELES. Sagt mir erst, eh ihr weiter geht:
Was wählt ihr für eine Fakultät?
STUDENT. Soll zwar ein Mediziner werden,
Doch wünscht ich rings von aller Erden,

Von allem Himmel und all Natur,
So viel mein Geist vermögt zu fassen.
MEPHISTOPHELES. Ihr seyd da auf der rechten Spur,
Doch müsst ihr euch nicht zerstreuen lassen.
Mein theurer Freund, ich rath euch drum
Zuerst Kollegium Logikum.
Da wird der Geist euch wohl dressirt,
In Spansche Stiefeln eingeschnürt,
Dass er bedächtger so fort an
Hinschleiche die Gedancken Bahn
Und nicht etwa die Kreuz und Queer
Irrlichtelire den Weeg daher.
Dann lehret man euch manchen Tag,
Dass, was ihr sonst auf Einen Schlag
Getrieben, wie Essen und Trincken frey,
Eins! Zwey! Drey! dazu nöthig sey.
Zwar ists mit der Gedancken Fabrick
Wie mit einem Weber Meisterstück,
Wo Ein Tritt tausend Fäden regt,
Die Schifflein rüber hinüber schiessen,
Die Fäden ungesehen fliessen,
Ein Schlag tausend Verbindungen schlägt.
Der Philosoph der tritt herein
Und beweist euch, es müsst so seyn:
Das erst wär so, das zweyte so
Und drum das dritt und vierte so,
Und wenn das erst und zweyt nicht wär,
Das dritt und viert wär nimmermehr.
Das preisen die Schüler aller Orten,
Sind aber keine Weber worden.
Wer will was lebigs erkennen und beschreiben,
Muss erst den Geist herauser treiben,
Dann hat er die Theil in seiner Hand,
Fehlt leider nur das geistlich Band.
Encheiresin naturae nennts die Chimie!
Bohrt sich selbst einen Esel und weis nicht wie.

STUDENT. Kann euch nicht eben ganz verstehen.
MEPHISTOPHELES. Das wird nächstens schon besser gehen,
Wenn ihr lernt alles reduziren
Und gehörig klassifiziren.
STUDENT. Mir wird von allem dem so dumm,
Als ging mir ein Mühlrad im Kopf herum.
MEPHISTOPHELES. Nachher vor allen andern Sachen
Müsst ihr euch an die Metaphisick machen!
Da seht, dass ihr tiefsinnig fasst,
Was in des Menschen Hirn nicht passt!
Für was drein geht und nicht drein geht,
Ein prächtig Wort zu Diensten steht.
Doch vorerst dieses halbe Jahr
Nehmt euch der besten Ordnung wahr!
Fünf Stunden nehmt ihr ieden Tag,
Seyd drinne mit dem Glockenschlag,
Habt euch zu Hause wohl preparirt,
Paragraphos wohl einstudirt.
Damit ihr nachher besser seht,
Dass er nichts sagt, als was im Buche steht.
Doch euch des Schreibens ia befleisst,
Als dictiert euch der heilig Geist!
STUDENT. Verzeiht! ich halt euch auf mit vielen Fragen,
Allein ich muss euch noch bemühn:
Wollt ihr mir von der Medizin
Nicht auch ein kräfftig Wörtgen sagen?
Drey Jahr ist eine kurze Zeit,
Und, Gott! das Feld ist gar zu weit.
Wenn man ein' Fingerzeig nur hat,
Lässt sichs schon ehe weiter fühlen.
MEPHISTOPHELES *vor sich.* Binn des Professor Tons nun satt,
Will wieder einmal den Teufel spielen. *laut*
Der Geist der Medizin ist leicht zu fassen:
Ihr durchstudirt die gros und kleine Welt,
Um es am Ende gehn zu lassen
Wies Gott gefällt.

SCHÜLERSZENE

Vergebens, dass ihr ringsum wissenschafftlich schweifft,
Ein ieder lernt nur, was er lernen kann;
Doch der den Augenblick ergreifft,
Das ist der rechte Mann.
Ihr seyd noch ziemlich wohl gebaut,
An Kühnheit wirds euch auch nicht fehlen,
Und wenn ihr euch nur selbst vertraut,
Vertrauen euch die andern Seelen.
Besonders lernt die Weiber führen:
Es ist ihr ewig Weh und Ach,
So tausendfach,
Aus Einem Punckte zu kuriren,
Und wenn ihr halbweeg ehrbaar tuht,
Dann habt ihr sie all unterm Hut.
Ein Titel muss sie erst vertraulich machen,
Dass eure Kunst viel Künste übersteigt,
Zum Willkomm tappt ihr dann nach allen Siebensachen,
Um die ein andrer viele Jahre streicht,
Versteht das Pülslein wohl zu drücken
Und fasset sie mit feurig schlauen Blicken,
Wohl um die schlancke Hüfte frey,
Zu sehn, wie fest geschnürt sie sey.
STUDENT. Das sieht schon besser aus als die Philosophie!
MEPHISTOPHELES. Grau, theurer Freund, ist alle Theorie
Und grün des Lebens goldner Baum.
STUDENT. Ich schwör euch zu: mir ists als wie ein Traum!
Dürft ich euch wohl ein andermal beschweeren,
Von eurer Weisheit auf den Grund zu hören?
MEPHISTOPHELES. Was ich vermag soll gern geschehn.
STUDENT. Ich kann ohnmöglich wieder gehn,
Ich muss euch noch mein Stammbuch überreichen:
Gönn eure Gunst mir dieses Zeichen!
MEPHISTOPHELES. Sehr wohl. *er schreibt und giebts.*
STUDENT *liest.* Eritis sicut Deus scientes bonum et malum.
machts ehrbietig zu und empfielt sich.

MEPHISTOPHELES.
Folg nur dem alten Spruch von meiner Muhme, der Schlange,
Dir wird gewiss einmal bey deiner Gottähnlichkeit bange!

AUERBACHS KELLER IN LEIPZIG

Zeche lustiger Gesellen

FROSCH. Will keiner sauffen? keiner lachen?
Ich werd euch lehren, Gesichter machen!
Ihr seyd ia heut wie nasses Stroh
Und brennt sonst immer lichterloh.
BRANDER. Das liegt an dir, du bringst ia nichts herbey,
Nicht eine Dummheit, keine Sauerey.
FROSCH *giesst ihm ein Glas Wein übern Kopf.*
Da hast du beydes!
BRANDER. Esel! Schwein!
FROSCH. Muss man mit euch nicht beydes seyn?
SIEBEL. Drey Teufel! ruht! und singt runda! und drein gesoffen drein gekrischen. Holla he! Auf! He da!
ALTEN. Baumwolle her! der sprengt uns die Ohren.
SIEBEL. Kann ich davor, dass das verflucht niedrige Gewölbe so wiederschallt? Sing!
FROSCH. A! Tara! Tara! lara! di! – Gestimmt ist! Und was nun?
Das liebe heilge Römsche Reich
Wie hälts nur noch zusammen?
BRANDER. Pfuy, ein garstig Lied! Ein politisch Lied ein leidig Lied. Danckt Gott, dass euch das heilige Römische Reich nichts angeht! Wir wollen einen Papst wählen.
FROSCH. Schwing dich auf, Frau Nachtigall,
Grüs mein Liebgen zehntausendmal!
SIEBEL. Wetter und Todt! Grüs mein Liebgen! – Eine Hammelmauspastete mit gestopften dürren Eichenblättern vom Blocksberg, durch einen geschundnen Haasen mit dem Hahnenkopf überschickt, und keinen Grus von der Nachtigall! Hatt sie mich nicht – Meinen Stuzbart und alle Appartinen-

zien – hinter die Tühre geworfen wie einen stumpfen Besen, und das um – Drey Teufel! Keinen Grus, sag ich, als die Fenster eingeschmissen!

FROSCH *den Krug auf den Tisch stossend.* Ruh iezt! – Ein neu Lied, Kammeraden, ein alt Lied, wenn ihr wollt! – Aufgemerckt und den Rundreim mit gesungen! Frisch und hoch auf! –

>Es war ein Ratt im Keller Nest,
>Lebt nur von Fett und Butter,
>Hätt sich ein Ränzlein angemäst
>Als wie der Docktor Luther.
>Die Köchinn hätt ihr Gifft gestellt,
>Da wards so eng ihr in der Welt,
>Als hätt sie Lieb im Leibe.

CHORUS *iauchzend.* Als hätt sie Lieb im Leibe!

FROSCH.
>Sie fuhr herum, sie fuhr heraus
>Und soff aus allen Pfüzzen,
>Zernagt, zerkrazt das ganze Haus,
>Wollt nichts ihr Wüthen nüzzen.
>Sie täht so manchen Ängstesprung,
>Bald hätt das arme Tier genung,
>Als hätt es Lieb im Leibe.

CHORUS. Als hätt es Lieb im Leibe!

FROSCH.
>Sie kam vor Angst am hellen Tag
>Der Küche zu gelauffen,
>Fiel an den Heerd und zuckt und lag
>Und täht erbärmlich schnauffen.
>Da lachte die Vergifftrinn noch:
>»Ha! sie pfeifft auf dem lezten Loch,
>Als hätt sie Lieb im Leibe!«

CHORUS. Als hätt sie Lieb im Leibe!

SIEBEL. Und eine hinlängliche Portion Rattenpulver der Köchinn in die Suppe! Ich binn nit mitleidig, aber so eine Ratte könnte einen Stein erbarmen.

BRANDER. Selbst Ratte! Ich mögte den Schmeerbauch so am Heerde sein Seelgen ausblasen sehn!

Faust · Mephistopheles

MEPHISTOPHELES. Nun schau, wie sies hier treiben! Wenn dirs gefällt, dergleichen Sozietät schaff ich dir Nacht nächtlich.

FAUST. Guten Abend, ihr Herren.

ALLE. Grosen Danck!

SIEBEL. Wer ist der Storcher da?

BRANDER. Still! das ist was vornehmes inkognito, sie haben so was unzufriednes böses im Gesicht.

SIEBEL. Pah! Kommödianten, wenns hoch kommt.

MEPHISTOPHELES *leise.* Mercks! den Teufel vermuthen die Kerls nie, so nah er ihnen immer ist.

FROSCH. Ich will 'en die Würme schon aus der Nase ziehn, wo sie herkommen. – Ist der Weeg von Rippach herüber so schlimm, dass ihr so tief in die Nacht habt reisen müssen?

FAUST. Wir kommen den Weeg nit.

FROSCH. Ich meynte etwa, ihr hättet bey dem berühmten Hans drüben zu Mittag gespeisst.

FAUST. Ich kenn ihn nicht. *die andern lachen.*

FROSCH. O, er ist von altem Geschlecht. Hat eine weitläufige Familie.

MEPHISTOPHELES. Ihr seyd wohl seiner Vettern einer.

BRANDER *leise zu Frosch.* Stecks ein! der versteht den Rummel.

FROSCH. Bey Wurzen ists fatal, da muss man so lang auf die Fähre manchmal warten.

FAUST. So?

SIEBEL *leise.* Sie kommen aus dem Reiche, man siehts'en an. Lasst sie nur erst fidel werden! – Seyd ihr Freunde von einem herzhafften Schluck? Herbey mit euch!

MEPHISTOPHELES. Immer zu. *sie stossen an und trincken.*

FROSCH. Nun, Herrn, ein Liedgen! Für einen Krug ein Liedgen, das ist billig.

FAUST. Ich habe keine Stimme.

MEPHISTOPHELES. Ich sing eins für mich, zwey für meinen Kammeraden, hundert, wenn ihr wollt: wir kommen aus Spanien, wo Nachts so viel Lieder gesungen werden als Sterne am Himmel stehn.

BRANDER. Das verbät ich mir, ich hasse das Geklimpere, ausser wenn ich einen Rausch habe, und schlafe, dass die Welt untergehen dürfte. – Für kleine Mädgen ists so was, die nit schlafen können, und am Fenster stehen, Monden Kühlung einzusuckeln.

MEPHISTOPHELES. Es war einmal ein König,
  Der hätt einen grosen Floh!

SIEBEL. Stille! Horch! Schöne Rarität! schöne Liebhaberey!

FROSCH. Noch einmal!

MEPHISTOPHELES. Es war einmal ein König,
  Der hätt einen grosen Floh,
  Den liebt er gar nit wenig,
  Als wie sein eignen Sohn.
  Da rief er seinen Schneider,
  Der Schneider kam heran:
  »Da mess dem Juncker Kleider
  Und mess ihm Hosen an!«

SIEBEL. Wohl gemessen! Wohl! *Sie schlagen in ein Gelächter aus.* Dass sie nur keine Falten werfen!

MEPHISTOPHELES. In Sammet und in Seide
  War er nun angethan,
  Hätte Bänder auf dem Kleide,
  Hätt auch ein Kreuz daran.
  Und war sogleich Minister
  Und hätt einen grosen Stern,
  Da wurden sein Geschwister
  Bey Hof auch grose Herrn.

  Und Herrn und Fraun am Hofe
  Die waren sehr geplagt,
  Die Königinn und die Zofe
  Gestochen und genagt,
  Und durften sie nicht knicken
  Und weg sie iagen nicht:
  Wir knicken und ersticken
  Doch gleich, wenn einer sticht!

CHORUS *iauchzend.* Wir knicken und ersticken
   Doch gleich, wenn einer sticht!

ALLE *durch einander.* Bravo! Bravo! Schön und trefflich! Noch eins! Noch ein paar Krüge! Noch ein paar Lieder.

FAUST. Meine Herren! der Wein geht an! Geht an, wie in Leipzig die Weine alle angehn müssen. Doch dünckt mich, ihr würdet erlauben, dass man euch aus einem andern Fasse zapfte.

SIEBEL. Habt ihr einen eignen Keller? Handelt ihr mit Weinen? Seyd ihr vielleicht von denen Schelmen ausm Reich? –

ALTEN. Wart ein bissgen! *er steht auf.* Ich hab so eine Probe, ob ich weiter trincken darf. *er macht die Augen zu und steht eine Weile.* Nun! nun! das Köpfgen schwanckt schon!

SIEBEL. Pah! eine Flasche! Ich wills vor Gott verantworten und vor deiner Frauen. – Euren Wein!

FAUST. Schafft mir einen Bohrer!

FROSCH. Der Wirth hat so ein Körbel mit Werckzeug in der Ecke stehn.

FAUST *nimmt den Bohrer.* Gut! Was verlangt ihr für Wein!

FROSCH. He?

FAUST. Was für ein Gläsgen mögtet ihr trincken? Ich schaffs euch!

FROSCH. He! He! So ein Glas Rheinwein, ächten Nierensteiner.

FAUST. Gut! *er bohrt in den Tisch an Froschens Seite.* Nun schafft Wachs!

ALTEN. Da ein Kerzenstümpfgen!

FAUST. So! *er stopft das Loch.* Halt iezzo! – und ihr?

SIEBEL. Muskaten Wein! Spanischen Wein, sonst keinen Tropfen! Ich will nur sehn, wo das hinaus läufft.

FAUST *bohrt und verstopft.* Was beliebt euch?

ALTEN. Rothen Wein! Einen Französchen! – Die Franzosen kann ich nicht leiden, so grosen Respeckt ich vor ihren Wein hab.

FAUST *wie oben.* Nun was schafft ihr?

BRANDER. Hält er uns für'n Narren?

FAUST. Schnell, Herr! nennt einen Wein!
BRANDER. Tockayer denn! – Soll er doch nicht aus dem Tische lauffen?
FAUST. Stille iunger Herr! – Nun aufgeschaut! Die Gläser untergehalten. Jeder ziehe den Wachspfropfen heraus! Dass aber kein Tropfen an die Erde fällt, sonst giebts ein Unglück!
ALTEN. Mir wirds unheimlich. Der hat den Teufel.
FAUST. Ausgezogen!
sie ziehn die Pfropfen, iedem läufft der verlangte Wein ins Glas.
FAUST. Zugestopft! Und nun versucht!
SIEBEL. Wohl! Trefflich wohl!
ALLE. Wohl! Majestätisch wohl! – Willkommner Gast!
sie trincken wiederhohlt.
MEPHISTOPHELES. Sie sind nun eingeschifft.
FAUST. Gehn wir!
MEPHISTOPHELES. Noch ein Moment.
ALLE *singen.*   Uns ist gar kannibalisch wohl
                Als wie fünfhundert Säuen!
sie trincken wiederhohlt, Siebel lässt den Pfropf fallen, es fliest auf die Steine und wird zur Flamme, die an Siebeln hinauf lodert.
SIEBEL. Hölle und Teufel!
BRANDER. Zauberey! Zauberey!
FAUST. Sagt ichs euch nicht?
er verstopft die Öffnung und spricht einige Worte, die Flamme flieht.
SIEBEL. Herr und Satan! – Meynt er, er dürft in ehrliche Gesellschaft sich machen und sein Höllisches Hokuspokus treiben?
FAUST. Stille Mastschwein!
SIEBEL. Mir Schwein? Du Besenstiel! Brüder! Schlagt ihn zusammen! Stost ihn nieder! *Sie ziehn die Messer.* Ein Zauberer ist Vogelfrey! Nach den Reichsgesezzen Vogelfrey.
sie wollen über Fausten her, er winckt, sie stehn in frohem Erstaunen auf einmal und sehn einander an.
SIEBEL. Was seh ich! Weinberge!
BRANDER. Trauben um diese Jahrszeit!

ALTEN. Wie reif! Wie schön!
FROSCH. Halt, das ist die schönste!
sie greiffen zu, kriegen einander bey den Nasen und heben die Messer.
FAUST. Halt! – Geht und schlaft euern Rausch aus!
Faust und Mephistopheles ab. Es gehen ihnen die Augen auf, sie fahren mit Geschrey aus einander.
SIEBEL. Meine Nase! War das deine Nase? Waren das die Trauben? Wo ist er?
BRANDER. Fort! Es war der Teufel selbst.
FROSCH. Ich hab ihn auf einem Fasse hinaus reiten sehn.
ALTEN. Hast du? Da ist gewiss auf dem Marckt nit sicher. – Wie kommen wir nach Hause?
BRANDER. Siebel, geh zu erst!
SIEBEL. Kein Narr!
FROSCH. Kommt, wir wecken die Häscher unterm Rathhaus, für ein Trinckgeld tuhn die wohl ihre Schuldigkeit. Fort!
SIEBEL. Sollte wohl der Wein noch lauffen.
er visitirt die Pfropfen.
ALTEN. Bild dirs nicht ein! Trocken wie Holz!
FROSCH. Fort, ihr Bursche! Fort! *alle ab.*

LAND STRASE

Ein Kreuz am Weege, rechts auf dem Hügel ein altes Schloss, in der Ferne ein Bauerhüttgen

FAUST. Was giebts, Mephisto? hast du Eil?
Was schlägst vorm Kreuz die Augen nieder?
MEPHISTOPHELES. Ich weis es wohl, es ist ein Vorurtheil,
Allein genung, mir ists einmal zuwieder.

STRASE

Faust · Margarethe vorübergehend

FAUST. Mein schönes Fräulein, darf ichs wagen,
Mein Arm und Geleit ihr anzutragen?
MARGARETHE. Binn weder Fräulein weder schön,
Kann ohngeleit nach Hause gehn. *sie macht sich los und ab.*
FAUST. Das ist ein herrlich schönes Kind!
Die hat was in mir angezündt.
Sie ist so sitt- und tugendreich
Und etwas schnippisch doch zugleich.
Der Lippen Roth, der Wange Licht,
Die Tage der Welt vergess ichs nicht!
Wie sie die Augen niederschlägt,
Hat tief sich in mein Herz geprägt;
Wie sie kurz angebunden war,
Das ist nun zum Entzücken gar.

Mephistopheles tritt auf

FAUST. Hör, du must mir die Dirne schaffen!
MEPHISTOPHELES. Nun welche?
FAUST. Sie ging iust vorbey.
MEPHISTOPHELES. Da die? Sie kam von ihrem Pfaffen,
Der sprach sie aller Sünden frey.
Ich schlich mich hart am Stul herbey.
Es ist ein gar unschuldig Ding,
Das eben für nichts zur Beichte ging;
Ueber die hab ich keine Gewalt.
FAUST. Ist über vierzehn Jahr doch alt.
MEPHISTOPHELES. Sprichst, ey, wie der Hans Lüderlich,
Der begehrt iede liebe Blum für sich,
Und dünckelt ihm, es wär kein Ehr
Und Gunst, die nicht zu pflücken wär.
Geht aber doch nicht immer an.
FAUST. Mein Herr Magister Lobesan,
Lass er mich mit dem Gesez in Frieden!

Und das sag ich ihm kurz und gut:
Wenn nicht das süse iunge Blut
Heut Nacht in meinen Armen ruht,
So sind wir um Mitternacht geschieden.
MEPHISTOPHELES. Bedenckt, was gehn und stehen mag!
Gebt mir zum wenigst vierzehn Tag,
Nur die Gelegenheit zu spüren.
FAUST. Hätt ich nur sieben Tage Ruh,
Braucht keinen Teufel nicht dazu,
So ein Geschöpfgen zu verführen.
MEPHISTOPHELES. Ihr sprecht schon fast wie ein Franzos.
Drum bitt ich: lassts euch nicht verdriessen
Was hilft so grade zu geniessen?
Die Freud ist lange nicht so gros,
Als wenn ihr erst herauf herum
Durch allerley Brimborium
Das Püppgen geknät und zugericht,
Wies lehret manche welsch Geschicht.
FAUST. Hab Apetit auch ohne das.
MEPHISTOPHELES. Jezt ohne Schimpf und ohne Spas!
Ich sag euch: mit dem schönen Kind
Geht einvorallmal nicht geschwind.
Mit Sturm ist da nichts einzunehmen,
Wir müssen uns zur List bequeemen.
FAUST. Schaff mir etwas vom Engelsschaz,
Führ mich an ihren Ruheplaz,
Schaff mir ein Halstuch von ihrer Brust,
Ein Strumpfband meiner Liebes Lust!
MEPHISTOPHELES. Damit ihr seht dass ich eurer Pein
Will förderlich und dienstlich seyn,
Wollen wir keinen Augenblick verliehren,
Will euch noch heut in ihr Zimmer führen.
FAUST. Und soll sie sehn! Sie haben?
MEPHISTOPHELES. Nein!
Sie wird bey einer Nachbrinn seyn.
Indessen könnt ihr ganz allein

An aller Hoffnung künftger Freuden
In ihrem Dunstkreis satt euch weiden.
FAUST. Können wir hin.
MEPHISTOPHELES. Es ist noch zu früh.
FAUST. Sorg du mir für ein Geschenck für sie. *ab.*
MEPHISTOPHELES. Er tuht, als wär er ein Fürsten Sohn.
Hätt Luzifer so ein Duzzend Prinzen,
Die sollten ihm schon was vermünzen;
Am Ende kriegt' er eine Comission. *ab.*

ABEND

Ein kleines reinliches Zimmer

MARGRETE *ihre Zöpfe flechtend und aufbindend.*
Ich gäb was drum, wenn ich nur wüsst,
Wer heut der Herr gewesen ist.
Er sah gewiss recht wacker aus
Und ist aus einem edlen Haus,
Das konnt ich ihn an der Stirne lesen.
Er wär auch sonst nicht so keck gewesen. *ab.*
    Mephistopheles · Faust
MEPHISTOPHELES. Herein, ganz leise nur herein!
FAUST *nach einigem Stillschweigen.*
Ich bitte dich, lass mich allein!
MEPHISTOPHELES *herum spürend.*
Nicht iedes Mädgen hält so rein. *ab.*
FAUST *rings aufschauend.* Willkommen, süser Dämmerschein,
Der du dies Heiligthum durchwebst!
Ergreif mein Herz, du süse Liebespein,
Die du vom Thau der Hoffnung schmachtend lebst!
Wie athmet rings Gefühl der Stille,
Der Ordnung, der Zufriedenheit,
In dieser Armuth welche Fülle!
In diesem Kercker welche Seeligkeit!
er wirft sich auf den ledernen Sessel am Bett.

O nimm mich auf, der du die Vorwelt schon
In Freud und Schmerz in offnen Arm empfangen!
Wie offt, ach! hat an diesem Väter Trohn
Schon eine Schaar von Kindern rings gehangen!
Vielleicht hat, danckbar für den heilgen Krist,
Mein Liebgen hier mit vollen Kinderwangen
Dem Ahnherrn fromm die welcke Hand geküsst.
Ich fühl, o Mädgen, deinen Geist
Der Füll und Ordnung um mich säuseln,
Der Mütterlich dich täglich unterweist,
Den Teppich auf den Tisch dich reinlich breiten heisst,
Sogar den Sand zu deinen Füsen kräuseln!
O liebe Hand, so Göttergleich!
Die Hütte wird durch dich ein Himmelreich.
Und hier! *er hebt einen Bettvorhang auf.*
        Was fasst mich für ein Wonnegraus!
Hier mögt ich volle Stunden säumen.
Natur! Hier bildetest in leichten Träumen
Den eingebohrnen Engel aus.
Hier lag das Kind, mit warmem Leben
Den zarten Busen angefüllt,
Und hier mit heilig reinem Weben
Entwürckte sich das Götterbild.

Und du? Was hat dich hergeführt?
Wie innig fühl ich mich gerührt!
Was willst du hie? Was wird das Herz dir schweer?
Armseelger Faust, ich kenne dich nicht mehr!

Umgiebt mich hier ein Zauberdufft?
Mich drangs, so grade zu geniessen,
Und fühle mich in Liebestraum zerfliessen!
Sind wir ein Spiel von iedem Druck der Lufft?

Und träte sie den Augenblick herein,
Wie würdest du für deinen Frevel büsen!
Der grose Hans, ach! wie so klein,
Läg weggeschmolzen ihr zu Füsen.

MEPHISTOPHELES. Geschwind! ich seh sie dortunten kommen.
FAUST. Komm, komm! ich kehre nimmermehr!
MEPHISTOPHELES. Hier ist ein Kästgen, leidlich schweer,
Ich habs wo anderswo genommen.
Stellts hier nur immer in den Schrein!
Ich schwör euch, ihr vergehn die Sinnen.
Ich sag euch: es sind Sachen drein,
Um eine Fürstinn zu gewinnen.
Zwar Kind ist Kind, und Spiel ist Spiel.
FAUST. Ich weis nicht, soll ich?
MEPHISTOPHELES. Fragt ihr viel?
Meynt ihr vielleicht den Schaz zu wahren?
Dann rath ich eurer Lüsternheit,
Die liebe schöne Tageszeit
Und mir die weitre Müh zu spaaren.
Ich hoff nicht, dass ihr geizig seyd.
Ich kraz den Kopf, reib an den Händen,
er stellt das Kästgen in Schrein und drückt das Schloss wieder zu.
– Nur fort geschwind! –
Um euch das süse iunge Kind
Nach eurem Herzens Will zu wenden,
Und ihr seht drein,
Als solltet ihr in Hörsaal 'nein,
Als stünden grau leibhafftig vor euch da
Phisick und Metaphisika.
Nur fort! – *ab.*
MARGARETHE *mit einer Lampe.*
Es ist so schwül und dumpfig hie, *sie macht das Fenster auf.*
Und macht doch eben so warm nicht draus.
Es wird mir so – Ich weis nicht wie!
Ich wollt, die Mutter käm nach Haus!
Mir läufft ein Schauer am ganzen Leib,
Binn doch ein töhrig furchtsam Weib!

Sie fängt an zu singen, indem sie sich auszieht.

> Es war ein König in Tule,
> Einen goldnen Bächer er hätt
> Empfangen von seiner Bule
> Auf ihrem Todtesbett.
>
> Der Becher war ihm lieber,
> Tranck draus bey iedem Schmaus.
> Die Augen gingen ihm über,
> So offt er tranck daraus.
>
> Und als es kam zu sterben,
> Zählt er seine Städt und Reich,
> Gönnt alles seinen Erben,
> Den Becher nicht zugleich.
>
> Er sas beym Königs Mahle,
> Die Ritter um ihn her,
> Auf hohem Väter Saale
> Dort auf dem Schloss am Meer.
>
> Dort stand der alte Zecher,
> Tranck lezte Lebensglut
> Und warf den heilgen Becher
> Hinunter in die Fluth.
>
> Er sah ihn stürzen, trincken,
> Und sincken tief ins Meer.
> Die Augen tähten ihn sincken,
> Tranck nie einen Tropfen mehr.

sie eröffnet den Schrein, ihre Kleider einzuräumen, und erblickt das Schmuckkästgen.
Wie kommt das schöne Kästgen hier herein?
Ich schloss doch ganz gewiss den Schrein.
Was Guckguck mag dadrinne seyn?
Vielleicht brachts iemand als ein Pfand,
Und meine Mutter lieh darauf?
Da hängt ein Schlüsselgen am Band,

ALLEE

Ich dencke wohl, ich mach es auf!
Was ist das? Gott im Himmel, schau!
So was hab ich mein Tage nicht gesehn!
Ein Schmuck! Drinn könnt eine Edelfrau
Am höchsten Feyertag gehn.
Wie sollte mir die Kette stehn?
Wem mag die Herrlichkeit gehören?
Sie putzt sich damit auf und tritt vor den Spiegel.
Wenn nur die Ohrring meine wären!
Man sieht doch gleich ganz anders drein.
Was hilft euch Schönheit, iunges Blut?
Das ist wohl alles schön und gut,
Allein man lässt auch alles seyn,
Man lobt euch halb mit Erbarmen.
Nach Golde drängt,
Am Golde hängt
Doch alles! Ach, wir Armen!

ALLEE

Faust in Gedancken auf und abgehend; zu ihm Mephistopheles

MEPHISTOPHELES
Bey aller verschmähten Lieb! Beym Höllischen Element!
Ich wollt, ich wüsst was ärgers, dass ichs fluchen könnt!
FAUST. Was hast? was pezt dich dann so sehr?
So kein Gesicht sah ich in meinem Leben.
MEPHISTOPHELES.
Ich mögt mich gleich dem Teufel übergeben,
Wenn ich nur selbst kein Teufel wär.
FAUST. Hat sich dir was im Kopf verschoben?
Es kleidt dich gut das Rasen und das Toben.
MEPHISTOPHELES.
Denckt nur: den Schmuck, den ich Margreten schafft,
Den hat ein Pfaff hinweggerafft!
Hätt einer auch Engelsblut im Leibe,

Er würde da zum Heerings Weibe.
Die Mutter kriegt das Ding zu schauen,
Es fängt ihr heimlich an zu grauen.
Die Frau hat gar einen feinen Geruch,
Schnüffelt immer im Gebet Buch
Und riechts einem ieden Meubel an,
Ist das Ding heilig oder profan.
Und an dem Schmuck da spürt sies klar,
Dass dabey nit viel Seegen war.
»Mein Kind«, rief sie, »ungerechtes Gut
Befängt die Seel, zehrt auf das Blut!
Wollens der Mutter Gottes weihen,
Wird uns mit Himmels Mann' erfreuen.«
Margretlein zog ein schiefes Maul,
Ist halt, dacht sie, ein geschenckter Gaul,
Und warrlich! gottlos ist nicht der,
Der ihn so fein gebracht hier her.
Die Mutter lies einen Pfaffen kommen;
Der hatte kaum den Spas vernommen,
Lies sich den Anblick wohl behagen.
Er sprach: »Ach kristlich so gesinnt!
Wer überwindet, der gewinnt.
Die Kirche hat einen guten Magen,
Hatt ganze Länder aufgefressen
Und doch noch nie sich übergessen.
Die Kirch allein, meine Lieben Frauen,
Kann ungerechtes Gut verdauen.«
FAUST. Das ist ein allgemeiner Brauch,
Ein Jud und König kann es auch.
MEPHISTOPHELES. Strich drauf ein Spange, Kett und Ring,
Als wärens eben Pfifferling,
Danckt nicht weniger und nicht mehr,
Als wenns ein Korb voll Nüsse wär,
Versprach ihnen allen himmlischen Lohn:
Sie waren sehr erbaut davon.
FAUST. Und Gretgen?

NACHBAARINN HAUS

MEPHISTOPHELES.   Sitzt nun unruhvoll,
Weis weder was sie will noch soll,
Denckt ans Geschmeide Tag und Nacht,
Noch mehr an den, ders ihr gebracht.
FAUST. Des Liebgens Kummer tuht mir leid,
Schaff du ihr gleich ein neu Geschmeid!
Am ersten war ia so nicht viel.
MEPHISTOPHELES. O ia, dem Herrn ist alles Kinderspiel.
FAUST. Und mach und richts nach meinem Sinn,
Häng dich an ihre Nachbaarinn!
Sey, Teufel, doch nur nicht wie Brey
Und schaff einen neuen Schmuck herbey!
MEPHISTOPHELES. Ja, gnädger Herr, von Herzen gerne.
Faust ab.
MEPHISTOPHELES. So ein verliebter Tohr verpufft
Euch Sonne, Mond und alle Sterne
Zum Zeitvertreib dem Liebgen in die Lufft. *ab.*

NACHBAARINN HAUS

MARTHE. Gott verzeihs meinem lieben Mann,
Er hat an mir nicht wohl getahn!
Geht da stracks in die Welt hinein
Und lässt mich auf dem Stroh allein.
Täht ihn doch warrlich nicht betrüben,
Täht ihn, weis Gott, recht herzlich lieben. *sie weint.*
Vielleicht ist er gar todt! – O Pein! – – – –
Hätt ich nur einen Todtenschein!
MARGRETE *kommt.* Frau Marthe!
MARTHE.   Gretgen, was solls?
MARGRETE. Fast sincken mir die Kniee nieder!
Da find ich so ein Kästgen wieder
In meinem Schrein, von Ebenholz,
Und Sachen herrlich ganz und gar,
Weit reicher, als das erste war!

MARTHE. Das muss sie nit der Mutter sagen,
Tähts wieder gleich zur Beichte tragen.
MARGARETHE. Ach seh sie nur! ach schau sie nur!
MARTHE *puzt sie auf.* O du glückseelige Kreatur!
MARGARETHE. Darf mich, ach! leider auf der Gassen,
Nicht in der Kirch mit sehen lassen.
MARTHE. Komm du nur offt zu mir herüber
Und leg den Schmuck hier heimlich an;
Spazier ein Stündgen lang dem Spiegelglas vorüber,
Wir haben unsre Freude dran.
Und dann giebts einen Anlas, giebts ein Fest,
Wo mans so nach und nach den Leuten sehen lässt:
Ein Kettgen erst, die Perle dann ins Ohr –
Die Mutter siehts wohl nicht, man macht ihr auch was vor.
es klopft.
MARGRETE. Ach Gott! mag das mein' Mutter seyn?
MARTHE *durchs Vorhängel guckend.*
Es ist ein fremder Herr – Herein!
MEPHISTOPHELES *tritt auf.* Binn so frey, grad herein zu treten,
Muss bey den Fraun Verzeihn erbeten.
Tritt ehrbietig vor Margreten zurück.
Wollt nach Frau Marthe Schwerdlein fragen!
MARTHE. Ich binns, was hat der Herr zu sagen?
MEPHISTOPHELES *leise zu ihr.*
Ich kenn sie iezt, mir ist das gnug.
Sie hat da gar vornehmen Besuch.
Verzeiht die Freyheit, die ich genommen,
Will nach Mittage wiederkommen.
MARTHE *laut.* Denck, Kind, um alles in der Welt!
Der Herr dich für ein Fräulein hält.
MARGARETHE. Ich binn ein armes iunges Blut,
Ach Gott, der Herr ist gar zu gut.
Der Schmuck und Schmeid, Herr, ist nicht mein!
MEPHISTOPHELES. Ach, es ist nicht der Schmuck allein.
Sie hat ein Wesen, einen Blick so scharf –
Wie freut michs, dass ich bleiben darf!

NACHBAARINN HAUS

MARTHE. Was bringt er dann? Neugierde sehr.
MEPHISTOPHELES. Ach, wollt, hätt eine frohre Mähr!
Ich hoff, sie lässt michs drum nicht büsen!
Ihr Mann ist todt und lässt sie grüsen.
MARTHE. Ist todt! das treue Herz! O weh!
Mein Mann ist todt, ach, ich vergeh!
MARGRETE. Ach, liebe Frau, verzweifelt nicht!
MEPHISTOPHELES. So hört die traurige Geschicht!
MARGRETE. Ich mögte drum mein Tag nicht lieben,
Würd mich Verlust zu Todt betrüben.
MEPHISTOPHELES. Freud muss Leid, Leid muss Freude haben.
MARTHE. Erzählt mir seines Lebens Schluss!
MEPHISTOPHELES. Er liegt in Padua begraben
Beym heiligen Antonius,
An einer wohlgeweihten Stätte
Zum ewig kühlen Ruhe Bette.
MARTHE. Habt ihr sonst nichts an mich zu bringen?
MEPHISTOPHELES. Ja, eine Bitte gros und schweer:
Lass sie doch ia für ihn dreyhundert Messen singen!
Im übrigen sind meine Taschen leer.
MARTHE. Was? nicht ein Schaustück? kein Geschmeid?
Was ieder Handwerckspursch im Grund des Seckels spaart,
Zum Angedencken aufbewahrt
Und lieber hungert, lieber bettelt!
MEPHISTOPHELES. Madam, es tuht mir herzlich leid,
Allein er hat sein Geld wahrhafftig nicht verzettelt.
Und er bereute seine Fehler sehr,
Ach, und beiammerte sein Unglück noch vielmehr.
MARGARETHE. Ach, dass die Menschen so unglücklich sind!
Gewiss, ich will für ihn manch Requiem noch beten.
MEPHISTOPHELES. Ihr wäret werth, gleich in die Eh zu treten,
Ihr seyd ein liebenswürdig Kind.
MARGRETE. Ach nein, das geht iezt noch nicht an.
MEPHISTOPHELES. Ists nicht ein Mann, seys derweil ein Galan.
Ist eine der grösten Himmelsgaben,
So ein lieb Ding im Arm zu haben.

MARGRETE. Das ist des Landes nicht der Brauch.
MEPHISTOPHELES. Brauch oder nicht! es giebt sich auch.
MARTHE. Erzählt mir doch!
MEPHISTOPHELES.   Ich stand an seinem Sterbebette.
Es war was besser als von Mist:
Von halb gefaultem Stroh! allein er starb als Krist
Und fand, dass er weit mehr noch auf der Zeche hätte.
»Wie«, rief er, »muss ich mich von Grund aus hassen,
So mein Gewerb, mein Weib so zu verlassen!
Ach, die Erinnrung tödtet mich.
Vergäb sie mir nur noch in diesem Leben!«
MARTHE *weinend.*
Der gute Mann, ich hab ihm längst vergeben!
MEPH. »Allein, weis Gott, sie war mehr schuld als ich«.
MARTHE. Das lügt er! Was? am Rand des Todts zu lügen?
MEPHISTOPHELES. Er fabelte gewiss in lezten Zügen,
Wenn ich nur halb ein Kenner binn.
»Ich hatte«, sprach er, »nicht zum Zeitvertreib zu gaffen,
Erst Kinder und dann Brodt für sie zu schaffen,
Und Brodt im aller weitsten Sinn.
Ich konnte nicht einmal mein Theil in Frieden essen!«
MARTHE. Hat er so aller Treu, so aller Lieb vergessen.
Der Plakerey bey Tag und Nacht?
MEPH. Nicht doch, er hat recht herzlich dran gedacht.
Er sprach: »Als ich nun weg von Malta ging,
Da – betet ich für Frau und Kinder brünstig.
Uns war denn auch der Himmel günstig,
Dass unser Schiff ein Türckisch Fahrzeug fing,
Das einen Schaz des grosen Sultans führte.
Da ward der Tapferkeit ihr Lohn,
Und ich empfing dann auch, wie sichs gebührte,
Mein wohlgemessen Theil davon.«
MARTHE. Ey wie? Ey wo? hat ers vielleicht vergraben?
MEPHISTOPHELES. Wer weis, wo nun es die vier Winde haben!
Ein schönes Fräulein nahm sich seiner an,
Als er in Napel fremd umher spazierte,

Sie hat an ihm – viel Liebs und Treu getahn,
Dass ers biss an sein seelig Ende spürte.
MARTHE. Der Schelm! der Dieb an seinen Kindern!
Auch alles Elend, alle Noth
Konnt nicht sein schändlich Leben hindern.
MEPHISTOPHELES. Ja seht! dafür ist er nun Todt.
Wär ich nun iezt an eurem Plazze,
Betrauert ihn ein züchtig Jahr,
Visirt dann unterweil nach einem neuen Schazze.
MARTHE. Ach Gott! Wie doch mein erster war,
Find ich nicht leicht auf dieser Welt den andern.
Es konnte kaum ein herzger Närrgen seyn!
Ihm fehlte nichts als allzugern zu wandern,
Und fremde Weiber und der Wein,
Und das verfluchte Würfel Spiel.
MEPHISTOPHELES. Nun, nun, das konnte gehn und stehen,
Wenn er euch ohngefähr so viel
Von seiner Seite nachgesehen.
Ich schwör euch zu, um das Geding
Wechselt ich selbst mit euch den Ring.
MARTHE. O, es beliebt dem Herrn zu scherzen.
MEPHISTOPHELES *vor sich.*
Nun mach ich mich bey Zeiten fort,
Die hielte wohl den Teufel selbst beym Wort!
Zu Gretgen. Wie steht es denn mit ihrem Herzen?
MARGRETE. Was meynt der Herr damit?
MEPHISTOPHELES *vor sich.* Du guts unschuldigs Kind!
Laut. Lebt wohl, ihr Fraun!
MARTHE. O sagt mir doch geschwind:
Ich mögte gern ein Zeugniss haben,
Wo, wie und wenn mein Schaz gestorben und begraben.
Ich binn von ie der Ordnung Freund gewesen.
Mögt ihn auch todt im Wochenblättgen lesen.
MEPHISTOPHELES. Ja, gute Frau, durch zweyer Zeugen Mund
Wird alleweegs die Wahrheit kund.
Habe noch gar einen feinen Gesellen,

Den will ich euch vor den Richter stellen.
Ich bring ihn her.
MARTHE.   O tuht das ia!
MEPHISTOPHELES. Und hier die Jungfer ist auch da?
Ein braver Knab, ist viel gereist,
Fräuleins alle Höflichkeit erweist.
MARGRETE. Müsst vor solch Herren schaamroth werden.
MEPHISTOPHELES. Vor keinem König der Erden!
MARTHE. Da hintern Haus in meinem Garten,
Wollen wir der Herrn heut Abend warten. *alle ab.*

Faust · Mephistopheles

FAUST. Wie ists? Wills fördern, wills bald gehn?
MEPHISTOPHELES. Ach Bravo! find ich euch im Feuer?
In kurzer Zeit ist Gretgen euer.
Heut Abend sollt ihr sie bey Nachbaar Marthen sehn.
Das ist ein Weib wie auserlesen
Zum Kuppler- und Zigeunerwesen.
FAUST. Sie ist mir lieb.
MEPHISTOPHELES.   Doch gehts nicht ganz umsunst,
Eine Gunst ist werth der andern Gunst.
Wir legen nur ein gültig Zeugniss nieder,
Dass ihres Ehherrn ausgereckte Glieder
In Padua, an heilger Stätte ruhn.
FAUST. Sehr klug! wir werden erst die Reise machen müssen.
MEPH. Sancta Simplicitas! Darum ists nicht zu tuhn.
Bezeugt nur, ohne viel zu wissen!
FAUST. Wenn er nichts bessers hat, so ist der Plan zerrissen.
MEPHISTOPHELES. O heilger Mann, da wärt ihrs nun!
Es ist gewiss das erst in eurem Leben,
Dass ihr falsch Zeugniss abgelegt.
Habt ihr von Gott, der Welt, und was sich drinne regt,
Vom Menschen, und was ihm in Kopf und Herzen schlägt,
Definitionen nicht mit groser Krafft gegeben?
Und habt davon in Geist und Brust
So viel als von Herrn Schwerdleins Todt gewusst.

FAUST. Du bist und bleibst ein Lügner, ein Sophiste.
MEPH. Ja, wenn mans nicht ein bissgen tiefer wüsste!
Denn morgen wirst in allen Ehren
Das arme Gretgen nicht betöhren?
Und alle Seelenlieb ihr schwören?
FAUST. Und zwar von Herzen.
MEPHISTOPHELES.   Gut und schön!
Dann wird von ewger Treu und Liebe,
Von einzig überallmächtgem Triebe –
Wird das auch so von Herzen gehn?
FAUST. Lass das, es wird! Wenn ich empfinde
Und dem Gefühl
Und dem Gewühl
Vergebens Nahmen such und keine Nahmen finde
Und in der Welt mit allen Sinnen schweiffe
Und alle höchsten Worte greiffe
Und diese Glut, von der ich brenne,
Unendlich, ewig, ewig nenne,
Ist das ein teuflisch Lügenspiel?
MEPHISTOPHELES. Ich hab doch Recht!
FAUST.   Hör, merck dir dies,
Ich bitte dich, und schone meine Lunge:
Wer Recht behalten will und hat nur eine Zunge,
Der hälts gewiss.
Und komm, ich hab des Schwäzzens Überdruss,
Denn du hast Recht, vorzüglich weil ich muss.

GARTEN

*Margrete an Faustens Arm, Marthe mit Mephistopheles
auf und ab spazierend*

MARGRETE. Ich fühl es wohl, dass mich der Herr nur schont,
Herab sich lässt, biss zum Beschämen.
Ein Reisender ist so gewohnt,
Aus Gütigkeit vorlieb zu nehmen.

Ich weis zu gut, dass solch erfahrnen Mann
Mein arm Gespräch nicht unterhalten kann.
FAUST. Ein Blick von dir, ein Wort mehr unterhält
Als alle Weisheit dieser Welt. *er küsst ihre Hand.*
MARG. Inkomodirt euch nicht! Wie könnt ihr sie nur küssen?
Sie ist so garstig, ist so rauh.
Was hab ich nicht schon alles schaffen müssen!
Die Mutter ist gar zu genau. *gehn vorüber.*
MARTHE. Und ihr, mein Herr, ihr reist so immer fort?
MEPH. Ach, dass Gewerb und Pflicht uns dazu treiben!
Mit wie viel Schmerz verlässt man manchen Ort
Und darf doch nun einmal nicht bleiben.
MARTHE. In raschen Jahren gehts wohl an,
So um und um frey durch die Welt zu streiffen;
Doch kommt die böse Zeit heran,
Und sich als Hagestolz allein zum Grab zu schleiffen,
Das hat noch keinem wohlgetahn.
MEPHISTOPHELES. Mit Grausen seh ich das von weiten.
MARTHE. Drum, werther Herr, berathet euch in Zeiten!
gehn vorüber.
MARGRETE. Ja, aus den Augen aus dem Sinn!
Die Höflichkeit ist euch geläuffig.
Allein ihr habt der Freunde häufig,
Und weit verständger, als ich binn.
FAUST. O Beste! Glaube, dass, was man verständig nennt,
Mehr Kurzsinn, Eigensinn und Eitelkeit ist.
MARGRETE. Wie?
FAUST. Ach, dass die Einfalt, dass die Unschuld nie
Sich selbst und ihren heilgen Werth erkennt!
Dass Demuth, Niedrigkeit, die höchsten Gaben
Der Liebaustheilenden Natur –
MARGRETE. Denckt ihr an mich ein Augenblickgen nur,
Ich werde Zeit genug, an euch zu dencken haben.
FAUST. Ihr seyd wohl viel allein?
MARGRETE. Ja, unsre Wirthschafft ist nur klein,
Und doch will sie versehen seyn.

Wir haben keine Magd, muss kochen, fegen, stricken
Und nehn und lauffen früh und spat,
Und meine Mutter ist in allen Stücken
So akkurat.
Nicht dass sie iust so sehr sich einzuschräncken hat,
Wir könnten uns weit eh als andre regen:
Mein Vater hinterlies ein hübsch Vermögen,
Ein Häusgen und ein Gärtgen vor der Stadt.
Doch hab ich iezt so ziemlich stille Tage;
Mein Bruder ist Soldat, mein Schwestergen ist todt.
Ich hatte mit dem Kind wohl meine liebe Noth,
Doch übernähm ich gern noch einmal alle Plage,
So lieb war mir das Kind.
FAUST.   Ein Engel, wenn dirs glich!
MARGRETE. Ich zog es auf, und herzlich liebt es mich.
Es war nach meines Vaters Todt gebohren,
Die Mutter gaben wir verlohren,
So elend wie sie damals lag,
Und sie erhohlte sich sehr langsam nach und nach.
Da konnte sie nun nicht dran dencken,
Das arme Würmgen selbst zu träncken,
Und so erzog ichs ganz allein
Mit Wasser und mit Milch, und so wards mein.
Auf meinem Arm, in meinem Schoos
Wars freundlich, zappelich und gros.
FAUST. Du hast gewiss das reinste Glück empfunden!
MARGRETE. Doch auch gewiss gar manche schweere Stunden.
Des Kleinen Wiege stund zu Nacht
An meinem Bett, es durfte kaum sich regen,
War ich erwacht.
Bald musst ichs träncken, bald es zu mir legen,
Bald, wenns nicht schweigen wollt, vom Bett aufstehn
Und tänzelnd in der Kammer auf und nieder gehn –
Und früh am Tag schon an dem Waschtrog stehn,
Dann auf dem Marckt und an dem Heerde sorgen,
Und immer so fort heut und morgen.

Da gehts, mein Herr, nicht immer muthig zu,
Doch schmeckt dafür das Essen und die Ruh.
gehn vorüber.
MARTHE. Sagt grad, mein Herr, habt ihr noch nichts gefunden?
Hat sich das Herz nicht irgendwo gebunden?
MEPHISTOPHELES. Das Sprüchwort sagt: ein eigner Heerd,
Ein braves Weib sind Gold und Perlen werth.
MARTHE. Ich meyne: ob ihr niemals Lust bekommen.
MEPH. Man hat mich überall recht höflich aufgenommen.
MARTHE. Ich wollte sagen: wards nie Ernst in eurem Herzen?
MEPH. Mit Frauens soll man sich nie unterstehn zu scherzen.
MARTHE. Ach, ihr versteht mich nicht!
MEPHISTOPHELES. Das tuht mir herzlich leid,
Doch ich versteh – dass ihr sehr gütig seyd.
gehn vorüber.
FAUST. Du kanntest mich, o kleiner Engel, wieder,
Gleich als ich in den Garten kam?
MARGRETE. Saht ihr es nicht? ich schlug die Augen nieder.
FAUST. Und du verzeihst die Freyheit, die ich nahm?
Was sich die Frechheit unterfangen,
Als du lezt aus dem Dom gegangen?
MARGRETE. Ich war bestürzt, mir war das nie geschehn,
Es konnte niemand von dir übels sagen.
Ach, dacht ich, hat er in deinem Betragen
Was freches, unanständiges gesehn,
Dass ihm sogleich die Lust mogt wandeln,
Mit dieser Dirne gradehin zu handeln?
Gesteh ichs doch! Ich wusste nicht, was sich
Zu euerm Vortheil hier zu regen gleich begonnte.
Allein gewiss, ich war recht bös auf mich,
Dass ich auf euch nicht böser werden konnte.
FAUST. Süs Liebgen!
MARGRETE. Lasst einmal! *Sie pflückt eine Stern Blume und zupft die Blätter ab eins nach dem andern.*
FAUST. Was soll das? Keinen Straus?
MARGRETE. Nein, es soll nur ein Spiel.

FAUST. Wie?
MARGRETE. Geht, ihr lacht mich aus.
sie rupft und murmelt.
FAUST. Was murmelst du?
MARGRETE. *halb laut.* Er liebt mich – Liebt mich nicht.
FAUST. Du holdes Himmels Angesicht!
MARGRETE. *fährt fort.* Liebt mich – Nicht – Liebt mich – Nicht –
Das lezte Blat ausrupfend mit holder Freude.
Er liebt mich!
FAUST. Ja mein Kind! Lass dieses Blumenwort
Dir Götter Ausspruch seyn: Er liebt dich!
Verstehst du, was das heisst: Er liebt dich!
er fasst ihr beyde Hände.
MARGRETE. Mich überläuffts!
FAUST. O schaudre nicht! Lass diesen Blick,
Lass diesen Händedruck dir sagen,
Was unaussprechlich ist!
Sich hinzugeben ganz und eine Wonne
Zu fühlen, die ewig seyn muss!
Ewig! – Ihr Ende würde Verzweiflung seyn.
Nein, kein Ende! Kein Ende!
Margrete drückt ihm die Hände, macht sich los und läufft weg. Er steht einen Augenblick in Gedancken, dann folgt er ihr.
MARTHE. Die Nacht bricht an.
MEPHISTOPHELES. Ja, und wir wollen fort.
MARTHE. Ich bät euch, länger hier zu bleiben,
Allein es ist ein gar zu böser Ort.
Es ist, als hätte niemand nichts zu treiben
Und nichts zu schaffen,
Als auf des Nachbaarn Schritt und Tritt zu gaffen,
Und man kommt ins Gespräch, wie man sich immer stellt.
Und unser Pärgen?
MEPHISTOPHELES. Ist den Gang dort aufgeflogen.
Muthwillge Sommervögel!
MARTHE. Er scheint ihr gewogen.
MEPHISTOPHELES. Und sie ihm auch. Das ist der Lauf der Welt.

EIN GARTENHÄUSGEN

MARGRETE *mit Herzklopfen herein, steckt sich hinter die Tühre, hält die Fingerspizze an die Lippen und guckt durch die Rizze.*
Er kommt!
FAUST. Ach Schelm, so neckst du mich?
Treff ich dich? *Er küsst sie.*
MARGRETE *ihn fassend und den Kuss zurückgebend.*
Bester Mann schon lange lieb ich dich!

Mephistopheles klopft an

Faust *stampfend.* Wer da!
MEPHISTOPHELES. Gut Freund.
FAUST. Ein Tier!
MEPHISTOPHELES. Es ist wohl Zeit zu scheiden.
MARTHE. Ja, es ist spät, mein Herr.
FAUST. Darf ich euch nicht geleiten?
MARGRETE. Die Mutter würde mich! Lebt wohl!
FAUST. Muss ich dann gehn?
Lebt wohl!
MARTHE Ade!
MARGRETE. Auf baldig Wiedersehn.
Faust, Mephistopheles ab.
MARGRETE. Du lieber Gott, was so ein Mann
Nit alles, alles dencken kann!
Beschämt nur steh ich vor ihm da
Und sag zu allen Sachen ia.
Binn doch ein arm unwissend Kind,
Begreif nicht, was er an mir findt. *ab.*

GRETGENS STUBE

GRETGEN *am Spinnrocken allein*

Meine Ruh ist hin,
Mein Herz ist schweer,
Ich finde sie nimmer
Und nimmer mehr.

Wo ich ihn nicht hab,
Ist mir das Grab;
Die ganze Welt
Ist mir vergällt.

Mein armer Kopf
Ist mir verrückt,
Mein armer Sinn
Ist mir zerstückt.

Meine Ruh ist hin,
Mein Herz ist schweer,
Ich finde sie nimmer
Und nimmermehr.

Nach ihm nur schau ich
Zum Fenster hinaus,
Nach ihm nur geh ich
Aus dem Haus.

Sein hoher Gang,
Sein edle Gestalt,
Seines Mundes Lächlen,
Seiner Augen Gewalt

Und seiner Rede
Zauberfluss,
Sein Händedruck
Und ach, sein Kuss!

Meine Ruh ist hin
Mein Herz ist schweer,
Ich finde sie nimmer
Und nimmer mehr.

Mein Schoos, Gott! drängt
Sich nach ihm hin!
Ach, dürft ich fassen
Und halten ihn
Und küssen ihn,
So wie ich wollt,
An seinen Küssen
Vergehen sollt!

MARTHENS GARTEN

Margrete · Faust

GRETGEN. Sag mir doch Heinrich!
FAUST. Was ist dann?
GRETGEN. Wie hast dus mit der Religion?
Du bist ein herzlich guter Mann,
Allein ich glaub, du hältst nicht viel davon.
FAUST. Lass das, mein Kind! du fühlst, ich binn dir gut;
Für die ich liebe lies ich Leib und Blut,
Will niemand sein Gefühl und seine Kirche rauben.
MARGRETE. Das ist nicht recht, man muss dran glauben!
FAUST. Muss man?
GRETGEN. Ach wenn ich etwas auf dich könnte!
Du ehrst auch nicht die heilgen Sakramente.
FAUST. Ich ehre sie.
GRETGEN. Doch ohne Verlangen.
Wie lang bist du zur Kirch, zum Nachtmahl nicht gegangen?
Glaubst du an Gott?
FAUST. Mein Kind wer darf das sagen:
Ich glaub einen Gott!
Magst Priester, Weise fragen,
Und ihre Antwort scheint nur Spott
Über den Frager zu seyn.
GRETGEN. So glaubst du nicht?
FAUST. Mishör mich nicht, du holdes Angesicht!
Wer darf ihn nennen
Und wer bekennen:
Ich glaub ihn!
Wer empfinden
Und sich unterwinden
Zu sagen: ich glaub ihn nicht!
Der Allumfasser,
Der Allerhalter,
Fasst und erhält er nicht
Dich, mich, sich selbst?

Wölbt sich der Himmel nicht dadroben?
Liegt die Erde nicht hierunten fest?
Und steigen hüben und drüben
Ewige Sterne nicht herauf?
Schau ich nicht Aug in Auge dir?
Und drängt nicht alles
Nach Haupt und Herzen dir
Und webt in ewigem Geheimniss
Unsichtbaar Sichtbaar neben dir?
Erfüll davon dein Herz, so gros es ist,
Und wenn du ganz in dem Gefühle seelig bist,
Nenn das dann, wie du willst,
Nenns Glück! Herz! Liebe! Gott!
Ich habe keinen Nahmen
Dafür. Gefühl ist alles,
Nahme Schall und Rauch,
Umnebelnd Himmels Glut.
GRETGEN. Das ist alles recht schön und gut;
Ohngefähr sagt das der Cathechismus auch,
Nur mit ein bissgen andern Worten.
FAUST. Es sagens aller Orten
Alle Herzen unter dem Himmlischen Tage,
Jedes in seiner Sprache,
Warum nicht ich in der meinen?
GRETGEN. Wenn mans so hört, mögts leidlich scheinen,
Steht aber doch immer schief darum;
Denn du hast kein Kristenthum.
FAUST. Liebes Kind!
GRETGEN.   Es tuht mir lang schon weh,
Dass ich dich in der Gesellschaft seh!
FAUST. Wie so?
GRETGEN.   Der Mensch, den du da bey dir hast,
Ist mir in tiefer innrer Seel verhasst!
Es hat mir in meinem Leben
So nichts einen Stich ins Herz gegeben
Als des Menschen sein Gesicht.

FAUST. Liebe Puppe, fürcht ihn nicht!
GRETGEN. Seine Gegenwart bewegt mir das Blut.
Ich binn sonst allen Menschen gut,
Aber wie ich mich sehne, dich zu schauen,
Hab ich vor dem Menschen ein heimlich Grauen
Und halt ihn für einen Schelm dazu.
Gott verzeih mirs, wenn ich ihm Unrecht tuh!
FAUST. Es ist ein Kauz, wies mehr noch geben.
GRETGEN. Mögt nicht mit seines Gleichen leben!
Kommt er einmal zur Thür herein,
Er sieht immer so spöttisch drein
Und halb ergrimmt;
Man sieht, dass er an nichts keinen Antheil nimmt.
Es steht ihm an der Stirn geschrieben,
Dass er nicht mag eine Seele lieben.
Mir wirds so wohl in deinem Arm,
So frey, so hingegeben warm,
Und seine Gegenwart schnürt mir das Innre zu.
FAUST. Du ahndungsvoller Engel du!
GRETGEN. Das übermannt mich so sehr,
Dass, wo er mag zu uns treten,
Meyn ich so gar, ich liebte dich nicht mehr;
Auch wenn er da ist, könnt ich nimmer beten.
Und das frisst mir ins Herz hinein!
Dir, Heinrich, muss es auch so seyn.
FAUST. Du hast nun die Antipathie!
GRETGEN. Ich muss nun fort.
FAUST.   Ach kann ich nie
Ein Stündgen ruhig dir am Busen hängen
Und Brust an Brust und Seel an Seele drängen?
GRETGEN. Ach, wenn ich nur alleine schlief,
Ich lies dir gern heut Nacht den Riegel offen.
Doch meine Mutter schläft nicht tief,
Und würden wir von ihr betroffen,
Ich wär gleich auf der Stelle todt.
FAUST. Du Engel, das hat keine Noth.

MARTHENS GARTEN

Hier ist ein Fläschgen, und drey Tropfen nur
In ihren Tranck umhüllen
In tiefen Schlaf gefällig die Natur.
GRETGEN. Was tuh ich nicht um deinetwillen!
Es wird ihr hoffentlich nicht schaden!
FAUST. Würd ich sonst, Liebgen, dir es rathen?
GRETGEN. Seh ich dich, bester Mann, nur an,
Weis nicht, was mich nach deinem Willen treibt,
Ich habe schon für dich so viel getahn,
Dass mir zu tuhn fast nichts mehr überbleibt. *ab.*
MEPHISTOPHELES *tritt auf.*
Der Grasaff ist er weg?
FAUST. Hast wieder spionirt?
MEPHISTOPHELES. Ich habs ausführlich wohl vernommen:
Herr Docktor wurden da cathechisirt;
Hoff, es soll ihnen wohl bekommen.
Die Mädels sind doch sehr interessirt,
Ob einer fromm und schlicht nach altem Brauch;
Sie dencken: duckt er da, folgt er uns eben auch!
FAUST. Du Ungeheuer siehst nicht ein,
Wie diese Engels liebe Seele,
Von ihren Glauben voll,
Der ganz allein
Ihr seelig machend ist, sich heilig quäle,
Dass der nun, den sie liebt, verlohren werden soll.
MEPHISTOPHELES. Du übersinnlicher, sinnlicher Freyer,
Ein Mägdelein nasführet dich!
FAUST. Du Spottgeburt von Dreck und Feuer!
MEPH. Und die Phisiognomie versteht sie meisterlich.
In meiner Gegenwart wirds ihr, sie weis nicht wie!
Mein Mäskgen da weissagt ihr borgnen Sinn,
Sie fühlt, dass ich ganz sicher ein Genie,
Vielleicht wohl gar ein Teufel binn!
Nun, heute Nacht –?
FAUST. Was geht dichs an?
MEPHISTOPHELES. Hab ich doch meine Freude dran!

1203–1235

AM BRUNNEN

Gretgen und Liesgen mit Krügen

LIESGEN. Hast nichts von Bärbelgen gehört?
GRETGEN. Kein Wort! ich komm gar wenig unter Leute.
LIESGEN. Gewiss, Sibille sagt mirs heute:
Die hat sich endlich auch betöhrt!
Da ist das vornehm tuhn!
GRETGEN.   Wie so?
LIESGEN.   Es stinckt!
Sie füttert zwey iezt, wenn sie isst und trinckt.
GRETGEN. Ach!
LIESGEN.   Ja, so ists ihr endlich gangen.
Wie lang hat s' an den Kerl gehangen!
Das war ein gespazieren,
Auf Dorf und Tanzplaz führen!
Musst überall die erste seyn,
Kurtesirt ihr immer mit Pastetgen und Wein,
Bildt sich was auf ihre Schönheit ein.
War doch so ehrlos, sich nicht zu schämen,
Geschencke von ihm anzunehmen.
War ein Gekos und ein Geschleck,
Ja, da ist dann das Blümgen weg.
GRETGEN. Das arme Ding!
LIESGEN.   Bedauer sie kein Haar!
Wenn unser eins am Spinnen war,
Uns Nachts die Mutter nicht nabe lies,
Stand sie bey ihrem Bulen süs;
Auf der Tührbanck und dem dunckeln Gang
Ward ihnen keine Stund zu lang.
Da mag sie denn sich ducken nun,
Im Sünderhemdgen Kirchbus tuhn!
GRETGEN. Er nimmt sie gewiss zu seiner Frau.
LIESGEN. Er wär ein Narr! Ein flinker Jung
Hat anderwärts noch Lufft genung.
Er ist auch durch.

GRETGEN.　　　　　Das ist nicht schön.
LIESGEN. Kriegt sie ihn, solls ihr übel gehn.
Das Kränzel reissen die Buben ihr,
Und Hexel streuen wir vor die Tühr! *ab.*
GRETGEN *heime gehend.* Wie konnt ich sonst so tapfer schmälen,
Wenn täht ein armes Mägdlein fehlen!
Wie konnt ich über andrer Sünden
Nicht Worte gnug der Zunge finden!
Wie schien mirs schwarz, und schwärzts noch gar,
Mir nimmer doch nit schwarz gnug war.
Und seegnet mich und taht so gros,
Und binn nun selbst der Sünde blos!
Doch – alles, was mich dazu trieb,
Gott! war so gut! ach, war so lieb!

ZWINGER

*In der Mauerhöle ein Andachts Bild der Mater dolorosa,
Blumenkrüge davor*

GRETGEN *gebeugt, schwenckt die Krüge im nächsten Brunn, füllt
sie mit frischen Blumen, die sie mitbrachte*

Ach neige,
Du schmerzenreiche,
Dein Antliz ab zu meiner Noth!

Das Schwerdt im Herzen,
Mit tauben Schmerzen
Blickst auf zu deines Sohnes Todt!

Zum Vater blickst du,
Und Seufzer schickst du
Hinauf um sein und deine Noth!

Wer fühlet,
Wie wühlet
Der Schmerz mir im Gebein?

Was mein armes Herz hier banget,
Was es zittert, was verlanget,
Weisst nur du, nur du allein.

Wohin ich immer gehe,
Wie weh, wie weh, wie wehe
Wird mir im Busen hier!
Ich binn, ach! kaum alleine,
Ich wein, ich wein, ich weine,
Das Herz zerbricht in mir.

Die Scherben vor meinem Fenster
Bethaut ich mit Trähnen, ach!
Als ich am frühen Morgen
Dir diese Blumen brach.

Schien hell in meine Kammer
Die Sonne früh herauf,
Sass ich in allem Jammer
In meinem Bett schon auf.
Hilf retten mich von Schmach und Todt!
Ach neige,
Du schmerzenreiche,
Dein Antliz ab zu meiner Noth!

DOM

Exequien der Mutter Gretgens
Gretgen, alle Verwandte. Amt, Orgel und Gesang

BÖSER GEIST *hinter Gretgen.*

Wie anders, Gretgen, war dirs,
Als du noch voll Unschuld
Hier zum Altar tratst
Und im verblätterten Büchelgen
Deinen Gebeten nachlalltest,
Halb Kinderspiel,
Halb Gott im Herzen!

DOM

          Gretgen!
          Wo steht dein Kopf?
          In deinem Herzen
          Welche Missetaht?
          Betest du für deiner Mutter Seel,
          Die durch dich sich in die Pein hinüberschlief?
          – Und unter deinem Herzen
          Schlägt da nicht quillend schon
          Brandschande Maalgeburt?
          Und ängstet dich und sich
          Mit ahndevoller Gegenwart?

GRETGEN. Weh! Weh!
          Wär ich der Gedanken los,
          Die mir rüber und nüber gehn,
          Wieder mich!

CHOR. Dies irae, dies illa
          Solvet Saeclum in favilla. *Orgelton.*

BÖSER GEIST. Grimm fasst dich!
          Der Posaunen Klang!
          Die Gräber beben,
          Und dein Herz,
          Aus Aschenruh
          Zu Flammenquaalen
          Wieder aufgeschaffen,
          Bebt auf!

GRETGEN. Wär ich hier weg!
          Mir ist, als ob die Orgel mir
          Den Athem versezte,
          Gesang mein Herz
          Im tiefsten löste.

CHOR. Judex ergo cum sedebit,
          Quidquid latet adparebit,
          Nil inultum remanebit.

GRETGEN. Mir wird so eng!
          Die Mauern Pfeiler
          Befangen mich!

                Das Gewölbe
                Drängt mich! – Lufft!
BÖSER GEIST. Verbirgst du dich?
                Blieben verborgen
                Dein Sünd und Schand?
                Lufft? Licht?
                Weh dir!
CHOR.   Quid sum miser tunc dicturus?
                Quem patronum rogaturus,
                Cum vix iustus sit securus?
BÖSER GEIST. Ihr Antliz wenden
                Verklärte von dir ab.
                Die Hände dir zu reichen
                Schauerts ihnen,
                Den Reinen!
                Weh!
CHOR.   Quid sum miser tunc dicturus?
GRETGEN. Nachbaarinn! Euer Fläschgen! –
                sie fällt in Ohnmacht.

NACHT

Vor Gretgens Haus

VALENTIN, *Soldat, Gretgens Bruder.*
Wenn ich so sas bey 'em Gelag,
Wo mancher sich berühmen mag,
Und all und all mir all den Flor
Der Mägdlein mir gepriesen vor,
Mit vollem Glas das Lob verschwemmt –
Den Ellebogen aufgestemmt,
Sas ich in meiner sichern Ruh,
Hört all dem Schwadroniren zu
Und striche lachend meinen Bart
Und kriege das volle Glas zur Hand
Und sage: alles nach seiner Art,

Aber ist eine im ganzen Land,
Die meiner trauten Gretel gleicht,
Die meiner Schwester das Wasser reicht?
Top! Top! Kling! Klang! das ging herum.
Die einen schrieen: »Er hat Recht,
Sie ist die Zier vom ganzen Geschlecht!«
Da sasen alle die Lober stumm.
Und iezt! – das Haar sich auszurauffen!
Um an den Wänden nauf zu lauffen!
Mit Stichelreden, Nasenrümpfen
Soll ieder Schurcke mich beschimpfen!
Soll wie ein böser Schuldner sizzen,
Bey iedem Zufalls Wörtgen schwizzen!
Und sollt ich sie zusammen schmeissen!
Könnt ich sie doch nicht Lügner heissen!

Faust · Mephistopheles

FAUST. Wie von dem Fenster dort der Sakristey
Der Schein der ewgen Lampe aufwärts flämmert
Und schwach und schwächer seitwärts dämmert,
Und Finsterniss drängt rings um bey!
So siehts in diesem Busen nächtig.
MEPHISTOPHELES. Und mir ists wie dem Käzlein schmächtig,
Das an den Feuerleitern schleicht,
Sich leis so an die Mauern streicht.
Wär mir ganz tugendlich dabey,
Ein bissgen Diebsgelüst ein bissgen Rammeley.
Nun frisch dann zu! das ist ein Jammer:
Ihr geht nach eures Liebgens Kammer,
Als gingt ihr in den Todt.
FAUST. Was ist die Himmels Freud in ihren Armen?
Das Durcherschüttern, Durcherwarmen?
Verdrängt es diese Seelen Noth?
Ha! binn ich nicht der Flüchtling, Unbehauste,
Der Unmensch ohne Zweck und Ruh,
Der wie ein Wassersturz von Fels zu Felsen brauste,

Begierig wüthend nach dem Abgrund zu?
Und seitwärts sie mit kindlich dumpfen Sinnen
Im Hüttgen auf dem kleinen Alpenfeld,
Und all ihr häusliches Beginnen
Umfangen in der kleinen Welt.
Und ich, der Gott verhasste,
Hatte nicht genug,
Dass ich die Felsen fasste
Und sie zu Trümmern schlug!
Sie! Ihren Frieden musst ich untergraben,
Du Hölle wolltest dieses Opfer haben!
Hilf, Teufel, mir die Zeit der Angst verkürzen,
Mags schnell geschehn, was muss geschehn!
Mag ihr Geschick auf mich zusammen stürzen
Und sie mit mir zu Grunde gehn!
MEPHISTOPHELES. Wies wieder brozzelt! wieder glüht!
Geh ein und tröste sie, du Thor!
Wo so ein Köpfgen keinen Ausgang sieht,
Stellt es sich gleich das Ende vor.

Faust · Mephistopheles

FAUST. Im Elend! Verzweifelnd! Erbärmlich auf der Erde lang verirrt! Als Missetähterinn im Kercker zu entsetzlichen Quaalen eingesperrt, das holde unseelige Geschöpf! Biss dahin! – Verräthrischer nichtswürdiger Geist, und das hast du mir verheimlicht! Steh nur, steh, wälze die Teuflischen Augen inngrimmend im Kopf herum, steh und truzze mir durch deine unerträgliche Gegenwart! Gefangen! Im unwiederbringlichen Elend bösen Geistern übergeben, und der richtenden gefühllosen Menschheit! Und du wiegst mich indess in abgeschmackten Freuden ein, verbirgst mir ihren wachsenden Jammer, und lässest sie hülflos verderben.
MEPHISTOPHELES. Sie ist die erste nicht!
FAUST. Hund! Abscheuliches Untier! – Wandle ihn, du unendlicher Geist, wandle den Wurm wieder in die Hundsgestalt, in der er sich nächtlicher Weile offt gefiel, vor mir herzutrotten,

dem harmlosen Wandrer vor die Füse zu kollern und dem Umstürzenden sich auf die Schultern zu hängen! Wandl ihn wieder in seine Lieblingsbildung, dass er vor mir im Sand auf dem Bauch krieche, ich ihn mit Füsen trete, den Verworfnen! – Die erste nicht! – Jammer! Jammer! von keiner Menschenseele zu fassen, dass mehr als ein Geschöpf in die Tiefe dieses Elends sanck, dass nicht das erste in seiner windenden Todtesnoth genug taht für die Schuld aller übrigen vor den Augen des Ewigen. Mir wühlt es Marck und Leben durch, das Elend dieser einzigen, und du grinsest gelassen über das Schicksaal von Tausenden hin.

MEPHISTOPHELES. Gros Hans! nun bist du wieder am Ende deines Wizzes, an dem Fleckgen, wo euch Herrn das Köpfgen überschnappt. Warum machst du Gemeinschafft mit uns, wenn du nicht mit uns auswirthschafften kannst? Willst fliegen, und der Kopf wird dir schwindlich? Eh! Drangen wir uns dir auf oder du dich uns?

FAUST. Bläcke deine gefräsigen Zähne mir nicht so entgegen, mir eckelts! – Groser herrlicher Geist, der du mir zu erscheinen würdigtest, der du mein Herz kennst und meine Seele, warum musstest du mich an den Schandgesellen schmieden, der sich am Schaden weidet und am Verderben sich lezt!

MEPHISTOPHELES. Endigst du?

FAUST. Rette sie oder weh dir! Den entsezlichsten Fluch über dich auf Jahrtausende! Rette sie!

MEPHISTOPHELES. Ich kann die Bande des Rächers nicht lösen, seine Riegel nicht öffnen. – Rette sie? Wer wars, der sie ins Verderben stürzte? Ich oder du?

FAUST *blickt wild umher.*

MEPHISTOPHELES. Greiffst du nach dem Donner? Wohl, dass er euch elenden Sterblichen nicht gegeben ward! Ists doch das einzige Kunststück, euch in euern Verworrenheiten Lufft zu machen, dass ihr den entgegnenden Unschuldigen zerschmettert.

FAUST. Bring mich hin! sie soll frey seyn!

MEPHISTOPHELES. Und die Gefahr, der du dich aussezzest?

Wisse, dass auf der Stadt noch die Blutschuld liegt, die du auf sie gebracht hast. Dass über der Stätte des Erschlagenen rächende Geister schweben, die auf den rückkehrenden Mörder lauern.
FAUST. Noch das von dir! Mord und Todt einer Welt über dich Ungeheuer! Führe mich hin, sag ich dir, und befrey sie!
MEPHISTOPHELES. Ich führe dich, und was ich tuhn kann, höre! Hab ich alle Macht im Himmel und auf Erden? Des Türners Sinnen will ich umneblen, bemächtige dich der Schlüssel und führe sie heraus mit Menschenhand. Ich wach und halte dir die Zauber Pferde bereit. Das vermag ich.
FAUST. Auf und davon!

NACHT · OFFEN FELD

Faust, Mephistopheles auf schwarzen Pferden daher brausend

FAUST. Was weben die dort um den Rabenstein?
MEPHISTOPHELES. Weis nicht, was sie kochen und schaffen.
FAUST. Schweben auf und ab. Neigen sich, beugen sich.
MEPHISTOPHELES. Eine Hexenzunft!
FAUST. Sie streuen und weihen!
MEPHISTOPHELES. Vorbey! Vorbey!

KERCKER

FAUST *mit einem Bund Schlüssel und einer Lampe an einem eisernen Tührgen.* Es fasst mich längst verwohnter Schauer. Inneres Grauen der Menschheit. Hier! Hier! – Auf! Dein Zagen zögert den Todt heran!
Er fasst das Schloss, es singt innwendig:

> Meine Mutter, die Hur,
> Die mich umgebracht hat!
> Mein Vater, der Schelm,
> Der mich gessen hat!

Mein Schwesterlein klein
Hub auf die Bein
An einen kühlen Ort,
Da ward ich ein schönes Waldvögelein,
Fliege fort! Fliege fort!

FAUST *zittert, wanckt, ermannt sich und schliesst auf, er hört die Ketten klirren und das Stroh rauschen.*

MARGARETHE *sich verbergend auf ihrem Lager.*
Weh! Weh! sie kommen. Bittrer Todt!

FAUST *leise.* Still! Ich komme dich zu befreyn.
er fasst ihre Ketten, sie aufzuschliessen.

MARGRETE *wehrend.* Weg! Um Mitternacht! Hencker, ist dirs morgen frühe nicht zeitig gnug?

FAUST. Lass!

MARGRETE, *wälzt sich vor ihn hin.* Erbarme dich mein und lass mich leben! Ich binn so iung, so iung, und war schön und binn ein armes iunges Mädgen. Sieh nur einmal die Blumen an, sieh nur einmal die Kron! Erbarme dich mein! Was hab ich dir getahn? Hab dich mein Tage nicht gesehn.

FAUST. Sie verirrt und ich vermags nicht.

MARGRETE. Sieh das Kind! Muss ichs doch tränken. Da hatt ichs eben! Da! Ich habs getränckt! Sie nahmen mirs und sagen, ich hab es umgebracht, und singen Liedger auf mich! – Es ist nicht wahr – es ist ein Mährgen, das sich so endigt, es ist nicht auf mich, dass sies singen.

FAUST, *der sich zu ihr hinwirft.* Gretgen!

MARGRETE, *die sich aufreisst.* Wo ist er? Ich hab ihn rufen hören! er rief: Gretgen! Er rief mir! Wo ist er? Ach, durch all das Heulen und Zähnklappen erkenn ich ihn, er ruft mir: Gretgen! *sich vor ihm niederwerfend.* Mann! Mann! Gieb mir ihn, schaff mir ihn! Wo ist er?

FAUST, *er fasst sie wüthend um den Hals.* Meine Liebe! Meine

MARGRETE *sinckt, ihr Haupt in seinen Schoos verbergend.* [Liebe!

FAUST. Auf, meine Liebe! Dein Mörder wird dein Befreyer. Auf! *er schliesst über ihrer Betäubung die Arm Kette auf.* Komm, wir entgehen dem schröcklichen Schicksaal.

MARGRETE *angelehnt.* Küsse mich! Küsse mich!
FAUST. Tausendmal! Nur eile, Gretgen, eile!
MARGRETE. Küsse mich! Kannst du nicht mehr küssen? Wie! Was! Bist mein Heinrich und hasts Küssen verlernt! Wie sonst ein ganzer Himmel mit deiner Umarmung gewaltig über mich eindrang! Wie du küsstest, als wolltest du mich in wollüstigem Todt ersticken! Heinrich, küsse mich, sonst küss ich dich! *sie fällt ihn an.* Weh! deine Lippen sind kalt! Todt! Antworten nicht!
FAUST. Folge mir, ich herze dich mit tausendfacher Glut. Nur folge mir!
MARGRETE, *sie sezt sich und bleibt eine Zeitlang stille.*
Heinrich, bist dus?
FAUST. Ich binns, komm mit!
MARGRETE. Ich begreiffs nicht! Du? Die Fesseln los! Befreyst mich. Wen befreyst du? Weisst dus?
FAUST. Komm! Komm!
MARGRETE. Meine Mutter hab ich umgebracht! Mein Kind hab ich ertränckt. Dein Kind! Heinrich! – Groser Gott im Himmel, soll das kein Traum seyn! Deine Hand, Heinrich! – Sie ist feucht – Wische sie ab, ich bitte dich! Es ist Blut dran! – Stecke den Degen ein! – Mein Kopf ist verrückt.
FAUST. Du bringst mich um.
MARGRETE. Nein du sollst überbleiben, überbleiben von allen. Wer sorgte für die Gräber? So in eine Reihe, ich bitte dich, neben die Mutter den Bruder da! Mich dahin und mein Kleines an die rechte Brust. Gieb mir die Hand drauf, du bist mein Heinrich.
FAUST *will sie weg ziehen.* Fühlst du mich! Hörst du mich? komm ich binns! ich befreye dich!
MARGRETE. Da hinaus?
FAUST. Freyheit!
MARGRETE. Da hinaus? Nicht um die Welt. Ist das Grab draus, komm! Lauert der Todt, komm! Von hier ins ewige Ruhe Bett, weiter nicht einen Schritt. Ach Heinrich, könnt ich mit dir in alle Welt!

KERCKER

FAUST. Der Kercker ist offen, säume nicht!
MARGRETE. Sie lauren auf mich an der Strase am Wald.
FAUST. Hinaus! Hinaus!
MARGRETE. Ums Leben nicht! – Siehst dus zappeln? Rette den armen Wurm, er zappelt noch! – Fort! geschwind! Nur übern Steeg, gerad in Wald hinein, lincks am Teich, wo die Plancke steht! Fort! rette! rette!
FAUST. Rette! Rette dich!
MARGRETE. Wären wir nur den Berg vorbey, da sizt meine Mutter auf einem Stein und wackelt mit dem Kopf! Sie winckt nicht, sie nickt nicht, ihr Kopf ist ihr schweer. Sie sollt schlafen, dass wir könnten wachen und uns freuen beysammen.
FAUST *ergreifft sie und will sie wegtragen.*
MARGARETE. Ich schreye laut, laut, dass alles erwacht!
FAUST. Der Tag graut. O Liebgen! Liebgen!
MARGARETE. Tag! Es wird Tag! Der lezte Tag! Der Hochzeit Tag! – Sags niemand, dass du die Nacht vorher bey Gretgen warst. – Mein Kränzgen! – Wir sehn uns wieder! – Hörst du, die Bürger schlürpfen nur über die Gassen! Hörst du? Kein lautes Wort. Die Glocke ruft! – Krack, das Stäbgen bricht! Es zuckt in iedem Nacken die Schärfe, die nach meinem zuckt! – Die Glocke hör!
MEPHISTOPHELES *erscheint.* Auf! oder ihr seyd verlohren! meine Pferde schaudern, der Morgen dämmert auf.
MARGRETE. Der! der! Lass ihn, schick ihn fort! der will mich! Nein! Nein! Gericht Gottes, komm über mich, dein binn ich! rette mich! Nimmer, nimmermehr! Auf ewig lebe wohl! Leb wohl, Heinrich!
FAUST *sie umfassend.* Ich lasse dich nicht!
MARGARETE. Ihr heiligen Engel, bewahret meine Seele! – mir grauts vor dir, Heinrich!
MEPHISTOPHELES. Sie ist gerichtet!
er verschwindet mit Faust, die Thüre rasselt zu, man hört verhallend:
Heinrich! Heinrich!

Faust · Ein Fragment

NACHT

*In einem hochgewölbten, engen, gothischen Zimmer
Faust unruhig auf seinem Sessel am Pulte*

FAUST. Habe nun, ach! Philosophie,
Juristerey und Medicin,
Und leider auch Theologie
Durchaus studirt, mit heißem Bemühn!
Da steh' ich nun, ich armer Thor!
Und bin so klug als wie zuvor;
Heiße Magister, heiße Doctor gar,
Und ziehe schon an die zehen Jahr',
Herauf, herab und quer und krumm,
Meine Schüler an der Nase herum –
Und sehe, daß wir nichts wissen können!
Das will mir schier das Herz verbrennen.
Zwar bin ich gescheidter als alle die Laffen,
Doctoren, Magister, Schreiber und Pfaffen;
Mich plagen keine Scrupel noch Zweifel,
Fürchte mich weder vor Hölle noch Teufel –
Dafür ist mir auch alle Freud' entrissen,
Bilde mir nicht ein, was rechts zu wissen,
Bilde mir nicht ein ich könnte was lehren,
Die Menschen zu bessern und zu bekehren.
Auch hab' ich weder Gut noch Geld,
Noch Ehr' und Herrlichkeit der Welt.
Es möchte kein Hund so länger leben!
Drum hab' ich mich der Magie ergeben,
Ob mir, durch Geistes Kraft und Mund,
Nicht manch Geheimniß würde kund;
Daß ich nicht mehr, mit saurem Schweiß,
Zu sagen brauche, was ich nicht weiß;
Daß ich erkenne, was die Welt

Im Innersten zusammen hält,
Schau' alle Wirkenskraft und Samen,
Und thu' nicht mehr in Worten kramen.

O säh'st du, voller Mondenschein,
Zum letztenmal auf meine Pein,
Den ich so manche Mitternacht
An diesem Pult herangewacht:
Dann über Bücher und Papier,
Trübsel'ger Freund, erschienst du mir!
Ach könnt' ich doch auf Berges Höh'n
In deinem lieben Lichte gehn,
Um Bergeshöhle mit Geistern schweben,
Auf Wiesen in deinem Dämmer weben,
Von allem Wissensqualm entladen,
In deinem Thau gesund mich baden!

Weh! steck' ich in dem Kerker noch?
Verfluchtes, dumpfes Mauerloch!
Wo selbst das liebe Himmelslicht
Trüb' durch gemahlte Scheiben bricht.
Beschränkt von diesem Bücherhauf,
Den Würme nagen, Staub bedeckt,
Den, bis an's hohe Gewölb' hinauf,
Ein angeraucht Papier umsteckt;
Mit Gläsern, Büchsen rings umstellt,
Mit Instrumenten vollgepfropft,
Urväter Hausrath drein gestopft –
Das ist deine Welt! Das heißt eine Welt!

Und fragst du noch, warum dein Herz
Sich bang' in deinem Busen klemmt?
Warum ein unerklärter Schmerz
Dir alle Lebensregung hemmt?
Statt der lebendigen Natur,
Da Gott die Menschen schuf hinein,
Umgibt in Rauch und Moder nur
Dich Thiergeripp' und Todtenbein.

NACHT

Flieh! auf! hinaus in's weite Land!
Und dieß geheimnißvolle Buch,
Von Nostradamus eigner Hand,
Ist dir es nicht Geleit genug?
Erkennest dann der Sterne Lauf,
Und wenn Natur dich unterweis't,
Dann geht die Seelenkraft dir auf,
Wie spricht ein Geist zum andern Geist.
Umsonst, daß trocknes Sinnen hier
Die heil'gen Zeichen dir erklärt,
Ihr schwebt, ihr Geister, neben mir,
Antwortet mir, wenn ihr mich hört!
*Er schlägt das Buch auf und erblickt das Zeichen
des Makrokosmus.*
Ha! welche Wonne fließt, in diesem Blick,
Auf einmal mir durch alle meine Sinnen?
Ich fühle junges, heil'ges Lebensglück
Neuglühend mir durch Nerv' und Adern rinnen.
War es ein Gott, der diese Zeichen schrieb,
Die mir das innre Toben stillen,
Das arme Herz mit Freude füllen,
Und, mit geheimnißvollem Trieb,
Die Kräfte der Natur rings um mich her enthüllen?
Bin ich ein Gott? Mir wird so licht!
Ich schau' in diesen reinen Zügen
Die wirkende Natur vor meiner Seele liegen.
Jetzt erst erkenn' ich, was der Weise spricht:
»Die Geisterwelt ist nicht verschlossen;
Dein Sinn ist zu, dein Herz ist todt!
Auf bade, Schüler, unverdrossen
Die ird'sche Brust im Morgenroth!«
Er beschaut das Zeichen.
Wie alles sich zum Ganzen webt,
Eins in dem andern wirkt und lebt!
Wie Himmelskräfte auf und nieder steigen
Und sich die goldnen Eimer reichen!

Mit segenduftenden Schwingen
Vom Himmel durch die Erde dringen,
Harmonisch all' das All durchklingen!

Welch Schauspiel! aber ach! ein Schauspiel nur!
Wo fass' ich dich, unendliche Natur?
Euch Brüste, wo? Ihr Quellen alles Lebens,
An denen Himmel und Erde hängt,
Dahin die welke Brust sich drängt –
Ihr quellt, ihr tränkt, und schmacht' ich so vergebens?
Er schlägt unwillig das Buch um und erblickt das Zeichen des Erdgeistes.
Wie anders wirkt dieß Zeichen auf mich ein!
Du, Geist der Erde, bist mir näher;
Schon fühl' ich meine Kräfte höher,
Schon glüh' ich wie von neuem Wein.
Ich fühle Muth, mich in die Welt zu wagen,
Der Erde Weh, der Erde Glück zu tragen,
Mit Stürmen mich herum zu schlagen,
Und in des Schiffbruchs Knirschen nicht zu zagen.
Es wölkt sich über mir –
Der Mond verbirgt sein Licht –
Die Lampe schwindet!
Es dampft! – Es zucken rothe Strahlen
Mir um das Haupt – Es weht
Ein Schauer vom Gewölb' herab
Und faßt mich an!
Ich fühl's, du schwebst um mich, erflehter Geist.
Enthülle dich!
Ha! wie's in meinem Herzen reißt!
Zu neuen Gefühlen
All' meine Sinnen sich erwühlen!
Ich fühle ganz mein Herz dir hingegeben!
Du mußt! du mußt! und kostet' es mein Leben!
*Er faßt das Buch und spricht das Zeichen des Geistes geheimnißvoll aus.
Es zuckt eine röthliche Flamme, der Geist erscheint in der Flamme.*

GEIST. Wer ruft mir?
FAUST *abgewendet.* Schreckliches Gesicht!
GEIST. Du hast mich mächtig angezogen,
An meiner Sphäre lang' gesogen,
Und nun –
FAUST. Weh! ich ertrag' dich nicht!
GEIST. Du flehst erathmend mich zu schauen,
Meine Stimme zu hören, mein Antlitz zu sehn,
Mich neigt dein mächtig Seelenflehn,
Da bin ich! – Welch erbärmlich Grauen
Faßt Übermenschen dich! Wo ist der Seele Ruf?
Wo ist die Brust, die eine Welt in sich erschuf,
Und trug, und hegte? Die mit Freudebeben
Erschwoll, sich uns, den Geistern, gleich zu heben?
Wo bist du, Faust, deß Stimme mir erklang?
Der sich an mich mit allen Kräften drang?
Bist du es? der, von meinem Hauch umwittert,
In allen Lebenstiefen zittert,
Ein furchtsam weggekrümmter Wurm!
FAUST. Soll ich dir, Flammenbildung, weichen?
Ich bin's, bin Faust, bin deines gleichen!
GEIST. In Lebensfluthen, im Thatensturm
Wall' ich auf und ab,
Webe hin und her!
Geburt und Grab,
Ein ewiges Meer,
Ein wechselnd Weben,
Ein glühend Leben,
So schaff' ich am sausenden Webstuhl der Zeit,
Und wirke der Gottheit lebendiges Kleid.
FAUST. Der du die weite Welt umschweifst,
Geschäftiger Geist, wie nah' fühl' ich mich dir!
GEIST. Du gleichst dem Geist, den du begreifst,
Nicht mir! *Verschwindet.*
FAUST *zusammenstürzend.* Nicht dir!
Wem denn?

Ich Ebenbild der Gottheit!
Und nicht einmal dir! *Es klopft.*
O Tod! ich kenn's – das ist mein Famulus –
Es wird mein schönstes Glück zu nichte!
Daß diese Fülle der Gesichte
Der trockne Schleicher stören muß!
  Wagner im Schlafrocke und der Nachtmütze, eine Lampe
  in der Hand. Faust wendet sich unwillig.

WAGNER. Verzeiht! ich hör' euch declamiren;
Ihr las't gewiß ein Griechisch Trauerspiel?
In dieser Kunst möcht' ich was profitiren,
Denn heut' zu Tage wirkt das viel.
Ich hab' es öfters rühmen hören,
Ein Kommödiant könnt' einen Pfarrer lehren.
FAUST. Ja, wenn der Pfarrer ein Kommödiant ist;
Wie das denn wohl zu Zeiten kommen mag.
WAGNER. Ach! wenn man so in sein Museum gebannt ist,
Und sieht die Welt kaum einen Feyertag,
Kaum durch ein Fernglas, nur von weiten,
Wie soll man sie durch Überredung leiten?
FAUST. Wenn ihr's nicht fühlt, ihr werdet's nicht erjagen,
Wenn es nicht aus der Seele dringt,
Und mit urkräftigem Behagen
Die Herzen aller Hörer zwingt,
Sitzt ihr nur immer! leimt zusammen,
Braut ein Ragout von andrer Schmaus,
Und blas't die kümmerlichen Flammen
Aus eurem Aschenhäufchen aus!
Bewund'rung von Kindern und Affen,
Wenn euch darnach der Gaumen steht.
Doch werdet ihr nie Herz zu Herzen schaffen,
Wenn es euch nicht von Herzen geht.
WAGNER. Allein der Vortrag macht des Redners Glück;
Ich fühl' es wohl, noch bin ich weit zurück.
FAUST. Such' Er den redlichen Gewinn!
Sey Er kein schellenlauter Thor!

Es trägt Verstand und rechter Sinn
Mit wenig Kunst sich selber vor;
Und wenn's euch Ernst ist, was zu sagen,
Ist's nöthig Worten nachzujagen?
Ja, eure Reden, die so blinkend sind,
In denen ihr der Menschheit Schnitzel kräuselt,
Sind unerquicklich wie der Nebelwind,
Der herbstlich durch die dürren Blätter säuselt!
WAGNER. Ach Gott! die Kunst ist lang!
Und kurz ist unser Leben.
Mir wird, bey meinem kritischen Bestreben,
Doch oft um Kopf und Busen bang'.
Wie schwer sind nicht die Mittel zu erwerben,
Durch die man zu den Quellen steigt!
Und eh' man nur den halben Weg erreicht,
Muß wohl ein armer Teufel sterben.
FAUST. Das Pergament, ist das der heil'ge Bronnen,
Woraus ein Trunk den Durst auf ewig stillt?
Erquickung hast du nicht gewonnen,
Wenn sie dir nicht aus eigner Seele quillt.
WAGNER. Verzeiht! es ist ein groß Ergetzen,
Sich in den Geist der Zeiten zu versetzen;
Zu schauen, wie vor uns ein weiser Mann gedacht,
Und wie wir's dann zuletzt so herrlich weit gebracht.
FAUST. O ja, bis an die Sterne weit!
Mein Freund, die Zeiten der Vergangenheit
Sind uns ein Buch mit sieben Siegeln.
Was ihr den Geist der Zeiten heißt,
Das ist im Grund der Herren eigner Geist,
In dem die Zeiten sich bespiegeln.
Da ist's denn wahrlich oft ein Jammer!
Man läuft euch bey dem ersten Blick davon.
Ein Kehrichtfaß und eine Rumpelkammer,
Und höchstens eine Haupt- und Staatsaction
Mit trefflichen, pragmatischen Maximen,
Wie sie den Puppen wohl im Munde ziemen!

WAGNER. Allein die Welt! des Menschen Herz und Geist!
Möcht' jeglicher doch was davon erkennen.
FAUST. Ja, was man so erkennen heißt!
Wer darf das Kind bey'm rechten Nahmen nennen?
Die wenigen, die was davon erkannt,
Die thöricht g'nug ihr volles Herz nicht wahrten,
Dem Pöbel ihr Gefühl, ihr Schauen offenbarten,
Hat man von je gekreuzigt und verbrannt.
Ich bitt' euch, Freund, es ist tief in der Nacht,
Wir müssen's dießmal unterbrechen.
WAGNER. Ich hätte gern bis morgen früh gewacht,
Um so gelehrt mit euch mich zu besprechen. *ab.*
FAUST. Wie nur dem Kopf nicht alle Hoffnung schwindet,
Der immerfort an schalem Zeuge klebt,
Mit gier'ger Hand nach Schätzen gräbt,
Und froh ist, wenn er Regenwürmer findet!

Faust · Mephistopheles

FAUST. . . . .
Und was der ganzen Menschheit zugetheilt ist,
Will ich in meinem innern Selbst genießen,
Mit meinem Geist das Höchst' und Tiefste greifen,
Ihr Wohl und Weh auf meinen Busen häufen,
Und so mein eigen Selbst zu ihrem Selbst erweitern,
Und, wie sie selbst, am End' auch ich zerscheitern.
MEPHISTOPHELES. O glaube mir, der manche tausend Jahre
An dieser harten Speise kaut,
Daß in der Wieg' und auf der Bahre
Kein Mensch den alten Sauerteig verdaut!
Glaub' unser einem, dieses Ganze
Ist nur für einen Gott gemacht;
Er findet sich in einem ew'gen Glanze,
Uns hat er in die Finsterniß gebracht,
Und euch taugt einzig Tag und Nacht.
FAUST. Allein ich will!

NACHT

MEPHISTOPHELES.   Das läßt sich hören!
Doch nur vor Einem ist mir bang';
Die Zeit ist kurz, die Kunst ist lang.
Ich dächt' ihr ließet euch belehren.
Associirt euch mit einem Poeten,
Laßt den Herrn in Gedanken schweifen,
Und alle edle Qualitäten
Auf euren Ehren-Scheitel häufen,
Des Löwen Muth,
Des Hirsches Schnelligkeit,
Des Italiäners feurig Blut,
Des Norden Dau'rbarkeit.
Laßt ihn euch das Geheimniß finden,
Großmuth und Arglist zu verbinden,
Und euch mit warmen Jugendtrieben
Nach einem Plane zu verlieben.
Möchte selbst solch einen Herren kennen,
Würd' ihn Herrn Mikrokosmus nennen.
FAUST. Was bin ich denn, wenn es nicht möglich ist,
Der Menschheit Krone zu erringen,
Nach der sich alle Sinne dringen?
MEPHISTOPHELES. Du bist am Ende – was du bist.
Setz' dir Perrücken auf von Millionen Locken,
Setz' deinen Fuß auf ellenhohe Sokken,
Du bleibst doch immer was du bist.
FAUST. Ich fühl's, vergebens hab' ich alle Schätze
Des Menschengeists auf mich herbeygerafft,
Und wenn ich mich am Ende niedersetze,
Quillt innerlich doch keine neue Kraft;
Ich bin nicht um ein Haar breit höher,
Bin dem Unendlichen nicht näher.
MEPHISTOPHELES. Mein guter Herr, ihr seht die Sachen,
Wie man die Sachen eben sieht;
Wir müssen das gescheidter machen,
Eh' uns des Lebens Freude flieht.
Was Henker! freylich Händ' und Füße

Und Kopf und H.. die sind dein;
Doch alles, was ich frisch genieße,
Ist das drum weniger mein?
Wenn ich sechs Hengste zahlen kann,
Sind ihre Kräfte nicht die meine?
Ich renne zu und bin ein rechter Mann,
Als hätt' ich vier und zwanzig Beine.
Drum frisch! laß alles Sinnen seyn,
Und g'rad' mit in die Welt hinein.
Ich sag' es dir: ein Kerl, der speculirt,
Ist wie ein Thier, auf einer Heide
Von einem bösen Geist im Kreis herum geführt,
Und rings umher liegt schöne grüne Weide.
FAUST. Wie fangen wir das an?
MEPHISTOPHELES. Wir gehen eben fort.
Was ist das für ein Marterort?
Was heißt das für ein Leben führen,
Sich und die Jungens ennüyiren?
Laß du das dem Herrn Nachbar Wanst!
Was willst du dich das Stroh zu dreschen plagen?
Das beste, was du wissen kannst,
Darfst du den Buben doch nicht sagen.
Gleich hör' ich einen auf dem Gange!
FAUST. Mir ist's nicht möglich ihn zu sehn.
MEPHISTOPHELES. Der arme Knabe wartet lange,
Der darf nicht ungetröstet gehn.
Komm, gib mir deinen Rock und Mütze;
Die Maske muß mir köstlich stehn.
Er kleidet sich um.
Nun überlaß es meinem Witze!
Ich brauche nur ein Viertelstündchen Zeit;
Indessen mache dich zur schönen Fahrt bereit!
Faust ab.
MEPHISTOPHELES *in Fausts langem Kleide.*
Verachte nur Vernunft und Wissenschaft,
Des Menschen allerhöchste Kraft,

SCHÜLERSZENE

Laß nur in Blend- und Zauberwerken
Dich von dem Lügengeist bestärken,
So hab' ich dich schon unbedingt –
Ihm hat das Schicksal einen Geist gegeben,
Der ungebändigt immer vorwärts dringt,
Und dessen übereiltes Streben
Der Erde Freuden überspringt.
Den schlepp' ich durch das wilde Leben,
Durch flache Unbedeutenheit,
Er soll mir zappeln, starren, kleben,
Und seiner Unersättlichkeit
Soll Speis' und Trank vor gier'gen Lippen schweben;
Er wird Erquickung sich umsonst erflehn,
Und hätt' er sich auch nicht dem Teufel übergeben,
Er müßte doch zu Grunde gehn!
Ein Schüler tritt auf.
SCHÜLER. Ich bin allhier erst kurze Zeit,
Und komme voll Ergebenheit,
Einen Mann zu sprechen und zu kennen,
Den alle mir mit Ehrfucht nennen.
MEPHISTOPHELES. Eure Höflichkeit erfreut mich sehr!
Ihr seht einen Mann wie andre mehr.
Habt ihr euch sonst schon umgethan?
SCHÜLER. Ich bitt' euch, nehmt euch meiner an!
Ich komme mit allem guten Muth,
Leidlichem Geld und frischem Blut,
Meine Mutter wollte mich kaum entfernen,
Möchte gern was rechts hieraußen lernen.
MEPHISTOPHELES. Da seyd ihr eben recht am Ort.
SCHÜLER. Aufrichtig, möchte schon wieder fort:
In diesen Mauern, diesen Hallen
Will es mir keineswegs gefallen.
Es ist ein gar beschränkter Raum,
Man sieht nichts grünes, keinen Baum
Und in den Sälen, auf den Bänken,
Vergeht mir Hören, Sehn und Denken.

MEPHISTOPHELES. Das kommt nur auf Gewohnheit an.
So nimmt ein Kind der Mutter Brust
Nicht gleich im Anfang willig an,
Doch bald ernährt es sich mit Lust.
So wird's euch an der Weisheit Brüsten
Mit jedem Tage mehr gelüsten.
SCHÜLER. An ihrem Hals will ich mit Freuden hangen;
Doch sagt mir nur, wie kann ich hingelangen?
MEPHISTOPHELES. Erklärt euch, eh' ihr weiter geht,
Was wählt ihr für eine Facultät?
SCHÜLER. Ich wünschte recht gelehrt zu werden,
Und möchte gern, was auf der Erden
Und in dem Himmel ist, erfassen,
Die Wissenschaft und die Natur.
MEPHISTOPHELES. Da seyd ihr auf der rechten Spur,
Doch müßt ihr euch nicht zerstreuen lassen.
SCHÜLER. Ich bin dabey mit Seele und Leib;
Doch freylich würde mir behagen
Ein wenig Freyheit und Zeitvertreib
An schönen Sommerfeyertagen.
MEPHISTOPHELES.
Gebraucht der Zeit, sie geht so schnell von hinnen,
Doch Ordnung lehrt euch Zeit gewinnen.
Mein theurer Freund, ich rath' euch drum
Zuerst Collegium Logicum.
Da wird der Geist euch wohl dressirt,
In Spanische Stiefeln eingeschnürt,
Daß er bedächtiger so fortan
Hinschleiche die Gedankenbahn,
Und nicht etwa die kreuz und quer
Irrlichtelire hin und her.
Dann lehret man euch manchen Tag,
Daß, was ihr sonst auf Einen Schlag
Getrieben, wie Essen und Trinken frey,
Eins! Zwey! Drey! dazu nöthig sey.
Zwar ist's mit der Gedanken-Fabrik

SCHÜLERSZENE

Wie mit einem Weber-Meisterstück,
Wo Ein Tritt tausend Fäden regt,
Die Schifflein herüber hinüber schießen,
Die Fäden ungesehen fließen,
Ein Schlag tausend Verbindungen schlägt:
Der Philosoph der tritt herein,
Und beweis't euch, es müßt' so seyn.
Das Erst' wär' so, das Zweyte so,
Und drum das Dritt' und Vierte so;
Und wenn das Erst' und Zweyt' nicht wär',
Das Dritt' und Viert' wär' nimmermehr.
Das preisen die Schüler aller Orten,
Sind aber keine Weber geworden.
Wer will was lebendigs erkennen und beschreiben,
Sucht erst den Geist heraus zu treiben,
Dann hat er die Theile in seiner Hand,
Fehlt leider! nur das geistige Band.
Encheiresin naturae nennt's die Chimie!
Spottet ihrer selbst, und weiß nicht wie.
SCHÜLER. Kann euch nicht eben ganz verstehen.
MEPHISTOPHELES. Das wird nächstens schon besser gehen,
Wenn ihr lernt alles reduciren
Und gehörig klassificiren.
SCHÜLER. Mir wird von allem dem so dumm,
Als ging' mir ein Mühlrad im Kopf herum.
MEPHISTOPHELES. Nachher vor allen andern Sachen
Müßt ihr euch an die Metaphysik machen!
Da seht, daß ihr tiefsinnig faßt,
Was in des Menschen Hirn nicht paßt;
Für, was drein geht und nicht drein geht,
Ein prächtig Wort zu Diensten steht.
Doch vorerst dieses halbe Jahr
Nehmt ja der besten Ordnung wahr.
Fünf Stunden habt ihr jeden Tag;
Seyd drinne mit dem Glockenschlag!
Habt euch vorher wohl präparirt,

Paragraphos wohl einstudirt,
Damit ihr nachher besser seht,
Daß er nichts sagt, als was im Buche steht;
Doch euch des Schreibens ja befleißt,
Als dictirt' euch der Heilig' Geist!
SCHÜLER. Das sollt ihr mir nicht zweymal sagen!
Ich denke mir wie viel es nützt;
Denn, was man schwarz auf weiß besitzt,
Kann man getrost nach Hause tragen.
MEPHISTOPHELES. Doch wählt mir eine Facultät!
SCHÜLER.
Zur Rechtsgelehrsamkeit kann ich mich nicht bequemen.
MEPHISTOPHELES.
Ich kann es euch so sehr nicht übel nehmen,
Ich weiß wie es um diese Lehre steht.
Es erben sich Gesetz' und Rechte
Wie eine ew'ge Krankheit, fort,
Sie schleppen von Geschlecht sich zum Geschlechte,
Und rücken sacht von Ort zu Ort.
Vernunft wird Unsinn, Wohlthat Plage;
Weh dir, daß du ein Enkel bist!
Vom Rechte, das mit uns geboren ist,
Von dem ist leider! nie die Frage.
SCHÜLER. Mein Abscheu wird durch euch vermehrt.
O glücklich der, den ihr belehrt!
Fast möcht' ich nun Theologie studiren.
MEPHISTOPHELES. Ich wünschte nicht euch irre zu führen.
Was diese Wissenschaft betrifft,
Es ist so schwer den falschen Weg zu meiden,
Es liegt in ihr so viel verborgnes Gift,
Und von der Arzeney ist's kaum zu unterscheiden.
Am besten ist's auch hier, wenn ihr nur Einen hört,
Und auf des Meisters Worte schwört.
Im Ganzen – haltet euch an Worte!
Dann geht ihr durch die sichre Pforte
Zum Tempel der Gewißheit ein.

SCHÜLERSZENE

SCHÜLER. Doch ein Begriff muß bey dem Worte seyn.
MEPHISTOPHELES.
Schon gut! Nur muß man sich nicht allzu ängstlich quälen,
Denn eben wo Begriffe fehlen,
Da stellt ein Wort zur rechten Zeit sich ein.
Mit Worten läßt sich trefflich streiten,
Mit Worten ein System bereiten,
An Worte läßt sich trefflich glauben,
Von einem Wort läßt sich kein Jota rauben.
SCHÜLER. Verzeiht, ich halt' euch auf mit vielen Fragen,
Allein, ich muß euch noch bemühn.
Wollt ihr mir von der Medicin
Nicht auch ein kräftig Wörtchen sagen?
Drey Jahr' ist eine kurze Zeit,
Und, Gott! das Feld ist gar zu weit.
Wenn man einen Fingerzeig nur hat,
Läßt sich's schon eher weiter fühlen.
MEPHISTOPHELES *für sich.* Ich bin des trocknen Tons nun satt,
Muß wieder recht den Teufel spielen.
Laut. Der Geist der Medicin ist leicht zu fassen;
Ihr durchstudirt die groß' und kleine Welt,
Um es am Ende gehn zu lassen,
Wie's Gott gefällt.
Vergebens, daß ihr ringsum wissenschaftlich schweift,
Ein jeder lernt nur was er lernen kann.
Doch der den Augenblick ergreift,
Das ist der rechte Mann.
Ihr seyd noch ziemlich wohl gebaut,
An Kühnheit wird's euch auch nicht fehlen,
Und wenn ihr euch nur selbst vertraut,
Vertrauen euch die andern Seelen.
Besonders lernt die Weiber führen;
Es ist ihr ewig Weh und Ach,
So tausendfach,
Aus Einem Puncte zu curiren,
Und wenn ihr halbweg ehrbar thut,

Dann habt ihr sie all' unter'm Hut.
Ein Titel muß sie erst vertraulich machen,
Daß eure Kunst viel' Künste übersteigt,
Zum Willkomm' tappt ihr dann nach allen Siebensachen,
Um die ein andrer viele Jahre streicht,
Versteht das Pülslein wohl zu drücken,
Und fasset sie, mit feurig schlauen Blicken,
Wohl um die schlanke Hüfte frey,
Zu sehn, wie fest geschnürt sie sey.
SCHÜLER.
Das sieht schon besser aus! Man sieht doch wo und wie.
MEPHISTOPHELES. Grau, theurer Freund, ist alle Theorie,
Und grün des Lebens goldner Baum.
SCHÜLER. Ich schwör' euch zu, mir ist's als wie ein Traum.
Dürft' ich euch wohl ein andermal beschweren,
Von eurer Weisheit auf den Grund zu hören?
MEPHISTOPHELES. Was ich vermag, soll gern geschehn.
SCHÜLER. Ich kann unmöglich wieder gehn,
Ich muß euch noch mein Stammbuch überreichen,
Gönn' eure Gunst mir dieses Zeichen!
MEPHISTOPHELES. Sehr wohl. *Er schreibt und gibt's.*
SCHÜLER *lies't.* Eritis sicut Deus scientes bonum et malum.
Macht's ehrerbiethig zu und empfiehlt sich.
MEPHISTOPHELES.
Folg' nur dem alten Spruch und meiner Muhme, der Schlange,
Dir wird gewiß einmal bey deiner Gottähnlichkeit bange!
Faust tritt auf.
FAUST. Wohin soll es nun gehn?
MEPHISTOPHELES. Wohin es dir gefällt.
Wir sehn die kleine, dann die große Welt.
Mit welcher Freude, welchem Nutzen,
Wirst du den Cursum durchschmarutzen!
FAUST. Allein mit meinem langen Bart
Fehlt mir die leichte Lebensart.
Es wird mir der Versuch nicht glücken;
Ich wußte nie mich in die Welt zu schicken.

Vor andern fühl' ich mich so klein;
Ich werde stets verlegen seyn.
MEPH. Mein guter Freund, das wird sich alles geben,
Sobald du dir vertraust, sobald weißt du zu leben.
FAUST. Wie kommen wir denn aus dem Haus?
Wo hast du Pferde, Knecht und Wagen?
MEPHISTOPHELES. Wir breiten nur den Mantel aus,
Der soll uns durch die Lüfte tragen.
Du nimmst bey diesem kühnen Schritt
Nur keinen großen Bündel mit.
Ein Bißchen Feuerluft, die ich bereiten werde,
Hebt uns behend von dieser Erde.
Und sind wir leicht, so geht es schnell hinauf;
Ich gratulire dir zum neuen Lebenslauf.

AUERBACHS KELLER IN LEIPZIG

Zeche lustiger Gesellen

FROSCH. Will keiner trinken? keiner lachen?
Ich will euch lehren Gesichter machen!
Ihr seyd ja heut' wie nasses Stroh.
Und brennt sonst immer lichterloh.
BRANDER. Das liegt an dir; du bringst ja nichts herbey,
Nicht eine Dummheit, keine Sauerey.
FROSCH *gießt ihm ein Glas Wein über den Kopf.*
Da hast du beydes!
BRANDER.   Doppelt Schwein!
FROSCH. Ihr wollt' es ja, man soll es seyn!
SIEBEL. Zur Thür hinaus wer sich entzweyt!
Mit offner Brust singt Runda, sauft und schreyt!
Auf! Holla! ho!
ALTMAYER.   Weh mir, ich bin verloren!
Baumwolle her! der Kerl sprengt mir die Ohren.
SIEBEL. Wenn das Gewölbe wiederschallt,
Fühlt man erst recht des Basses Grundgewalt.

FROSCH. So recht, hinaus mit dem, der etwas übel nimmt!
A! tara lara da!
ALTMAYER. A! tara lara da!
FROSCH.   Die Kehlen sind gestimmt.

    Singt.   Das liebe heil'ge Röm'sche Reich,
               Wie hält's nur noch zusammen?

BRANDER. Ein garstig Lied! Pfuy! ein politisch Lied
Ein leidig Lied! Dankt Gott mit jedem Morgen,
Daß ihr nicht braucht fürs Röm'sche Reich zu sorgen!
Ich halt' es wenigstens für reichlichen Gewinn,
Daß ich nicht Kaiser oder Kanzler bin.
Doch muß auch uns ein Oberhaupt nicht fehlen;
Wir wollen einen Papst erwählen.
Ihr wißt, welch eine Qualität
Den Ausschlag gibt, den Mann erhöht.

FROSCH *singt.* Schwing dich auf, Frau Nachtigall,
            Grüß' mir mein Liebchen zehentausendmal.

SIEBEL.
Dem Liebchen keinen Gruß! ich will davon nichts hören!
FROSCH.
Dem Liebchen Gruß und Kuß! du wirst mir's nicht verwehren!

    Singt.   Riegel auf! in stiller Nacht.
               Riegel auf! der Liebste wacht.
               Riegel zu! des Morgens früh.

SIEBEL. Ja, singe, singe nur und lob' und rühme sie;
Ich will zu meiner Zeit schon lachen.
Sie hat mich angeführt, dir wird sie's auch so machen.
Zum Liebsten sey ein Kobold ihr bescheert,
Der mag mit ihr auf einem Kreuzweg schäkern;
Ein alter Bock, wenn er vom Blocksberg kehrt,
Mag im Galopp noch gute Nacht ihr meckern!
Ein braver Kerl von echtem Fleisch und Blut
Ist für die Dirne viel zu gut.

Ich will von keinem Gruße wissen,
Als ihr die Fenster eingeschmissen!
BRANDER *auf den Tisch schlagend.*
Paßt auf! paßt auf! Gehorchet mir!
Ihr Herrn, gesteht, ich weiß zu leben,
Verliebte Leute sitzen hier,
Und diesen muß, nach Standsgebühr,
Zur guten Nacht ich was zum Besten geben.
Gebt Acht! Ein Lied vom neusten Schnitt!
Und singt den Rundreim kräftig mit!

Er singt.   Es war eine Ratt' im Kellernest,
              Lebte nur von Fett und Butter,
              Hatte sich ein Ränzlein angemäst',
              Als wie Doctor Luther.
              Die Köchinn hatt ihr Gift gestellt,
              Da ward's so eng' ihr in der Welt,
              Als hätte sie Lieb' im Leibe.

CHORUS *jauchzend.*   Als hätte sie Lieb' im Leibe.

BRANDER.   Sie fuhr herum, sie fuhr heraus,
              Und soff aus allen Pfützen,
              Zernagt', zerkratzt' das ganze Haus,
              Wollte nichts ihr Wüthen nützen,
              Sie thät gar manchen Ängstesprung,
              Bald hatte das arme Thier genung,
              Als hätt' es Lieb' im Leibe.

CHORUS.   Als hätt es Lieb' im Leibe.

BRANDER.   Sie kam für Angst am hellen Tag
              Der Küche zugelaufen,
              Fiel an den Herd und zuckt' und lag,
              Und thät erbärmlich schnaufen.
              Da lachte die Vergifterinn noch:
              »Ha! sie pfeift auf dem letzten Loch,
              Als hätte sie Lieb' im Leibe.«

CHORUS.   Als hätte sie Lieb' im Leibe.

SIEBEL. Wie sich die platten Bursche freuen!
Es ist mir eine rechte Kunst,
Den armen Ratten Gift zu streuen!
BRANDER. Sie stehn wohl sehr in deiner Gunst?
ALTMAYER. Der Schmerbauch mit der kahlen Platte!
Das Unglück macht ihn zahm und mild;
Er sieht in der geschwollnen Ratte
Sein ganz natürlich Ebenbild.

Faust und Mephistopheles

MEPHISTOPHELES. Ich muß dich nun vor allen Dingen
In lustige Gesellschaft bringen,
Damit du siehst, wie leicht sich's leben läßt.
Dem Volke hier wird jeder Tag ein Fest.
Mit wenig Witz und viel Behagen
Dreht jeder sich im engen Zirkeltanz,
Wie junge Katzen mit dem Schwanz.
Wenn sie nicht über Kopfweh klagen,
So lang der Wirth nur weiter borgt,
Sind sie vergnügt und unbesorgt.
BRANDER. Die kommen eben von der Reise,
Man sieht's an ihrer wunderlichen Weise;
Sie sind nicht eine Stunde hier.
FROSCH.
Wahrhaftig du hast Recht! Mein Leipzig lob' ich mir!
Es ist ein klein Paris, und bildet seine Leute.
SIEBEL. Für was siehst du die Fremden an?
FROSCH. Laß mich nur gehn; bey einem vollen Glase
Zieh' ich, wie einen Kinderzahn,
Den Burschen leicht die Würmer aus der Nase.
Sie scheinen mir aus einem edlen Haus,
Sie sehen stolz und unzufrieden aus.
BRANDER. Marktschreyer sind's gewiß, ich wette!
ALTMAYER. Vielleicht.
FROSCH.   Gib Acht, ich schraube sie.

AUERBACHS KELLER IN LEIPZIG

MEPHISTOPHELES *zu Faust.* Den Teufel spürt das Völkchen nie,
Und wenn er sie bey'm Kragen hätte.
FAUST. Seyd uns gegrüßt, ihr Herrn!
SIEBEL. Viel Dank zum Gegengruß.
Leise, Mephistopheles von der Seite ansehend.
Was hinkt der Kerl auf Einem Fuß?
MEPHISTOPHELES. Ist es erlaubt uns auch zu euch zu setzen?
Statt eines guten Trunks, den man nicht haben kann,
Soll die Gesellschaft uns ergetzen.
ALTMAYER. Ihr scheint ein sehr verwöhnter Mann.
FROSCH. Ihr seyd wohl spät von Rippach aufgebrochen?
Habt ihr mit Herren Hans noch erst zu Nacht gespeis't?
MEPHISTOPHELES. Heut' sind wir ihn vorbey gereis't;
Wir haben ihn das letztemal gesprochen.
Von seinen Vettern wußt' er viel zu sagen
Viel' Grüße hat er uns an jeden aufgetragen.
Er neigt sich gegen Frosch.
ALTMAYER *leise.* Da hast du's! der versteht's!
SIEBEL. Ein pfiffiger Patron!
FROSCH. Nun, warte nur, ich krieg' ihn schon!
MEPHISTOPHELES. Wenn ich nicht irrte, hörten wir
Geübte Stimmen Chorus singen?
Gewiß, Gesang muß trefflich hier
Von dieser Wölbung wieder klingen!
FROSCH. Seyd ihr wohl gar ein Virtuos?
MEPH. O nein! Die Kraft ist schwach, allein die Lust ist groß.
ALTMAYER. Gebt uns ein Lied!
MEPHISTOPHELES. Wenn ihr begehrt, die Menge.
SIEBEL. Nur auch ein nagelneues Stück!
MEPHISTOPHELES. Wir kommen erst aus Spanien zurück,
Dem schönen Land des Weins und der Gesänge. *Singt.*

    Es war einmal ein König,
      Der hatt' einen großen Floh –

FROSCH. Horcht! Einen Floh! Habt ihr das wohl gefaßt?
Ein Floh ist mir ein saub'rer Gast.

MEPHISTOPHELES *singt.* Es war einmal ein König,
    Der hatt' einen großen Floh,
    Den liebt' er gar nicht wenig,
    Als wie seinen eignen Sohn.
    Da rief er seinen Schneider,
    Der Schneider kam heran:
    »Da miß dem Junker Kleider,
    Und miß ihm Hosen an.«

BRANDER. Vergeßt nur nicht, dem Schneider einzuschärfen,
Daß er mir auf's genauste mißt,
Und daß, so lieb sein Kopf ihm ist,
Die Hosen keine Falten werfen!

MEPHISTOPHELES. In Sammet und in Seide
    War er nun angethan,
    Hatte Bänder auf dem Kleide,
    Hatt' auch ein Kreuz daran,
    Und war sogleich Minister,
    Und hatt' einen großen Stern.
    Da wurden seine Geschwister
    Bey Hof auch große Herrn.

    Und Herrn und Fraun am Hofe,
    Die waren sehr geplagt,
    Die Königinn und die Zofe
    Gestochen und genagt,
    Und durften sie nicht knicken,
    Und weg sie jucken nicht.
    Wir knicken und ersticken
    Doch gleich, wenn einer sticht.

CHORUS *jauchzend.* Wir knicken und ersticken
    Doch gleich, wenn einer sticht.

FROSCH. Bravo! Bravo! das war schön!
SIEBEL. So soll es jedem Floh ergehn!
BRANDER. Spitzt die Finger und packt sie fein!
ALTMAYER. Es lebe die Freyheit! Es lebe der Wein!

MEPHISTOPHELES.
Ich tränke gern ein Glas, die Freyheit hoch zu ehren,
Wenn eure Weine nur ein Bißchen besser wären.
SIEBEL. Wir mögen das nicht wieder hören!
MEPHISTOPHELES. Ich fürchte nur, der Wirth beschweret sich,
Sonst gäb' ich diesen werthen Gästen
Aus unserm Keller was zum Besten.
SIEBEL. Nur immer her, ich nehm's auf mich.
FROSCH. Schafft ihr ein gutes Glas, so wollen wir euch loben.
Nur gebt nicht gar zu kleine Proben;
Denn wenn ich judiciren soll,
Verlang' ich auch das Maul recht voll.
ALTMAYER *leise.* Sie sind vom Rheine, wie ich spüre.
MEPHISTOPHELES. Schafft einen Bohrer an.
BRANDER. Was soll mit dem geschehn?
Ihr habt doch nicht die Fässer vor der Thüre?
ALTMAYER.
Dahinten hat der Wirth ein Körbchen Werkzeug stehn.
MEPHISTOPHELES *nimmt den Bohrer. Zu Frosch.*
Nun sagt, was wünschet ihr zu schmecken?
FROSCH. Wie meint ihr das? Habt ihr so mancherley?
MEPHISTOPHELES. Ich stell es einem jeden frey.
ALTMAYER *zu Frosch.*
Aha! du fängst schon an die Lippen abzulecken.
FROSCH.
Gut, wenn ich wählen soll, so will ich Rheinwein haben.
Das Vaterland verleiht die allerbesten Gaben.
MEPHISTOPHELES *indem er an dem Platz, wo Frosch sitzt, ein Loch in den Tischrand bohrt.*
Verschafft ein wenig Wachs, die Pfropfen gleich zu machen.
ALTMAYER. Ach das sind Taschenspielersachen.
MEPHISTOPHELES *zu Brander.* Und ihr?
BRANDER. Ich will Champagner Wein,
Und recht mussirend soll er seyn!
Mephistopheles bohrt, einer hat indessen die Wachspfropfen gemacht und verstopft.

BRANDER. Man kann nicht stets das Fremde meiden,
Das Gute liegt uns oft so fern.
Ein echter Deutscher Mann mag keinen Franzen leiden,
Doch ihre Weine trinkt er gern.
SIEBEL, *indem sich Mephistopheles seinem Platze nähert.*
Ich muß gestehn, den sauren mag ich nicht,
Gebt mir ein Glas vom echten süßen!
MEPHISTOPHELES *bohrt.* Euch soll sogleich Tokayer fließen.
ALTMAYER. Nein, Herren, seht mir in's Gesicht!
Ich seh' es ein, ihr habt uns nur zum Besten.
MEPHISTOPHELES. Ey! Ey! Mit solchen edlen Gästen
Wär' es ein Bißchen viel gewagt.
Geschwind! Nur g'rad' heraus gesagt!
Mit welchem Weine kann ich dienen?
ALTMAYER. Mit jedem! Nur nicht lang' gefragt.
Nachdem die Löcher alle gebohrt und verstopft sind,

MEPHISTOPHELES *mit seltsamen Geberden.*

> Trauben trägt der Weinstock!
> Hörner der Ziegenbock.
> Der Wein ist saftig, Holz die Reben,
> Der hölzerne Tisch kann Wein auch geben.
> Ein tiefer Blick in die Natur!
> Hier ist ein Wunder, glaubet nur!

Nun zieht die Pfropfen und genießt!
ALLE, *indem sie die Pfropfen ziehen, und jedem der verlangte Wein in's Glas läuft.*
O schöner Brunnen, der uns fließt!
MEPHISTOPHELES. Nur hütet euch, daß ihr mir nichts vergießt!
Sie trinken wiederhohlt.

ALLE *singen.*   Uns ist ganz kannibalisch wohl,
                    Als wie fünf hundert Säuen!

MEPH. Das Volk ist frey, seht an, wie wohl's ihm geht!
FAUST. Ich hätte Lust nun abzufahren.

MEPHISTOPHELES. Gib nur erst Acht, die Bestialität
Wird sich gar herrlich offenbaren.
SIEBEL *trinkt unvorsichtig, der Wein fließt auf die Erde und wird zur Flamme.*
Helft! Feuer! helft! Die Hölle brennt!
MEPHISTOPHELES *die Flamme besprechend.*
Sey ruhig, freundlich Element! *Zu dem Gesellen.*
Für dießmal war es nur ein Tropfen Fegefeuer.
SIEBEL. Was soll das seyn? Wart'! ihr bezahlt es theuer!
Es scheinet, daß ihr uns nicht kennt.
FROSCH. Laß Er uns das zum zweytenmale bleiben!
ALTMAYER.
Ich dächt', wir hießen ihn ganz sachte seitwärts gehn.
SIEBEL. Was, Herr? Er will sich unterstehn,
Und hier sein Hokuspokus treiben?
MEPHISTOPHELES. Still, altes Weinfaß!
SIEBEL. Besenstiel!
Du willst uns gar noch grob begegnen?
BRANDER. Wart nur'! es sollen Schläge regnen.
ALTMAYER *zieht einen Pfropf aus dem Tisch, es springt ihm Feuer entgegen.*
Ich brenne! ich brenne!
SIEBEL. Zauberey!
Stoßt zu! Der Kerl ist vogelfrey!
Sie ziehen die Messer und gehn auf Mephistopheles los.
MEPHISTOPHELES *mit ernsthafter Geberde.*

    Falsch Gebild und Wort
    Verändern Sinn und Ort!
    Seyd hier und dort!

Sie stehn erstaunt und sehn einander an.
ALTMAYER. Wo bin ich? Welches schöne Land!
FROSCH. Weinberge! Seh' ich recht?
SIEBEL. Und Trauben gleich zur Hand!
BRANDER. Hier unter diesem grünen Laube,
Seht, welch ein Stock! Seht, welche Traube!

Er faßt Siebeln bey der Nase, die andern thun es wechselseitig und heben die Messer.
MEPHISTOPHELES *wie oben.*

        Irrthum, laß los der Augen Band!
        Und merkt euch, wie der Teufel spaße.

Er verschwindet mit Faust, die Gesellen fahren aus einander.
SIEBEL. Was gibt's?
ALTMAYER.   Wie?
FROSCH.   War das deine Nase?
BRANDER *zu Siebel.* Und deine hab' ich in der Hand!
ALTMAYER. Es war ein Schlag, der ging durch alle Glieder!
Schafft einen Stuhl, ich sinke nieder!
FROSCH. Nein, sagt mir nur, was ist geschehn?
SIEBEL. Wo ist der Kerl? Wenn ich ihn spüre,
Er soll mir nicht lebendig gehn!
ALTMAYER. Ich hab' ihn selbst hinaus zur Kellerthüre
Auf einem Fasse reiten sehn – –
Es liegt mir bleyschwer in den Füßen.
Sich nach dem Tische wendend.
Mein! Sollte wohl der Wein noch fließen?
SIEBEL. Betrug war alles, Lug und Schein.
FROSCH. Mir deuchte doch, als tränk' ich Wein.
BRANDER. Aber wie war es mit den Trauben?
ALTMAYER.
Nun sag' mir eins, man soll kein Wunder glauben!

HEXENKÜCHE

Auf einem niedrigen Herde steht ein großer Kessel über dem Feuer. In dem Dampfe, der davon in die Höhe steigt, zeigen sich verschiedene Gestalten. Eine Meerkatze sitzt bey dem Kessel und schäumt ihn, und sorgt, daß er nicht überläuft. Der Meerkater mit den Jungen sitzt darneben und wärmt sich. Wände und Decke sind mit dem seltsamsten Hexenhausrath ausgeschmückt.

Faust · Mephistopheles

FAUST. Mir widersteht das tolle Zauberwesen!
Versprichst du mir, ich soll genesen
In diesem Wust von Raserey?
Verlang' ich Rath von einem alten Weibe?
Und schafft die Sudelköcherey
Wohl dreyßig Jahre mir vom Leibe?
Weh mir, wenn du nichts bessers weißt!
Schon ist die Hoffnung mir verschwunden.
Hat die Natur und hat ein edler Geist
Nicht irgendeinen Balsam ausgefunden?
MEPHISTOPHELES. Mein Freund, nun sprichst du wieder klug!
Dich zu verjüngen, gibt's auch ein natürlich Mittel;
Allein es steht in einem andern Buch,
Und ist ein wunderlich Kapitel.
FAUST. Ich will es wissen.
MEPHISTOPHELES. Gut! Ein Mittel, ohne Geld
Und Arzt und Zauberey zu haben:
Begib dich gleich hinaus auf's Feld,
Fang an zu hacken und zu graben,
Erhalte dich und deinen Sinn
In einem ganz beschränkten Kreise,
Ernähre dich mit ungemischter Speise,
Leb' mit dem Vieh als Vieh, und acht' es nicht für Raub,
Den Acker, den du ärndest, selbst zu düngen;
Das ist das beste Mittel, glaub'!
Auf achtzig Jahr' dich zu verjüngen.

FAUST. Das bin ich nicht gewöhnt, ich kann mich nicht be-
Den Spaten in die Hand zu nehmen, [quemen,
Das enge Leben steht mir gar nicht an.
MEPHISTOPHELES. So muß denn doch die Hexe dran.
Die Thiere erblickend.
Sieh, welch ein zierliches Geschlecht!
Das ist die Magd! Das ist der Knecht! *Zu den Thieren.*
Es scheint, die Frau ist nicht zu Hause?

DIE THIERE.   Bey'm Schmause,
                Aus dem Haus
                Zum Schornstein hinaus!

MEPHISTOPHELES. Wie lange pflegt sie wohl zu schwärmen?
DIE THIERE. So lang' wir uns die Pfoten wärmen.
MEPHISTOPHELES *zu Faust*. Wie findest du die zarten Thiere?
FAUST. So abgeschmackt, als ich nur etwas sah!
MEPHISTOPHELES. Nein, ein Discurs wie dieser da
Ist g'rade der, den ich am liebsten führe.

DER KATER *macht sich herbey und schmeichelt dem Mephistopheles.*

                O würfle nur gleich,
                Und mache mich reich,
                Und laß mich gewinnen!
                Gar schlecht ist's bestellt,
                Und wär' ich bey Geld,
                So wär' ich bey Sinnen.

MEPHISTOPHELES. Wie glücklich würde sich der Affe schätzen,
Könnt' er nur auch in's Lotto setzen!
Indessen haben die jungen Meerkätzchen mit einer großen Kugel gespielt, und rollen sie hervor.

DER KATER.   Das ist die Welt;
                Sie steigt und fällt
                Und rollt beständig;
                Sie klingt wie Glas;
                Wie bald bricht das?
                Ist hohl inwendig.

> Hier glänzt sie sehr,
> Und hier noch mehr:
> »Ich bin lebendig!«
> Mein lieber Sohn,
> Halt dich davon!
> Du mußt sterben!
> Sie ist von Thon,
> Es gibt Scherben.

MEPHISTOPHELES. Was soll das Sieb?

DER KATER *hohlt es herunter.*
> Wärst du ein Dieb,
> Wollt' ich dich gleich erkennen.

Er läuft zur Kätzinn und läßt sie durchsehen.
> Sieh durch das Sieb!
> Erkennst du den Dieb,
> Und darfst ihn nicht nennen?

MEPHISTOPHELES *sich dem Feuer nähernd.* Und dieser Topf?

KATER UND KÄTZINN. Der alberne Tropf!
> Er kennt nicht den Topf,
> Er kennt nicht den Kessel!

MEPHISTOPHELES. Unhöfliches Thier!

DER KATER. Den Wedel nimm hier,
> Und setz' dich in Sessel!

Er nöthigt den Mephistopheles zu sitzen.

FAUST, *welcher diese Zeit über vor einem Spiegel gestanden, sich ihm bald genähert, bald sich von ihm entfernt hat.*
Was seh' ich? Welch ein himmlisch Bild
Zeigt sich in diesem Zauberspiegel!
O Liebe, leihe mir den schnellsten deiner Flügel,
Und führe mich in ihr Gefild.
Ach wenn ich nicht auf dieser Stelle bleibe,
Wenn ich es wage nah' zu gehn,
Kann ich sie nur als wie im Nebel sehn! –
Das schönste Bild von einem Weibe!
Ist's möglich, ist das Weib so schön?

Muß ich an diesem hingestreckten Leibe
Denn Inbegriff von allen Himmeln sehn?
So etwas findet sich auf Erden?

MEPHISTOPHELES.
Natürlich, wenn ein Gott sich erst sechs Tage plagt,
Und selbst am Ende Bravo sagt,
Da mußt' es was gescheidtes werden.
Für dießmal sieh dich immer satt;
Ich weiß dir so ein Schätzchen auszuspüren,
Und selig wer das gute Schicksal hat,
Als Bräutigam sie heim zu führen!

Faust sieht immerfort in den Spiegel. Mephistopheles, sich in dem Sessel dehnend und mit dem Wedel spielend, fährt fort zu sprechen.
Hier sitz' ich wie der König auf dem Throne,
Den Zepter halt' ich hier, es fehlt nur noch die Krone.

DIE THIERE, *welche bisher allerley wunderliche Bewegungen durch einander gemacht haben, bringen dem Mephistopheles eine Krone mit großem Geschrey.*

> O sey doch so gut,
> Mit Schweiß und mit Blut
> Die Krone zu leimen!

Sie gehn ungeschickt mit der Krone um und zerbrechen sie in zwey Stücke, mit welchen sie herum springen.

> Nun ist es geschehn!
> Wir reden und sehn,
> Wir hören und reimen;

FAUST *gegen den Spiegel.* Weh mir! ich werde schier verrückt.
MEPHISTOPHELES *auf die Thiere deutend.*
Nun fängt mir an fast selbst der Kopf zu schwanken.

DIE THIERE.   Und wenn es uns glückt
  Und wenn es sich schickt,
  So sind es Gedanken!

FAUST *wie oben.* Mein Busen fängt mir an zu brennen!
Entfernen wir uns nur geschwind!

HEXENKÜCHE

MEPHISTOPHELES *in obiger Stellung.*
Nun wenigstens muß man bekennen,
Daß es aufrichtige Poeten sind.

Der Kessel, welchen die Kätzinn bisher außer Acht gelassen, fängt an überzulaufen; es entsteht eine große Flamme, welche zum Schorstein hinausschlägt. Die Hexe kommt durch die Flamme mit entsetzlichem Geschrey herunter gefahren.

DIE HEXE. Au! Au! Au! Au!
    Verdammtes Thier! verfluchte Sau!
    Versäumst den Kessel, versengst die Frau!
    Verfluchtes Thier!
Faust und Mephistopheles erblickend.
    Was ist das hier?
    Wer seyd ihr hier?
    Was wollt ihr da?
    Wer schlich sich ein?
    Die Feuerpein
    Euch in's Gebein!

Sie fährt mit dem Schaumlöffel in den Kessel und spritzt Flammen nach Faust, Mephistopheles und den Thieren. Die Thiere winseln.
MEPHISTOPHELES *welcher den Wedel, den er in der Hand hält, umkehrt und unter die Gläser und Töpfe schlägt.*
    Entzwey! entzwey!
    Da liegt der Brey,
    Da liegt das Glas,
    Es ist nur Spaß,
    Der Tact, du Aas,
    Zu deiner Melodey!

Indem die Hexe voll Grimm und Entsetzen zurücktritt.
Erkennst du mich, Gerippe! Scheusal du!
Erkennst du deinen Herrn und Meister?
Was hält mich ab, so schlag' ich zu,
Zerschmettre dich und deine Katzen-Geister!
Hast du vor'm rothen Wamms nicht mehr Respect?

924–946

Kannst du die Hahnenfeder nicht erkennen?
Hab' ich dieß Angesicht versteckt?
Soll ich mich etwa selber nennen?
DIE HEXE. O Herr, verzeiht den rohen Gruß!
Seh' ich doch keinen Pferdefuß.
Wo sind denn eure beyden Raben?
MEPHISTOPHELES. Für dießmal kommst du so davon;
Denn freylich ist es eine Weile schon,
Daß wir uns nicht gesehen haben.
Auch die Cultur, die alle Welt beleckt,
Hat auf den Teufel sich erstreckt;
Das Nordische Phantom ist nun nicht mehr zu schauen,
Wo siehst du Hörner, Schweif und Klauen?
Und was den Fuß betrifft, den ich nicht missen kann,
Der würde mir bey Leuten schaden;
Darum bedien' ich mich, wie mancher junge Mann,
Seit vielen Jahren falscher Waden.
DIE HEXE *tanzend.* Sinn und Verstand verlier' ich schier
Seh' ich den Junker Satan wieder hier!
MEPHISTOPHELES. Den Nahmen, Weib, verbitt' ich mir!
DIE HEXE. Warum? Was hat er euch gethan?
MEPHISTOPHELES.
Er ist schon lang' in's Fabelbuch geschrieben;
Allein die Menschen sind nichts besser dran,
Den Bösen sind sie los, die Bösen sind geblieben.
Du nennst mich Herr Baron, so ist die Sache gut;
Ich bin ein Cavalier, wie andre Cavaliere.
Du zweifelst nicht an meinem edlen Blut;
Sieh her, das ist das Wapen, das ich führe!
Er macht eine unanständige Geberde.
DIE HEXE *lacht unmäßig.* Ha! Ha! Das ist in eurer Art!
Ihr seyd ein Schelm, wie ihr nur immer war't!
MEPHISTOPHELES *zu Faust.*
Mein Freund, das lerne wohl verstehn!
Dieß ist die Art mit Hexen umzugehn.
DIE HEXE. Nun sagt, ihr Herren, was ihr schafft?

HEXENKÜCHE

MEPHISTOPHELES. Ein gutes Glas von dem bekannten Saft!
Doch muß ich euch um's ält'ste bitten;
Die Jahre doppeln seine Kraft.
DIE HEXE. Gar gern! Hier hab' ich eine Flasche,
Aus der ich selbst zuweilen nasche,
Die auch nicht mehr im mind'sten stinkt;
Ich will euch gern ein Gläschen geben. *Leise.*
Doch wenn es dieser Mann unvorbereitet trinkt,
So kann er, wißt ihr wohl, nicht eine Stunde leben.
MEPHISTOPHELES. Es ist ein guter Freund, dem es gedeihen soll;
Ich gönn' ihm gern das beste deiner Küche.
Zieh deinen Kreis, sprich deine Sprüche,
Und gib ihm eine Tasse voll!
DIE HEXE, *mit seltsamen Geberden, zieht einen Kreis und stellt wunderbare Sachen hinein; indessen fangen die Gläser an zu klingen, die Kessel zu tönen, und machen Musik. Zuletzt bringt sie ein großes Buch, stellt die Meerkatzen in den Kreis, die ihr zum Pult dienen und die Fackel halten müssen. Sie winkt Fausten, zu ihr zu treten.*
FAUST *zu Mephistopheles.*
Nein! sage mir, was soll das werden?
Das tolle Zeug, die rasenden Geberden,
Der abgeschmackteste Betrug,
Sind mir bekannt, verhaßt genug.
MEPHISTOPHELES. Ey Possen! Das ist nur zum Lachen;
Sey nur nicht ein so strenger Mann!
Sie muß als Arzt ein Hokuspokus machen,
Damit der Saft dir wohl gedeihen kann.
Er nöthigt Fausten in den Kreis zu treten.

DIE HEXE, *mit großer Emphase, fängt an aus dem Buche zu declamiren.*
            Du mußt verstehn!
            Aus Eins mach' Zehn,
            Und Zwey laß gehn,
            Und Drey mach' gleich,
            So bist du reich.

              Verlier die Vier,
              Aus Fünf und Sechs,
              So sagt die Hex',
              Mach' Sieben und Acht,
              So ist's vollbracht:
              Und Neun ist Eins,
              Und Zehn ist keins.
              Das ist das Hexen-Einmal-Eins!

FAUST. Mich dünkt, die Alte spricht im Fieber.
MEPHISTOPHELES. Das ist noch lange nicht vorüber,
Ich kenn' es wohl, so klingt das ganze Buch;
Ich habe manche Zeit damit verloren,
Denn ein vollkommner Widerspruch
Bleibt gleich geheimnißvoll für Kluge wie für Thoren.
Mein Freund, die Kunst ist alt und neu.
Es war die Art zu allen Zeiten,
Durch Drey und Eins, und Eins und Drey
Irrtum statt Wahrheit zu verbreiten.
So schwätzt und lehrt man ungestört!
Wer will sich mit den Narrn befassen?
Gewöhnlich glaubt der Mensch, wenn er nur Worte hört,
Es müsse sich dabey doch auch was denken lassen.

DIE HEXE *fährt fort.* Die hohe Kraft
              Der Wissenschaft,
              Der ganzen Welt verborgen!
              Und wer nicht denkt,
              Dem wird sie geschenkt,
              Er hat sie ohne Sorgen.

FAUST. Was sagt sie uns für Unsinn vor?
Es wird mir gleich der Kopf zerbrechen.
Mich dünkt, ich hör' ein ganzes Chor
Von hundert tausend Narren sprechen.
MEPHISTOPHELES. Genug, genug, o treffliche Sibylle!
Gib deinen Trank herbey, und fülle
Die Schale rasch bis an den Rand hinan;

HEXENKÜCHE

Denn meinem Freund wird dieser Trunk nicht schaden:
Er ist ein Mann von vielen Graden,
Der manchen guten Schluck gethan.
*Die Hexe, mit vielen Ceremonien, schenkt den Trank in eine Schale;
wie sie Faust an den Mund bringt, entsteht eine leichte Flamme.*
MEPHISTOPHELES. Nur frisch hinunter! Immer zu!
Es wird dir gleich das Herz erfreuen.
Bist mit dem Teufel du und du,
Und willst dich vor der Flamme scheuen?
Die Hexe lös't den Kreis. Faust tritt heraus.
MEPHISTOPHELES. Nun frisch hinaus! Du darfst nicht ruhn.
DIE HEXE. Mög' euch das Schlückchen wohl behagen!
MEPHISTOPHELES *zur Hexe.*
Und kann ich dir was zu Gefallen thun,
So darfst du mir's nur auf Walpurgis sagen.
DIE HEXE. Hier ist ein Lied! wenn ihr's zuweilen singt,
So werdet ihr besondre Wirkung spüren.
MEPHISTOPHELES *zu Faust.*
Komm nur geschwind' und laß dich führen,
Du mußt nothwendig transpiriren,
Damit die Kraft durch inn- und äußres dringt.
Den edlen Müßiggang lehr' ich hernach dich schätzen,
Und bald empfindest du mit innigem Ergetzen,
Wie sich Cupido regt und hin und wieder springt.
FAUST. Laß mich nur schnell noch in den Spiegel schauen!
Das Frauenbild war gar zu schön!
MEPHISTOPHELES.
Nein! Nein! Du sollst das Muster aller Frauen
Nun bald leibhaftig vor dir sehn. *Leise.*
Du siehst, mit diesem Trank im Leibe,
Bald Helenen in jedem Weibe.

STRASSE

Faust · Margarethe vorüber gehend

FAUST. Mein schönes Fräulein, darf ich wagen,
Meinen Arm und Geleit Ihr anzutragen?
MARGARETHE. Bin weder Fräulein, weder schön,
Kann ungeleitet nach Hause gehn. *Sie macht sich los und ab.*
FAUST. Bey'm Himmel, dieses Kind ist schön!
So etwas hab' ich nie gesehn.
Sie ist so sitt- und tugendreich,
Und etwas schnippisch doch zugleich.
Der Lippe Roth, der Wange Licht,
Die Tage der Welt vergess' ich's nicht!
Wie sie die Augen niederschlägt,
Hat tief sich in mein Herz geprägt;
Wie sie kurz angebunden war,
Das ist nun zum Entzücken gar!
        Mephistopheles tritt auf
FAUST. Hör', du mußt mir die Dirne schaffen!
MEPHISTOPHELES. Nun, welche?
FAUST.   Sie ging just vorbey.
MEPHISTOPHELES. Da die? Sie kam von ihrem Pfaffen,
Der sprach sie aller Sünden frey;
Ich schlich mich hart am Stuhl vorbey.
Es ist ein gar unschuldig Ding,
Das eben für nichts zur Beichte ging;
Über die hab ich keine Gewalt!
FAUST. Ist über vierzehn Jahr' doch alt.
MEPHISTOPHELES. Du sprichst ja wie Hans Liederlich,
Der begehrt jede liebe Blum' für sich,
Und dünkelt ihm, es wär' kein' Ehr'
Und Gunst, die nicht zu pflücken wär';
Geht aber doch nicht immer an.
FAUST. Mein Herr Magister lobesan,
Laß Er mich mit dem Gesetz in Frieden!
Und das sag' ich ihm kurz und gut,

Wenn nicht das süße junge Blut
Heut' Nacht in meinen Armen ruht,
So sind wir um Mitternacht geschieden.
MEPHISTOPHELES. Bedenkt was gehn und stehen mag!
Ich brauche wenigstens vierzehn Tag'
Nur die Gelegenheit auszuspüren.
FAUST. Hätt' ich nur sieben Stunden Ruh',
Brauchte den Teufel nicht dazu,
So ein Geschöpfchen zu verführen.
MEPHISTOPHELES. Ihr sprecht schon fast wie ein Franzos'.
Doch bitt' ich, laßt's euch nicht verdrießen.
Was hilft's nur g'rade zu genießen?
Die Freud' ist lange nicht so groß,
Als wenn ihr erst herauf, herum,
Durch allerley Brimborium,
Das Püppchen geknetet und zugericht',
Wie's lehret manche Welsche Geschicht'.
FAUST. Hab' Appetit auch ohne das.
MEPHISTOPHELES. Jetzt ohne Schimpf und ohne Spaß:
Ich sag' euch, mit dem schönen Kind
Geht's ein- vor allemal nicht geschwind.
Mit Sturm ist da nichts einzunehmen;
Wir müssen uns zur List bequemen.
FAUST. Schaff' mir etwas vom Engelsschatz!
Führ' mich an ihren Ruheplatz!
Schaff' mir ein Halstuch von ihrer Brust,
Ein Strumpfband meiner Liebeslust!
MEPHISTOPHELES. Damit ihr seht, daß ich eurer Pein
Will förderlich und dienstlich seyn,
Wollen wir keinen Augenblick verlieren,
Will euch noch heut' in ihr Zimmer führen.
FAUST. Und soll sie sehn? sie haben?
MEPHISTOPHELES.   Nein!
Sie wird bey einer Nachbarinn seyn.
Indessen könnt ihr ganz allein
An aller Hoffnung künft'ger Freuden

In ihrem Dunstkreis satt euch weiden.
FAUST. Können wir hin?
MEPHISTOPHELES. Es ist noch zu früh.
FAUST. Sorg' du mir für ein Geschenk für sie! *Ab.*
MEPH. Gleich schenken? Das ist brav! Da wird er reüssiren! –
Ich kenne manchen schönen Platz
Und manchen altvergrabnen Schatz,
Ich muß ein Bißchen revidiren. *ab.*

ABEND

Ein kleines reinliches Zimmer

MARGARETHE *ihre Zöpfe flechtend und aufbindend.*
Ich gäb' was drum, wenn ich nur wüßt',
Wer heut' der Herr gewesen ist!
Er sah gewiß recht wacker aus,
Und ist aus einem edlen Haus,
Das konnt' ich ihm an der Stirne lesen –
Er wär' auch sonst nicht so keck gewesen. *ab.*

Mephistopheles · Faust

MEPHISTOPHELES. Herein, ganz leise, nur herein!
FAUST *nach einigem Stillschweigen.*
Ich bitte dich, laß mich allein.
MEPHISTOPHELES *herumspürend.*
Nicht jedes Mädchen hält so rein. *ab.*
FAUST *rings aufschauend.*
Willkommen, süßer Dämmerschein,
Der du dieß Heiligthum durchwebst!
Ergreif mein Herz, du süße Liebespein,
Die du vom Thau der Hoffnung schmachtend lebst!
Wie athmet rings Gefühl der Stille,
Der Ordnung, der Zufriedenheit,
In dieser Armuth welche Fülle!
In diesem Kerker welche Seligkeit!
Er wirft sich auf den ledernen Sessel am Bette.

O nimm mich auf, der du die Vorwelt schon
Bey Freud' und Schmerz im offnen Arm empfangen!
Wie oft, ach! hat an diesem Väter-Thron
Schon eine Schaar von Kindern rings gehangen!
Vielleicht hat, dankbar für den heil'gen Christ,
Mein Liebchen hier, mit vollen Kinderwangen,
Dem Ahnherrn fromm die welke Hand geküßt.
Ich fühl', o Mädchen, deinen Geist
Der Füll' und Ordnung um mich säuseln,
Der mütterlich dich täglich unterweis't,
Den Teppich auf den Tisch dich reinlich breiten heißt,
Sogar den Sand zu deinen Füßen kräuseln.
O liebe Hand! so göttergleich!
Die Hütte wird durch dich ein Himmelreich.
Und hier! *Er hebt einen Bettvorhang auf.*
   Was faßt mich für ein Wonnegraus!
Hier möcht' ich volle Stunden säumen.
Natur! Hier bildetest in leichten Träumen
Den eingebornen Engel aus;
Hier lag das Kind, mit warmem Leben
Den zarten Busen angefüllt,
Und hier mit heilig reinem Weben
Entwirkte sich das Götterbild!

Und du! Was hat dich hergeführt?
Wie innig fühl' ich mich gerührt!
Was willst du hier? Was wird das Herz dir schwer?
Armsel'ger Faust! ich kenne dich nicht mehr.

Umgibt mich hier ein Zauberduft?
Mich drang's so g'rade zu genießen,
Und fühle mich in Liebestraum zerfließen!
Sind wir ein Spiel von jedem Druck der Luft?

Und träte sie den Augenblick herein,
Wie würdest du für deinen Frevel büßen!
Der große Hans, ach wie so klein!
Läg', hingeschmolzen, ihr zu Füßen.

MEPHISTOPHELES. Geschwind'! ich seh' sie unten kommen.
FAUST. Fort! Fort! Ich kehre nimmermehr!
MEPHISTOPHELES. Hier ist ein Kästchen leidlich schwer,
Ich hab's wo anders hergenommen.
Stellt's hier nur immer in den Schrein;
Ich schwör' euch, ihr vergehn die Sinnen,
Ich that euch Sächelchen hinein,
Um eine andre zu gewinnen.
Zwar Kind ist Kind und Spiel ist Spiel.
FAUST. Ich weiß nicht, soll ich?
MEPHISTOPHELES.   Fragt ihr viel?
Meint ihr vielleicht den Schatz zu wahren?
Dann rath' ich eurer Lüsternheit
Die liebe schöne Tageszeit,
Und mir die weitre Müh' zu sparen.
Ich hoff' nicht daß ihr geitzig seyd!
Ich kratz' den Kopf, reib' an den Händen –
Er stellt das Kästchen in den Schrein und drückt das Schloß wieder zu.
Nur fort, geschwind' –
Um euch das süße junge Kind
Nach Herzens Wunsch und Will' zu wenden;
Und ihr seht drein,
Als solltet ihr in den Hörsaal hinein,
Als stünd' leibhaftig vor euch da
Physik und Metaphysika!
Nur fort – *ab.*
MARGARETHE *mit einer Lampe.*
Es ist so schwül, so dumpfig hie, *Sie macht das Fenster auf.*
Und ist doch eben so warm nicht drauß'.
Es wird mir so, ich weiß nicht wie –
Ich wollt', die Mutter käm' nach Haus.
Mir läuft ein Schauer über'n Leib –
Bin doch ein thöricht furchtsam Weib!
Sie fängt an zu singen, indem sie sich auszieht.

Es war ein König in Tule
Gar treu bis an das Grab,
Dem sterbend seine Buhle
Einen goldnen Becher gab.

Es ging ihm nichts darüber,
Er leert' ihn jeden Schmaus;
Die Augen gingen ihm über,
So oft er trank daraus.

Und als er kam zu sterben,
Zählt' er seine Städt' im Reich,
Gönnt' alles seinem Erben,
Den Becher nicht zugleich.

Er saß bey'm Königsmahle,
Die Ritter um ihn her,
Auf hohem Väter-Saale,
Dort auf dem Schloß am Meer.

Dort stand der alte Zecher,
Trank letzte Lebensgluth,
Und warf den heiligen Becher
Hinunter in die Fluth.

Er sah ihn stürzen, trinken
Und sinken tief in's Meer,
Die Augen thäten ihm sinken,
Trank nie einen Tropfen mehr.

Sie eröffnet den Schrein, ihre Kleider einzuräumen, und erblickt das Schmuckkästchen.
Wie kommt das schöne Kästchen hier herein?
Ich schloß doch ganz gewiß den Schrein.
Es ist doch wunderbar! Was mag wohl drinne seyn?
Vielleicht bracht's jemand als ein Pfand,
Und meine Mutter lieh darauf?
Da hängt ein Schlüsselchen am Band,
Ich denke wohl, ich mach' es auf!
Was ist das? Gott im Himmel! schau,

So was hab' ich mein' Tage nicht gesehn!
Ein Schmuck! Mit dem könnt' eine Edelfrau
Am höchsten Feyertage gehn!
Wie sollte mir die Kette stehn?
Wem mag die Herrlichkeit gehören?
Sie putzt sich damit auf und tritt vor den Spiegel.
Wenn nur die Ohrring' meine wären!
Man sieht doch gleich ganz anders drein.
Was hilft euch Schönheit, junges Blut?
Das ist wohl alles schön und gut,
Allein man läßt's auch alles seyn.
Man lobt euch halb mit Erbarmen.
Nach Golde drängt,
Am Golde hängt
Doch alles! Ach wir Armen!

SPAZIERGANG

Faust in Gedanken auf und ab gehend. Zu ihm Mephistopheles

MEPHISTOPHELES

Bey aller verschmähten Liebe! Bey'm höllischen Elemente!
Ich wollt' ich wüßte was ärgers, daß ich's fluchen könnte!
FAUST. Was hast? was kneipt dich denn so sehr?
So kein Gesicht sah ich in meinem Leben!
MEPHISTOPHELES.
Ich möcht mich gleich dem Teufel übergeben,
Wenn ich nur selbst kein Teufel wär'!
FAUST. Hat sich dir was im Kopf verschoben?
Dich kleidet's, wie ein Rasender zu toben!
MEPHISTOPHELES.
Denkt nur, den Schmuck, für Grethchen angeschafft,
Den hat ein Pfaff' hinweggerafft – –
Die Mutter kriegt das Ding zu schauen,
Gleich fängt's ihr heimlich an zu grauen;
Die Frau hat gar einen feinen Geruch,

Schnuffelt immer im Gebetbuch,
Und riecht's einem jeden Möbel an,
Ob das Ding heilig ist oder profan;
Und an dem Schmuck da spürt' sie's klar,
Daß dabey nicht viel Segen war.
»Mein Kind«, rief sie, »ungerechtes Gut
Befängt die Seele, zehrt auf das Blut,
Wollen's der Mutter Gottes weihen,
Wird uns mit Himmels-Manna erfreuen!«
Margrethlein zog ein schiefes Maul,
Ist halt, dacht' sie, ein geschenkter Gaul,
Und wahrlich gottlos ist nicht der,
Der ihn so fein gebracht hierher.
Die Mutter ließ einen Pfaffen kommen;
Der hatte kaum den Spaß vernommen,
Ließ sich den Anblick wohl behagen;
Er sprach: »So ist man recht gesinnt!
Wer überwindet der gewinnt.
Die Kirche hat einen guten Magen,
Hat ganze Länder aufgefressen,
Und doch noch nie sich übergessen;
Die Kirch' allein, meine liebe Frauen,
Kann ungerechtes Gut verdauen.«
FAUST. Das ist ein allgemeiner Brauch,
Ein Jud' und König kann es auch.
MEPHISTOPHELES. Strich drauf ein Spange, Kett' und Ring,
Als wären's eben Pfifferling',
Dankt' nicht weniger und nicht mehr,
Als ob's ein Korb voll Nüsse wär',
Versprach ihnen allen himmlischen Lohn –
Und sie waren sehr erbaut davon.
FAUST. Und Gretchen?
MEPHISTOPHELES.   Sitzt nun unruhvoll,
Weiß weder, was sie will noch soll,
Denkt an's Geschmeide Tag und Nacht,
Noch mehr an den, der's ihr gebracht.

FAUST. Des Liebchens Kummer thut mir leid.
Schaff' du ihr gleich ein neu Geschmeid'!
Am ersten war ja so nicht viel.
MEPHISTOPHELES. O ja, dem Herrn ist alles Kinderspiel!
FAUST. Und mach', und richt's nach meinem Sinn,
Häng' dich an ihre Nachbarinn.
Sey, Teufel, doch nur nicht wie Brey,
Und schaff' einen neuen Schmuck herbey.
MEPHISTOPHELES. Ja, gnäd'ger Herr, von Herzen gerne.
Faust ab.
MEPHISTOPHELES. So ein verliebter Thor verpufft
Euch Sonne, Mond und alle Sterne
Zum Zeitvertreib dem Liebchen in die Luft. *ab.*

DER NACHBARINN HAUS

MARTHE *allein.* Gott verzeih's meinem lieben Mann,
Er hat an mir nicht wohl gethan!
Geht da stracks in die Welt hinein,
Und läßt mich auf dem Stroh allein.
Thät ihn doch wahrlich nicht betrüben,
Thät ihn, weiß Gott, recht herzlich lieben. *Sie weint.*
Vielleicht ist er gar todt! – O Pein! – –
Hätt' ich nur einen Todtenschein!
Margarethe kommt.
MARGARETHE. Frau Marthe!
MARTHE.   Grethelchen, was soll's?
MARGARETHE. Fast sinken mir die Kniee nieder!
Da find' ich so ein Kästchen wieder,
In meinem Schrein, von Ebenholz,
Und Sachen herrlich ganz und gar,
Weit reicher als das erste war.
MARTHE. Das muß Sie nicht der Mutter sagen,
Thät's wieder gleich zur Beichte tragen.
MARGARETHE. Ach seh' Sie nur! ach schau' Sie nur!

1314–1342

MARTHE *putzt sie auf.* O du glücksel'ge Kreatur!
MARGARETHE. Darf mich, leider, nicht auf der Gassen,
Noch in der Kirche mit sehen lassen.
MARTHE. Komm du nur oft zu mir herüber,
Und leg' den Schmuck hier heimlich an;
Spazier' ein Stündchen lang dem Spiegelglas vorüber,
Wir haben unsre Freude dran;
Und dann gibt's einen Anlaß, gibt's ein Fest,
Wo man's so nach und nach den Leuten sehen läßt,
Ein Kettchen erst, die Perle dann in's Ohr;
Die Mutter sieht's wohl nicht, man macht ihr auch was vor.
MARGARETHE. Wer konnte nur die beyden Kästchen bringen?
Es geht nicht zu mit rechten Dingen! *Es klopft.*
MARGARETHE. Ach Gott! mag das meine Mutter seyn?
MARTHE *durch's Vorhängel guckend.*
Es ist ein fremder Herr – Herein!
Mephistopheles tritt auf.
MEPHISTOPHELES. Bin so frey g'rad herein zu treten,
Muß bey den Frauen Verzeihn erbeten.
Tritt ehrerbiethig vor Margarethen zurück.
Wollte nach Frau Marthe Schwerdlein fragen!
MARTHE. Ich bin's, was hat der Herr zu sagen?
MEPHISTOPHELES *leise zu ihr.*
Ich kenne Sie jetzt, mir ist das genug;
Sie hat da gar vornehmen Besuch.
Verzeiht die Freyheit die ich genommen,
Will nach Mittage wieder kommen.
MARTHE *laut.* Denk, Kind, um alles in der Welt!
Der Herr dich für ein Fräulein hält.
MARGARETHE. Ich bin ein armes junges Blut;
Ach Gott! der Herr ist gar zu gut,
Schmuck und Geschmeide sind nicht mein.
MEPHISTOPHELES. Ach, es ist nicht der Schmuck allein.
Sie hat ein Wesen, einen Blick so scharf!
Wie freut mich's, daß ich bleiben darf.
MARTHE. Was bringt Er denn? Verlange sehr –

MEPHISTOPHELES. Ich wollt' ich hätt' eine frohere Mähr'!
Ich hoffe, Sie läßt mich's drum nicht büßen:
Ihr Mann ist todt und läßt Sie grüßen.
MARTHE. Ist todt? das treue Herz! O weh!
Mein Mann ist todt! Ach, ich vergeh'!
MARGARETHE. Ach! liebe Frau, verzweifelt nicht!
MEPHISTOPHELES. So hört die traurige Geschicht'!
MARGARETHE. Ich möchte drum mein' Tag' nicht lieben,
Würde mich Verlust zu Tode betrüben.
MEPHISTOPHELES. Freud' muß Leid, Leid muß Freude haben.
MARTHE. Erzählt mir seines Lebens Schluß!
MEPHISTOPHELES. Er liegt in Padua begraben,
Bey'm heiligen Antonius,
An einer wohlgeweihten Stätte
Zum ewig kühlen Ruhebette.
MARTHE. Habt ihr sonst nichts an mich zu bringen?
MEPHISTOPHELES. Ja, eine Bitte, groß und schwer:
Lass' Sie doch ja für ihn drey hundert Messen singen!
Im übrigen sind meine Taschen leer.
MARTHE. Was! nicht ein Schaustück? kein Geschmeid'?
Was jeder Handwerksbursch im Grund des Säckels spart,
Zum Angedenken aufbewahrt,
Und lieber hungert, lieber bettelt!
MEPHISTOPHELES. Madam, es thut mir herzlich leid;
Allein er hat sein Geld wahrhaftig nicht verzettelt.
Auch er bereute seine Fehler sehr,
Ja, und bejammerte sein Unglück noch viel mehr.
MARGARETHE. Ach! daß die Menschen so unglücklich sind!
Gewiß ich will für ihn manch Requiem noch bethen.
MEPHISTOPHELES. Ihr wäret werth, gleich in die Eh' zu treten:
Ihr seyd ein liebenswürdig Kind.
MARGARETHE. Ach nein, das geht jetzt noch nicht an.
MEPHISTOPHELES. Ist's nicht ein Mann, sey's derweil' ein Galan.
Es ist eine der größten Himmelsgaben,
So ein lieb Ding im Arm zu haben.
MARGARETHE. Das ist des Landes nicht der Brauch.

DER NACHBARINN HAUS

MEPHISTOPHELES. Brauch oder nicht! Es gibt sich auch.
MARTHE. Erzählt mir doch!
MEPHISTOPHELES. Ich stand an seinem Sterbebette,
Es war was besser als von Mist,
Von halb gefaultem Stroh; allein er starb als Christ,
Und fand, daß er weit mehr noch auf der Zeche hätte.
»Wie«, rief er, »muß ich mich von Grund aus hassen,
So mein Gewerb', mein Weib so zu verlassen!
Ach die Erinnrung tödtet mich!
Vergäb' sie mir nur noch in diesem Leben!«
MARTHE *weinend.*
Der gute Mann! ich hab' ihm längst vergeben.
MEPHISTOPHELES.
»Allein, weiß Gott! sie war mehr schuld als ich.«
MARTHE. Das lügt er! Was! am Rand des Grabs zu lügen!
MEPHISTOPHELES. Er fabelte gewiß in letzten Zügen,
Wenn ich nur halb ein Kenner bin.
»Ich hatte«, sprach er, »nicht zum Zeitvertreib zu gaffen,
Erst Kinder, und dann Brod für sie zu schaffen,
Und Brodt im allerweit'sten Sinn,
Und konnte nicht einmal mein Theil in Frieden essen.«
MARTHE. Hat er so aller Treu', so aller Lieb' vergessen,
Der Plackerey bey Tag und Nacht!
MEPHISTOPHELES.
Nicht doch, er hat euch herzlich dran gedacht.
Er sprach: »Als ich nun weg von Malta ging,
Da bethet' ich für Frau und Kinder brünstig;
Uns war denn auch der Himmel günstig,
Daß unser Schiff ein Türkisch Fahrzeug fing,
Das einen Schatz des großen Sultans führte.
Da ward der Tapferkeit ihr Lohn,
Und ich empfing denn auch, wie sich's gebührte,
Mein wohlgemess'nes Theil davon.«
MARTHE. Ey wie? Ey wo? Hat er's vielleicht vergraben?
MEPHISTOPHELES.
Wer weiß, wo nun es die vier Winde haben.

1411–1441

Ein schönes Fräulein nahm sich seiner an,
Als er in Napel fremd umher spazierte;
Sie hat an ihm viel Lieb's und Treu's gethan,
Daß er's bis an sein selig Ende spürte.
MARTHE. Der Schelm! Der Dieb an seinen Kindern!
Auch alles Elend, alle Noth
Konnt' nicht sein schändlich Leben hindern!
MEPHISTOPHELES. Ja seht! dafür ist er nun todt.
Wär' ich nun jetzt an euerm Platze,
Betraurt' ich ihn ein züchtig Jahr,
Visirte dann unterweil' nach einem neuen Schatze.
MARTHE. Ach Gott! wie doch mein erster war,
Find' ich nicht leicht auf dieser Welt den andern!
Es konnte kaum ein herz'ger Närrchen seyn.
Er liebte nur das allzuviele Wandern,
Und fremde Weiber, und fremden Wein,
Und das verfluchte Würfelspiel.
MEPHISTOPHELES. Nun, nun, so konnt' es gehn und stehen,
Wenn er euch ungefähr so viel
Von seiner Seite nachgesehen.
Ich schwör' euch zu, mit dem Beding
Wechselt' ich selbst mit euch den Ring.
MARTHE. O es beliebt dem Herrn zu scherzen!
MEPHISTOPHELES *für sich.*
Nun mach' ich mich bey Zeiten fort!
Die hielte wohl den Teufel selbst bey'm Wort.
Zu Grethchen.
Wie steht es denn mit Ihrem Herzen?
MARGARETHE. Was meint der Herr damit?
MEPHISTOPHELES *für sich.* Du gut's, unschuldig's Kind!
Laut.
Lebt wohl, ihr Fraun!
MARGARETHE.   Lebt wohl!
MARTHE.   O sagt mir doch geschwind'!
Ich möchte gern ein Zeugniß haben,
Wo, wie und wann mein Schatz gestorben und begraben.

1442–1471

Ich bin von je der Ordnung Freund gewesen,
Möcht' ihn auch todt im Wochenblättchen lesen.
MEPHISTOPHELES. Ja, gute Frau, durch zweyer Zeugen Mund
Wird allerwegs die Wahrheit kund;
Habe noch gar einen feinen Gesellen,
Den will ich euch vor den Richter stellen.
Ich bring' ihn her.
MARTHE. O thut das ja.
MEPHISTOPHELES. Und hier die Jungfrau ist auch da?
Ein braver Knab'! ist viel gereis't,
Fräuleins alle Höflichkeit erweis't.
MARGARETHE. Müßte vor dem Herren schamroth werden.
MEPHISTOPHELES. Vor keinem Könige der Erden.
MARTHE. Da hinter'm Haus in meinem Garten
Wollen wir der Herrn heut' Abend warten.

STRASSE

Faust · Mephistopheles

FAUST. Wie ist's? Will's fördern? Will's bald gehn?
MEPHISTOPHELES. Ah bravo! Find' ich euch im Feuer?
In kurzer Zeit ist Grethchen euer.
Heut' abend sollt ihr sie bey Nachbars Marthen sehn:
Das ist ein Weib wie auserlesen
Zum Kuppler- und Zigeunerwesen!
FAUST. So recht!
MEPHISTOPHELES. Doch wird auch was von uns begehrt.
FAUST. Ein Dienst ist wohl des andern werth.
MEPHISTOPHELES. Wir legen nur ein gültig Zeugniß nieder,
Daß ihres Eh'herrn ausgereckte Glieder
In Padua an heil'ger Stätte ruhn.
FAUST. Sehr klug! Wir werden erst die Reise machen müssen!
MEPHISTOPHELES.
Sancta simplicitas! Darum ist's nicht zu thun;
Bezeugt nur ohne viel zu wissen.

FAUST. Wenn Er nichts bessers hat, so ist der Plan zerrissen.
MEPHISTOPHELES. O heil'ger Mann! Da wär't ihr's nun!
Ist es das erstemal in eurem Leben,
Daß ihr falsch Zeugniß abgelegt?
Habt ihr von Gott, der Welt und was sich drin bewegt,
Vom Menschen, was sich ihm in Kopf und Herzen regt,
Definitionen nicht mit großer Kraft gegeben,
Mit frecher Stirne, kühner Brust?
Und wollt ihr recht in's Innre gehen,
Habt ihr davon, ihr müßt es g'rad' gestehen,
So viel als von Herrn Schwerdleins Tod gewußt!
FAUST. Du bist und bleibst ein Lügner, ein Sophiste.
MEPH. Ja, wenn man's nicht ein Bißchen tiefer wüßte.
Denn morgen wirst in allen Ehren
Das arme Grethchen nicht bethören,
Und alle Seelenlieb' ihr schwören?
FAUST. Und zwar von Herzen.
MEPHISTOPHELES.   Gut und schön!
Dann wird von ewiger Treu' und Liebe,
Von einzig überallmächt'gem Triebe –
Wird das auch so von Herzen gehn?
FAUST. Laß das! Es wird! – Wenn ich empfinde,
Für das Gefühl, für das Gewühl
Nach Nahmen suche, keinen finde,
Dann durch die Welt mit allen Sinnen schweife,
Nach allen höchsten Worten greife,
Und diese Gluth, von der ich brenne,
Unendlich, ewig, ewig nenne,
Ist das ein teuflisch Lügenspiel?
MEPHISTOPHELES. Ich hab' doch Recht!
FAUST.   Hör' – merk' dir dieß,
Ich bitte dich, und schone meine Lunge –
Wer Recht behalten will und hat nur eine Zunge,
Behält's gewiß.
Und komm, ich hab' des Schwätzens Überdruß,
Denn du hast Recht, vorzüglich weil ich muß.

1500–1533

GARTEN

Margarethe an Faustens Arm.
Marthe mit Mephistopheles auf und ab spazierend

MARGARETHE

Ich fühl' es wohl, daß mich der Herr nur schont,
Herab sich läßt, mich zu beschämen.
Ein Reisender ist so gewohnt
Aus Gütigkeit fürlieb zu nehmen,
Ich weiß zu gut, daß solch erfahrnen Mann
Mein arm Gespräch nicht unterhalten kann.
FAUST. Ein Blick von dir, Ein Wort mehr unterhält,
Als alle Weisheit dieser Welt. *Er küßt ihre Hand.*
MARGARETHE.
Incommodirt euch nicht! Wie könnt ihr sie nur küssen?
Sie ist so garstig, ist so rauh!
Was hab' ich nicht schon alles schaffen müssen!
Die Mutter ist gar zu genau. *Gehn vorüber.*
MARTHE. Und ihr, mein Herr, ihr reis't so immer fort?
MEPH. Ach, daß Gewerb' und Pflicht uns dazu treiben!
Mit wie viel Schmerz verläßt man manchen Ort,
Und darf doch nun einmal nicht bleiben!
MARTHE. In raschen Jahren geht's wohl an
So um und um frey durch die Welt zu streifen;
Doch kömmt die böse Zeit heran,
Und sich als Hagestolz allein zum Grab zu schleifen,
Das hat noch keinem wohlgethan.
MEPHISTOPHELES. Mit Grausen seh' ich das von weiten.
MARTHE. Drum, werther Herr, berathet euch in Zeiten.
Gehn vorüber.
MARGARETHE. Ja, aus den Augen aus dem Sinn!
Die Höflichkeit ist euch geläufig;
Allein ihr habt der Freunde häufig,
Sie sind verständiger als ich bin.
FAUST. O Beste! glaube, was man so verständig nennt,
Ist oft mehr Eitelkeit und Kurzsinn.

1534–1562

MARGARETHE. Wie?
FAUST. Ach, daß die Einfalt, daß die Unschuld nie
Sich selbst und ihren heil'gen Werth erkennt!
Daß Demuth, Niedrigkeit, die höchsten Gaben
Der liebevoll austheilenden Natur –
MARGARETHE. Denkt ihr an mich ein Augenblickchen nur,
Ich werde Zeit genug an euch zu denken haben.
FAUST. Ihr seyd wohl viel allein?
MARGARETHE. Ja, unsre Wirtschaft ist nur klein,
Und doch will sie versehen seyn.
Wir haben keine Magd; muß kochen, fegen, stricken
Und nähn, und laufen früh und spat;
Und meine Mutter ist in allen Stücken
So accurat!
Nicht daß sie just so sehr sich einzuschränken hat;
Wir könnten uns weit eh' als andre regen:
Mein Vater hinterließ ein hübsch Vermögen,
Ein Häuschen und ein Gärtchen vor der Stadt.
Doch hab' ich jetzt so ziemlich stille Tage:
Mein Bruder ist Soldat,
Mein Schwesterchen ist todt.
Ich hatte mit dem Kind wohl meine liebe Noth;
Doch übernähm' ich gern noch einmal alle Plage,
So lieb war mir das Kind.
FAUST. Ein Engel, wenn dir's glich.
MARGARETHE. Ich zog es auf, und herzlich liebt' es mich.
Es war nach meines Vaters Tod geboren.
Die Mutter gaben wir verloren,
So elend wie sie damals lag,
Und sie erholte sich sehr langsam, nach und nach.
Da konnte sie nun nicht dran denken
Das arme Würmchen selbst zu tränken,
Und so erzog ich's ganz allein,
Mit Milch und Wasser; so ward's mein,
Auf meinem Arm, in meinem Schooß
War's freundlich, zappelte, ward groß.

1562–1596

FAUST. Du hast gewiß das reinste Glück empfunden.
MARGARETHE. Doch auch gewiß gar manche schwere Stunden.
Des Kleinen Wiege stand zu Nacht
An meinem Bett, es durfte kaum sich regen,
War ich erwacht;
Bald mußt' ich's tränken, bald es zu mir legen,
Bald, wenn's nicht schwieg, vom Bett aufstehn,
Und tänzelnd in der Kammer auf und nieder gehn,
Und früh am Tage schon am Waschtrog stehn;
Dann auf dem Markt und an dem Herde sorgen,
Und immer fort wie heut' so morgen.
Da geht's, mein Herr, nicht immer muthig zu;
Doch schmeckt dafür das Essen, schmeckt die Ruh'.
Gehn vorüber.
MARTHE.
Sagt g'rad', mein Herr, habt ihr noch nichts gefunden?
Hat sich das Herz nicht irgendwo gebunden?
MEPHISTOPHELES. Das Sprichwort sagt: Ein eigner Herd,
Ein braves Weib, sind Gold und Perlen werth.
MARTHE. Ich meine: ob ihr niemals Lust bekommen?
MEPHISTOPHELES.
Man hat mich überall recht höflich aufgenommen.
MARTHE. Ich wollte sagen: ward's nie Ernst in euerm Herzen?
MEPH. Mit Frauen soll man sich nie unterstehn zu scherzen.
MARTHE. Ach, ihr versteht mich nicht!
MEPHISTOPHELES. Das thut mir herzlich leid!
Doch ich versteh' – daß ihr sehr gütig seyd. *Gehn vorüber.*
FAUST. Du kanntest mich, o kleiner Engel, wieder,
Gleich als ich in den Garten kam?
MARGARETHE. Saht ihr es nicht? ich schlug die Augen nieder.
FAUST. Und du verzeihst die Freyheit, die ich nahm?
Was sich die Frechheit unterfangen,
Als du jüngst aus dem Dom gegangen?
MARGARETHE. Ich war bestürzt, mir war das nie geschehn;
Es konnte niemand von mir übels sagen.
Ach, dacht' ich, hat er in deinem Betragen

Was freches, unanständiges gesehn?
Es schien ihn gleich nur anzuwandeln,
Mit dieser Dirne g'rade hin zu handeln.
Gesteh' ich's doch! Ich wußte nicht was sich
Zu euerm Vortheil hier zu regen gleich begonnte;
Allein gewiß, ich war recht bös' auf mich,
Daß ich auf euch nicht böser werden konnte.
FAUST. Süß Liebchen!
MARGARETHE. Laßt einmal! *Sie pflückt eine Sternblume und zupft die Blätter ab, eins nach dem andern.*
FAUST. Was soll das? Einen Strauß?
MARGARETHE. Nein, es soll nur ein Spiel.
FAUST. Wie?
MARGARETHE. Geht! Ihr lacht mich aus.
Sie rupft und murmelt.
FAUST. Was murmelst du?
MARGARETHE *halb laut.* Er liebt mich – liebt mich nicht.
FAUST. Du holdes Himmels-Angesicht!
MARGARETHE *fährt fort.*
Liebt mich – Nicht – Liebt mich – Nicht –
Das letzte Blatt ausrupfend, mit holder Freude. Er liebt mich!
FAUST. Ja, mein Kind! Laß dieses Blumenwort
Dir Götter-Ausspruch seyn. Er liebt dich!
Verstehst du, was das heißt? Er liebt dich!
Er faßt ihre beyde Hände.
MARGARETHE. Mich überläuft's!
FAUST. O schaudre nicht! Laß diesen Blick,
Laß diesen Händedruck dir sagen,
Was unaussprechlich ist:
Sich hinzugeben ganz und eine Wonne
Zu fühlen, die ewig seyn muß!
Ewig! – Ihr Ende würde Verzweiflung seyn.
Nein, kein Ende! Kein Ende!
Margarethe drückt ihm die Hände, macht sich los und läuft weg. Er steht einen Augenblick in Gedanken, dann folgt er ihr.
MARTHE *kommend.* Die Nacht bricht an.

MEPHISTOPHELES. Ja, und wir wollen fort.
MARTHE. Ich bäth' euch länger hier zu bleiben,
Allein es ist ein gar zu böser Ort.
Es ist als hätte niemand nichts zu treiben
Und nichts zu schaffen,
Als auf des Nachbarn Schritt und Tritt zu gaffen,
Und man kommt in's Gered', wie man sich immer stellt.
Und unser Pärchen?
MEPHISTOPHELES. Ist den Gang dort aufgeflogen.
Muthwill'ge Sommervögel!
MARTHE. Er scheint ihr gewogen.
MEPHISTOPHELES. Und sie ihm auch. Das ist der Lauf der Welt.

EIN GARTENHÄUSCHEN

Margarethe springt herein, steckt sich hinter die Thür, hält die Fingerspitze an die Lippen, und guckt durch die Ritze

MARGARETHE. Er kommt!
FAUST *kommt.* Ach Schelm, so neckst du mich!
Treff' ich dich! *Er küßt sie.*
MARGARETHE *ihn fassend und den Kuß zurück gebend.*
Bester Mann! Von Herzen lieb' ich dich!
Mephistopheles klopft an.
FAUST *stampfend.* Wer da?
MEPHISTOPHELES. Gut Freund!
FAUST. Ein Thier!
MEPHISTOPHELES. Es ist wohl Zeit zu scheiden.
MARTHE. Ja, es ist spät, mein Herr.
FAUST. Darf ich euch nicht geleiten?
MARGARETHE. Die Mutter würde mich – Lebt wohl!
FAUST. Muß ich denn gehn?
Lebt wohl!
MARTHE. Ade!
MARGARETHE. Auf baldig Wiedersehn!
Faust und Mephistopheles ab.

1652–1667

MARGARETHE. Du lieber Gott! was so ein Mann
Nicht alles alles denken kann!
Beschämt nur steh' ich vor ihm da,
Und sag' zu allen Sachen ja.
Bin doch ein arm unwissend Kind,
Begreife nicht was er an mir find't. *ab.*

GRETHCHENS STUBE

GRETHCHEN *am Spinnrade allein*

Meine Ruh' ist hin,
Mein Herz ist schwer,
Ich finde sie nimmer
Und nimmermehr.

Wo ich ihn nicht hab',
Ist mir das Grab,
Die ganze Welt
Ist mir vergällt.

Mein armer Kopf
Ist mir verrückt,
Mein armer Sinn
Ist mir zerstückt.

Meine Ruh' ist hin,
Mein Herz ist schwer,
Ich finde sie nimmer
Und nimmermehr.

Nach ihm nur schau' ich
Zum Fenster hinaus,
Nach ihm nur geh' ich
Aus dem Haus.

Sein hoher Gang,
Sein' edle Gestalt,
Seines Mundes Lächeln,
Seiner Augen Gewalt,

Und seiner Rede
Zauberfluß,
Sein Händedruck,
Und ach sein Kuß!

Meine Ruh' ist hin,
Mein Herz ist schwer,
Ich finde sie nimmer
Und nimmermehr.

Mein Busen drängt
Sich nach ihm hin,
Ach dürft' ich fassen
Und halten ihn!
Und küssen ihn
So wie ich wollt',
An seinen Küssen
Vergehen sollt'!

1668–1713

MARTHENS GARTEN

Margarethe, Faust

MARGARETHE. Versprich mir, Heinrich!
FAUST. Was ich kann!
MARGARETHE. Nun sag', wie hast du's mit der Religion?
Du bist ein herzlich guter Mann,
Allein ich glaub' du hältst nicht viel davon.
FAUST. Laß das, mein Kind! Du fühlst ich bin dir gut;
Für meine Lieben ließ' ich Leib und Blut,
Will niemand sein Gefühl und seine Kirche rauben.
MARGARETHE. Das ist nicht recht, man muß dran glauben!
FAUST. Muß man?
MARGARETHE. Ach! wenn ich etwas auf dich könnte!
Du ehrst auch nicht die heil'gen Sacramente.
FAUST. Ich ehre sie.
MARGARETHE. Doch ohne Verlangen.
Zur Messe, zur Beichte bist du lange nicht gegangen.
Glaubst du an Gott?
FAUST. Mein Liebchen, wer darf sagen,
Ich glaub' an Gott?
Magst Priester oder Weise fragen,
Und ihre Antwort scheint nur Spott
Über den Frager zu seyn.
MARGARETHE. So glaubst du nicht?
FAUST. Mißhör' mich nicht, du holdes Angesicht!
Wer darf ihn nennen?
Und wer bekennen,
Ich glaub' ihn?
Wer empfinden?
Und sich unterwinden
Zu sagen, ich glaub' ihn nicht?
Der Allumfasser,
Der Allerhalter,
Faßt und erhält er nicht
Dich, mich, sich selbst?

Wölbt sich der Himmel nicht dadroben?
Liegt die Erde nicht hierunten fest?
Und steigen freundlich blickend
Ewige Sterne nicht herauf?
Schau' ich nicht Aug' in Auge dir,
Und drängt nicht alles
Nach Haupt und Herzen dir,
Und webt in ewigem Geheimniß
Unsichtbar sichtbar neben dir?
Erfüll' davon dein Herz, so groß es ist,
Und wenn du ganz in dem Gefühle selig bist,
Nenn es dann wie du willst,
Nenn's Glück! Herz! Liebe! Gott!
Ich habe keinen Nahmen
Dafür! Gefühl ist alles;
Nahme ist Schall und Rauch,
Umnebelnd Himmelsgluth.

MARGARETHE. Das ist alles recht schön und gut;
Ungefähr sagt das der Pfarrer auch,
Nur mit ein Bißchen andern Worten.

FAUST. Es sagen's aller Orten
Alle Herzen unter dem himmlischen Tage,
Jedes in seiner Sprache;
Warum nicht ich in der meinen?

MARGARETHE. Wenn man's so hört, möcht's leidlich scheinen,
Steht aber doch immer schief darum;
Denn du hast kein Christenthum.

FAUST. Lieb's Kind!

MARGARETHE.   Es thut mir lang' schon weh,
Daß ich dich in der Gesellschaft seh'.

FAUST. Wie so?

MARGARETHE. Der Mensch, den du da bey dir hast,
Ist mir in tiefer innrer Seele verhaßt:
Es hat mir in meinem Leben
So nichts einen Stich in's Herz gegeben
Als des Menschen widrig Gesicht.

1742–1775

FAUST. Liebe Puppe, fürcht' ihn nicht!
MARGARETHE. Seine Gegenwart bewegt mir das Blut.
Ich bin sonst allen Menschen gut;
Aber wie ich mich sehne dich zu schauen,
Hab' ich vor dem Menschen ein heimlich Grauen,
Und halt' ihn für einen Schelm dazu!
Gott verzeih' mir's, wenn ich ihm Unrecht thu'!
FAUST. Es muß auch solche Käuze geben.
MARGARETHE. Wollte nicht mit seines gleichen leben!
Kommt er einmal zur Thür herein,
Sieht er immer so spöttisch drein,
Und halb ergrimmt,
Man sieht, daß er an nichts keinen Antheil nimmt;
Es steht ihm an der Stirn' geschrieben,
Daß er nicht mag eine Seele lieben.
Mir wird's so wohl in deinem Arm,
So frey, so hingegeben warm,
Und seine Gegenwart schnürt mir das Innre zu.
FAUST. Du ahndungsvoller Engel du!
MARGARETHE. Das übermannt mich so sehr,
Daß, wo er nur mag zu uns treten,
Mein' ich sogar, ich liebte dich nicht mehr.
Auch wenn er da ist, könnt' ich nimmer bethen,
Und das frißt mir in's Herz hinein;
Dir, Heinrich, muß es auch so seyn.
FAUST. Du hast nun die Antipathie!
MARGARETHE. Ich muß nun fort.
FAUST.   Ach kann ich nie
Ein Stündchen ruhig dir am Busen hängen,
Und Brust an Brust und Seel' in Seele drängen?
MARGARETHE. Ach wenn ich nur alleine schlief'!
Ich ließ' dir gern heut' Nacht den Riegel offen;
Doch meine Mutter schläft nicht tief,
Und würden wir von ihr betroffen,
Ich wär' gleich auf der Stelle todt!
FAUST. Du Engel, das hat keine Noth.

1776–1810

Hier ist ein Fläschchen, drey Tropfen nur
In ihren Trank umhüllen
Mit tiefem Schlaf gefällig die Natur.
MARGARETHE. Was thu' ich nicht um deinetwillen?
Es wird ihr hoffentlich nicht schaden!
FAUST. Würd' ich sonst, Liebchen, dir es rathen?
MARGARETHE. Seh' ich dich, bester Mann, nur an,
Weiß nicht was mich nach deinem Willen treibt;
Ich habe schon so viel für dich gethan,
Daß mir zu thun fast nichts mehr übrig bleibt. *ab.*
          Mephistopheles tritt auf
MEPHISTOPHELES. Der Grasaff'! ist er weg?
FAUST.   Hast wieder spionirt?
MEPHISTOPHELES. Ich hab's ausführlich wohl vernommen.
Herr Doctor wurden da katechisirt;
Hoff' es soll Ihnen wohl bekommen.
Die Mädels sind doch sehr interessirt,
Ob einer fromm und schlicht nach altem Brauch.
Sie denken, duckt er da, folgt er uns eben auch.
FAUST. Du, Ungeheuer, siehst nicht ein,
Wie diese treue liebe Seele,
Von ihrem Glauben voll,
Der ganz allein
Ihr selig machend ist, sich heilig quäle,
Daß sie den liebsten Mann verloren halten soll.
MEPHISTOPHELES. Du übersinnlicher, sinnlicher Freyer,
Ein Mägdelein nasführet dich.
FAUST. Du Spottgeburt von Dreck und Feuer!
MEPH. Und die Physiognomie versteht sie meisterlich;
In meiner Gegenwart wird's ihr sie weiß nicht wie,
Mein Mäskchen da weissagt verborgnen Sinn;
Sie fühlt, daß ich ganz sicher ein Genie,
Vielleicht wohl gar der Teufel bin.
Nun heute Nacht –?
FAUST.   Was geht dich's an?
MEPHISTOPHELES. Hab' ich doch meine Freude dran.

AM BRUNNEN

Grethchen und Lieschen mit Krügen

LIESCHEN. Hast nichts von Bärbelchen gehört?
GRETHCHEN. Kein Wort. Ich komm' gar wenig unter Leute.
LIESCHEN. Gewiß, Sibylle sagt' mir's heute!
Die hat sich endlich auch bethört.
Das ist das Vornehmthun!
GRETHCHEN. Wie so?
LIESCHEN. Es stinkt!
Sie füttert zwey, wenn sie nun ißt und trinkt.
GRETHCHEN. Ach!
LIESCHEN. So ist's ihr endlich recht ergangen.
Wie lange hat sie an dem Kerl gehangen!
Das war ein Spazieren,
Auf Dorf und Tanzplatz führen,
Mußt' überall die erste seyn,
Curtesirt' ihr immer mit Pastetchen und Wein;
Bild't' sich was auf ihre Schönheit ein,
War doch so ehrlos sich nicht zu schämen
Geschenke von ihm anzunehmen.
War ein Gekos' und ein Geschleck';
Da ist denn auch das Blümchen weg!
GRETHCHEN. Das arme Ding!
LIESCHEN. Bedauerst sie noch gar!
Wenn unser eins am Spinnen war,
Uns Nachts die Mutter nicht hinunter ließ;
Stand sie bey ihrem Buhlen süß,
Auf der Thürbank und im dunkeln Gang
Ward ihnen keine Stunde zu lang'.
Da mag sie denn sich ducken nun,
Im Sünderhemdchen Kirchbuß' thun!
GRETHCHEN. Er nimmt sie gewiß zu seiner Frau.
LIESCHEN. Er wär' ein Narr! Ein flinker Jung'
Hat anderwärts noch Luft genung.
Er ist auch fort.

1844–1873

GRETHCHEN.   Das ist nicht schön!
LIESCHEN. Kriegt sie ihn, soll's ihr übel gehn.
Das Kränzel reißen die Buben ihr
Und Häckerling streuen wir vor die Thür! *ab.*
GRETHCHEN *nach Hause gehend.*
Wie konnt' ich sonst so tapfer schmälen,
Sah ich ein armes Mägdlein fehlen!
Wie konnt' ich über andrer Sünden
Nicht Worte g'nug der Zunge finden!
Wie schien mir's schwarz, und schwärzt's noch gar,
Mir's immer doch nicht schwarz g'nug war,
Und segnet' mich und that so groß,
Und bin nun selbst der Sünde bloß!
Doch – alles, was dazu mich trieb,
Gott! war so gut! ach war so lieb!

WALD UND HÖHLE

FAUST *allein.* Erhabner Geist, du gabst mir, gabst mir alles,
Warum ich bath. Du hast mir nicht umsonst
Dein Angesicht im Feuer zugewendet.
Gabst mir die herrliche Natur zum Königreich,
Kraft sie zu fühlen, zu genießen. Nicht
Kalt staunenden Besuch erlaubst du nur,
Vergönnest mir in ihre tiefe Brust,
Wie in den Busen eines Freunds, zu schauen.
Du führst die Reihe der Lebendigen
Vor mir vorbey, und lehrst mich meine Brüder
Im stillen Busch, in Luft und Wasser kennen.
Und wenn der Sturm im Walde braus't und knarrt,
Die Riesenfichte, stürzend, Nachbaräste
Und Nachbarstämme, quetschend, nieder streift,
Und ihrem Fall dumpf hohl der Hügel donnert;
Dann führst du mich zur sichern Höhle, zeigst
Mich dann mir selbst, und meiner eignen Brust

Geheime tiefe Wunder öffnen sich:
Und steigt vor meinem Blick der reine Mond
Besänftigend herüber, schweben mir
Von Felsenwänden, aus dem feuchten Busch
Der Vorwelt silberne Gestalten auf,
Und lindern der Betrachtung strenge Lust.

O daß dem Menschen nichts vollkommnes wird,
Empfind' ich nun. Du gabst zu dieser Wonne,
Die mich den Göttern nah' und näher bringt,
Mir den Gefährten, den ich schon nicht mehr
Entbehren kann, wenn er gleich, kalt und frech,
Mich vor mir selbst erniedrigt, und zu Nichts,
Mit einem Worthauch, deine Gaben wandelt.
Er facht in meiner Brust ein wildes Feuer
Nach jenem schönen Bild geschäftig an.
So tauml' ich von Begierde zu Genuß,
Und im Genuß verschmacht' ich nach Begierde.

Mephistopheles tritt auf.

MEPHISTOPHELES. Habt ihr nun bald das Leben g'nug geführt?
Wie kann's euch in die Länge freuen?
Es ist wohl gut, daß man's einmal probirt!
Dann aber wieder zu was neuen.
FAUST. Ich wollt', du hättest mehr zu thun,
Als mich am guten Tag zu plagen.
MEPHISTOPHELES. Nun, nun! ich lass' dich gerne ruhn,
Du darfst mir's nicht im Ernste sagen.
An dir Gesellen, unhold, barsch und toll,
Ist wahrlich wenig zu verlieren.
Den ganzen Tag hat man die Hände voll!
Was ihm gefällt und was man lassen soll,
Kann man dem Herrn nie an der Nase spüren.
FAUST. Das ist so just der rechte Ton!
Er will noch Dank, daß er mich ennüyirt.
MEPHISTOPHELES. Wie hätt'st du, armer Erdensohn,
Dein Leben ohne mich geführt?

Vom Kribskrabs der Imagination
Hab' ich dich doch auf Zeiten lang curirt;
Und wär' ich nicht, so wär'st du schon
Von diesem Erdball abspaziert.
Was hast du da in Höhlen, Felsenritzen
Dich wie ein Schuhu zu versitzen?
Was schlurfst aus dumpfem Moos und triefendem Gestein,
Wie eine Kröte, Nahrung ein?
Ein schöner, süßer Zeitvertreib!
Dir steckt der Doctor noch im Leib.

FAUST. Verstehst du, was für neue Lebenskraft
Mir dieser Wandel in der Öde schafft?
Ja würdest du es ahnden können,
Du wärest Teufel g'nug mein Glück mir nicht zu gönnen.

MEPHISTOPHELES. Ein überirdisches Vergnügen!
In Nacht und Thau auf den Gebirgen liegen,
Und Erd und Himmel wonniglich umfassen,
Zu einer Gottheit sich aufschwellen lassen,
Der Erde Mark mit Ahndungsdrang durchwühlen,
Alle sechs Tagewerk' im Busen fühlen,
In stolzer Kraft ich weiß nicht was genießen,
Bald liebewonniglich in alles überfließen,
Verschwunden ganz der Erdensohn,
Und dann die hohe Intuition – *mit einer Geberde.*
Ich darf nicht sagen wie – zu schließen.

FAUST. Pfuy über dich!

MEPHISTOPHELES.   Das will euch nicht behagen,
Ihr habt das Recht gesittet pfuy zu sagen.
Man darf das nicht vor keuschen Ohren nennen,
Was keusche Herzen nicht entbehren können.
Und kurz und gut, ich gönn' Ihm das Vergnügen,
Gelegentlich sich etwas vorzulügen;
Doch lange hält Er das nicht aus.
Du bist schon wieder abgetrieben,
Und, währt es länger, aufgerieben
In Tollheit oder Angst und Graus.

1938–1972

WALD UND HÖHLE

Genug damit! Dein Liebchen sitzt dadrinne,
Und alles wird ihr eng' und trüb'.
Du kommst ihr gar nicht aus dem Sinne,
Sie hat dich übermächtig lieb.
Erst kam deine Liebeswuth übergeflossen,
Wie vom geschmolznen Schnee ein Bächlein übersteigt;
Du hast sie ihr in's Herz gegossen,
Nun ist dein Bächlein wieder seicht.
Mich dünkt, anstatt in Wäldern zu thronen,
Ließ' es dem großen Herren gut,
Das arme affenjunge Blut
Für seine Liebe zu belohnen.
Die Zeit wird ihr erbärmlich lang;
Sie steht am Fenster, sieht die Wolken ziehn
Über die alte Stadtmauer hin.
»Wenn ich ein Vöglein wär!« so geht ihr Gesang
Taglang, halbe Nächte lang.
Einmal ist sie munter, meist betrübt,
Einmal recht ausgeweint,
Dann wieder ruhig, wie's scheint,
Und immer verliebt.
FAUST. Schlange! Schlange!
MEPHISTOPHELES *für sich.* Gelt! daß ich dich fange!
FAUST. Verruchter! hebe dich von hinnen,
Und nenne nicht das schöne Weib!
Bring die Begier zu ihrem süßen Leib
Nicht wieder vor die halb verrückten Sinnen!
MEPH. Was soll es dann? Sie meint, du sey'st entflohn,
Und halb und halb bist du es schon.
FAUST. Ich bin ihr nah', und wär' ich noch so fern,
Ich kann sie nie vergessen und verlieren;
Ja, ich beneide schon den Leib des Herrn,
Wenn ihre Lippen ihn indess' berühren.
MEPH. Gar wohl, mein Freund! Ich hab' euch oft beneidet
Um's Zwillingspaar, das unter Rosen weidet.
FAUST. Entfliehe, Kuppler!

1973–2008

MEPHISTOPHELES.   Schön! Ihr schimpft, und ich muß lachen.
Der Gott, der Bub' und Mädchen schuf,
Erkannte gleich den edelsten Beruf,
Auch selbst Gelegenheit zu machen.
Nur fort, es ist ein großer Jammer!
Ihr sollt in eures Liebchens Kammer,
Nicht etwa in den Tod.
FAUST. Was ist die Himmelsfreud' in ihren Armen?
Laß mich an ihrer Brust erwarmen!
Fühl' ich nicht immer ihre Noth?
Bin ich der Flüchtling nicht, der Unbehaus'te?
Der Unmensch ohne Zweck und Ruh',
Der wie ein Wassersturz von Fels zu Felsen braus'te,
Begierig wüthend nach dem Abgrund zu?
Und seitwärts sie, mit kindlich dumpfen Sinnen,
Im Hüttchen auf dem kleinen Alpenfeld,
Und all ihr häusliches Beginnen
Umfangen in der kleinen Welt.
Und ich, der Gottverhaßte,
Hatte nicht genug,
Daß ich die Felsen faßte
Und sie zu Trümmern schlug!
Sie, ihren Frieden mußt' ich untergraben!
Du, Hölle, mußtest dieses Opfer haben!
Hilf, Teufel, mir die Zeit der Angst verkürzen!
Was muß geschehn, mag's gleich geschehn!
Mag ihr Geschick auf mich zusammenstürzen
Und sie mit mir zu Grunde gehn!
MEPHISTOPHELES. Wie's wieder siedet, wieder glüht!
Geh ein und tröste sie, du Thor!
Wo so ein Köpfchen keinen Ausgang sieht,
Stellt er sich gleich das Ende vor.
Es lebe wer sich tapfer hält!
Du bist doch sonst so ziemlich eingeteufelt.
Nichts abgeschmackters find' ich auf der Welt
Als einen Teufel der verzweifelt.

2008–2043

ZWINGER

*In der Mauerhöhle ein Andachtsbild der Mater dolorosa,
Blumenkrüge davor*

GRETHCHEN *steckt frische Blumen in die Krüge*

Ach neige,
Du Schmerzenreiche,
Dein Antlitz gnädig meiner Noth!

Das Schwert im Herzen,
Mit tausend Schmerzen
Blickst auf zu deines Sohnes Tod.

Zum Vater blickst du,
Und Seufzer schickst du
Hinauf um sein' und deine Noth.

Wer fühlet,
Wie wühlet
Der Schmerz mir im Gebein?

Was mein armes Herz hier banget,
Was es zittert, was verlanget,
Weißt nur du, nur du allein!

Wohin ich immer gehe,
Wie weh, wie weh, wie wehe
Wird mir im Busen hier!

Ich bin ach kaum alleine,
Ich wein', ich wein', ich weine,
Das Herz zerbricht in mir.

Die Scherben vor meinem Fenster
Bethaut' ich mit Thränen, ach!
Als ich am frühen Morgen
Dir diese Blumen brach.

Schien hell in meine Kammer
Die Sonne früh herauf,
Saß ich in allem Jammer
In meinem Bett schon auf.

Hilf! rette mich von Schmach und Tod!
Ach neige,
Du Schmerzenreiche,
Dein Antlitz gnädig meiner Noth!

DOM

Amt, Orgel und Gesang
Grethchen unter vielem Volke. Böser Geist hinter Grethchen

BÖSER GEIST.
Wie anders, Grethchen, war dir's,
Als du noch voll Unschuld
Hier zum Altar trat'st,
Aus dem vergriffnen Büchelchen
Gebethe lalltest,
Halb Kinderspiele,
Halb Gott im Herzen.
Grethchen!
Wo steht dein Kopf?
In deinem Herzen
Welche Missethat?
Beth'st du für deiner Mutter Seele, die
Durch dich zur langen, langen Pein hinüber schlief?
– Und unter deinem Herzen
Regt sich's nicht quillend schon,
Und ängstet dich und sich
Mit ahndungsvoller Gegenwart?
GRETHCHEN. Weh! Weh!
Wär' ich der Gedanken los,
Die mir herüber und hinüber gehen
Wider mich!
CHOR. Dies irae dies illa
Solvet Saeclum in favilla. *Orgelton.*
BÖSER GEIST. Grimm faßt dich!
Die Posaune tönt!

Die Gräber beben!
Und dein Herz,
Aus Aschenruh'
Zu Flammenqualen
Wieder aufgeschaffen,
Bebt auf!

GRETCHEN. Wär' ich hier weg!
Mir ist als ob die Orgel mir
Den Athem versetzte,
Gesang mein Herz
Im tiefsten lös'te.

CHOR. Judex ergo cum sedebit,
Quidquid latet adparebit,
Nil inultum remanebit.

GRETCHEN. Mir wird so eng'!
Die Mauern-Pfeiler
Befangen mich!
Das Gewölbe
Drängt mich! – Luft!

BÖSER GEIST. Verbirg dich! Sünd' und Schande
Bleibt nicht verborgen.
Luft? Licht?
Weh dir!

CHOR. Quid sum miser tunc dicturus?
Quem patronum rogaturus?
Cum vix justus sit securus.

BÖSER GEIST. Ihr Antlitz wenden
Verklärte von dir ab.
Die Hände dir zu reichen,
Schauert's den Reinen.
Weh!

CHOR. Quid sum miser tunc dicturus?

GRETCHEN. Nachbarinn! Euer Fläschchen! –
Sie fällt in Ohnmacht.

Faust · Eine Tragödie

ZUEIGNUNG

Ihr naht euch wieder, schwankende Gestalten,
Die früh sich einst dem trüben Blick gezeigt.
Versuch ich wohl, euch diesmal festzuhalten?
Fühl ich mein Herz noch jenem Wahn geneigt?
Ihr drängt euch zu! nun gut, so mögt ihr walten,
Wie ihr aus Dunst und Nebel um mich steigt;
Mein Busen fühlt sich jugendlich erschüttert
Vom Zauberhauch, der euren Zug umwittert.

Ihr bringt mit euch die Bilder froher Tage,
Und manche liebe Schatten steigen auf;
Gleich einer alten, halbverklungnen Sage
Kommt erste Lieb und Freundschaft mit herauf;
Der Schmerz wird neu, es wiederholt die Klage
Des Lebens labyrinthisch irren Lauf
Und nennt die Guten, die, um schöne Stunden
Vom Glück getäuscht, vor mir hinweggeschwunden.

Sie hören nicht die folgenden Gesänge,
Die Seelen, denen ich die ersten sang;
Zerstoben ist das freundliche Gedränge,
Verklungen, ach! der erste Widerklang.
Mein Leid ertönt der unbekannten Menge,
Ihr Beifall selbst macht meinem Herzen bang,
Und was sich sonst an meinem Lied erfreuet,
Wenn es noch lebt, irrt in der Welt zerstreuet.

Und mich ergreift ein längst entwöhntes Sehnen
Nach jenem stillen, ernsten Geisterreich,
Es schwebet nun in unbestimmten Tönen
Mein lispelnd Lied, der Äolsharfe gleich,
Ein Schauer faßt mich, Träne folgt den Tränen,
Das strenge Herz, es fühlt sich mild und weich;
Was ich besitze, seh ich wie im Weiten,
Und was verschwand, wird mir zu Wirklichkeiten.

VORSPIEL AUF DEM THEATER

Direktor, Theaterdichter, Lustige Person

DIREKTOR. Ihr beiden, die ihr mir so oft
In Not und Trübsal beigestanden,
Sagt, was ihr wohl in deutschen Landen
Von unsrer Unternehmung hofft!
Ich wünschte sehr, der Menge zu behagen,
Besonders weil sie lebt und leben läßt.
Die Pfosten sind, die Bretter aufgeschlagen,
Und jedermann erwartet sich ein Fest.
Sie sitzen schon mit hohen Augenbrauen
Gelassen da und möchten gern erstaunen.
Ich weiß, wie man den Geist des Volks versöhnt;
Doch so verlegen bin ich nie gewesen:
Zwar sind sie an das Beste nicht gewöhnt,
Allein sie haben schrecklich viel gelesen.
Wie machen wirs, daß alles frisch und neu
Und mit Bedeutung auch gefällig sei?
Denn freilich mag ich gern die Menge sehen,
Wenn sich der Strom nach unsrer Bude drängt
Und mit gewaltig-wiederholten Wehen
Sich durch die enge Gnadenpforte zwängt,
Bei hellem Tage, schon vor Vieren,
Mit Stößen sich bis an die Kasse ficht
Und, wie in Hungersnot um Brot an Bäckertüren,
Um ein Billett sich fast die Hälse bricht.
Dies Wunder wirkt auf so verschiedne Leute
Der Dichter nur: mein Freund, o tu es heute!
DICHTER. O sprich mir nicht von jener bunten Menge,
Bei deren Anblick uns der Geist entflieht!
Verhülle mir das wogende Gedränge,
Das wider Willen uns zum Strudel zieht!

Nein, führe mich zur stillen Himmelsenge,
Wo nur dem Dichter reine Freude blüht,
Wo Lieb und Freundschaft unsres Herzens Segen
Mit Götterhand erschaffen und erpflegen!

Ach! was in tiefer Brust uns da entsprungen,
Was sich die Lippe schüchtern vorgelallt,
Mißraten jetzt und jetzt vielleicht gelungen,
Verschlingt des wilden Augenblicks Gewalt.
Oft, wenn es erst durch Jahre durchgedrungen,
Erscheint es in vollendeter Gestalt.
Was glänzt, ist für den Augenblick geboren;
Das Echte bleibt der Nachwelt unverloren.

LUSTIGE PERSON.
Wenn ich nur nichts von Nachwelt hören sollte!
Gesetzt, daß *ich* von Nachwelt reden wollte,
Wer machte denn der Mitwelt Spaß?
Den will sie doch und soll ihn haben!
Die Gegenwart von einem braven Knaben
Ist, dächt ich, immer auch schon was.
Wer sich behaglich mitzuteilen weiß,
Den wird des Volkes Laune nicht erbittern;
Er wünscht sich einen großen Kreis,
Um ihn gewisser zu erschüttern.
Drum seid nur brav und zeigt Euch musterhaft,
Laßt Phantasie mit allen ihren Chören,
Vernunft, Verstand, Empfindung, Leidenschaft,
Doch, merkt Euch wohl! nicht ohne Narrheit hören!
DIREKTOR. Besonders aber laßt genug geschehn!
Man kommt zu schaun, man will am liebsten sehn.
Wird vieles vor den Augen abgesponnen,
So daß die Menge staunend gaffen kann,
Da habt Ihr in der Breite gleich gewonnen,
Ihr seid ein vielgeliebter Mann.
Die Masse könnt Ihr nur durch Masse zwingen,
Ein jeder sucht sich endlich selbst was aus.

Wer vieles bringt, wird manchem etwas bringen,
Und jeder geht zufrieden aus dem Haus.
Gebt Ihr ein Stück, so gebt es gleich in Stücken!
Solch ein Ragout, es muß Euch glücken;
Leicht ist es vorgelegt, so leicht als ausgedacht.
Was hilfts, wenn ihr ein Ganzes dargebracht?
Das Publikum wird es Euch doch zerpflücken.
DICHTER. Ihr fühlet nicht, wie schlecht ein solches Handwerk [sei,
Wie wenig das dem echten Künstler zieme!
Der saubern Herren Pfuscherei
Ist, merk ich, schon bei Euch Maxime.
DIREKTOR. Ein solcher Vorwurf läßt mich ungekränkt:
Ein Mann, der recht zu wirken denkt,
Muß auf das beste Werkzeug halten.
Bedenkt, Ihr habet weiches Holz zu spalten,
Und seht nur hin, für wen Ihr schreibt!
Wenn diesen Langeweile treibt,
Kommt jener satt vom übertischten Mahle,
Und was das Allerschlimmste bleibt,
Gar mancher kommt vom Lesen der Journale.
Man eilt zerstreut zu uns wie zu den Maskenfesten,
Und Neugier nur beflügelt jeden Schritt;
Die Damen geben sich und ihren Putz zum besten
Und spielen ohne Gage mit.
Was träumet Ihr auf Eurer Dichterhöhe?
Was macht ein volles Haus Euch froh?
Beseht die Gönner in der Nähe!
Halb sind sie kalt, halb sind sie roh.
Der, nach dem Schauspiel, hofft ein Kartenspiel,
Der eine wilde Nacht an einer Dirne Busen!
Was plagt ihr armen Toren viel
Zu solchem Zweck die holden Musen?
Ich sag Euch: gebt nur mehr und immer, immer mehr,
So könnt Ihr Euch vom Ziele nie verirren.
Sucht nur die Menschen zu verwirren,
Sie zu befriedigen, ist schwer! –

Was fällt Euch an? Entzückung oder Schmerzen?
DICHTER. Geh hin und such dir einen andern Knecht!
Der Dichter sollte wohl das höchste Recht,
Das Menschenrecht, das ihm Natur vergönnt,
Um deinetwillen freventlich verscherzen!
Wodurch bewegt er alle Herzen?
Wodurch besiegt er jedes Element?
Ist es der Einklang nicht, der aus dem Busen dringt
Und in sein Herz die Welt zurückeschlingt?
Wenn die Natur des Fadens ewge Länge,
Gleichgültig drehend, auf die Spindel zwingt,
Wenn aller Wesen unharmonsche Menge
Verdrießlich durcheinanderklingt:
Wer teilt die fließend immer gleiche Reihe
Belebend ab, daß sie sich rhythmisch regt?
Wer ruft das Einzelne zur allgemeinen Weihe,
Wo es in herrlichen Akkorden schlägt?
Wer läßt den Sturm zu Leidenschaften wüten?
Das Abendrot im ernsten Sinne glühn?
Wer schüttet alle schönen Frühlingsblüten
Auf der Geliebten Pfade hin?
Wer flicht die unbedeutend-grünen Blätter
Zum Ehrenkranz Verdiensten jeder Art?
Wer sichert den Olymp? vereinet Götter?
Des Menschen Kraft, im Dichter offenbart!
LUSTIGE PERSON.
So braucht sie denn, die schönen Kräfte,
Und treibt die dichtrischen Geschäfte,
Wie man ein Liebesabenteuer treibt:
Zufällig naht man sich, man fühlt, man bleibt,
Und nach und nach wird man verflochten;
Es wächst das Glück, dann wird es angefochten,
Man ist entzückt, nun kommt der Schmerz heran,
Und eh man sichs versieht, ists eben ein Roman.
Laßt uns auch so ein Schauspiel geben!
Greift nur hinein ins volle Menschenleben!

Ein jeder lebts, nicht vielen ists bekannt,
Und wo Ihrs packt, da ists interessant.
In bunten Bildern wenig Klarheit,
Viel Irrtum und ein Fünkchen Wahrheit,
So wird der beste Trank gebraut,
Der alle Welt erquickt und auferbaut.
Dann sammelt sich der Jugend schönste Blüte
Vor Eurem Spiel und lauscht der Offenbarung,
Dann sauget jedes zärtliche Gemüte
Aus Eurem Werk sich melancholische Nahrung,
Dann wird bald dies, bald jenes aufgeregt:
Ein jeder sieht, was er im Herzen trägt.
Noch sind sie gleich bereit, zu weinen und zu lachen,
Sie ehren noch den Schwung, erfreuen sich am Schein;
Wer fertig ist, dem ist nichts recht zu machen,
Ein Werdender wird immer dankbar sein.
DICHTER. So gib mir auch die Zeiten wieder,
Da ich noch selbst im Werden war,
Da sich ein Quell gedrängter Lieder
Ununterbrochen neu gebar,
Da Nebel mir die Welt verhüllten,
Die Knospe Wunder noch versprach,
Da ich die tausend Blumen brach,
Die alle Täler reichlich füllten!
Ich hatte nichts und doch genug:
Den Drang nach Wahrheit und die Lust am Trug!
Gib ungebändigt jene Triebe,
Das tiefe, schmerzenvolle Glück,
Des Hasses Kraft, die Macht der Liebe,
Gibt meine Jugend mir zurück!
LUSTIGE PERSON.
Der Jugend, guter Freund, bedarfst du allenfalls,
Wenn dich in Schlachten Feinde drängen,
Wenn mit Gewalt an deinen Hals
Sich allerliebste Mädchen hängen,
Wenn fern des schnellen Laufes Kranz

Vom schwer erreichten Ziele winket,
Wenn nach dem heftgen Wirbeltanz
Die Nächte schmausend man vertrinket.
Doch ins bekannte Saitenspiel
Mit Mut und Anmut einzugreifen,
Nach einem selbstgesteckten Ziel
Mit holdem Irren hinzuschweifen,
Das, alte Herrn, ist eure Pflicht,
Und wir verehren euch darob nicht minder.
Das Alter macht nicht kindisch, wie man spricht,
Es findet uns nur noch als wahre Kinder.
DIREKTOR. Der Worte sind genug gewechselt,
Laßt mich auch endlich Taten sehn!
Indes ihr Komplimente drechselt,
Kann etwas Nützliches geschehn.
Was hilft es, viel von Stimmung reden?
Dem Zaudernden erscheint sie nie.
Gebt ihr euch einmal für Poeten,
So kommandiert die Poesie!
Euch ist bekannt, was wir bedürfen:
Wir wollen stark Getränke schlürfen;
Nun braut mir unverzüglich dran!
Was heute nicht geschieht, ist morgen nicht getan,
Und keinen Tag soll man verpassen;
Das Mögliche soll der Entschluß
Beherzt sogleich beim Schopfe fassen:
Er will es dann nicht fahren lassen
Und wirket weiter, weil er muß.

Ihr wißt, auf unsern deutschen Bühnen
Probiert ein jeder, was er mag;
Drum schonet mir an diesem Tag
Prospekte nicht und nicht Maschinen!
Gebraucht das groß' und kleine Himmelslicht,
Die Sterne dürfet Ihr verschwenden;
An Wasser, Feuer, Felsenwänden,

An Tier- und Vögeln fehlt es nicht.
So schreitet in dem engen Bretterhaus
Den ganzen Kreis der Schöpfung aus
Und wandelt mit bedächtger Schnelle
Vom Himmel durch die Welt zur Hölle!

PROLOG IM HIMMEL

*Der Herr, die Himmlischen Heerscharen. Nachher Mephistopheles
Die drei Erzengel treten vor*

RAPHAEL. Sie Sonne tönt nach alter Weise
In Brudersphären Wettgesang,
Und ihre vorgeschriebne Reise
Vollendet sie mit Donnergang.
Ihr Anblick gibt den Engeln Stärke,
Wenn keiner sie ergründen mag;
Die unbegreiflich hohen Werke
Sind herrlich wie am ersten Tag.
GABRIEL. Und schnell und unbegreiflich schnelle
Dreht sich umher der Erde Pracht;
Es wechselt Paradieseshelle
Mit tiefer, schauervoller Nacht;
Es schäumt das Meer in breiten Flüssen
Am tiefen Grund der Felsen auf,
Und Fels und Meer wird fortgerissen
In ewig schnellem Sphärenlauf.
MICHAEL. Und Stürme brausen um die Wette
Vom Meer aufs Land, vom Land aufs Meer,
Und bilden wütend eine Kette
Der tiefsten Wirkung ringsumher.
Da flammt ein blitzendes Verheeren
Dem Pfade vor des Donnerschlags;
Doch deine Boten, Herr, verehren
Das sanfte Wandeln deines Tags.
ZU DREI. Der Anblick gibt den Engeln Stärke,

Da keiner dich ergründen mag,
Und alle deine hohen Werke
Sind herrlich wie am ersten Tag.
MEPHISTOPHELES. Da du, o Herr, dich wieder einmal nahst
Und fragst, wie alles sich bei uns befinde,
Und du mich sonst gewöhnlich gerne sahst,
So siehst du mich auch unter dem Gesinde.
Verzeih, ich kann nicht hohe Worte machen,
Und wenn mich auch der ganze Kreis verhöhnt;
Mein Pathos brächte dich gewiß zum Lachen,
Hättst du dir nicht das Lachen abgewöhnt.
Von Sonn' und Welten weiß ich nichts zu sagen;
Ich sehe nur, wie sich die Menschen plagen.
Der kleine Gott der Welt bleibt stets von gleichem Schlag
Und ist so wunderlich als wie am ersten Tag.
Ein wenig besser würd er leben,
Hättst du ihm nicht den Schein des Himmelslichts gegeben;
Er nennts Vernunft und brauchts allein,
Nur tierischer als jedes Tier zu sein.
Er scheint mir, mit Verlaub von Euer Gnaden,
Wie eine der langbeinigen Zikaden,
Die immer fliegt und fliegend springt
Und gleich im Gras ihr altes Liedchen singt.
Und läg er nur noch immer in dem Grase!
In jeden Quark begräbt er seine Nase.
DER HERR. Hast du mir weiter nichts zu sagen?
Kommst du nur immer anzuklagen?
Ist auf der Erde ewig dir nichts recht?
MEPHISTOPHELES.
Nein, Herr! ich find es dort, wie immer, herzlich schlecht.
Die Menschen dauern mich in ihren Jammertagen;
Ich mag sogar die Armen selbst nicht plagen.
DER HERR. Kennst du den Faust?
MEPHISTOPHELES.   Den Doktor?
DER HERR.   Meinen Knecht!
MEPHISTOPHELES. Fürwahr, er dient Euch auf besondre Weise!

Nicht irdisch ist des Toren Trank noch Speise!
Ihn treibt die Gärung in die Ferne;
Er ist sich seiner Tollheit halb bewußt:
Vom Himmel fordert er die schönsten Sterne
Und von der Erde jede höchste Lust,
Und alle Näh und alle Ferne
Befriedigt nicht die tiefbewegte Brust.
DER HERR. Wenn er mir jetzt auch nur verworren dient,
So werd ich ihn bald in die Klarheit führen.
Weiß doch der Gärtner, wenn das Bäumchen grünt,
Daß Blüt und Frucht die künftgen Jahre zieren.
MEPHISTOPHELES.
Was wettet Ihr? den sollt Ihr noch verlieren,
Wenn Ihr mir die Erlaubnis gebt,
Ihn meine Straße sacht zu führen!
DER HERR. Solang er auf der Erde lebt,
Solange sei dirs nicht verboten:
Es irrt der Mensch, solang er strebt.
MEPHISTOPHELES. Da dank ich Euch; denn mit den Toten
Hab ich mich niemals gern befangen.
Am meisten lieb ich mir die vollen, frischen Wangen.
Für einen Leichnam bin ich nicht zu Haus:
Mir geht es wie der Katze mit der Maus.
DER HERR. Nun gut, es sei dir überlassen!
Zieh diesen Geist von seinem Urquell ab
Und führ ihn, kannst du ihn erfassen,
Auf deinem Wege mit herab –
Und steh beschämt, wenn du bekennen mußt:
Ein guter Mensch, in seinem dunklen Drange,
Ist sich des rechten Weges wohl bewußt.
MEPHISTOPHELES. Schon gut! nur dauert es nicht lange.
Mir ist für meine Wette gar nicht bange.
Wenn ich zu meinem Zweck gelange,
Erlaubt Ihr mir Triumph aus voller Brust.
Staub soll er fressen, und mit Lust,
Wie meine Muhme, die berühmte Schlange!

DER HERR. Du darfst auch da nur frei erscheinen;
Ich habe deinesgleichen nie gehaßt;
Von allen Geistern, die verneinen,
Ist mir der Schalk am wenigsten zur Last.
Des Menschen Tätigkeit kann allzu leicht erschlaffen,
Er liebt sich bald die unbedingte Ruh;
Drum geb ich gern ihm den Gesellen zu,
Der reizt und wirkt und muß als Teufel schaffen. –
Doch ihr, die echten Göttersöhne,
Erfreut euch der lebendig-reichen Schöne!
Das Werdende, das ewig wirkt und lebt,
Umfaß euch mit der Liebe holden Schranken,
Und was in schwankender Erscheinung schwebt,
Befestiget mit andauernden Gedanken!
Der Himmel schließt, die Erzengel verteilen sich.
MEPH. *allein.* Von Zeit zu Zeit seh ich den Alten gern,
Und hüte mich, mit ihm zu brechen.
Es ist gar hübsch von einem großen Herrn,
So menschlich mit dem Teufel selbst zu sprechen.

Der Tragödie Erster Teil

NACHT

In einem hochgewölbten, engen gotischen Zimmer
Faust unruhig auf seinem Sessel am Pulte

FAUST. Habe nun, ach, Philosophie,
Juristerei und Medizin
Und leider auch Theologie
Durchaus studiert, mit heißem Bemühn.
Da steh ich nun, ich armer Tor,
Und bin so klug als wie zuvor!
Heiße Magister, heiße Doktor gar,
Und ziehe schon an die zehen Jahr
Herauf, herab und quer und krumm
Meine Schüler an der Nase herum –
Und sehe, daß wir nichts wissen können!
Das will mir schier das Herz verbrennen.
Zwar bin ich gescheiter als alle die Laffen,
Doktoren, Magister, Schreiber und Pfaffen;
Mich plagen keine Skrupel noch Zweifel,
Fürchte mich weder vor Hölle noch Teufel –
Dafür ist mir auch alle Freud entrissen,
Bilde mir nicht ein, was Rechts zu wissen,
Bilde mir nicht ein, ich könnte was lehren,
Die Menschen zu bessern und zu bekehren.
Auch hab ich weder Gut noch Geld,
Noch Ehr und Herrlichkeit der Welt:
Es möchte kein Hund so länger leben!
Drum hab ich mich der Magie ergeben,
Ob mir durch Geistes Kraft und Mund
Nicht manch Geheimnis würde kund,
Daß ich nicht mehr mit sauerm Schweiß
Zu sagen brauche, was ich nicht weiß,
Daß ich erkenne, was die Welt

Im Innersten zusammenhält,
Schau alle Wirkenskraft und Samen
Und tu nicht mehr in Worten kramen.

O sähst du, voller Mondenschein,
Zum letztenmal auf meine Pein,
Den ich so manche Mitternacht
An diesem Pult herangewacht:
Dann über Büchern und Papier,
Trübselger Freund, erschienst du mir!
Ach! könnt ich doch auf Bergeshöhn
In deinem lieben Lichte gehn,
Um Bergeshöhle mit Geistern schweben,
Auf Wiesen in deinem Dämmer weben,
Von allem Wissensqualm entladen,
In deinem Tau gesund mich baden!

Weh! steck ich in dem Kerker noch?
Verfluchtes dumpfes Mauerloch,
Wo selbst das liebe Himmelslicht
Trüb durch gemalte Scheiben bricht!
Beschränkt von diesem Bücherhauf,
Den Würme nagen, Staub bedeckt,
Den bis ans hohe Gewölb hinauf
Ein angeraucht Papier umsteckt;
Mit Gläsern, Büchsen rings umstellt,
Mit Instrumenten vollgepfropft,
Urväterhausrat drein gestopft –
Das ist deine Welt! das heißt eine Welt!

Und fragst du noch, warum dein Herz
Sich bang in deinem Busen klemmt?
Warum ein unerklärter Schmerz
Dir alle Lebensregung hemmt?
Statt der lebendigen Natur,
Da Gott die Menschen schuf hinein,
Umgibt in Rauch und Moder nur

Dich Tiergeripp und Totenbein!
Flieh! auf! Hinaus ins weite Land!
Und dies geheimnisvolle Buch,
Von Nostradamus' eigner Hand,
Ist dir es nicht Geleit genug?
Erkennest dann der Sterne Lauf,
Und wenn Natur dich unterweist,
Dann geht die Seelenkraft dir auf,
Wie spricht ein Geist zum andern Geist.
Umsonst, daß trocknes Sinnen hier
Die heilgen Zeichen dir erklärt!
Ihr schwebt, ihr Geister, neben mir:
Antwortet mir, wenn ihr mich hört!
*Er schlägt das Buch auf und erblickt das Zeichen
des Makrokosmus.*
Ha! welche Wonne fließt in diesem Blick
Auf einmal mir durch alle meine Sinnen!
Ich fühle junges, heilges Lebensglück
Neuglühend mir durch Nerv und Adern rinnen.
War es ein Gott, der diese Zeichen schrieb,
Die mir das innre Toben stillen,
Das arme Herz mit Freude füllen
Und mit geheimnisvollem Trieb
Die Kräfte der Natur rings um mich her enthüllen?
Bin ich ein Gott? mir wird so licht!
Ich schau in diesen reinen Zügen
Die wirkende Natur vor meiner Seele liegen.
Jetzt erst erkenn ich, was der Weise spricht:
»Die Geisterwelt ist nicht verschlossen;
Dein Sinn ist zu, dein Herz ist tot!
Auf! bade, Schüler, unverdrossen
Die irdsche Brust im Morgenrot!«
Er beschaut das Zeichen.
Wie alles sich zum Ganzen webt,
Eins in dem andern wirkt und lebt!
Wie Himmelskräfte auf- und niedersteigen

Und sich die goldnen Eimer reichen!
Mit segenduftenden Schwingen
Vom Himmel durch die Erde dringen,
Harmonisch all das All durchklingen!

Welch Schauspiel! Aber ach! ein Schauspiel nur!
Wo faß ich dich, unendliche Natur?
Euch Brüste, wo? ihr Quellen alles Lebens,
An denen Himmel und Erde hängt,
Dahin die welke Brust sich drängt –
Ihr quellt, ihr tränkt, und schmacht ich so vergebens?

Er schlägt unwillig das Buch um und erblickt das Zeichen des Erdgeistes.
Wie anders wirkt dies Zeichen auf mich ein!
Du, Geist der Erde, bist mir näher;
Schon fühl ich meine Kräfte höher,
Schon glüh ich wie von neuem Wein.
Ich fühle Mut, mich in die Welt zu wagen,
Der Erde Weh, der Erde Glück zu tragen,
Mit Stürmen mich herumzuschlagen
Und in des Schiffbruchs Knirschen nicht zu zagen!
Es wölbt sich über mir –
Der Mond verbirgt sein Licht –
Die Lampe schwindet –
Es dampft – Es zucken rote Strahlen
Mir um das Haupt – Es weht
Ein Schauer vom Gewölb herab
Und faßt mich an!
Ich fühls, du schwebst um mich, erflehter Geist:
Enthülle dich!
Ha! wies in meinem Herzen reißt!
Zu neuen Gefühlen
All meine Sinnen sich erwühlen!
Ich fühle ganz mein Herz dir hingegeben!
Du mußt! du mußt! und kostet' es mein Leben!

Er faßt das Buch und spricht das Zeichen des Geistes geheimnisvoll aus. Es zuckt eine rötliche Flamme; der Geist erscheint in der Flamme.
GEIST. Wer ruft mich?
Faust *abgewendet.* Schreckliches Gesicht!
GEIST. Du hast mich mächtig angezogen,
An meiner Sphäre lang gesogen,
Und nun –
FAUST. Weh! ich ertrag dich nicht!
GEIST. Du flehst eratmend, mich zu schauen,
Meine Stimme zu hören, mein Antlitz zu sehn;
Mich neigt dein mächtig Seelenflehn:
Da bin ich! – Welch erbärmlich Grauen
Faßt Übermenschen dich! Wo ist der Seele Ruf?
Wo ist die Brust, die eine Welt in sich erschuf
Und trug und hegte? die mit Freudebeben
Erschwoll, sich uns, den Geistern, gleichzuheben?
Wo bist du, Faust, des Stimme mir erklang,
Der sich an mich mit allen Kräften drang?
Bist du es, der, von meinem Hauch umwittert,
In allen Lebenstiefen zittert,
Ein furchtsam weggekrümmter Wurm?
FAUST. Soll ich dir, Flammenbildung, weichen?
Ich bins, bin Faust, bin deinesgleichen!
GEIST. In Lebensfluten, im Tatensturm
Wall ich auf und ab,
Webe hin und her!
Geburt und Grab,
Ein ewiges Meer,
Ein wechselnd Weben,
Ein glühend Leben:
So schaff ich am sausenden Webstuhl der Zeit
Und wirke der Gottheit lebendiges Kleid.
FAUST. Der du die weite Welt umschweifst,
Geschäftger Geist, wie nah fühl ich mich dir!
Geist: Du gleichst dem Geist, den du begreifst,
Nicht mir! *Verschwindet.*

FAUST *zusammenstürzend*. Nicht dir?
Wem denn?
Ich Ebenbild der Gottheit!
Und nicht einmal dir! *Es klopft.*
O Tod! ich kenns – das ist mein Famulus!
Es wird mein schönstes Glück zunichte!
Daß diese Fülle der Gesichte
Der trockne Schleicher stören muß!
Wagner im Schlafrock und der Nachtmütze, eine Lampe in der Hand. Faust wendet sich unwillig.
WAGNER. Verzeiht! ich hör Euch deklamieren;
Ihr last gewiß ein griechisch Trauerspiel?
In dieser Kunst möcht ich was profitieren;
Denn heutzutage wirkt das viel.
Ich hab es öfters rühmen hören,
Ein Komödiant könnt einen Pfarrer lehren.
FAUST. Ja, wenn der Pfarrer ein Komödiant ist;
Wie das denn wohl zuzeiten kommen mag.
WAGNER. Ach! wenn man so in sein Museum gebannt ist
Und sieht die Welt kaum einen Feiertag,
Kaum durch ein Fernglas, nur von weiten,
Wie soll man sie durch Überredung leiten?
FAUST. Wenn ihrs nicht fühlt, ihr werdets nicht erjagen,
Wenn es nicht aus der Seele dringt
Und mit urkräftigem Behagen
Die Herzen aller Hörer zwingt.
Sitzt ihr nur immer! leimt zusammen,
Braut ein Ragout von andrer Schmaus
Und blast die kümmerlichen Flammen
Aus eurem Aschenhäufchen 'raus!
Bewundrung von Kindern und Affen,
Wenn euch danach der Gaumen steht –
Doch werdet ihr nie Herz zu Herzen schaffen,
Wenn es euch nicht von Herzen geht.
WAGNER. Allein der Vortrag macht des Redners Glück;
Ich fühl es wohl, noch bin ich weit zurück.

FAUST. Such Er den redlichen Gewinn!
Sei Er kein schellenlauter Tor!
Es trägt Verstand und rechter Sinn
Mit wenig Kunst sich selber vor.
Und wenns euch Ernst ist, was zu sagen,
Ists nötig, Worten nachzujagen?
Ja, eure Reden, die so blinkend sind,
In denen ihr der Menschheit Schnitzel kräuselt,
Sind unerquicklich wie der Nebelwind,
Der herbstlich durch die dürren Blätter säuselt!
WAGNER. Ach Gott! die Kunst ist lang,
Und kurz ist unser Leben.
Mir wird, bei meinem kritischen Bestreben,
Doch oft um Kopf und Busen bang.
Wie schwer sind nicht die Mittel zu erwerben,
Durch die man zu den Quellen steigt!
Und eh man nur den halben Weg erreicht,
Muß wohl ein armer Teufel sterben.
FAUST. Das Pergament, ist das der heilge Bronnen,
Woraus ein Trunk den Durst auf ewig stillt?
Erquickung hast du nicht gewonnen,
Wenn sie dir nicht aus eigner Seele quillt.
WAGNER. Verzeiht! es ist ein groß Ergetzen,
Sich in den Geist der Zeiten zu versetzen,
Zu schauen, wie vor uns ein weiser Mann gedacht
Und wie wirs dann zuletzt so herrlich weit gebracht.
FAUST. O ja, bis an die Sterne weit!
Mein Freund, die Zeiten der Vergangenheit
Sind uns ein Buch mit sieben Siegeln.
Was ihr den Geist der Zeiten heißt,
Das ist im Grund der Herren eigner Geist,
In dem die Zeiten sich bespiegeln.
Da ists denn wahrlich oft ein Jammer!
Man läuft euch bei dem ersten Blick davon:
Ein Kehrichtfaß und eine Rumpelkammer,
Und höchstens eine Haupt- und Staatsaktion

Mit trefflichen pragmatischen Maximen,
Wie sie den Puppen wohl im Munde ziemen!
WAGNER. Allein die Welt! des Menschen Herz und Geist!
Möcht jeglicher doch was davon erkennen.
FAUST. Ja, was man so erkennen heißt!
Wer darf das Kind beim rechten Namen nennen?
Die wenigen, die was davon erkannt,
Die töricht gnug ihr volles Herz nicht wahrten,
Dem Pöbel ihr Gefühl, ihr Schauen offenbarten,
Hat man von je gekreuzigt und verbrannt.
Ich bitt Euch, Freund, es ist tief in der Nacht,
Wir müssens diesmal unterbrechen.
WAGNER. Ich hätte gern nur immer fortgewacht,
Um so gelehrt mit Euch mich zu besprechen.
Doch morgen, als am ersten Ostertage,
Erlaubt mir ein- und andre Frage!
Mit Eifer hab ich mich der Studien beflissen;
Zwar weiß ich viel, doch möcht ich alles wissen. *Ab.*

FAUST *allein.*
Wie nur dem Kopf nicht alle Hoffnung schwindet,
Der immerfort an schalem Zeuge klebt,
Mit gierger Hand nach Schätzen gräbt
Und froh ist, wenn er Regenwürmer findet!

Darf eine solche Menschenstimme hier,
Wo Geisterfülle mich umgab, ertönen?
Doch ach! für diesmal dank ich dir,
Dem ärmlichsten von allen Erdensöhnen.
Du rissest mich von der Verzweiflung los,
Die mir die Sinne schon zerstören wollte.
Ach! die Erscheinung war so riesengroß,
Daß ich mich recht als Zwerg empfinden sollte.

Ich, Ebenbild der Gottheit, das sich schon
Ganz nah gedünkt dem Spiegel ewger Wahrheit,
Sein selbst genoß in Himmelsglanz und Klarheit,
Und abgestreift den Erdensohn,

Ich, mehr als Cherub, dessen freie Kraft
Schon durch die Adern der Natur zu fließen
Und, schaffend, Götterleben zu genießen
Sich ahnungsvoll vermaß, wie muß ichs büßen!
Ein Donnerwort hat mich hinweggerafft.

Nicht darf ich dir zu gleichen mich vermessen!
Hab ich die Kraft, dich anzuziehn, besessen,
So hatt ich dich zu halten keine Kraft.
In jenem selgen Augenblicke
Ich fühlte mich so klein, so groß;
Du stießest grausam mich zurücke
Ins ungewisse Menschenlos.
Wer lehret mich? was soll ich meiden?
Soll ich gehorchen jenem Drang?
Ach! unsre Taten selbst, so gut als unsre Leiden,
Sie hemmen unsres Lebens Gang.

Dem Herrlichsten, was auch der Geist empfangen,
Drängt immer fremd und fremder Stoff sich an;
Wenn wir zum Guten dieser Welt gelangen,
Dann heißt das Beßre Trug und Wahn.
Die uns das Leben gaben, herrliche Gefühle
Erstarren in dem irdischen Gewühle.

Wenn Phantasie sich sonst mit kühnem Flug
Und hoffnungsvoll zum Ewigen erweitert,
So ist ein kleiner Raum ihr nun genug,
Wenn Glück auf Glück im Zeitenstrudel scheitert.
Die Sorge nistet gleich im tiefen Herzen,
Dort wirket sie geheime Schmerzen,
Unruhig wiegt sie sich und störet Lust und Ruh;
Sie deckt sich stets mit neuen Masken zu,
Sie mag als Haus und Hof, als Weib und Kind erscheinen,
Als Feuer, Wasser, Dolch und Gift:
Du bebst vor allem, was nicht trifft,
Und was du nie verlierst, das mußt du stets beweinen.

Den Göttern gleich ich nicht! zu tief ist es gefühlt!

618–652

Dem Wurme gleich ich, der den Staub durchwühlt,
Den, wie er sich im Staube nährend lebt,
Des Wandrers Tritt vernichtet und begräbt!

Ist es nicht Staub, was diese hohe Wand
Aus hundert Fächern mir verenget?
Der Trödel, der mit tausendfachem Tand
In dieser Mottenwelt mich dränget?
Hier soll ich finden, was mir fehlt?
Soll ich vielleicht in tausend Büchern lesen,
Daß überall die Menschen sich gequält,
Daß hie und da ein Glücklicher gewesen? –
Was grinsest du mir, hohler Schädel, her?
Als daß dein Hirn, wie meines, einst verwirret
Den leichten Tag gesucht und in der Dämmrung schwer,
Mit Lust nach Wahrheit, jämmerlich geirret!
Ihr Instrumente freilich spottet mein
Mit Rad und Kämmen, Walz und Bügel:
Ich stand am Tor, ihr solltet Schlüssel sein;
Zwar euer Bart ist kraus, doch hebt ihr nicht die Riegel.
Geheimnisvoll am lichten Tag,
Läßt sich Natur des Schleiers nicht berauben,
Und was sie deinem Geist nicht offenbaren mag,
Das zwingst du ihr nicht ab mit Hebeln und mit Schrauben.
Du alt Geräte, das ich nicht gebraucht,
Du stehst nur hier, weil dich mein Vater brauchte;
Du alte Rolle, du wirst angeraucht,
Solang an diesem Pult die trübe Lampe schmauchte.
Weit besser hätt ich doch mein Weniges verpraßt,
Als mit dem Wenigen belastet hier zu schwitzen!
Was du ererbt von deinen Vätern hast,
Erwirb es, um es zu besitzen!
Was man nicht nützt, ist eine schwere Last;
Nur was der Augenblick erschafft, das kann er nützen.

Doch warum heftet sich mein Blick auf jene Stelle?
Ist jenes Fläschchen dort den Augen ein Magnet?

Warum wird mir auf einmal lieblich helle,
Als wenn im nächtgen Wald uns Mondenglanz umweht?

Ich grüße dich, du einzige Phiole,
Die ich mit Andacht nun herunterhole!
In dir verehr ich Menschenwitz und Kunst.
Du Inbegriff der holden Schlummersäfte,
Du Auszug aller tödlich-feinen Kräfte,
Erweise deinem Meister deine Gunst!
Ich sehe dich: es wird der Schmerz gelindert,
Ich fasse dich: das Streben wird gemindert,
Des Geistes Flutstrom ebbet nach und nach.
Ins hohe Meer werd ich hinausgewiesen,
Die Spiegelflut erglänzt zu meinen Füßen,
Zu neuen Ufern lockt ein neuer Tag.

Ein Feuerwagen schwebt auf leichten Schwingen
An mich heran! Ich fühle mich bereit,
Auf neuer Bahn den Äther zu durchdringen
Zu neuen Sphären reiner Tätigkeit.
Dies hohe Leben, diese Götterwonne!
Du, erst noch Wurm, und die verdienest du?
Ja, kehre nur der holden Erdensonne
Entschlossen deinen Rücken zu!
Vermesse dich, die Pforten aufzureißen,
Vor denen jeder gern vorüberschleicht!
Hier ist die Zeit, durch Taten zu beweisen,
Daß Manneswürde nicht der Götterhöhe weicht:
Vor jener dunklen Höhle nicht zu beben,
In der sich Phantasie zu eigner Qual verdammt,
Nach jenem Durchgang hinzustreben,
Um dessen engen Mund die ganze Hölle flammt,
Zu diesem Schritt sich heiter zu entschließen,
Und wär es mit Gefahr, ins Nichts dahinzufließen!

Nun komm herab, kristallne, reine Schale!
Hervor aus deinem alten Futterale,
An die ich viele Jahre nicht gedacht!

Du glänztest bei der Väter Freudenfeste,
Erheitertest die ernsten Gäste,
Wenn einer dich dem andern zugebracht.
Der vielen Bilder künstlich-reiche Pracht,
Des Trinkers Pflicht, sie reimweis zu erklären,
Auf Einen Zug die Höhlung auszuleeren,
Erinnert mich an manche Jugendnacht.
Ich werde jetzt dich keinem Nachbar reichen,
Ich werde meinen Witz an deiner Kunst nicht zeigen:
Hier ist ein Saft, der eilig trunken macht;
Mit brauner Flut erfüllt er deine Höhle.
Den ich bereitet, den ich wähle,
Der letzte Trunk sei nun mit ganzer Seele
Als festlich-hoher Gruß dem Morgen zugebracht!
Er setzt die Schale an den Mund. Glockenklang und Chorgesang.

CHOR DER ENGEL. Christ ist erstanden!
                Freude dem Sterblichen,
                Den die verderblichen,
                Schleichenden, erblichen
                Mängel umwanden!

FAUST. Welch tiefes Summen, welch ein heller Ton
Zieht mit Gewalt das Glas von meinem Munde?
Verkündiget ihr dumpfen Glocken schon
Des Osterfestes erste Feierstunde?
Ihr Chöre, singt ihr schon den tröstlichen Gesang,
Der einst um Grabesnacht von Engelslippen klang,
Gewißheit einem neuen Bunde?

CHOR DER WEIBER. Mit Spezereien
                Hatten wir ihn gepflegt,
                Wir, seine Treuen,
                Hatten ihn hingelegt;
                Tücher und Binden
                Reinlich umwanden wir –
                Ach, und wir finden
                Christ nicht mehr hier!

CHOR DER ENGEL.　　Christ ist erstanden!
　　　　　　　　　　Selig der Liebende,
　　　　　　　　　　Der die betrübende,
　　　　　　　　　　Heilsam- und übende
　　　　　　　　　　Prüfung bestanden!

FAUST. Was sucht ihr, mächtig und gelind,
Ihr Himmelstöne, mich am Staube?
Klingt dort umher, wo weiche Menschen sind!
Die Botschaft hör ich wohl, allein mir fehlt der Glaube;
Das Wunder ist des Glaubens liebstes Kind.
Zu jenen Sphären wag ich nicht zu streben,
Woher die holde Nachricht tönt;
Und doch, an diesen Klang von Jugend auf gewöhnt,
Ruft er auch jetzt zurück mich in das Leben.
Sonst stürzte sich der Himmelsliebe Kuß
Auf mich herab in ernster Sabbatstille;
Da klang so ahnungsvoll des Glockentones Fülle,
Und ein Gebet war brünstiger Genuß;
Ein unbegreiflich-holdes Sehnen
Trieb mich, durch Wald und Wiesen hinzugehn,
Und unter tausend heißen Tränen
Fühlt ich mir eine Welt entstehn.
Dies Lied verkündete der Jugend muntre Spiele,
Der Frühlingsfeier freies Glück;
Erinnrung hält mich nun mit kindlichem Gefühle
Vom letzten, ernsten Schritt zurück
O tönet fort, ihr süßen Himmelslieder!
Die Träne quillt, die Erde hat mich wieder!

CHOR DER JÜNGER.　Hat der Begrabene
　　　　　　　　　　Schon sich nach oben,
　　　　　　　　　　Lebend-Erhabene,
　　　　　　　　　　Herrlich erhoben,
　　　　　　　　　　Ist er in Werdelust
　　　　　　　　　　Schaffender Freude nah:
　　　　　　　　　　Ach, an der Erde Brust

Sind wir zum Leide da!
Ließ er die Seinen
Schmachtend uns hier zurück,
Ach, wir beweinen,
Meister, dein Glück!

CHOR DER ENGEL. Christ ist erstanden
Aus der Verwesung Schoß!
Reißet von Banden
Freudig euch los!
Tätig ihn Preisenden,
Liebe Beweisenden,
Brüderlich Speisenden,
Predigend Reisenden,
Wonne Verheißenden,
Euch ist der Meister nah,
Euch ist er da!

VOR DEM TOR

Spaziergänger aller Art ziehen hinaus

EINIGE HANDWERKSBURSCHEN. Warum denn dort hinaus?
ANDRE. Wir gehn hinaus aufs Jägerhaus.
DIE ERSTEN. Wir aber wollen nach der Mühle wandern.
EIN HANDWERKSBURSCH. Ich rat euch, nach dem Wasserhof
ZWEITER. Der Weg dahin ist gar nicht schön.   [zu gehn.
DIE ZWEITEN. Was tust denn du?
EIN DRITTER.   Ich gehe mit den andern.
VIERTER. Nach Burgdorf kommt herauf: gewiß, dort findet ihr
Die schönsten Mädchen und das beste Bier,
Und Händel von der ersten Sorte!
FÜNFTER. Du überlustiger Gesell,
Juckt dich zum drittenmal das Fell?
Ich mag nicht hin, mir graut es vor dem Orte.
DIENSTMÄDCHEN. Nein, nein! ich gehe nach der Stadt zurück.
ANDRE. Wir finden ihn gewiß bei jenen Pappeln stehen.

ERSTE. Das ist für mich kein großes Glück:
Er wird an deiner Seite gehen,
Mit dir nur tanzt er auf dem Plan!
Was gehn mich deine Freunde an!
ANDRE. Heut ist er sicher nicht allein:
Der Krauskopf, sagt er, würde bei ihm sein.
SCHÜLER. Blitz, wie die wackern Dirnen schreiten!
Herr Bruder, komm! wir müssen sie begleiten.
Ein starkes Bier, beizender Toback,
Und eine Magd im Putz, das ist nun mein Geschmack.
BÜRGERMÄDCHEN. Da sieh mir nur die schönen Knaben!
Es ist wahrhaftig eine Schmach:
Gesellschaft könnten sie die allerbeste haben –
Und laufen diesen Mägden nach!
ZWEITER SCHÜLER *zum ersten:*
Nicht so geschwind! dort hinten kommen zwei:
Sie sind gar niedlich angezogen.
's ist meine Nachbarin dabei;
Ich bin dem Mädchen sehr gewogen.
Sie gehen ihren stillen Schritt
Und nehmen uns doch auch am Ende mit.
ERSTER. Herr Bruder, nein! ich bin nicht gern geniert.
Geschwind, daß wir das Wildbret nicht verlieren!
Die Hand, die samstags ihren Besen führt,
Wird sonntags dich am besten karessieren.
BÜRGER. Nein, er gefällt mir nicht, der neue Burgemeister!
Nun, da ers ist, wird er nur täglich dreister,
Und für die Stadt was tut denn er?
Wird es nicht alle Tage schlimmer?
Gehorchen soll man mehr als immer
Und zahlen mehr als je vorher.

BETTLER *singt.* Ihr guten Herrn, ihr schönen Frauen,
    So wohlgeputzt und backenrot,
    Belieb es euch, mich anzuschauen,
    Und seht und mildert meine Not!

Laßt hier mich nicht vergebens leiern!
Nur der ist froh, der geben mag.
Ein Tag, den alle Menschen feiern,
Er sei für mich ein Erntetag!

ANDRER BÜRGER.
Nichts Bessers weiß ich mir an Sonn- und Feiertagen
Als ein Gespräch von Krieg und Kriegsgeschrei,
Wenn hinten, weit, in der Türkei,
Die Völker aufeinanderschlagen.
Man steht am Fenster, trinkt sein Gläschen aus
Und sieht den Fluß hinab die bunten Schiffe gleiten;
Dann kehrt man abends froh nach Haus
Und segnet Fried und Friedenszeiten.
DRITTER BÜRGER. Herr Nachbar, ja! so laß ichs auch geschehn:
Sie mögen sich die Köpfe spalten,
Mag alles durcheinandergehn;
Doch nur zu Hause bleib's beim alten!
ALTE *zu den Bürgermädchen.*
Ei! wie geputzt! das schöne junge Blut!
Wer soll sich nicht in euch vergaffen? –
Nur nicht so stolz! es ist schon gut!
Und was ihr wünscht, das wüßt ich wohl zu schaffen.
BÜRGERMÄDCHEN. Agathe, fort! ich nehme mich in acht,
Mit solchen Hexen öffentlich zu gehen;
Sie ließ mich zwar in Sankt-Andreas-Nacht
Den künft'gen Liebsten leiblich sehen.
DIE ANDRE. Mir zeigte sie ihn im Kristall,
Soldatenhaft, mit mehreren Verwegnen:
Ich seh mich um, ich such ihn überall,
Allein mir will er nicht begegnen.

SOLDATEN. Burgen mit hohen
Mauern und Zinnen,
Mädchen mit stolzen,
Höhnenden Sinnen
Möcht ich gewinnen!

Kühn ist das Mühen,
Herrlich der Lohn!

Und die Trompete
Lassen wir werben,
Wie zu der Freude
So zum Verderben.
Das ist ein Stürmen!
Das ist ein Leben!

Mädchen und Burgen
Müssen sich geben.
Kühn ist das Mühen,
Herrlich der Lohn!
Und die Soldaten
Ziehen davon.

Faust und Wagner

FAUST. Vom Eise befreit sind Strom und Bäche
Durch des Frühlings holden, belebenden Blick,
Im Tale grünet Hoffnungsglück;
Der alte Winter, in seiner Schwäche,
Zog sich in rauhe Berge zurück.
Von dorther sendet er, fliehend, nur
Ohnmächtige Schauer körnigen Eises
In Streifen über die grünende Flur;
Aber die Sonne duldet kein Weißes:
Überall regt sich Bildung und Streben,
Alles will sie mit Farben beleben;
Doch an Blumen fehlts im Revier:
Sie nimmt geputzte Menschen dafür.
Kehre dich um, von diesen Höhen
Nach der Stadt zurückzusehen!
Aus dem hohlen, finstern Tor
Dringt ein buntes Gewimmel hervor.
Jeder sonnt sich heute so gern.
Sie feiern die Auferstehung des Herrn;
Denn sie sind selber auferstanden:

Aus niedriger Häuser dumpfen Gemächern,
Aus Handwerks- und Gewerbesbanden,
Aus dem Druck von Giebeln und Dächern,
Aus der Straßen quetschender Enge,
Aus der Kirchen ehrwürdiger Nacht
Sind sie alle ans Licht gebracht.
Sieh nur, sieh! wie behend sich die Menge
Durch die Gärten und Felder zerschlägt,
Wie der Fluß in Breit und Länge
So manchen lustigen Nachen bewegt,
Und, bis zum Sinken überladen,
Entfernt sich dieser letzte Kahn.
Selbst von des Berges fernen Pfaden
Blinken uns farbige Kleider an.
Ich höre schon des Dorfs Getümmel,
Hier ist des Volkes wahrer Himmel,
Zufrieden jauchzet groß und klein:
Hier bin ich Mensch, hier darf ichs sein!

WAGNER. Mit Euch, Herr Doktor, zu spazieren
Ist ehrenvoll und ist Gewinn;
Doch würd ich nicht allein mich herverlieren,
Weil ich ein Feind von allem Rohen bin.
Das Fiedeln, Schreien, Kegelschieben
Ist mir ein gar verhaßter Klang;
Sie toben, wie vom Bösen Geist getrieben,
Und nennens Freude, nennens Gesang.

Bauern unter der Linde. Tanz und Gesang

Der Schäfer putzte sich zum Tanz
Mit bunter Jacke, Band und Kranz,
Schmuck war er angezogen.
Schon um die Linde war es voll,
Und alles tanzte schon wie toll.
Juchhe! Juchhe!
Juchheisa! Heisa! He!
So ging der Fiedelbogen.

Er drückte hastig sich heran,
Da stieß er an ein Mädchen an
Mit seinem Ellenbogen;
Die frische Dirne kehrt' sich um
Und sagte: Nun, das find ich dumm!
Juchhe! Juchhe!
Juchheisa! Heisa! He!
Seid nicht so ungezogen!

Doch hurtig in dem Kreise gings,
Sie tanzten rechts, sie tanzten links,
Und alle Röcke flogen.
Sie wurden rot, sie wurden warm
Und ruhten atmend Arm in Arm –
Juchhe! Juchhe!
Juchheisa! Heisa! He! –
Und Hüft an Ellenbogen.

Und tu mir doch nicht so vertraut!
Wie mancher hat nicht seine Braut
Belogen und betrogen!
Er schmeichelte sie doch beiseit,
Und von der Linde scholl es weit:
Juchhe! Juchhe!
Juchheisa! Heisa! He!
Geschrei und Fiedelbogen.

ALTER BAUER. Herr Doktor, das ist schön von Euch,
Daß Ihr uns heute nicht verschmäht
Und unter dieses Volksgedräng,
Als ein so Hochgelahrter, geht.
So nehmet auch den schönsten Krug,
Den wir mit frischem Trunk gefüllt!
Ich bring ihn zu und wünsche laut,
Daß er nicht nur den Durst Euch stillt:
Die Zahl der Tropfen, die er hegt,
Sei Euren Tagen zugelegt!

FAUST. Ich nehme den Erquickungstrank,
Erwidr euch allen Heil und Dank.
Das Volk sammelt sich im Kreis umher.
ALTER BAUER. Fürwahr, es ist sehr wohlgetan,
Daß Ihr am frohen Tag erscheint;
Habt Ihr es vormals doch mit uns
An bösen Tagen gut gemeint!
Gar mancher steht lebendig hier,
Den Euer Vater noch zuletzt
Der heißen Fieberwut entriß,
Als er der Seuche Ziel gesetzt.
Auch damals Ihr, ein junger Mann,
Ihr gingt in jedes Kranken Haus;
Gar manche Leiche trug man fort,
Ihr aber kamt gesund heraus,
Bestandet manche harte Proben:
Dem Helfer half der Helfer droben.
ALLE. Gesundheit dem bewährten Mann,
Daß er noch lange helfen kann!
FAUST. Vor jenem droben steht gebückt,
Der helfen lehrt und Hülfe schickt!
Er geht mit Wagner weiter.
WAGNER. Welche ein Gefühl mußt du, o großer Mann,
Bei der Verehrung dieser Menge haben!
O glücklich, wer von seinen Gaben
Solch einen Vorteil ziehen kann!
Der Vater zeigt dich seinem Knaben,
Ein jeder fragt und drängt und eilt,
Die Fiedel stockt, der Tänzer weilt.
Du gehst, in Reihen stehen sie,
Die Mützen fliegen in die Höh,
Und wenig fehlt, so beugten sich die Knie,
Als käm das Venerabile.
FAUST. Nur wenig Schritte noch hinauf zu jenem Stein:
Hier wollen wir von unsrer Wandrung rasten.
Hier saß ich oft gedankenvoll allein

Und quälte mich mit Beten und mit Fasten.
An Hoffnung reich, im Glauben fest,
Mit Tränen, Seufzen, Händeringen
Dacht ich das Ende jener Pest
Vom Herrn des Himmels zu erzwingen.
Der Menge Beifall tönt mir nun wie Hohn.
O könntest du in meinem Innern lesen,
Wie wenig Vater und Sohn
Solch eines Ruhmes wert gewesen!
Mein Vater war ein dunkler Ehrenmann,
Der über die Natur und ihre heiligen Kreise,
In Redlichkeit, jedoch auf seine Weise,
Mit grillenhafter Mühe sann,
Der in Gesellschaft von Adepten
Sich in die Schwarze Küche schloß
Und nach unendlichen Rezepten
Das Widrige zusammengoß.
Da war ein Roter Leu, ein kühner Freier,
Im lauen Bad der Lilie vermählt
Und beide dann mit offnem Flammenfeuer
Aus einem Brautgemach ins andere gequält.
Erschien darauf mit bunten Farben
Die Junge Königin im Glas,
Hier war die Arznei, die Patienten starben,
Und niemand fragte, wer genas!
So haben wir mit höllischen Latwergen
In diesen Tälern, diesen Bergen
Weit schlimmer als die Pest getobt.
Ich habe selbst den Gift an Tausende gegeben:
Sie welkten hin, ich muß erleben,
Daß man die frechen Mörder lobt!
WAGNER. Wie könnt Ihr Euch darum betrüben!
Tut nicht ein braver Mann genug,
Die Kunst, die man ihm übertrug,
Gewissenhaft und pünktlich auszuüben?
Wenn du als Jüngling deinen Vater ehrst,

So wirst du gern von ihm empfangen;
Wenn du als Mann die Wissenschaft vermehrst,
So kann dein Sohn zu höhrem Ziel gelangen.
FAUST. O glücklich, wer noch hoffen kann,
Aus diesem Meer des Irrtums aufzutauchen!
Was man nicht weiß, das eben brauchte man,
Und was man weiß, kann man nicht brauchen. –
Doch laß uns dieser Stunde schönes Gut
Durch solchen Trübsinn nicht verkümmern!
Betrachte, wie in Abendsonneglut
Die grünumgebnen Hütten schimmern!
Sie rückt und weicht, der Tag ist überlebt,
Dort eilt sie hin und fördert neues Leben.
O daß kein Flügel mich vom Boden hebt,
Ihr nach und immer nach zu streben!
Ich säh im ewigen Abendstrahl
Die stille Welt zu meinen Füßen,
Entzündet alle Höhn, beruhigt jedes Tal,
Den Silberbach in goldne Ströme fließen.
Nicht hemmte dann den göttergleichen Lauf
Der wilde Berg mit allen seinen Schluchten;
Schon tut das Meer sich mit erwärmten Buchten
Vor den erstaunten Augen auf.
Doch scheint die Göttin endlich wegzusinken;
Allein der neue Trieb erwacht:
Ich eile fort, ihr ewges Licht zu trinken,
Vor mir den Tag und hinter mir die Nacht,
Den Himmel über mir und unter mir die Wellen.
Ein schöner Traum, indessen sie entweicht.
Ach, zu den Geistes Flügeln wird so leicht
Kein körperlicher Flügel sich gesellen!
Doch ist es jedem eingeboren,
Daß sein Gefühl hinauf- und vorwärtsdringt,
Wenn über uns, im blauen Raum verloren,
Ihr schmetternd Lied die Lerche singt,
Wenn über schroffen Fichtenhöhen

Der Adler ausgebreitet schwebt,
Und über Flächen, über Seen
Der Kranich nach der Heimat strebt.
WAGNER. Ich hatte selbst oft grillenhafte Stunden,
Doch solchen Trieb hab ich noch nie empfunden.
Man sieht sich leicht an Wald und Feldern satt;
Des Vogels Fittich werd ich nie beneiden.
Wie anders tragen uns die Geistesfreuden
Von Buch zu Buch, von Blatt zu Blatt!
Da werden Winternächte hold und schön,
Ein selig Leben wärmet alle Glieder,
Und ach, entrollst du gar ein würdig Pergamen,
So steigt der ganze Himmer zu dir nieder!
FAUST. Du bist dir nur des einen Triebs bewußt;
O lerne nie den anderen kennen!
Zwei Seelen wohnen, ach! in meiner Brust,
Die eine will sich von der andern trennen:
Die eine hält in derber Liebeslust
Sich an die Welt mit klammernden Organen;
Die andre hebt gewaltsam sich vom Dust
Zu den Gefilden hoher Ahnen.
O gibt es Geister in der Luft,
Die zwischen Erd und Himmel herrschend weben,
So steiget nieder aus dem goldnen Duft
Und führt mich weg zu neuem, buntem Leben!
Ja, wäre nur ein Zaubermantel mein!
Und trüg er mich in fremde Länder,
Mir sollt er um die köstlichsten Gewänder,
Nicht feil um einen Königsmantel sein!
WAGNER. Berufe nicht die wohlbekannte Schar,
Die strömend sich im Dunstkreis überbreitet,
Dem Menschen tausendfältige Gefahr
Von allen Enden her bereitet!
Von Norden dringt der scharfe Geisterzahn
Auf dich herbei mit pfeilgespitzten Zungen;
Von Morgen ziehn vertrocknend sie heran

Und nähren sich von deinen Lungen.
Wenn sie der Mittag aus der Wüste schickt,
Die Glut auf Glut um deinen Scheitel häufen,
So bringt der West den Schwarm, der erst erquickt,
Um dich und Feld und Aue zu ersäufen.
Sie hören gern, zum Schaden froh gewandt,
Gehorchen gern, weil sie uns gern betrügen;
Sie stellen wie vom Himmel sich gesandt
Und lispeln englisch, wenn sie lügen. –
Doch gehen wir! Ergraut ist schon die Welt,
Die Luft gekühlt, der Nebel fällt!
Am Abend schätzt man erst das Haus. –
Was stehst du so und blickst erstaunt hinaus?
Was kann dich in der Dämmerung so ergreifen? [streifen?
FAUST. Siehst du den schwarzen Hund durch Saat und Stoppel
WAGNER. Ich sah ihn lange schon, nicht wichtig schien er mir.
FAUST. Betracht ihr recht! für was hälst du das Tier?
WAGNER. Für einen Pudel, der auf seine Weise
Sich auf der Spur des Herren plagt.
FAUST. Bemerkst du, wie in weitem Schneckenkreise
Er um uns her und immer näher jagt?
Und irr ich nicht, so zieht ein Feuerstrudel
Auf seinen Pfaden hinterdrein.
WAGNER. Ich sehe nichts als einen schwarzen Pudel;
Es mag bei Euch wohl Augentäuschung sein.
FAUST. Mir scheint es, daß er magisch-leise Schlingen
Zu künftgem Band um unsre Füße zieht.
WAGNER. Ich seh ihn ungewiß und furchtsam uns umspringen,
Weil er statt seines Herrn zwei Unbekannte sieht.
FAUST. Der Kreis wird eng! schon ist er nah!
WAGNER. Du siehst, ein Hund, und kein Gespenst ist da!
Er knurrt und zweifelt, legt sich auf den Bauch,
Er wedelt: alles Hundebrauch.
FAUST. Geselle dich zu uns! komm hier!
WAGNER. Es ist ein pudelnärrisch Tier.
Du stehest still, er wartet auf;

Du sprichst ihn an, er strebt an dir hinauf;
Verliere was, er wird es bringen,
Nach deinem Stock ins Wasser springen.
FAUST. Du hast wohl recht: ich finde nicht die Spur
Von einem Geist, und alles ist Dressur.
WAGNER. Dem Hunde, wenn er gut gezogen,
Wird selbst ein weiser Mann gewogen.
Ja, deine Gunst verdient er ganz und gar,
Er, der Studenten trefflicher Skolar. *Sie gehen in das Stadttor.*

STUDIERZIMMER

FAUST *mit dem Pudel hereintretend*

> Verlassen hab ich Feld und Auen,
> Die eine tiefe Nacht bedeckt,
> Mit ahnungsvollem, heilgem Grauen
> In uns die beßre Seele weckt.
> Entschlafen sind nun wilde Triebe
> Mit jedem ungestümen Tun;
> Es reget sich die Menschenliebe,
> Die Liebe Gottes regt sich nun. –

Sei ruhig, Pudel! renne nicht hin und wider!
An der Schwelle was schnoperst du hier?
Lege dich hinter den Ofen nieder:
Mein bestes Kissen geb ich dir.
Wie du draußen auf dem bergigen Wege
Durch Rennen und Springen ergetzt uns hast,
So nimm nun auch von mir die Pflege
Als ein willkommner, stiller Gast.

> Ach! wenn in unsrer engen Zelle
> Die Lampe freundlich wieder brennt,
> Dann wirds in unserm Busen helle,
> Im Herzen, das sich selber kennt.
> Vernunft fängt wieder an zu sprechen,
> Und Hoffnung wieder an zu blühn;

Man sehnt sich nach des Lebens Bächen,
Ach! nach des Lebens Quelle hin. –

Knurre nicht, Pudel! Zu den heiligen Tönen,
Die jetzt meine ganze Seel umfassen,
Will der tierische Laut nicht passen.
Wir sind gewohnt, daß die Menschen verhöhnen,
Was sie nicht verstehn,
Daß sie vor dem Guten und Schönen,
Das ihnen oft beschwerlich ist, murren:
Will es der Hund wie sie beknurren?

Aber ach! schon fühl ich, bei dem besten Willen,
Befriedigung nicht mehr aus dem Busen quillen.
Aber warum muß der Strom so bald versiegen
Und wir wieder im Durste liegen?
Davon hab ich so viel Erfahrung.
Doch dieser Mangel läßt sich ersetzen:
Wir lernen das Überirdische schätzen.
Wir sehnen uns nach Offenbarung,
Die nirgends würdger und schöner brennt
Als in dem Neuen Testament.
Mich drängts, den Grundtext aufzuschlagen,
Mit redlichem Gefühl einmal
Das heilige Original
In mein geliebtes Deutsch zu übertragen.
Er schlägt ein Volum auf und schickt sich an.
Geschrieben steht: »Im Anfang war das *Wort*!«
Hier stock ich schon! Wer hilft mir weiter fort?
Ich kann das Wort so hoch unmöglich schätzen,
Ich muß es anders übersetzen,
Wenn ich vom Geiste recht erleuchtet bin.
Geschrieben steht: Im Anfang war der *Sinn*.
Bedenke wohl die erste Zeile,
Daß deine Feder sich nicht übereile!
Ist es der Sinn, der alles wirkt und schafft?
Es sollte stehn: Im Anfang war die *Kraft*!

Doch auch indem ich dieses niederschreibe,
Schon warnt mich was, daß ich dabei nicht bleibe.
Mir hilft der Geist! auf einmal seh ich Rat
Und schreibe getrost: Im Anfang war die *Tat*! –

Soll ich mit dir das Zimmer teilen,
Pudel, so laß das Heulen,
So laß das Bellen!
Solch einen störenden Gesellen
Mag ich nicht in der Nähe leiden.
Einer von uns beiden
Muß die Zelle meiden.
Ungern heb ich das Gastrecht auf,
Die Tür ist offen, hast freien Lauf. –
Aber was muß ich sehen!
Kann das natürlich geschehen?
Ist es Schatten? ists Wirklichkeit?
Wie wird mein Pudel lang und breit!
Er hebt sich mit Gewalt:
Das ist nicht eines Hundes Gestalt!
Welch ein Gespenst bracht ich ins Haus!
Schon sieht er wie ein Nilpferd aus,
Mit feurigen Augen, schrecklichem Gebiß.
O! du bist mir gewiß!
Für solche halbe Höllenbrut
Ist Salomonis Schlüssel gut.

GEISTER *auf dem Gange.* Drinnen gefangen ist einer!
    Bleibet haußen! folg ihm keiner!
    Wie im Eisen der Fuchs
    Zagt ein alter Höllenluchs.
    Aber gebt acht!
    Schwebet hin, schwebet wider,
    Auf und nieder,
    Und er hat sich losgemacht.
    Könnt ihr ihm nützen,
    Laßt ihn nicht sitzen!

> Denn er tat uns allen
> Schon viel zu Gefallen.

FAUST. Erst, zu begegnen dem Tiere,
Brauch ich den Spruch der Viere:
> Salamander soll glühen,
> Undene sich winden,
> Sylphe verschwinden,
> Kobold sich mühen.

Wer sie nicht kennte,
Die Elemente,
Ihre Kraft
Und Eigenschaft,
Wäre kein Meister
Über die Geister.

> Verschwind in Flammen,
> Salamander!
> Rauschend fließe zusammen,
> Undene!
> Leucht in Meteorenschöne,
> Sylphe!
> Bring häusliche Hülfe,
> Incubus! incubus!
> Tritt hervor und mache den Schluß!

Keines der Viere
Steckt in dem Tiere.
Es liegt ganz ruhig und grinst mich an;
Ich hab ihm noch nicht weh getan.
Du sollst mich hören
Stärker beschwören.

> Bist du, Geselle,
> Ein Flüchtling der Hölle?
> So sieh dies Zeichen,
> Dem sie sich beugen,
> Die schwarzen Scharen!

Schon schwillt es auf mit borstigen Haaren.

STUDIERZIMMER

        Verworfnes Wesen!
        Kannst du ihn lesen?
        Den nie Entsproßnen,
        Unausgesprochnen,
        Durch alle Himmel Gegoßnen,
        Freventlich Durchstochnen?

Hinter den Ofen gebannt,
Schwillt es wie ein Elefant,
Den ganzen Raum füllt es an,
Es will zum Nebel zerfließen.
Steige nicht zur Decke hinan!
Lege dich zu des Meisters Füßen!
Du siehst, daß ich nicht vergebens drohe:
Ich versenge dich mit heiliger Lohe!
Erwarte nicht
Das dreimal glühende Licht!
Erwarte nicht
Die stärkste von meinen Künsten!

MEPHISTOPHELES *tritt, indem der Nebel fällt, gekleidet wie ein fahrender Scholastikus, hinter dem Ofen hervor.*
Wozu der Lärm? was steht dem Herrn zu Diensten?
FAUST. Das also war des Pudels Kern!
Ein fahrender Skolast? Der Kasus macht mich lachen.
MEPHISTOPHELES. Ich salutiere den gelehrten Herrn!
Ihr habt mich weidlich schwitzen machen.
FAUST. Wie nennst du dich?
MEPHISTOPHELES.   Die Frage scheint mir klein
Für einen, der das Wort so sehr verachtet,
Der, weit entfernt von allem Schein,
Nur in der Wesen Tiefe trachtet.
FAUST. Bei euch, ihr Herrn, kann man das Wesen
Gewöhnlich aus dem Namen lesen,
Wo es sich allzu deutlich weist,
Wenn man euch Fliegengott, Verderber, Lügner heißt.
Nun gut, wer bist du denn?

MEPHISTOPHELES. Ein Teil von jener Kraft,
Die stets das Böse will, und stets das Gute schafft.
FAUST. Was ist mit diesem Räselwort gemeint?
MEPHISTOPHELES. Ich bin der Geist, der stets verneint!
Und das mit Recht: denn alles, was entsteht,
Ist wert, daß es zugrunde geht;
Drum besser wärs, daß nichts entstünde.
So ist denn alles, was ihr Sünde,
Zerstörung, kurz das Böse nennt,
Mein eigentliches Element.
FAUST. Du nennst dich einen Teil und stehst doch ganz vor [mir?
MEPHISTOPHELES. Bescheidne Wahrheit sprech ich dir.
Wenn sich der Mensch, die kleine Narrenwelt,
Gewöhnlich für ein Ganzes hält:
Ich bin ein Teil des Teils, der anfangs alles war,
Ein Teil der Finsternis, die sich das Licht gebar,
Das stolze Licht, das nun der Mutter Nacht
Den alten Rang, den Raum ihr streitig macht.
Und doch gelingts ihm nicht, da es, soviel es strebt,
Verhaftet an den Körpern klebt:
Von Körpern strömts, die Körper macht es schön,
Ein Körper hemmts auf seinem Gange;
So, hoff ich, dauert es nicht lange,
Und mit den Körpern wirds zugrunde gehn.
FAUST. Nun kenn ich deine würdgen Pflichten!
Du kannst im Großen nichts vernichten
Und fängst es nun im Kleinen an.
MEPHISTOPHELES. Und freilich ist nicht viel damit getan.
Was sich dem Nichts entgegenstellt,
Das Etwas, diese plumpe Welt,
Soviel als ich schon unternommen,
Ich wußte nicht ihr beizukommen,
Mit Wellen, Stürmen, Schütteln, Brand –
Geruhig bleibt am Ende Meer und Land!
Und dem verdammten Zeug, der Tier- und Menschenbrut,
Dem ist nun gar nichts anzuhaben:

STUDIERZIMMER

Wie viele hab ich schon begraben,
Und immer zirkuliert ein neues, frisches Blut!
So geht es fort, man möchte rasend werden!
Der Luft, dem Wasser wie der Erden
Entwinden tausend Keime sich,
Im Trocknen, Feuchten, Warmen, Kalten!
Hätt ich mir nicht die Flamme vorbehalten,
Ich hätte nichts Aparts für mich.

FAUST. So setzest du der ewig-regen,
Der heilsam-schaffenden Gewalt
Die kalte Teufelsfaust entgegen,
Die sich vergebens tückisch ballt!
Was anders suche zu beginnen
Des Chaos wunderlicher Sohn!

MEPHISTOPHELES. Wir wollen wirklich uns besinnen,
Die nächsten Male mehr davon!
Dürft ich wohl diesmal mich entfernen?

FAUST. Ich sehe nicht, warum du fragst.
Ich habe jetzt dich kennenlernen,
Besuche nun mich, wie du magst.
Hier ist das Fenster, hier die Türe,
Ein Rauchfang ist dir auch gewiß.

MEPHISTOPHELES. Gesteh ichs nur! Daß ich hinausspaziere,
Verbietet mir ein kleines Hindernis:
Der Drudenfuß auf Eurer Schwelle –

FAUST. Das Pentagramma macht dir Pein?
Ei, sage mir, du Sohn der Hölle:
Wenn das dich bannt, wie kamst du denn herein?
Wie ward ein solcher Geist betrogen?

MEPHISTOPHELES. Beschaut es recht! es ist nicht gut gezogen:
Der eine Winkel, der nach außenzu,
Ist, wie du siehst, ein wenig offen.

FAUST. Das hat der Zufall gut getroffen!
Und mein Gefangner wärst denn du?
Das ist von ungefähr gelungen!

MEPH. Der Pudel merkte nichts, als er hereingesprungen!

Die Sache sieht jetzt anders aus:
Der Teufel kann nicht aus dem Haus.
FAUST. Doch warum gehst du nicht durchs Fenster?
MEPHISTOPHELES. 's ist ein Gesetz der Teufel und Gespenster:
Wo sie hereingeschlüpft, da müssen sie hinaus.
Das erste steht uns frei, beim zweiten sind wir Knechte.
FAUST. Die Hölle selbst hat ihre Rechte:
Das find ich gut, da ließe sich ein Pakt,
Und sicher wohl, mit euch, ihr Herren, schließen?
MEPH. Was man verspricht, das sollst du rein genießen,
Dir wird davon nichts abgezwackt.
Doch das ist nicht so kurz zu fassen,
Und wir besprechen das zunächst;
Doch jetzo bitt ich hoch und höchst,
Für dieses Mal mich zu entlassen.
FAUST. So bleibe doch noch einen Augenblick,
Um mir erst gute Mär zu sagen!
MEPHISTOPHELES. Jetzt laß mich los! ich komme bald zurück;
Dann magst du nach Belieben fragen.
FAUST. Ich habe dir nicht nachgestellt,
Bist du doch selbst ins Garn gegangen.
Den Teufel halte, wer ihn hält!
Er wird ihn nicht so bald zum zweiten Male fangen.
MEPHISTOPHELES. Wenn dirs beliebt, so bin ich auch bereit,
Dir zur Gesellschaft hierzubleiben;
Doch mit Bedingnis, dir die Zeit
Durch meine Künste würdig zu vertreiben.
FAUST. Ich seh es gern, das steht dir frei;
Nur daß die Kunst gefällig sei!
MEPHISTOPHELES. Du wirst, mein Freund, für deine Sinnen
In dieser Stunde mehr gewinnen
Als in des Jahres Einerlei.
Was dir die zarten Geister singen,
Die schönen Bilder, die sie bringen,
Sind nicht ein leeres Zauberspiel.
Auch dein Geruch wird sich ergetzen,

Dann wirst du deinen Gaumen letzen,
Und dann entzückt sich dein Gefühl.
Bereitung braucht es nicht voran:
Beisammen sind wir, fanget an!

GEISTER

Schwindet, ihr dunkeln
Wölbungen droben!
Reizender schaue
Freundlich der blaue
Äther herein!
Wären die dunkeln
Wolken zerronnen!
Sternelein funkeln,
Mildere Sonnen
Scheinen darein.
Himmlischer Söhne
Geistige Schöne,
Schwankende Beugung
Schwebet vorüber;
Sehnende Neigung
Folget hinüber.
Und der Gewänder
Flatternde Bänder
Decken die Länder,
Decken die Laube,
Wo sich fürs Leben,
Tief in Gedanken,
Liebende geben.
Laube bei Laube!
Sprossende Ranken!
Lastende Traube
Stürzt ins Behälter
Drängender Kelter;
Stürzen in Bächen
Schäumende Weine,
Rieseln durch reine,
Edle Gesteine,
Lassen die Höhen
Hinter sich liegen,
Breiten zu Seen
Sich ums Genügen
Grünender Hügel.
Und das Geflügel
Schlürfet sich Wonne,
Flieget der Sonne,
Flieget den hellen
Inseln entgegen,
Die sich auf Wellen
Gauklend bewegen,
Wo wir in Chören
Jauchzende hören,
Über den Auen
Tanzende schauen,
Die sich im Freien
Alle zerstreuen.
Einige klimmen
über die Höhen,
Andere schwimmen
über die Seen,
Andere schweben:
Alle zum Leben,
Alle zur Ferne
Liebender Sterne,
Seliger Huld.

1443–1505

MEPH. Er schläft! So recht, ihr luftgen, zarten Jungen,
Ihr habt ihn treulich eingesungen!
Für dies Konzert bin ich in eurer Schuld.
Du bist noch nicht der Mann, den Teufel festzuhalten!
Umgaukelt ihn mit süßen Traumgestalten,
Versenkt ihn in ein Meer des Wahns!
Doch dieser Schwelle Zauber zu zerspalten,
Bedarf ich eines Rattenzahns.
Nicht lange brauch ich zu beschwören:
Schon raschelt eine hier und wird sogleich mich hören.

Der Herr der Ratten und der Mäuse,
Der Fliegen, Frösche, Wanzen, Läuse
Befiehlt dir, dich hervorzuwagen
Und diese Schwelle zu benagen,
So wie er sie mit Öl betupft –
Da kommst du schon hervorgehupft!
Nun frisch ans Werk! Die Spitze, die mich bannte,
Sie sitzt ganz vornen an der Kante.
Noch einen Biß, so ists geschehn! –
Nun, Fauste, träume fort, bis wir uns wiedersehn!

FAUST *erwachend.* Bin ich denn abermals betrogen?
Verschwindet so der geisterreiche Drang,
Daß mir ein Traum den Teufel vorgelogen
Und daß ein Pudel mir entsprang?

STUDIERZIMMER

Faust · Mephistopheles

FAUST. Es klopft? Herein! Wer will mich wieder plagen?
MEPHISTOPHELES. Ich bins.
FAUST.   Herein!
MEPHISTOPHELES.   Du mußt es dreimal sagen.
FAUST. Herein denn!
MEPHISTOPHELES.   So gefällst du mir!
Wir werden, hoff ich, uns vertragen;
Denn dir die Grillen zu verjagen,
Bin ich als edler Junker hier:
In rotem, goldverbrämtem Kleide,
Das Mäntelchen von starrer Seide,
Die Hahnenfeder auf dem Hut,
Mit einem langen, spitzen Degen –
Und rate nun dir kurz und gut,
Dergleichen gleichfalls anzulegen,
Damit du, losgebunden, frei,
Erfahrest, was das Leben sei.
FAUST. In jenem Kleide werd ich wohl die Pein
Des engen Erdelebens fühlen.
Ich bin zu alt, um nur zu spielen,
Zu jung, um ohne Wunsch zu sein.
Was kann die Welt mir wohl gewähren!
Entbehren sollst du! sollst entbehren!
Das ist der ewige Gesang,
Der jedem an die Ohren klingt,
Den, unser ganzes Leben lang,
Uns heiser jede Stunde singt.
Nur mit Entsetzen wach ich morgens auf,
Ich möchte bittre Tränen weinen,
Den Tag zu sehn, der mir in seinem Lauf
Nicht Einen Wunsch erfüllen wird, nicht Einen,
Der selbst die Ahnung jeder Lust
Mit eigensinnigem Krittel mindert,

Die Schöpfung meiner regen Brust
Mit tausend Lebensfratzen hindert.
Auch muß ich, wenn die Nacht sich niedersenkt,
Mich ängstlich auf das Lager strecken:
Auch da wird keine Rast geschenkt,
Mich werden wilde Träume schrecken.
Der Gott, der mir im Busen wohnt,
Kann tief mein Innerstes erregen;
Der über allen Kräften thront,
Er kann nach außen nichts bewegen:
Und so ist mir das Dasein eine Last,
Der Tod erwünscht, das Leben mir verhaßt.

MEPHISTOPHELES.
Und doch ist nie der Tod ein ganz willkommner Gast.

FAUST. O selig der, dem er im Siegesglanze
Die blutigen Lorbeern um die Schläfe windet,
Den er, nach rasch durchrastem Tanze,
In eines Mädchens Armen findet!
O wär ich vor des hohen Geistes Kraft
Entzückt, entseelt dahingesunken!

MEPHISTOPHELES. Und doch hat jemand einen braunen Saft,
In jener Nacht, nicht ausgetrunken!

FAUST. Das Spionieren, scheints, ist deine Lust.

MEPHISTOPHELES.
Allwissend bin ich nicht; doch viel ist mir bewußt.

FAUST. Wenn aus dem schrecklichen Gewühle
Ein süß-bekannter Ton mich zog,
Den Rest von kindlichem Gefühle
Mit Anklang froher Zeit betrog,
So fluch ich allem, was die Seele
Mit Lock- und Gaukelwerk umspannt
Und sie in diese Trauerhöhle
Mit Blend- und Schmeichelkräften bannt!
Verflucht voraus die hohe Meinung,
Womit der Geist sich selbst umfängt,
Verflucht das Blenden der Erscheinung,

Die sich an unsre Sinne drängt!
Verflucht, was uns in Träumen heuchelt,
Des Ruhms, der Namensdauer Trug!
Verflucht, was als Besitz uns schmeichelt,
Als Weib und Kind, als Knecht und Pflug!
Verflucht sei Mammon, wenn mit Schätzen
Er uns zu kühnen Taten regt,
Wenn er zu müßigem Ergetzen
Die Polster uns zurechtgelegt!
Fluch sei dem Balsamsaft der Trauben!
Fluch jener höchsten Liebeshuld!
Fluch sei der Hoffnung! Fluch dem Glauben,
Und Fluch vor allen der Geduld!

GEISTERCHOR *unsichtbar*

Weh! weh!
Du hast sie zerstört,
Die schöne Welt,
Mit mächtiger Faust;
Sie stürzt, sie zerfällt!
Ein Halbgott hat sie zerschlagen!
Wir tragen
Die Trümmer ins Nichts hinüber
Und klagen
Über die verlorne Schöne.
Mächtiger
Der Erdensöhne,
Prächtiger
Baue sie wieder,
In deinem Busen baue sie auf!
Neuen Lebenslauf
Beginne
Mit hellem Sinne,
Und neue Lieder
Tönen darauf!

1594–1626

MEPHISTOPHELES

Dies sind die Kleinen
Von den Meinen.
Höre, wie zu Lust und Taten
Altklug sie raten!
In die Welt weit,
Aus der Einsamkeit,
Wo Sinnen und Säfte stocken,
Wollen sie dich locken.

Hör auf, mit deinem Gram zu spielen,
Der wie ein Geier dir am Leben frißt!
Die schlechteste Gesellschaft läßt dich fühlen,
Daß du ein Mensch mit Menschen bist.
Doch so ists nicht gemeint,
Dich unter das Pack zu stoßen.
Ich bin keiner von den Großen;
Doch willst du mit mir vereint
Deine Schritte durch Leben nehmen,
So will ich mich gern bequemen,
Dein zu sein, auf der Stelle.
Ich bin dein Geselle,
Und mach ich dirs recht,
Bin ich dein Diener, bin dein Knecht!
FAUST. Und was soll ich dagegen dir erfüllen?
MEPHISTOPHELES. Dazu hast du noch eine lange Frist.
FAUST. Nein, nein! der Teufel ist ein Egoist
Und tut nicht leicht um Gottes willen,
Was einem andern nützlich ist.
Sprich die Bedingung deutlich aus!
Ein solcher Diener bringt Gefahr ins Haus.
MEPHISTOPHELES.
Ich will mich hier zu deinem Dienst verbinden,
Auf deinen Wink nicht rasten und nicht ruhn;
Wenn wir uns drüben wiederfinden,
So sollst du mir das Gleiche tun.

1627–1659

FAUST. Das Drüben kann mich wenig kümmern;
Schlägst du erst diese Welt zu Trümmern,
Die andre mag darnach entstehn.
Aus dieser Erde quillen meine Freuden,
Und diese Sonne scheinet meinen Leiden:
Kann ich mich erst von ihnen scheiden,
Dann mag, was will und kann, geschehn.
Davon will ich nichts weiter hören,
Ob man auch künftig haßt und liebt
Und ob es auch in jenen Sphären
Ein Oben oder Unten gibt.
MEPHISTOPHELES. In diesem Sinne kannst dus wagen.
Verbinde dich! du sollst in diesen Tagen
Mit Freuden meine Künste sehn:
Ich gebe dir, was noch kein Mensch gesehn!
FAUST. Was willst du, armer Teufel, geben?
Ward eines Menschen Geist in seinem hohen Streben
Von deinesgleichen je gefaßt?
Doch hast du Speise, die nicht sättigt? hast
Du rotes Gold, das ohne Rast,
Quecksilber gleich, dir in der Hand zerrinnt?
Ein Spiel, bei dem man nie gewinnt?
Ein Mädchen, das an meiner Brust
Mit Äugeln schon dem Nachbar sich verbindet?
Der Ehre schöne Götterlust,
Die wie ein Meteor verschwindet?
Zeig mir die Frucht, die fault, eh man sie bricht,
Und Bäume, die sich täglich neu begrünen!
MEPHISTOPHELES. Ein solcher Auftrag schreckt mich nicht,
Mit solchen Schätzen kann ich dienen.
Doch, guter Freund, die Zeit kommt auch heran,
Wo wir was Guts in Ruhe schmausen mögen.
FAUST. Werd ich beruhigt je mich auf ein Faulbett legen,
So sei es gleich um mich getan!
Kannst du mich schmeichelnd je belügen,
Daß ich mir selbst gefallen mag,

Kannst du mich mit Genuß betrügen:
Das sei für mich der letzte Tag!
Die Wette biet ich!

MEPHISTOPHELES. Topp!

FAUST.   Und Schlag auf Schlag!
Werd ich zum Augenblicke sagen:
Verweile doch! du bist so schön!
Dann magst du mich in Fesseln schlagen,
Dann will ich gern zugrunde gehn!
Dann mag die Todesglocke schallen,
Dann bist du deines Dienstes frei,
Die Uhr mag stehn, der Zeiger fallen,
Es sei die Zeit für mich vorbei!

MEPHISTOPHELES.
Bedenk es wohl! wir werdens nicht vergessen.

FAUST. Dazu hast du ein volles Recht!
Ich habe mich nicht freventlich vermessen:
Wie ich beharre, bin ich Knecht,
Ob dein, was frag ich, oder wessen!

MEPHISTOPHELES.
Ich werde heute gleich, beim Doktorschmaus,
Als Diener meine Pflicht erfüllen.
Nur eins! – Um Lebens oder Sterbens willen
Bitt ich mir ein paar Zeilen aus.

FAUST. Auch was Geschriebnes forderst du Pedant?
Hast du noch keinen Mann, nicht Manneswort gekannt?
Ists nicht genug, daß mein gesprochnes Wort
Auf ewig soll mit meinen Tagen schalten?
Rast nicht die Welt in allen Strömen fort,
Und mich soll ein Versprechen halten?
Doch dieser Wahn ist uns ins Herz gelegt:
Wer mag sich gern davon befreien?
Beglückt, wer Treue rein im Busen trägt,
Kein Opfer wird ihn je gereuen!
Allein ein Pergament, beschrieben und beprägt,
Ist ein Gespenst, vor dem sich alle scheuen.

1696–1727

Das Wort erstirbt schon in der Feder,
Die Herrschaft führen Wachs und Leder. –
Was willst du böser Geist von mir?
Erz? Marmor? Pergament? Papier?
Soll ich mit Griffel, Meißel, Feder schreiben?
Ich gebe jede Wahl dir frei.
MEPHISTOPHELES. Wie magst du deine Rednerei
Nur gleich so hitzig übertreiben?
Ist doch ein jedes Blättchen gut.
Du unterzeichnest dich mit einem Tröpfen Blut.
FAUST. Wenn dies dir völlig Gnüge tut,
So mag es bei der Fratze bleiben.
MEPHISTOPHELES. Blut ist ein ganz besondrer Saft.
FAUST. Nur keine Furcht, daß ich dies Bündnis breche!
Das Streben meiner ganzen Kraft
Ist grade das, was ich verspreche.
Ich habe mich zu hoch gebläht,
In deinen Rang gehör ich nur.
Der große Geist hat mich verschmäht,
Vor mir verschließt sich die Natur.
Des Denkens Faden ist zerrissen,
Mir ekelt lange vor allem Wissen.
Laß in den Tiefen der Sinnlichkeit
Uns glühende Leidenschaften stillen!
In undurchdrungnen Zauberhüllen
Sei jedes Wunder gleich bereit!
Stürzen wir uns in das Rauschen der Zeit,
Ins Rollen der Begebenheit!
Da mag denn Schmerz und Genuß,
Gelingen und Verdruß
Miteinander wechseln, wie es kann:
Nur rastlos betätigt sich der Mann.
MEPHISTOPHELES. Euch ist kein Maß und Ziel gesetzt.
Beliebts Euch, überall zu naschen,
Im Fliehen etwas zu erhaschen,
Bekomm Euch wohl, was Euch ergetzt!

1728–1763

Nur greift mir zu und seid nicht blöde!
FAUST. Du hörest ja: von Freud ist nicht die Rede!
Dem Taumel weih ich mich, dem schmerzlichen Genuß,
Verliebtem Haß, erquickendem Verdruß.
Mein Busen, der vom Wissensdrang geheilt ist,
Soll keinen Schmerzen künftig sich verschließen,
Und was der ganzen Menschheit zugeteilt ist,
Will ich in meinem innern Selbst genießen,
Mit meinem Geist das Höchst- und Tiefste greifen,
Ihr Wohl und Weh auf meinen Busen häufen
Und so mein eigen Selbst zu ihrem Selbst erweitern
Und, wie sie selbst, am End auch ich zerscheitern!
MEPHISTOPHELES. O glaube mir, der manche tausend Jahre
An dieser harten Speise kaut,
Daß von der Wiege bis zur Bahre
Kein Mensch den alten Sauerteig verdaut!
Glaub unsereinem: dieses Ganze
Ist nur für einen Gott gemacht!
Er findet sich in einem ewgen Glanze,
Uns hat er in die Finsternis gebracht,
Und euch taugt einzig Tag und Nacht.
FAUST. Allein ich will!
MEPHISTOPHELES.   Das läßt sich hören!
Doch nur vor Einem ist mir bang:
Die Zeit ist kurz, die Kunst ist lang.
Ich dächt, Ihr ließet Euch belehren.
Assoziiert Euch mit einem Poeten,
Laßt den Herrn in Gedanken schweifen
Und alle edlen Qualitäten
Auf Euren Ehrenscheitel häufen:
Des Löwen Mut,
Des Hirsches Schnelligkeit,
Des Italieners feurig Blut,
Des Nordens Daurbarkeit.
Laßt in Euch das Geheimnis finden,
Großmut und Arglist zu verbinden

Und Euch mit warmen Jugendtrieben
Nach einem Plane zu verlieben!
Möchte selbst solch einen Herren kennen:
Würd ihn Herrn Mikrokosmus nennen.
FAUST. Was bin ich denn, wenn es nicht möglich ist,
Der Menschheit Krone zu erringen,
Nach der sich alle Sinne dringen?
MEPHISTOPHELES. Du bist am Ende – was du bist.
Setz dir Perücken auf von Millionen Locken,
Setz deinen Fuß auf ellenhohe Sokken,
Du bleibst doch immer, was du bist.
FAUST. Ich fühls, vergebens hab ich alle Schätze
Des Menschengeists auf mich herbeigerafft,
Und wenn ich mich am Ende niedersetze,
Quillt innerlich doch keine neue Kraft;
Ich bin nicht um ein Haar breit höher,
Bin dem Unendlichen nicht näher.
MEPHISTOPHELES. Mein guter Herr, Ihr seht die Sachen,
Wie man die Sachen eben sieht;
Wir müssen das gescheiter machen,
Eh uns des Lebens Freude flieht.
Was Henker! freilich Händ und Füße
Und Kopf und Hintern, die sind dein;
Doch alles, was ich frisch genieße,
Ist das drum weniger mein?
Wenn ich sechs Hengste zahlen kann,
Sind ihre Kräfte nicht die meine?
Ich renne zu und bin ein rechter Mann,
Als hätt ich vierundzwanzig Beine.
Drum frisch! laß alles Sinnen sein,
Und grad mit in die Welt hinein!
Ich sag es dir: ein Kerl, der spekuliert,
Ist das wie ein Tier, auf dürrer Heide
Von einem bösen Geist im Kreis herumgeführt,
Und ringsumher liegt schöne grüne Weide.
FAUST. Wie fangen wir das an?

1799–1833

MEPHISTOPHELES. Wir gehen eben fort.
Was ist das für ein Marterort!
Was heißt das für ein Leben führen,
Sich und die Jungens ennuyieren!
Laß du das dem Herrn Nachbar Wanst!
Was willst du dich das Stroh zu dreschen plagen?
Das Beste, was du wissen kannst,
Darfst du den Buben doch nicht sagen.
Gleich hör ich einen auf dem Gange!
FAUST. Mir ists nicht möglich, ihn zu sehn.
MEPHISTOPHELES. Der arme Knabe wartet lange,
Der darf nicht ungetröstet gehn.
Komm, gib mir deinen Rock und Mütze!
Die Maske muß mir köstlich stehn. *Er kleidet sich um.*
Nun überlaß es meinem Witze!
Ich brauche nur ein Viertelstündchen Zeit;
Indessen mache dich zur schönen Fahrt bereit! *Faust ab.*
MEPHISTOPHELES *in Fausts langem Kleide.*
Verachte nur Vernunft und Wissenschaft,
Des Menschen allerhöchste Kraft,
Laß nur in Blend- und Zauberwerken
Dich von dem Lügengeist bestärken,
So hab ich dich schon unbedingt! –
Ihm hat das Schicksal einen Geist gegeben,
Der ungebändigt immer vorwärtsdringt
Und dessen übereiltes Streben
Der Erde Freuden überspringt.
Den schlepp ich durch das wilde Leben,
Durch flache Unbedeutenheit,
Er soll mir zappeln, starren, kleben,
Und seiner Unersättlichkeit
Soll Speis' und Trank vor giergen Lippen schweben:
Er wird Erquickung sich umsonst erflehn,
Und hätt er sich auch nicht dem Teufel übergeben,
Er müßte doch zu Grunde gehn!

1834–1867

STUDIERZIMMER

Ein Schüler tritt auf

SCHÜLER. Ich bin allhier erst kurze Zeit
Und komme voll Ergebenheit,
Einen Mann zu sprechen und zu kennen,
Den alle mir mit Ehrfurcht nennen.
MEPHISTOPHELES. Eure Höflichkeit erfreut mich sehr!
Ihr seht einen Mann wie andre mehr. –
Habt Ihr Euch sonst schon umgetan?
SCHÜLER. Ich bitt Euch, nehmt Euch meiner an!
Ich komme mit allem guten Mut,
Leidlichem Geld und frischem Blut;
Meine Mutter wollte mich kaum entfernen;
Möchte gern was Rechts hieraußen lernen.
MEPHISTOPHELES. Da seid Ihr eben recht am Ort.
SCHÜLER. Aufrichtig: möchte schon wieder fort!
In diesen Mauern, diesen Hallen
Will es mir keineswegs gefallen.
Es ist ein gar beschränkter Raum,
Man sieht nichts Grünes, keinen Baum,
Und in den Sälen, auf den Bänken
Vergeht mir Hören, Sehn und Denken.
MEPHISTOPHELES. Das kommt nur auf Gewohnheit an.
So nimmt ein Kind der Mutter Brust
Nicht gleich im Anfang willig an;
Doch bald ernährt es sich mit Lust.
So wirds Euch an der Weisheit Brüsten
Mit jedem Tage mehr gelüsten.
SCHÜLER. An ihrem Hals will ich mit Freuden hangen;
Doch sagt mir nur: wie kann ich hingelangen?
MEPHISTOPHELES. Erklärt Euch, eh Ihr weitergeht:
Was wählt Ihr für eine Fakultät?
SCHÜLER. Ich wünschte, recht gelehrt zu werden,
Und möchte gern, was auf der Erden
Und in dem Himmel ist, erfassen,
Die Wissenschaft und die Natur.

1868–1901

MEPHISTOPHELES. Da seid Ihr auf der rechten Spur;
Doch müßt Ihr Euch nicht zerstreuen lassen.
SCHÜLER. Ich bin dabei mit Seel' und Leib;
Doch freilich würde mir behagen
Ein wenig Freiheit und Zeitvertreib
An schönen Sommerfeiertagen.
MEPH. Gebraucht der Zeit, sie geht so schnell von hinnen!
Doch Ordnung lehrt Euch Zeit gewinnen.
Mein teurer Freund, ich rat Euch drum
Zuerst Collegium Logicum.
Da wird der Geist Euch wohl dressiert,
In Spanische Stiefeln eingeschnürt,
Daß er bedächtiger so fortan
Hinschleiche die Gedankenbahn
Und nicht etwa, die Kreuz und Quer,
Irrlichteliere hin und her.
Dann lehret man Euch manchen Tag,
Daß, was Ihr sonst auf Einen Schlag
Getrieben, wie Essen und Trinken frei,
Eins! Zwei! Drei! dazu nötig sei.
Zwar ists mit der Gedankenfabrik
Wie mit einem Webermeisterstück,
Wo Ein Tritt tausend Fäden regt,
Die Schifflein herüber-hinüberschießen,
Die Fäden ungesehen fließen,
Ein Schlag tausend Verbindungen schlägt.
Der Philosoph, der tritt herein
Und beweist Euch, es müßt so sein:
Das Erst wär so, das Zweite so
Und drum das Dritt und Vierte so,
Und wenn das Erst und Zweit nicht wär,
Das Dritt und Viert wär nimmermehr.
Das preisen die Schüler aller Orten,
Sind aber keine Weber geworden.
Wer will was Lebendigs erkennen und beschreiben,
Sucht erst den Geist herauszutreiben,

Dann hat er die Teile in seiner Hand,
Fehlt, leider! nur das geistige Band.
Encheiresin naturae nennts die Chemie,
Spottet ihrer selbst und weiß nicht wie.
SCHÜLER. Kann Euch nicht eben ganz verstehen.
MEPHISTOPHELES. Das wird nächstens schon besser gehen,
Wenn Ihr lernt alles reduzieren
Und gehörig klassifizieren.
SCHÜLER. Mir wird von alledem so dumm,
Als ging' mir ein Mühlrad im Kopf herum.
MEPHISTOPHELES. Nachher, vor allen andern Sachen,
Müßt Ihr Euch an die Metaphysik machen!
Da seht, daß Ihr tiefsinnig faßt,
Was in des Menschen Hirn nicht paßt!
Für was drein geht und nicht drein geht,
Ein prächtig Wort zu Diensten steht.
Doch vorerst dieses halbe Jahr
Nehmt ja der besten Ordnung wahr!
Fünf Stunden habt Ihr jeden Tag;
Seid drinnen mit dem Glockenschlag!
Habt Euch vorher wohl präpariert,
Paragraphos wohl einstudiert,
Damit Ihr nachher besser seht,
Daß er nichts sagt, als was im Buche steht!
Doch Euch des Schreibens ja befleißt,
Als diktiert Euch der Heilig Geist!
SCHÜLER. Das sollt ihr mir nicht zweimal sagen!
Ich denke mir, wie viel es nützt:
Denn was man schwarz auf weiß besitzt,
Kann man getrost nach Hause tragen.
MEPHISTOPHELES. Doch wählt mir eine Fakultät!
SCHÜLER.
Zur Rechtsgelehrsamkeit kann ich mich nicht bequemen.
MEPHISTOPHELES. Ich kann es Euch so sehr nicht übel nehmen,
Ich weiß, wie es um diese Lehre steht.
Es erben sich Gesetz und Rechte

Wie eine ewge Krankheit fort;
Sie schleppen von Geschlecht sich zum Geschlechte
Und rücken sacht von Ort zu Ort.
Vernunft wird Unsinn, Wohltat Plage:
Weh dir, daß du ein Enkel bist!
Vom Rechte, das mit uns geboren ist,
Von dem ist, leider! nie die Frage.
SCHÜLER. Mein Abscheu wird durch Euch vermehrt.
O glücklich der, den Ihr belehrt!
Fast möcht ich nun Theologie studieren.
MEPHISTOPHELES. Ich wünschte nicht, Euch irrezuführen.
Was diese Wissenschaft betrifft,
Es ist so schwer, den falschen Weg zu meiden;
Es liegt in ihr so viel verborgnes Gift,
Und von der Arzenei ists kaum zu unterscheiden.
Am besten ists auch hier, wenn Ihr nur Einen hört
Und auf des Meisters Worte schwört.
Im ganzen: haltet Euch an Worte!
Dann geht Ihr durch die sichre Pforte
Zum Tempel der Gewißheit ein.
SCHÜLER. Doch ein Begriff muß bei dem Worte sein.
MEPHISTOPHELES. Schon gut! nur muß man sich nicht allzu
Dann eben, wo Begriffe fehlen,   [ängstlich quälen;
Da stellt ein Wort zur rechten Zeit sich ein.
Mit Worten läßt sich trefflich streiten,
Mit Worten ein System bereiten,
An Worte läßt sich trefflich glauben,
Von einem Wort läßt sich kein Iota rauben.
SCHÜLER. Verzeiht, ich halt Euch auf mit vielen Fragen,
Allein ich muß Euch noch bemühn.
Wollt Ihr mir von der Medizin
Nicht auch ein kräftig Wörtchen sagen?
Drei Jahr ist eine kurze Zeit,
Und, Gott, das Feld ist gar zu weit.
Wenn man einen Fingerzeig nur hat,
Läßt sichs schon eher weiterfühlen.

1973–2008

STUDIERZIMMER

MEPHISTOPHELES *für sich.*
Ich bin des trocknen Tons nun satt,
Muß wieder recht den Teufel spielen. *Laut.*
Der Geist der Medizin ist leicht zu fassen!
Ihr durchstudiert die groß und kleine Welt,
Und es am Ende gehn zu lassen,
Wies Gott gefällt.
Vergebens, daß Ihr ringsum wissenschaftlich schweift,
Ein jeder lernt nur, was er lernen kann;
Doch der den Augenblick ergreift,
Das ist der rechte Mann.
Ihr seid noch ziemlich wohlgebaut,
An Kühnheit wirds Euch auch nicht fehlen,
Und wenn Ihr Euch nur selbst vertraut,
Vertrauen Euch die andern Seelen.
Besonders lernt die Weiber führen!
Es ist ihr ewig Weh und Ach,
So tausendfach,
Aus einem Punkte zu kurieren,
Und wenn Ihr halbweg ehrbar tut,
Dann habt Ihr sie all unterm Hut.
Ein Titel muß sie erst vertraulich machen,
Daß Eure Kunst viel Künste übersteigt;
Zum Willkomm tappt Ihr dann nach allen Siebensachen,
Um die ein andrer viele Jahre streicht,
Versteht das Pülslein wohl zu drücken
Und fasset sie, mit feurig-schlauen Blicken,
Wohl um die schlanke Hüfte frei,
Zu sehn, wie fest geschnürt sie sei.
SCHÜLER.
Das sieht schon besser aus! Man sieht doch wo und wie.
MEPHISTOPHELES. Grau, teurer Freund, ist alle Theorie,
Und grün des Lebens goldner Baum.
SCHÜLER. Ich schwör Euch zu: mir ists als wie ein Traum!
Dürft ich Euch wohl ein andermal beschweren,
Von Eurer Weisheit auf den Grund zu hören?

MEPHISTOPHELES. Was ich vermag, soll gern geschehn.
SCHÜLER. Ich kann unmöglich wieder gehn,
Ich muß Euch noch mein Stammbuch überreichen:
Gönn Eure Gunst mir dieses Zeichen!
MEPHISTOPHELES. Sehr wohl. *Er schreibt und gibts.*
SCHÜLER *liest.*
Eritis sicut Deus, scientes bonum et malum.
Machts ehrerbietig zu und empfiehlt sich.
MEPHISTOPHELES.
Folg nur dem alten Spruch und meiner Muhme, der Schlange,
Dir wird gewiß einmal bei deiner Gottähnlichkeit bange!

Faust tritt auf

FAUST. Wohin soll es nun gehn?
MEPHISTOPHELES. Wohin es dir gefällt!
Wir sehn die kleine, dann die große Welt.
Mit welcher Freude, welchem Nutzen,
Wirst du den Cursum durchschmarutzen!
FAUST. Allein bei meinem langen Bart
Fehlt mir die leichte Lebensart.
Es wird mir der Versuch nicht glücken;
Ich wußte nie mich in die Welt zu schicken,
Vor andern fühl ich mich so klein;
Ich werde stets verlegen sein.
MEPH. Mein guter Freund, das wird sich alles geben:
Sobald du dir vertraust, sobald weißt du zu leben.
FAUST. Wie kommen wir denn aus dem Haus?
Wo hast du Pferde, Knecht und Wagen?
MEPHISTOPHELES. Wir breiten nur den Mantel aus,
Der soll uns durch die Lüfte tragen.
Du nimmst bei diesem kühnen Schritt
Nur keinen großen Bündel mit.
Ein bißchen Feuerluft, die ich bereiten werde,
Hebt uns behend von dieser Erde,
Und sind wir leicht, so geht es schnell hinauf –
Ich gratuliere dir zum neuen Lebenslauf!

AUCHERBACHS KELLER IN LEIPZIG

Zeche lustiger Gesellen

FROSCH. Will keiner trinken? keiner lachen?
Ich will euch lehren Gesichter machen!
Ihr seid ja heut wie nasses Stroh
Und brennt sonst immer lichterloh.
BRANDER. Das liegt an dir: du bringst ja nichts herbei,
Nicht eine Dummheit, keine Sauerei.
FROSCH *gießt ihm ein Glas Wein über den Kopf.*
    Da hast du beides!
BRANDER.   Doppelt Schwein!
FROSCH. Ihr wollt es ja, man soll es sein!
SIEBEL. Zur Tür hinaus, wer sich entzweit!
Mit offner Brust singt Runda, sauft und schreit!
Auf! holla! ho!
ALTMAYER.   Weh mir, ich bin verloren!
Baumwolle her! der Kerl sprengt mir die Ohren.
SIEBEL. Wenn das Gewölbe widerschallt,
Fühlt man erst recht des Basses Grundgewalt.
FROSCH. So recht! hinaus mit dem, der etwas übelnimmt!
A! tara lara da!
ALTMAYER. A! tara lara da!
FROSCH.   Die Kehlen sind gestimmt.

   Singt: Das liebe Heilge Römsche Reich,
            Wie hälts nur noch zusammen?

BRANDER. Ein garstig Lied! Pfui! ein politisch Lied
Ein leidig Lied! Dankt Gott mit jedem Morgen,
Daß ihr nicht braucht fürs Römsche Reich zu sorgen!
Ich halt es wenigstens für reichlichen Gewinn,
Daß ich nicht Kaiser oder Kanzler bin.
Doch muß auch uns ein Oberhaupt nicht fehlen:
Wir wollen einen Papst erwählen!
Ihr wißt, welch eine Qualität
Den Ausschlag gibt, den Mann erhöht.

FROSCH *singt:* Schwing dich auf, Frau Nachtigall,
Grüß mir mein Liebchen zehentausendmal!

SIEBEL.
Dem Liebchen keinen Gruß! ich will davon nichts hören!
FROSCH. Dem Liebchen Gruß und Kuß! du wirst mirs nicht
[verwehren!

Singt: Riegel auf! in stiller Nacht.
Riegel auf! der Liebste wacht.
Riegel zu! des Morgens früh.

SIEBEL. Ja, singe, singe nur und lob und rühme sie!
Ich will zu meiner Zeit schon lachen.
Sie hat mich angeführt, dir wird sies auch so machen.
Zum Liebsten sei ein Kobold ihr beschert:
Der mag mit ihr auf einem Kreuzweg schäkern!
Ein alter Bock, wenn er vom Blocksberg kehrt,
Mag im Galopp noch gute Nacht ihr meckern!
Ein braver Kerl von echtem Fleisch und Blut
Ist für die Dirne viel zu gut.
Ich will von keinem Grüße wissen,
Als ihr die Fenster eingeschmissen!

BRANDER *auf den Tisch schlagend.*
Paßt auf! paßt auf! gehorchet mir!
Ihr Herrn, gesteht, ich weiß zu leben!
Verliebte Leute sitzen hier,
Und diesen muß nach Standsgebühr
Zur guten Nacht ich was zum besten geben.
Gebt acht! Ein Lied von neustem Schnitt!
Und singt den Rundreim kräftig mit!

Er singt: Es war eine Ratt im Kellernest,
Lebte nur von Fett und Butter,
Hatte sich ein Ränzlein angemäst't
Als wie der Doktor Luther.
Die Köchin hatt ihr Gift gestellt:
Da wards so eng ihr in der Welt,
Als hätte sie Lieb im Leibe.

CHORUS *jauchzend.* Als hätte sie Lieb im Leibe!

BRANDER. Sie fuhr herum, sie fuhr heraus
    Und soff aus allen Pfützen,
    Zernagt, zerkratzt das ganze Haus:
    Wollte nichts ihr Wüten nützen!
    Sie tät gar manchen Ängstesprung,
    Bald hatte das arme Tier genung,
    Als hätt es Lieb im Leibe.

CHORUS. Als hätt es Lieb im Leibe!

BRANDER. Sie kam für Angst am hellen Tag
    Der Küche zugelaufen,
    Fiel an den Herd und zuckt und lag
    Und tät erbärmlich schnaufen.
    Da lachte die Vergifterin noch:
    »Ha! sie pfeift auf dem letzten Loch,
    Als hätte sie Lieb im Leibe.«

CHORUS. Als hätte sie Lieb im Leibe!

SIEBEL. Wie sich die platten Bursche freuen!
Es ist mir eine rechte Kunst,
Den armen Ratten Gift zu streuen!

BRANDER. Sie stehn wohl sehr in deiner Gunst?

ALTMAYER. Der Schmerbauch mit der kahlen Platte!
Das Unglück macht ihn zahm und mild;
Er sieht in der geschwollnen Ratte
Sein ganz natürlich Ebenbild.

Faust und Mephistopheles

MEPHISTOPHELES. Ich muß dich nun vor allen Dingen
In lustige Gesellschaft bringen,
Damit du siehst, wie leicht sichs leben läßt.
Dem Volke hier wird jeder Tag ein Fest.
Mit wenig Witz und viel Behagen
Dreht jeder sich im engen Zirkeltanz,
Wie junge Katzen mit dem Schwanz.
Wenn sie nicht über Kopfweh klagen,

Solang der Wirt nur weiterborgt,
Sind sie vergnügt und unbesorgt.
BRANDER. Die kommen eben von der Reise:
Man siehts an ihrer wunderlichen Weise;
Sie sind nicht eine Stunde hier.
FROSCH. Wahrhaftig, du hast recht! Mein Leipzig lob ich mir!
Es ist ein klein Paris und bildet seine Leute.
SIEBEL. Für was siehst du die Fremden an?
FROSCH. Laßt mich nur gehn! Bei einem vollen Glase
Zieh ich, wie einen Kinderzahn,
Den Burschen leicht die Würmer aus der Nase.
Sie scheinen mir aus einem edlen Haus:
Sie sehen stolz und unzufrieden aus.
BRANDER. Marktschreier sinds gewiß, ich wette!
ALTMAYER. Vielleicht!
FROSCH.   Gib acht, ich schraube sie!
MEPHISTOPHELES *zu Faust.*
Den Teufel spürt das Völkchen nie,
Und wenn er sie beim Kragen hätte.
FAUST. Seid uns gegrüßt, ihr Herrn!
SIEBEL.   Viel Dank zum Gegengruß!
Leise, Mephistopheles von der Seite ansehend.
Was hinkt der Kerl auf einem Fuß?
MEPHISTOPHELES. Ist es erlaubt, uns auch zu euch zu setzen?
Statt eines guten Trunks, den man nicht haben kann,
Soll die Gesellschaft uns ergetzen.
ALTMAYER. Ihr scheint ein sehr verwöhnter Mann.
FROSCH. Ihr seid wohl spät von Rippach aufgebrochen?
Habt ihr mit Herren Hans noch erst zu Nacht gespeist?
MEPHISTOPHELES. Heute sind wir ihn vorbeigereist;
Wir haben ihn das letztemal gesprochen.
Von seinen Vettern wußt er viel zu sagen,
Viel Grüße hat er uns an jeden aufgetragen.
Er neigt sich gegen Frosch.
ALTMAYER *leise.* Da hast dus! der verstehts!
SIEBEL.   Ein pfiffiger Patron!

FROSCH. Nun, warte nur, ich krieg ihn schon!
MEPHISTOPHELES. Wenn ich nicht irrte, hörten wir
Geübte Stimmen Chorus singen?
Gewiß, Gesang muß trefflich hier
Von dieser Wölbung widerklingen!
FROSCH. Seid Ihr wohl gar ein Virtuos?
MEPH. O nein! die Kraft ist schwach, allein die Lust ist groß.
ALTMAYER. Gebt uns ein Lied!
MEPHISTOPHELES.   Wenn ihr begehrt, die Menge!
SIEBEL. Nur auch ein nagelneues Stück!
MEPHISTOPHELES. Wir kommen erst aus Spanien zurück,
Dem schönen Land des Weins und der Gesänge.

> *Singt:* Es war einmal ein König,
> Der hatt einen großen Floh –

FROSCH. Horcht! Einen Floh! Habt ihr das wohl gefaßt?
Ein Floh ist mir ein saubrer Gast.

MEPHISTOPHELES *singt.* Es war einmal ein König,
> Der hatt einen großen Floh,
> Den liebt er gar nicht wenig:
> Als wie seinen eignen Sohn.
> Da rief er seinen Schneider,
> Der Schneider kam heran:
> »Da, miß dem Junker Kleider
> Und miß ihm Hosen an!«

BRANDER. Vergeßt nur nicht, dem Schneider einzuschärfen,
Daß er mir aufs genauste mißt
Und daß, so lieb sein Kopf ihm ist,
Die Hosen keine Falten werfen!

MEPHISTOPHELES. In Sammet und in Seide
> War er nun angetan,
> Hatte Bänder auf dem Kleide,
> Hatt auch ein Kreuz daran,
> Und war sogleich Minister
> Und hatt einen großen Stern.

> Da wurden seine Geschwister
> Bei Hof auch große Herrn.
>
> Und Herrn und Fraun am Hofe,
> Die waren sehr geplagt,
> Die Königin und die Zofe
> Gestochen und genagt,
> Und durften sie nicht knicken
> Und weg sie jucken nicht. –
> Wir knicken und ersticken
> Doch gleich, wenn einer sticht!

CHORUS *jauchzend.* Wir knicken und ersticken
                  Doch gleich, wenn einer sticht!

FROSCH. Bravo! bravo! das war schön!
SIEBEL. So soll es jedem Floh ergehn!
BRANDER. Spitzt die Finger und packt sie fein!
ALTMAYER. Es lebe die Freiheit! es lebe der Wein!
MEPH. Ich tränke gern ein Glas, die Freiheit hoch zu ehren,
Wenn eure Weine nur ein bißchen besser wären.
SIEBEL. Wir mögen das nicht wieder hören!
MEPHISTOPHELES. Ich fürchte nur, der Wirt beschweret sich;
Sonst gäb ich diesen werten Gästen
Aus unserm Keller was zum besten.
SIEBEL. Nur immer her! ich nehms auf mich.
FROSCH. Schafft Ihr ein gutes Glas, so wollen wir Euch loben.
Nur gebt nicht gar zu kleine Proben!
Denn wenn ich judizieren soll,
Verlang ich auch das Maul recht voll.
ALTMAYER *leise.* Sie sind vom Rheine, wie ich spüre.
MEPHISTOPHELES. Schafft einen Bohrer an!
BRANDER.   Was soll mit dem geschehn?
Ihr habt doch nicht die Fässer vor der Türe?
ALT. Dahinten hat der Wirt ein Körbchen Werkzeug stehn.
MEPHISTOPHELES *nimmt den Bohrer. Zu Frosch.*
Nun sagt: was wünschet Ihr zu schmecken?
FROSCH. Wie meint Ihr das? Habt Ihr so mancherlei?

MEPHISTOPHELES. Ich stell es einem jeden frei.
ALTMAYER *zu Frosch.*
Aha! du fängst schon an, die Lippen abzulecken.
FROSCH. Gut! wenn ich wählen soll, so will ich Rheinwein [haben:
Das Vaterland verleiht die allerbesten Gaben.
MEPHISTOPHELES *indem er an dem Platz, wo Frosch sitzt, ein Loch in den Tischrand bohrt.*
Verschafft ein wenig Wachs, die Pfropfen gleich zu machen!
ALTMAYER. Ach, das sind Taschenspielersachen!
MEPHISTOPHELES *zu Brander.* Und Ihr?
BRANDER. Ich will Champagner Wein,
Und recht moussierend soll er sein!
MEPHISTOPHELES *bohrt, einer hat indessen die Wachspfropfen gemacht und verstopft.*
BRANDER. Man kann nicht stets das Fremde meiden,
Das Gute liegt uns oft so fern.
Ein echter deutscher Mann mag keinen Franzen leiden;
Doch ihre Weine trinkt er gern.
SIEBEL, *indem sich Mephistopheles seinem Platz nähert.*
Ich muß gestehn: den sauern mag ich nicht!
Gebt mir ein Glas vom echten süßen!
MEPHISTOPHELES *bohrt.* Euch soll sogleich Tokayer fließen.
ALTMAYER. Nein, Herren, seht mir ins Gesicht!
Ich seh es ein, ihr habt uns nur zum besten.
MEPHISTOPHELES. Ei! ei! Mit solchen edlen Gästen
Wär es ein bißchen viel gewagt.
Geschwind! nur grad heraus gesagt!
Mit welchem Weine kann ich dienen?
ALTMAYER. Mit jedem! nur nicht lang gefragt!

Nachdem die Löcher alle gebohrt und verstopft sind,
MEPHISTOPHELES *mit seltsamen Gebärden.*

Trauben trägt der Weinstock,
Hörner der Ziegenbock!
Der Wein ist saftig, Holz die Reben:
Der hölzerne Tisch kann Wein auch geben.

Ein tiefer Blick in die Natur!
Hier ist ein Wunder: glaubet nur!

Nun zieht die Pfropfen und genießt!
ALLE, *indem sie die Pfropfen ziehen und jedem der verlangte Wein ins Glas läuft.*
O schöner Brunnen, der uns fließt!
MEPHISTOPHELES. Nur hütet euch, daß ihr mir nichts vergießt!
Sie trinken wiederholt.

ALLE *singen.* Uns ist ganz kannibalisch wohl,
Als wie fünfhundert Säuen!

MEPH. Das Volk ist frei: seht an, wie wohls ihm geht!
FAUST. Ich hätte Lust, nun abzufahren.
MEPHISTOPHELES. Gib nur erst acht, die Bestialität
Wird sich gar herrlich offenbaren.
SIEBEL *trinkt unvorsichtig, der Wein fließt auf die Erde und wird zur Flamme.*
Helft! Feuer! helft! Die Hölle brennt!
MEPHISTOPHELES *die Flamme besprechend.*
Sei ruhig, freundlich Element!
Zu den Gesellen.
Für diesmal war es nur ein Tropfen Fegefeuer.
SIEBEL. Was soll das sein? Wart! Ihr bezahlt es teuer!
Es scheinet, daß Ihr uns nicht kennt.
FROSCH. Laß Er uns das zum zweiten Male bleiben!
ALTMAYER. Ich dächt, wir hießen ihn ganz sachte seitwärts gehn.
SIEBEL. Was, Herr? Er will sich unterstehn
Und hier sein Hocuspocus treiben?
MEPHISTOPHELES. Still, altes Weinfaß!
SIEBEL.   Besenstiel!
Du willst uns gar noch grob begegnen?
BRANDER. Wart nur! es sollen Schläge regnen!
ALTMAYER *zieht einen Pfropfen aus dem Tisch, es springt ihm Feuer entgegen.*
Ich brenne! ich brenne!
SIEBEL.   Zauberei!

Stoß zu! der Kerl ist vogelfrei!
Sie ziehen die Messer und gehn auf Mephistopheles los.

MEPHISTOPHELES *mit ernsthafter Gebärde.*

    Falsch Gebild und Wort
    Verändern Sinn und Ort!
    Seid hier und dort!

Sie stehn erstaunt und sehn einander an.
ALTMAYER. Wo bin ich? Welches schöne Land!
FROSCH. Weinberge! Seh ich recht?
SIEBEL.   Und Trauben gleich zur Hand!
BRANDER. Hier unter diesem grünen Laube,
Seht, welch ein Stock! seht, welche Traube!
Er faßt Siebeln bei der Nase. Die andern tun es wechselseitig und heben die Messer.
MEPHISTOPHELES *wie oben.* Irrtum, laß los der Augen Band!
Und merkt euch, wie der Teufel spaße!
Er verschwindet mit Faust, die Gesellen fahren auseinander.
SIEBEL. Was gibts?
ALTMAYER.   Wie?
FROSCH.   War das deine Nase?
BRANDER *zu Siebel.* Und deine hab ich in der Hand!
ALTMAYER. Es war ein Schlag, der ging durch alle Glieder!
Schafft einen Stuhl, ich sinke nieder!
FROSCH. Nein, sagt mir nur: was ist geschehn?
SIEBEL. Wo ist der Kerl? Wenn ich ihn spüre,
Er soll mir nicht lebendig gehn!
ALTMAYER. Ich hab ihn selbst hinaus zur Kellertüre –
Auf einem Fasse reiten sehn – –
Es liegt mir bleischwer in den Füßen.
Sich nach dem Tische wendend.
Mein! Sollte wohl der Wein noch fließen?
SIEBEL. Betrug war alles, Lug und Schein!
FROSCH. Mir deuchte doch, als tränk ich Wein.
BRANDER. Aber wie war es mit den Trauben?
ALTMAYER. Nun sag mir eins, man soll kein Wunder glauben!

HEXENKÜCHE

Auf einem niedrigen Herde steht ein großer Kessel über dem Feuer. In dem Dampfe, der davon in die Höhe steigt, zeigen sich verschiedene Gestalten. Eine Meerkatze sitzt bei dem Kessel und schäumt ihn und sorgt, daß er nicht überläuft. Der Meerkater mit den Jungen sitzt daneben und wärmt sich. Wände und Decke sind mit dem seltsamsten Hexenhausrat ausgeschmückt.

Faust · Mephistopheles

FAUST. Mir widersteht das tolle Zauberwesen!
Versprichst du mir, ich soll genesen
In diesem Wust von Raserei?
Verlang ich Rat von einem alten Weibe?
Und schafft die Sudelköcherei
Wohl dreißig Jahre mir vom Leibe?
Weh mir, wenn du nichts Bessers weißt!
Schon ist die Hoffnung mir verschwunden.
Hat die Natur und hat ein edler Geist
Nicht irgendeinen Balsam ausgefunden?
MEPHISTOPHELES. Mein Freund, nun sprichst du wieder klug!
Dich zu verjüngen, gibts auch ein natürlich Mittel;
Allein es steht in einem andern Buch
Und ist ein wunderlich Kapitel.
FAUST. Ich will es wissen!
MEPHISTOPHELES.   Gut! Ein Mittel, ohne Geld
Und Arzt und Zauberei zu haben:
Begib dich gleich hinaus aufs Feld,
Fang an zu hacken und zu graben,
Erhalte dich und deinen Sinn
In einem ganz beschränkten Kreise,
Ernähre dich mit ungemischter Speise,
Leb mit dem Vieh als Vieh und acht es nicht für Raub,
Den Acker, den du erntest, selbst zu düngen!
Das ist das beste Mittel, glaub,
Auf achtzig Jahr dich zu verjüngen!

FAUST. Das bin ich nicht gewöhnt, ich kann mich nicht
Den Spaten in die Hand zu nehmen; [bequemen,
Das enge Leben steht mir gar nicht an.
MEPHISTOPHELES. So muß denn doch die Hexe dran!
FAUST. Warum denn just das alte Weib?
Kannst du den Trank nicht selber brauen?
MEPHISTOPHELES. Das wär ein schöner Zeitvertreib!
Ich wollt indes wohl tausend Brücken bauen.
Nicht Kunst und Wissenschaft allein,
Geduld will bei dem Werke sein.
Ein stiller Geist ist jahrelang geschäftig,
Die Zeit nur macht die feine Gärung kräftig.
Und alles, was dazu gehört,
Es sind gar wunderbare Sachen!
Der Teufel hat sies zwar gelehrt;
Allein der Teufel kanns nicht machen.
Die Tiere erblickend.
Sieh, welch ein zierliches Geschlecht!
Das ist die Magd! das ist der Knecht!
Zu den Tieren.
Es scheint, die Frau ist nicht zu Hause.

    DIE TIERE.   Beim Schmause!
                       Aus dem Haus
                       Zum Schornstein hinaus!

MEPHISTOPHELES. Wie lange pflegt sie wohl zu schwärmen?
DIE TIERE. Solange wir uns die Pfoten wärmen.
MEPHISTOPHELES *zu Faust.* Wie findest du die zarten Tiere?
FAUST. So abgeschmackt, als ich nur jemand sah!
MEPHISTOPHELES. Nein, ein Diskurs wie dieser da
Ist grade der, den ich am liebsten führe!
Zu den Tieren.
So sagt mir doch, verfluchte Puppen:
Was quirlt ihr in dem Brei herum?
DIE TIERE. Wir kochen breite Bettelsuppen.
MEPHISTOPHELES. Da habt ihr ein groß Publikum.

DER KATER *macht sich herbei und schmeichelt dem Mephistopheles.*

> O würfle nur gleich
> Und mache mich reich
> Und laß mich gewinnen!
>
> Gar schlecht ists bestellt,
> Und wär ich bei Geld,
> So wär ich bei Sinnen.

MEPHISTOPHELES. Wie glücklich würde sich der Affe schätzen,
Könnt er nur auch ins Lotto setzen!
Indessen haben die jungen Meerkätzchen mit einer großen Kugel gespielt und rollen sie hervor.

DER KATER

> Das ist die Welt:
> Sie steigt und fällt
> Und rollt beständig;
> Sie klingt wie Glas –
> Wie bald bricht das! –
> Ist hohl inwendig.
> Hier glänzt sie sehr
> Und hier noch mehr:
> »Ich bin lebendig« –
> Mein lieber Sohn,
> Halt dich davon!
> Du mußt sterben:
> Sie ist von Ton,
> Es gibt Scherben!

MEPHISTOPHELES. Was soll das Sieb?
Der Kater *holt es herunter.*

> Wärst du ein Dieb,
> Wollt ich dich gleich erkennen.

Er läuft zur Kätzin und läßt sie durchsehen.

> Sieh durch das Sieb!
> Erkennst du den Dieb
> Und darfst ihn nicht nennen?

MEPHISTOPHELES *sich dem Feuer nähernd.*

> Und dieser Topf?

KATER UND KÄTZIN. Der alberne Tropf!
> Er kennt nicht den Topf,
> Er kennt nicht den Kessel!

MEPHISTOPHELES. Unhöfliches Tier!

DER KATER. Den Wedel nimm hier
> Und setz dich in Sessel!

Er nötigt den Mephistopheles zu sitzen.
FAUST, *welcher diese Zeit über vor einem Spiegel gestanden, sich ihm bald genähert, bald sich von ihm entfernt hat.*
Was seh ich? Welch ein himmlisch Bild
Zeigt sich in diesem Zauberspiegel!
O Liebe, leihe mir den schnellsten deiner Flügel
Und führe mich in ihr Gefild!
Ach, wenn ich nicht auf dieser Stelle bleibe,
Wenn ich es wage, nah zu gehn,
Kann ich sie nur als wie im Nebel sehn! –
Das schönste Bild von einem Weibe!
Ists möglich, ist das Weib so schön?
Muß ich an diesem hingestreckten Leibe
Den Inbegriff von allen Himmeln sehn?
So etwas findet sich auf Erden?
MEPHISTOPHELES.
Natürlich, wenn ein Gott sich erst sechs Tage plagt
Und selbst am Ende Bravo sagt,
Da muß es was Gescheites werden!
Für diesmal sieh dich immer satt!
Ich weiß dir so ein Schätzchen auszuspüren,
Und selig, wer das gute Schicksal hat,
Als Bräutigam sie heimzuführen!
Faust sieht immerfort in den Spiegel. Mephistopheles, sich in dem Sessel dehnend und mit dem Wedel spielend, fährt fort zu sprechen.
Hier sitz ich wie der König auf dem Throne:
Den Zepter halt ich hier, es fehlt nur noch die Krone.

DIE TIERE

welche bisher allerlei wunderliche Bewegungen durcheinander gemacht haben, bringen dem Mephistopheles eine Krone mit großem Geschrei.

> O sei doch so gut,
> Mit Schweiß und mit Blut
> Die Krone zu leimen!

Sie gehn ungeschickt mit der Krone um und zerbrechen sie in zwei Stücke, mit welchen sie herumspringen.

Nun ist es geschehn!
Wir reden und sehn,
Wir hören und reimen –

FAUST *gegen den Spiegel.* Weh mir! ich werde schier verrückt.
MEPHISTOPHELES *auf die Tiere deutend.*
Nun fängt mir an fast selbst der Kopf zu schwanken.

DIE TIERE.   Und wenn es uns glückt,
Und wenn es sich schickt,
So sind es Gedanken!

FAUST *wie oben.* Mein Busen fängt mir an zu brennen!
Entfernen wir uns nur geschwind!
MEPHISTOPHELES *in obiger Stellung.*
Nun, wenigstens muß man bekennen,
Daß es aufrichtige Poeten sind.

Der Kessel, welchen die Kätzin bisher außer acht gelassen, fängt an überzulaufen; es entsteht eine große Flamme, welche zum Schornstein hinausschlägt. Die Hexe kommt durch die Flamme mit entsetzlichem Geschrei heruntergefahren.

DIE HEXE.   Au! Au! Au! Au!
Verdammtes Tier! verfluchte Sau!
Versäumst den Kessel, versengst die Frau!
Verfluchtes Tier!

Faust und Mephistopheles erblickend.

Was ist das hier?
Wer seid ihr hier?
Was wollt ihr da?
Wer schlich sich ein?
Die Feuerpein
Euch ins Gebein!

Sie fährt mit dem Schaumlöffel in den Kessel und spritzt Flammen nach Faust, Mephistopheles und den Tieren. Die Tiere winseln.
MEPHISTOPHELES, *welcher den Wedel, den er in der Hand hält, umkehrt und unter die Gläser und Töpfe schlägt.*

Entzwei! entzwei!
Da liegt der Brei!
Da liegt das Glas!
Es ist nur Spaß:
Der Takt, du Aas,
Zu deiner Melodei!

Indem die Hexe voll Grimm und Entsetzen zurücktritt.
Erkennst du mich? Gerippe! Scheusal du!
Erkennst du deinen Herrn und Meister?
Was hält mich ab, so schlag ich zu,
Zerschmettre dich und deine Katzengeister!
Hast du vorm roten Wams nicht mehr Respekt?
Kannst du die Hahnenfeder nicht erkennen?
Hab ich dies Angesicht versteckt?
Soll ich mich etwa selber nennen?
DIE HEXE. O Herr, verzeiht den rohen Gruß!
Seh ich doch keinen Pferdefuß!
Wo sind denn Eure beiden Raben?
MEPHISTOPHELES. Für diesmal kommst du so davon;
Denn freilich ist es eine Weile schon,
Daß wir uns nicht gesehen haben.
Auch die Kultur, die alle Welt beleckt,
Hat auf den Teufel sich erstreckt:
Das nordische Phantom ist nun nicht mehr zu schauen;
Wo siehst du Hörner, Schweif und Klauen?
Und was den Fuß betrifft, den ich nicht missen kann,
Der würde mir bei Leuten schaden;
Darum bedien ich mich wie mancher junge Mann
Seit vielen Jahren falscher Waden.
DIE HEXE *tanzend*. Sinn und Verstand verlier ich schier,
Seh ich den Junker Satan wieder hier!
MEPHISTOPHELES. Den Namen, Weib, verbitt ich mir!
DIE HEXE. Warum? was hat er Euch getan?
MEPHISTOPHELES. Er ist schon lang ins Fabelbuch geschrieben;
Allein die Menschen sind nichts besser dran:

Den Bösen sind sie los, die Bösen sind geblieben.
Du nennst mich Herr Baron, so ist die Sache gut;
Ich bin ein Kavalier wie andre Kavaliere.
Du zweifelst nicht an meinem edlen Blut;
Sieh her: das ist das Wappen, das ich führe!
Er macht eine unanständige Gebärde.
DIE HEXE *lacht unmäßig.* Ha! Ha! Das ist in Eurer Art!
Ihr seid ein Schelm, wie Ihr nur immer wart!
MEPHISTOPHELES *zu Faust.*
Mein Freund, das lerne wohl verstehn:
Dies ist die Art, mit Hexen umzugehn!
DIE HEXE. Nun sagt, ihr Herren, was ihr schafft.
MEPHISTOPHELES. Ein gutes Glas von dem bekannten Saft!
Doch muß ich Euch ums älteste bitten:
Die Jahre doppeln seine Kraft.
DIE HEXE. Gar gern! Hier hab ich eine Flasche,
Aus der ich selbst zuweilen nasche,
Die auch nicht mehr im mindsten stinkt;
Ich will euch gern ein Gläschen geben. *Leise.*
Doch wenn es dieser Mann unvorbereitet trinkt,
So kann er, wißt Ihr wohl, nicht eine Stunde leben.
MEPHISTOPHELES. Es ist ein guter Freund, dem es gedeihen soll;
Ich gönn ihm gern das Beste deiner Küche.
Zieh deinen Kreis, sprich deine Sprüche,
Und gib ihm eine Tasse voll!
Die Hexe mit seltsamen Gebärden, zieht einen Kreis und stellt wunderbare Sachen hinein; indessen fangen die Gläser an zu klingen, der Kessel zu tönen, und machen Musik. Zuletzt bringt sie ein großes Buch, stellt die Meerkatzen in den Kreis, die ihr zum Pult dienen und die Fackel halten müssen. Sie winkt Fausten, zu ihr zu treten.
FAUST *zu Mephistopheles.* Nein, sage mir: was soll das werden?
Das tolle Zeug, die rasenden Gebärden,
Der abgeschmackteste Betrug,
Sind mir bekannt, verhaßt genug.
MEPHISTOPHELES. Ei, Possen! Das ist nur zum Lachen;

HEXENKÜCHE

Sei nur nicht ein so strenger Mann!
Sie muß als Arzt ein Hokuspokus machen,
Damit der Saft dir wohl gedeihen kann.

Er nötigt Fausten, in den Kreis zu treten.

DIE HEXE,

mit großer Emphase, fängt an, aus dem Buche zu deklamieren.

> Du mußt verstehn!
> Aus Eins mach Zehn,
> Und Zwei laß gehn,
> Und Drei mach gleich,
> So bist du reich.
> Verlier die Vier!
> Aus Fünf und Sechs –
> So sagt die Hex –
> Mach Sieben und Acht,
> So ists vollbracht:
> Und Neun ist Eins.
> Und Zehn ist keins.
> Das ist das Hexen-Einmaleins!

FAUST. Mich dünkt, die Alte spricht im Fieber.
MEPHISTOPHELES. Das ist noch lange nicht vorüber,
Ich kenn es wohl, so klingt das ganze Buch!
Ich habe manche Zeit damit verloren;
Denn ein vollkommner Widerspruch
Bleibt gleich geheimnisvoll für Kluge wie für Toren.
Mein Freund, die Kunst ist alt und neu.
Es war die Art zu allen Zeiten,
Durch Drei und Eins und Eins und Drei
Irrtum statt Wahrheit zu verbreiten.
So schwätzt und lehrt man ungestört;
Wer will sich mit den Narrn befassen?
Gewöhnlich glaubt der Mensch, wenn er nur Worte hört,
Es müsse sich dabei doch auch was denken lassen.

DIE HEXE *fährt fort.* Die hohe Kraft
    Der Wissenschaft,
    Der ganzen Welt verborgen!
    Und wer nicht denkt,
    Dem wird sie geschenkt:
    Er hat sie ohne Sorgen.

FAUST. Was sagt sie uns für Unsinn vor?
Es wird mir gleich der Kopf zerbrechen.
Mich dünkt, ich hör ein ganzes Chor
Von hunderttausend Narren sprechen.
MEPHISTOPHELES. Genug, genug, o treffliche Sibylle!
Gib deinen Trank herbei und fülle
Die Schale rasch bis an den Rand hinan!
Denn meinem Freund wird dieser Trunk nicht schaden:
Er ist ein Mann von vielen Graden,
Der manchen guten Schluck getan.
Die Hexe, mit vielen Zeremonien, schenkt den Trank in eine Schale;
wie sie Faust an den Mund bringt, entsteht eine leichte Flamme.
MEPHISTOPHELES. Nur frisch hinunter! immer zu!
Es wird dir gleich das Herz erfreuen.
Bist mit dem Teufel du und du
Und willst dich vor der Flamme scheuen?
Die Hexe löst den Kreis. Faust tritt heraus.
MEPHISTOPHELES. Nun frisch hinaus! Du darfst nicht ruhn.
DIE HEXE. Mög Euch das Schlückchen wohl behagen!
MEPH. *zur Hexe.* Und kann ich dir was zu Gefallen tun,
So darfst du mirs nur auf Walpurgis sagen.
DIE HEXE. Hier ist ein Lied! Wenn Ihrs zuweilen singt,
So werdet ihr besondre Wirkung spüren.
MEPHISTOPHELES *zu Faust.*
Komm nur geschwind und laß dich führen:
Du mußt notwendig transpirieren,
Damit die Kraft durch Inn- und Äußres dringt.
Den edlen Müßiggang lehr ich hernach dich schätzen,
Und bald empfindest du mit innigem Ergetzen,

Wie sich Cupido regt und hin- und widerspringt.
FAUST. Laß mich nur schnell noch in den Spiegel schauen!
Das Frauenbild war gar zu schön!
MEPH. Nein! nein! Du sollst das Muster aller Frauen
Nun bald leibhaftig vor dir sehn. *Leise.*
Du siehst mit diesem Trank im Leibe
Bald Helenen in jedem Weibe.

STRASSE

Faust · Margarete vorübergehend

FAUST. Mein schönes Fräulein, darf ich wagen,
Meinen Arm und Geleit Ihr anzutragen?
MARGARETE. Bin weder Fräulein weder schön,
Kann ungeleitet nach Hause gehn. *Sie macht sich los und ab.*
FAUST. Beim Himmel, dieses Kind ist schön!
So etwas hab ich nie gesehn.
Sie ist so sitt- und tugendreich
Und etwas schnippisch doch zugleich.
Der Lippe Rot, der Wange Licht,
Die Tage der Welt vergeß ichs nicht!
Wie sie die Augen niederschlägt,
Hat tief sich in mein Herz geprägt;
Wie sie kurz angebunden war,
Das ist nun zum Entzücken gar!

Mephistopheles tritt auf

FAUST. Hör, du mußt mir die Dirne schaffen!
MEPHISTOPHELES. Nun, welche?
FAUST.   Sie ging just vorbei.
MEPHISTOPHELES. Da die? Sie kam von ihrem Pfaffen,
Der sprach sie aller Sünden frei;
Ich schlich mich hart am Stuhl vorbei:
Es ist ein gar unschuldig Ding,
Das eben für nichts zur Beichte ging;
über die hab ich keine Gewalt!

FAUST. Ist über vierzehn Jahr doch alt.
MEPHISTOPHELES. Du sprichst ja wie Hans Liederlich:
Der begehrt jede liebe Blum für sich,
Und dünkelt ihm, es wär kein Ehr
Und Gunst, die nicht zu pflücken wär!
Geht aber doch nicht immer an.
FAUST. Mein Herr Magister Lobesan,
Laß Er mich mit dem Gesetz in Frieden!
Und das sag ich Ihm kurz und gut:
Wenn nicht das süße junge Blut
Heut nacht in meinen Armen ruht,
So sind wir um Mitternacht geschieden.
MEPHISTOPHELES. Bedenk, was gehn und stehen mag!
Ich brauche wenigstens vierzehn Tag,
Nur die Gelegenheit auszuspüren.
FAUST. Hätt ich nur sieben Stunden Ruh,
Brauchte den Teufel nicht dazu,
So ein Geschöpfchen zu verführen.
MEPHISTOPHELES. Ihr sprecht schon fast wie ein Franzos!
Doch bitt ich, laßts Euch nicht verdrießen:
Was hilfts, nur grade zu genießen?
Die Freud ist lange nicht so groß,
Als wenn Ihr erst herauf, herum,
Durch allerlei Brimborium,
Das Püppchen geknetet und zugericht't,
Wies lehrt manche welsche Geschicht.
FAUST. Hab Appetit auch ohne das.
MEPHISTOPHELES. Jetzt ohne Schimpf und ohne Spaß!
Ich sag Euch: mit dem schönen Kind
Gehts ein- für allemal nicht geschwind.
Mit Sturm ist da nichts einzunehmen;
Wir müssen uns zur List bequemen.
FAUST. Schaff mir etwas vom Engelsschatz!
Führ mich an ihren Ruheplatz!
Schaff mir ein Halstuch von Ihrer Brust,
Ein Strumpfband meiner Liebeslust!

MEPHISTOPHELES. Damit Ihr seht, daß ich Eurer Pein
Will förderlich und dienstlich sein,
Wollen wir keinen Augenblick verlieren,
Will Euch noch heut in ihr Zimmer führen.
FAUST. Und soll sie sehn? sie haben?
MEPHISTOPHELES.   Nein!
Sie wird bei einer Nachbarin sein.
Indessen könnt Ihr ganz allein
An aller Hoffnung künftger Freuden
In ihrem Dunstkreis satt Euch weiden.
FAUST. Können wir hin?
MEPHISTOPHELES.   Es ist noch zu früh.
FAUST. Sorg du mir für ein Geschenk für sie! *Ab.*
MEPH. Gleich schenken? Das ist brav! Das wird er reüssieren!
Ich kenne manchen schönen Platz
Und manchen alt-vergrabnen Schatz;
Ich muß ein bißchen revidieren. *Ab.*

ABEND

Ein kleines, reinliches Zimmer

MARGARETE *ihre Zöpfe flechtend und aufbindend.*
Ich gäb was drum, wenn ich nur wüßt,
Wer heut der Herr gewesen ist!
Er sah gewiß recht wacker aus
Und ist aus einem edlen Haus;
Das konnt ich ihm an der Stirne lesen –
Er wär auch sonst nicht so keck gewesen. *Ab.*

Mephistopheles · Faust

MEPHISTOPHELES. Herein, ganz leise, nur herein!
FAUST *nach einigem Stillschweigen.* Ich bitte dich, laß mich allein!
MEPHISTOPHELES *herumspürend.*
Nicht jedes Mädchen hält so rein. *Ab.*
FAUST *rings aufschauend.*
Willkommen, süßer Dämmerschein,

Der du dies Heiligtum durchwebst!
Ergreif mein Herz, du süße Liebespein,
Die du vom Tau der Hoffnung schmachtend lebst!
Wie atmet rings Gefühl der Stille,
Der Ordnung der Zufriedenheit!
In dieser Armut welche Fülle!
In diesem Kerker welche Seligkeit!
Er wirft sich auf den ledernen Sessel am Bette.
O nimm mich auf, der du die Vorwelt schon
Bei Freud und Schmerz im offnen Arm empfangen!
Wie oft, ach! hat an diesem Väterthron
Schon eine Schar von Kindern rings gehangen!
Vielleicht hat, dankbar für den heilgen Christ,
Mein Liebchen hier, mit vollen Kinderwangen,
Dem Ahnherrn fromm die welke Hand geküßt.
Ich fühl, o Mädchen, deinen Geist
Der Füll und Ordnung um mich säuseln,
Der mütterlich dich täglich unterweist,
Den Teppich auf den Tisch dich reinlich breiten heißt,
Sogar den Sand zu deinen Füßen kräuseln.
O liebe Hand! so göttergleich!
Die Hütte wird durch dich ein Himmelreich.
Und hier! *Er hebt einen Bettvorhang auf.*
          Was faßt mich für ein Wonnegraus!
Hier möcht ich volle Stunden säumen.
Natur, hier bildetest in leichten Träumen
Den eingebornen Engel aus!
Hier lag das Kind, mit warmem Leben
Den zarten Busen angefüllt,
Und hier mit heilig-reinem Weben
Entwirkte sich das Götterbild!

Und du? Was hat dich hergeführt?
Wie innig fühl ich mich gerührt!
Was willst du hier? Was wird das Herz dir schwer?
Armseliger Faust, ich kenne dich nicht mehr!

Umgibt mich hier ein Zauberduft?
Mich drangs, so grade zu genießen,
Und fühle mich in Liebestraum zerfließen!
Sind wir ein Spiel von jedem Druck der Luft?

Und träte sie den Augenblick herein,
Wie würdest du für deinen Frevel büßen!
Der große Hans, ach, wie so klein!
Läg, hingeschmolzen, ihr zu Füßen.
MEPHISTOPHELES. Geschwind! ich seh sie unten kommen.
FAUST. Fort! fort! Ich kehre nimmermehr!
MEPHISTOPHELES. Hier ist ein Kästchen, leidlich schwer;
Ich habs woanders hergenommen.
Stellts hier nur immer in den Schrein!
Ich schwör euch, ihr vergehn die Sinnen:
Ich tat Euch Sächelchen hinein,
Um eine andre zu gewinnen!
Zwar Kind ist Kind, und Spiel ist Spiel.
FAUST. Ich weiß nicht: soll ich?
MEPHISTOPHELES.   Fragt Ihr viel?
Meint Ihr vielleicht den Schatz zu wahren?
Dann rat ich Eurer Lüsternheit,
Die liebe, schöne Tageszeit
Und mir die weitre Müh zu sparen.
Ich hoff nicht, daß Ihr geizig seid!
Ich kratz den Kopf, reib an den Händen,
Er stellt das Kästchen in den Schrein und drückt das Schloß wieder zu.
– Nun fort! geschwind! –
Um Euch das süße, junge Kind
Nach Herzens Wunsch und Will zu wenden,
Und Ihr seht drein,
Als solltet Ihr in den Hörsaal hinein,
Als stünden grauleibhaftig vor Euch da
Physik und Metaphysika!
Nun fort! *Ab.*

MARGARETE *mit einer Lampe.*

Es ist so schwül, so dumpfig hie,
Sie macht das Fenster auf.
Und ist doch eben so warm nicht drauß.
Es wird mir so, ich weiß nicht wie –
Ich wollt, die Mutter käm nach Haus!
Mir läuft ein Schauer übern ganzen Leib –
Bin doch ein töricht-furchtsam Weib!

Sie fängt an zu singen, indem sie sich auszieht.

>Es war ein König in Thule,
>Gar treu bis an das Grab,
>Dem sterbend seine Buhle
>Einen goldnen Becher gab.
>
>Es ging ihm nichts darüber,
>Er leert ihn jeden Schmaus;
>Die Augen gingen ihm über,
>So oft er trank daraus.
>
>Und als er kam zu sterben,
>Zählt er seine Städt im Reich,
>Gönnt alles seinem Erben,
>Den Becher nicht zugleich.
>
>Er saß beim Königsmahle,
>Die Ritter um ihn her,
>Auf hohem Vätersaale,
>Dort auf dem Schloß am Meer.
>
>Dort stand der alte Zecher,
>Trank letzte Lebensglut,
>Und warf den heilgen Becher
>Hinunter in die Flut.
>
>Er sah ihn stürzen, trinken,
>Und sinken tief ins Meer,
>Die Augen täten ihm sinken,
>Trank nie einen Tropfen mehr.

Sie öffnet den Schrein, ihre Kleider einzuräumen, und erblickt das Schmuckkästchen.

    Wie kommt das schöne Kästchen hier herein?
    Ich schloß doch ganz gewiß den Schrein.
    Es ist doch wunderbar! Was mag wohl drinne sein?
    Vielleicht brachts jemand als ein Pfand,
    Und meine Mutter lieh darauf.
    Da hängt ein Schlüsselchen am Band:
    Ich denke wohl, ich mach es auf!
    Was ist das? Gott im Himmel! Schau,
    So was hab ich mein Tage nicht gesehn!
    Ein Schmuck! Mit dem könnt eine Edelfrau
    Am höchsten Feiertage gehn.
    Wie sollte mir die Kette stehn?
    Wem mag die Herrlichkeit gehören?
    Sie putzt sich damit auf und tritt vor den Spiegel.
    Wenn nur die Ohrring meine wären!
    Man sieht doch gleich ganz anders drein.
    Was hilft Euch Schönheit, junges Blut?
    Das ist wohl alles schön und gut,
    Allein man läßts auch alles sein;
    Man lobt Euch halb mit Erbarmen.
    Nach Golde drängt,
    Am Golde hängt
    Doch alles! Ach, wir Armen!

SPAZIERGANG

Faust in Gedanken auf und ab gehend. Zu ihm Mephistopheles

MEPHISTOPHELES.

Bei aller verschmähten Liebe! Beim höllischen Elemente!
Ich wollt, ich wüßte was Ärgers, daß ichs fluchen könnte!
FAUST. Was hast? was kneipt dich denn so sehr?
So kein Gesicht sah ich in meinem Leben!
MEPH. Ich möcht mich gleich dem Teufel übergeben,
Wenn ich nur selbst kein Teufel wär!
FAUST. Hat sich dir was im Kopf verschoben?
Dich kleidets, wie ein Rasender zu toben!
MEPH. Denkt nur: den Schmuck, für Gretchen angeschafft,
Den hat ein Pfaff hinweggerafft! –
Die Mutter kriegt das Ding zu schauen,
Gleich fängts ihr heimlich an zu grauen:
Die Frau hat gar einen feinen Geruch,
Schnuffelt immer im Gebetbuch
Und riechts einem jeden Möbel an,
Ob das Ding heilig ist oder profan.
Und an dem Schmuck da spürt sies klar,
Daß dabei nicht viel Segen war.
»Mein Kind«, rief sie, »ungerechtes Gut
Befängt die Seele, zehrt auf das Blut.
Wollens der Mutter Gottes weihen,
Wird uns mit Himmels-Manna erfreuen!«
Margretlein zog ein schiefes Maul;
Ist halt, dacht sie, ein geschenkter Gaul,
Und wahrlich! gottlos ist nicht der,
Der ihn so fein gebracht hierher.
Die Mutter ließ einen Pfaffen kommen;
Der hatte kaum den Spaß vernommen,
Ließ sich den Anblick wohl behagen.
Er sprach: »So ist man recht gesinnt!
Wer überwindet, der gewinnt.

SPAZIERGANG

Die Kirche hat einen guten Magen,
Hat ganze Länder aufgefressen
Und doch noch nie sich übergessen;
Die Kirch allein, meine lieben Frauen,
Kann ungerechtes Gut verdauen.«
FAUST. Das ist ein allgemeiner Brauch;
Ein Jud und König kann es auch.
MEPHISTOPHELES. Strich drauf ein Spange, Kett und Ring,
Als wärens eben Pfifferling,
Dankt nicht weniger und nicht mehr,
Als obs ein Korb voll Nüsse wär,
Versprach ihnen allen himmlischen Lohn –
Und sie waren sehr erbaut davon.
FAUST. Und Gretchen?
MEPHISTOPHELES.   Sitzt nun unruhvoll,
Weiß weder, was sie will noch soll,
Denkt ans Geschmeide Tag und Nacht,
Noch mehr an den, ders ihr gebracht.
FAUST. Des Liebchens Kummer tut mir leid.
Schaff du ihr gleich ein neu Geschmeid!
Am ersten war ja so nicht viel.
MEPHISTOPHELES. O ja, dem Herrn ist alles Kinderspiel!
FAUST. Und mach und richts nach meinen Sinn!
Häng dich an ihre Nachbarin!
Sei, Teufel, doch nur nicht wie Brei
Und schaff einen neuen Schmuck herbei!
MEPHISTOPHELES. Ja, gnädger Herr, von Herzen gerne!
Faust ab.
MEPHISTOPHELES. So ein verliebter Tor verpufft
Euch Sonne, Mond und alle Sterne
Zum Zeitvertreib dem Liebchen in die Luft. *Ab.*

DER NACHBARIN HAUS

MARTHE *allein*. Gott verzeihs meinem lieben Mann,
Er hat an mir nicht wohlgetan!
Geht da stracks in die Welt hinein
Und läßt mich auf dem Stroh allein.
Tät ihn doch wahrlich nicht betrüben,
Tät ihn, weiß Gott! recht herzlich lieben. *Sie weint.*
Vielleicht ist er gar tot! – O Pein! – –
Hätt ich nur einen Totenschein!

Margarete kommt

MARGARETE. Frau Marthe!
MARTHE. Gretelchen, was solls?
MARGARETE. Fast sinken mir die Kniee nieder!
Da find ich so ein Kästchen wieder
In meinem Schrein, von Ebenholz,
Und Sachen, herrlich ganz und gar,
Weit reicher, als das erste war!
MARTHE. Das muß Sie nicht der Mutter sagen!
Täts wieder gleich zur Beichte tragen.
MARGARETE. Ach, seh Sie nur! ach, schau Sie nur!
MARTHE *putzt sie auf.* O du glückselge Kreatur!
MARGARETE. Darf mich leider nicht auf der Gassen
Noch in der Kirche mit sehen lassen.
MARTHE. Komm du nur oft zu mir herüber
Und leg den Schmuck hier heimlich an!
Spazier ein Stündchen lang dem Spiegelglas vorüber:
Wir haben unsre Freude dran!
Und dann gibts einen Anlaß, gibts ein Fest,
Wo mans so nach und nach den Leuten sehen läßt:
Ein Kettchen erst, die Perle dann ins Ohr –
Die Mutter siehts wohl nicht, man macht ihr auch was vor.
MARGARETE. Wer konnte nur die beiden Kästchen bringen?
Es geht nicht zu mit rechten Dingen! *Es klopft.*
MARGARETHE. Ach Gott! mag das meine Mutter sein?

DER NACHBARIN HAUS

MARTHE *durchs Vorhängel guckend.*
Es ist ein fremder Herr! – Herein!

Mephistopheles tritt auf

MEPHISTOPHELES. Bin so frei, grad hereinzutreten,
Muß bei den Frauen Verzeihn erbeten.
Tritt ehrerbietig vor Margareten zurück.
Wollte nach Frau Marthe Schwerdtlein fragen!
MARTHE. Ich bins! Was hat der Herr zu sagen?
MEPHISTOPHELES *leise zu ihr.*
Ich kenne Sie jetzt, mir ist das genug;
Sie hat da gar vornehmen Besuch.
Verzeiht die Freiheit, die ich genommen!
Will Nachmittage wiederkommen.
MARTHE *laut.* Denk, Kind, um alles in der Welt!
Der Herr dich für ein Fräulein hält.
MARGARETE. Ich bin ein armes junges Blut;
Ach Gott! der Herr ist gar zu gut:
Schmuck und Geschmeide sind nicht mein.
MEPHISTOPHELES. Ach, es ist nicht der Schmuck allein!
Sie hat ein Wesen, einen Blick so scharf! –
Wie freut michs, daß ich bleiben darf!
MARTHE. Was bringt Er denn? Verlange sehr –
MEPHISTOPHELES. Ich wollt, ich hätt ein frohere Mär!
Ich hoffe, Sie läßt michs drum nicht büßen:
Ihr Mann ist tot und läßt Sie grüßen.
MARTHE. Ist tot? das treue Herz! O weh!
Mein Mann ist tot! Ach, ich vergeh!
MARGARETE. Ach, liebe Frau, verzweifelt nicht!
MEPHISTOPHELES. So hört die traurige Geschicht!
MARGARETE. Ich möchte drum mein Tag nicht lieben;
Würde mich Verlust zu Tode betrüben.
MEPHISTOPHELES. Freud muß Leid, Leid muß Freude haben.
MARTHE. Erzählt mir seines Lebens Schluß!
MEPHISTOPHELES. Er liegt in Padua begraben
Beim heiligen Antonius,

An einer wohlgeweihten Stätte
Zum ewig-kühlen Ruhebette.
MARTHE. Habt Ihr sonst nichts an mich zu bringen?
MEPHISTOPHELES. Ja, eine Bitte, groß und schwer:
Laß Sie doch ja für ihn dreihundert Messen singen!
Im übrigen sind meine Taschen leer.
MARTHE. Was! Nicht eine Schaustück? kein Geschmeid?
Was jeder Handwerksbursch im Grund des Säckels spart,
Zum Angedenken aufbewahrt,
Und lieber hungert, lieber bettelt!
MEPHISTOPHELES. Madam, es tut mir herzlich leid;
Allein er hat sein Geld wahrhaftig nicht verzettelt.
Auch er bereute seine Fehler sehr,
Ja, und bejammerte sein Unglück noch viel mehr.
MARGARETE. Ach, daß die Menschen so unglücklich sind!
Gewiß, ich will für ihn manch Requiem noch beten.
MEPHISTOPHELES. Ihr wäret wert, gleich in die Eh zu treten:
Ihr seid ein liebenswürdig Kind.
MARGARETE. Ach nein, das geht jetzt noch nicht an.
MEPHISTOPHELES. Ists nicht ein Mann, seis derweil ein Galan!
's ist eine der größten Himmelsgaben,
So ein lieb Ding im Arm zu haben.
MARGARETE. Das ist des Landes nicht der Brauch.
MEPHISTOPHELES. Brauch oder nicht! Es gibt sich auch.
MARTHE. Erzählt mir doch!
MEPHISTOPHELES.   Ich stand an seinem Sterbebette,
Es war was besser als von Mist:
Von halbgefaultem Stroh! allein er starb als Christ
Und fand, daß er weit mehr noch auf der Zeche hätte.
»Wie«, rief er, »muß ich mich von Grund aus hassen:
So mein Gewerb, mein Weib so zu verlassen!
Ach, die Erinnrung tötet mich!
Vergäb sie mir nur noch in diesem Leben – «
MARTHE *weinend.*
Der gute Mann! ich hab ihm längst vergeben.
MEPH. »Allein, weiß Gott! sie war mehr schuld als ich.«

MARTHE. Das lügt er! Was! am Rand des Grabs zu lügen!
MEPHISTOPHELES. Er fabelte gewiß in letzten Zügen,
Wenn ich nur halb ein Kenner bin.
»Ich hatte«, sprach er, »nicht zum Zeitvertreib zu gaffen,
Erst Kinder, und dann Brot für sie zu schaffen,
Und Brot im allerweitsten Sinn,
Und konnte nicht einmal mein Teil in Frieden essen.«
MARTHE. Hat er so aller Treu, so aller Lieb vergessen,
Der Plackerei bei Tag und Nacht!
MEPHISTOPHELES.
Nicht doch! er hat Euch herzlich dran gedacht.
Er sprach: »Als ich nun weg von Malta ging,
Da betet ich für Frau und Kinder brünstig;
Uns war denn auch der Himmel günstig,
Daß unser Schiff ein türkisch Fahrzeug fing,
Das einen Schatz des großen Sultans führte.
Da ward der Tapferkeit ihr Lohn,
Und ich empfing denn auch, wie sich gebührte,
Mein wohlgemeßnes Teil davon.«
MARTHE. Ei wie? ei wo? Hat ers vielleicht vergraben?
MEPHISTOPHELES.
Wer weiß, wo nun es die vier Winde haben!
Ein schönes Fräulein nahm sich seiner an,
Als er in Napel fremd umherspazierte:
Sie hat an ihm viel Liebs und Treus getan,
Daß ers bis an sein selig Ende spürte.
MARTHE. Der Schelm! der Dieb an seinen Kindern!
Auch alles Elend, alle Not
Konnt nicht sein schändlich Leben hindern!
MEPHISTOPHELES. Ja seht, dafür ist er nun tot!
Wär ich nun jetzt an Eurem Platze,
Betraurt ich ihn ein züchtig Jahr,
Visierte dann unterweil nach einem neuen Schatze.
MARTHE. Ach Gott! wie doch mein erster war,
Find ich nicht leicht auf dieser Welt den andern!
Es konnte kaum ein herziger Närrchen sein.

Er liebte nur das allzuviele Wandern,
Und fremde Weiber, und fremden Wein,
Und das verfluchte Würfelspiel!

MEPHISTOPHELES. Nun, nun, so konnt es gehn und stehen,
Wenn er Euch ungefähr so viel
Von seiner Seite nachgesehen.
Ich schwör Euch zu: mit dem Beding
Wechselt ich selbst mit Euch den Ring!

MARTHE. O es beliebt dem Herrn zu scherzen!

MEPHISTOPHELES *für sich*. Nun mach ich mich beizeiten fort!
Die hielte wohl den Teufel selbst beim Wort. *Zu Gretchen.*
Wie steht es denn mit Ihrem Herzen?

MARGARETE. Was meint der Herr damit?

MEPHISTOPHELES *für sich*. Du guts, unschuldigs Kind! *Laut.*
Lebt wohl, ihr Fraun!

MARGARETE.   Lebt wohl!

MARTHE.   O sagt mir doch geschwind –
Ich möchte gern ein Zeugnis haben,
Wo, wie und wann mein Schatz gestorben und begraben!
Ich bin von je der Ordnung Freund gewesen,
Möcht ihn auch tot im Wochenblättchen lesen.

MEPHISTOPHELES. Ja, gute Frau, durch zweier Zeugen Mund
Wird allerwegs die Wahrheit kund.
Habe noch gar einen feinen Gesellen,
Den will ich Euch vor den Richter stellen.
Ich bring ihn her.

MARTHE.   O tut das ja!

MEPHISTOPHELES. Und hier die Jungfrau ist auch da? –
Ein braver Knab! ist viel gereist,
Fräuleins alle Höflichkeit erweist.

MARGARETE. Müßte vor dem Herren schamrot werden.

MEPHISTOPHELES. Vor keinem Könige der Erden!

MARTHE. Da hinterm Haus in meinem Garten
Wollen wir der Herrn heut abend warten.

STRASSE

Faust · Mephistopheles

FAUST. Wie ists? Wills fördern? wills bald gehn?
MEPHISTOPHELES. Ah bravo! Find ich Euch in Feuer?
In kurzer Zeit ist Gretchen Euer!
Heut abend sollt Ihr sie bei Nachbar' Marthen sehn:
Das ist ein Weib wie auserlesen
Zum Kuppler- und Zigeunerwesen!
FAUST. So recht!
MEPHISTOPHELES. Doch wird auch was von uns begehrt.
FAUST. Ein Dienst ist wohl des andern wert.
MEPHISTOPHELES. Wir legen nur ein gültig Zeugnis nieder,
Daß ihres Ehherrn ausgereckte Glieder
In Padua an heilger Stätte ruhn.
FAUST. Sehr klug! Wir werden erst die Reise machen müssen!
MEPHISTOPHELES. Sancta simplicitas! Darum ists nicht zu tun;
Bezeugt nur, ohne viel zu wissen!
FAUST. Wenn Er nichts Bessers hat, so ist der Plan zerrissen.
MEPHISTOPHELES. O heilger Mann! da wärt Ihrs nun!
Ist es das erstemal in Eurem Leben,
Daß Ihr falsch Zeugnis ablegt?
Habt Ihr von Gott, der Welt, und was sich drin bewegt,
Vom Menschen, was sich ihm in Kopf und Herzen regt,
Definitionen nicht mit großer Kraft gegeben,
Mit frecher Stirne, kühner Brust?
Und wollt Ihr recht ins Innre gehen,
Habt Ihr davon – Ihr müßt es grad gestehen! –
So viel als von Herrn Schwerdtleins Tod gewußt?
FAUST. Du bist und bleibst ein Lügner, ein Sophiste.
MEPHISTOPHELES.
Ja, wenn mans nicht ein bißchen tiefer wüßte!
Denn morgen wirst, in allen Ehren,
Das arme Gretchen nicht betören
Und alle Seelenlieb ihr schwören?
FAUST. Und zwar von Herzen!

MEPHISTOPHELES. Gut und schön!
Dann wird von ewiger Treu und Liebe,
Von einzig-überallmächtgem Triebe –
Wird das auch so von Herzen gehn?
FAUST. Laß das! Es wird! – Wenn ich empfinde,
Für das Gefühl, für das Gewühl
Nach Namen suche, keinen finde,
Dann durch die Welt mit allen Sinnen schweife,
Nach allen höchsten Worten greife
Und diese Glut, von der ich brenne,
Unendlich, ewig, ewig nenne,
Ist das ein teuflisch Lügenspiel?
MEPHISTOPHELES. Ich hab doch recht!
FAUST. Hör! merk dir dies
– Ich bitte dich – und schone meine Lunge:
Wer recht behalten will und hat nur eine Zunge,
Behälts gewiß.
Und komm, ich hab des Schwätzens Überdruß,
Denn du hast recht, vorzüglich weil ich muß!

GARTEN

*Margarete an Faustens Arm, Marthe mit Mephistopheles
auf und ab spazierend*

MARGARETE. Ich fühl es wohl, daß mich der Herr nur schont,
Herab sich läßt, mich zu beschämen.
Ein Reisender ist so gewohnt,
Aus Gütigkeit fürliebzunehmen;
Ich weiß zu gut, daß solch erfahrnen Mann
Mein arm Gespräch nicht unterhalten kann.
FAUST. Ein Blick von dir, Ein Wort mehr unterhält
Als alle Weisheit dieser Welt. *Er küßt ihre Hand.*
MARGARETE.
Inkommodiert Euch nicht! Wie könnt Ihr sie nur küssen?
Sie ist so garstig, ist so rauh!

Was hab ich nicht schon alles schaffen müssen!
Die Mutter ist gar zu genau. *Gehn vorüber.*
MARTHE. Und Ihr, mein Herr, Ihr reist so immer fort?
MEPH. Ach, daß Gewerb und Pflicht uns dazu treiben!
Mit wie viel Schmerz verläßt man manchen Ort
Und darf doch nun einmal nicht bleiben!
MARTHE. In raschen Jahren gehts wohl an,
So um und um frei durch die Welt zu streifen;
Doch kömmt die böse Zeit heran,
Und sich als Hagestolz allein zum Grab zu schleifen,
Das hat noch keinem wohlgetan.
MEPHISTOPHELES. Mit Grausen seh ich das von weiten.
MARTHE. Drum, werter Herr, beratet Euch in Zeiten!
Gehn vorüber.
MARGARETE. Ja, aus den Augen, aus dem Sinn!
Die Höflichkeit ist Euch geläufig;
Allein Ihr habt der Freunde häufig,
Sie sind verständiger, als ich bin.
FAUST. O Beste! glaube, was man so verständig nennt,
Ist oft mehr Eitelkeit und Kurzsinn.
MARGARETE. Wie?
FAUST. Ach, daß die Einfalt, daß die Unschuld nie
Sich selbst und ihren heilgen Wert erkennt!
Daß Demut, Niedrigkeit, die höchsten Gaben
Der liebevoll austeilenden Natur –
MARGARETE. Denkt Ihr an mich ein Augenblickchen nur,
Ich werde Zeit genug an Euch zu denken haben.
FAUST. Ihr seid wohl viel allein?
MARGARETE. Ja, unsre Wirtschaft ist nur klein,
Und doch will sie versehen sein.
Wir haben keine Magd; muß kochen, fegen, stricken
Und nähn und laufen früh und spat,
Und meine Mutter ist in allen Stücken
So akkurat!
Nicht, daß sie just so sehr sich einzuschränken hat;
Wir könnten uns weit ehr als andre regen:

Mein Vater hinterließ ein hübsch Vermögen,
Ein Häuschen und ein Gärtchen vor der Stadt.
Doch hab ich jetzt so ziemlich stille Tage:
Mein Bruder ist Soldat,
Mein Schwesterchen ist tot.
Ich hatte mit dem Kind wohl meine liebe Not;
Doch übernähm ich gern noch einmal alle Plage,
So lieb war mir das Kind.

FAUST. Ein Engel, wenn dirs glich!

MARGARETE. Ich zog es auf, und herzlich liebt es mich.
Es war nach meines Vaters Tod geboren.
Die Mutter gaben wir verloren,
So elend wie sie damals lag,
Und sie erholte sich sehr langsam, nach und nach.
Da konnte sie nun nicht dran denken,
Das arme Würmchen selbst zu tränken,
Und so erzog ichs ganz allein,
Mit Milch und Wasser: so wards mein!
Auf meinem Arm, in meinem Schoß
Wars freundlich, zappelte, ward groß.

FAUST. Du hast gewiß das reinste Glück empfunden.

MARGARETE. Doch auch gewiß gar manche schwere Stunden.
Des Kleinen Wiege stand zu Nacht
An meinem Bett: es durfte kaum sich regen,
War ich erwacht!
Bald mußt ichs tränken, bald es zu mir legen,
Bald, wenns nicht schwieg, vom Bett aufstehn
Und tänzelnd in der Kammer auf und nieder gehn,
Und früh am Tage schon am Waschtrog stehn,
Dann auf dem Markt und an dem Herde sorgen,
Und immer fort wie heut so morgen.
Da gehts, mein Herr, nicht immer mutig zu;
Doch schmeckt dafür das Essen, schmeckt die Ruh.
Gehn vorüber.

MARTHE. Die armen Weiber sind doch übel dran:
Ein Hagestolz ist schwerlich zu bekehren.

MEPHISTOPHELES. Es käme nur auf Euresgleichen an,
Mich eines Bessern zu belehren.
MARTHE. Sagt grad, mein Herr: habt Ihr noch nichts gefunden?
Hat sich das Herz nicht irgendwo gebunden?
MEPHISTOPHELES. Das Sprichwort sagt: Ein eigner Herd,
Ein braves Weib sind Gold und Perlen wert.
MARTHE. Ich meine: ob Ihr niemals Lust bekommen?
MEPH. Man hat mich überall recht höflich aufgenommen.
MARTHE. Ich wollte sagen: wards nie Ernst in Eurem Herzen?
MEPH. Mit Frauen soll man sich nie unterstehn zu scherzen.
MARTHE. Ach, Ihr versteht mich nicht!
MEPHISTOPHELES.   Das tut mir herzlich leid!
Doch ich versteh – daß Ihr sehr gütig seid. *Gehn vorüber.*
FAUST. Du kanntest mich, o kleiner Engel, wieder,
Gleich als ich in den Garten kam?
MARGARETE. Saht Ihr es nicht? ich schlug die Augen nieder.
FAUST. Und du verzeihst die Freiheit, die ich nahm?
Was sich die Frechheit unterfangen,
Als du jüngst aus dem Dom gegangen?
MARGARETE. Ich war bestürzt, mir war das nie geschehn;
Es konnte niemand von mir Übels sagen.
Ach, dacht ich, hat er in deinem Betragen
Was Freches, Unanständiges gesehn?
Es schien ihn gleich nur anzuwandeln,
Mit dieser Dirne gradehin zu handeln.
Gesteh ichs doch: ich wußte nicht, was sich
Zu Eurem Vorteil hier zu regen gleich begonnte;
Allein gewiß, ich war recht bös auf mich,
Daß ich auf Euch nicht böser werden konnte.
FAUST. Süß Liebchen!
MARGARETE.   Laßt einmal!
Sie pflückt eine Sternblume und zupft die Blätter ab, eins nach dem andern.
FAUST.   Was soll das? Einen Strauß?
MARGARETE. Nein, es soll nur ein Spiel.
FAUST.   Wie?

MARGARETE. Geht! Ihr lacht mich aus.
Sie rupft und murmelt.
FAUST. Was murmelst du?
MARGARETE *halblaut.* Er liebt mich – liebt mich nicht –
FAUST. Du holdes Himmelsangesicht!
MARGARETE *fährt fort.* Liebt mich – nicht – liebt mich – nicht –
Das letzte Blatt ausrupfend, mit holder Freude.
Er liebt mich!
FAUST. Ja, mein Kind! Laß dieses Blumenwort
Dir Götterausspruch sein! Er liebt dich!
Verstehst du, was das heißt? Er liebt dich!
Er faßt ihre beiden Hände.
MARGARETE. Mich überläufts!
FAUST. O schaudre nicht! Laß diesen Blick!
Laß diesen Händedruck dir sagen,
Was unaussprechlich ist:
Sich hinzugeben ganz und eine Wonne
Zu fühlen, die ewig sein muß!
Ewig! – Ihr Ende würde Verzweiflung sein.
Nein, kein Ende! kein Ende!
Margarete drückt ihm die Hände, macht sich los und läuft weg. Er steht einen Augenblick in Gedanken, dann folgt er ihr.
MARTHE *kommend.* Die Nacht bricht an.
MEPHISTOPHELES. Ja, und wir wollen fort.
MARTHE. Ich bät Euch, länger hierzubleiben;
Allein es ist ein gar zu böser Ort:
Es ist, als hätte niemand nichts zu treiben
Und nichts zu schaffen,
Als auf des Nachbarn Schritt und Tritt zu gaffen,
Und man kommt ins Gered, wie man sich immer stellt. –
Und unser Pärchen?
MEPHISTOPHELES. Ist den Gang dort aufgeflogen.
Mutwillge Sommervögel!
MARTHE. Er scheint ihr gewogen.
MEPHISTOPHELES. Und sie ihm auch. Das ist der Lauf der Welt.

EIN GARTENHÄUSCHEN

Margarete springt herein, steckt sich hinter die Tür, hält die Fingerspitze an die Lippen und guckt durch die Ritze

MARGARETE. Er kommt!
FAUST *kommt.* Ach Schelm, so neckst du mich!
Treff ich dich! *Er küßt sie.*
MARGARETE *ihn fassend und den Kuß zurückgebend.*
　　　　　　　　Bester Mann! von Herzen lieb ich dich!

Mephistopheles klopft an

FAUST *stampfend.* Wer da?
MEPHISTOPHELES.　　Gut Freund!
FAUST.　　　　　　　Ein Tier!
MEPHISTOPHELES.　　　　　　Es ist wohl Zeit zu scheiden.
MARTHE *kommt.* Ja, es ist spät, mein Herr.
FAUST.　　　　　　　　Darf ich Euch nicht geleiten?
MARGARETE. Die Mutter würde mich –! Lebt wohl!
FAUST.　　　　　　　　　Muß ich denn gehn?
Lebt wohl!
MARTHE. Ade!
MARGARETE.　Auf baldig Wiedersehn!
Faust und Mephistopheles ab.
MARGARETE. Du lieber Gott! was so ein Mann
Nicht alles, alles denken kann!
Beschämt nur steh ich vor ihm da
Und sag zu allen Sachen Ja.
Bin doch ein arm, unwissend Kind,
Begreife nicht, was er an mir findt. *Ab.*

WALD UND HÖHLE

FAUST *allein.*

Erhabner Geist, du gabst mir, gabst mir alles,
Warum ich bat. Du hast mir nicht umsonst
Dein Angesicht im Feuer zugewendet.
Gabst mir die herrliche Natur zum Königreich,
Kraft, sie zu fühlen, zu genießen. Nicht
Kalt staunenden Besuch erlaubst du nur,
Vergönnest mir, in ihre tiefe Brust
Wie in den Busen eines Freunds zu schauen.
Du führst die Reihe der Lebendigen
Vor mir vorbei und lehrst mich meine Brüder
Im stillen Busch, in Luft und Wasser kennen.
Und wenn der Sturm im Walde braust und knarrt,
Die Riesenfichte, stürzend, Nachbaräste
Und Nachbarbäume quetschend niederstreift
Und ihrem Fall dumpf-hohl der Hügel donnert,
Dann führst du mich zur sichern Höhle, zeigst
Mich dann mir selbst, und meiner eignen Brust
Geheime, tiefe Wunder öffnen sich.
Und steigt vor meinem Blick der reine Mond
Besänftigend herüber, schweben mir
Von Felswänden, aus dem feuchten Busch
Der Vorwelt silberne Gestalten auf
Und lindern der Betrachtung strenge Lust.

O daß dem Menschen nichts Vollkommnes wird
Empfind ich nun! Du gabst zu dieser Wonne,
Die mich den Göttern nah und näher bringt,
Mir den Gefährten, den ich schon nicht mehr
Entbehren kann, wenn er gleich, kalt und frech,
Mich vor mir selbst erniedrigt und zu Nichts,
Mit einem Worthauch, deine Gaben wandelt.
Er facht in meiner Brust ein wildes Feuer
Nach jenem schönen Bild geschäftig an.

So tauml ich von Begierde zu Genuß,
Und im Genuß verschmacht ich nach Begierde.

Mephistopheles tritt auf

MEPHISTOPHELES. Habt Ihr nun bald das Leben gnug geführt?
Wie kanns Euch in die Länge freuen?
Es ist wohl gut, daß mans einmal probiert;
Dann aber wieder zu was Neuen!
FAUST. Ich wollt, du hättest mehr zu tun,
Als mich am guten Tag zu plagen.
MEPHISTOPHELES. Nun, nun! ich laß dich gerne ruhn,
Du darfst mirs nicht im Ernste sagen.
An dir Gesellen, unhold, barsch und toll,
Ist wahrlich wenig zu verlieren.
Den ganzen Tag hat man die Hände voll!
Was ihm gefällt und was man lassen soll,
Kann man dem Herrn nie an der Nase spüren.
FAUST. Das ist so just der rechte Ton!
Er will noch Dank, daß er mich ennuyiert!
MEPHISTOPHELES. Wie hättst du, armer Erdensohn,
Dein Leben ohne mich geführt?
Vom Kribskrabs der Imagination
Hab ich dich doch auf Zeiten lang kuriert,
Und wär ich nicht, so wärst du schon
Von diesem Erdball abspaziert.
Was hast du da in Höhlen, Felsenritzen
Dich wie ein Schuhu zu versitzen?
Was schlurfst aus dumpfem Moos und triefendem Gestein
Wie eine Kröte Nahrung ein?
Ein schöner, süßer Zeitvertreib!
Dir steckt der Doktor noch im Leib!
FAUST. Verstehst du, was für neue Lebenskraft
Mir dieser Wandel in der Öde schafft?
Ja, würdest du es ahnen können,
Du wärest Teufel gnug, mein Glück mir nicht zu gönnen!
MEPHISTOPHELES. Ein überirdisches Vergnügen!

In Nacht und Tau auf den Gebirgen liegen
Und Erd und Himmel wonniglich umfassen,
Zu einer Gottheit sich aufschwellen lassen,
Der Erde Mark mit Ahnungsdrang durchwühlen,
Alle sechs Tagewerk im Busen fühlen,
In stolzer Kraft ich weiß nicht was genießen,
Bald liebewonniglich in alles überfließen,
Verschwunden ganz der Erdensohn,
Und dann die hohe Intuition – *Mit einer Gebärde* –
– Ich darf nicht sagen, wie – zu schließen!
FAUST. Pfui über dich!
MEPHISTOPHELES. Das will Euch nicht behagen;
Ihr habt das Recht, gesittet Pfui zu sagen.
Man darf das nicht vor keuschen Ohren nennen,
Was keusche Herzen nicht entbehren können.
Und kurz und gut: Ich gönn Ihm das Vergnügen,
Gelegentlich sich etwas vorzulügen;
Doch lange hält Er das nicht aus.
Du bist schon wieder abgetrieben
Und, währt es länger, aufgerieben
In Tollheit oder Angst und Graus.
Genug damit! – Dein Liebchen sitzt dadrinne,
Und alles wird ihr eng und trüb.
Du kommst ihr gar nicht aus dem Sinne,
Sie hat dich übermächtig lieb.
Erst kam deine Liebeswut übergeflossen,
Wie vom geschmolzenen Schnee ein Bächlein übersteigt;
Du hast sie ihr ins Herz gegossen,
Nun ist dein Bächlein wieder seicht.
Mich dünkt: anstatt in Wäldern zu thronen,
Ließ es dem großen Herren gut,
Das arme, affenjunge Blut
Für seine Liebe zu belohnen!
Die Zeit wird ihr erbärmlich lang;
Sie steht am Fenster, sieht die Wolken ziehn
Über die alte Stadtmauer hin.

WALD UND HÖHLE

»Wenn ich ein Vöglein wär!« So geht ihr Gesang
Tage lang, halbe Nächte lang.
Einmal ist sie munter, meist betrübt,
Einmal recht ausgeweint,
Dann wieder ruhig, wies scheint –
Und immer verliebt!
FAUST. Schlange! Schlange!
MEPHISTOPHELES *für sich.* Gelt, daß ich dich fange!
FAUST. Verruchter! hebe dich von hinnen
Und nenne nicht das schönste Weib!
Bring die Begier zu ihrem süßen Leib
Nicht wieder vor die halb verrückten Sinnen!
MEPH. Was soll es denn? Sie meint, du seist entflohn,
Und halb und halb bist du es schon.
FAUST. Ich bin ihr nah, und wär ich noch so fern,
Ich kann sie nie vergessen, nie verlieren;
Ja, ich beneide schon den Leib des Herrn,
Wenn ihre Lippen ihn indes berühren!
MEPH. Gar wohl, mein Freund! Ich hab Euch oft beneidet
Ums Zwillingspaar, das unter Rosen weidet.
FAUST. Entfliehe, Kuppler!
MEPHISTOPHELES. Schön! Ihr schimpft, und ich muß lachen.
Der Gott, der Bub und Mädchen schuf,
Erkannte gleich den edelsten Beruf,
Auch selbst Gelegenheit zu machen.
Nun fort, es ist ein großer Jammer!
Ihr sollt in Eures Liebchens Kammer,
Nicht etwa in den Tod!
FAUST. Was ist die Himmelsfreud in ihren Armen?
Laß mich an ihrer Brust erwarmen:
Fühl ich nicht immer ihre Not?
Bin ich der Flüchtling nicht? der Unbehauste?
Der Unmensch ohne Zweck und Ruh,
Der wie ein Wassersturz von Fels- zu Felsen brauste,
Begierig wütend, nach dem Abgrund zu?
Und seitwärts sie, mit kindlich-dumpfen Sinnen,

Im Hüttchen auf dem kleinen Alpenfeld,
Und all ihr häusliches Beginnen
Umfangen in der kleinen Welt!
Und ich, der Gottverhaßte,
Hatte nicht genug,
Daß ich die Felsen faßte
Und sie zu Trümmern schlug:
Sie, ihren Frieden mußt ich untergraben!
Du, Hölle, mußtest dieses Opfer haben!
Hilf, Teufel, mir die Zeit der Angst verkürzen!
Was muß geschehn, mags gleich geschehn!
Mag ihr Geschick auf mich zusammenstürzen
Und sie mit mir zugrunde gehn!
MEPHISTOPHELES. Wies wieder siedet, wieder glüht!
Geh ein und tröste sie, du Tor!
Wo so ein Köpfchen keinen Ausgang sieht,
Stellt er sich gleich das Ende vor.
Es lebe, wer sich tapfer hält!
Du bist doch sonst so ziemlich eingeteufelt.
Nichts Abgeschmackters find ich auf der Welt
Als einen Teufel, der verzweifelt.

GRETCHENS STUBE

GRETCHEN *am Spinnrade, allein*

Meine Ruh ist hin,
Mein Herz ist schwer;
Ich finde sie nimmer
Und nimmermehr.

Wo ich ihn nicht hab,
Ist mir das Grab,
Die ganze Welt
Ist mir vergällt.

Mein armer Kopf
Ist mir verrückt,
Meiner armer Sinn
Ist mir zerstückt.

Meine Ruh ist hin,
Mein Herz ist schwer;
Ich finde sie nimmer
Und nimmermehr.

Nach ihm nur schau ich
Zum Fenster hinaus,
Nach ihm nur geh ich
Aus dem Haus.

Sein hoher Gang,
Sein edle Gestalt,
Seines Mundes Lächeln,
Seiner Augen Gewalt,

Und seiner Rede
Zauberfluß,
Sein Händedruck,
Und ach, sein Kuß!

Mein Ruh ist hin,
Mein Herz ist schwer;
Ich finde sie nimmer
Und nimmermehr.

Mein Busen drängt
Sich nach ihm hin:
Ach, dürft ich fassen
Und halten ihn

Und küssen ihn,
So wie ich wollt,
An seinen Küssen
Vergehen sollt!

MARTHENS GARTEN

Margarete · Faust

MARGARETE. Versprich mir, Heinrich!
FAUST.   Was ich kann!
MARGARETE. Nun sag: wie hast dus mit der Religion?
Du bist ein herzlich guter Mann,
Allein ich glaub, du hältst nicht viel davon.
FAUST. Laß das, mein Kind! Du fühlst, ich bin dir gut;
Für meine Lieben ließ ich Leib und Blut,
Will niemand sein Gefühl und seine Kirche rauben.
MARGARETE. Das ist nicht recht, man muß dran glauben!
FAUST. Muß man?
MARGARETE.   Ach, wenn ich etwas auf dich könnte!
Du ehrst auch nicht die heiligen Sakramente.
FAUST. Ich ehre sie.
MARGARETE.   Doch ohne Verlangen!
Zur Messe, zur Beichte bist du lange nicht gegangen.
Glaubst du an Gott?
FAUST.   Mein Liebchen, wer darf sagen:
Ich glaub an Gott!
Magst Priester oder Weise fragen,
Und ihre Antwort scheint nur Spott
Über den Frager zu sein.
MARGARETE.   So glaubst du nicht?
FAUST. Mißhör mich nicht, du holdes Angesicht!
Wer darf ihn nennen
Und wer bekennen:
Ich glaub Ihn!
Wer empfinden
Und sich unterwinden
Zu sagen: ich glaub Ihn nicht!
Der Allumfasser,
Der Allerhalter,
Faßt und erhält Er nicht
Dich, mich, sich selbst?

Wölbt sich der Himmel nicht dadroben?
Liegt die Erde nicht hierunten fest?
Und steigen freundlich blickend
Ewige Sterne nicht herauf?
Schau ich nicht Aug in Aug dir,
Und drängt nicht alles
Nach Haupt und Herzen dir
Und webt in ewigem Geheimnis
Unsichtbar-sichtbar neben dir?
Erfüll davon dein Herz, so groß es ist,
Und wenn du ganz in dem Gefühle selig bist,
Nenn es dann, wie du willst;
Nenns Glück! Herz! Liebe! Gott!
Ich habe keinen Namen
Dafür! Gefühl ist alles;
Name ist Schall und Rauch,
Umnebelnd Himmelsglut.

MARGARETE. Das ist alles recht schön und gut;
Ungefähr sagt das der Pfarrer auch,
Nur mit ein bißchen andern Worten.

FAUST. Es sagens allerorten
Alle Herzen unter dem himmlischen Tage,
Jedes in seiner Sprache:
Warum nicht ich in der meinen?

MARGARETE. Wenn mans so hört, möchts leidlich scheinen,
Steht aber doch immer schief darum;
Denn du hast kein Christentum.

FAUST. Liebes Kind!

MARGARETE. Es tut mir lang schon weh,
Daß ich dich in der Gesellschaft seh!

FAUST. Wieso?

MARGARETE. Der Mensch, den du da bei dir hast,
Ist mir in tiefer, innrer Seele verhaßt!
Es hat mir in meinem Leben
So nichts einen Stich ins Herz gegeben
Als des Menschen widrig Gesicht.

3442–3475

FAUST. Liebe Puppe, fürcht ihn nicht!
MARGARETE. Seine Gegenwart bewegt mir das Blut.
Ich bin sonst allen Menschen gut;
Aber wie ich mich sehne, dich zu schauen,
Hab ich vor dem Menschen ein heimlich Grauen,
Und halt ihn für einen Schelm dazu!
Gott verzeih mirs, wenn ich ihm Unrecht tu!
FAUST. Es muß auch solche Käuze geben.
MARGARETE. Wollte nicht mit seinesgleichen leben!
Kommt er einmal zur Tür herein,
Sieht er immer so spöttisch drein
Und halb ergrimmt;
Man sieht, daß er an nichts keinen Anteil nimmt.
Es steht ihm an der Stirn geschrieben,
Daß er nicht mag eine Seele lieben.
Mir wirds so wohl in deinem Arm,
So frei, so hingegeben-warm,
Und seine Gegenwart schnürt mir das Innre zu.
FAUST. Du ahnungsvoller Engel du!
MARGARETE. Das übermannt mich so sehr,
Daß, wo er nur mag zu uns treten,
Mein ich sogar, ich liebte dich nicht mehr!
Auch, wenn er da ist, könnt ich nimmer beten,
Und das frißt mir ins Herz hinein:
Dir, Heinrich, muß es auch so sein.
FAUST. Du hast nun die Antipathie!
MARGARETE. Ich muß nun fort.
FAUST.   Ach, kann ich nie
Ein Stündchen ruhig dir am Busen hängen
Und Brust an Brust und Seel in Seele drängen?
MARGARETE. Ach, wenn ich nur alleine schlief!
Ich ließ dir gern heut nacht den Riegel offen;
Doch meine Mutter schläft nicht tief,
Und würden wir von ihr betroffen,
Ich wär gleich auf der Stelle tot!
FAUST. Du Engel, das hat keine Not.

MARTHENS GARTEN

Hier ist ein Fläschchen! Drei Tropfen nur
In ihren Trank umhüllen
Mit tiefem Schlaf gefällig die Natur.
MARGARETE. Was tu ich nicht um deinetwillen?
Es wird ihr hoffentlich nicht schaden!
FAUST. Würd ich sonst, Liebchen, dir es raten?
MARGARETE. Seh ich dich, bester Mann, nur an,
Weiß nicht, was mich nach deinem Willen treibt;
Ich habe schon so viel für dich getan,
Daß mir zu tun fast nichts mehr übrigbleibt. *Ab.*
    Mephistopheles tritt auf
MEPHISTOPHELES. Der Grasaff! ist er weg?
FAUST.   Hast wieder spioniert?
MEPHISTOPHELES. Ich habs ausführlich wohl vernommen:
Herr Doktor wurden da katechisiert!
Hoff, es soll Ihnen wohl bekommen.
Die Mädels sind doch sehr interessiert,
Ob einer fromm und schlicht nach altem Brauch.
Sie denken: duckt er da, folgt er uns eben auch.
FAUST. Du Ungeheuer siehst nicht ein,
Wie diese treue, liebe Seele,
Von ihrem Glauben voll,
Der ganz allein
Ihr seligmachend ist, sich heilig quäle,
Daß sie den liebsten Mann verloren halten soll.
MEPHISTOPHELES. Du übersinnlicher, sinnlicher Freier,
Ein Mägdelein nasführet dich!
FAUST. Du Spottgeburt von Dreck und Feuer!
MEPH. Und die Physiognomie versteht sie meisterlich:
In meiner Gegenwart wirds ihr, sie weiß nicht wie!
Mein Mäskchen da weissagt verborgnen Sinn;
Sie fühlt, daß ich ganz sicher ein Genie,
Vielleicht wohl gar der Teufel bin. –
Nun, heute nacht –?
FAUST.   Was geht dichs an?
MEPHISTOPHELES. Hab ich doch meine Freude dran!

AM BRUNNEN

Gretchen und Lieschen mit Krügen

LIESCHEN. Hast nichts von Bärbelchen gehört?
GRETCHEN. Kein Wort! Ich komm gar wenig unter Leute.
LIESCHEN. Gewiß, Sibylle sagt mirs heute:
Die hat sich endlich auch betört!
Das ist das Vornehmtun!
GRETCHEN.   Wieso?
LIESCHEN.   Es stinkt!
Sie füttert zwei, wenn sie nun ißt und trinkt.
GRETCHEN. Ach!
LIESCHEN. So ists ihr endlich recht ergangen.
Wie lange hat sie an dem Kerl gehangen!
Das war ein Spazieren,
Auf Dorf und Tanzplatz Führen,
Mußt überall die Erste sein,
Kurtesiert ihr immer mit Pastetchen und Wein,
Bildt sich was auf ihre Schönheit ein;
War doch so ehrlos, sich nicht zu schämen,
Geschenke von ihm anzunehmen.
War ein Gekos und ein Geschleck:
Da ist denn auch das Blümchen weg!
GRETCHEN. Das arme Ding!
LIESCHEN.   Bedauerst sie noch gar!
Wenn unsereins am Spinnen war,
Uns nachts die Mutter nicht hinunterließ,
Stand sie bei ihrem Buhlen süß;
Auf der Türbank und im dunkeln Gang
Ward ihnen keine Stunde zu lang.
Da mag sie denn sich ducken nun,
Im Sünderhemdchen Kirchbuß tun!
GRETCHEN. Er nimmt sie gewiß zu seiner Frau.
LIESCHEN. Er wär ein Narr! Ein flinker Jung
Hat anderwärts noch Luft genung.
Er ist auch fort.

GRETCHEN.   Das ist nicht schön!
LIESCHEN. Kriegt sie ihn, solls ihr übel gehn:
Das Kränzel reißen die Buben ihr,
Und Häckerling streuen wir vor die Tür! *Ab.*
GRETCHEN *nach Hause gehend.*
Wie konnt ich sonst so tapfer schmälen,
Wenn tät ein armes Mägdlein fehlen!
Wie konnt ich über andrer Sünden
Nicht Worte gnug der Zunge finden!
Wie schien mirs schwarz, und schwärzts noch gar
Mirs immer doch nicht schwarz gnug war,
Und segnet mich und tat so groß,
Und bin nun selbst der Sünde bloß!
Doch – alles, was dazu mich trieb,
Gott! war so gut! ach, war so lieb!

ZWINGER

*In der Mauerhöhle ein Andachtsbild der Mater dolorosa,
Blumenkrüge davor*

GRETCHEN *steckt frische Blumen in die Krüge*

> Ach, neige,
> Du Schmerzensreiche,
> Dein Antlitz gnädig meiner Not!
>
> Das Schwert im Herzen,
> Mit tausend Schmerzen
> Blickst auf zu deines Sohnes Tod.
>
> Zum Vater blickst du,
> Und Seufzer schickst du
> Hinauf um sein- und deine Not.
>
> Wer fühlet,
> Wie wühlet
> Der Schmerz mir im Gebein?

Was mein armes Herz hier banget,
Was es zittert, was verlanget,
Weißt nur du, nur du allein!

Wohin ich immer gehe,
Wie weh, wie weh, wie wehe
Wird mir im Busen hier!
Ich bin, ach! kaum alleine,
Ich wein, ich wein, ich weine,
Das Herz zerbricht in mir.

Die Scherben vor meinem Fenster
Betaut ich mit Tränen, ach!
Als ich am frühen Morgen
Dir diese Blume brach.

Schien hell in meine Kammer
Die Sonne früh herauf,
Saß ich in allem Jammer
In meinem Bett schon auf.

Hilf! rette mich von Schmach und Tod!
Ach, neige,
Du Schmerzensreiche,
Dein Antlitz gnädig meiner Not!

NACHT

Straße vor Gretchens Türe

VALENTIN, *Soldat, Gretchens Bruder.*
Wenn ich so saß bei einem Gelag,
Wo mancher sich berühmen mag,
Und die Gesellen mir den Flor
Der Mägdlein laut gepriesen vor,
Mit vollem Glas das Lob verschwemmt:
Den Ellenbogen aufgestemmt,
Saß ich in meiner sichern Ruh,
Hört all dem Schwadronieren zu

NACHT

Und streiche lächelnd meinen Bart
Und kriege das volle Glas zur Hand
Und sage: Alles nach seiner Art!
Aber ist Eine im ganzen Land,
Die meiner trauten Gretel gleicht,
Die meiner Schwester das Wasser reicht?
Topp! Topp! Kling! Klang! das ging herum!
Die einen schrien: »Er hat recht,
Sie ist die Zier vom ganzen Geschlecht!«
Da saßen alle die Lober stumm.
Und nun! – um's Haar sich auszuraufen
Und an den Wänden hinaufzulaufen!
Mit Stichelreden, Naserümpfen
Soll jeder Schurke mich beschimpfen!
Soll wie ein böser Schuldner sitzen,
Bei jedem Zufallswörtchen schwitzen!
Und möcht ich sie zusammenschmeißen,
Könnt ich sie doch nicht Lügner heißen.

Was kommt heran? was schleicht herbei?
Irr ich nicht, es sind ihrer zwei.
Ist ers, gleich pack ich ihn beim Felle:
Soll nicht lebendig von der Stelle!

Faust · Mephistopheles

FAUST. Wie von dem Fenster dort der Sakristei
Aufwärts der Schein des ewgen Lämpchens flämmert
Und schwach und schwächer seitwärts dämmert,
Und Finsternis drängt ringsum bei!
So siehts in meinem Busen nächtig.
MEPHISTOPHELES. Und mir ists wie ein Kätzlein schmächtig,
Das an den Feuerleitern schleicht,
Sich leis dann um die Mauern streicht;
Mir ists ganz tugendlich dabei,
Ein bißchen Diebsgelüst, ein bißchen Rammelei.
So spukt mir schon durch alle Glieder
Die herrliche Walpurgisnacht.

Die kommt uns übermorgen wieder:
Da weiß man doch, warum man wacht.
FAUST. Rückt wohl der Schatz indessen in die Höh,
Den ich dorthinten flimmern seh.
MEPHISTOPHELES. Du kannst die Freude bald erleben,
Das Kesselchen herauszuheben.
Ich schielte neulich so hinein:
Sind herrliche Löwentaler drein.
FAUST. Nicht ein Geschmeide, nicht ein Ring,
Meine liebe Buhle damit zu zieren?
MEPHISTOPHELES. Ich sah dabei wohl so ein Ding
Als wie eine Art von Perlenschnüren.
FAUST. So ist es recht! Mir tut es weh,
Wenn ich ohne Geschenke zu ihr geh.
MEPHISTOPHELES. Es sollt Euch eben nicht verdrießen,
Umsonst auch etwas zu genießen. –
Jetzt, da der Himmel voller Sterne glüht,
Sollt Ihr ein wahres Kunststück hören:
Ich sing ihr ein moralisch Lied,
Um sie gewisser zu betören.

Singt zur Zither.

Was machst du mir
Vor Liebchens Tür,
Kathrinchen, hier
Bei frühem Tagesblicke?
Laß, laß es sein!
Er läßt dich ein,
Als Mädchen ein,
Als Mädchen nicht zurücke.

Nehmt euch in acht!
Ist es vollbracht,
Dann gute Nacht,
Ihr armen, armen Dinger!
Habt ihr euch lieb,
Tut keinem Dieb
Nur nichts zulieb
Als mit dem Ring am Finger!

VALENTIN *tritt vor.*
Wen lockst du hier? beim Element!
Vermaledeiter Rattenfänger!
Zum Teufel erst das Instrument!
Zum Teufel hinterdrein den Sänger!

NACHT

MEPHISTOPH. Die Zither ist entzwei! an der ist nichts zu halten.
VALENTIN. Nun soll es an ein Schädelspalten!
MEPHISTOPHELES *zu Faust.*
Herr Doktor! nicht gewichen! Frisch!
Hart an mich an, wie ich Euch führe!
Heraus mit Eurem Flederwisch!
Nur zugestoßen! ich pariere!
VALENTIN. Pariere den!
MEPHISTOPHELES.   Warum denn nicht?
VALENTIN. Auch den!
MEPHISTOPHELES.   Gewiß!
VALENTIN. Ich glaub, der Teufel ficht!
Was ist denn das? Schon wird die Hand mir lahm!
MEPHISTOPHELES *zu Faust.* Stoß zu!
VALENTIN *fällt.*   O weh!
MEPHISTOPHELES.   Nun ist der Lümmel zahm!
Nun aber fort! wir müssen gleich verschwinden;
Denn schon entsteht ein mörderlich Geschrei!
Ich weiß mich trefflich mit der Polizei,
Doch mit dem Blutbann schlecht micht abzufinden.
MARTHE *am Fenster.* Heraus! heraus!
GRETCHEN *am Fenster.*   Herbei ein Licht!
MARTHE *wie oben.* Man schilt und rauft, man schreit und ficht!
VOLK. Da liegt schon einer tot!
MARTHE *heraustretend.* Die Mörder, sind sie denn entflohn?
GRETCHEN *heraustretend.* Wer liegt hier?
VOLK.   Deiner Mutter Sohn!
GRETCHEN. Allmächtiger! welche Not!
VALENTIN. Ich sterbe! Das ist bald gesagt
Und bälder noch getan.
Was steht ihr, Weiber, heult und klagt?
Kommt her und hört mich an!
Alle treten um ihn.
Mein Gretchen, sieh! du bist noch jung,
Bist gar noch nicht gescheit genung,
Machst deine Sachen schlecht.

Ich sag dirs im Vertrauen nur:
Du bist doch nun einmal eine Hur;
So seis auch eben recht!

GRETCHEN. Mein Bruder! Gott! Was soll mir das?

VALENTIN. Laß unsern Herrgott aus dem Spaß!
Geschehn ist leider nun geschehn,
Und wie es gehn kann, so wirds gehn.
Du fingst mit Einem heimlich an,
Bald kommen ihrer mehre dran,
Und wenn dich erst ein Dutzend hat,
So hat dich auch die ganze Stadt.

Wenn erst die Schande wird geboren,
Wird sie heimlich zur Welt gebracht,
Und man zieht den Schleier der Nacht
Ihr über Kopf und Ohren;
Ja, man möchte sie gern ermorden.
Wächst sie aber und macht sich groß,
Dann geht sie auch bei Tage bloß
Und ist doch nicht schöner geworden.
Je häßlicher wird ihr Gesicht,
Je mehr sucht sie des Tages Licht.

Ich seh wahrhaftig schon die Zeit,
Daß alle brave Bürgersleut
Wie von einer angesteckten Leichen,
Von dir, du Metze! seitab weichen.
Dir soll das Herz im Leib verzagen,
Wenn sie dir in die Augen sehn!
Sollst keine goldne Kette mehr tragen!
In der Kirche nicht mehr am Altar stehn!
In einem schönen Spitzenkragen
Dich nicht beim Tanze wohlbehagen!
In eine finstre Jammerecken
Unter Bettler und Krüppel dich verstecken,
Und wenn dir denn auch Gott verzeiht,
Auf Erden sein vermaledeit!

MARTHE. Befehlt Eure Seele Gott zu Gnaden!
Wollt Ihr noch Lästrung auf Euch laden?
VALENTIN. Könnt ich dir nur an den dürren Leib,
Du schändlich-kupplerisches Weib!
Da hofft ich aller meiner Sünden
Vergebung reiche Maß zu finden.
GRETCHEN. Mein Bruder! Welche Höllenpein!
VALENTIN. Ich sage, laß die Tränen sein!
Da du dich sprachst der Ehre los,
Gabst mir den schwersten Herzensstoß.
Ich gehe durch den Todesschlaf
Zu Gott ein als Soldat und brav. *Stirbt.*

DOM

Amt, Orgel und Gesang
Gretchen unter vielem Volke. Böser Geist hinter Gretchen

BÖSER GEIST. Wie anders, Gretchen, war dirs,
Als du noch voll Unschuld
Hier zum Altar tratst,
Aus dem vergriffnen Büchelchen
Gebete lalltest,
Halb Kinderspiele,
Halb Gott im Herzen!
Gretchen!
Wo steht dein Kopf?
In deinem Herzen
Welche Missetat?
Betst du für deiner Mutter Seele, die
Durch dich zur langen, langen Pein hinüberschlief?
Auf deiner Schwelle wessen Blut? –
Und unter deinem Herzen
Regt sichs nicht quillend schon
Und ängstet dich und sich
Mit ahnungsvoller Gegenwart?

GRETCHEN. Weh! Weh!
Wär ich der Gedanken los,
Die mir herüber- und hinübergehen
Wider mich!
CHOR. Dies irae, dies illa
Sovet saeclum in favilla. *Orgelton.*
BÖSER GEIST. Grimm faßt dich!
Die Posaune tönt!
Die Gräber beben!
Und dein Herz,
Aus Aschenruh
Zu Flammenqualen
Wieder aufgeschaffen,
Bebt auf!
GRETCHEN. Wär ich hier weg!
Mir ist, als ob die Orgel mir
Den Atem versetzte,
Gesang mein Herz
Im Tiefsten löste.
CHOR. Judex ergo cum sedebit,
Quidquid latet adparebit,
Nil inultum remanebit.
GRETCHEN. Mir wird so eng!
Die Mauerpfeiler
Befangen mich!
Das Gewölbe
Drängt mich! – Luft!
BÖSER GEIST. Verbirg dich! Sünd und Schande
Bleibt nicht verborgen.
Luft? Licht?
Weh dir!
CHOR. Quid sum miser tunc dicturus?
Quem patronum rogaturus,
Cum vix justus sit securus?
BÖSER GEIST. Ihr Antlitz wenden
Verklärte von dir ab.

Die Hände dir zu reichen,
Schauerts den Reinen.
Weh!
CHOR. Quid sum miser tunc dicturus?
GRETCHEN. Nachbarin! Euer Fläschchen! –
Sie fällt in Ohnmacht.

WALPURGISNACHT

*Harzgebirge. Gegend von Schierke und Elend
Faust · Mephistopheles*

MEPHISTOPHELES. Verlangst du nicht nach einem Besenstiele?
Ich wünschte mir den allerbesten Bock.
Auf diesem Weg sind wir noch weit vom Ziele.
FAUST. Solang ich mich noch frisch auf meinen Beinen fühle,
Genügt mir dieser Knotenstock.
Was hilfts, daß man den Weg verkürzt!
Im Labyrinth der Täler hinzuschleichen,
Dann diesen Felsen zu ersteigen,
Von dem der Quell sich ewig sprudelnd stürzt,
Das ist die Lust, die solche Pfade würzt!
Der Frühling webt schon in den Birken,
Und selbst die Fichte fühlt ihn schon;
Sollt er nicht auch auf unsre Glieder wirken?
MEPHISTOPHELES. Fürwahr, ich spüre nichts davon!
Mir ist es winterlich im Leibe,
Ich wünschte Schnee und Frost auf meiner Bahn.
Wie traurig steigt die unvollkommne Scheibe
Des roten Monds mit später Glut heran
Und leuchtet schlecht, daß man bei jedem Schritte
Vor einen Baum, vor einen Felsen rennt!
Erlaub, daß ich ein Irrlicht bitte!
Dort seh ich eins, das eben lustig brennt.
Heda, mein Freund! darf ich dich zu uns fodern?
Was willst du so vergebens lodern?
Sei doch so gut und leucht uns da hinauf!

IRRLICHT. Aus Ehrfurcht, hoff ich, soll es mir gelingen,
Mein leichtes Naturell zu zwingen;
Nur zickzack geht gewöhnlich unser Lauf.
MEPH. Ei! ei! Er denkts den Menschen nachzuahmen.
Geh Er nur grad, ins Teufels Namen!
Sonst blas ich Ihm Sein Flackerleben aus.
IRRLICHT. Ich merke wohl, Ihr seid der Herr vom Haus,
Und will mich gern nach Euch bequemen.
Allein bedenkt: der Berg ist heute zaubertoll,
Und wenn ein Irrlicht Euch die Wege weisen soll,
So müßt Ihrs so genau nicht nehmen.

FAUST, MEPHISTOPHELES, IRRLICHT *im Wechselgesang*

> In die Traum- und Zaubersphäre
> Sind wir, scheint es, eingegangen.
> Führ uns gut und mach dir Ehre,
> Daß wir vorwärts bald gelangen
> In den weiten, öden Räumen!
>
> Seh die Bäume hinter Bäumen,
> Wie sie schnell vorüberrücken,
> Und die Klippen, die sich bücken,
> Und die langen Felsennasen,
> Wie sie schnarchen, wie sie blasen!
>
> Durch die Steine, durch den Rasen
> Eilet Bach und Bächlein nieder.
> Hör ich Rauschen? hör ich Lieder?
> Hör ich holde Liebesklage,
> Stimmen jener Himmelstage?
> Was wir hoffen, was wir lieben!
> Und das Echo, wie die Sage
> Alter Zeiten, hallet wider.
>
> »Uhu! Schuhu!« tönt es näher:
> Kauz und Kiebitz und der Häher,
> Sind sie alle wachgeblieben?
> Sind das Molche durchs Gesträuche?

Lange Beine, dicke Bäuche!
Und die Wurzeln, wie die Schlangen,
Winden sich aus Fels und Sande,
Strecken wunderliche Bande,
Uns zu schrecken, uns zu fangen:
Aus belebten, derben Masern
Strecken sie Polypenfasern
Nach dem Wandrer. Und die Mäuse,
Tausendfärbig, scharenweise,
Durch das Moos und durch die Heide!
Und die Funkenwürmer fliegen
Mit gedrängten Schwärmezügen
Zum verwirrenden Geleite.

Aber sag mir, ob wir stehen
Oder ob wir weitergehen!
Alles, alles, scheint zu drehen:
Fels und Bäume, die Gesichter
Schneiden, und die irren Lichter,
Die sich mehren, die sich blähen.

MEPHISTOPHELES. Fasse wacker meinen Zipfel!
Hier ist so ein Mittelgipfel,
Wo man mit Erstaunen sieht,
Wie im Berg der Mammon glüht.
FAUST. Wie seltsam glimmert durch die Gründe
Ein morgenrötlich-trüber Schein!
Und selbst bis in die tiefen Schlünde
Des Abgrunds wittert er hinein.
Da steigt ein Dampf, dort ziehen Schwaden,
Hier leuchtet Glut aus Dunst und Flor;
Dann schleicht sie wie ein zarter Faden,
Dann bricht sie wie ein Quell hervor.
Hier schlingt sie eine ganze Strecke
Mit hundert Adern sich durchs Tal,
Und hier in der gedrängten Ecke
Vereinzelt sie sich auf einmal.

Da sprühen Funken in der Nähe
Wie ausgestreuter goldner Sand.
Doch schau: in ihrer ganzen Höhe
Entzündet sich die Felsenwand!
MEPHISTOPHELES. Erleuchtet nicht zu diesem Feste
Herr Mammon prächtig den Palast?
Ein Glück, daß dus gesehen hast:
Ich spüre schon die ungestümen Gäste.
FAUST. Wie rast die Windsbraut durch die Luft!
Mit welchen Schlägen trifft sie meinen Nacken!
MEPHISTOPHELES. Du mußt des Felsen alte Rippen packen,
Sonst stürzt sie dich hinab in dieser Schlünde Gruft.
Ein Nebel verdichtet die Nacht.
Hör, wies durch die Wälder kracht!
Aufgescheucht fliegen die Eulen.
Hör, es splittern die Säulen
Ewig-grüner Paläste!
Girren und Brechen der Äste!
Der Stämme mächtiges Dröhnen!
Der Wurzeln Knarren und Gähnen!
Im fürchterlich-verworrenen Falle
Übereinander krachen sie alle,
Und durch die übertrümmerten Klüfte
Zischen und heulen die Lüfte.
Hörst du die Stimmen in der Höhe?
In der Ferne? in der Nähe?
Ja, den ganzen Berg entlang
Strömt ein wütender Zaubergesang!

HEXEN *im Chor*. Die Hexen zu dem Brocken ziehn,
           Die Stoppel ist gelb, die Saat ist grün.
           Dort sammelt sich der große Hauf,
           Herr Urian sitzt obenauf.
           So geht es über Stein und Stock,
           Es farzt die Hexe, es stinkt der Bock.

STIMME. Die alte Baubo kommt allein;
Sie reitet auf einem Mutterschwein.

> CHOR. So Ehre denn, wem Ehre gebührt!
> Frau Baubo vor! und angeführt!
> Ein tüchtig Schwein und Mutter drauf,
> Da folgt der ganze Hexenhauf.

STIMME. Welchen Weg kommst du her?
STIMME.   Übern Ilsenstein!
Da guckt ich der Eule ins Nest hinein.
Die macht ein Paar Augen!
STIMME.   O fahre zur Hölle!
Was reitst du so schnelle!
STIMME. Mich hat sie geschunden:
Da sieh nur die Wunden!

HEXEN. CHOR. Der Weg ist breit, der Weg ist lang,
> Was ist das für ein toller Drang!
> Die Gabel sticht, der Besen kratzt,
> Das Kind erstickt, die Mutter platzt.

HEXENMEISTER. HALBES CHOR.
> Wir schleichen wie die Schneck im Haus
> Die Weiber alle sind voraus.
> Denn geht es zu des Bösen Haus,
> Das Weib hat tausend Schritt voraus.

ANDRE HÄLFTE. Wir nehmen das nicht so genau:
> Mit tausend Schritten machts die Frau;
> Doch wie sie auch sich eilen kann,
> Mit Einem Sprunge machts der Mann.

STIMME *oben*. Kommt mit, kommt mit vom Felsensee!
STIMME *von unten*. Wir möchten gerne mit in die Höh.
Wir waschen, und blank sind wir ganz und gar,
Aber auch ewig unfruchtbar.

BEIDE CHÖRE. Es schweigt der Wind, es flieht der Stern,
> Der trübe Mond verbirgt sich gern.

Im Sausen sprüht das Zauberchor
Viel tausend Feuerfunken hervor.

STIMME *von unten.* Halte! halte!
STIMME *von oben.* Wer ruft da aus der Felsenspalte?
STIMME *unten.* Nehmt mich mit! nehmt mich mit!
Ich steige schon dreihundert Jahr
Und kann den Gipfel nicht erreichen.
Ich wäre gern bei meinesgleichen.

BEIDE CHÖRE. Es trägt der Besen, trägt der Stock,
Die Gabel trägt, es trägt der Bock;
Wer heute sich nicht heben kann,
Ist ewig ein verlorner Mann!

HALBHEXE *unten.* Ich tripple nach so lange Zeit;
Wie sind die andern schon so weit!
Ich hab zu Hause keine Ruh
Und komme hier doch nicht dazu.

CHOR DER HEXEN. Die Salbe gibt den Hexen Mut,
Ein Lumpen ist zum Segel gut,
Ein gutes Schiff ist jeder Trog:
Der fliegt nie, der heut nicht flog!

BEIDE CHÖRE. Und wenn wir um den Gipfel ziehn,
So streichet an dem Boden hin
Und deckt die Heide weit und breit
Mit euerm Schwarm der Hexenheit!

Sie lassen sich nieder.

MEPHISTOPHELES.
Das drängt und stößt, das rutscht und klappert!
Das zischt und quirlt, das zieht und plappert!
Das leuchtet, sprüht und stinkt und brennt!
Ein wahres Hexenelement!
Nur fest an mir! sonst sind wir gleich getrennt.
Wo bist du?
FAUST *in der Ferne.* Hier!

WALPURGISNACHT

MEPHISTOPHELES. Was! dort schon hingerissen?
Da werd ich Hausrecht brauchen müssen.
Platz! Junker Voland kommt. Platz! süßer Pöbel, Platz!
Hier, Doktor, fasse mich! und nun in Einem Satz
Laß uns aus dem Gedräng entweichen:
Es ist zu toll, sogar für meinesgleichen!
Dortneben leuchtet was mit ganz besondrem Schein,
Es zieht mich was nach jenen Sträuchen:
Komm, komm! wir schlupfen da hinein.

FAUST. Du Geist des Widerspruchs! Nur zu! du magst mich
Ich denke doch, das war recht klug gemacht: [führen.
Zum Brocken wandeln wir in der Walpurgisnacht,
Um uns beliebig nun hieselbst zu isolieren!

MEPHISTOPHELES. Da sieh nur: welche bunten Flammen!
Es ist ein muntrer Klub beisammen.
Im Kleinen ist man nicht allein.

FAUST. Doch droben möcht ich lieber sein!
Schon seh ich Glut und Wirbelrauch.
Dort strömt die Menge zu dem Bösen;
Da muß sich manches Rätsel lösen.

MEPHISTOPHELES. Doch manches Rätsel knüpft sich auch!
Laß du die große Welt nur sausen,
Wir wollen hier im Stillen hausen.
Es ist doch lange hergebracht,
Daß in der großen Welt man kleine Welten macht.
Da seh ich junge Hexchen, nackt und bloß,
Und alte, die sich klug verhüllen.
Seid freundlich, nur um meinetwillen!
Die Müh ist klein, der Spaß ist groß.
Ich höre was von Instrumenten tönen!
Verflucht Geschnarr! Mann muß sich dran gewöhnen.
Komm mit! komm mit! Es kann nicht anders sein:
Ich tret heran und führe dich herein,
Und ich verbinde dich aufs neue. –
Was sagst du, Freund? das ist kein kleiner Raum:
Da sieh nur hin! du siehst das Ende kaum.

Ein Hundert Feuer brennen in der Reihe;
Man tanzt, man schwatzt, man kocht, man trinkt, man liebt –
Nun sage mir, wo es was Bessers gibt!
FAUST. Willst du dich nun, um uns hier einzuführen,
Als Zauberer oder Teufel produzieren?
MEPH. Zwar bin ich sehr gewohnt, inkognito zu gehn;
Doch läßt am Galatag man seinen Orden sehn.
Ein Knieband zeichnet mich nicht aus,
Doch ist der Pferdefuß hier ehrenvoll zu Haus.
Siehst du die Schnecke da? sie kommt herangekrochen;
Mit ihrem tastenden Gesicht
Hat sie mir schon was abgerochen:
Wenn ich auch will, verleugn ich hier mich nicht.
Komm nur! von Feuer gehen wir zu Feuer;
Ich bin der Werber, und du bist der Freier.
Zu einigen, die um verglimmende Kohlen sitzen.
Ihr alten Herrn, was macht ihr hier am Ende?
Ich lobt euch, wenn ich euch hübsch in der Mitte fände,
Von Saus umzirkt und Jugendbraus;
Genug allein ist jeder ja zu Haus.
GENERAL. Wer mag auf Nationen trauen,
Man habe noch so viel für sie getan!
Denn bei dem Volk wie bei den Frauen
Steht immerfort die Jugend obenan.
MINISTER. Jetzt ist man von dem Rechten allzu weit,
Ich lobe mir die guten Alten;
Denn freilich, da wir alles galten,
Da war die rechte goldne Zeit.
PARVENU. Wir waren wahrlich auch nicht dumm
Und taten oft, was wir nicht sollten;
Doch jetzo kehrt sich alles um und um,
Und eben da wirs fest erhalten wollten.
AUTOR. Wer mag wohl überhaupt jetzt eine Schrift
Von mäßig-klugem Inhalt lesen!
Und was das liebe junge Volk betrifft,
Das ist noch nie so naseweis gewesen.

MEPHISTOPHELES, *der auf einmal sehr alt erscheint.*
Zum Jüngsten Tag fühl ich das Volk gereift,
Da ich zum letzenmal den Hexenberg ersteige,
Und weil mein Fäßchen trübe läuft,
So ist die Welt auch auf der Neige.
TRÖDELHEXE. Ihr Herren, geht nicht so vorbei!
Laßt die Gelegenheit nicht fahren!
Aufmerksam blickt nach meinen Waren:
Es steht dahier gar mancherlei.
Und doch ist nichts in meinem Laden,
Dem keiner auf der Erde gleicht,
Das nicht einmal zum tüchtgen Schaden
Der Menschen und der Welt gereicht.
Kein Dolch ist hier, von dem nicht Blut geflossen,
Kein Kelch, aus dem sich nicht in ganz gesunden Leib
Verzehrend-heißes Gift ergossen,
Kein Schmuck, der nicht ein liebenswürdig Weib
Verführt, kein Schwert, das nicht den Bund gebrochen,
Nicht etwa hinterrücks den Gegenmann durchstochen.
MEPH. Frau Muhme, Sie versteht mir schlecht die Zeiten:
Getan, geschehn! Geschehn, getan!
Verleg Sie sich auf Neuigkeiten!
Nur Neuigkeiten ziehn uns an.
FAUST. Daß ich mich nur nicht selbst vergesse!
Heiß ich mir das doch eine Messe!
MEPHISTOPHELES. Der ganze Strudel strebt nach oben:
Du glaubst zu schieben, und du wirst geschoben.
FAUST. Wer ist denn das?
MEPHISTOPHELES.   Betrachte sie genau!
Lilith ist das.
FAUST.   Wer?
MEPHISTOPHELES. Adams erste Frau.
Nimm dich in acht vor ihren schönen Haaren,
Vor diesem Schmuck, mit dem sie einzig prangt!
Wenn sie damit den jungen Mann erlangt,
So läßt sie ihn so bald nicht wieder fahren.

4092–4123

FAUST. Da sitzen zwei, die Alte mit der Jungen;
Die haben schon was Rechts gesprungen!
MEPHISTOPHELES. Das hat nun heute keine Ruh.
Es geht zum neuen Tanz: nun komm! wir greifen zu.

FAUST *mit der Jungen tanzend.*

> Einst hatt ich einen schönen Traum:
> Da sah ich einen Apfelbaum,
> Zwei schöne Äpfel glänzten dran;
> Sie reizten mich, ich stieg hinan.

DIE SCHÖNE. Der Äpfelchen begehrt ihr sehr,
> Und schon vom Paradiese her.
> Von Freuden fühl ich mich bewegt,
> Daß auch mein Garten solche trägt.

MEPHISTOPHELES *mit der Alten.*

> Einst hatt ich einen wüsten Traum:
> Da sah ich einen gespaltnen Baum,
> Der hatt ein ungeheures Loch;
> So groß es war, gefiel mirs doch.

DIE ALTE. Ich biete meinen besten Gruß
> Dem Ritter mit dem Pferdefuß!
> Halt Er einen rechten Pfropf bereit,
> Wenn Er das große Loch nicht scheut.

PROKTOPHANTASMIST. Verfluchtes Volk! was untersteht ihr [euch?
Hat man euch lange nicht bewiesen:
Ein Geist steht nie auf ordentlichen Füßen?
Nun tanzt ihr gar, uns andern Menschen gleich!
DIE SCHÖNE *tanzend.* Was will denn der auf unserm Ball?
FAUST *tanzend.* Ei! der ist eben überall.
Was andre tanzen, muß er schätzen.
Kann er nicht jeden Schritt beschwätzen,
So ist der Schritt so gut als nicht geschehn.
Am meisten ärgert ihn, sobald wir vorwärts gehn.
Wenn ihr euch so im Kreise drehen wolltet,
Wie ers in seiner alten Mühle tut,

Das hieß er allenfalls noch gut;
Besonders wenn ihr ihn darum begrüßen solltet.
PROKTOPHANTASMIST. Ihr seid noch immer da! nein, das ist
Verschwindet doch! Wir haben ja aufgeklärt! – [unerhört.
Das Teufelspack, es fragt nach keiner Regel.
Wir sind so klug, und dennoch spukts in Tegel.
Wie lange hab ich nicht am Wahn hinausgekehrt,
Und nie wirds rein! das ist doch unerhört!
DIE SCHÖNE. So hört doch auf, uns hier zu ennuyieren!
PROKTOPHANTASMIST. Ich sags euch Geistern ins Gesicht:
Den Geistesdespotismus leid ich nicht!
Mein Geist kann ihn nicht exerzieren.
Er wird fortgetanzt.
Heut, seh ich, will mir nichts gelingen;
Doch eine Reise nehm ich immer mit
Und hoffe, noch vor meinem letzten Schritt
Die Teufel und die Dichter zu bezwingen.
MEPHISTOPHELES. Er wird sich gleich in eine Pfütze setzen:
Das ist die Art, wie er sich soulagiert,
Und wenn Blutegel sich an seinem Steiß ergetzen,
Ist er von Geistern und von Geist kuriert.
Zu Faust, der aus dem Tanz getreten ist.
Was lässest du das schöne Mädchen fahren,
Das dir zum Tanz so lieblich sang?
FAUST. Ach, mitten im Gesange sprang
Ein rotes Mäuschen ihr aus dem Munde!
MEPH. Das ist was Rechts! das nimmt man nicht genau;
Genug, die Maus war doch nicht grau!
Wer fragt darnach in einer Schäferstunde!
FAUST. Dann sah ich –
MEPHISTOPHELES.   Was?
FAUST.   Mephisto, siehst du dort
Ein blasses, schönes Kind allein und ferne stehen?
Sie schiebt sich langsam nur vom Ort,
Sie scheint mit geschloßnen Füßen zu gehen.
Ich muß bekennen, daß mir deucht,

Daß sie dem guten Gretchen gleicht.
MEPH. Laß das nur stehn! dabei wirds niemand wohl.
Es ist ein Zauberbild, ist leblos, ein Idol.
Ihm zu begegnen, ist nicht gut:
Vom starren Blick erstarrt des Menschen Blut,
Und er wird fast in Stein verkehrt;
Von der Meduse hast du ja gehört.
FAUST. Fürwahr, es sind die Augen eines Toten,
Die eine liebende Hand nicht schloß!
Das ist die Brust, die Gretchen mir geboten,
Das ist der süße Leib, den ich genoß!
MEPH. Das ist die Zauberei, du leicht verführter Tor!
Denn jedem kommt sie wie sein Liebchen vor.
FAUST. Welch eine Wonne! welch ein Leiden!
Ich kann von diesem Blick nicht scheiden.
Wie sonderbar muß diesen schönen Hals
Ein einzig-rotes Schnürchen schmücken,
Nicht breiter als ein Messerrücken!
MEPHISTOPHELES. Ganz recht! ich seh es ebenfalls.
Sie kann das Haupt auch unterm Arme tragen;
Denn Perseus hats ihr abgeschlagen. –
Nur immer diese Lust zum Wahn! –
Komm doch das Hügelchen heran:
Hier ists so lustig wie im Prater,
Und hat man mirs nicht angetan,
So seh ich wahrlich ein Theater!
Was gibts denn da?
SERVIBILIS.   Gleich fängt man wieder an:
Ein neues Stück, das letzte Stück von sieben;
So viel zu geben, ist allhier der Brauch.
Ein Dilettant hat es geschrieben,
Und Dilettanten spielens auch.
Verzeiht, ihr Herrn, wenn ich verschwinde:
Mich dilettierts, den Vorhang aufzuziehn.
MEPHISTOPHELES. Wenn ich euch auf dem Blocksberg finde,
Das find ich gut; denn da gehört ihr hin!

WALPURGISNACHTSTRAUM

oder Oberons und Titanias goldne Hochzeit
Intermezzo

THEATERMEISTER.

    Heute ruhen wir einmal,
    Miedings wackre Söhne:
    Alter Berg und feuchtes Tal,
    Das ist die ganze Szene!

HEROLD. Daß die Hochzeit golden sei,
    Solln funfzig Jahr sein vorüber;
    Aber ist der Streit vorbei,
    Das Golden ist mir lieber.

OBERON. Seid ihr, Geister, wo ich bin,
    So zeigts in diesen Stunden!
    König und die Königin,
    Sie sind aufs neu verbunden.

PUCK. Kommt der Puck und dreht sich quer
    Und schleift den Fuß im Reihen;
    Hundert kommen hinterher,
    Sich auch mit ihm zu freuen.

ARIEL. Ariel bewegt den Sang
    In himmlisch-reinen Tönen;
    Viele Fratzen lockt sein Klang,
    Doch lockt er auch die Schönen.

OBERON. Gatten, die sich vertragen wollen,
    Lernens von uns beiden!
    Wenn sich zweie lieben sollen,
    Braucht man sie nur zu scheiden.

TITANIA. Schmollt der Mann und grillt die Frau,
    So faßt sie nur behende,
    Führt mir nach dem Mittag Sie,
    Und Ihn an Nordens Ende!

ORCHESTER. TUTTI. *Fortissimo.*

    Fliegenschnauz und Mückennas
    Mit ihren Anverwandten,

>   Frosch im Laub und Grill im Gras,
>   Das sind die Musikanten!
> SOLO.   Seht, da kommt der Dudelsack!
>   Es ist die Seifenblase.
>   Hört den Schneckeschnickeschnack
>   Durch seine stumpfe Nase!
> GEIST, *der sich erst bildet*. Spinnenfuß und Krötenbauch
>   Und Flügelchen dem Wichtchen!
>   Zwar ein Tierchen gibt es nicht;
>   Doch gibt es ein Gedichtchen.
> EIN PÄRCHEN.   Kleiner Schritt und hoher Sprung
>   Durch Honigtau und Düfte!
>   Zwar du trippelst mir genung;
>   Doch gehts nicht in die Lüfte.
> NEUGIERIGER REISENDER. Ist das nicht Maskeradenspott?
>   Soll ich den Augen trauen,
>   Oberon, den schönen Gott,
>   Auch heute hier zu schauen?
> ORTHODOX.   Keine Klauen, keinen Schwanz!
>   Doch bleibt es außer Zweifel:
>   So wie die Götter Griechenlands,
>   So ist auch er ein Teufel.
> NORDISCHER KÜNSTLER. Was ich ergreife, das ist heut
>   Fürwahr nur skizzenweise;
>   Doch ich bereite mich beizeit
>   Zur italienschen Reise.
> PURIST.   Ach! mein Unglück führt mich her:
>   Wie wird nicht hier geludert!
>   Und von dem ganzen Hexenheer
>   Sind zweie nur gepudert.
> JUNGE HEXE.   Der Puder ist so wie ein Rock
>   Für alt- und graue Weibchen;
>   Drum sitz ich nackt auf meinem Bock
>   Und zeig ein derbes Leibchen.
> MATRONE.   Wir haben zu viel Lebensart,
>   Um hier mit euch zu maulen;

                    Doch hoff ich, sollt ihr jung und zart,
                    So wie ihr seid, verfaulen.
KAPELLMEISTER. Fliegenschnauz und Mückennas,
                    Umschwärmt mir nicht die Nackte!
                    Frosch im Laub und Grill im Gras,
                    So bleibt doch auch im Takte!
WINDFAHNE *nach der einen Seite.*
                    Gesellschaft, wie man wünschen kann:
                    Wahrhaftig lauter Bräute!
                    Und Junggesellen, Mann für Mann
                    Die hoffnungsvollsten Leute!
WINDFAHNE *nach der anderen Seite.*
                    Und tut sich nicht der Boden auf,
                    Sie alle zu verschlingen,
                    So will ich mit behendem Lauf
                    Gleich in die Hölle springen.
    XENIEN.   Als Insekten sind wir da
                    Mit kleinen, scharfen Scheren,
                    Satan, unsern Herrn Papa,
                    Nach Würden zu verehren.
    HENNINGS. Seht, wie sie in gedrängter Schar
                    Naiv zusammen scherzen!
                    Am Ende sagen sie noch gar,
                    Sie hätten gute Herzen.
    MUSAGET.   Ich mag in diesem Hexenheer
                    Mich gar zu gern verlieren;
                    Denn freilich diese wüßt ich ehr
                    Als Musen anzuführen.
CI-DEVANT: GENIUS DER ZEIT.
                    Mit rechten Leuten wird man was.
                    Komm, fasse meinen Zipfel!
                    Der Blocksberg, wie der deutsche Parnaß,
                    Hat gar einen breiten Gipfel.
NEUGIERIGER REISENDER.
                    Sagt: wie heißt der steife Mann?
                    Er geht mit stolzen Schritten;

                Er schnopert, was er schnopern kann. –
                »Er spürt nach Jesuiten.«
KRANICH. In dem Klaren mag ich gern
                Und auch im Trüben fischen;
                Darum seht ihr den frommen Herrn
                Sich auch mit Teufeln mischen.
WELTKIND. Ja, für die Frommen, glaubet mir,
                Ist alles ein Vehikel;
                Sie bilden auf dem Blocksberg hier
                Gar manches Konventikel.
TÄNZER. Da kommt ja wohl ein neues Chor?
                Ich höre ferne Trommeln. –
                »Nur ungestört! es sind im Rohr
                Die unisonen Dommeln.«
TANZMEISTER. Wie jeder doch die Beine lupft!
                Sich, wie er kann, herauszieht!
                Der Krumme springt, der Plumpe hupft,
                Und frag nicht, wie es aussieht.
FIDELER. Das haßt sich schwer, das Lumpenpack,
                Und gäb sich gern das Restchen;
                Es eint sie hier der Dudelsack,
                Wie Orpheus Leier die Bestien.
DOGMATIKER. Ich lasse mich nicht irreschrein,
                Nicht durch Kritik noch Zweifel.
                Der Teufel muß doch etwas sein;
                Wie gäbs denn sonst auch Teufel?
IDEALIST. Die Phantasie in meinem Sinn
                Ist diesmal gar zu herrisch.
                Fürwahr, wenn ich das alles bin,
                So bin ich heute närrisch!
REALIST. Das Wesen ist mir recht zur Qual
                Und muß mich baß verdrießen;
                Ich stehe hier zum erstenmal
                Nicht fest auf meinen Füßen.
SUPERNATURALIST. Mit viel Vergnügen bin ich da
                Und freue mich mit diesen;

Denn von den Teufeln kann ich ja
Auf gute Geister schließen.

SKEPTIKER. Sie gehn den Flämmchen auf der Spur
Und glaubn sich nah dem Schatze.
Auf Teufel reimt der Zweifel nur;
Da bin ich recht am Platze.

KAPELLMEISTER. Frosch im Laub und Grill im Gras,
Verfluchte Dilettanten!
Fliegenschnauz und Mückennas,
Ihr seid doch Musikanten!

DIE GEWANDTEN Sanssouci, so heißt das Heer
Von lustigen Geschöpfen;
Auf den Füßen gehts nicht mehr,
Drum gehn wir auf den Köpfen.

DIE UNBEHÜLFLICHEN.
Sonst haben wir manchen Bissen erschranzt,
Nun aber Gott befohlen!
Unsere Schuhe sind durchgetanzt,
Wir laufen auf nackten Sohlen.

IRRLICHTER. Von dem Sumpfe kommen wir,
Woraus wir erst entstanden;
Doch sind wir gleich im Reihen hier
Die glänzenden Galanten.

STERNSCHNUPPE. Aus der Höhe schoß ich her
Im Stern- und Feuerscheine,
Liege nun im Grase quer:
Wer hilft mir auf die Beine?

DIE MASSIVEN. Platz und Platz! und ringsherum!
So gehn die Gräschen nieder;
Geister kommen, Geister auch,
Sie haben plumpe Glieder.

PUCK. Tretet nicht so mastig auf
Wie Elefantenkälber!
Und der Plumpst an diesem Tag
Sei Puck, der Derbe, selber!

ARIEL. Gab die liebende Natur,
Gab der Geist euch Flügel,
Folget meiner leichten Spur:
Auf zum Rosenhügel!
ORCHESTER. *Pianissimo.* Wolkenzug und Nebelflor
Erhellen sich von oben.
Luft im Laub und Wind im Rohr –
Und alles ist zerstoben.

TRÜBER TAG · FELD

Faust · Mephistopheles

FAUST. Im Elend! Verzweifelnd! Erbärmlich auf der Erde lange verirrt und nun gefangen! Als Missetäterin im Kerker zu entsetzlichen Qualen eingesperrt das holde, unselige Geschöpf! Bis dahin! dahin! – Verräterischer, nichtswürdiger Geist, und das hast du mir verheimlicht! Steh nur, steh! wälze die teuflischen Augen ingrimmend im Kopf herum! Steh und trutze mir durch deine unerträgliche Gegenwart! – Gefangen! Im unwiederbringlichen Elend! Bösen Geistern übergeben und der richtenden, gefühllosen Menschheit! – Und mich wiegst du indes in abgeschmackten Zerstreuungen, verbirgst mir ihren wachsenden Jammer und lässest sie hülflos verderben!

MEPHISTOPHELES. Sie ist die Erste nicht!

FAUST. Hund! abscheuliches Untier! – Wandle ihn, du unendlicher Geist! wandle den Wurm wieder in seine Hundsgestalt, wie er sich oft nächtlicher Weile gefiel, vor mir herzutrotten, dem harmlosen Wandrer vor die Füße zu kollern und sich dem Niederstürzenden auf die Schultern zu hängen! Wandl ihn wieder in seine Lieblingsbildung, daß er vor mir im Sand auf dem Bauch krieche, ich ihn mit Füßen trete, den Verworfnen! – »Die Erste nicht!« Jammer! Jammer! von keiner Menschenseele zu fassen, daß mehr als Ein Geschöpf in die Tiefe dieses Elends versank, daß nicht das erste genugtat für die

TRÜBER TAG · FELD

Schuld aller übrigen in seiner windenden Todesnot vor den Augen des ewig Verzeihenden! Mir wühlt es Mark und Leben durch, das Elend dieser Einzigen; du grinsest gelassen über das Schicksal von Tausenden hin!

MEPHISTOPHELES. Nun sind wir schon wieder an der Grenze unsres Witzes, da, wo euch Menschen der Sinn überschnappt. Warum machst du Gemeinschaft mit uns, wenn du sie nicht durchführen kannst? Willst fliegen und bist vorm Schwindel nicht sicher? Drangen wir uns dir auf, oder du dich uns?

FAUST. Fletsche deine gefräßigen Zähne mir nicht so entgegen! Mir ekelts! – Großer, herrlicher Geist, der du mir zu erscheinen würdigtest, der du mein Herz kennest und meine Seele, warum an den Schandgesellen mich schmieden, der sich am Schaden weidet und am Verderben sich letzt?

MEPHISTOPHELES. Endigst du?

FAUST. Rette sie! oder weh dir! Den gräßlichsten Fluch über dich auf Jahrtausende!

MEPHISTOPHELES. Ich kann die Bande des Rächers nicht lösen, seine Riegel nicht öffnen. – »Rette sie!« – Wer wars, der sie ins Verderben stürzte? Ich oder du?

FAUST *blickt wild umher.*

MEPHISTOPHELES. Greifst du nach dem Donner? Wohl, daß er euch elenden Sterblichen nicht gegeben ward! Den unschuldig Entgegnenden zu zerschmettern, das ist so Tyrannenart, sich in Verlegenheiten Luft zu machen.

FAUST. Bringe mich hin! Sie soll frei sein!

MEPHISTOPHELES. Und die Gefahr, der du dich aussetzest? Wisse: noch liegt auf der Stadt Blutschuld von deiner Hand! Über des Erschlagenen Stätte schweben rächende Geister und lauern auf den wiederkehrenden Mörder.

FAUST. Noch das von dir? Mord und Tod einer Welt über dich Ungeheuer! Führe mich hin, sag ich, und befreie sie!

MEPHISTOPHELES. Ich führe dich, und was ich tun kann, höre! Habe ich alle Macht im Himmel und auf Erden? Des Türners Sinne will ich umnebeln, bemächtige dich der Schlüssel und

führe sie heraus mit Menschenhand! Ich wache! die Zauberpferde sind bereit, ich entführe euch. Das vermag ich.
FAUST. Auf und davon!

NACHT · OFFEN FELD

Faust, Mephistopheles, auf schwarzen Pferden daherbrausend

FAUST. Was weben die dort um den Rabenstein?
MEPHISTOPHELES. Weiß nicht, was sie kochen und schaffen.
FAUST. Schweben auf, schweben ab, neigen sich, beugen sich.
MEPHISTOPHELES. Eine Hexenzunft!
FAUST. Sie streuen und weihen.
MEPHISTOPHELES. Vorbei! vorbei!

KERKER

FAUST, *mit einem Bund Schlüssel und einer Lampe,*
vor einem eisernen Türchen

Mich faßt ein längst entwohnter Schauer,
Der Menschheit ganzer Jammer faßt mich an.
Hier wohnt sie, hinter dieser feuchten Mauer,
Und ihr Verbrechen war ein guter Wahn!
Du zauderst, zu ihr zu gehen?
Du fürchtest, sie wiederzusehen?
Fort! dein Zagen zögert den Tod heran.
    Er greift das Schloß. Es singt inwendig:
    Meine Mutter, die Hur,
    Die mich umgebracht hat!
    Mein Vater, der Schelm,
    Der mich gessen hat!
    Mein Schwesterlein klein
    Hub auf die Bein
    An einem kühlen Ort –
    Da ward ich ein schönes Waldvögelein,
    Fliege fort, fliege fort!

FAUST *aufschließend.* Sie ahnet nicht, daß der Geliebte lauscht,
Die Ketten klirren hört, das Stroh, das rauscht. *Er tritt ein.*
MARGARETE *sich auf dem Lager verbergend.*
Weh! weh! sie kommen. Bittrer Tod!
FAUST *leise.* Still! still! ich komme, dich zu befreien.
MARGARETE *sich vor ihn hinwälzend.*
Bist du ein Mensch, so fühle meine Not!
FAUST. Du wirst die Wächter aus dem Schlafe schreien!
Er faßt die Ketten, sie aufzuschließen.
MARGARETE *auf den Knieen.*
Wer hat dir, Henker, diese Macht
Über mich gegeben?
Du holst mich schon um Mitternacht!
Erbarme dich und laß mich leben!
Ists morgen früh nicht zeitig genung? *Sie steht auf.*
Bin ich doch noch so jung, so jung!
Und soll schon sterben!
Schön war ich auch, und das war mein Verderben.
Nah war der Freund, nun ist er weit;
Zerrissen liegt der Kranz, die Blumen zerstreut.
Fasse mich nicht so gewaltsam an!
Schone mich! Was hab ich dir getan?
Laß mich nicht vergebens flehen!
Hab ich dich doch mein Tage nicht gesehen!
FAUST. Werd ich den Jammer überstehen?
MARGARETE. Ich bin nun ganz in deiner Macht.
Laß mich nur erst das Kind noch tränken!
Ich herzt es diese ganze Nacht;
Sie nahmen mirs, um mich zu kränken,
Und sagen nun, ich hätt es umgebracht,
Und niemals werd ich wieder froh.
Sie singen Lieder auf mich! Es ist bös von den Leuten!
Ein altes Märchen endigt so,
Wer heißt sies deuten?
FAUST *wirft sich nieder.* Ein Liebender liegt dir zu Füßen,
Die Jammerknechtschaft aufzuschließen.

MARGARETE *wirft sich zu ihm.*
O laß uns knien, die Heilgen anzurufen!
Sieh: unter diesen Stufen,
Unter der Schwelle
Siedet die Hölle!
Der Böse,
Mit furchtbarem Grimme,
Macht ein Getöse!
FAUST *laut.* Gretchen! Gretchen!
MARGARETE *aufmerksam.* Das war des Freundes Stimme!
Sie springt auf. Die Ketten fallen ab.
Wo ist er? Ich hab ihn rufen hören!
Ich bin frei! mir soll niemand wehren.
An seinen Hals will ich fliegen,
An seinem Busen liegen!
Er rief: Gretchen! Er stand auf der Schwelle!
Mitten durchs Heulen und Klappen der Hölle,
Durch den grimmigen, teuflischen Hohn
Erkannt ich den süßen, den liebenden Ton.
FAUST. Ich bins!
MARGARETE.   Du bists! O sag es noch einmal!
Ihn fassend.
Er ists! er ists! Wohin ist alle Qual?
Wohin die Angst des Kerkers? der Ketten?
Du bists! kommst, mich zu retten!
Ich bin gerettet! –
Schon ist die Straße wieder da,
Auf der ich dich zum ersten Mal sah,
Und der heitere Garten,
Wo ich und Marthe deiner warten.
FAUST *fortstrebend.* Komm mit! komm mit!
MARGARETE.   O weile!
Weil ich doch so gern, wo du weilest. *Liebkosend.*
FAUST. Eile!
Wenn du nicht eilst,
Werden wirs teuer büßen müssen.

MARGARETE. Wie? du kannst nicht mehr küssen?
Mein Freund, so kurz von mir entfernt,
Und hasts Küssen verlernt?
Warum wird mir an deinem Halse so bang,
Wenn sonst von deinen Worten, deinen Blicken
Ein ganzer Himmel mich überdrang
Und du mich küßtest, als wolltest du mich ersticken?
Küsse mich!
Sonst küß ich dich! *Sie umfaßt ihn.*
O weh, deine Lippen sind kalt,
Sind stumm!
Wo ist dein Lieben
Geblieben?
Wer brachte mich drum? *Sie wendet sich von ihm.*
FAUST. Komm! folge mir! Liebchen, fasse Mut!
Ich herze dich mit tausendfacher Glut;
Nur folge mir! Ich bitte dich nur dies!
MARGARETE *zu ihm gewendet.*
Und bist dus denn? und bist dus auch gewiß?
FAUST. Ich bins! Komm mit!
MARGARETE.   Du machst die Fesseln los,
Nimmst wieder mich in deinen Schoß.
Wie kommt es, daß du dich vor mir nicht scheust? –
Und weißt du denn, mein Freund, wen du befreist?
FAUST. Komm! komm! Schon weicht die tiefe Nacht.
MARGARETE. Meine Mutter hab ich umgebracht,
Mein Kind hab ich ertränkt!
War es nicht dir und mir geschenkt?
Dir auch! – Du bists! ich glaub es kaum.
Gib deine Hand! Es ist kein Traum!
Deine liebe Hand! – Ach, aber sie ist feucht!
Wische sie ab! Wie mich deucht,
Ist Blut dran!
Ach Gott! was hast du getan!
Stecke den Degen ein!
Ich bitte dich drum.

FAUST. Laß das Vergangne vergangen sein!
Du bringst mich um.
MARGARETE. Nein, du mußt übrigbleiben!
Ich will dir die Gräber beschreiben,
Für die mußt du sorgen
Gleich morgen:
Der Mutter den besten Platz geben,
Meinen Bruder sogleich darneben,
Mich ein wenig beiseit,
Nur nicht gar zu weit!
Und das Kleine mir an die rechte Brust!
Niemand wird sonst bei mir liegen! –
Mich an deine Seite zu schmiegen,
Das war ein süßes, ein holdes Glück!
Aber es will mir nicht mehr gelingen:
Mir ists, als müßt ich mich zu dir zwingen,
Als stießest du mich von dir zurück,
Und doch bist dus und blickst so gut, so fromm.
FAUST. Fühlst du, daß ich es bin, so komm!
MARGARETE. Dahinaus?
FAUST. Ins Freie!
MARGARETE.   Ist das Grab drauß,
Lauert der Tod, so komm!
Von hier ins ewige Ruhebett
Und weiter keinen Schritt! –
Du gehst nun fort? O Heinrich, könnt ich mit!
FAUST. Du kannst! so wolle nur! Die Tür steht offen.
MARGARETE. Ich darf nicht fort; für mich ist nichts zu hoffen.
Was hilft es, fliehn? Sie lauern doch mir auf!
Es ist so elend, betteln zu müssen,
Und noch dazu mit bösem Gewissen!
Es ist so elend, in der Fremde schweifen –
Und sie werden mich doch ergreifen!
FAUST. Ich bleibe bei dir.
MARGARETE. Geschwind! geschwind!
Rette dein armes Kind!

KERKER

Fort! immer den Weg
Am Bach hinauf,
Über den Steg,
In den Wald hinein,
Links, wo die Planke steht,
Im Teich!
Faß es nur gleich!
Es will sich heben,
Es zappelt noch!
Rette! rette!
FAUST. Besinne dich doch!
Nur einen Schritt, so bist du frei!
MARGARETE. Wären wir nur den Berg vorbei!
Da sitzt meine Mutter auf einem Stein,
Es faßt mich kalt beim Schopfe!
Da sitzt meine Mutter auf einem Stein
Und wackelt mit dem Kopfe:
Sie winkt nicht, sie nickt nicht, der Kopf ist ihr schwer,
Sie schlief so lange, sie wacht nicht mehr –
Sie schlief, damit wir uns freuten!
Es waren glückliche Zeiten!
FAUST. Hilft hier kein Flehen, hilft kein Sagen,
So wag ichs, dich hinwegzutragen.
MARGARETE. Laß mich! Nein, ich leide keine Gewalt!
Fasse mich nicht so mörderisch an!
Sonst hab ich dir ja alles zulieb getan.
FAUST. Der Tag graut! Liebchen! Liebchen!
MARGARETE. Tag! Ja, es wird Tag! der letzte Tag dringt herein!
Mein Hochzeittag sollt es sein!
Sag niemand, daß du schon bei Gretchen warst!
Weh meinem Kranze!
Es ist eben geschehn!
Wir werden uns wiedersehn –
Aber nicht beim Tanze.
Die Menge drängt sich, man hört sie nicht;
Der Platz, die Gassen

Können sie nicht fassen.
Die Glocke ruft, das Stäbchen bricht.
Wie sie mich binden und packen!
Zum Blutstuhl bin ich schon entrückt.
Schon zuckt nach jedem Nacken
Die Schärfe, die nach meinem zückt:
Stumm liegt die Welt wie das Grab!

FAUST. O wär ich nie geboren!

MEPHISTOPHELES *erscheint draußen.* Auf! oder ihr seid verloren.
Unnützes Zagen! Zaudern und Plaudern!
Meine Pferde schaudern,
Der Morgen dämmert auf.

MARGARETE. Was steigt aus dem Boden herauf?
Der! der! Schick' ihn fort!
Was will der an dem heiligen Ort?
Er will mich!

FAUST. Du sollst leben!

MARGARETE. Gericht Gottes! dir hab ich mich übergeben!

MEPHISTOPHELES *zu Faust.*
Komm! komm! Ich lasse dich mit ihr im Stich.

MARGARETE. Dein bin ich, Vater! rette mich!
Ihr Engel, ihr heiligen Scharen,
Lagert euch umher, mich zu bewahren! –
Heinrich! mir grauts vor dir!

MEPHISTOPHELES. Sie ist gerichtet!

STIMME *von oben.* Ist gerettet!

MEPHISTOPHELES *zu Faust.* Her zu mir!
Verschwindet mit Faust.

STIMME *von innen, verhallend.* Heinrich! Heinrich!

Der Tragödie Zweiter Teil

in fünf Akten

Erster Akt

ANMUTIGE GEGEND

Faust, auf blumigen Rasen gebettet, ermüdet, unruhig, schlafsuchend
Dämmerung
Geisterkreis, schwebend bewegt, anmutige kleine Gestalten

ARIEL. *Gesang, von Äolsharfen begleitet.*

> Wenn der Blüten Frühlingsregen
> Über alle schwebend sinkt,
> Wenn der Felder grüner Segen
> Allen Erdgebornen blinkt,
> Kleiner Elfen Geistergröße
> Eilet, wo sie helfen kann;
> Ob er heilig, ob er böse,
> Jammert sie der Unglücksmann.

Die ihr dies Haupt umschwebt im luftgen Kreise,
Erzeigt euch hier nach edler Elfen Weise:
Besänftiget des Herzens grimmen Strauß!
Entfernt des Vorwurfs glühend-bittre Pfeile,
Sein Innres reinigt von erlebtem Graus!
Vier sind die Pausen nächtiger Weile:
Nun ohne Säumen füllt sie freundlich aus!
Erst senkt sein Haupt aufs kühle Polster nieder,
Dann badet ihn im Tau aus Lethes Flut!
Gelenk sind bald die krampferstarrten Glieder,
Wenn er gestärkt dem Tag entgegenruht.
Vollbringt der Elfen schönste Pflicht:
Gebt ihn zurück dem heiligen Licht!

CHOR. *Einzeln, zu zweien und vielen, abwechselnd und gesammelt.*

> Wenn sich lau die Lüfte füllen
> Um den grünumschränkten Plan,
> Süße Düfte, Nebelhüllen
> Senkt die Dämmerung heran,

Lispelt leise süßen Frieden,
Wiegt das Herz in Kindesruh,
Und den Augen dieses Müden
Schließt des Tages Pforte zu.

Nacht ist schon hereingesunken,
Schließt sich heilig Stern an Stern,
Große Lichter, kleine Funken
Glitzern nah und glänzen fern,
Glitzern hier im See sich spiegelnd,
Glänzen droben klarer Nacht;
Tiefsten Ruhens Glück besiegelnd,
Herrscht des Mondes volle Pracht.

Schon verloschen sind die Stunden,
Hingeschwunden Schmerz und Glück;
Fühl es vor: du wirst gesunden!
Traue neuem Tagesblick!
Täler grünen, Hügel schwellen,
Buschen sich zu Schattenruh,
Und in schwanken Silberwellen
Wogt die Saat der Ernte zu.

Wunsch um Wünsche zu erlangen,
Schaue nach dem Glanze dort!
Leise bist du nur umfangen,
Schlaf ist Schale, wirf sie fort!
Säume nicht, dich zu erdreisten,
Wenn die Menge zaudernd schweift!
Alles kann der Edle leisten,
Der versteht und rasch ergreift.

Ungeheures Getöse verkündet das Herannahen der Sonne.

ARIEL. Horchet! horcht dem Sturm der Horen!
Tönend wird für Geistesohren
Schon der neue Tag geboren.
Felsentore knarren rasselnd,
Phöbus Räder rollen prasselnd,
Welch Getöse bringt das Licht!

> Es trommetet, es posaunet,
> Auge blinzt, und Ohr erstaunet,
> Unerhörtes hört sich nicht.
> Schlüpfet zu den Blumenkronen,
> Tiefer, tiefer, still zu wohnen,
> In die Felsen, unters Laub!
> Trifft es euch, so seid ihr taub.

FAUST. Des Lebens Pulse schlagen frisch-lebendig,
Ätherische Dämmerung milde zu begrüßen;
Du, Erde, warst auch diese Nacht beständig
Und atmest neu erquickt zu meinen Füßen,
Beginnest schon mit Lust mich zu umgeben,
Du regst und rührst ein kräftiges Beschließen,
Zum höchsten Dasein immer fortzustreben. –
In Dämmerschein liegt schon die Welt erschlossen,
Der Wald ertönt von tausendstimmigem Leben;
Talaus, talein ist Nebelstreif ergossen,
Doch senkt sich Himmelsklarheit in die Tiefen,
Und Zweig und Äste, frisch erquickt, entsprossen
Dem duftgen Abgrund, wo versenkt sie schliefen;
Auch Farb an Farbe klärt sich los vom Grunde,
Wo Blum und Blatt von Zitterperle triefen:
Ein Paradies wird um mich her die Runde.

Hinaufgeschaut! – Der Berge Gipfelriesen
Verkünden schon die feierlichste Stunde;
Sie dürfen früh des ewigen Lichts genießen,
Das später sich zu uns herniederwendet.
Jetzt zu der Alpe grüngesenkten Wiesen
Wird neuer Glanz und Deutlichkeit gespendet,
Und stufenweis herab ist es gelungen –
Sie tritt hervor! – und leider, schon geblendet,
Kehr ich mich weg, vom Augenschmerz durchdrungen.

So ist es also, wenn ein sehnend Hoffen
Dem höchsten Wunsch sich traulich zugerungen,
Erfüllungspforten findet flügeloffen;

Nun aber bricht aus jenen ewigen Gründen
Ein Flammenübermaß, wir stehn betroffen:
Des Lebens Fackel wollten wir entzünden,
Ein Feuermeer umschlingt uns, welch ein Feuer!
Ists Lieb? ists Haß? die glühend uns umwinden,
Mit Schmerz und Freuden wechselnd ungeheuer,
So daß wir wieder nach der Erde blicken,
Zu bergen uns in jugendlichstem Schleier.

So bleibe denn die Sonne mir im Rücken!
Der Wassersturz, das Felsenriff durchbrausend,
Ihn schau ich an mit wachsendem Entzücken.
Von Sturz zu Sturzen wälzt er jetzt in tausend,
Dann abertausend Strömen sich ergießend,
Hoch in die Lüfte Schaum an Schäume sausend.
Allein wie herrlich, diesem Sturm ersprießend,
Wölbt sich des bunten Bogens Wechseldauer,
Bald rein gezeichnet, bald in Luft zerfließend,
Umher verbreitend duftig-kühle Schauer!
Der spiegelt ab das menschliche Bestreben.
Ihm sinne nach, und du begreifst genauer:
Am farbigen Abglanz haben wir das Leben.

KAISERLICHE PFALZ

SAAL DES THRONES

Staatsrat in Erwartung des Kaisers
Trompeten · Hofgesinde aller Art, prächtig gekleidet, tritt vor.
Der Kaiser gelangt auf den Thron, zu seiner Rechten der Astrolog

KAISER. Ich grüße die Getreuen, Lieben,
Versammelt aus der Näh und Weite. –
Den Weisen seh ich mir zur Seite,
Allein wo ist der Narr geblieben?
JUNKER. Gleich hinter deiner Mantelschleppe
Stürzt er zusammen auf der Treppe;
Man trug hinweg das Fettgewicht:

Tot oder trunken? weiß man nicht.
ZWEITER JUNKER. Sogleich mit wunderbarer Schnelle
Drängt sich ein andrer an die Stelle.
Gar köstlich ist er aufgeputzt,
Doch fratzenhaft, daß jeder stutzt;
Die Wache hält ihm an der Schwelle
Kreuzweis die Hellebarden vor –
Da ist er doch, der kühne Tor!

MEPHISTOPHELES *am Throne knieend.*
Was ist verwünscht und stets willkommen?
Was ist ersehnt und stets verjagt?
Was immerfort in Schutz genommen?
Was hart gescholten und verklagt?
Wen darfst du nicht herbeiberufen?
Wen höret jeder gern genannt?
Was naht sich deines Thrones Stufen?
Was hat sich selbst hinweggebannt?

KAISER. Für diesmal spare deine Worte!
Hier sind die Rätsel nicht am Orte,
Das ist die Sache dieser Herrn. –
Da löse du! das hört ich gern:
Mein alter Narr ging, fürcht ich, weit ins Weite;
Nimm seinen Platz und komm an meine Seite!

Mephistopheles steigt hinauf und stellt sich zur Linken.

GEMURMEL DER MENGE. Ein neuer Narr – Zu neuer Pein –
    Wo kommt er her? – Wie kam er ein? –
    Der alte fiel – Der hat vertan –
    Es war ein Faß – Nun ists ein Span –

KAISER. Und also, ihr Getreuen, Lieben,
Willkommen aus der Näh und Ferne!
Ihr sammelt euch mit günstigem Sterne:
Da droben ist uns Glück und Heil geschrieben.
Doch sagt, warum in diesen Tagen,
Wo wir den Sorgen uns entschlagen,
Schönbärte mummenschänzlich tragen

Und Heitres nur genießen wollten,
Warum wir uns ratschlagend quälen sollten!
Doch weil ihr meint, es ging nicht anders an,
Geschehen ists, so seis getan.

KANZLER. Die höchste Tugend, wie ein Heiligenschein,
Umgibt des Kaisers Haupt, nur er allein
Vermag sie gültig auszuüben:
Gerechtigkeit! Was alle Menschen lieben,
Was alle fordern, wünschen, schwer entbehren,
Es liegt an ihm, dem Volk es zu gewähren.
Doch ach! was hilft dem Menschengeist Verstand,
Dem Herzen Güte, Willigkeit der Hand,
Wenns fieberhaft durchaus im Staate wütet
Und Übel sich in Übeln überbrütet?
Wer schaut hinab von diesem hohen Raum
Ins weite Reich, ihm scheints ein schwerer Traum,
Wo Mißgestalt in Mißgestalten schaltet,
Das Ungesetz gesetzlich überwaltet
Und eine Welt des Irrtums sich entfaltet.

Der raubt sich Herden, der ein Weib,
Kelch, Kreuz und Leuchter vom Altare,
Berühmt sich dessen manche Jahre
Mit heiler Haut, mit unverletztem Leib.
Jetzt drängen Kläger sich zur Halle,
Der Richter prunkt auf hohem Pfühl,
Indessen wogt in grimmigem Schwalle
Des Aufruhrs wachsendes Gewühl.
Der darf auf Schand und Frevel pochen,
Der auf Mitschuldigste sich stützt,
Und: Schuldig! hörst du ausgesprochen,
Wo Unschuld nur sich selber schützt.
So will sich alle Welt zerstückeln,
Vernichtigen, was sich gebührt;
Wie soll sich da der Sinn entwickeln,
Der einzig uns zum Rechten führt?

Zuletzt ein wohlgesinnter Mann
Neigt sich dem Schmeichler, dem Bestecher;
Ein Richter, der nicht strafen kann,
Gesellt sich endlich zum Verbrecher.
Ich malte schwarz; doch dichtern Flor
Zög ich dem Bilde lieber vor. *Pause.*
Entschlüsse sind nicht zu vermeiden;
Wenn alle schädigen, alle leiden,
Geht selbst die Majestät zu Raub.

HEERMEISTER. Wie tobts in diesen wilden Tagen!
Ein jeder schlägt und wird erschlagen,
Und fürs Kommando bleibt man taub.
Der Bürger hinter seinen Mauern,
Der Ritter auf dem Felsennest
Verschwuren sich, uns auszudauern,
Und halten ihre Kräfte fest.
Der Mietsoldat wird ungeduldig,
Mit Ungestüm verlangt er seinen Lohn,
Und wären wir ihm nichts mehr schuldig,
Er liefe ganz und gar davon.
Verbiete wer, was alle wollten,
Der hat ins Wespennest gestört;
Das Reich, das sie beschützen sollten,
Es liegt geplündert und verheert.
Man läßt ihr Toben, wütend Hausen,
Schon ist die halbe Welt vertan;
Es sind noch Könige da draußen,
Doch keiner denkt, es ging ihn irgend an.

SCHATZMEISTER. Wer wird auf Bundesgenossen pochen!
Subsidien, die man uns versprochen,
Wie Röhrenwasser bleiben aus.
Auch, Herr, in deinen weiten Staaten
An wen ist der Besitz geraten?
Wohin man kommt, da hält ein Neuer Haus,
Und unabhängig will er leben;

Zusehen muß man, wie ers treibt:
Wir haben so viel Rechte hingegeben,
Daß uns auf nichts ein Recht mehr übrigbleibt.
Auch auf Parteien, wie sie heißen,
Ist heutzutage kein Verlaß;
Sie mögen schelten oder preisen,
Gleichgültig wurden Lieb und Haß.
Die Ghibellinen wie die Guelfen
Verbergen sich, um auszuruhn;
Wer jetzt will seinem Nachbar helfen?
Ein jeder hat für sich zu tun.
Die Goldespforten sind verrammelt,
Ein jeder kratzt und scharrt und sammelt,
Und unsre Kassen bleiben leer.

MARSCHALK. Welch Unheil muß auch ich erfahren!
Wir wollen alle Tage sparen
Und brauchen alle Tage mehr,
Und täglich wächst mir neue Pein.
Den Köchen tut kein Mangel wehe:
Wildschweine, Hirsche, Hasen, Rehe,
Welschhühner, Hühner, Gäns und Enten,
Die Deputate, sichre Renten,
Sie gehen noch so ziemlich ein;
Jedoch am Ende fehlts an Wein.
Wenn sonst im Keller Faß an Faß sich häufte
Der besten Berg und Jahresläufte,
So schlürft unendliches Gesäufte
Der edlen Herrn den letzten Tropfen aus.
Der Stadtrat muß sein Lager auch verzapfen,
Man greift zum Humpen, greift zu Napfen,
Und unterm Tische liegt der Schmaus.
Nun soll ich zahlen, alle lohnen;
Der Jude wird mich nicht verschonen:
Der schafft Antizipationen,
Die speisen Jahr um Jahr voraus.
Die Schweine kommen nicht zu Fette,

Verpfändet ist der Pfühl im Bette,
Und auf dem Tisch kommt vorgegessen Brot.
KAISER *nach einigem Nachdenken zu Mephistopheles.*
Sag, weißt du Narr nicht auch noch eine Not?
MEPH. Ich keineswegs! Den Glanz umher zu schauen,
Dich und die Deinen! – Mangelte Vertrauen,
Wo Majestät unweigerlich gebeut,
Bereite Macht Feindseliges zerstreut?
Wo guter Wille, kräftig durch Verstand,
Und Tätigkeit, vielfältige, zur Hand?
Was könnte da zum Unheil sich vereinen
Zur Finsternis, wo solche Sterne scheinen?

GEMURMEL. Das ist ein Schalk – Ders wohl versteht –
Er lügt sich ein – Solang es geht –
Ich weiß schon – Was dahintersteckt –
Und was denn weiter? – Ein Projekt –

MEPHISTOPHELES. Wo fehlts nicht irgendwo auf dieser Welt?
Dem dies, dem das, hier aber fehlt das Geld.
Vom Estrich zwar ist es nicht aufzuraffen;
Doch Weisheit weiß das Tiefste herzuschaffen.
In Bergesadern, Mauergründen
Ist Gold gemünzt und ungemünzt zu finden,
Und fragt ihr mich, wer es zutage schafft:
Begabten Manns Natur- und Geisteskraft!
KANZLER. Natur und Geist – so spricht man nicht zu Christen!
Deshalb verbrennt man Atheisten,
Weil solche Reden höchst gefährlich sind.
Natur ist Sünde, Geist ist Teufel,
Sie hegen zwischen sich den Zweifel,
Ihr mißgestalt Zwitterkind.
Uns nicht so! – Kaisers alten Landen
Sind zwei Geschlechter nur entstanden,
Sie stützen würdig seinen Thron:
Die Heiligen sind es und die Ritter;
Sie stehen jedem Ungewitter

Und nehmen Kirch und Staat zum Lohn.
Dem Pöbelsinn verworrener Geister
Entwickelt sich ein Widerstand:
Die Ketzer sinds! die Hexenmeister!
Und sie verderben Stadt und Land.
Die willst du nun mit frechen Scherzen
In diese hohen Kreise schwärzen;
Ihr hegt euch an verderbtem Herzen:
Dem Narren sind sie nah verwandt.

MEPHISTOPHELES. Daran erkenn ich den gelehrten Herrn!
Was ihr nicht tastet, steht euch meilenfern,
Was ihr nicht faßt, das fehlt euch ganz und gar,
Was ihr nicht rechnet, glaubt ihr, sei nicht wahr,
Was ihr nicht wägt, hat für euch kein Gewicht,
Was ihr nicht münzt, das, meint ihr, gelte nicht!

KAISER. Dadurch sind unsre Mängel nicht erledigt;
Was willst du jetzt mit deiner Fastenpredigt?
Ich habe satt das ewige Wie und Wenn;
Es fehlt an Geld: nun gut, so schaff es denn!

MEPHISTOPHELES.
Ich schaffe, was ihr wollt, und schaffe mehr;
Zwar ist es leicht, doch ist das Leichte schwer.
Es liegt schon da, doch um es zu erlangen,
Das ist die Kunst! Wer weiß es anzufangen?
Bedenkt doch nur: in jenen Schreckesläuften,
Wo Menschenfluten Land und Volk ersäuften,
Wie der und der, so sehr es ihn erschreckte,
Sein Liebstes da- und dortwohin versteckte.
So wars von je in mächtiger Römer Zeit,
Und so fortan, bis gestern, ja bis heut.
Das alles liegt im Boden still begraben:
Der Boden ist des Kaisers, der solls haben!

SCHATZMEISTER. Für einen Narren spricht er gar nicht schlecht;
Das ist fürwahr des alten Kaisers Recht.

KANZLER. Der Satan legt euch goldgewirkte Schlingen:
Es geht nicht zu mit frommen, rechten Dingen.

MARSCHALK. Schafft er uns nur zu Hof willkommne Gaben,
Ich wollte gern ein bißchen unrecht haben.
HEERMEISTER. Der Narr ist klug, verspricht, was jedem frommt;
Fragt der Soldat doch nicht, woher es kommt!
MEPH. Und glaubt ihr euch vielleicht durch mich betrogen:
Hier steht ein Mann! da, fragt den Astrologen!
In Kreis um Kreise kennt er Stund und Haus.
So sage denn: wie siehts am Himmel aus?

GEMURMEL.   Zwei Schelme sinds – Verstehn sich schon –
            Narr und Phantast – So nah dem Thron –
            Ein mattgesungen – Alt Gedicht
            Der Tor bläst ein – Der Weise spricht –

ASTROLOG, *spricht, Mephistopheles bläst ein.*
Die Sonne selbst, sie ist ein lautres Gold;
Merkur, der Bote, dient um Gunst und Sold;
Frau Venus hats euch allen angetan,
So früh als spat blickt sie euch lieblich an;
Die keusche Luna launet grillenhaft;
Mars, trifft er nicht, so dräut euch seine Kraft,
Und Jupiter bleibt doch der schönste Schein;
Saturn ist groß, dem Auge fern und klein;
Ihn als Metall verehren wir nicht sehr:
An Wert gering, doch im Gewichte schwer.
Ja, wenn zu Sol sich Luna fein gesellt,
Zum Silber Gold, dann ist es heitre Welt!
Das übrige ist alles zu erlangen:
Paläste, Gärten, Brüstlein, rote Wangen,
Das alles schafft der hochgelahrte Mann,
Der das vermag, was unser keiner kann.
KAISER. Ich höre doppelt, was er spricht,
Und dennoch überzeugts mich nicht.

GEMURMEL.   Was soll uns das? – Gedroschner Spaß –
            Kalenderei – Chymisterei –
            Das hört ich oft – Und falsch gehofft –
            Und kommt er auch – So ists ein Gauch –

MEPHISTOPHELES. Da stehen sie umher und staunen,
Vertrauen nicht dem hohen Fund;
Der eine faselt von Alraunen,
Der andre von dem schwarzen Hund.
Was soll es, daß der eine witzelt,
Ein andrer Zauberei verklagt,
Wenn ihm doch auch einmal die Sohle kitzelt,
Wenn ihm der sichre Schritt versagt!

Ihr alle fühlt geheimes Wirken
Der ewig-waltenden Natur,
Und aus den untersten Bezirken
Schmiegt sich herauf lebendge Spur.
Wenn es in allen Gliedern zwackt,
Wenn es unheimlich wird am Platz,
Nur gleich entschlossen grabt und hackt:
Da liegt der Spielmann, liegt der Schatz!

GEMURMEL. Mir liegts im Fuß wie Bleigewicht –
Mir krampfts im Arme – Das ist Gicht –
Mir krabbelts an der großen Zeh –
Mir tut der ganze Rücken weh –
Nach solchen Zeichen wäre hier
Das allerreichste Schatzrevier.

KAISER. Nur eilig! du entschlüpfst nicht wieder,
Erprobe deine Lügenschäume
Und zeig uns gleich die edlen Räume!
Ich lege Schwert und Zepter nieder
Und will mit eignen hohen Händen,
Wenn du nicht lügst, das Werk vollenden,
Dich, wenn du lügst, zur Hölle senden!
MEPHISTOPHELES. Den Weg dahin wüßt allenfalls zu finden! –
Doch kann ich nicht genug verkünden,
Was überall besitzlos harrend liegt.
Der Bauer, der die Furche pflügt,
Hebt einen Goldtopf mit der Scholle;
Salpeter hofft er von der Leimenwand

Und findet golden-goldne Rolle,
Erschreckt, erfreut, in kümmerlicher Hand.
Was für Gewölbe sind zu sprengen!
In welchen Klüften, welchen Gängen
Muß sich der Schatzbewußte drängen
Zur Nachbarschaft der Unterwelt!
In weiten, altverwahrten Kellern
Von goldnen Humpen, Schüsseln, Tellern
Sieht er sich Reihen aufgestellt;
Pokale stehen aus Rubinen,
Und will er deren sich bedienen,
Daneben liegt uraltes Naß.
Doch – werdet ihr dem Kundigen glauben? –
Verfault ist längst das Holz der Dauben:
Der Weinstein schuf dem Wein ein Faß.
Essenzen solcher edlen Weine,
Gold und Juwelen nicht alleine,
Umhüllen sich mit Nacht und Graus.
Der Weise forscht hier unverdrossen;
Am Tag erkennen, das sind Possen,
Im Finstern sind Mysterien zu Haus.
KAISER. Die laß ich dir! Was will das Düstre frommen?
Hat etwas Wert, es muß zutage kommen.
Wer kennt den Schelm in tiefer Nacht genau?
Schwarz sind die Kühe, so die Katzen grau.
Die Töpfe drunten, voll von Goldgewicht,
Zieh deinen Pflug und ackre sie ans Licht!
MEPHISTOPHELES. Nimm Hack und Spaten, grabe selber!
Die Bauernarbeit macht dich groß,
Und eine Herde goldner Kälber,
Sie reißen sich vom Boden los.
Dann ohne Zaudern, mit Entzücken
Kannst du dich selbst, wirst die Geliebte schmücken:
Ein leuchtend Farb- und Glanzgestein erhöht
Die Schönheit wie die Majestät.
KAISER. Nur gleich! nur gleich! Wie lange soll es währen!

ASTROLOG *wie oben*. Herr, mäßige solch dringendes Begehren!
Laßt erst vorbei das bunte Freudenspiel!
Zerstreutes Wesen führt uns nicht zum Ziel.
Erst müssen wir in Fassung uns versühnen,
Das Untre durch das Obere verdienen.
Wer Gutes will, der sei erst gut,
Wer Freude will, besänftige sein Blut,
Wer Wein verlangt, der keltre reife Trauben,
Wer Wunder hofft, der stärke seinen Glauben!
KAISER. So sei die Zeit in Fröhlichkeit vertan!
Und ganz erwünscht kommt Aschermittwoch an.
Indessen feiern wir, auf jeden Fall,
Nur lustiger das wilde Karneval. *Trompeten. Exeunt.*
MEPHISTOPHELES. Wie sich Verdienst und Glück verketten,
Das fällt den Toren niemals ein;
Wenn sie den Stein der Weisen hätten,
Der Weise mangelte dem Stein.

WEITLÄUFIGER SAAL

mit Nebengemächern, verziert und aufgeputzt zur Mummenschanz

HEROLD. Denkt nicht, ihr seid in deutschen Grenzen
Von Teufels-, Narren- und Totentänzen!
Ein heitres Fest erwartet euch.
Der Herr, auf seinen Römerzügen,
Hat, sich zu Nutz, euch zum Vergnügen,
Die hohen Alpen überstiegen,
Gewonnen sich ein heitres Reich.
Der Kaiser, er, an heiligen Sohlen
Erbat sich erst das Recht zur Macht,
Und als er ging, die Krone sich zu holen,
Hat er uns auch die Kappe mitgebracht.
Nun sind wir alle neugeboren;
Ein jeder weltgewandte Mann
Zieht sie behaglich über Kopf und Ohren:

Sie ähnlet ihn verrückten Toren,
Er ist darunter weise, wie er kann. –
Ich sehe schon, wie sie sich scharen,
Sich schwankend sondern, traulich paaren;
Zudringlich schließt sich Chor an Chor.
Herein, hinaus, nur unverdrossen!
Es bleibt doch endlich nach wie vor
Mit ihren hunderttausend Possen
Die Welt ein einzig-großer Tor.

GÄRTNERINNEN. *Gesang, begleitet von Mandolinen.*
    Euren Beifall zu gewinnen,
    Schmückten wir uns diese Nacht,
    Junge Florentinerinnen,
    Folgten deutschen Hofes Pracht;

    Tragen wir in braunen Locken
    Mancher heitern Blume Zier;
    Seidenfäden, Seidenflocken
    Spielen ihre Rolle hier.

    Denn wir halten es verdienstlich,
    Lobenswürdig ganz und gar:
    Unsere Blumen, glänzend-künstlich,
    Blühen fort das ganze Jahr.

    Allerlei gefärbten Schnitzeln
    Ward symmetrisch Recht getan;
    Mögt ihr Stück für Stück bewitzeln,
    Doch das Ganze zieht euch an.

    Niedlich sind wir anzuschauen,
    Gärtnerinnen und galant;
    Denn das Naturell der Frauen
    Ist so nah mit Kunst verwandt.

HEROLD. Laßt die reichen Körbe sehen,
    Die ihr auf den Häupten traget,
    Die sich bunt am Arme blähen!
    Jede wähle, was behaget!

> Eilig, daß in Laub- und Gängen
> Sich ein Garten offenbare!
> Würdig sind, sie zu umdrängen,
> Krämerinnen wie die Ware.

GÄRTNERINNEN.
> Feilschet nun am heitern Orte,
> Doch kein Markten finde statt!
> Und mit sinnig-kurzem Worte
> Wisse jeder, was er hat.

OLIVENZWEIG MIT FRÜCHTEN.
> Keinen Blumenflor beneid ich,
> Allen Widerstreit vermeid ich;
> Mir ists gegen die Natur:
> Bin ich doch das Mark der Lande
> Und, zum sichern Unterpfande,
> Friedenszeichen jeder Flur.
> Heute, hoff ich, soll mirs glücken,
> Würdig-schönes Haupt zu schmücken.

ÄHRENKRANZ *golden*.
> Ceres Gaben, euch zu putzen,
> Werden hold und lieblich stehn:
> Das Erwünschteste dem Nutzen
> Sei als eure Zierde schön.

PHANTASIEKRANZ.
> Bunte Blumen, Malven ähnlich,
> Aus dem Moos ein Wunderflor!
> Der Natur ists nicht gewöhnlich,
> Doch die Mode bringts hervor.

PHANTASIESTRAUSS.
> Meinen Namen euch zu sagen,
> Würde Theophrast nicht wagen,
> Und doch hoff ich, wo nicht allen,
> Aber mancher zu gefallen,
> Der ich mich wohl eignen möchte,
> Wenn sie mich ins Haar verflöchte,
> Wenn sie sich entschließen könnte,
> Mir am Herzen Platz vergönnte.

ROSENKNOSPEN, *Ausforderung*.
> Mögen bunte Phantasien
> Für des Tages Mode blühen,

Wunderseltsam sein gestaltet,
Wie Natur sich nie entfaltet!
Grüne Stiele, goldne Glocken,
Blickt hervor aus reichen Locken! –
Doch wir halten uns versteckt;
Glücklich, wer uns frisch entdeckt!
Wenn der Sommer sich verkündet,
Rosenknospe sich entzündet,
Wer mag solches Glück entbehren?
Das Versprechen, das Gewähren,
Das beherrscht in Florens Reich
Blick und Sinn und Herz zugleich.

Unter grünen Laubgängen putzen die Gärtnerinnen zierlich ihren Kram auf

GÄRTNER *Gesang, begleitet von Theorben*

Blumen sehet ruhig sprießen,
Reizend euer Haupt umzieren!
Früchte wollen nicht verführen,
Kostend mag man sie genießen.

Bieten bräunliche Gesichter
Kirschen, Pfirschen, Königspflaumen,
Kauft! denn gegen Zung und Gaumen
Hält sich Auge schlecht als Richter.

Kommt, von allerreifsten Früchten
Mit Geschmack und Luft zu speisen!
Über Rosen läßt sich dichten,
In die Äpfel muß man beißen.

Seis erlaubt, uns anzupaaren
Eurem reichen Jugendflor,
Und wir putzen reifer Waren
Fülle nachbarlich empor.

Unter lustigen Gewinden,
In geschmückter Lauben Bucht,

Alles ist zugleich zu finden:
Knospe, Blätter, Blume, Frucht.

Unter Wechselgesang, begleitet von Gitarren und Theorben, fahren beide Chöre fort, ihre Waren stufenweise in die Höhe zu schmücken und auszubieten

Mutter und Tochter

MUTTER. Mädchen, als du kamst ans Licht,
Schmückt ich dich im Häubchen;
Warst so lieblich von Gesicht
Und so zart am Leibchen.
Dachte dich sogleich als Braut
Gleich dem Reichsten angetraut,
Dachte dich als Weibchen.

Ach, nun ist schon manches Jahr
Ungenützt verflogen,
Der Sponsierer bunte Schar
Schnell vorbeigezogen!
Tanztest mit dem einen flink,
Gabst dem andern seinen Wink
Mit dem Ellenbogen.

Welches Fest man auch ersann,
Ward umsonst begangen:
Pfänderspiel und Dritter Mann
Wollten nicht verfangen;
Heute sind die Narren los:
Liebchen, öffne deinen Schoß!
Bleibt wohl einer hangen.

Gespielinnen, jung und schön, gesellen sich hinzu; ein vertrauliches Geplauder wird laut

Fischer und Vogelsteller mit Netzen, Angeln und Leimruten, auch sonstigem Geräte, treten auf, mischen sich unter die schönen Kinder. Wechselseitige Versuche, zu gewinnen, zu fangen, zu entgehen und festzuhalten, geben zu den angenehmsten Dialogen Gelegenheit

1. AKT · KAISERLICHE PFALZ

HOLZHAUER *treten ein, ungestüm und ungeschlacht*

Nur Platz! nur Blöße!
Wir brauchen Räume:
Wir fällen Bäume,
Die krachen, schlagen,
Und wenn wir tragen,
Da gibt es Stöße.
Zu unserm Lobe
Bringt dies ins Reine;
Denn wirkten Grobe
Nicht auch im Lande,
Wie kämen Feine
Für sich zustande,
So sehr sie witzten?
Des seid belehret!
Denn ihr erfröret,
Wenn wir nicht schwitzten.

PULCINELLE *täppisch, fast läppisch*

Ihr seid die Toren,
Gebückt geboren.
Wir sind die Klugen,
Die nie was trugen;
Denn unsre Kappen,
Jacken und Lappen
Sind leicht zu tragen,
Und mit Behagen
Wir immer müßig,
Pantoffelfüßig
Durch Markt und Haufen
Einherzulaufen,
Gaffend zu stehen,
Uns anzukrähen,
Auf solche Klänge
Durch Drang und Menge
Aalgleich zu schlüpfen,
Gesamt zu hüpfen,
Vereint zu toben.
Ihr mögt uns loben,
Ihr mög uns schelten,
Wir lassens gelten.

PARASITEN *schmeichelnd-lüstern*

Ihr wackern Träger
Und eure Schwäger,
Die Kohlenbrenner,
Sind unsre Männer;
Denn alles Bücken,
Bejahndes Nicken,
Gewundne Phrasen,
Das Doppelblasen,
Das wärmt und kühlet,
Wies einer fühlet,
Was könnt es frommen?
Es möchte Feuer
Selbst ungeheuer
Vom Himmel kommen,
Gäb es nicht Scheite
Und Kohlentrachten,
Die Herdesbreite
Zur Glut entfachten.
Da bräts und prudelts,
Da kochts und strudelts!
Der wahre Schmecker,
Der Tellerlecker,
Er riecht den Braten,
Er ahnet Fische;
Das regt zu Taten
An Gönners Tische.

TRUNKNER *unbewußt*

Sei mir heute nicht zuwider!
Fühle mich so frank und frei;
Frische Luft und heitre Lieder,
Holt ich selbst sie doch herbei.
Und so trink ich! trinke! trinke!
Stoßet an, ihr! Tinke-tinke!
Du dorthinten, komm heran!
Stoßet an, so ists getan.

Schrie mein Weibchen doch entrüstet,
Rümpfte diesem bunten Rock
Und, wie sehr ich mich gebrüstet,
Schalt mich einen Maskenstock.
Doch ich trinke! trinke! trinke!
Angeklungen! Tinke-tinke!
Maskenstöcke, stoßet an!
Wenn es klingt, so ists getan.

Saget nicht, daß ich verirrt bin!
Bin ich doch, wo mirs behagt.
Borgt der Wirt nicht, borgt die Wirtin,
Und am Ende borgt die Magd.
Immer trink ich! trinke! trinke!
Auf, ihr andern! Tinke-tinke!
Jeder jedem, so fortan!
Dünkt michs doch, es sei getan.

Wie und wo ich mich vergnüge,
Mag es immerhin geschehn:
Laßt mich liegen, wo ich liege!
Denn ich mag nicht länger stehn.

CHOR. Jeder Bruder trinke! trinke!
Toastet frisch ein Tinke-tinke!
Sitzet fest auf Bank und Span!
Unterm Tisch, dem ists getan.

1. AKT · KAISERLICHE PFALZ

DER HEROLD

kündigt verschiedene Poeten an, Naturdichter, Hof- und Rittersänger, zärtliche sowie Enthusiasten. Im Gedräng von Mitwerbern aller Art läßt keiner den andern zum Vortrag kommen

Einer schleicht mit wenigen Worten vorüber:

SATIRIKER. Wißt ihr, was mich Poeten
Erst recht erfreuen sollte?
Dürft ich singen und reden,
Was niemand hören wollte.

Die Nacht- und Grabdichter lassen sich entschuldigen, weil sie soeben im interessantesten Gespräch mit einem frisch erstandenen Vampyren begriffen seien, woraus eine neue Dichtart sich vielleicht entwickeln könnte; der Herold muß es gelten lassen und ruft indessen die griechische Mythologie hervor, die selbst in moderner Maske weder Charakter noch Gefälliges verliert

Die Grazien

AGLAIA. Anmut bringen wir ins Leben;
Leget Anmut in das Geben!
HEGEMONE. Leget Anmut ins Empfangen!
Lieblich ists, den Wunsch erlangen.
EUPHROSYNE. Und in stiller Tage Schranken
Höchst anmutig sei das Danken!

Die Parzen

ATTROPOS. Mich, die Älteste, zum Spinnen
Hat man diesmal eingeladen;
Viel zu denken, viel zu sinnen
Gibts beim zarten Lebensfaden.

Daß er euch gelenk und weich sei,
Wußt ich feinsten Flachs zu sichten;
Daß er glatt und schlank und gleich sei,
Wird der kluge Finger schlichten.

Wolltet ihr bei Lust und Tänzen
Allzu üppig euch erweisen,

Denkt an dieses Fadens Grenzen!
Hütet euch! er möchte reißen.

KLOTHO. Wißt, in diesen letzten Tagen
Ward die Schere mir vertraut;
Denn man war von dem Betragen
Unsrer Alten nicht erbaut.

Zerrt unnützeste Gespinste
Lange sie an Licht und Luft,
Hoffnung herrlichster Gewinste
Schleppt sie schneidend zu der Gruft.

Doch auch ich, im Jugendwalten,
Irrte mich schon hundertmal;
Heute mich im Zaum zu halten,
Schere steckt im Futteral.

Und so bin ich gern gebunden,
Blicke freundlich diesem Ort:
Ihr in diesen freien Stunden
Schwärmt nur immer fort und fort!

LACHESIS. Mir, die ich allein verständig,
Blieb das Ordnen zugeteilt;
Meine Weife, stets lebendig,
Hat noch nie sich übereilt.

Fäden kommen, Fäden weifen,
Jeden lenk ich seine Bahn,
Keinen laß ich überschweifen:
Füg er sich im Kreis heran!

Könnt ich einmal mich vergessen,
Wär es um die Welt mir bang;
Stunden zählen, Jahre messen,
Und der Weber nimmt den Strang.

HEROLD. Die jetzo kommen, werdet ihr nicht kennen,
Wärt ihr noch so gelehrt in alten Schriften;
Sie anzusehn, die so viel Übel stiften,
Ihr würdet sie willkommne Gäste nennen.

Die Furien sind es! niemand wird uns glauben:
Hübsch, wohlgestaltet, freundlich, jung von Jahren!
Laßt euch mit ihnen ein: ihr sollt erfahren,
Wie schlangenhaft verletzen solche Tauben.

Zwar sind sie tückisch; doch am heutigen Tage,
Wo jeder Narr sich rühmet seiner Mängel,
Auch sie verlangen nicht den Ruhm als Engel,
Bekennen sich als Stadt- und Landesplage.

Die Furien

ALEKTO. Was hilft es euch? ihr werdet uns vertrauen!
Denn wir sind hübsch und jung und Schmeichelkätzchen;
Hat einer unter euch ein Liebesschätzchen,
Wir werden ihm so lang die Ohren krauen,

Bis wir ihm sagen dürfen, Aug in Auge:
Daß sie zugleich auch dem und jenem winke,
Im Kopfe dumm, im Rücken krumm, und hinke
Und, wenn sie seine Braut ist, gar nichts tauge.

So wissen wir die Braut auch zu bedrängen:
Es hat sogar der Freund vor wenig Wochen
Verächtliches von ihr zu der gesprochen! –
Versöhnt man sich, so bleibt doch etwas hängen.

MEGÄRA. Das ist nur Spaß! denn sind sie erst verbunden,
Ich nehm es auf und weiß in allen Fällen
Das schönste Glück durch Grille zu vergällen;
Der Mensch ist ungleich, ungleich sind die Stunden,

Und niemand hat Erwünschtes fest in Armen,
Der sich nicht nach Erwünschterem törig sehnte
Vom höchsten Glück, woran er sich gewöhnte;
Die Sonne flieht er, will den Frost erwarmen.

Mit diesem allen weiß ich zu gebaren
und führe her Asmodi, den Getreuen,
Zu rechter Zeit Unseliges auszustreuen,
Verderbe so das Menschenvolk in Paaren.

TISIPHONE. Gift und Dolch statt böser Zungen
           Misch ich, schärf ich dem Verräter;
           Liebst du andre: früher, später
           Hat Verderben dich durchdrungen,

           Muß der Augenblicke Süßtes
           Sich zu Gischt und Galle wandeln!
           Hier kein Markten, hier kein Handeln:
           Wie er es beging, er büßt es.

           Singe keiner vom Vergeben!
           Felsen klag ich meine Sache,
           Echo, horch! erwidert: Rache!
           Und wer wechselt, soll nicht leben.

HEROLD. Belieb es euch, zur Seite wegzuweichen!
Denn was jetzt kommt, ist nicht von euresgleichen.
Ihr seht, wie sich ein Berg herangedrängt,
Mit bunten Teppichen die Weichen stolz behängt,
Ein Haupt mit langen Zähnen, Schlangenrüssel,
Geheimnisvoll, doch zeig ich euch den Schlüssel.
Im Nacken sitzt ihm zierlich-zarte Frau,
Mit feinem Stäbchen lenkt sie ihn genau;
Die andre, droben stehend herrlich-hehr,
Umgibt ein Glanz, der blendet mich zu sehr.
Zur Seite gehn gekettet edle Frauen,
Die eine bang, die andre froh zu schauen;
Die eine wünscht, die andre fühlt sich frei.
Verkünde jede, wer sie sei!

FURCHT. Dunstige Fackeln, Lampen, Lichter
          Dämmern durchs verworrne Fest;
          Zwischen diese Truggesichter
          Bannt mich, ach! die Kette fest.

          Fort, ihr lächerlichen Lacher!
          Euer Grinsen gibt Verdacht;
          Alle meine Widersacher
          Drängen mich in dieser Nacht.

>   Hier: ein Freund ist Feind geworden,
>   Seine Maske kenn ich schon!
>   Jener wollte mich ermorden,
>   Nun, entdeckt, schleicht er davon.
>
>   Ach, wie gern in jeder Richtung
>   Flöh ich zu der Welt hinaus!
>   Doch von drüben droht Vernichtung,
>   Hält mich zwischen Dunst und Graus.
>
> HOFFNUNG.   Seid gegrüßt, ihr lieben Schwestern!
>   Habt ihr euch schon heut und gestern
>   In Vermummungen gefallen,
>   Weiß ich doch gewiß von allen:
>   Morgen wollt ihr euch enthüllen!
>   Und wenn wir bei Fackelscheine
>   Uns nicht sonderlich behagen,
>   Werden wir in heitern Tagen
>   Ganz nach unserm eignen Willen
>   Bald gesellig, bald alleine,
>   Frei durch schöne Fluren wandeln,
>   Nach Belieben ruhn und handeln
>   Und in sorgenfreiem Leben
>   Nie entbehren, stets erstreben.
>   Überall willkommne Gäste,
>   Treten wir getrost hinein:
>   Sicherlich, es muß das Beste
>   Irgendwo zu finden sein.
>
> KLUGHEIT.   Zwei der größten Menschenfeinde,
>   Furcht und Hoffnung, angekettet,
>   Halt ich ab von der Gemeinde –
>   Platz gemacht! – ihr seid gerettet.
>
>   Den lebendigen Kolossen
>   Führ ich, seht ihr, turmbeladen,
>   Und er wandelt unverdrossen
>   Schritt vor Schritt auf steilen Pfaden.

Droben aber auf der Zinne
Jene Göttin mit behenden,
Breiten Flügeln, zum Gewinne
Allerseits sich hinzuwenden:

Rings umgibt sie Glanz und Glorie,
Leuchtend fern nach allen Seiten,
Und sie nennet sich Viktorie,
Göttin aller Tätigkeiten.

ZOILO-THERSITES. Hu! hu! da komm ich eben recht!
Ich schelt euch allzusammen schlecht;
Doch was ich mir zum Ziel ersah,
Ist oben Frau Viktoria.
Mit ihrem weißen Flügelpaar
Sie dünkt sich wohl, sie sei ein Aar,
Und wo sie sich nur hingewandt,
Gehör ihr alles Volk und Land.
Doch wo was Rühmliches gelingt,
Es mich sogleich in Harnisch bringt.
Das Tiefe hoch, das Hohe tief,
Das Schiefe grad, das Grade schief,
Das ganz allein macht mich gesund;
So will ichs auf dem Erdenrund.
HEROLD. So treffe dich, du Lumpenhund,
Des frommen Stabes Meisterstreich!
Da krümm und winde dich sogleich!
Wie sich die Doppelzwerggestalt
So schnell zum eklen Klumpen ballt! –
Doch Wunder! Klumpen wird zum Ei,
Das bläht sich auf und platzt entzwei.
Nun fällt ein Zwillingspaar heraus:
Die Otter und die Fledermaus!
Die eine fort im Staube kriecht,
Die andre schwarz zur Decke fliegt.
Sie eilen draußen zum Verein;
Da möcht ich nicht der Dritte sein.

GEMURMEL.

Frisch! dahinten tanzt man schon –
Nein! ich wollt, ich wär davon –
Fühlst du, wie uns das umflicht,
Das gespenstische Gezücht? –
Saust es mir doch übers Haar –
Ward ichs doch am Fuß gewahr –
Keiner ist von uns verletzt –
Alle doch in Furcht gesetzt –
Ganz verdorben ist der Spaß –
Und die Bestien wollten das –

HEROLD. Seit mir sind die Maskeraden
Heroldspflichten aufgeladen,
Wach ich ernstlich an der Pforte,
Daß euch hier am lustigen Orte
Nichts Verderbliches erschleiche;
Weder wanke, weder weiche.
Doch ich fürchte, durch die Fenster
Ziehen luftige Gespenster,
Und von Spuk und Zaubereien
Wüßt ich euch nicht zu befreien,
Machte sich der Zwerg verdächtig,
Nun! dort hinten strömt es mächtig.
Die Bedeutung der Gestalten
Möcht ich amtsgemäß entfalten.
Aber was nicht zu begreifen,
Wüßt ich auch nicht zu erklären;
Helfet alle mich belehren! –
Seht ihrs durch die Menge schweifen?
Vierbespannt ein prächtiger Wagen
Wird durch alles durchgetragen;
Doch er teilet nicht die Menge,
Nirgend seh ich ein Gedränge.
Farbig glitzerts in der Ferne,
Irrend leuchten bunte Sterne

Wie von magischer Laterne,
Schnaubt heran mit Sturmgewalt.
Platz gemacht! Mich schauderts!

KNABE WAGENLENKER. Halt!
Rosse, hemmet eure Flügel,
Fühlet den gewohnten Zügel,
Meistert euch, wie ich euch meistre!
Rauschet hin, wenn ich begeistre! –
Diese Räume laßt uns ehren!
Schaut umher wie sie sich mehren,
Die Bewundrer, Kreis um Kreise!
Herold, auf! nach deiner Weise,
Ehe wir von euch entfliehen,
Uns zu schildern, uns zu nennen!
Denn wir sind Allegorien,
Und so solltest du uns kennen.

HEROLD. Wüßte nicht, dich zu benennen;
Eher könnt ich dich beschreiben.

KNABE LENKER. So probiers!

HEROLD. Man muß gestehen:
Erstlich bist du jung und schön.
Halbwüchsiger Knabe bist du; doch die Frauen,
Sie möchten dich ganz ausgewachsen schauen.
Du scheinest mir ein künftiger Sponsierer,
Recht so von Haus aus ein Verführer.

KNABE LENKER. Das läßt sich hören! Fahre fort,
Erfinde dir des Räsels heitres Wort!

HEROLD. Der Augen schwarzer Blitz, die Nacht der Locken.
Erheitert von juwelnem Band!
Und welch ein zierliches Gewand
Fließt dir von Schultern zu den Socken
Mit Purpursaum und Glitzertand!
Man könnte dich ein Mädchen schelten;
Doch würdest du, zu Wohl und Weh,
Auch jetzo schon bei Mädchen gelten:
Sie lehrten dich das ABC.

KNABE LENKER. Und dieser, der als Prachtgebilde
Hier auf dem Wagenthrone prangt?
HEROLD. Er scheint ein König, reich und milde;
Wohl dem, der seine Gunst erlangt!
Er hat nichts weiter zu erstreben;
Wos irgend fehlte, späht sein Blick,
Und seine reine Lust zu geben
Ist größer als Besitz und Glück.
KNABE LENKER. Hierbei darfst du nicht stehenbleiben,
Du mußt ihn recht genau beschreiben.
HEROLD. Das Würdige beschreibt sich nicht.
Doch das gesunde Mondgesicht,
Ein voller Mund, erblühte Wangen,
Die unterm Schmuck des Turbans prangen,
Im Faltenkleid ein reich Behagen!
Was soll ich von dem Anstand sagen?
Als Herrscher scheint er mir bekannt.
KNABE LENKER. Plutus, des Reichtums Gott, genannt!
Derselbe kommt in Prunk daher:
Der hohe Kaiser wünscht ihn sehr.
HEROLD. Sag von dir selber auch das Was und Wie!
KNABE LENKER. Bin die Verschwendung, bin die Poesie,
Bin der Poet, der sich vollendet,
Wenn er sein eigenst Gut verschwendet.
Auch ich bin unermeßlich reich
Und schätze mich dem Plutus gleich,
Beleb und schmück ihm Tanz und Schmaus;
Das, was ihm fehlt, das teil ich aus.
HEROLD. Das Prahlen steht dir gar zu schön;
Doch laß uns deine Künste sehen!
KNABE LENKER. Hier seht mich nur ein Schnippchen schlagen,
Schon glänzts und glitzerts um den Wagen:
Da springt eine Perlenschnur hervor!
Immerfort umherschnippend.
Nehmt goldne Spange für Hals und Ohr!
Auch Kamm und Krönchen ohne Fehl,

In Ringen köstlichstes Juwel!
Auch Flämmchen spend ich dann und wann,
Erwartend, wo es zünden kann.
HEROLD. Wie greift und hascht die liebe Menge!
Fast kommt der Geber ins Gedränge.
Kleinode schnippt er wie ein Traum,
Und alles hascht im weiten Raum.
Doch da erleb ich neue Pfiffe:
Was einer noch so emsig griffe,
Des hat er wirklich schlechten Lohn –
Die Gabe flattert ihm davon.
Es löst sich auf das Perlenband,
Ihm krabbeln Käfer in der Hand;
Er wirft sie weg, der arme Tropf,
Und sie umsummen ihm den Kopf.
Die andern statt solider Dinge
Erhaschen frevle Schmetterlinge.
Wie doch der Schelm so viel verheißt!
Und nur verleiht, was golden gleißt!
KNABE LENKER. Zwar Masken, merk ich, weißt du zu verkünden,
Allein der Schale Wesen zu ergründen,
Sind Herolds Hofgeschäfte nicht;
Das fordert schärferes Gesicht.
Doch hüt ich mich vor jeder Fehde;
An dich, Gebieter, wend ich Frag und Rede.
Zu Plutus gewendet. Hast du mir nicht die Windesbraut
Des Viergespannes anvertraut?
Lenk ich nicht glücklich, wie du leitest?
Bin ich nicht da, wohin du deutest?
Und wußt ich nicht auf kühnen Schwingen
Für dich die Palme zu erringen?
Wie oft ich auch für dich gefochten,
Mir ist es jederzeit geglückt:
Wenn Lorbeer deine Stirne schmückt,
Hab ich ihn nicht mit Sinn und Hand geflochten?
PLUTUS. Wenns nötig ist, daß ich dir Zeugnis leiste,

So sag ich gern: bist Geist von meinem Geiste.
Du handelst stets nach meinem Sinn,
Bist reicher, als ich selber bin.
Ich schätze, deinen Dienst zu lohnen,
Den grünen Zweig vor allen meinen Kronen.
Ein wahres Wort verkünd ich allen:
Mein lieber Sohn, an dir hab ich Gefallen!
KNABE LENKER *zur Menge.* Die größten Gaben meiner Hand,
Seht! hab ich rings umhergesandt:
Auf dem und jenem Kopfe glüht
Ein Flämmchen, das ich angesprüht.
Von einem zu dem andern hüpfts,
An diesem hält sichs, dem entschlüpfts,
Gar selten aber flammts empor
Und leuchtet rasch in kurzem Flor;
Doch vielen, eh mans noch erkannt,
Verlischt es, traurig ausgebrannt.

WEIBERGEKLATSCH. Dadroben auf dem Viergespann
    Das ist gewiß ein Scharlatan,
    Gekauzt da hintendrauf, Hanswurst,
    Doch abgezehrt von Hunger und Durst,
    Wie man ihn niemals noch erblickt;
    Er fühlt wohl nicht, wenn man ihn zwickt.

DER ABGEMAGERTE. Vom Leibe mir, ekles Weibsgeschlecht!
Ich weiß, dir komm ich niemals recht. –
Wie noch die Frau den Herd versah,
Da hieß ich Avaritia;
Da stand es gut um unser Haus:
Nur viel herein und nichts hinaus!
Ich eiferte für Kist und Schrein;
Das sollte wohl gar ein Laster sein!
Doch als in allerneusten Jahren
Das Weib nicht mehr gewohnt zu sparen
Und wie ein jeder böser Zahler
Weit mehr Begierden hat als Taler,

Da bleibt dem Manne viel zu dulden:
Wo er nur hinsieht, da sind Schulden.
Sie wendets, kann sie was erspulen,
An ihren Leib, an ihren Buhlen,
Auch speist sie besser, trinkt noch mehr
Mit der Sponsierer leidigem Heer;
Das steigert mir des Goldes Reiz:
Bin männlichen Geschlechts, der Geiz!

HAUPTWEIB. Mit Drachen mag der Drache geizen;
Ists doch am Ende Lug und Trug!
Er kommt, die Männer aufzureizen;
Sie sind schon unbequem genug.

WEIBER IN MASSE. Der Strohmann! Reich ihm eine Schlappe!
    Was will das Marterholz uns dräun?
    Wir sollen seine Fratze scheun!
    Die Drachen sind von Holz und Pappe:
    Frisch an und dringt auf ihn hinein!

HEROLD. Bei meinem Stabe! Ruh gehalten! –
Doch braucht es meiner Hülfe kaum:
Seht, wie die grimmen Ungestalten,
Bewegt im rasch gewonnenen Raum,
Das Doppelflügelpaar entfalten!
Entrüstet schütteln sich der Drachen
Umschuppte, feuerspeiende Rachen;
Die Menge flieht, rein ist der Platz. *Plutus steigt vom Wagen.*

HEROLD. Er tritt herab, wie königlich!
Er winkt, die Drachen rühren sich;
Die Kiste haben sie vom Wagen
Mit Gold und Geiz herangetragen,
Sie steht zu seinen Füßen da:
Ein Wunder ist es, wies geschah.

PLUTUS *zum Lenker.* Nun bist du los der allzu lästigen Schwere,
Bist frei und frank: nun frisch zu deiner Sphäre!
Hier ist sie nicht! Verworren, scheckig, wild
Umdrängt uns hier ein fratzenhaft Gebild.

Nur wo du klar ins holde Klare schaust,
Dir angehörst und dir allein vertraust,
Dorthin, wo Schönes, Gutes nur gefällt,
Zur Einsamkeit! – Da schaffe deine Welt!
KNABE LENKER. So acht ich mich als werten Abgesandten,
So lieb ich dich als nächsten Anverwandten.
Wo du verweilst, ist Fülle; wo ich bin,
Fühlt jeder sich im herrlichsten Gewinn.
Auch schwankt er oft im widersinnigen Leben:
Soll er sich dir, soll er sich mir ergeben?
Die Deinen freilich können müßig ruhn;
Doch wer mir folgt, hat immer was zu tun.
Nicht insgeheim vollführ ich meine Taten:
Ich atme nur, und schon bin ich verraten.
So lebe wohl! du gönnst mir ja mein Glück;
Doch lisple leis, und gleich bin ich zurück. *Ab, wie er kam.*
PLUTUS. Nun ist es Zeit, die Schätze zu entfesseln!
Die Schlösser treff ich mit des Herolds Rute.
Es tut sich auf! schaut her: in ehrnen Kesseln
Entwickelt sichs und wallt von goldnem Blute,
Zunächst der Schmuck von Kronen, Ketten, Ringen;
Es schwillt und droht, ihn schmelzend zu verschlingen.

WECHSELGESCHREI DER MENGE.

> Seht hier, o hin! wies reichlich quillt,
> Die Kiste bis zum Rande füllt! –
> Gefäße, goldne, schmelzen sich,
> Gemünzte Rollen wälzen sich. –
> Dukaten hüpfen wie geprägt:
> O wie mir das den Busen regt! –
> Wie schau ich alle mein Begehr!
> Da kollern sie am Boden her. –
> Man bietets euch, benutzts nur gleich
> Und bückt euch nur und werdet reich! –
> Wir andern, rüstig wie der Blitz,
> Wir nehmen den Koffer in Besitz. –

HEROLD. Was solls, ihr Toren? soll mir das?
Es ist ja nur ein Maskenspaß.
Heut abend wird nicht mehr begehrt;
Glaubt ihr, man geb euch Gold und Wert?
Sind doch für euch in diesem Spiel
Selbst Rechenpfennige zu viel.
Ihr Täppischen! ein artiger Schein
Soll gleich die plumpe Wahrheit sein.
Was soll euch Wahrheit? Dumpfen Wahn
Packt ihr an allen Zipfeln an.
Vermummter Plutus, Maskenheld,
Schlag dieses Volk mir aus dem Feld!
PLUTUS. Dein Stab ist wohl dazu bereit,
Verleih ihn mir auf kurze Zeit! –
Ich tauch ihn rasch in Sud und Glut. –
Nun, Masken, seid auf eurer Hut!
Wies blitzt und platzt, in Funken sprüht!
Der Stab, schon ist er angeglüht.
Wer sich zu nah herangedrängt,
Ist unbarmherzig gleich versengt. –
Jetzt fang ich meinen Umgang an.

GESCHREI UND GEDRÄNG.

O weh! es ist um uns getan! –
Entfliehe, wer entfliehen kann! –
Zurück, zurück, du Hintermann! –
Mir sprüht es heiß ins Angesicht –
Mich drückt des glühenden Stabs Gewicht –
Verloren sind wir all und all –
Zurück, zurück, du Maskenschwall!
Zurück, zurück, unsinniger Hauf! –
O hätt ich Flügel, flög ich auf –

PLUTUS. Schon ist der Kreis zurückgedrängt,
Und niemand, glaub ich, ist versengt.
Die Menge weicht,
Sie ist verscheucht. –

Doch solcher Ordnung Unterpfand
Zieh ich ein unsichtbares Band.
HEROLD. Du hast ein herrlich Werk vollbracht;
Wie dank ich deiner klugen Macht!
PLUTUS. Noch braucht es, edler Freund, Geduld:
Es droht noch mancherlei Tumult.
GEIZ. So kann man doch, wenn es beliebt,
Vergnüglich diesen Kreis beschauen;
Denn immerfort sind vornenan die Frauen,
Wos was zu gaffen, was zu naschen gibt.
Noch bin ich nicht so völlig eingerostet!
Ein schönes Weib ist immer schön,
Und heute, weil es mich nichts kostet,
So wollen wir getrost sponsieren gehn.
Doch weil am überfüllten Orte
Nicht jedem Ohr vernehmlich alle Worte,
Versuch ich klug und hoff, es soll mir glücken,
Mich pantomimisch deutlich auszudrücken.
Hand, Fuß, Gebärde reicht mir da nicht hin,
Da muß ich mich um einen Schwank bemühn:
Wie feuchten Ton will ich das Gold behandeln;
Denn dies Metall läßt sich in alles wandeln.
HEROLD. Was fängt der an, der magre Tor?
Hat so ein Hungermann Humor?
Er knetet alles Gold zu Teig,
Ihm wird es untern Händen weich;
Wie er es drückt und wie es ballt,
Bleibts immer doch nur ungestalt.
Er wendet sich zu den Weibern dort:
Sie schreien alle, möchten fort,
Gebärden sich gar widerwärtig;
Der Schalk erweist sich übelfertig.
Ich fürchte, daß er sich ergetzt,
Wenn er die Sittlichkeit verletzt.
Dazu darf ich nicht schweigsam bleiben:
Gib meinen Stab, ihn zu vertreiben!

5761–5796

PLUTUS. Er ahnet nicht, was uns von außen droht! –
Laß ihn die Narrenteidung treiben!
Ihm wird kein Raum für seine Possen bleiben;
Gesetz ist mächtig, mächtiger ist die Not.

GETÜMMEL UND GESANG. Das wilde Heer, es kommt zumal
>Von Bergeshöh und Waldestal,
>Unwiderstehlich schreitets an:
>Sie feiern ihren großen Pan.
>Sie wissen doch, was keiner weiß,
>Und drängen in den leeren Kreis.

PLUTUS. Ich kenne euch wohl und euren großen Pan!
Zusammen habt ihr kühnen Schritt getan.
Ich weiß recht gut, was nicht ein jeder weiß,
Und öffne schuldig diesen engen Kreis. –
Mag sie ein gut Geschick begleiten!
Das Wunderlichste kann geschehn;
Sie wissen nicht, wohin sie schreiten,
Sie haben sich nicht vorgesehn. –

WILDGESANG. Geputztes Volk, du Flitterschau!
>Sie kommen roh, sie kommen rauh,
>In hohem Sprung, in raschem Lauf,
>Sie treten derb und tüchtig auf.

FAUNEN. Die Faunenschar
Im lustigen Tanz,
Den Eichenkranz
Im krausen Haar,
Ein feines, zugespitztes Ohr
Dringt an dem Lockenkopf hervor,
Ein stumpfes Näschen, ein breit Gesicht,
Das schadet alles bei Frauen nicht:
Dem Faun, wenn er die Patsche reicht,
Versagt die Schönste den Tanz nicht leicht.

SATYR. Der Satyr hüpft nun hinterdrein
Mit Ziegenfuß und dürrem Bein,
Ihm sollen sie mager und sehnig sein,

Und gemsenartig auf Bergeshöhn
Belustigt er sich umherzugehn.
In Freiheitsluft erquickt alsdann,
Verhöhnt er Kind und Weib und Mann,
Die tief in Tales Dampf und Rauch
Behaglich meinen, sie lebten auch,
Da ihm doch rein und ungestört
Die Welt dort oben allein gehört.

GNOMEN. Da trippelt ein die kleine Schar,
Sie hält nicht gern sich Paar an Paar;
Im moosigen Kleid mit Lämplein hell
Bewegt sichs durcheinander schnell,
Wo jedes für sich selber schafft,
Wie Leuchtameisen wimmelhaft,
Und wuselt emsig hin und her,
Beschäftigt in die Kreuz und Quer.

Den frommen Gütchen nah verwandt,
Als Felschirurgen wohlbekannt:
Die hohen Berge schröpfen wir,
Aus vollen Adern schöpfen wir;
Metalle stürzen wir zuhauf
Mit Gruß getrost: Glückauf! Glückauf!
Das ist von Grund aus wohlgemeint:
Wir sind der guten Menschen Freund.
Doch bringen wir das Gold zutag,
Damit man stehlen und kuppeln mag,
Nicht Eisen fehle dem stolzen Mann,
Der allgemeinen Mord ersann.
Und wer die drei Gebot veracht't,
Sich auch nichts aus den andern macht.
Das alles ist nicht unsre Schuld;
Drum habt so fort, wie wir, Geduld!
RIESEN. Die wilden Männer sind s' genannt,
Am Harzgebirge wohlbekannt;
Natürlich-nackt in aller Kraft,

Sie kommen sämtlich riesenhaft
Den Fichtenstamm in rechter Hand
Und um den Leib ein wulstig Band,
Den derbsten Schurz von Zweig und Blatt:
Leibwache, wie der Papst nicht hat.
NYMPHEN IM CHOR. *Sie umschließen den großen Pan.*
Auch kommt er an! –
Das All der Welt
Wird vorgestellt
Im großen Pan.
Ihr Heitersten, umgebet ihn,
Im Gaukeltanz umschwebet ihn!
Denn weil er ernst und gut dabei,
So will er, daß man fröhlich sei.
Auch unterm blauen Wölbedach
Verhielt er sich beständig wach;
Doch rieseln ihm die Bäche zu,
Und Lüftlein wiegen ihn mild in Ruh.
Und wenn er zu Mittage schläft,
Sich nicht das Blatt am Zweige regt;
Gesunder Pflanzen Balsamduft
Erfüllt die schweigsam-stille Luft;
Die Nymphe darf nicht munter sein,
Und wo sie stand, das schläft sie ein.
Wenn unerwartet mit Gewalt
Dann aber seine Stimm erschallt
Wie Blitzes Knattern, Meergebraus,
Dann niemand weiß, wo ein noch aus,
Zerstreut sich tapfres Heer im Feld,
Und im Getümmel bebt der Held.
So Ehre dem, dem Ehre gebührt!
Und Heil ihm, der uns hergeführt!

  DEPUTATION DER GNOMEN *an den großen Pan.*

  Wenn das glänzend-reiche Gute
  Fadenweis durch Klüfte streicht,

Nur der klugen Wünschelrute
Seine Labyrinthe zeigt,

Wölben wir in dunklen Grüften
Troglodytisch unser Haus,
Und an reinen Tageslüften
Teilst du Schätze gnädig aus.

Nun entdecken wir hieneben
Eine Quelle wunderbar,
Die bequem verspricht zu geben,
Was kaum zu erreichen war.

Die vermagst du zu vollenden;
Nimm es, Herr, in deine Hut:
Jeder Schatz in deinen Händen
Kommt der ganzen Welt zugut.

PLUTUS *zum Herold.* Wir müssen uns im hohen Sinne fassen
Und, was geschieht, getrost geschehen lassen,
Du bist ja sonst des stärksten Mutes voll.
Nun wird sich gleich ein Greulichstes eräugnen,
Hartnäckig wird es Welt und Nachwelt leugnen:
Du schreib es treulich in dein Protokoll!

HEROLD *den Stab anfassend, welchen Plutus in der Hand behält.*
Die Zwerge führen den großen Pan
Zur Feuerquelle sacht heran;
Sie siedet auf vom tiefsten Schlund,
Dann sinkt sie wieder hinab zum Grund,
Und finster steht der offne Mund,
Wallt wieder auf in Glut und Sud.
Der große Pan steht wohlgemut,
Freut sich des wundersamen Dings,
Und Perlenschaum sprüht rechts und links.
Wie mag er solchem Wesen traun?
Er bückt sich, tief hineinzuschaun. –
Nun aber fällt sein Bart hinein! –
Wer mag das glatte Kinn wohl sein?

Die Hand verbirgt es unserm Blick. –
Nun folgt ein großes Ungeschick:
Der Bart entflammt und fliegt zurück,
Entzündet Kranz und Haupt und Brust,
Zu Leiden wandelt sich die Lust! –
Zu löschen läuft die Schar herbei;
Doch keiner bleibt von Flammen frei,
Und wie es patscht und wie es schlägt,
Wird neues Flammen aufgeregt:
Verflochten in das Element,
Ein ganzer Maskenklump verbrennt.

Was aber hör ich, wird uns kund
Von Ohr zu Ohr, von Mund zu Mund?
O ewig unglückselge Nacht,
Was hast du uns für Leid gebracht!
Verkünden wird der nächste Tag,
Was niemand willig hören mag;
Doch hör ich allerorten schrein:
»Der Kaiser leidet solche Pein!«
O wäre doch ein andres wahr!
Der Kaiser brennt und seine Schar!
Sie sei verflucht, die ihn verführt,
In harzig Reis sich eingeschnürt,
Zu toben her mit Brüllgesang
Zu allerseitigem Untergang!
O Jugend, Jugend, wirst du nie
Der Freude reines Maß bezirken?
O Hoheit, Hoheit, wirst du nie
Vernünftig wie allmächtig wirken?

Schon geht der Wald in Flammen auf,
Sie züngeln leckend spitz hinauf
Zum holzverschränkten Deckenband:
Uns droht ein allgemeiner Brand!
Des Jammers Maß ist übervoll,
Ich weiß nicht, wer uns retten soll.

Ein Aschenhaufen einer Nacht
Liegt morgen reiche Kaiserpracht!
PLUTUS. Schrecken ist genug verbreitet,
Hilfe sei nun eingeleitet! –
Schlage, heilgen Stabs Gewalt,
Daß der Boden bebt und schallt!
Du geräumig-weite Luft,
Fülle dich mit kühlem Duft!
Zieht heran, umherzuschweifen,
Nebeldünste, schwangre Streifen,
Deckt ein flammendes Gewühl
Rieselt, säuselt, Wölkchen kräuselt,
Schlüpfet wallend, leise dämpfet,
Löschend überall bekämpfet:
Ihr, die Lindernden, die Feuchten,
Wandelt in ein Wetterleuchten
Solcher eitlen Flamme Spiel! –
Drohen Geister, uns zu schädigen,
Soll sich die Magie betätigen.

LUSTGARTEN

Morgensonne

Der Kaiser, Hofleute

*Faust, Mephistopheles, anständig, nicht auffallend,
nach Sitte gekleidet; beide knieen*

FAUST. Verzeihst du, Herr, das Flammengaukelspiel?
KAISER *zum Aufstehn winkend.*
Ich wünsche mir dergleichen Scherze viel. –
Auf einmal sah ich mich in glühnder Sphäre:
Es schien mir fast, als ob ich Pluto wäre.
Aus Nacht und Kohlen lag ein Felsengrund,
Von Flämmchen glühend. Dem und jenem Schlund
Aufwirbelten viel tausend wilde Flammen
Und flackerten in Ein Gewölb zusammen.
Zum höchsten Dome züngelt es empor,

Der immer ward und immer sich verlor.
Durch fernen Raum gewundner Feuersäulen
Sah ich bewegt der Völker lange Zeilen;
Sie drängten sich im weiten Kreis heran
Und huldigten, wie sie es stets getan.
Von meinem Hof erkannt ich ein- und andern,
Ich schien ein Fürst von tausend Salamandern.

MEPHISTOPHELES. Das bist du, Herr! weil jedes Element
Die Majestät als unbedingt erkennt.
Gehorsam Feuer hast du nun erprobt:
Wirf dich ins Meer, wo es am wildsten tobt,
Und kaum betrittst du perlenreichen Grund,
So bildet wallend sich ein herrlich Rund,
Siehst auf und ab lichtgrüne, schwanke Wellen
Mit Purpursaum zur schönsten Wohnung schwellen
Um dich, den Mittelpunkt. Bei jedem Schritt,
Wohin du gehst, gehn die Paläste mit.
Die Wände selbst erfreuen sich des Lebens,
Pfeilschnellen Wimmelns, Hin- und Wiederstrebens.
Meerwunder drängen sich zum neuen milden Schein,
Sie schießen an, und keines darf herein.
Da spielen farbig-goldbeschuppte Drachen,
Der Haifisch klafft: du lachst ihm in den Rachen.
Wie sich auch jetzt der Hof um dich entzückt,
Hast du doch nie ein solch Gedräng erblickt.
Doch bleibst du nicht vom Lieblichsten geschieden:
Es nahen sich neugierige Nereiden
Der prächtgen Wohnung in der ewgen Frische,
Die jüngsten scheu und lüstern wie die Fische,
Die spätern klug. Schon wird es Thetis kund:
Dem zweiten Peleus reicht sie Hand und Mund. –
Den Sitz alsdann auf des Olymps Revier – –

KAISER. Die luftgen Räume, die erlaß ich dir:
Noch früh genug besteigt man jenen Thron.

MEPHISTOPHELES.
Und, höchster Herr! die Erde hast du schon.

1. AKT · KAISERLICHE PFALZ   331

KAISER. Welch gut Geschick hat dich hieher gebracht,
Unmittelbar aus Tausendeiner Nacht?
Gleichst du an Fruchtbarkeit Scheherazaden,
Versichr ich dich der höchsten aller Gnaden.
Sei stets bereit, wenn eure Tageswelt,
Wies oft geschieht, mir widerlichst mißfällt!
MARSCHALK *tritt eilig auf.*
Durchlauchtigster, ich dacht in meinem Leben
Vom schönsten Glück Verkündung nicht zu geben
Als diese, die mich hoch beglückt,
In deiner Gegenwart entzückt:
Rechnung für Rechnung ist berichtigt,
Die Wucherklauen sind beschwichtigt,
Los bin ich solcher Höllenpein;
Im Himmel kanns nicht heitrer sein.
HEERMEISTER *folgt eilig.* Abschläglich ist der Sold entrichtet,
Das ganze Heer aufs neu verpflichtet,
Der Lanzknecht fühlt sich frisches Blut,
Und Wirt und Dirnen habens gut.
KAISER. Wie atmet eure Brust erweitert!
Das faltige Gesicht erheitert!
Wie eilig tretet ihr heran!
SCHATZMEISTER *der sich einfindet.*
Befrage diese, die das Werk getan!
FAUST. Dem Kanzler ziemts, die Sache vorzutragen.
KANZLER *der langsam herankommt.*
Beglückt genug in meinen alten Tagen. –
So hört und schaut das schicksalschwere Blatt,
Das alles Weh in Wohl verwandelt hat! *Er liest.*
»Zu wissen sei es jedem, ders begehrt:
Der Zettel hier ist tausend Kronen wert.
Ihm liegt gesichert, als gewisses Pfand,
Unzahl vergrabnen Guts im Kaiserland.
Nun ist gesorgt, damit der reiche Schatz,
Sogleich gehoben, diene zum Ersatz.«
KAISER. Ich ahne Frevel, ungeheuren Trug!

Wer fälschte hier des Kaisers Namenszug?
Ist solch Verbrechen ungestraft geblieben?
SCHATZMEISTER. Erinnre dich: hast selbst es unterschrieben!
Erst heute nacht! Du standst als großer Pan,
Der Kanzler sprach mit uns zu dir heran:
»Gewähre dir das hohe Festvergnügen,
Des Volkes Heil, mit wenig Federzügen!«
Du zogst sie rein, dann wards in dieser Nacht
Durch Tausendkünstler schnell vertausendfacht.
Damit die Wohltat allen gleich gedeihe,
So stempelten wir gleich die ganze Reihe:
Zehn, Dreißig, Fünfzig, Hundert sind parat.
Ihr denkt euch nicht, wie wohls dem Volke tat.
Seht eure Stadt, sonst halb im Tod verschimmelt,
Wie alles lebt und lustgenießend wimmelt!
Obschon dein Name längst die Welt beglückt,
Man hat ihn nie so freundlich angeblickt.
Das Alphabet ist nun erst überzählig.
In diesem Zeichen wird nun jeder selig.
KAISER. Und meinen Leuten gilts für gutes Gold?
Dem Heer, dem Hofe gnügts zu vollem Sold?
So sehr michs wundert, muß ichs gelten lassen.
MARSCHALK. Unmöglich wärs, die Flüchtigen einzufassen;
Mit Blitzeswink zerstreute sichs im Lauf.
Die Wechslerbänke stehen sperrig auf:
Man honoriert daselbst ein jedes Blatt
Durch Gold und Silber, freilich mit Rabatt.
Nun gehts von da zum Fleischer, Bäcker, Schenken:
Die halbe Welt scheint nur an Schmaus zu denken,
Wenn sich die andre neu in Kleidern bläht;
Der Krämer schneidet aus, der Schneider näht.
Bei: »Hoch dem Kaiser!« sprudelts in den Kellern;
Dort kochts und bräts und klappert mit den Tellern.
MEPHISTOPHELES. Wer die Terrassen einsam abspaziert,
Gewahrt die Schönste, herrlich aufgeziert,
Ein Aug verdeckt vom Stolzen Pfauenwedel;

1. AKT · KAISERLICHE PFALZ

Sie schmunzelt uns und blickt nach solcher Schedel,
Und hurtger als durch Witz und Redekunst
Vermittelt sich die reichste Liebesgunst.
Man wird sich nicht mit Börs und Beutel plagen:
Ein Blättchen ist im Busen leicht zu tragen,
Mit Liebesbrieflein paarts bequem sich hier.
Der Priester trägts andächtig im Brevier,
Und der Soldat, um rascher sich zu wenden,
Erleichtert schnell den Gürtel seiner Lenden.
Die Majestät verzeihe, wenn ins Kleine
Das hohe Werk ich zu erniedern scheine!
FAUST. Das Übermaß der Schätze, das, erstarrt,
In deinen Landen tief im Boden harrt,
Liegt ungenutzt. Der weiteste Gedanke
Ist solches Reichtums kümmerlichste Schranke;
Die Phantasie, in ihrem höchsten Flug,
Sie strengt sich an und tut sich nie genug.
Doch fassen Geister, würdig, tief zu schauen,
Zum Grenzenlosen grenzenlos Vertrauen.
MEPHISTOPHELES. Ein solch Papier, an Gold und Perlen Statt,
Ist so bequem, man weiß doch, was man hat;
Man braucht nicht erst zu markten noch zu tauschen,
Kann sich nach Lust in Lieb und Wein berauschen.
Will man Metall: ein Wechsler ist bereit,
Und fehlt es da, so gräbt man eine Zeit.
Pokal und Kette wird verauktioniert,
Und das Papier, sogleich amortisiert,
Beschämt den Zweifler, der uns frech verhöhnt.
Man will nichts anders, ist daran gewöhnt.
So bleibt von nun an allen Kaiserlanden
An Kleinod, Gold, Papier genug vorhanden.
KAISER. Das hohe Wohl verdankt euch unser Reich;
Wo möglich sei der Lohn dem Dienste gleich.
Vertraut sei euch des Reiches innrer Boden,
Ihr seid der Schätze würdigste Kustoden.
Ihr kennt den weiten, wohlverwahrten Hort,

Und wenn man gräbt, so seis auf euer Wort.
Vereint euch nun, ihr Meister unsres Schatzes,
Erfüllt mit Lust die Würden eures Platzes,
Wo mit der obern sich die Unterwelt,
In Einigkeit beglückt, zusammenstellt!
SCHATZMEISTER. Soll zwischen uns kein fernster Zwist sich [regen!
Ich liebe mir den Zaubrer zum Kollegen. *Ab mit Faust.*
KAISER. Beschenk ich nun bei Hofe Mann für Mann,
Gesteh er mir, wozu ers brauchen kann.
PAGE *empfangend.* Ich lebe lustig, heiter, guter Dinge.
EIN ANDRER *gleichfalls.*
Ich schaffe gleich dem Liebchen Kett und Ringe.
KÄMMERER *annehmend.* Von nun an trink ich doppelt beßre
EIN ANDRER *gleichfalls.* [Flasche.
Die Würfel jucken mich schon in der Tasche.
BANNERHERR *mit Bedacht.*
Mein Schloß und Feld, ich mach es schuldenfrei.
EIN ANDRER *gleichfalls.*
Es ist ein Schatz, den leg ich Schätzen bei.
KAISER. Ich hoffte Lust und Mut zu neuen Taten;
Doch wer euch kennt, der wird euch leicht erraten.
Ich merk es wohl: bei aller Schätze Flor,
Wie ihr gewesen, bleibt ihr nach wie vor.
NARR. Ihr spendet Gnaden: gönnt auch mir davon!
KAISER. Und lebst du wieder, du vertrinkst sie schon.
NARR. Die Zauberblätter! Ich verstehs nicht recht.
KAISER. Das glaub ich wohl; denn du gebrauchst sie schlecht.
NARR. Da fallen andere; weiß nicht, was ich tu.
KAISER. Nimm sie nur hin! sie fielen dir ja zu. *Ab.*
NARR. Fünftausend Kronen wären mir zuhanden!
MEPH. Zweibeiniger Schlauch, bist wieder auferstanden?
NARR. Geschieht mir oft, doch nicht so gut als jetzt.
MEPH. Du freust dich so, daß dichs in Schweiß versetzt.
NARR. Da seht nur her: ist das wohl Geldeswert?
MEPH. Du hast dafür, was Schlund und Bauch begehrt.
NARR. Und kaufen kann ich Acker, Haus und Vieh?

MEPHISTOPHELES. Versteht sich! biete nur: das fehlt dir nie.
NARR. Und Schloß mit Wald und Jagd und Fischbach?
MEPHISTOPHELES. Traun!
Ich möchte dich gestrengen Herrn wohl schaun!
NARR. Heut abend wieg ich mich im Grundbesitz! *Ab.*
MEPHISTOPHELES *solus.* Wer zweifelt noch an unseres Narren
Witz!

FINSTERE GALERIE

Faust · Mephistopheles

MEPHISTOPHELES. Was ziehst du mich in diese düstern Gänge?
Ist nicht da drinnen Lust genug?
Im dichten, bunten Hofgedränge
Gelegenheit zu Spaß und Trug?
FAUST. Sag mir das nicht! du hasts in alten Tagen
Längst an den Sohlen abgetragen!
Doch jetzt dein Hin- und Wiedergehn
Ist nur, um mir nicht Wort zu stehn.
Ich aber bin gequält zu tun,
Der Marschalk und der Kämmrer treibt mich nun.
Der Kaiser will, es muß sogleich geschehn,
Will Helena und Paris vor sich sehn;
Das Musterbild der Männer so der Frauen
In deutlichen Gestalten will er schauen.
Geschwind ans Werk! ich darf mein Wort nicht brechen.
MEPHISTOPHELES. Unsinnig wars, leichtsinnig zu versprechen.
FAUST. Du hast, Geselle, nicht bedacht,
Wohin uns deine Künste führen:
Erst haben wir ihn reich gemacht,
Nun sollen wir ihn amüsieren.
MEPHISTOPHELES. Du wähnst, es füge sich sogleich;
Hier stehen wir vor steilern Stufen,
Greifst in ein fremdestes Bereich,
Machst frevelhaft am Ende neue Schulden,
Denkst Helenen so leicht hervorzurufen

Wie das Papiergespenst der Gulden. –
Mit Hexenfexen, mit Gespenstgespinsten,
Kielkröpfigen Zwergen steh ich gleich zu Diensten;
Doch Teufelsliebchen, wenn auch nicht zu schelten,
Sie können nicht für Heroinen gelten.
FAUST. Da haben wir den alten Leierton!
Bei dir gerät man stets ins Ungewisse.
Der Vater bist du aller Hindernisse,
Für jedes Mittel willst du neuen Lohn.
Mit wenig Murmeln, weiß ich, ists getan;
Wie man sich umschaut, bringst du sie zur Stelle.
MEPHISTOPHELES. Das Heidenvolk geht mich nichts an:
Es haust in seiner eignen Hölle;
Doch gibts ein Mittel.
FAUST. Sprich, und ohne Säumnis!
MEPHISTOPHELES. Ungern entdeck ich höheres Geheimnis. –
Göttinnen thronen hehr in Einsamkeit,
Um sie kein Ort, noch weniger eine Zeit;
Von ihnen sprechen ist Verlegenheit.
Die Mütter sind es!
FAUST *aufgeschreckt*. Mütter!
MEPHISTOPHELES. Schauderts dich?
FAUST. Die Mütter! Mütter! – 's klingt so wunderlich!
MEPHISTOPHELES. Das ist es auch. Göttinnen, ungekannt
Euch Sterblichen, von uns nicht gern genannt.
Nach ihrer Wohnung magst ins Tiefste schürfen;
Du selbst bist schuld, daß ihrer wir bedürfen.
FAUST. Wohin der Weg?
MEPHISTOPHELES. Kein Weg! Ins Unbetretene,
Nicht zu Betretende! Ein Weg ans Unerbetene,
Nicht zu Erbittende! Bist du bereit? –
Nicht Schlösser sind, nicht Riegel wegzuschieben,
Von Einsamkeiten wirst umhergetrieben.
Hast du Begriff von Öd und Einsamkeit?
FAUST. Du spartest, dächt ich, solche Sprüche!
Hier witterts nach der Hexenküche,

Nach einer längst vergangnen Zeit.
Mußt ich nicht mit der Welt verkehren?
Das Leere lernen, Leeres lehren?
Sprach ich vernünftig, wie ichs angeschaut,
Erklang der Widerspruch gedoppelt laut.
Mußt ich sogar vor widerwärtigen Streichen
Zur Einsamkeit, zur Wildernis entweichen
Und, um nicht ganz versäumt, allein zu leben,
Mich doch zuletzt dem Teufel übergeben!
MEPH. Und hättest du den Ozean durchschwommen,
Das Grenzenlose dort geschaut,
So sähst du dort doch Well auf Welle kommen,
Selbst wenn es dir vorm Untergange graut.
Du sähst doch etwas! sähst wohl in der Grüne
Gestillter Meere streichende Delphine,
Sähst Wolken ziehen, Sonne, Mond und Sterne –
Nichts wirst du sehn in ewig leerer Ferne,
Den Schritt nicht hören, den du tust,
Nichts Festes finden, wo du ruhst!
FAUST. Du sprichst als erster aller Mystagogen,
Die treue Neophyten je betrogen;
Nun umgekehrt. Du sendest mich ins Leere,
Damit ich dort so Kunst als Kraft vermehre,
Behandelst mich, daß ich, wie jene Katze,
Dir die Kastanien aus den Gluten kratze.
Nur immer zu! wir wollen es ergründen:
In deinem Nichts hoff ich das All zu finden.
MEPHISTOPHELES. Ich rühme dich, eh du dich von mir trennst,
Und sehe wohl, daß du den Teufel kennst.
Hier diesen Schlüssel nimm!
FAUST.   Das kleine Ding!
MEPHISTOPHELES. Erst faß ihn an und schätz ihn nicht gering!
FAUST. Er wächst in meiner Hand! er leuchtet! blitzt!
MEPHISTOPHELES. Merkst du nun bald, was man an ihm [besitzt?
Der Schlüssel wird die rechte Stelle wittern;
Folg ihm hinab: er führt dich zu den Müttern!

FAUST *schaudernd.* Den Müttern! Triffts mich immer
　　　　　　　　　　　　　　　　　wie ein Schlag!
Was ist das Wort, das ich nicht hören mag?
MEPHISTOPHELES. Bist du beschränkt, daß neues Wort dich
Willst du nur hören, was du schon gehört? 　　　　[stört?
Dich störe nichts, wie es auch weiter klinge,
Schon längst gewohnt der wunderbarsten Dinge.
FAUST. Doch im Erstarren such ich nicht mein Heil:
Das Schaudern ist der Menschheit bestes Teil;
Wie auch die Welt ihm das Gefühl verteure,
Ergriffen, fühlt er tief das Ungeheure.
MEPHISTOPHELES. Versinke denn! Ich könnt auch sagen: steige!
's ist einerlei. Entfliehe dem Entstandnen
In der Gebilde losgebundne Reiche!
Ergötze dich am längst nicht mehr Vorhandnen!
Wie Wolkenzüge schlingt sich das Getreibe:
Den Schlüssel schwinge, halte sie vom Leibe!
FAUST *begeistert.*
Wohl! fest ihn fassend, fühl ich neue Stärke,
Die Brust erweitert, hin zum großen Werke.
MEPHISTOPHELES. Ein glühnder Dreifuß tut dir endlich kund,
Du seist im tiefsten, allertiefsten Grund.
Bei seinem Schein wirst du die Mütter sehn:
Die einen sitzen, andre stehn und gehn,
Wies eben kommt. Gestaltung, Umgestaltung
Des ewigen Sinnes ewige Unterhaltung.
Umschwebt von Bildern aller Kreatur,
Sie sehn dich nicht, denn Schemen sehn sie nur.
Da faß ein Herz, denn die Gefahr ist groß,
Und gehe grad auf jenen Dreifuß los,
Berühr ihn mit dem Schlüssel!
Faust macht eine entschieden-gebietende Attitüde mit dem Schlüssel.
MEPHISTOPHELES *ihn betrachtend.* So ists recht!
Er schließt sich an, er folgt als treuer Knecht;
Gelassen steigst du, dich erhebt das Glück,
Und eh sies merken, bist mit ihm zurück.

Und hast du ihn einmal hierher gebracht,
So rufst du Held und Heldin aus der Nacht,
Der erste, der sich jener Tat erdreistet:
Sie ist getan, und du hast es geleistet.
Dann muß fortan nach magischem Behandeln
Der Weihrauchsnebel sich in Götter wandeln.
FAUST. Und nun was jetzt?
MEPHISTOPHELES.   Dein Wesen strebe nieder!
Versinke stampfend, stampfend steigst du wieder.
Faust stampft und versinkt.
MEPHISTOPHELES.
Wenn ihm der Schlüssel nur zum besten frommt!
Neugierig bin ich, ob er wiederkommt.

HELL ERLEUCHTETE SÄLE
Kaiser und Fürsten · Hof in Bewegung

KÄMMERER *zu Mephistopheles.*
Ihr seid uns noch die Geisterszene schuldig;
Macht euch daran! der Herr ist ungeduldig.
MARSCHALK. Soeben fragt der Gnädigste darnach;
Ihr, zaudert nicht der Majestät zur Schmach!
MEPHISTOPHELES.
Ist mein Kumpan doch deshalb weggegangen;
Er weiß schon, wie es anzufangen,
Und laboriert verschlossen-still,
Muß ganz besonders sich befleißen;
Denn wer den Schatz, das Schöne, heben will,
Bedarf der höchsten Kunst: Magie der Weisen.
MARSCHALK. Was ihr für Künste braucht, ist einerlei:
Der Kaiser will, daß alles fertig sei.
BLONDINE *zu Mephistopheles.*
Ein Wort, mein Herr! Ihr seht ein klar Gesicht,
Jedoch so ists im leidigen Sommer nicht!
Da sprossen hundert bräunlich-rote Flecken,
Die zum Verdruß die weiße Haut bedecken.

Ein Mittel!

MEPHISTOPHELES. Schade! so ein leuchtend Schätzchen
Im Mai getupft wie euere Pantherkätzchen!
Nehmt Froschlaich, Krötenzungen, kohobiert,
Im vollsten Mondlicht sorglich distilliert
Und, wenn er abnimmt, reinlich aufgestrichen:
Der Frühling kommt, die Tupfen sind entwichen.

BRAUNE. Die Menge drängt heran, Euch zu umschranzen.
Ich bitt um Mittel! Ein erfrorner Fuß
Verhindert mich am Wandeln wie am Tanzen;
Selbst ungeschickt beweg ich mich zum Gruß.

MEPHISTOPHELES. Erlaubet einen Tritt von meinem Fuß!

BRAUNE. Nun, das geschieht wohl unter Liebesleuten.

MEPHISTOPHELES.
Mein Fußtritt, Kind! hat Größres zu bedeuten.
Zu Gleichem Gleiches, was auch einer litt!
Fuß heilet Fuß: so ists mit allen Gliedern.
Heran! Gebt acht! Ihr sollt es nicht erwidern.

BRAUNE *schreiend.*
Weh! weh! das brennt! das war ein harter Tritt,
Wie Pferdehuf!

MEPHISTOPHELES. Die Heilung nehmt Ihr mit.
Du kannst nunmehr den Tanz nach Lust verüben;
Bei Tafel schwelgend, füßle mit dem Lieben.

DAME *herandringend.*
Laßt mich hindurch! – Zu groß sind meine Schmerzen,
Sie wühlen siedend mir im tiefsten Herzen:
Bis gestern sucht Er Heil in meinen Blicken,
Er schwatzt mit Ihr und wendet mir den Rücken.

MEPHISTOPHELES. Bedenklich ist es, aber höre mich:
An ihn heran mußt du dich leise drücken;
Nimm diese Kohle, streich ihm einen Strich
Auf Ärmel, Mantel, Schulter, wie sichs macht:
Er fühlt im Herzen holden Reuestich.
Die Kohle doch mußt du sogleich verschlingen,
Nicht Wein, nicht Wasser an die Lippen bringen:

Er seufzt vor deiner Tür noch heute nacht.
DAME. Ist doch kein Gift?
MEPHISTOPHELES *entrüstet.* Respekt, wo sichs gebührt!
Weit müßtet Ihr nach solcher Kohle laufen;
Sie kommt von einem Scheiterhaufen,
Den wir sonst emsiger angeschürt.
PAGE. Ich bin verliebt, man hält mich nicht für voll.
MEPHISTOPHELES *beiseite.*
Ich weiß nicht mehr, wohin ich hören soll.
Zum Pagen.
Müßt Euer Glück nicht auf die Jüngste setzen.
Die Angejahrten wissen Euch zu schätzen. –
Andre drängen sich herzu.
Schon wieder Neue! welch ein harter Strauß!
Ich helfe mir zuletzt mit Wahrheit aus:
Der schlechteste Behelf! Die Not ist groß. –
O Mütter, Mütter! laßt nur Fausten los! *Umherschauend.*
Die Lichter brennen trübe schon im Saal,
Der ganze Hof bewegt sich auf einmal.
Anständig seh ich sie in Folge ziehn
Durch lange Gänge, ferne Galerien.
Nun! sie versammeln sich im weiten Raum
Des alten Rittersaals, er faßt sie kaum.
Auf breite Wände Teppiche spendiert,
Mit Rüstung Eck und Nischen ausgeziert.
Hier braucht es, dächt ich, keine Zauberworte:
Die Geister finden sich von selbst zum Orte.

RITTERSAAL

Dämmernde Beleuchtung
Kaiser und Hof sind eingezogen

HEROLD. Mein alt Geschäft, das Schauspiel anzukünden,
Verkümmert mir der Geister heimlich Walten;
Vergebens wagt man, aus verständigen Gründen
Sich zu erklären das verworrene Schalten.

Die Sessel sind, die Stühle schon zur Hand;
Den Kaiser setzt man grade vor die Wand;
Auf den Tapeten mag er da die Schlachten
Der großen Zeit bequemlichstens betrachten.
Hier sitzt nun alles, Herr und Hof im Runde,
Die Bänke drängen sich im Hintergrunde;
Auch Liebchen hat in düstern Geisterstunden
Zur Seite Liebchens lieblich Raum gefunden.
Und so, da alle schicklich Platz genommen,
Sind wir bereit: die Geister mögen kommen! *Posaunen.*

ASTROLOG. Beginne gleich das Drama seinen Lauf!
Der Herr befiehlts: ihr Wände, tut euch auf!
Nichts hindert mehr, hier ist Magie zur Hand:
Die Teppche schwinden, wie gerollt vom Brand;
Die Mauer spaltet sich, sie kehrt sich um,
Ein tief Theater scheint sich aufzustellen,
Geheimnisvoll ein Schein uns zu erhellen,
Und ich besteige das Proszenium.

MEPHISTOPHELES *aus dem Souffleurloche auftauchend.*
Von hier aus hoff ich allgemeine Gunst;
Einbläsereien sind des Teufels Redekunst. *Zum Astrologen.*
Du kennst den Takt, in dem die Sterne gehn,
Und wirst mein Flüstern meisterlich verstehn.

ASTROLOG. Durch Wunderkraft erscheint allhier zur Schau,
Massiv genug, ein alter Tempelbau.
Dem Atlas gleich, der einst den Himmel trug,
Stehn reihenweis der Säulen hier genug;
Sie mögen wohl der Felsenlast genügen,
Da zweie schon ein groß Gebäude trügen.

ARCHITEKT. Das wär antik! ich wüßt es nicht zu preisen!
Es sollte plump und überlästig heißen.
Roh nennt man edel, unbehülflich groß.
Schmalpfeiler lieb ich, strebend, grenzenlos;
Spitzbögiger Zenit erhebt den Geist;
Solch ein Gebäu erbaut uns allermeist.

ASTROLOG. Empfangt mit Ehrfurcht sterngegönnte Stunden!

1. AKT · KAISERLICHE PFALZ

Durch magisch Wort sei die Vernunft gebunden;
Dagegen weitheran bewege frei
Sich herrliche, verwegne Phantasei!
Mit Augen schaut nun, was ihr kühn begehrt!
Unmöglich ists, drum eben glaubenswert.
Faust steigt auf der andern Seite des Proszeniums herauf.
ASTROLOG. Im Priesterkleid, bekränzt, ein Wundermann,
Der nun vollbringt, was er getrost begann!
Ein Dreifuß steigt mit ihm aus hohler Gruft,
Schon ahn ich aus der Schale Weihrauchduft.
Er rüstet sich, das hohe Werk zu segnen;
Es kann fortan nur Glückliches begegnen.
FAUST *großartig.* In eurem Namen, Mütter, die ihr thront
Im Grenzenlosen, ewig einsam wohnt,
Und doch gesellig! Euer Haupt umschweben
Des Lebens Bilder, regsam, ohne Leben.
Was einmal war in allem Glanz und Schein,
Es regt sich dort; denn es will ewig sein.
Und ihr verteilt es, allgewaltige Mächte,
Zum Zelt des Tages, zum Gewölb der Nächte.
Die einen faßt des Lebens holder Lauf,
Die andern sucht der kühne Magier auf;
In reicher Spende läßt er voll Vertrauen,
Was jeder wünscht, das Wunderwürdige schauen.
ASTROLOG. Der glühnde Schlüssel rührt die Schale kaum,
Ein dunstiger Nebel deckt sogleich den Raum;
Er schleicht sich ein, er wogt nach Wolkenart,
Gedehnt, geballt, verschränkt, geteilt, gepaart.
Und nun erkennt ein Geistermeisterstück:
So wie sie wandeln, machen sie Musik!
Aus luftgen Tönen quillt ein Weißnichtwie;
Indem sie ziehn, wird alles Melodie.
Der Säulenschaft, auch die Triglyphe klingt;
Ich glaube gar, der ganze Tempel singt!
Das Dunstige senkt sich; aus dem leichten Flor
Ein schöner Jüngling tritt im Takt hervor.

Hier schweigt mein Amt, ich brauch ihn nicht zu nennen:
Wer sollte nicht den holden Paris kennen!

DAME. Oh! welch ein Glanz aufblühender Jugendkraft!
ZWEITE. Wie eine Pfirsche frisch und voller Saft!
DRITTE. Die fein gezognen, süß geschwollnen Lippen!
VIERTE. Du möchtest wohl an solchem Becher nippen?
FÜNFTE. Er ist gar hübsch, wenn auch nicht eben fein.
SECHSTE. Ein bißchen könnt er doch gewandter sein.
RITTER. Den Schäferknecht glaub ich allhier zu spüren,
Vom Prinzen nichts und nichts von Hofmanieren.
ANDRER. Eh nun! halb nackt ist wohl der Junge schön;
Doch müßten wir ihn erst im Harnisch sehn!
DAME. Er setzt sich nieder, weichlich, angenehm.
RITTER. Auf seinem Schoße wär Euch wohl bequem?
ANDRE. Er lehnt den Arm so zierlich übers Haupt.
KÄMMERER. Die Flegelei! das find ich unerlaubt!
DAME. Ihr Herren wißt an allem was zu mäkeln.
DERSELBE. In Kaisers Gegenwart sich hinzuräkeln!
DAME. Er stellts nur vor! er glaubt sich ganz allein.
DERSELBE. Das Schauspiel selbst, hier sollt es höflich sein!
DAME. Sanft hat der Schlaf den Holden übernommen.
DERSELBE. Er schnarcht nun gleich! natürlich ists, voll-
JUNGE DAME *entzückt.* [kommen!
Zum Weihrauchsdampf was duftet so gemischt,
Das mir das Herz zum innigsten erfrischt?
ÄLTERE. Fürwahr! es dringt ein Hauch tief ins Gemüte:
Er kommt von ihm!
ÄLTESTE.   Es ist des Wachstums Blüte,
Im Jüngling als Ambrosia bereitet
Und atmosphärisch ringsumher verbreitet.

Helena hervortretend.

MEPHISTOPHELES. Das wär sie denn! Vor dieser hätt ich Ruh:
Hübsch ist sie wohl, doch sagt sie mir nicht zu.
ASTROLOG. Für mich ist diesmal weiter nichts zu tun,
Als Ehrenmann gesteh, bekenn ichs nun.

Die Schöne kommt, und hätt ich Feuerzungen –
Von Schönheit ward von jeher viel gesungen;
Wem sie erscheint, wird aus sich selbst entrückt,
Wem sie gehörte, ward zu hoch beglückt.
FAUST. Hab ich noch Augen? Zeigt sich tief im Sinn
Der Schönheit Quelle reichlichstens ergossen?
Mein Schreckensgang bringt seligsten Gewinn.
Wie war die Welt mir nichtig, unerschlossen!
Was ist sie nun seit meiner Priesterschaft?
Erst wünschenswert, gegründet, dauerhaft!
Verschwinde mir des Lebens Atemkraft,
Wenn ich mich je von dir zurückgewöhne! –
Die Wohlgestalt, die mich voreinst entzückte,
In Zauberspiegelung beglückte,
War nur ein Schaumbild solcher Schöne! –
Du bists, der ich die Regung aller Kraft,
Den Inbegriff der Leidenschaft,
Dir Neigung, Lieb, Anbetung, Wahnsinn zolle!
MEPHISTOPHELES *aus dem Kasten.*
So faßt Euch doch und fallt nicht aus der Rolle!
ÄLTERE DAME. Groß, wohlgestaltet, nur der Kopf zu klein.
JÜNGERE. Seht nur den Fuß! Wie könnt er plumper sein!
DIPLOMAT. Fürstinnen hab ich dieser Art gesehn;
Mich deucht, sie ist von Kopf zum Fuße schön.
HOFMANN. Sie nähert sich dem Schläfer listig-mild.
DAME. Wie häßlich neben jugendreinem Bild!
POET. Von ihrer Schönheit ist er angestrahlt.
DAME. Endymion und Luna! wie gemalt!
DERSELBE. Ganz recht! Die Göttin scheint herabzusinken,
Sie neigt sich über, seinen Hauch zu trinken:
Beneidenswert! – Ein Kuß! – Das Maß ist voll.
DUENNA. Vor allen Leuten! Das ist doch zu toll!
FAUST. Furchtbare Gunst dem Knaben! –
MEPHISTOPHELES. Ruhig! still!
Laß das Gespenst doch machen, was es will!
HOFMANN. Sie schleicht sich weg, leichtfüßig; er erwacht.

DAME. Sie sieht sich um! Das hab ich wohl gedacht.
HOFMANN. Er staunt! Ein Wunder ists, was ihm geschieht.
DAME. Ihr ist kein Wunder, was sie vor sich sieht.
HOFMANN. Mit Anstand kehrt sie sich zu ihm herum.
DAME. Ich merke schon, sie nimmt ihn in die Lehre;
In solchem Fall sind alle Männer dumm:
Er glaubt wohl auch, daß er der Erste wäre.
RITTER. Laßt mir sie gelten! Majestätisch-fein!
DAME. Die Buhlerin! Das nenn ich doch gemein!
PAGE. Ich möchte wohl an seiner Stelle sein!
HOFMANN. Wer würde nicht in solchem Netz gefangen!
DAME. Das Kleinod ist durch manche Hand gegangen,
Auch die Vergoldung ziemlich abgebraucht.
ANDRE. Vom zehnten Jahr an hat sie nichts getaugt.
RITTER. Gelegentlich nimmt jeder sich das Beste;
Ich hielte mich an diese schönen Reste.
GELAHRTER. Ich seh sie deutlich, doch gesteh ich frei:
Zu zweifeln ist, ob sie die rechte sei.
Die Gegenwart verführt ins Übertriebne,
Ich halte mich vor allem ans Geschriebne.
Da les ich denn, sie habe wirklich allen
Graubärten Trojas sonderlich gefallen,
Und wie mich dünkt, vollkommen paßt das hier:
Ich bin nicht jung, und doch gefällt sie mir.
ASTROLOG. Nicht Knabe mehr! Ein kühner Heldenmann,
Umfaßt er sie, die kaum sich wehren kann.
Gestärkten Arms hebt er sie hoch empor –
Entführt er sie wohl gar?
FAUST.   Verwegner Tor!
Du wagst! du hörst nicht! halt! das ist zuviel!
MEPHISTOPHELES.
Machst dus doch selbst, das Fratzengeisterspiel!
ASTROLOG. Nur noch ein Wort! Nach allem, was geschah,
Nenn ich das Stück den Raub der Helena.
FAUST. Was Raub! Bin ich für nichts an dieser Stelle?
Ist dieser Schlüssel nicht in meiner Hand?

Er führte mich durch Graus und Wog und Welle
Der Einsamkeiten her zum festen Strand.
Hier faß ich Fuß! Hier sind es Wirklichkeiten,
Von hier aus darf der Geist mit Geistern streiten,
Das Doppelreich, das große, sich bereiten.
So fern sie war, wie kann sie näher sein!
Ich rette sie, und sie ist doppelt mein.
Gewagt! Ihr Mütter! Mütter! müßts gewähren!
Wer sie erkannt, der darf sie nicht entbehren.
ASTROLOG. Was tust du, Fauste! Fauste! – Mit Gewalt
Faßt er sie an, schon trübt sich die Gestalt.
Den Schlüssel kehrt er nach dem Jüngling zu,
Berührt ihn! – Weh uns, Wehe! Nu! im Nu!
Explosion, Faust liegt auf dem Boden. Die Geister gehen in Dunst auf.
MEPHISTOPHELES, *der Fausten auf die Schulter nimmt.*
Da habt ihrs nun! Mit Narren sich beladen,
Das kommt zuletzt dem Teufel selbst zu Schaden.
Finsternis, Tumult.

Zweiter Akt

HOCHGEWÖLBTES, ENGES GOTISCHES ZIMMER,

ehemals Faustens, unverändert

MEPHISTOPHELES, *hinter einem Vorhang hervortretend. Indem er ihn aufhebt und zurückzieht, erblickt man Fausten hingestreckt auf einem altväterischen Bette*

Hier lieg, Unseliger! verführt
Zu schwergelöstem Liebesbande!
Wen Helena paralysiert,
Der kommt so leicht nicht zu Verstande. *Sich umschauend.*
Blick ich hinauf, hierher, hinüber,
Allunverändert ist es, unversehrt;
Die bunten Scheiben sind, so dünkt mich, trüber,
Die Spinneweben haben sich vermehrt,
Die Tinte starrt, vergilbt ist das Papier,
Doch alles ist am Platz geblieben;
Sogar die Feder liegt noch hier,
Mit welcher Faust dem Teufel sich verschrieben.
Ja, tiefer in dem Rohre stockt
Ein Tröpflein Blut, wie ichs ihm abgelockt!
Zu einem solchen einzigen Stück
Wünsch ich dem größten Sammler Glück.
Auch hängt der alte Pelz am alten Haken,
Erinnert mich an jene Schnaken,
Wie ich den Knaben einst belehrt,
Woran er noch vielleicht als Jüngling zehrt.
Es kommt mir wahrlich das Gelüsten,
Rauchwarme Hülle, dir vereint
Mich als Dozent noch einmal zu erbrüsten,
Wie man so völlig recht zu haben meint.
Gelehrte wissens zu erlangen,
Dem Teufel ist es längst vergangen.

2. AKT · HOCHGEWÖLBTES, ENGES GOTISCHES ZIMMER

Er schüttelt den herabgenommenen Pelz; Zikaden, Käfer und Farfarellen fahren heraus.

CHOR DER INSEKTEN.
Willkommen! willkommen,
Du alter Patron!
Wir schweben und summen
Und kennen dich schon.
Nur einzeln im stillen
Du hast uns gepflanzt;
Zu Tausenden kommen wir,
Vater, getanzt.
Der Schalk in dem Busen
Verbirgt sich so sehr,
Vom Pelze die Läuschen
Enthüllen sich ehr.

MEPHISTOPHELES. Wie überraschend mich die junge [Schöpfung freut!
Man säe nur, man erntet mit der Zeit.
Ich schüttle noch einmal den alten Flaus:
Noch eines flattert hier und dort hinaus. –
Hinauf! umher! in hunderttausend Ecken
Eilt euch, ihr Liebchen, zu verstecken,
Dort, wo die alten Schachteln stehn,
Hier im bebräunten Pergamen,
In staubigen Scherben alter Töpfe,
Dem Hohlaug jener Totenköpfe!
In solchem Wust und Moderleben
Muß es für ewig Grillen geben. *Schlüpft in den Pelz.*
Komm, decke mir die Schultern noch einmal!
Heut bin ich wieder Prinzipal.
Doch hilft es nichts, mich so zu nennen:
Wo sind die Leute, die mich anerkennen?
Er zieht die Glocke, die einen gellenden, durchdringenden Ton erschallen läßt, wovon die Hallen erbeben und die Türen aufspringen.
FAMULUS, *den langen, finstern Gang herwankend.*
Welch ein Tönen! welch ein Schauer!

Treppe schwankt, es bebt die Mauer;
Durch der Fenster buntes Zittern
Seh ich wetterleuchtend Wittern.
Springt das Estrich, und von oben
Rieselt Kalk und Schutt verschoben.
Und die Türe, fest verriegelt,
Ist durch Wunderkraft entsiegelt! –
Dort! wie fürchterlich! Ein Riese
Steht in Faustens altem Vliese!
Seinen Blicken, seinem Winken
Möcht ich in die Kniee sinken.
Soll ich fliehen? soll ich stehn?
Ach, wie wird es mir ergehn!

MEPHISTOPHELES *winkend*.

Heran, mein Freund! – Ihr heißet Nikodemus.

FAMULUS. Hochwürdiger Herr, so ist mein Nam. – Oremus.

MEPHISTOPHELES. Das lassen wir!

FAMULUS. Wie froh, daß Ihr mich kennt!

MEPHISTOPHELES.
Ich weiß es wohl: bejahrt und noch Student,
Bemooster Herr! Auch ein gelehrter Mann
Studiert so fort, weil er nicht anders kann.
So baut man sich ein mäßig Kartenhaus,
Der größte Geist bauts doch nicht völlig aus.
Doch Euer Meister, das ist ein Beschlagner:
Wer kennt ihn nicht, den edlen Doktor Wagner,
Den Ersten jetzt in der gelehrten Welt!
Er ists allein, der sie zusammenhält,
Der Weisheit täglicher Vermehrer.
Allwißbegierige Horcher, Hörer
Versammeln sich um ihn zuhauf.
Er leuchtet einzig vom Katheder;
Die Schlüssel übt er wie Sankt Peter,
Das Untre wie das Obre schließt er auf.
Wie er vor allen glüht und funkelt,
Kein Ruf, kein Ruhm hält weiter stand:

Selbst Faustus Name wird verdunkelt;
Er ist es, der allein erfand.
FAMULUS. Verzeiht, hochwürdiger Herr! wenn ich Euch sage,
Wenn ich zu widersprechen wage:
Von allem dem ist nicht die Frage;
Bescheidenheit ist sein beschieden Teil.
Ins unbegreifliche Verschwinden
Des hohen Manns weiß er sich nicht zu finden;
Von dessen Wiederkunft erfleht er Trost und Heil.
Das Zimmer, wie zu Doktor Faustus Tagen,
Noch unberührt, seitdem er fern,
Erwartet seinen alten Herrn.
Kaum wag ichs, mich hereinzuwagen. –
Was muß die Sternenstunde sein?
Gemäuer scheint mir zu erbangen;
Türpfosten bebten, Riegel sprangen,
Sonst kamt Ihr selber nicht herein.
MEPHISTOPHELES. Wo hat der Mann sich hingetan?
Führt mich zu ihm! bringt ihn heran!
FAMULUS. Ach, sein Verbot ist gar zu scharf!
Ich weiß nicht, ob ichs wagen darf.
Monatelang, des großen Werkes willen,
Lebt er im allerstillsten Stillen.
Der zarteste gelehrter Männer,
Er sieht aus wie ein Kohlenbrenner,
Geschwärzt vom Ohre bis zur Nasen,
Die Augen rot vom Feuerblasen:
So lechzt er jeden Augenblick;
Geklirr der Zange gibt Musik.
MEPHISTOPHELES. Sollt er den Zutritt mir verneinen?
Ich bin der Mann, das Glück ihm zu beschleunen.
Der Famulus geht ab, Mephistopheles setzt sich gravitätisch nieder.
Kaum hab ich Posto hier gefaßt,
Regt sich dort hinten, mir bekannt, ein Gast.
Doch diesmal ist er von den Neusten:
Er wird sich grenzenlos erdreusten.

BACCALAUREUS *den Gang herstürmend.*
Tor und Türe find ich offen!
Nun, da läßt sich endlich hoffen,
Daß nicht wie bisher im Moder
Der Lebendige wie ein Toter
Sich verkümmere, sich verderbe
Und am Leben selber sterbe.

Diese Mauern, diese Wände
Neigen, senken sich zum Ende,
Und wenn wir nicht bald entweichen,
Wird uns Fall und Sturz erreichen.
Bin verwegen wie nicht einer;
Aber weiter bringt mich keiner.

Doch was soll ich heut erfahren!
Wars nicht hier vor so viel Jahren,
Wo ich, ängstlich und beklommen,
War als guter Fuchs gekommen?
Wo ich diesen Bärtigen traute?
Mich an ihrem Schnack erbaute?

Aus den alten Bücherkrusten
Logen sie mir, was sie wußten,
Was sie wußten, selbst nicht glaubten,
Sich und mir das Leben raubten.

Wie? Dort hinten in der Zelle
Sitzt noch einer dunkel-helle!
Nahend seh ichs mit Erstaunen:
Sitzt er noch im Pelz, dem braunen,
Wahrlich, wie ich ihn verließ,
Noch gehüllt im rauhen Vlies!
Damals schien er zwar gewandt,
Als ich ihn noch nicht verstand;
Heute wird es nicht verfangen!
Frisch an ihn herangegangen!

2. AKT · HOCHGEWÖLBTES, ENGES GOTISCHES ZIMMER 353

Wenn, alter Herr! nicht Lethes trübe Fluten
Das schiefgesenkte, kahle Haupt durchschwommen,
Seht anerkennend hier den Schüler kommen,
Entwachsen akademischen Ruten!
Ich find Euch noch, wie ich Euch sah;
Ein anderer bin ich wieder da.
MEPHISTOPHELES. Mich freut, daß ich Euch hergeläutet.
Ich schätzt Euch damals nicht gering;
Die Raupe schon, die Chrysalide deutet
Den künftigen bunten Schmetterling.
Am Lockenkopf und Spitzenkragen
Empfandet Ihr ein kindliches Behagen, –
Ihr trugt wohl niemals einen Zopf? –
Heut schau ich Euch im Schwedenkopf.
Ganz resolut und wacker seht Ihr aus;
Kommt nur nicht absolut nach Haus!
BACCALAUREUS. Mein alter Herr! wir sind am alten Orte;
Bedenkt jedoch erneuter Zeiten Lauf
Und sparet doppelsinnige Worte!
Wir passen nun ganz anders auf.
Ihr hänseltet den guten, treuen Jungen:
Das ist Euch ohne Kunst gelungen,
Was heutzutage niemand wagt.
MEPHISTOPHELES. Wenn man der Jugend reine Wahrheit sagt,
Die gelben Schnäbeln keineswegs behagt,
Sie aber hinterdrein nach Jahren
Das alles derb an eigner Haut erfahren
Dann dünkeln sie, es käm aus eignem Schopf;
Da heißt es denn: der Meister war ein Tropf.
BACCALAUREUS.
Ein Schelm vielleicht! Denn welcher Lehrer spricht
Die Wahrheit uns direkt ins Angesicht?
Ein jeder weiß zu mehren wie zu mindern,
Bald ernst, bald heiter-klug zu frommen Kindern.
MEPHISTOPHELES. Zum Lernen gibt es freilich eine Zeit;
Zum Lehren seid Ihr, merk ich, selbst bereit.

Seit manchen Monden, einigen Sonnen
Erfahrungsfülle habt Ihr wohl gewonnen.
BACCALAUREUS. Erfahrungswesen! Schaum und Dust!
Und mit dem Geist nicht ebenbürtig!
Gesteht: was man von je gewußt,
Es ist durchaus nicht wissenswürdig!
MEPHISTOPHELES *nach einer Pause.*
Mich deucht es längst! Ich war ein Tor,
Nun komm ich mir recht schal und albern vor.
BACCALAUREUS. Das freut mich sehr! da hör ich doch Verstand!
Der erste Greis, den ich vernünftig fand!
MEPH. Ich suchte nach verborgen-goldnem Schatze,
Und schauerliche Kohlen trug ich fort.
BACCALAUREUS. Gesteht nur: Euer Schädel, Eure Glatze
Ist nicht mehr wert als jene hohlen dort?
MEPHISTOPHELES *gemütlich.*
Du weißt wohl nicht, mein Freund! wie grob du bist?
BACCALAUREUS.
Im Deutschen lügt man, wenn man höflich ist.
MEPHISTOPHELES, *der mit seinem Rollstuhle immer näher ins Proszenium rückt, zum Parterre.*
Hier oben wird mir Licht und Luft benommen;
Ich finde wohl bei Euch ein Unterkommen?
BACCALAUREUS. Anmaßlich find ich, daß zur schlechtsten Frist
Man etwas sein will, wo man nichts mehr ist.
Des Menschen Leben lebt im Blut, und wo
Bewegt das Blut sich wie im Jüngling so?
Das ist lebendig Blut in frischer Kraft,
Das neues Leben sich aus Leben schafft.
Da regt sich alles, da wird was getan,
Das Schwache fällt, das Tüchtige tritt heran.
Indessen wir die halbe Welt gewonnen,
Was habt ihr denn getan? Genickt, gesonnen,
Geträumt, erwogen, Plan und immer Plan!
Gewiß, das Alter ist ein kaltes Fieber
Im Frost von grillenhafter Not.

Hat einer dreißig Jahr vorüber,
So ist er schon so gut wie tot.
Am besten wärs, euch zeitig totzuschlagen.
MEPHISTOPHELES.
Der Teufel hat hier weiter nichts zu sagen.
BACCALAUREUS.
Wenn ich nicht will, so darf kein Teufel sein.
MEPHISTOPHELES *abseits.*
Der Teufel stellt dir nächstens doch ein Bein.
BACCALAUREUS. Dies ist der Jugend edelster Beruf:
Die Welt, sie war nicht, eh ich sie erschuf!
Die Sonne führt ich aus dem Meer herauf;
Mit mir begann der Mond des Wechsels Lauf.
Da schmückte sich der Tag auf meinen Wegen,
Die Erde grünte, blühte mir entgegen.
Auf meinen Wink, in jener ersten Nacht,
Entfaltete sich aller Sterne Pracht.
Wer, außer mir, entband euch aller Schranken
Philisterhaft einklemmender Gedanken?
Ich aber, frei, wie mirs im Geiste spricht,
Verfolge froh mein innerliches Licht
Und wandle rasch, im eigensten Entzücken,
Das Helle vor mir, Finsternis im Rücken. *Ab.*
MEPH. Original, fahr hin in deiner Pracht! –
Wie würde dich die Einsicht kränken:
Wer kann was Dummes, wer was Kluges denken,
Das nicht die Vorwelt schon gedacht! –
Doch sind wir auch mit diesem nicht gefährdet,
In wenig Jahren wird es anders sein:
Wenn sich der Most auch ganz absurd gebärdet,
Es gibt zuletzt doch noch e' Wein.
Zu dem jüngern Parterre, das nicht applaudiert.
Ihr bleibt bei meinem Worte kalt,
Euch guten Kindern laß ichs gehen;
Bedenkt: der Teufel, der ist alt;
So werdet alt, ihn zu verstehen!

LABORATORIUM

im Sinne des Mittelalters; weitläufige, unbehülfliche Apparate zu phantastischen Zwecken

WAGNER *am Herde*

Die Glocke tönt, die fürchterliche,
Durchschauert die berußten Mauern.
Nicht länger kann das Ungewisse
Der ernstesten Erwartung dauern.
Schon hellen sich die Finsternisse;
Schon in der innersten Phiole
Erglüht es wie lebendige Kohle,
Ja, wie der herrlichste Karfunkel,
Verstrahlend Blitze durch das Dunkel:
Ein helles, weißes Licht erscheint!
O daß ichs diesmal nicht verliere! –
Ach Gott! was rasselt an der Türe?

MEPHISTOPHELES *eintretend.* Willkommen! es ist gut gemeint.
WAGNER *ängstlich.* Willkommen zu dem Stern der Stunde!
Leise. Doch haltet Wort und Atem fest im Munde!
Ein herrlich Werk ist gleich zustand gebracht.
MEPHISTOPHELES *leiser.* Was gibt es denn?
WAGNER *leiser.* Es wird ein Mensch gemacht.
MEPHISTOPHELES. Ein Mensch? Und welch verliebtes Paar
Habt Ihr ins Rauchloch eingeschlossen?
WAGNER. Behüte Gott! wie sonst das Zeugen Mode war,
Erklären wir für eitel Possen.
Der zarte Punkt, aus dem das Leben sprang,
Die holde Kraft, die aus dem Innern drang
Und nahm und gab, bestimmt, sich selbst zu zeichnen,
Erst Nächstes, dann sich Fremdes anzueignen,
Die ist von ihrer Würde nun entsetzt;
Wenn sich das Tier noch weiter dran ergötzt.
So muß der Mensch mit seinen großen Gaben
Doch künftig höhern, höhern Ursprung haben.

Zum Herd gewendet.
Es leuchtet! seht! – Nun läßt sich wirklich hoffen,
Daß, wenn wir aus viel hundert Stoffen
Durch Mischung – denn auf Mischung kommt es an –
Den Menschenstoff gemächlich komponieren.
In einem Kolben verlutieren
Und ihn gehörig kohobieren,
So ist das Werk im stillen abgetan.
Zum Herd gewendet. Es wird! die Masse regt sich klarer!
Die Überzeugung wahrer, wahrer:
Was man an der Natur Geheimnisvolles pries,
Das wagen wir verständig zu probieren,
Und was sie sonst organisieren ließ,
Das lassen wir kristallisieren.
MEPHISTOPHELES. Wer lange lebt, hat viel erfahren,
Nichts Neues kann für ihn auf dieser Welt geschehn.
Ich habe schon in meinen Wanderjahren
Kristallisiertes Menschenvolk gesehn.
WAGNER *bisher immer aufmerksam auf die Phiole.*
Es steigt, es blitzt, es häuft sich an,
Im Augenblick ist es getan.
Ein großer Vorsatz scheint im Anfang toll;
Doch wollen wir des Zufalls künftig lachen,
Und so ein Hirn, das trefflich denken soll,
Wird künftig auch ein Denker machen.
Entzückt die Phiole betrachtend.
Das Glas erklingt von lieblicher Gewalt,
Es trübt, es klärt sich: also muß es werden!
Ich seh in zierlicher Gestalt
Ein artig Männlein sich gebärden.
Was wollen wir, was will die Welt nun mehr?
Denn das Geheimnis liegt am Tage:
Gebt diesem Laute nur Gehör,
Er wird zur Stimme, wird zur Sprache.
HOMUNCULUS *in der Phiole zu Wagner.*
Nun, Väterchen! wie stehts? es war kein Scherz.

Komm, drücke mich recht zärtlich an dein Herz!
Doch nicht zu fest, damit das Glas nicht springe!
Das ist die Eigenschaft der Dinge:
Natürlichem genügt das Weltall kaum;
Was künstlich ist, verlangt geschloßnen Raum.
Zu Mephistopheles.
Du aber, Schalk, Herr Vetter, bist du hier?
Im rechten Augenblick! ich danke dir.
Ein gut Geschick führt dich zu uns herein;
Dieweil ich bin, muß ich auch tätig sein.
Ich möchte mich sogleich zur Arbeit schürzen;
Du bist gewandt, die Wege mir zu kürzen.
WAGNER. Nur noch Ein Wort! Bisher mußt ich mich schämen;
Denn alt und jung bestürmt mich mit Problemen.
Zum Beispiel nur: noch niemand konnt es fassen,
Wie Seel und Leib so schön zusammenpassen,
So fest sich halten, als um nie zu scheiden,
Und doch den Tag sich immerfort verleiden.
Sodann –
MEPHISTOPHELES. Halt ein! ich wollte lieber fragen:
Warum sich Mann und Frau so schlecht vertragen?
Du kommst, mein Freund, hierüber nie ins reine.
Hier gibts zu tun! das eben will der Kleine.
HOMUNCULUS. Was gibts zu tun?
MEPH. *auf eine Seitentüre deutend.* Hier zeige deine Gabe!
WAGNER *immer in die Phiole schauend.*
Fürwahr, du bist ein allerliebster Knabe!
Die Seitentür öffnet sich, man sieht Faust auf dem Lager hingestreckt.
HOMUNCULUS *erstaunt.* Bedeutend! –
Die Phiole entschlüpft aus Wagners Händen, schwebt über Faust und beleuchtet ihn. Schön umgeben! Klar Gewässer
Im dichten Haine! Fraun, die sich entkleiden,
Die allerliebsten! Das wird immer besser.
Doch eine läßt sich glänzend unterscheiden:
Aus höchstem Helden-, wohl aus Götterstamme!

Sie setzt den Fuß in das durchsichtige Helle;
Des edlen Körpers holde Lebensflamme
Kühlt sich im schmiegsamen Kristall der Welle. –
Doch welch Getöse rasch bewegter Flügel?
Welch Sausen, Plätschern wühlt im glatten Spiegel?
Die Mädchen fliehn verschüchtert; doch allein
Die Königin, sie blickt gelassen drein
Und sieht mit stolzem, weiblichem Vergnügen
Der Schwäne Fürsten ihrem Knie sich schmiegen,
Zudringlich-zahm. Er scheint sich zu gewöhnen. –
Auf einmal aber steigt ein Dunst empor
Und deckt mit dichtgewebtem Flor
Die lieblichste von allen Szenen.
MEPHISTOPHELES. Was du nicht alles zu erzählen hast!
So klein du bist, so groß bist du Phantast.
Ich sehe nichts! –
HOMUNCULUS.   Das glaub ich! Du aus Norden,
Im Nebelalter jung geworden,
Im Wust von Rittertum und Pfäfferei,
Wo wäre da dein Auge frei!
Im Düstern bist du nur zu Hause. *Umherschauend.*
Verbräunt Gestein, bemodert, widrig,
Spitzbögig, schnörkelhaftest, niedrig! –
Erwacht uns dieser, gibt es neue Not:
Er bleibt gleich auf der Stelle tot.
Waldquellen, Schwäne, nackte Schönen,
Das war sein ahnungsvoller Traum;
Wie wollt er sich hierher gewöhnen!
Ich, der Bequemste, duld es kaum.
Nun fort mit ihm!
MEPHISTOPHELES. Der Ausweg soll mich freuen.
HOMUNCULUS. Befiehl den Krieger in die Schlacht,
Das Mädchen führe du zum Reihen,
So ist gleich alles abgemacht.
Jetzt eben, wie ich schnell bedacht,
Ist klassische Walpurgisnacht:

Das Beste, was begegnen könnte,
Bringt ihn zu seinem Elemente.
MEPHISTOPHELES. Dergleichen hab ich nie vernommen.
HOMUNCULUS. Wie wollt es auch zu euren Ohren kommen?
Romantische Gespenster kennt ihr nur allein;
Ein echt Gespenst, auch klassisch hats zu sein.
MEPHISTOPHELES. Wohin denn aber soll die Fahrt sich regen?
Mich widern schon antikische Kollegen.
HOMUNCULUS. Nordwestlich, Satan, ist dein Luftrevier,
Südöstlich diesmal aber segeln wir;
An großer Fläche fließt Peneios frei,
Umbuscht, umbaumt, in still- und feuchten Buchten;
Die Ebne dehnt sich zu der Berge Schluchten,
Und oben liegt Pharsalus, alt und neu.
MEPHISTOPHELES. O weh! hinweg! und laßt mir jene Streite
Von Tyrranei und Sklaverei beiseite!
Mich langeweilts; denn kaum ists abgetan,
So fangen sie von vorne wieder an,
Und keiner merkt: er ist doch nur geneckt
Vom Asmodeus, der dahintersteckt.
Sie streiten sich, so heißts um Freiheitsrechte:
Genau besehn, sinds Knechte gegen Knechte.
HOMUNCULUS. Den Menschen laß ihr widerspenstig Wesen!
Ein jeder muß sich wehren, wie er kann,
Vom Knaben auf, so wirds zuletzt ein Mann.
Hier fragt sichs nur, wie dieser kann genesen.
Hast du ein Mittel, so erprob es hier;
Vermagst dus nicht, so überlaß es mir!
MEPHISTOPHELES.
Manch Brockenstückchen wäre durchzuproben;
Doch Heidenriegel find ich vorgeschoben.
Das Griechenvolk, es taugte nie recht viel!
Doch blendets euch mit freiem Sinnenspiel,
Verlockt des Menschen Brust zu heitern Sünden;
Die unsern wird man immer düster finden.
Und nun was solls?

HOMUNCULUS.   Du bist ja sonst nicht blöde,
Und wenn ich von thessalischen Hexen rede,
So, denk ich, hab ich was gesagt.
MEPHISTOPHELES *lüstern.*
Thessalische Hexen! Wohl! das sind Personen,
Nach denen hab ich lang gefragt.
Mit ihnen Nacht für Nacht zu wohnen,
Ich glaube nicht, daß es behagt;
Doch zum Besuch, Versuch –
HOMUNCULUS.   Den Mantel her
Und um den Ritter umgeschlagen!
Der Lappen wird euch, wie bisher,
Den einen mit dem andern tragen;
Ich leuchte vor.
WAGNER *ängstlich.* Und ich?
HOMUNCULUS.   Eh nun,
Du bleibst zu Hause, Wichtigstes zu tun.
Entfalte du die alten Pergamente,
Nach Vorschrift sammle Lebenselemente
Und füge sie mit Vorsicht eins ans andre,
Das Was bedenke, mehr bedenke Wie!
Indessen ich ein Stückchen Welt durchwandre,
Entdeck ich wohl das Tüpfchen auf das i.
Dann ist der große Zweck erreicht;
Solch einen Lohn verdient ein solches Streben:
Gold, Ehre, Ruhm, gesundes, langes Leben,
Und Wissenschaft und Tugend – auch vielleicht.
Leb wohl!
WAGNER *betrübt.* Leb wohl! Das drückt das Herz mir nieder.
Ich fürchte schon, ich seh dich niemals wieder.
MEPHISTOPHELES. Nun zum Peneios frisch hinab!
Herr Vetter ist nicht zu verachten. *Ad spectatores.*
Am Ende hängen wir doch ab
Von Kreaturen, die wir machten.

KLASSISCHE WALPURGISNACHT

PHARSALISCHE FELDER

Finsternis

ERICHTHO

Zum Schauderfest dieser Nacht, wie öfter schon,
Tret ich einher, Erichtho, ich, die Düstere:
Nicht so abscheulich, wie die leidigen Dichter mich
Im Übermaß verlästern. – Endigen sie doch nie
In Lob und Tadel! – Überbleicht erscheint mir schon
Von grauer Zelten Woge weit das Tal dahin,
Als Nachgesicht der sorg- und grauenvollsten Nacht.
Wie oft schon wiederholt sichs! wird sich immerfort
Ins Ewige wiederholen! Keiner gönnt das Reich
Dem andern, Dem gönnts keiner, ders mit Kraft erwarb
Und kräftig herrscht. Denn jeder, der sein innres Selbst
Nicht zu regieren weiß, regierte gar zu gern
Des Nachbarn Willen, eignem stolzen Sinn gemäß.
Hier aber ward ein großes Beispiel durchgekämpft:
Wie sich Gewalt Gewaltigerem entgegenstellt,
Der Freiheit holder, tausendblumiger Kranz zerreißt,
Der starre Lorbeer sich ums Haupt des Herrschers biegt.
Hier träumte Magnus früher Größe Blütentag,
Dem schwanken Zünglein lauschend, wachte Cäsar dort!
Das wird sich messen. Weiß die Welt doch, wems gelang!

Wachfeuer glühen, rote Flammen spendende;
Der Boden haucht vergoßnen Blutes Widerschein,
Und angelockt von seltnem Wunderglanz der Nacht,
Versammelt sich hellenischer Sage Legion.
Um alle Feuer schwankt unsicher oder sitzt
Behaglich alter Tage fabelhaft Gebild. –
Der Mond, zwar unvollkommen, aber leuchtend-hell,
Erhebt sich, milden Glanz verbreitend überall;
Der Zelten Trug verschwindet, Feuer brennen blau.

Doch, über mir! welch unerwartet Meteor?
Es leuchtet und beleuchtet körperlichen Ball.
Ich wittre Leben. Da geziemen will mirs nicht,
Lebendigem zu nahen, dem ich schädlich bin:
Das bringt mir bösen Ruf und frommt mir nicht.
Schon sinkt es nieder. Weich ich aus mit Wohlbedacht!
Entfernt sich.

Die Luftfahrer oben

HOMUNCULUS. Schwebe noch einmal die Runde
Über Flamm- und Schaudergrauen;
Ist es doch in Tal und Grunde
Gar gespenstisch anzuschauen.

MEPHISTOPHELES. Seh ich, wie durchs alte Fenster
In des Nordens Wust und Graus,
Ganz abscheuliche Gespenster,
Bin ich hier wie dort zu Haus.

HOMUNCULUS. Sieh! da schreitet eine Lange
Weiten Schrittes von uns hin.

MEPHISTOPHELES. Ist es doch, als wär ihr bange:
Sah uns durch die Lüfte ziehn.

HOMUNCULUS. Laß sie schreiten! – Setz ihn nieder,
Deinen Ritter, und sogleich
Kehret ihm das Leben wieder;
Denn er suchts im Fabelreich.

FAUST *den Boden berührend.* Wo ist sie?

HOMUNCULUS. Wüßtens nicht zu sagen,
Doch hier wahrscheinlich zu erfragen.
In Eile magst du, eh es tagt,
Von Flamm zu Flamme spürend gehen:
Wer zu den Müttern sich gewagt,
Hat weiter nichts zu überstehen.

MEPHISTOPHELES. Auch ich bin hier an meinem Teil;
Doch wüßt ich Besseres nicht zu unserem Heil
Als: jeder möge durch die Feuer
Versuchen sich sein eigen Abenteuer.

Dann, um uns wieder zu vereinen,
Laß deine Leuchte, Kleiner, tönend scheinen!
HOMUNCULUS. So soll es blitzen, soll es klingen!
Das Glas dröhnt und leuchtet gewaltig.
Nun frisch zu neuen Wunderdingen!
FAUST *allein*. Wo ist sie? – Frage jetzt nicht weiter nach!
Wärs nicht die Scholle, die sie trug,
Die Welle nicht, die ihr entgegenschlug,
So ists die Luft, die ihre Sprache sprach.
Hier! durch ein Wunder, hier in Griechenland!
Ich fühlte gleich den Boden, wo ich stand.
Wie mich, den Schläfer, frisch ein Geist durchglühte,
So steh ich, ein Antäus an Gemüte,
Und find ich hier das Seltsamste beisammen,
Durchforsch ich ernst dies Labyrinth der Flammen.
Entfernt sich.

[AM OBERN PENEIOS]

MEPHISTOPHELES *umherspürend*.
Und wie ich diese Feuerchen durchschweife,
So find ich mich doch ganz und gar entfremdet:
Fast alles nackt, nur hie und da behemdet,
Die Sphinxe schamlos, unverschämt die Greife,
Und was nicht alles, lockig und beflügelt,
Von vorn und hinten sich im Auge spiegelt! –
Zwar sind auch wir von Herzen unanständig,
Doch das Antike find ich zu lebendig;
Das müßte man mit neustem Sinn bemeistern
Und mannigfaltig modisch überkleistern.
Ein widrig Volk! Doch darf michs nicht verdrießen,
Als neuer Gast anständig sie zu grüßen. –
Glückzu den schönen Fraun, den klugen Greisen!
GREIF *schnarrend*.
Nicht Greisen! Greifen! – Niemand hört es gern,
Daß man ihn Greis nennt. Jedem Worte klingt
Der Ursprung nach, wo es sich her bedingt:

Grau, grämlich, griesgram, greulich, Gräber, grimmig,
Etymologisch gleicherweise stimmig,
Verstimmen uns.
MEPHISTOPHELES. Und doch, nicht abzuschweifen,
Gefällt das Grei im Ehrentitel Greifen.
GREIF *wie oben und immer so fort.*
Natürlich! Die Verwandtschaft ist erprobt,
Zwar oft gescholten, mehr jedoch gelobt;
Man greife nun nach Mädchen, Kronen, Gold,
Dem Greifenden ist meist Fortuna hold.
AMEISEN *von der kolossalen Art.*
Ihr sprecht von Gold: wir hatten viel gesammelt,
In Fels- und Höhlen heimlich eingerammelt!
Das Arimaspenvolk hats ausgespürt;
Sie lachen dort, wie weit sies weggeführt.
GREIFE. Wir wollen sie schon zum Geständnis bringen.
ARIMASPEN. Nur nicht zur freien Jubelnacht!
Bis morgen ists alles durchgebracht,
Es wird uns diesmal wohl gelingen.
MEPHISTOPHELES *hat sich zwischen die Sphinxe gesetzt.*
Wie leicht und gern ich mich hierher gewöhne!
Denn ich verstehe Mann für Mann.
SPHINX. Wir hauchen unsre Geistertöne,
Und ihr verkörpert sie alsdann.
Jetzt nenne dich, bis wir dich weiter kennen!
MEPH. Mit vielen Namen glaubt man mich zu nennen! –
Sind Briten hier? Sie reisen sonst so viel,
Schlachtfeldern nachzuspüren, Wasserfällen,
Gestürzten Mauern, klassisch-dumpfen Stellen;
Das wäre hier für sie ein würdig Ziel.
Sie zeugten auch: im alten Bühnenspiel
Sah man mich dort als Old Iniquity.
SPHINX. Wie kam man drauf?
MEPHISTOPHELES. Ich weiß es selbst nicht, wie.
SPHINX. Mag sein! Hast du von Sternen einige Kunde?
Was sagst du zu der gegenwärtigen Stunde?

MEPHISTOPHELES *aufschauend.*
Stern schießt nach Stern, beschnittner Mond scheint helle,
Und mir ist wohl an dieser trauten Stelle,
Ich wärme mich an deinem Löwenfelle.
Hinauf sich zu versteigen, wär zum Schaden;
Gib Rätsel auf, gib allenfalls Charaden!
SPHINX. Sprich nur dich selbst aus, wird schon Rätsel sein.
Versuch einmal, dich innigst aufzulösen:
»Dem frommen Manne nötig wie dem bösen,
Dem ein Plastron, asketisch zu rapieren,
Kumpan dem andern, Tolles zu vollführen,
Und beides nur, um Zeus zu amüsieren.«
ERSTER GREIF *schnarrend.* Den mag ich nicht!
ZWEITER GREIF *stärker schnarrend.* Was will uns Der?
BEIDE. Der Garstige gehöret nicht hierher!
MEPHISTOPHELES *brutal.*
Du glaubst vielleicht, des Gastes Nägel krauen
Nicht auch so gut wie deine scharfen Klauen?
Versuchs einmal!
SPHINX *milde.* Du magst nur immer bleiben,
Wird dichs doch selbst aus unsrer Mitte treiben;
In deinem Lande tust dir was zugute,
Doch, irr ich nicht, hier ist dir schlecht zumute.
MEPHISTOPHELES. Du bist recht appetitlich oben anzuschauen;
Doch untenhin – die Bestie macht mir Grauen.
SPHINX. Du Falscher kommst zu deiner bittern Buße:
Denn unsre Tatzen sind gesund,
Dir mit verschrumptem Pferdefuße
Behagt es nicht in unserem Bund. *Sirenen präludieren oben.*
MEPHISTOPHELES. Wer sind die Vögel, in den Ästen
Des Pappelstromes hingewiegt?
SPHINX. Gewahrt Euch nur! Die Allerbesten
Hat solch ein Singsang schon besiegt.

    SIRENEN. Ach, was wollt ihr euch verwöhnen
       In dem Häßlich-Wunderbaren!

Horcht, wir kommen hier zu Scharen
Und in wohlgestimmten Tönen:
So geziemet es Sirenen!

SPHINXE *sie verspottend in derselben Melodie.*
Nötigt sie herabzusteigen!
Sie verbergen in den Zweigen
Ihre garstigen Habichtskrallen,
Euch verderblich anzufallen,
Wenn ihr euer Ohr verleiht.

SIRENEN. Weg! das Hassen, weg! das Neiden!
Sammeln wir die klarsten Freuden,
Unterm Himmel ausgestreut!
Auf dem Wasser, auf der Erde
Seis die heiterste Gebärde,
Die man dem Willkommnen beut.

MEPHISTOPHELES. Das sind die saubern Neuigkeiten,
Wo aus der Kehle, von den Saiten
Ein Ton sich um den andern flicht.
Das Trallern ist bei mir verloren:
Es krabbelt wohl mir um die Ohren,
Allein zum Herzen dringt es nicht.

SPHINX. Sprich nicht vom Herzen! das ist eitel:
Ein lederner, verschrumpfter Beutel,
Das paßt dir eher zu Gesicht!

FAUST *herantretend.*
Wie wunderbar! das Anschaun tut mir Gnüge:
Im Widerwärtigen große, tüchtige Züge.
Ich ahne schon ein günstiges Geschick;
Wohin versetzt mich dieser ernste Blick!
Auf Sphinxe bezüglich.
Vor solchen hat einst Ödipus gestanden!
Auf Sirenen bezüglich.
Vor solchen krümmte sich Ulyß in hänfnen Banden!
Auf Ameisen bezüglich.
Von solchen war der höchste Schatz gespart,

Auf Greife bezüglich.
Von diesen treu und ohne Fehl bewahrt!
Vom frischen Geiste fühl ich mich durchdrungen:
Gestalten groß, groß die Erinnerungen.
MEPHISTOPHELES. Sonst hättest du dergleichen weggeflucht,
Doch jetzo scheint es dir zu frommen;
Denn wo man die Geliebte sucht,
Sind Ungeheuer selbst willkommen.
FAUST *zu den Sphinxen.*
Ihr Frauenbilder müßt mir Rede stehn:
Hat eins der euren Helena gesehn?
SPHINXE. Wir reichen nicht hinauf zu ihren Tagen,
Die letztesten hat Herkules erschlagen.
Von Chiron könntest dus erfragen;
Der sprengt herum in dieser Geisternacht;
Wenn er dir steht, so hast dus weit gebracht.

   SIRENEN. Sollte dirs doch auch nicht fehlen!
             Wie Ulyß bei uns verweilte,
             Schmähend nicht vorübereilte,
             Wußt er vieles zu erzählen;
             Würden alles dir vertrauen,
             Wolltest du zu unsern Gauen
             Dich ans grüne Meer verfügen.

SPHINXE. Laß dich, Edler, nicht betrügen!
Statt daß Ulyß sich binden ließ,
Laß unsern guten Rat dich binden!
Kannst du den hohen Chiron finden,
Erfährst du, was ich dir verhieß. *Faust entfernt sich.*
MEPHISTOPHELES *verdrießlich.*
Was krächzt vorbei mit Flügelschlag,
So schnell, daß man nicht sehen mag,
Und immer eins dem andern nach?
Den Jäger würden sie ermüden.
Sphinxe. Dem Sturm des Winterwinds vergleichbar,
Alcides Pfeilen kaum erreichbar:

Es sind die raschen Stymphaliden,
Und wohlgemeint ihr Krächzegruß,
Mit Geierschnabel und Gänsefuß.
Sie möchten gern in unsern Kreisen
Als Stammverwandte sich erweisen.
MEPHISTOPHELES *wie verschüchtert.*
Noch andres Zeug zischt zwischendrein.
SPHINXE. Vor diesen sei Euch ja nicht bange!
Es sind die Köpfe der Lernäischen Schlange,
Vom Rumpf getrennt, und glauben was zu sein. –
Doch sagt: was soll nur aus Euch werden?
Was für unruhige Gebärden?
Wo wollt Ihr hin? – Begebt Euch fort:
Ich sehe, jener Chorus dort
Macht Euch zum Wendehals. Bezwingt Euch nicht,
Geht hin! begrüßt manch reizendes Gesicht!
Die Lamien sinds! lustfeine Dirnen,
Mit Lächelmund und frechen Stirnen,
Wie sie dem Satyrvolk behagen;
Ein Bocksfuß darf dort alles wagen.
MEPHISTOPHELES.
Ihr bleibt doch hier, daß ich euch wiederfinde?
SPHINX. Ja! Mische dich zum luftigen Gesinde!
Wir, von Ägypten her, sind längst gewohnt,
Daß unsereins in tausend Jahre thront.
Und respektiert nur unsre Lage:
So regeln wir die Mond- und Sonnentage.

   Sitzen vor den Pyramiden
   Zu der Völker Hochgericht,
   Überschwemmung, Krieg und Frieden –
   Und verziehen kein Gesicht.

[AM UNTERN PENEIOS]

Peneios, umgeben von Gewässern und Nymphen

PENEIOS. Rege dich, du Schilfgeflüster!
Hauche leise, Rohrgeschwister,
Säuselt, leichte Weidensträuche,
Lispelt, Pappelzitterzweige,
Unterbrochnen Träumen zu!
Weckt mich doch ein grauslich Wittern,
Heimlich-allbewegend Zittern
Aus dem Wallestrom und Ruh.

FAUST *an den Fluß tretend.*
Hör ich recht, so muß ich glauben:
Hinter den verschränkten Lauben
Dieser Zweige, dieser Stauden
Tönt ein menschenähnlich Lauten.
Scheint die Welle doch ein Schwätzen,
Lüftlein wie ein Scherzergötzen.

NYMPHEN *zu Faust.* Am besten geschäh dir,
    Du legtest dich nieder,
    Erholtest im Kühlen
    Ermüdete Glieder,
    Genössest der immer
    Dich meidenden Ruh;
    Wir säuseln, wir rieseln,
    Wir flüstern dir zu.

FAUST. Ich wache ja! O laßt sie walten,
Die unvergleichlichen Gestalten,
Wie sie dorthin mein Auge schickt!
So wunderbar bin ich durchdrungen!
Sinds Träume? sinds Erinnerungen?
Schon einmal warst du so beglückt.
Gewässer schleichen durch die Frische
Der dichten, sanft bewegten Büsche,
Nicht rauschen sie, sie rieseln kaum;

Von allen Seiten hundert Quellen
Vereinen sich im reinlich-hellen,
Zum Bade flach vertieften Raum.
Gesunde, junge Frauenglieder,
Vom feuchten Spiegel doppelt wieder
Ergötztem Auge zugebracht!
Gesellig dann und fröhlich badend,
Erdreistet schwimmend, furchtsam watend;
Geschrei zuletzt und Wasserschlacht.
Begnügen sollt ich mich an diesen,
Mein Auge sollte hier genießen;
Doch immer weiter strebt mein Sinn.
Der Blick dringt scharf nach jener Hülle:
Das reiche Laub der grünen Fülle
Verbirgt die hohe Königin.

Wundersam! auch Schwäne kommen
Aus den Buchten hergeschwommen,
Majestätisch-rein bewegt,
Ruhig schwebend, zart gesellig,
Aber stolz und selbstgefällig:
Wie sich Haupt und Schnabel regt! –
Einer aber scheint vor allen
Brüstend kühn sich zu gefallen,
Segelnd rasch durch alle fort;
Sein Gefieder bläht sich schwellend,
Welle selbst, auf Wogen wellend,
Dringt er zu dem heiligen Ort. –
Die andern schwimmen hin und wieder
Mit ruhig glänzendem Gefieder,
Bald auch in regem prächtigen Streit
Die scheuen Mädchen abzulenken,
Daß sie an ihren Dienst nicht denken,
Nur an die eigne Sicherheit.

NYMPHEN. Leget, Schwestern, euer Ohr
An des Ufers grüne Stufe!
Hör ich recht, so kommt mirs vor
Als der Schall von Pferdes Hufe.
Wüßt ich nur, wer dieser Nacht
Schnelle Botschaft zugebracht!

FAUST. Ist mir doch, als dröhnt die Erde,
Schallend unter eiligem Pferde!
Dorthin mein Blick!
Ein günstiges Geschick,
Soll es mich schon erreichen?
O Wunder ohnegleichen!
Ein Reiter kommt herangetrabt,
Er scheint von Geist und Mut begabt,
Von blendend weißem Pferd getragen –
Ich irre nicht, ich kenn ihn schon:
Der Philyra berühmter Sohn! –
Halt, Chiron! halt! Ich habe dir zu sagen –
CHIRON. Was gibts? was ists?
FAUST.   Bezähme deinen Schritt!
CHIRON. Ich raste nicht!
FAUST.   So, bitte, nimm mich mit!
CHIRON. Sitz auf! so kann ich nach Belieben fragen:
Wohin des Wegs? Du stehst am Ufer hier,
Ich bin bereit, dich durch den Fluß zu tragen.
FAUST *aufsitzend.*
Wohin du willst. Für ewig dank ichs dir! –
Der große Mann, der edle Pädagog,
Der, sich zum Ruhm, ein Heldenvolk erzog,
Den schönen Kreis der edlen Argonauten
Und alle, die des Dichters Welt erbauten –
CHIRON. Das lassen wir an seinem Ort!
Selbst Pallas kommt als Mentor nicht zu Ehren;
Am Ende treiben sies nach ihrer Weise fort,
Als wenn sie nicht erzogen wären.

FAUST. Den Arzt, der jede Pflanze nennt,
Die Wurzeln bis ins Tiefste kennt,
Dem Kranken Heil, dem Wunden Lindrung schafft,
Umarm ich hier in Geist- und Körperkraft!
CHIRON. Ward neben mir ein Held verletzt,
Da wußt ich Hülf und Rat zu schaffen;
Doch ließ ich meine Kunst zuletzt
Den Wurzelweibern und den Pfaffen.
FAUST. Du bist der wahre große Mann,
Der Lobeswort nicht hören kann:
Er sucht bescheiden auszuweichen
Und tut, als gäb es seinesgleichen.
CHIRON. Du scheinest mir geschickt zu heucheln,
Dem Fürsten wie dem Volk zu schmeicheln.
FAUST. So wirst du mir denn doch gestehn:
Du hast die Größten deiner Zeit gesehn,
Dem Edelsten in Taten nachgestrebt,
Halbgöttlich-ernst die Tage durchgelebt.
Doch unter den heroischen Gestalten
Wen hast du für den Tüchtigsten gehalten?
CHIRON. Im hehren Argonautenkreise
War jeder brav nach seiner eignen Weise,
Und nach der Kraft, die ihn beseelte,
Konnt er genügen, wos den andern fehlte.
Die Dioskuren haben stets gesiegt,
Wo Jugendfüll und Schönheit überwiegt.
Entschluß und schnelle Tat zu andrer Heil,
Den Boreaden wards zum schönen Teil.
Nachsinnend, kräftig, klug, im Rat bequem,
So herrschte Jason, Frauen angenehm.
Dann Orpheus: zart und immer still-bedächtig,
Schlug er die Leier, allen übermächtig.
Scharfsichtig Lynkeus, der bei Tag und Nacht
Das heilge Schiff durch Klipp und Strand gebracht.
Gesellig nur läßt sich Gefahr erproben:
Wenn einer wirkt, die andern alle loben.

FAUST. Von Herkules willst nichts erwähnen?
CHIRON. O weh! errege nicht mein Sehnen!
Ich hatte Phöbus nie gesehn,
Noch Ares, Hermes, wie sie heißen;
Da sah ich mir vor Augen stehn,
Was alle Menschen göttlich preisen.
So war er ein geborner König,
Als Jüngling herrlichst anzuschaun,
Dem älteren Bruder untertänig
Und auch den allerliebsten Fraun.
Den zweiten zeugt nicht Gäa wieder,
Nicht führt ihn Hebe himmelein;
Vergebens mühen sich die Lieder,
Vergebens quälen sie den Stein.
FAUST. So sehr auch Bilder auf ihn pochen,
So herrlich kam er nie zur Schau.
Vom schönsten Mann hast du gesprochen,
Nun sprich auch von der schönsten Frau!
CHIRON. Was! Frauenschönheit will nichts heißen,
Ist gar zu oft ein starres Bild;
Nur solch ein Wesen kann ich preisen,
Das froh und lebenslustig quillt.
Die Schöne bleibt sich selber selig;
Die Anmut macht unwiderstehlich,
Wie Helena, da ich sie trug.
FAUST. Du trugst sie?
CHIRON. Ja, auf diesem Rücken!
FAUST. Bin ich nicht schon verwirrt genug,
Und solch ein Sitz muß mich beglücken!
CHIRON. Sie faßte so mich in das Haar,
Wie du es tust.
FAUST. O ganz und gar
Verlier ich mich! Erzähle: wie?
Sie ist mein einziges Begehren!
Woher, wohin, ach! trugst du sie?
CHIRON. Die Frage läßt sich leicht gewähren.

2. AKT · KLASSISCHE WALPURGISNACHT

Die Dioskuren hatten jener Zeit
Das Schwesterchen aus Räuberfaust befreit.
Doch diese, nicht gewohnt, besiegt zu sein,
Ermannten sich und stürmten hinterdrein.
Da hielten der Geschwister eiligen Lauf
Die Sümpfe bei Eleusis auf;
Die Brüder wateten, ich patschte, schwamm hinüber;
Da sprang sie ab und streichelte
Die feuchte Mähne, schmeichelte
Und dankte lieblich-klug und selbstbewußt.
Wie war sie reizend! jung! des Alten Lust!

FAUST. Erst zehen Jahr!

CHIRON.   Ich seh, die Philologen,
Sie haben dich so wie sich selbst betrogen.
Ganz eigen ists mit mythologischer Frau:
Der Dichter bringt sie, wie ers braucht, zur Schau;
Nie wird sie mündig, wird nicht alt,
Stets appetitlicher Gestalt,
Wird jung entführt, im Alter noch umfreit;
Gnug, den Poeten bindet keine Zeit.

FAUST. So sei auch sie durch keine Zeit gebunden!
Hat doch Achill auf Pherä sie gefunden,
Selbst außer aller Zeit! Welch seltnes Glück:
Errungene Liebe gegen das Geschick!
Und sollt ich nicht, sehnsüchtigster Gewalt,
Ins Leben ziehn die einzigste Gestalt?
Das ewige Wesen, Göttern ebenbürtig,
So groß als zart, so hehr als liebenswürdig?
Du sahst sie einst, heut hab ich sie gesehn,
So schön wie reizend, wie ersehnt so schön!
Nun ist mein Sinn, mein Wesen streng umfangen:
Ich lebe nicht, kann ich sie nicht erlangen!

CHIRON. Mein fremder Mann, als Mensch bist du entzückt;
Doch unter Geistern scheinst du wohl verrückt.
Nun trifft sichs hier zu deinem Glücke;
Denn alle Jahr, nur wenig Augenblicke,

Pfleg ich bei Manto vorzutreten,
Der Tochter Äskulaps; im stillen Beten
Fleht sie zum Vater, daß, zu seiner Ehre,
Er endlich doch der Ärzte Sinn verkläre
Und vom verwegnen Totschlag sie bekehre –
Die liebste mir aus der Sibyllengilde:
Nicht fratzenhaft bewegt, wohltätig-milde;
Ihr glückt es wohl, bei einigem Verweilen,
Mit Wurzelkräften dich von Grund zu heilen.
FAUST. Geheilt will ich nicht sein, mein Sinn ist mächtig;
Da wär ich ja wie andre niederträchtig.
CHIRON. Versäume nicht das Heil der edlen Quelle!
Geschwind herab! Wir sind zur Stelle.
FAUST. Sag an: wohin hast du in grauser Nacht
Durch Kiesgewässer mich ans Land gebracht?
CHIRON. Hier trotzen Rom und Griechenland im Streite,
Peneios rechts, links den Olymp zur Seite,
Das größte Reich, das sich im Sand verliert:
Der König flieht, der Bürger triumphiert.
Blick auf! hier steht, bedeutend-nah,
Im Mondschein der ewige Tempel da.
MANTO *inwendig träumend*. Von Pferdes Hufe
Erklingt die heilige Stufe,
Halbgötter treten heran.
CHIRON. Ganz recht!
Nur die Augen aufgetan!
MANTO *erwachend*. Willkommen! Ich seh, du bleibst nicht aus.
CHIRON. Steht dir doch auch dein Tempelhaus!
MANTO. Streifst du noch immer unermüdet?
CHIRON. Wohnst du noch immer still umfriedet,
Indes zu kreisen mich erfreut.
MANTO. Ich harre, mich umkreist die Zeit. –
Und dieser?
CHIRON. Die verrufene Nacht
Hat strudelnd ihn hierher gebracht.
Helenen, mit verrückten Sinnen,

Helenen will er sich gewinnen
Und weiß nicht, wie und wo beginnen:
Asklepischer Kur vor andern wert.
MANTO. Den lieb ich, der Unmögliches begehrt.
CHIRON *ist schon weit weg.*
MANTO. Tritt ein, Verwegner, sollst dich freuen!
Der dunkle Gang führt zu Persephoneien.
In des Olympus hohlem Fuß
Lauscht sie geheim-verbotnem Gruß.
Hier hab ich einst den Orpheus eingeschwärzt;
Benutz es besser! Frisch! beherzt! *Sie steigen hinab.*

[AM OBERN PENEIOS]

SIRENEN. *Am obern Peneios wie zuvor*

    Stürzt euch in Peneios Flut!
    Plätschernd ziemt es da zu schwimmen,
    Lied um Lieder anzustimmen,
    Dem unseligen Volk zugut.
    Ohne Wasser ist kein Heil!
    Führen wir mit hellem Heere
    Eilig zum Ägäischen Meere,
    Würd uns jede Lust zuteil. *Erdbeben.*

SIRENEN. Schäumend kehrt die Welle wieder,
    Fließt nicht mehr im Bett darnieder;
    Grund erbebt, das Wasser staucht,
    Kies und Ufer berstend raucht.
    Flüchten wir! Kommt alle, kommt!
    Niemand, dem das Wunder frommt!

    Fort, ihr edlen, frohen Gäste,
    Zu dem seeisch-heitern Feste,
    Blinkend wo die Zitterwellen,
    Ufernetzend, leise schwellen,
    Da, wo Luna doppelt leuchtet,
    Uns mit heilgem Tau befeuchtet!
    Dort ein freibewegtes Leben,

>   Hier ein ängstlich Erdebeben!
>   Eile jeder Kluge fort!
>   Schauderhaft ists um den Ort.
>
> SEISMOS *in der Tiefe brummend und polternd.*
>   Einmal noch mit Kraft geschoben,
>   Mit den Schultern brav gehoben!
>   So gelangen wir nach oben,
>   Wo uns alles weichen muß.
>
> SPHINXE.   Welch ein widerwärtig Zittern,
>   Häßlich-grausenhaftes Wittern!
>   Welch ein Schwanken, welches Beben,
>   Schaukelnd Hin- und Wiederstreben!
>   Welch unleidlicher Verdruß!
>   Doch wir ändern nicht die Stelle
>   Bräche los die ganze Hölle.
>
>   Nun erhebt sich ein Gewölbe
>   Wundersam. Es ist derselbe,
>   Jener Alte, längst Ergraute,
>   Der die Insel Delos baute,
>   Einer Kreißenden zulieb
>   Aus der Wog empor sie trieb.
>   Er, mit Streben, Drängen, Drücken,
>   Arme straff, gekrümmt den Rücken,
>   Wie ein Atlas an Gebärde,
>   Hebt er Boden, Rasen, Erde,
>   Kies und Grieß und Sand und Letten,
>   Unsres Ufers stille Betten.
>   So zerreißt er eine Strecke
>   Quer des Tales ruhige Decke.
>   Angestrengtest, nimmer müde,
>   Kollossal-Karyatide,
>   Trägt ein furchtbar Steingerüste,
>   Noch im Boden bis zur Büste;
>   Weiter aber solls nicht kommen:
>   Sphinxe haben Platz genommen.

SEISMOS. Das hab ich ganz allein vermittelt,
Man wird mirs endlich zugestehn,
Und hätt ich nicht geschüttelt und gerüttelt,
Wie wäre diese Welt so schön! –
Wie ständen eure Berge droben
In prächtig-reinem Ätherblau,
Hätt ich sie nicht hervorgeschoben
Zu malerisch-entzückter Schau!
Als, angesichts der höchsten Ahnen,
Der Nacht, des Chaos, ich mich stark betrug
Und in Gesellschaft der Titanen
Mit Pelion und Ossa als mit Ballen schlug:
Wir tollten fort in jugendlicher Hitze,
Bis, überdrüssig, noch zuletzt
Wir dem Parnaß als eine Doppelmütze
Die beiden Berge frevelnd aufgesetzt –
Apollen hält ein froh Verweilen
Dort nun mit seliger Musen Chor.
Selbst Jupitern und seinen Donnerkeilen
Hob ich den Sessel hoch empor.
Jetzt so, mit ungeheurem Streben,
Drang aus dem Abgrund ich herauf
Und fordere laut zu neuem Leben
Mir fröhliche Bewohner auf.

SPHINXE. Uralt, müßte man gestehen,
Sei das hier Emporgebürgte,
Hätten wir nicht selbst gesehen,
Wie sichs aus dem Boden würgte.
Bebuschter Wald verbreitet sich hinan,
Noch drängt sich Fels auf Fels bewegt heran;
Ein Sphinx wird sich daran nicht kehren:
Wir lassen uns im heiligen Sitz nicht stören.

GREIFE. Gold in Blättchen, Gold in Flittern
Durch die Ritzen seh ich zittern.
Laßt euch solchen Schatz nicht rauben:
Imsen, auf! es auszuklauben.

CHOR DER AMEISEN. Wie ihn die Riesigen
                          Emporgeschoben,
                          Ihr Zappelfüßigen,
                          Geschwind nach oben!
                          Behendest aus und ein!
                          In solchen Ritzen
                          Ist jedes Bröselein
                          Wert zu besitzen.
                          Das Allermindeste
                          Müßt ihr entdecken
                          Auf das geschwindeste
                          In allen Ecken!
                          Allemsig müßt ihr sein,
                          Ihr Wimmelscharen:
                          Nur mit dem Gold herein!
                          Den Berg laßt fahren!
GREIFE. Herein! herein! Nur Gold zuhauf!
Wir legen unsre Klauen drauf;
Sind Riegel von der besten Art:
Der größte Schatz ist wohl verwahrt.
PYGMÄEN. Haben wirklich Platz genommen,
Wissen nicht, wie es geschah.
Fraget nicht, woher wir kommen;
Denn wir sind nun einmal da!
Zu des Lebens lustigem Sitze
Eignet sich ein jedes Land;
Zeigt sich eine Felsenritze,
Ist auch schon der Zwerg zur Hand.
Zwerg und Zwergin, rasch zum Fleiße,
Musterhaft ein jedes Paar;
Weiß nicht, ob es gleicherweise
Schon im Paradiese war.
Doch wir findens hier zum besten,
Segnen dankbar unsern Stern;
Denn im Osten wie im Westen
Zeugt die Mutter Erde gern.

DAKTYLE. Hat sie in Einer Nacht
 Die Kleinen hervorgebracht,
 Sie wird die Kleinsten erzeugen;
 Finden auch ihresgleichen.

PYGMÄEN-ÄLTESTE. Eilet, bequemen
 Sitz einzunehmen!
 Eilig zum Werke!
 Schnelle für Stärke!
 Noch ist es Friede:
 Baut euch die Schmiede,
 Harnisch und Waffen
 Dem Heer zu schaffen!

 Ihr Imsen alle,
 Rührig im Schwalle,
 Schafft uns Metalle!
 Und ihr Daktyle,
 Kleinste, so viele,
 Euch sei befohlen,
 Hölzer zu holen!
 Schichtet zusammen
 Heimliche Flammen:
 Schaffet uns Kohlen!

GENERALISSIMUS. Mit Pfeil und Bogen
 Frisch ausgezogen!
 An jenem Weiher
 Schießt mir die Reiher,
 Unzählig nistende,
 Hochmütig brüstende,
 Auf Einen Ruck
 Alle wie Einen,
 Daß wir erscheinen
 Mit Helm und Schmuck!

IMSEN UND DAKTYLE. Wer wird uns retten!
 Wir schaffen's Eisen,
 Sie schmieden Ketten.

                    Uns loszureißen,
                    Ist noch nicht zeitig;
                    Drum seid geschmeidig!

DIE KRANICHE DES IBYKUS. Mordgeschrei und Sterbeklagen!
                    Ängstlich Flügelflatterschlagen!
                    Welch ein Ächzen, welch Gestöhn
                    Dringt herauf zu unsern Höhn!
                    Alle sind sie schon ertötet,
                    See von ihrem Blut gerötet!
                    Mißgestaltete Begierde
                    Raubt des Reihers edle Zierde.
                    Weht sie doch schon auf dem Helme
                    Dieser Fettbauch-Krummbein-Schelme!
                    Ihr Genossen unsres Heeres,
                    Reihenwanderer des Meeres,
                    Euch berufen wir zur Rache
                    In so nahverwandter Sache.
                    Keiner spare Kraft und Blut:
                    Ewige Feindschaft dieser Brut!
                    Zerstreuen sich krächzend in den Lüften.

MEPHISTOPHELES *in der Ebne.*
Die nordischen Hexen wußt ich wohl zu meistern,
Mir wirds nicht just mit diesen fremden Geistern.
Der Blocksberg bleibt ein gar bequem Lokal:
Wo man auch sei, man findet sich zumal.
Frau Ilse wacht für uns auf ihrem Stein,
Auf seiner Höh wird Heinrich munter sein,
Die Schnarcher schnauzen zwar das Elend an,
Doch alles ist für tausend Jahr getan.
Wer weiß denn hier nur, wo er geht und steht,
Ob unter ihm sich nicht der Boden bläht?
Ich wandle lustig durch ein glattes Tal,
Und hinter mir erhebt sich auf einmal
Ein Berg, zwar kaum ein Berg zu nennen,
Von meinen Sphinxen mich jedoch zu trennen,

Schon hoch genug! – Hier zuckt noch manches Feuer
Das Tal hinab und flammt ums Abenteuer:
Noch tanzt und schwebt mir lockend, weichend vor,
Spitzbübisch gaukelnd, der galante Chor.
Nur sachte drauf! Allzu gewohnt ans Naschen,
Wo es auch sei, man sucht was zu erhaschen.

LAMIEN. *Mephistopheles nach sich ziehend.*

> Geschwind! geschwinder!
> Und immer weiter!
> Dann wieder zaudernd,
> Geschwätzig plaudernd!
> Es ist so heiter,
> Den alten Sünder
> Uns nachzuziehen
> Zu schwerer Buße!
> Mit starrem Fuße
> Kommt er geholpert,
> Einhergestolpert;
> Er schleppt das Bein,
> Wie wir ihn fliehen,
> Uns hinterdrein!

MEPHISTOPHELES *stillstehend.*
Verflucht Geschick! Betrogne Mannsen!
Von Adam her verführte Hansen!
Alt wird man wohl, wer aber klug?
Warst du nicht schon vernarrt genug?

Man weiß: das Volk taugt aus dem Grunde nichts,
Geschnürten Leibs, geschminkten Angesichts.
Nichts haben sie Gesundes zu erwidern,
Wo man sie anfaßt, morsch in allen Gliedern.
Man weiß, man siehts, man kann es greifen,
Und dennoch tanzt man, wenn die Luder pfeifen!

LAMIEN *innehaltend.* Halt! er besinnt sich, zaudert, steht!
Entgegnet ihm, daß er euch nicht entgeht!

MEPHISTOPHELES *fortschreitend.*
Nur zu! und laß dich ins Gewebe
Der Zweifelei nicht törig ein;
Denn wenn es keine Hexen gäbe,
Wer, Teufel! möchte Teufel sein!
LAMIEN *anmutigst.* Kreisen wir um diesen Helden!
Liebe wird in seinem Herzen
Sich gewiß für Eine melden.
MEPHISTOPHELES. Zwar mit ungewissem Schimmer
Scheint ihr hübsche Frauenzimmer,
Und so möcht ich euch nicht schelten.
EMPUSE *eindringend.* Auch nicht mich! als eine solche
Laßt mich ein in eure Folge!
LAMIEN. Die ist in unserm Kreis zuviel,
Verdirbt doch immer unser Spiel.
EMPUSE *zu Mephistopheles.*
Begrüßt von Mühmichen Empuse,
Der Trauten mit dem Eselsfuße!
Du hast nur einen Pferdefuß,
Und doch, Herr Vetter, schönsten Gruß!
MEPHISTOPHELES. Hier dacht ich lauter Unbekannte
Und finde leider Nahverwandte;
Es ist ein altes Buch zu blättern:
Vom Harz bis Hellas immer Vettern!
EMPUSE. Entschieden weiß ich gleich zu handeln,
In vieles könnt ich mich verwandeln;
Doch Euch zu Ehren hab ich jetzt
Das Eselsköpfchen aufgesetzt.
MEPHISTOPHELES. Ich merk, es hat bei diesen Leuten
Verwandtschaft Großes zu bedeuten;
Doch mag sich, was auch will, eräugnen,
Den Eselskopf möcht ich verleugnen.
LAMIEN. Laß diese Garstige! sie verscheucht,
Was irgend schön und lieblich deucht;
Was irgend schön und lieblich wär,
Sie kommt heran: es ist nicht mehr!

2. AKT · KLASSISCHE WALPURGISNACHT

MEPHISTOPHELES.
Auch diese Mühmchen, zart und schmächtig,
Sie sind mir allesamt verdächtig,
Und hinter solcher Wänglein Rosen
Fürcht ich doch auch Metamorphosen.
LAMIEN. Versuch es doch! sind unsrer viele.
Greif zu! und hast du Glück im Spiele,
Erhasche dir das beste Los!
Was soll das lüsterne Geleier?
Du bist ein miserabler Freier,
Stolzierst einher und tust so groß! –
Nun mischt er sich in unsre Scharen:
Laßt nach und nach die Masken fahren
Und gebt ihm euer Wesen bloß!
MEPHISTOPHELES. Die Schönste hab ich mir erlesen –
Sie umfassend.
O weh mir! welch ein dürrer Besen!
Eine andere ergreifend.
Und diese? – Schmähliches Gesicht!
LAMIEN. Verdienst dus besser? dünk es nicht!
MEPHISTOPHELES. Die Kleine möcht ich mir verpfänden –
Lazerte schlüpft mir aus den Händen
Und schlangenhaft der glatte Zopf!
Dagegen faß ich mir die Lange –
Da pack ich eine Thyrsusstange,
Den Pinienapfel als den Kopf!
Wo wills hinaus? – Noch eine Dicke,
An der ich mich vielleicht erquicke!
Zum letztenmal gewagt! Es sei!
Recht quammig, quappig: das bezahlen
Mit hohem Preis Orientalen –
Doch ach! der Bovist platzt entzwei!
LAMIEN. Fahrt auseinander! schwankt und schwebet
Blitzartig! schwarzen Flugs umgebet
Den eingedrungenen Hexensohn!
Unsichre, schauderhafte Kreise!

Schweigsamen Fittichs, Fledermäuse!
Zu wohlfeil kommt er doch davon.

MEPHISTOPHELES *sich schüttelnd.*
Viel klüger, scheint es, bin ich nicht geworden;
Absurd ists hier, absurd im Norden,
Gespenster hier und dort vertrackt,
Volk und Poeten abgeschmackt.
Ist eben hier eine Mummenschanz
Wie überall ein Sinnentanz.
Ich griff nach holden Maskenzügen
Und faßte Wesen, daß michs schauerte –
Ich möchte gerne mich betrügen,
Wenn es nur länger dauerte.
Sich zwischen dem Gestein verirrend.
Wo bin ich denn? wo wills hinaus?
Das war ein Pfad, nun ists ein Graus.
Ich kam daher auf glatten Wegen,
Und jetzt steht mir Geröll entgegen.
Vergebens klettr ich auf und nieder:
Wo find ich meine Sphinxe wieder?
So toll hätt ich mirs nicht gedacht:
Ein solch Gebirg in Einer Nacht!
Das heiß ich frischen Hexentritt:
Die bringen ihren Blocksberg mit.

OREAS *vom Naturfels.* Herauf hier! Mein Gebirg ist alt,
Steht in ursprünglicher Gestalt.
Verehre schroffe Felsensteige,
Des Pindus letztgedehnte Zweige!
Schon stand ich unerschüttert so,
Als über mich Pompejus floh.
Daneben das Gebild des Wahns
Verschwindet schon beim Krähn des Hahns.
Dergleichen Märchen seh ich oft entstehn
Und plötzlich wieder untergehn.

MEPHISTOPHELES. Sei Ehre dir, ehrwürdiges Haupt,
Von hoher Eichenkraft umlaubt!

Der allerklarste Mondenschein
Dringt nicht zur Finsternis herein. –
Doch neben am Gebüsche zieht
Ein Licht, das gar bescheiden glüht.
Wie sich das alles fügen muß!
Fürwahr, es ist Homunculus!
Woher des Wegs, du Kleingeselle!
HOMUNCULUS. Ich schwebe so von Stell zu Stelle
Und möchte gern im besten Sinn entstehn,
Voll Ungeduld, mein Glas entzweizuschlagen;
Allein was ich bisher gesehn,
Hinein da möcht ich mich nicht wagen.
Nur, um dirs im Vertraun zu sagen:
Zwei Philosophen bin ich auf der Spur!
Ich horchte zu, es hieß: »Natur! Natur!«
Von diesen will ich mich nicht trennen,
Sie müssen doch das irdische Wesen kennen,
Und ich erfahre wohl am Ende,
Wohin ich mich am allerklügsten wende.
MEPHISTOPHELES. Das tu auf deine eigne Hand!
Denn wo Gespenster Platz genommen,
Ist auch der Philosoph willkommen.
Damit man seiner Kunst und Gunst sich freue,
Erschafft er gleich ein Dutzend neue.
Wenn du nicht irrst, kommst du nicht zu Verstand!
Willst du entstehn, entsteh auf eigne Hand!
HOMUNCULUS. Ein guter Rat ist auch nicht zu verschmähn.
MEPHISTOPHELES. So fahre hin! Wir wollens weiter sehn.
Trennen sich.
ANAXAGORAS *zu Thales.*
Dein starrer Sinn will sich nicht beugen;
Bedarf es weitres, dich zu überzeugen?
THALES. Die Welle beugt sich jedem Winde gern;
Doch hält sie sich vom schroffen Felsen fern.
ANAXAGORAS. Durch Feuerdunst ist dieser Fels zu Handen.
THALES. Im Feuchten ist Lebendiges erstanden.

HOMUNCULUS *zwischen beiden.*
Laßt mich an eurer Seite gehn!
Mir selbst gelüstets zu entstehn.
ANAXAGORAS. Hast du, o Thales, je ein Einer Nacht
Solch einen Berg aus Schlamm hervorgebracht?
THALES. Nie war Natur und ihr lebendiges Fließen
Auf Tag und Nacht und Stunden angewiesen.
Sie bildet regelnd jegliche Gestalt,
Und selbst im Großen ist es nicht Gewalt.
ANAXAGORAS. Hier aber wars! Plutonisch-grimmig Feuer,
Äolischer Dünste Knallkraft, ungeheuer,
Durchbrach des flachen Bodens alte Kruste,
Daß neu ein Berg sogleich entstehen mußte.
THALES. Was wird dadurch nun weiter fortgesetzt?
Er ist auch da, und das ist gut zuletzt.
Mit solchem Streit verliert man Zeit und Weile
Und führt doch nur geduldig Volk am Seile.
ANAXAGORAS. Schnell quillt der Berg von Myrmidonen,
Die Felsenspalten zu bewohnen:
Pygmäen, Imsen, Däumerlinge
Und andre tätig-kleine Dinge.
Zum Homunculus.
Nie hast du Großem nachgestrebt,
Einsiedlerisch-beschränkt gelebt;
Kannst du zur Herrschaft dich gewöhnen,
So laß ich dich als König krönen.
HOMUNCULUS. Was sagt mein Thales?
THALES. Wills nicht raten!
Mit Kleinen tut man kleine Taten,
Mit Großen wird der Kleine groß.
Sieh hin! die schwarze Kranichwolke!
Sie droht dem aufgeregten Volke
Und würde so dem König drohn.
Mit scharfen Schnäbeln, krallen Beinen,
Sie stechen nieder auf die Kleinen;
Verhängnis wetterleuchtet schon.

Ein Frevel tötete die Reiher,
Umstellend ruhigen Friedensweiher.
Doch jener Mordgeschosse Regen
Schafft grausam-blutgen Rachesegen,
Erregt der Nahverwandten Wut
Nach der Pygmäen frevlem Blut.
Was nützt nun Schild und Helm und Speer?
Was hilft der Reiherstrahl den Zwergen?
Wie sich Daktyl und Imse bergen!
Schon wankt, es flieht, es stürzt das Heer.

ANAXAGORAS *nach einer Pause feierlich.*
Konnt ich bisher die Unterirdischen loben,
So wend ich mich in diesem Fall nach oben. –
Du droben, ewig Unveraltete,
Dreinamig-Dreigestaltete,
Dich ruf ich an bei meines Volkes Weh,
Diane, Luna, Hekate!
Du Brusterweiternde, im Tiefsten Sinnige,
Du Ruhigscheinende, Gewaltsam-Innige,
Eröffne deiner Schatten grausen Schlund!
Die alte Macht sei ohne Zauber kund!

Pause.   Bin ich zu schnell erhört?
              Hat mein Flehn
              Nach jenen Höhn
              Die Ordnung der Natur gestört?

Und größer, immer größer nahet schon
Der Göttin rundumschriebner Thron,
Dem Auge furchtbar, ungeheuer!
Ins Düstre rötet sich sein Feuer. –
Nicht näher! drohend-mächtige Runde,
Du richtest uns und Land und Meer zugrunde!

So wär es wahr, daß dich thessalische Frauen
In frevlend-magischem Vertrauen
Von deinem Pfad herabgesungen,
Verderblichstes dir abgerungen? –

Das lichte Schild hat sich umdunkelt:
Auf einmal reißts und blitzt und funkelt
Welch ein Geprassel! welch ein Zischen!
Ein Donnern, Windgetüm dazwischen! –
Demütig zu des Thrones Stufen! –
Verzeiht! ich hab es hergerufen!
Wirft sich aufs Angesicht.
THALES. Was dieser Mann nicht alles hört und sah!
Ich weiß nicht recht, wie uns geschah,
Auch hab ichs nicht mit ihm empfunden.
Gestehen wir: es sind verrückte Stunden,
Und Luna wiegt sich ganz bequem
An ihrem Platz so wie vordem.
HOMUNCULUS. Schaut hin nach der Pygmäen Sitz:
Der Berg war rund, jetzt ist er spitz!
Ich spürt ein ungeheures Prallen,
Der Fels war aus dem Mond gefallen;
Gleich hat er, ohne nachzufragen,
So Freund als Feind gequetscht, erschlagen.
Doch muß ich solche Künste loben,
Die schöpferisch, in Einer Nacht,
Zugleich von unten und von oben
Dies Berggebräu zustand gebracht.
THALES. Sei ruhig! Es war nur gedacht.
Sie fahre hin, die garstige Brut!
Daß du nicht König warst, ist gut.
Nun fort zum heitern Meeresfeste!
Dort hofft und ehrt man Wundergäste.
Entfernen sich.
MEPHISTOPHELES *an der Gegenseite kletternd.*
Da muß ich mich durch steile Felsengruppen,
Durch alter Eichen starre Wurzeln schleppen!
Auf meinem Harz der harzige Dunst
Hat was von Pech, und das hat meine Gunst
Zunächst dem Schwefel. – Hier, bei diesen Griechen,
Ist von dergleichen kaum die Spur zu riechen;

Neugierig aber wär ich, nachzuspüren,
Womit sie Höllenqual und -flamme schüren.
DRYAS. In deinem Lande sei einheimisch klug,
Im fremden bist du nicht gewandt genug.
Du solltest nicht den Sinn zur Heimat kehren,
Der heiligen Eichen Würde hier verehren!
MEPHISTOPHELES. Man denkt an das, was man verließ;
Was man gewohnt war, bleibt ein Paradies. –
Doch sagt: was in der Höhle dort
Bei schwachem Licht sich dreifach hingekauert?
DRYAS. Die Phorkyaden! Wage dich zum Ort
Und sprich sie an, wenn dich nicht schauert!
MEPHISTOPHELES.
Warum denn nicht! – Ich sehe was und staune!
So stolz ich bin, muß ich mir selbst gestehn:
Dergleichen hab ich nie gesehn!
Die sind ja schlimmer als Alraune!
Wird man die urverworfnen Sünden
Im mindesten noch häßlich finden,
Wenn man dies Dreigetüm erblickt?
Wir litten sie nicht auf den Schwellen
Der grauenvollsten unsrer Höllen;
Hier wurzelts in der Schönheit Land,
Das wird mit Ruhm antik genannt! –
Sie regen sich, sie scheinen mich zu spüren,
Sie zwitschern pfeifend, Fledermaus-Vampyren.
PHORKYADEN. Gebt mir das Auge, Schwestern, daß es frage,
Wer sich so nah an unsre Tempel wage!
MEPHISTOPHELES. Verehrteste! erlaubt mir, euch zu nahen
Und euren Segen dreifach zu empfahen!
Ich trete vor, zwar noch als Unbekannter,
Doch, irr ich nicht, weitläufiger Verwandter.
Altwürdige Götter hab ich schon erblickt,
Vor Ops und Rhea tiefstens mich gebückt;
Die Parzen selbst, des Chaos, eure Schwestern
Ich sah sie gestern – oder ehegestern;

Doch euresgleichen hab ich nie erblickt!
Ich schweige nun und fühle mich entzückt.
PHORKYADEN. Er scheint Verstand zu haben, dieser Geist.
MEPHISTOPHELES.
Nun wunderts mich, daß euch kein Dichter preist.
Und sagt: wie kams, wie konnte das geschehn:
Im Bilde hab ich nie euch Würdigste gesehn!
Versuchs der Meißel doch, euch zu erreichen,
Nicht Juno, Pallas, Venus und dergleichen!
PHORKYADEN. Versenkt in Einsamkeit und stillste Nacht.
Hat unser Drei noch nie daran gedacht!
MEPHISTOPHELES. Wie sollt es auch, da ihr, der Welt entrückt,
Hier niemand seht und niemand euch erblickt!
Da müßtet ihr an solchen Orten wohnen,
Wo Pracht und Kunst auf gleichem Sitze thronen,
Wo jeden Tag, behend, im Doppelschritt,
Ein Marmorblock als Held ins Leben tritt,
Wo –
PHORKYADEN. Schweige still und gib uns kein Gelüsten!
Was hülf es uns, und wenn wirs besser wüßten?
In Nacht geboren, Nächtlichem verwandt,
Beinah uns selbst, ganz allen unbekannt!
MEPHISTOPHELES. In solchem Fall hat es nicht viel zu sagen,
Man kann sich selbst auch andern übertragen.
Euch dreien gnügt Ein Auge, gnügt Ein Zahn;
Da ging es wohl auch mythologisch an,
In zwei die Wesenheit der drei zu fassen,
Der dritten Bildnis mir zu überlassen,
Auf kurze Zeit.
EINE.   Wie dünkts euch? ging es an?
DIE ANDERN. Versuchen wirs – Doch ohn Aug und Zahn.
MEPHISTOPHELES.
Nun habt ihr grad das Beste weggenommen;
Wie würde da das strengste Bild vollkommen!
EINE. Drück du ein Auge zu, 's ist leicht geschehn,
Laß alsofort den einen Raffzahn sehn,

Und im Profil wirst du sogleich erreichen,
Geschwisterlich vollkommen uns zu gleichen.
MEPHISTOPHELES. Viel Ehr! Es sei!
PHORKYADEN.   Es sei!
MEPHISTOPHELES *als Phorkyas im Profil.* Da steh ich schon,
Des Chaos vielgeliebter Sohn!
PHORKYADEN. Des Chaos Töchter sind wir unbestritten.
MEPHISTOPHELES.
Man schilt mich nun, o Schmach! Hermaphroditen.
PHORKYADEN. Im neuen Drei der Schwestern welche Schöne!
Wir haben zwei der Augen, zwei der Zähne!
MEPHISTOPHELES. Vor aller Augen muß ich mich verstecken,
Im Höllenpfuhl die Teufel zu erschrecken. *Ab.*

FELSBUCHTEN DES ÄGÄISCHEN MEERS

Mond, im Zenit verharrend

SIRENEN *auf den Klippen umhergelagert, flötend und singend.*

>   Haben sonst bei nächtigem Grauen
>   Dich thessalische Zauberfrauen
>   Frevelhaft herabgezogen,
>   Blicke ruhig von dem Bogen
>   Deiner Nacht auf Zitterwogen
>   Mildeblitzend Glanzgewimmel
>   Und erleuchte das Getümmel,
>   Das sich aus den Wogen hebt!
>   Dir zu jedem Dienst erbötig,
>   Schöne Luna, sei uns gnädig!

NEREIDEN UND TRITONEN *als Meerwunder.*

>   Tönet laut in schärfern Tönen,
>   Die das breite Meer durchdröhnen:
>   Volk der Tiefe ruft fortan!
>   Vor des Sturmes grausen Schlünden
>   Wichen wir zu stillsten Gründen:
>   Holder Sang zieht uns heran.

Seht, wie wir im Hochentzücken
Uns mit goldenen Ketten schmücken,
Auch zu Kron- und Edelsteinen
Spang und Gürtelschmuck vereinen!
Alles das ist eure Frucht:
Schätze, scheiternd hier verschlungen,
Habt ihr uns herangesungen,
Ihr Dämonen unsrer Bucht.

SIRENEN. Wissens wohl, in Meeresfrische
Glatt behagen sich die Fische,
Schwanken Lebens ohne Leid;
Doch, ihr festlich regen Scharen,
Heute möchten wir erfahren,
Daß ihr mehr als Fische seid.

NEREIDEN UND TRITONEN.
Ehe wir hieher gekommen,
Haben wirs zu Sinn genommen;
Schwestern, Brüder, jetzt geschwind!
Heut bedarfs der kleinsten Reise
Zum vollgültigsten Beweise,
Daß wir mehr als Fische sind.
Entfernen sich.

SIRENEN. Fort sind sie im Nu!
Nach Samothrake grade zu,
Verschwunden mit günstigem Wind.
Was denken sie zu vollführen
Im Reiche der hohen Kabiren?
Sind Götter, wundersam eigen,
Die sich immerfort selbst erzeugen
Und niemals wissen, was sie sind!

Bleibe auf deinen Höhn,
Holde Luna, gnädig stehn,
Daß es nächtig verbleibe,
Uns der Tag nicht vertreibe!

THALES *am Ufer zu Homunculus.*
Ich führte dich zum alten Nereus gern;
Zwar sind wir nicht von seiner Höhle fern,
Doch hat er einen harten Kopf,
Der widerwärtige Sauertopf.
Das ganze menschliche Geschlecht
Machts ihm, dem Griesgram, nimmer recht.
Doch ist die Zukunft ihm entdeckt,
Dafür hat jedermann Respekt
Und ehret ihn auf seinem Posten;
Auch er hat manchem wohlgetan.
HOMUNCULUS. Probieren wirs und klopfen an!
Nicht gleich wirds Glas und Flamme kosten!
NEREUS. Sinds Menschenstimmen, die mein Ohr vernimmt?
Wie es mir gleich im tiefsten Herzen grimmt!
Gebilde, strebsam, Götter zu erreichen,
Und doch verdammt, sich immer selbst zu gleichen!
Seit alten Jahren konnt ich göttlich ruhn,
Doch trieb michs an, den Besten wohlzutun,
Und schaut ich dann zuletzt vollbrachte Taten,
So war es ganz, als hätt ich nicht geraten.
THALES. Und doch, o Greis des Meers, vertraut man dir;
Du bist der Weise, treib uns nicht von hier!
Schau diese Flamme: menschenähnlich zwar,
Sie deinem Rat ergibt sich ganz und gar!
NEREUS. Was Rat! hat Rat bei Menschen je gegolten?
Ein kluges Wort erstarrt im harten Ohr.
Sooft auch Tat sich grimmig selbst gescholten,
Bleibt doch das Volk selbstwillig wie zuvor.
Wie hab ich Paris väterlich gewarnt,
Eh sein Gelüst ein fremdes Weib umgarnt!
Am griechischen Ufer stand er kühnlich da,
Ihm kündet ich, was ich im Geiste sah:
Die Lüfte qualmend, überströmend Rot,
Gebälke glühend, unten Mord und Tod,
Trojas Gerichtstag, rhythmisch festgebannt,

Jahrtausenden so schrecklich als gekannt.
Des Alten Wort, dem Frechen schien ein Spiel,
Er folgte seiner Lust, und Ilios fiel –
Ein Riesenleichnam, starr nach langer Qual,
Des Pindus Adlern gar willkommnes Mahl!
Ulyssen auch! sagt ich ihm nicht voraus
Der Circe Listen, des Cyklopen Graus?
Das Zaudern sein, der Seinen leichten Sinn?
Und was nicht alles! Bracht ihm das Gewinn?
Bis vielgeschaukelt ihn, doch spät genug,
Der Woge Gunst an gastlich Ufer trug.

THALES. Dem weisen Mann gibt solch Betragen Qual;
Der gute doch versucht es noch einmal.
Ein Quentchen Danks wird, hoch ihn zu vergnügen,
Die Zentner Undanks völlig überwiegen.
Denn nichts Geringes haben wir zu flehn:
Der Knabe da wünscht weislich zu entstehn.

NEREUS. Verderbt mir nicht den seltensten Humor!
Ganz andres steht mir heute noch bevor:
Die Töchter hab ich alle herbeschieden,
Die Grazien des Meeres, die Doriden.
Nicht der Olymp, nich euer Boden trägt
Ein schön Gebild, das sich so zierlich regt.
Sie werfen sich anmutigster Gebärde
Vom Wasserdrachen auf Neptunus Pferde,
Dem Element aufs zarteste vereint,
Daß selbst der Schaum sie noch zu heben scheint.

Im Farbenspiel von Venus Muschelwagen
Kommt Galatee, die Schönste nun, getragen,
Die, seit sich Kypris von uns abgekehrt,
In Paphos wird als Göttin selbst verehrt.
Und so besitzt die Holde lange schon
Als Erbin Tempelstadt und Wagenthron.

Hinweg! Es ziemt in Vaterfreudenstunde
Nicht Haß dem Herzen, Scheltwort nicht dem Munde.

Hinweg zu Proteus! Fragt den Wundermann,
Wie man entstehn und sich verwandeln kann!
Entfernt sich gegen das Meer.
THALES. Wir haben nichts durch diesen Schritt gewonnen:
Trifft man auch Proteus, gleich ist er zerronnen,
Und steht er euch, so sagt er nur zuletzt,
Was staunen macht und in Verwirrung setzt.
Du bist einmal bedürftig solchen Rats;
Versuchen wirs und wandlen unsres Pfads!

Entfernen sich.

  SIRENEN *oben auf den Felsen.*
    Was sehen wir von weiten
    Das Wellental durchgleiten?
    Als wie nach Windes Regel
    Anzögen weiße Segel,
    So hell sind sie zu schauen,
    Verklärte Meeresfrauen!
    Laßt uns hinunterklimmen!
    Vernehmt ihr doch die Stimmen.
NEREIDEN UND TRITONEN.
    Was wir auf Händen tragen,
    Soll allen euch behagen.
    Chelonens Riesenschilde
    Entglänzt ein streng Gebilde:
    Sind Götter, die wir bringen!
    Müßt hohe Lieder singen.
  SIRENEN. Klein von Gestalt,
    Groß von Gewalt,
    Der Scheiternden Retter,
    Uralt-verehrte Götter!
NEREIDEN UND TRITONEN.
    Wir bringen die Kabiren,
    Ein friedlich Fest zu führen;
    Denn wo sie heilig walten,
    Neptun wird freundlich schalten.

SIRENEN. Wir stehen euch nach:
Wenn ein Schiff zerbrach,
Unwiderstehbar an Kraft,
Schützt ihr die Mannschaft.

NEREIDEN UND TRITONEN.
Drei haben wir mitgenommen,
Der vierte wollte nicht kommen;
Er sagte, er sei der Rechte;
Der für sie alle dächte.

SIRENEN. Ein Gott den andern Gott
Macht wohl zu Spott.
Ehrt ihr alle Gnaden!
Fürchtet jeden Schaden!

NEREIDEN UND TRITONEN. Sind eigentlich ihrer sieben!

SIRENEN. Wo sind die drei geblieben?

NEREIDEN UND TRITONEN. Wir wüßtens nicht zu sagen,
Sind im Olymp zu erfragen;
Dort west auch wohl der achte,
An den noch niemand dachte!
In Gnaden uns gewärtig,
Doch alle noch nicht fertig.
Diese Unvergleichlichen
Wollen immer weiter:
Sehnsuchtsvolle Hungerleider
Nach dem Unerreichlichen.

SIRENEN. Wir sind gewohnt,
Wo es auch thront,
In Sonn und Mond
Hinzubeten: es lohnt!

NEREIDEN UND TRITONEN.
Wie unser Ruhm zum höchsten prangt,
Dieses Fest anzuführen!

Sirenen. Die Helden des Altertums
Ermangeln des Ruhms,

2. AKT · KLASSISCHE WALPURGISNACHT

> Wo und wie er auch prangt,
> Wenn sie das Goldene Vlies erlangt,
> Ihr die Kabiren.
> *Wiederholt als Allgesang.*
> Wenn sie das Goldne Vlies erlangt,
> Wir ⎫
> Ihr ⎭ die Kabiren!

> *Nereiden und Tritonen ziehen vorüber.*

HOMUNCULUS. Die Ungestalten seh ich an
Als irden-schlechte Töpfe;
Nun stoßen sich die Weisen dran
Und brechen harte Köpfe.
THALES. Das ist es ja, was man begehrt:
Der Rost macht erst die Münze wert.
PROTEUS *unbemerkt.* So etwas freut mich alten Fabler!
Je wunderlicher, desto respektabler.
THALES. Wo bist du, Proteus?
PROTEUS *bauchrednerisch, bald nah, bald fern.* Hier! und hier!
THALES. Den alten Scherz verzeih ich dir;
Doch einem Freund nicht eitle Worte!
Ich weiß: du sprichst vom falschen Orte.
PROTEUS *als aus der Ferne.* Leb wohl!
THALES *leise zu Homunculus.*
          Er ist ganz nah. Nun leuchte frisch!
Er ist neugierig wie ein Fisch,
Und wo er auch gestaltet stockt,
Durch Flammen wird er hergelockt.
HOMUNCULUS. Ergieß ich gleich des Lichtes Menge,
Bescheiden doch, daß ich das Glas nicht sprenge.
PROTEUS *in Gestalt einer Riesenschildkröte.*
Was leuchtet so anmutig-schön?
THALES *den Homunculus verhüllend.*
Gut! Wenn du Lust hast, kannst dus näher sehn.
Die kleine Mühe laß dich nicht verdrießen
Und zeige dich auf menschlich beiden Füßen!

Mit unsern Gunsten seis, mit unserm Willen,
Wer schauen will, was wir verhüllen.
PROTEUS *edel gestaltet.* Weltweise Kniffe sind dir noch bewußt.
THALES. Gestalt zu wechseln bleibt noch deine Lust.
Hat den Homunculus enthüllt.
PROTEUS *erstaunt.*
Ein leuchtend Zwerglein! Niemals noch gesehn!
THALES. Es fragt um Rat und möchte gern entstehn.
Er ist, wie ich von ihm vernommen,
Gar wundersam nur halb zur Welt gekommen:
Ihm fehlt es nicht an geistigen Eigenschaften,
Doch gar zu sehr am Greiflich-Tüchtighaften.
Bis jetzt gibt ihm das Glas allein Gewicht;
Doch wär er gern zunächst verkörperlicht.
PROTEUS. Du bist ein wahrer Jungfernsohn:
Eh du sein solltest, bist du schon!
THALES *leise.* Auch scheint es mir von andrer Seite kritisch:
Er ist, mich dünkt, hermaphroditisch.
PROTEUS. Da muß es desto eher glücken;
So wie er anlangt, wird sichs schicken.
Doch gilt es hier nicht viel Besinnen:
Im weiten Meere mußt du anbeginnen!
Da fängt man erst im Kleinen an
Und freut sich, Kleinste zu verschlingen,
Man wächst so nach und nach heran
Und bildet sich zu höherem Vollbringen.
HOMUNCULUS. Hier weht gar eine weiche Luft,
Es grunelt so, und mir behagt der Duft!
PROTEUS. Das glaub ich, allerliebster Junge!
Und weiterhin wirds viel behäglicher,
Auf dieser schmalen Strandeszunge
Der Dunstkreis noch unsäglicher.
Da vorne sehen wir den Zug,
Der eben herschwebt, nah genug.
Kommt mit dahin!
THALES.   Ich gehe mit.

HOMUNCULUS. Dreifach merkwürdiger Geisterschritt!
Telchinen von Rhodus auf Hippokampen und Meerdrachen, Neptunens Dreizack handhabend.
CHOR. Wir haben den Dreizack Neptunen geschmiedet,
Womit er die regesten Wellen begütet.
Entfaltet der Donnrer die Wolken, die vollen,
Entgegnet Neptunus dem greulichen Rollen,
Und wie auch von oben es zackig erblitzt,
Wird Woge nach Woge von unten gespritzt;
Und was auch dazwischen in Ängsten gerungen,
Wird, lange geschleudert, vom Tiefsten verschlungen;
Weshalb er uns heute den Zepter gereicht:
Nun schweben wir festlich, beruhigt und leicht.

> SIRENEN. Euch, dem Helios Geweihten,
> Heiteren Tags Gebenedeiten,
> Gruß zur Stunde, die bewegt
> Lunas Hochverehrung regt!

TELCHINEN. Alllieblichste Göttin am Boden dadroben,
Du hörst mit Entzücken den Bruder beloben!
Der seligen Rhodus verleihst du ein Ohr,
Dort steigt ihm ein ewiger Päan hervor.
Beginnt er den Tagslauf und ist es getan,
Er blickt uns mit feurigem Strahlenblick an.
Die Berge, die Städte, die Ufer, die Welle
Gefallen dem Gotte, sind lieblich und helle.
Kein Nebel umschwebt uns, und schleicht er sich ein,
Ein Strahl und ein Lüftchen: die Insel ist rein!
Da schaut sich der Hohe in hundert Gebilden,
Als Jüngling, als Riesen, den Großen, den Milden.
Wir ersten, wir warens, die Göttergewalt
Aufstellten in würdiger Menschengestalt.

PROTEUS. Laß du sie singen, laß sie prahlen!
Der Sonne heiligen Lebestrahlen
Sind tote Werke nur ein Spaß.

Das bildet schmelzend, unverdrossen,
Und haben sies in Erz gegossen,
Dann denken sie, es wäre was.
Was ists zuletzt mit diesen Stolzen?
Die Götterbilder standen groß:
Zerstörte sie ein Erdestoß –
Längst sind sie wieder eingeschmolzen!

Das Erdetreiben, wies auch sei,
Ist immer doch nur Plackerei;
Dem Leben frommt die Welle besser;
Dich trägt ins ewige Gewässer
Proteus-Delphin. *Er verwandelt sich.*
                Schon ists getan!
Da soll es dir zum schönsten glücken:
Ich nehme dich auf meinen Rücken,
Vermähle dich dem Ozean.

THALES. Gib nach dem löblichen Verlangen,
Von vorn die Schöpfung anzufangen!
Zu raschem Wirken sei bereit!
Da regst du dich nach ewigen Normen
Durch tausend, abertausend Formen,
Und bis zum Menschen hast du Zeit.
Homunculus besteigt den Proteus-Delphin.
PROTEUS. Komm geistig mit in feuchte Weite!
Da lebst du gleich in Läng und Breite,
Beliebig regest du dich hier;
Nur strebe nicht nach höheren Orden:
Denn bist du erst ein Mensch geworden,
Dann ist es völlig aus mit dir.
THALES. Nachdem es kommt! 's ist auch wohl fein,
Ein wackrer Mann zu seiner Zeit zu sein.
PROTEUS *zu Thales.* So einer wohl von deinem Schlag!
Das hält noch eine Weile nach;
Denn unter bleichen Geisterscharen
Seh ich dich schon seit vielen hundert Jahren.

2. AKT · KLASSISCHE WALPURGISNACHT

SIRENEN *auf dem Felsen.*

Welch ein Ring von Wölkchen ründet
Um den Mond so reichen Kreis?
Tauben sind es, liebentzündet,
Fittiche, wie Licht so weiß.
Paphos hat sie hergesendet,
Ihre brünstige Vogelschar;
Unser Fest, es ist vollendet:
Heitre Wonne voll und klar!

NEREUS *zu Thales tretend.*
Nennte wohl ein nächtiger Wanderer
Diesen Mondhof Lufterscheinung;
Doch wir Geister sind ganz anderer
Und der einzig richtigen Meinung:
Tauben sind es, die begleiten
Meiner Tochter Muschelfahrt,
Wunderflugs besondrer Art,
Angelernt vor alten Zeiten.
THALES. Auch ich halte das fürs Beste,
Was dem wackern Mann gefällt,
Wenn im stillen, warmen Neste
Sich ein Heiliges lebend hält.
PSYLLEN UND MARSEN *auf Meerstieren, Meerkälbern und -widdern.*
In Cyperns rauhen Höhlegrüften,
Vom Meergott nicht verschüttet,
Vom Seismos nicht zerrüttet,
Umweht von ewigen Lüften,
Und, wie in den ältesten Tagen,
In still-bewußtem Behagen
Bewahren wir Cypriens Wagen
Und führen beim Säuseln der Nächte
Durch liebliches Wellengeflechte,
Unsichtbar dem neuen Geschlechte,
Die lieblichste Tocher heran.
Wir leise Geschäftigen scheuen

Weder Adler noch geflügelten Leuen,
Weder Kreuz noch Mond,
Wie es oben wohnt und thront,
Sich wechselnd wegt und regt,
Sich vertreibt und totschlägt,
Saaten und Städte niederlegt.
Wir, so fortan,
Bringen die lieblichste Herrin heran.

SIRENEN. Leichtbewegt, in mäßiger Eile,
Um den Wagen, Kreis um Kreis,
Bald verschlungen Zeil an Zeile,
Schlangenartig reihenweis,
Naht euch, rüstige Nereiden,
Derbe Fraun, gefällig-wild,
Bringet, zärtliche Doriden,
Galatee, der Mutter Bild:
Ernst, den Göttern gleich zu schauen,
Würdiger Unsterblichkeit,
Doch wie holde Menschenfrauen
Lockender Anmutigkeit.

DORIDEN *im Chor am Nereus vorbeiziehend, sämtlich auf Delphinen.*
Leih uns, Luna, Licht und Schatten,
Klarheit diesem Jugendflor!
Denn wir zeigen liebe Gatten
Unserm Vater bittend vor. *Zu Nereus.*
Knaben sinds, die wir gerettet,
Aus der Brandung grimmem Zahn,
Sie, auf Schilf und Moos gebettet,
Aufgewärmt zum Licht heran,
Die es nun mit heißen Küssen
Treulich uns verdanken müssen:
Schau die Holden günstig an!

NEREUS. Hoch ist der Doppelgewinn zu schätzen:
Barmherzig sein und sich zugleich ergötzen.

DORIDEN. Lobst du, Vater, unser Walten,
          Gönnst uns wohlerworbene Lust;
          Laß uns fest, unsterblich halten
          Sie an ewiger Jugendbrust!
NEREUS. Mögt euch des schönen Fanges freuen,
Den Jüngling bildet euch als Mann!
Allein ich könnte nicht verleihen,
Was Zeus allein gewähren kann.
Die Welle, die euch wogt und schaukelt.
Läßt auch der Liebe nicht Bestand,
Und hat die Neigung ausgegaukelt,
So setzt gemächlich sie ans Land!
  DORIDEN. Ihr, holde Knaben, seid uns wert,
          Doch müssen wir traurig scheiden:
          Wir haben ewige Treue begehrt,
          Die Götter wollens nicht leiden.
  DIE JÜNGLINGE. Wenn ihr uns nur so ferner labt,
          Uns wackre Schifferknaben!
          Wir habens nie so gut gehabt
          Und wollens nicht besser haben.

Galatee auf dem Muschelwagen nähert sich.
NEREUS. Du bist es, mein Liebchen!
GALATEE.   O Vater! das Glück!
Delphine, verweilet! mich fesselt der Blick.
NEREUS. Vorüber schon, sie ziehen vorüber
In kreisenden Schwunges Bewegung;
Was kümmert sie die innre, herzliche Regung!
Ach, nähmen sie mich mit hinüber!
Doch ein einziger Blick ergötzt,
Daß er das ganze Jahr ersetzt.
THALES. Heil! Heil aufs neue!
Wie ich mich blühend freue,
Vom Schönen, Wahren durchdrungen:
Alles ist aus dem Wasser entsprungen!!
Alles wir durch das Wasser erhalten!

Ozean, gönn uns dein ewiges Walten!
Wenn du nicht Wolken sendetest,
Nicht reiche Bäche spendetest,
Hin und her nicht Flüsse wendetest,
Die Ströme nicht vollendetest,
Was wären Gebirge, was Ebnen und Welt!
Du bists, der das frischeste Leben erhält!
ECHO. *Chorus der sämtlichen Kreise.*
Du bists, dem das frischeste Leben entquellt!
NEREUS. Sie kehren schwankend fern zurück,
Bringen nicht mehr Blick zu Blick;
In gedehnten Kettenkreisen
Sich festgemäß zu erweisen,
Windet sich die unzählige Schar.
Aber Galateas Muschelthron
Seh ich schon und aber schon:
Er glänzt wie ein Stern
Durch die Menge!
Geliebtes leuchtet durchs Gedränge:
Auch noch so fern
Schimmerts hell und klar,
Immer nah und wahr.
HOMUNCULUS. In dieser holden Feuchte,
Was ich auch hier beleuchte,
Ist alles reizend schön.
PROTEUS. In dieser Lebensfeuchte
Erglänzt erst deine Leuchte
Mit herrlichem Getön.
NEREUS. Welch neues Geheimnis in Mitte der Scharen
Will unseren Augen sich offenbaren?
Was flammt um die Muschel, um Galatees Füße?
Bald lodert es mächtig, bald lieblich, bald süße,
Als wär es von Pulsen der Liebe gerührt.
THALES. Homunculus ist es, von Proteus verführt!
Es sind die Symptome des herrischen Sehnens,
Mir ahnet das Ächzen beängsteten Dröhnens;

Er wird sich zerschellen am glänzenden Thron:
Jetzt flammt es, nun blitzt es, ergießet sich schon!
SIRENEN. Welch feuriges Wunder verklärt uns die Wellen,
Die gegeneinander sich funkelnd zerschellen?
So leuchtets und schwanket und hellet hinan:
Die Körper, sie glühen auf nächtlicher Bahn,
Und ringsum ist alles vom Feuer umronnen.
So herrsche denn Eros, der alles begonnen!

        Heil dem Meere! Heil den Wogen,
        Von dem heiligen Feuer umzogen!
        Heil dem Wasser! Heil dem Feuer!
        Heil dem seltnen Abenteuer!
ALL-ALLE! Heil den mildgewogenen Lüften!
        Heil geheimnisreichen Grüften!
        Hochgefeiert seid allhier,
        Element ihr alle vier!

Dritter Akt

VOR DEM PALASTE DES MENELAS ZU SPARTA

*Helena tritt auf und Chor gefangener Trojanerinnen
Panthalis, Chorführerin*

HELENA. Bewundert viel und viel gescholten, Helena,
Vom Strande komm ich, wo wir erst gelandet sind,
Noch immer trunken von des Gewoges regsamem
Geschaukel, das vom phrygischen Blachgefild uns her
Auf sträubig-hohem Rücken durch Poseidons Gunst
Und Euros Kraft in vaterländische Buchten trug.
Dortunten freuet nun der König Menelas
Der Rückkehr samt den tapfersten seiner Krieger sich.
Du aber heiße mich willkommen, hohes Haus,
Das Tyndareos, mein Vater, nah dem Hange sich
Von Pallas Hügel wiederkehrend aufgebaut
Und, als ich hier mit Klytämnestren schwesterlich,
Mit Castor auch und Pollux fröhlich spielend wuchs,
Vor allen Häusern Spartas herrlich ausgeschmückt.
Gegrüßt seid mir, der ehrnen Pforte Flügel ihr!
Durch euer gastlich ladendes Weit-Eröffnen einst
Geschahs, daß mir, erwählt aus vielen, Menelas
In Bräutigamsgestalt entgegenleuchtete.
Eröffnet mir sie wieder, daß ich ein Eilgebot
Des Königs treu erfülle, wie der Gattin ziemt!
Laßt mich hinein! und alles bleibe hinter mir,
Was mich umstürmte bis hieher, verhängnisvoll!
Denn seit ich diese Schwelle sorgenlos verließ,
Cytherens Tempel besuchend, heiliger Pflicht gemäß,
Mich aber dort ein Räuber griff, der phrygische,
Ist viel geschehen, was die Menschen weit und breit
So gern erzählen, aber der nicht gerne hört,
Von dem die Sage wachsend sich zum Märchen spann.

CHOR.
Verschmähe nicht, o herrliche Frau,
Des höchsten Gutes Ehrenbesitz!
Denn das größte Glück ist dir einzig beschert:
Der Schönheit Ruhm, der vor allen sich hebt.
Dem Helden tönt sein Name voran,
Drum schreitet er stolz;
Doch beugt sogleich hartnäckigster Mann
Vor der allbezwingenden Schöne den Sinn.

HELENA. Genug! mit meinem Gatten bin ich hergeschifft
Und nun von ihm zu seiner Stadt vorausgesandt;
Doch welchen Sinn er hegen mag, errat ich nicht.
Komm ich als Gattin? komm ich eine Königin?
Komm ich ein Opfer für des Fürsten bittern Schmerz
Und für den Griechen langerduldetes Mißgeschick?
Erobert bin ich; ob gefangen, weiß ich nicht!
Denn Ruf und Schicksal bestimmten fürwahr die Unsterblichen
Zweideutig mir, der Schöngestalt bedenkliche
Begleiter, die an dieser Schwelle mir sogar
Mit düster drohender Gegenwart zur Seite stehn.
Denn schon im hohlen Schiffe blickte mich der Gemahl
Nur selten an, auch sprach er kein erquicklich Wort.
Als wenn er Unheil sänne, saß er gegen mir.
Nun aber, als, des Eurotas tiefem Buchtgestad
Hinangefahren, der vordern Schiffe Schnäbel kaum
Das Land begrüßten, sprach er, wie vom Gott bewegt:
»Hier steigen meine Krieger nach der Ordnung aus;
Ich mustre sie, am Strand des Meeres hingereiht.
Du aber ziehe weiter, ziehe des heiligen
Eurotas fruchtbegabtem Ufer immer auf,
Die Rosse lenkend auf der feuchten Wiese Schmuck,
Bis daß zur schönen Ebene du gelangen magst,
Wo Lakedämon, einst ein fruchtbar-weites Feld,
Von ernsten Bergen nah umgeben, angebaut.
Betrete dann das hochgetürmte Fürstenhaus

Und mustre mir die Mägde, die ich dort zurück
Gelassen, samt der klugen, alten Schaffnerin!
Die zeige dir der Schätze reiche Sammlung vor,
Wie sie dein Vater hinterließ und die ich selbst
In Krieg und Frieden, stets vermehrend, aufgehäuft.
Du findest alles nach der Ordnung stehen: denn
Das ist des Fürsten Vorrecht, daß er alles treu
In seinem Hause, wiederkehrend, finde, noch
An seinem Platze jedes, wie ers dort verließ;
Denn nichts zu ändern hat für sich der Knecht Gewalt.«

CHOR. Erquicke nun am herrlichen Schatz,
   Dem stets vermehrten, Augen und Brust!
   Denn der Kette Zier, der Krone Geschmuck,
   Da ruhn sie stolz, und sie bedünken sich was.
   Doch tritt nur ein und fordre sie auf:
   Sie rüsten sich schnell!
   Mich freuet zu sehn Schönheit in dem Kampf
   Gegen Gold und Perlen und Edelgestein.

HELENA. Sodann erfolgte des Herren ferneres Herrscherwort:
»Wenn du nun alles nach der Ordnung durchgesehn,
Dann nimm so manchen Dreifuß, als du nötig glaubst,
Und mancherlei Gefäße, die der Opfrer sich
Zur Hand verlangt, vollziehend heiligen Festgebrauch,
Die Kessel, auch die Schalen, wie das flache Rund!
Das reinste Wasser aus der heiligen Quelle sei
In hohen Krügen! ferner auch das trockne Holz,
Der Flammen schnell empfänglich, halte da bereit!
Ein wohlgeschliffnes Messer fehle nicht zuletzt;
Doch alles andre geb ich deiner Sorge hin.«
So sprach er, mich zum Scheiden drängend; aber nichts
Lebendigen Atems zeichnet mir der Ordnende,
Das er, die Olympier zu verehren, schlachten will.
Bedenklich ist es; doch ich sorge weiter nicht,
Und alles bleibe hohen Göttern heimgestellt,
Die das vollenden, was in ihrem Sinn sie deucht,

Es möge gut von Menschen oder möge bös
Geachtet sein; die Sterblichen, wir, ertragen das.
Schon manchmal hob das schwere Beil der Opfernde
Zu des erdgebeugten Tieres Nacken weihend auf
Und konnt es nicht vollbringen; denn ihn hinderte
Des nahen Feindes oder Gottes Zwischenkunft.

> CHOR. Was geschehen werde, sinnst du nicht aus!
> Königin, schreite dahin
> Guten Muts!
> Gutes und Böses kommt
> Unerwartet dem Menschen;
> Auch verkündet, glauben wirs nicht.
> Brannte doch Troja, sahen wir doch
> Tod vor Augen, schmählichen Tod,
> Und sind wir nicht hier
> Dir gesellt, dienstbar-freudig,
> Schauen des Himmels blendende Sonne
> Und das Schönste der Erde,
> Huldvoll, dich, uns Glücklichen?

HELENA. Seis wie es sei! Was auch bevorsteht, mir geziemt,
Hinaufzusteigen ungesäumt in das Königshaus.
Das, lang entbehrt und viel ersehnt und fast verscherzt,
Mir abermals vor Augen steht, ich weiß nicht wie.
Die Füße tragen mich so mutig nicht empor
Die hohen Stufen, die ich kindisch übersprang.

> CHOR. Werfet, o Schwestern, ihr
> Traurig gefangenen,
> Alle Schmerzen ins Weite!
> Teilet der Herrin Glück,
> Teilet Helenens Glück,
> Welche zu Vaterhauses Herd,
> Zwar mit spät zurückkehrendem,
> Aber mit desto festerem
> Fuße freudig herannaht!

Preiset die heiligen,
Glücklich herstellenden
Und heimführenden Götter!
Schwebt der Entbundene
Doch wie auf Fittichen
Über das Rauhste, wenn umsonst
Der Gefangene sehnsuchtsvoll
Über die Zinne des Kerkers hin
Armausbreitend sich abhärmt.

Aber sie ergriff ein Gott,
Die Entfernte,
Und aus Ilios Schutt
Trug er hierher sie zurück
In das alte, das neugeschmückte
Vaterhaus,
Nach unsäglichen
Freuden und Qualen
Früher Jugendzeit
Angefrischt zu gedenken.

PANTHALIS *als Chorführerin.*
Verlasset nun des Gesanges freudumgebnen Pfad
Und wendet nach der Türe Flügeln euren Blick!
Was seh ich, Schwestern? Kehret nicht die Königin
Mit heftiges Schrittes Regung wieder zu uns her?
Was ist es, große Königin? Was konnte dir
In deines Hauses Hallen, statt der Deinen Gruß,
Erschütterndes begegnen? Du verbirgst es nicht;
Denn Widerwillen seh ich an der Stirne dir,
Ein edles Zürnen, das mit Überraschung kämpft.

HELENA, *welche die Türflügel offen gelassen hat, bewegt.*
Der Tochter Zeus geziemet nicht gemeine Furcht,
Und flüchtig-leise Schreckenshand berührt sie nicht;
Doch das Entsetzen, das, dem Schoß der alten Nacht
Vom Urbeginn entsteigend, vielgestaltet noch

Wie glühende Wolken aus des Berges Feuerschlund
Herauf sich wälzt, erschüttert auch des Helden Brust.
So haben heute grauenvoll die Stygischen
Ins Haus den Eintritt mir bezeichnet, daß ich gern
Von oftbetretner, langersehnter Schwelle mich,
Entlaßnem Gaste gleich, entfernend scheiden mag.
Doch nein! gewichen bin ich her ans Licht, und sollt
Ihr weiter nicht mich treiben, Mächte, wer ihr seid!
Auf Weihe will ich sinnen; dann gereinigt mag
Des Herdes Glut die Frau begrüßen wie den Herrn.
CHORFÜHRERIN. Entdecke deinen Dienerinnen, edle Frau,
Die dir verehrend beistehn, was begegnet ist!
HELENA. Was ich gesehen, sollt ihr selbst mit Augen sehn,
Wenn ihr Gebilde nicht die alte Nacht sogleich
Zurückgeschlungen in ihrer Tiefe Wunderschoß.
Doch daß ihrs wisset, sag ichs euch mit Worten an:
Als ich des Königshauses ernsten Binnenraum,
Der nächsten Pflicht gedenkend, feierlich betrat,
Erstaunt ich ob der öden Gänge Schweigsamkeit.
Nicht Schall der emsig Wandelnden begegnete
Dem Ohr, nicht rasch-geschäftiges Eiligtun dem Blick,
Und keine Magd erschien mir, keine Schaffnerin,
Die jeden Fremden freundlich sonst Begrüßenden.
Als aber ich dem Schoße des Herdes mich genaht,
Da sah ich, bei verglommner Asche lauem Rest,
Am Boden sitzen welch verhülltes großes Weib,
Der Schlafenden nicht vergleichbar, wohl der Sinnenden.
Mit Herrscherworten ruf ich sie zur Arbeit auf,
Die Schaffnerin mir vermutend, die indes vielleicht
Des Gatten Vorsicht hinterlassend angestellt;
Doch eingefaltet sitzt die Unbewegliche.
Nur endlich rührt sie auf mein Dräun den rechten Arm,
Als wiese sie von Herd und Halle mich hinweg.
Ich wende zürnend mich ab von ihr und eile gleich
Den Stufen zu, worauf empor der Thalamos
Geschmückt sich hebt und nah daran das Schatzgemach;

Allein das Wunder reißt sich schnell vom Boden auf:
Gebieterisch mir den Weg vertretend, zeigt es sich
In hagrer Größe, hohlen, blutig-trüben Blicks,
Seltsamer Bildung, wie sie Aug und Geist verwirrt.
Doch red ich in die Lüfte; denn das Wort bemüht
Sich nur umsonst, Gestalten schöpferisch aufzubaun.
Da seht sie selbst! sie wagt sogar sich ans Licht hervor!
Hier sind wir Meister, bis der Herr und König kommt.
Die grausen Nachtgeburten drängt der Schönheitsfreund,
Phöbus, hinweg in Höhlen oder bändigt sie.

Phorkyas
auf der Schwelle zwischen den Türpfosten auftretend

CHOR. Vieles erlebt ich, obgleich die Locke
     Jugendlich wallet mir um die Schläfe!
     Schreckliches hab ich vieles gesehen:
     Kriegerischen Jammer, Ilios Nacht,
     Als es fiel.

     Durch das umwölkte, staubende Tosen
     Drängender Krieger hört ich die Götter
     Fürchterlich rufen, hört ich der Zwietracht
     Eherne Stimme schallen durchs Feld,
     Mauerwärts.

     Ach, sie standen noch, Ilios
     Mauern; aber die Flammenglut
     Zog vom Nachbar zum Nachbar schon,
     Sich verbreitend von hier und dort
     Mit des eignen Sturmes Wehn
     Über die nächtliche Stadt hin.

     Flüchtend sah ich durch Rauch und Glut
     Und der züngelnden Flamme Loh'n
     Gräßlich zürnender Götter Nahn,
     Schreitend Wundergestalten,
     Riesengroß, durch düsteren,
     Feuerumleuchteten Qualm hin.

Sah ichs? oder bildete
Mir der angstumschlungene Geist
Solches Verworrene? Sagen kann
Nimmer ichs, doch daß ich dies
Gräßliche hier mit Augen schau,
Solches gewiß ja weiß ich;
Könnt es mit Händen fassen gar,
Hielte von dem Gefährlichen
Nicht zurücke die Furcht mich!

Welche von Phorkys
Töchtern nur bist du?
Denn ich vergleiche dich
Diesem Geschlechte.
Bist du vielleicht der graugebornen,
Eines Auges und Eines Zahns
Wechselweis teilhaftigen
Graien eine gekommen?

Wagst du Scheusal,
Neben der Schönheit
Dich vor dem Kennerblick
Phöbus zu zeigen?
Tritt du dennoch hervor nur immer!
Denn das Häßliche schaut Er nicht,
Wie sein heilig Auge noch
Nie erblickte den Schatten.

Doch uns Sterbliche nötigt, ach!
Leider trauriges Mißgeschick
Zu dem unsäglichen Augenschmerz,
Den das Verwerfliche, ewig Unselige
Schönheitliebenden rege macht.

Ja, so höre denn, wenn du frech
Uns entgegenest, höre Fluch,
Hör jeglicher Schelte Drohn
Aus dem verwünschenden Munde der Glücklichen,
Die von Göttern gebildet sind!

PHORKYAS.

Alt ist das Wort, doch bleibet hoch und wahr der Sinn:
Daß Scham und Schönheit nie zusammen, Hand in Hand,
Den Weg verfolgen über der Erde grünen Pfad.
Tief eingewurzelt wohnt in beiden alter Haß,
Daß, wo sie immer irgend auch des Weges sich
Begegnen, jede der Gegnerin den Rücken kehrt.
Dann eilet jede wieder heftiger, weiter fort,
Die Scham betrübt, die Schönheit aber frech gesinnt,
Bis sie zuletzt des Orkus hohle Nacht umfängt,
Wenn nicht das Alter sie vorher gebändigt hat. –
Euch find ich nun, ihr Frechen, aus der Fremde her
Mit Übermut ergossen, gleich der Kraniche
Laut-heiser klingendem Zug, der über unser Haupt
In langer Wolke krächzend sein Getön herab
Schickt, das den stillen Wandrer über sich hinauf
Zu blicken lockt; doch ziehn sie ihren Weg dahin,
Er geht den seinen: also wirds mit uns geschehn.

Wer seid denn ihr, daß ihr des Königes Hochpalast
Mänadisch wild, Betrunknen gleich, umtoben dürft?
Wer seid ihr denn, daß ihr des Hauses Schaffnerin
Entgegenheulet wie dem Mond der Hunde Schar?
Wähnt ihr, verborgen sei mir, welch Geschlecht ihr seid,
Du kriegerzeugte, schlachterzogne junge Brut?
Mannlustige du, so wie verführt, verführende,
Entnervend beide, Kriegers auch und Bürgers Kraft!
Zu Hauf euch sehend, scheint mir ein Zikadenschwarm
Herabzustürzen, deckend grüne Feldersaat.
Verzehrerinnen fremden Fleißes! naschende
Vernichterinnen aufgekeimten Wohlstands ihr!
Erobert-marktverkauft-vertauschte Ware du!

HELENA. Wer gegenwarts der Frau die Dienerinnen schilt,
Der Gebietrin Hausrecht tastet er vermessen an;
Denn ihr gebührt allein, das Lobenswürdige
Zu rühmen, wie zu strafen, was verwerflich ist.

3. AKT · VOR DEM PALASTE DES MENELAS ZU SPARTA

Auch bin des Dienstes ich wohl zufrieden, den sie mir
Geleistet, als die hohe Kraft von Ilios
Umlagert stand und fiel und lag, nicht weniger,
Als wir der Irrfahrt kummervolle Wechselnot
Ertrugen, wo sonst jeder sich der Nächste bleibt.
Auch hier erwart ich gleiches von der muntern Schar;
Nicht, was der Knecht sei, fragt der Herr, nur, wie er dient.
Drum schweige du und grinse sie nicht länger an!
Hast du das Haus des Königs wohl verwahrt bisher
Anstatt der Hausfrau, solches dient zum Ruhme dir;
Doch jetzo kommt sie selber: tritt nun du zurück,
Damit nicht Strafe werde statt verdienten Lohns!
PHORKYAS. Den Hausgenossen drohen bleibt ein großes Recht,
Das gottbeglückten Herrschers hohe Gattin sich
Durch langer Jahre weise Leistung wohl verdient.
Da du, nun Anerkannte, neu den alten Platz
Der Königin und Hausfrau wiederum betrittst,
So fasse längst erschlaffte Zügel, herrsche nun,
Nimm in Besitz den Schatz und sämtlich uns dazu!
Vor allem aber schütze mich, die Ältere,
Vor dieser Schar, die neben deiner Schönheit Schwan
Nur schlechtbefitticht-schnatterhafte Gänse sind!
CHORFÜHRERIN.
Wie häßlich neben Schönheit zeigt sich Häßlichkeit!
PHORKYAS. Wie unverständig neben Klugheit Unverstand!
Von hier an erwidern die Choretiden, einzeln aus dem Chor
CHORETIDE 1. *[heraustretend.*
Von Vater Erebus melde, melde von Mutter Nacht!
PHORKYAS. So sprich von Scylla, leiblich dir Geschwisterkind!
CHORETIDE 2.
An deinem Stammbaum steigt manch Ungeheur empor.
PHORKYAS. Zum Orkus hin! da suche deine Sippschaft auf!
CHORETIDE 3. Die dort wohnen, sind dir alle viel zu jung.
PHORKYAS. Tiresias, den Alten, gehe buhlend an!
CHORETIDE 4. Orions Amme war die Ururenkelin.
PHORKYAS. Harpyen, wähn ich, fütterten dich im Unflat auf.

CHORETIDE 5. Mit was ernährst du so gepflegte Magerkeit?
PHORKYAS. Mit Blute nicht, wonach du allzu lüstern bist!
CHORETIDE 6. Begierig du auf Leichen, ekle Leiche selbst!
PHORKYAS. Vampyrenzähne glänzen dir im frechen Maul.
CHORFÜHRERIN.
Das deine stopf ich, wenn ich sage, wer du seist.
PHORKYAS. So nenne dich zuerst! das Rätsel hebt sich auf.
HELENA.
Nicht zürnend, aber traurend schreit ich zwischen euch,
Verbietend solchen Wechselstreites Ungestüm.
Denn Schädlicheres begegnet nichts dem Herrscherherrn
Als treuer Diener heimlich-unterschworner Zwist.
Das Echo seiner Befehle kehrt alsdann nicht mehr
In schnell vollbrachter Tat wohlstimmig ihm zurück,
Nein, eigenwillig brausend tost es um ihn her,
Den selbst Verirrten, ins Vergebne Scheltenden.
Dies nicht allein! Ihr habt in sittelosem Zorn
Unselger Bilder Schreckgestalten hergebannt,
Die mich umdrängen, daß ich selbst zum Orkus mich
Gerissen fühle, vaterländscher Flur zum Trutz.
Ists wohl Gedächtnis? war es Wahn, der mich ergreift?
War ich das alles? bin ichs? werd ichs künftig sein,
Das Traum- und Schreckbild jener Städteverwüstenden?
Die Mädchen schaudern; aber du, die Älteste,
Du stehst gelassen: rede mir verständig Wort!
PHORKYAS. Wer langer Jahre mannigfaltigen Glücks gedenkt,
Ihm scheint zuletzt die höchste Göttergunst ein Traum.
Du aber, hochbegünstigt, sonder Maß und Ziel,
In Lebensreihe sahst nur Liebesbrünstige,
Entzündet rasch zum kühnsten Wagstück jeder Art.
Schon Theseus haschte früh dich, gierig aufgeregt,
Wie Herakles stark, ein herrlich schön geformter Mann.
HELENA. Entführte mich, ein zehnjährig-schlankes Reh,
Und mich umschloß Aphidnus Burg in Attika.
PHORKYAS. Durch Castor und durch Pollux aber bald befreit,
Umworben standst du ausgesuchter Heldenschar.

HELENA. Doch stille Gunst vor allen, wie ich gern gesteh,
Gewann Patroklus, er, des Peliden Ebenbild.
PHORKYAS. Doch Vaterwille traute dich an Menelas,
Den kühnen Seedurchstreicher, Hausbewahrer auch.
HELENA. Die Tochter gab er, gab des Reichs Bestellung ihm.
Aus ehlichem Beisein sproßte dann Hermione.
PHORKYAS. Doch als er fern sich Kretas Erbe kühn erstritt,
Dir Einsamen da erschien ein allzu schöner Gast.
HELENA. Warum gedenkst du jener halben Witwenschaft,
Und welch Verderben gräßlich mir daraus erwuchs!
PHORKYAS. Auch jene Fahrt, mir freigebornen Kreterin
Gefangenschaft erschuf sie, lange Sklaverei.
HELENA. Als Schaffnerin bestellt er dich sogleich hieher,
Vertrauend vieles, Burg und kühn erworbnen Schatz.
PORKYAS. Die du verließest, Ilios umtürmter Stadt
Und unerschöpften Liebesfreuden zugewandt!
HELENA. Gedenke nicht der Freuden! allzu herben Leids
Unendlichkeit ergoß sich über Brust und Haupt.
PHORKYAS.
Doch sagt man: du erschienst ein doppelhaft Gebild,
In Ilios gesehn und in Ägypten auch.
HELENA. Verwirre wüsten Sinnes Aberwitz nicht gar!
Selbst jetzo, welche denn ich sei, ich weiß es nicht.
PHORKYAS. Dann sagen sie: aus hohlem Schattenreich herauf
Gesellte sich inbrünstig noch Achill zu dir,
Dich früher liebend gegen allen Geschicks Beschluß!
HELENA. Ich als Idol ihm dem Idol verband ich mich.
Es war ein Traum, so sagen ja die Worte selbst.
Ich schwinde hin und werde selbst mir ein Idol.

Sinkt dem Halbchor in die Arme

CHOR. Schweige! schweige,
Mißblickende, Mißredende du!
Aus so gräßlichen, einzahnigen
Lippen, was enthaucht wohl
Solchem furchtbaren Greuelschlund!

Denn der Bösartige, wohltätig erscheinend,
Wolfesgrimm unter schafwolligem Vlies,
Mir ist er weit schrecklicher als des drei-
köpfigen Hundes Rachen.
Ängstlich lauschend stehn wir da:
Wann, wie, wo nur bricht's hervor,
Solcher Tücke
Tiefauflauerndes Ungetüm?

Nun denn statt freundlich mit Trost reichbegabten,
Letheschenkenden, hold-mildesten Worts
Regest du auf aller Vergangenheit
Bösestes mehr denn Gutes
Und verdüsterst allzugleich
Mit dem Glanz der Gegenwart
Auch der Zukunft
Mild aufschimmerndes Hoffnungslicht.

Schweige! schweige!
Daß der Königin Seele,
Schon zu entfliehen bereit,
Sich noch halte, festhalte
Die Gestalt aller Gestalten,
Welche die Sonne jemals beschien.

Helena hat sich erholt und steht wieder in der Mitte

PHORKYAS.
Tritt hervor aus flüchtigen Wolken, hohe Sonne dieses Tags,
Die verschleiert schon entzückte, blendend nun im Glanze
herrscht!
Wie die Welt sich dir entfaltet, schaust du selbst mit holdem
Blick.
Schelten sie mich auch für häßlich, kenn ich doch das Schöne
HELENA.   [wohl.
Tret ich schwankend aus der Öde, die im Schwindel mich
umgab,
Pflegt ich gern der Ruhe wieder, denn so müd ist mein Gebein;

3. AKT · VOR DEM PALASTE DES MENELAS ZU SPARTA

Doch es ziemet Königinnen, allen Menschen ziemt es wohl,
Sich zu fassen, zu ermannen, was auch drohend überrascht.
PHORKYAS.
Stehst du nun in deiner Größheit, deiner Schöne vor uns da,
Sagt dein Blick, daß du befiehlest! Was befiehlst du? sprich
              es aus!
HELENA.
Eures Haders frech Versäumnis auszugleichen, seid bereit!
Eilt, ein Opfer zu bestellen, wie der König mir gebot!
PHORKYAS.
Alles ist bereit im Hause: Schale, Dreifuß, scharfes Beil,
Zum Besprengen, zum Beräuchern! das zu Opfernde zeig an!
HELENA. Nicht bezeichnet es der König.
PHORKYAS.   Sprachs nicht aus? O Jammerwort!
HELENA. Welch ein Jammer überfällt dich?
PHORKYAS.   Königin, du bist gemeint!
HELENA. Ich?
PHORKYAS. Und diese!
CHOR.   Weh und Jammer!
PHORKYAS.   Fallen wirst du durch das Beil!
HELENA. Gräßlich! doch geahnt! Ich Arme!
PHORKYAS.   Unvermeidlich scheint es mir.
CHOR. Ach! und uns? was wird begegnen?
PHORKYAS.   Sie stirbt einen edlen Tod;
Doch am hohen Balken drinnen, der des Daches Giebel trägt,
Wie im Vogelfang die Drosseln zappelt ihr der Reihe nach.
*Helena und Chor stehen erstaunt und erschreckt, in bedeutender,
wohl vorbereiteter Gruppe.*
PHORKYAS.
Gespenster! – Gleich erstarrten Bildern steht ihr da,
Geschreckt, vom Tag zu scheiden, der euch nicht gehört.
Die Menschen, die Gespenster sämtlich gleich wie ihr,
Entsagen auch nicht willig hehrem Sonnenschein;
Doch bittet oder rettet niemand sie vom Schluß:
Sie wissens alle, wenigen doch gefällt es nur.
Genug, ihr seid verloren! Also frisch ans Werk!

*Klatscht in die Hände; darauf erscheinen an der Pforte vermummte
Zwerggestalten, welche die ausgesprochenen Befehle alsobald mit
Behendigkeit ausführen.*
Herbei, du düstres, kugelrundes Ungetüm!
Wälzt euch hieher: zu schaden gibt es hier nach Lust!
Dem Tragaltar, dem goldgehörnten, gebet Platz!
Das Beil, es liege blinkend über dem Silberrand!
Die Wasserkrüge füllet, abzuwaschen gibts
Des schwarzen Blutes greuelvolle Besudelung!
Dem Teppich breitet köstlich hier am Staube hin,
Damit das Opfer niederkniee königlich
Und, eingewickelt, zwar getrennten Hauptes, sogleich,
Anständig-würdig aber doch, bestattet sei!
CHORFÜHRERIN.
Die Königin steht sinnend an der Seite hier,
Die Mädchen welken gleich gemähtem Wiesengras;
Mir aber deucht, der Ältesten, heiliger Pflicht gemäß,
Mit dir das Wort zu wechseln, Ururälteste.
Du bist erfahren, weise, scheinst uns gut gesinnt,
Obschon verkennend hirnlos diese Schar dich traf.
Drum sage, was du möglich noch von Rettung weißt!
PHORKYAS.
Ist leicht gesagt! Von der Königin hängt allein es ab,
Sich selbst zu erhalten, euch Zugaben auch mit ihr.
Entschlossenheit ist nötig und die behendeste.
CHOR. Ehrenwürdigste der Parzen, weiseste Sibylle du,
Halte gesperrt die goldne Schere, dann verkünd uns Tag
           und Heil!
Denn wir fühlen schon im Schweben, Schwanken, Bammeln
           unergetzlich
Unsere Gliederchen, die lieber erst im Tanze sich ergetzten,
Ruhten drauf an Liebchens Brust.
HELENA. Laß diese bangen! Schmerz empfind ich, keine Furcht;
Doch kennst du Rettung, dankbar sei sie anerkannt!
Dem Klugen, Weitumsichtigen zeigt fürwahr sich oft
Unmögliches noch als möglich. Sprich und sag es an!

3. AKT · VOR DEM PALASTE DES MENELAS ZU SPARTA 423

CHOR. Sprich und sage, sag uns eilig: wie entrinnen
                                   wir den grausen,
Garstigen Schlingen, die bedrohlich, als die schlechtesten
                                   Geschmeide,
Sich um unsre Hälse ziehen? Vorempfinden wirs, die Armen,
Zum Entatmen, zum Ersticken, wenn du, Rhea, aller Götter
Hohe Mutter, dich nicht erbarmst!
PHORKYAS. Habt ihr Geduld, des Vortrags langgedehnten Zug
Still anzuhören? Mancherlei Geschichten sinds.
CHOR. Geduld genug! Zuhörend leben wir indes.
PHORKYAS.
Dem, der zu Hause verharrend edlen Schatz bewahrt
Und hoher Wohnung Mauern auszukitten weiß,
Wie auch das Dach zu sichern vor des Regens Drang,
Dem wird es wohlgehn lange Lebenstage durch;
Wer aber seiner Schwelle heilige Richte leicht
Mit flüchtigen Sohlen überschreitet freventlich,
Der findet wiederkehrend wohl den alten Platz,
Doch umgeändert alles, wo nicht gar zerstört.
HELENA. Wozu dergleichen wohlbekannte Sprüche hier?
Du willst erzählen: rege nicht an Verdrießliches!
PHORKYAS. Geschichtlich ist es, ist ein Vorwurf keineswegs.
Raubschiffend ruderte Menelas von Bucht zu Bucht;
Gestad und Inseln, alles streift er feindlich an,
Mit Beute wiederkehrend, wie sie drinnen starrt.
Vor Ilios verbracht er langer Jahre zehn;
Zur Heimfahrt aber weiß ich nicht, wie viel es war.
Allein wie steht es hier am Platz um Tyndareos
Erhabnes Haus? wie stehet es mit dem Reich umher?
HELENA. Ist dir denn so das Schelten gänzlich einverleibt,
Daß ohne Tadeln du keine Lippe regen kannst?
PHORKYAS. So viele Jahre stand verlassen das Talgebirg,
Das hinter Sparta nordwärts in die Höhen steigt,
Taygetos im Rücken, wo als muntrer Bach
Herab Eurotas rollt und dann, durch unser Tal
An Rohren breit hinfließend, eure Schwäne nährt.

Dorthinten still im Gebirgstal hat ein kühn Geschlecht
Sich angesiedelt, dringend aus cimmerischer Nacht,
Und unersteiglich-feste Burg sich aufgetürmt,
Von da sie Land und Leute placken, wies behagt.
HELENA. Das konnten sie vollführen? Ganz unmöglich scheints.
PHORKYAS. Sie hatten Zeit: vielleicht an zwanzig Jahre sinds.
HELENA. Ist Einer Herr? sinds Räuber viel, verbündete?
PHORKYAS. Nicht Räuber sind es, Einer aber ist der Herr.
Ich schelt ihn nicht, und wenn er schon mich heimgesucht.
Wohl konnt er alles nehmen; doch begnügt er sich
Mit wenigen Freigeschenken, nannt ers nicht Tribut.
HELENA. Wie sieht er aus?
PHORKYAS.   Nicht übel! mir gefällt er schon.
Es ist ein munterer, kecker, wohlgebildeter,
Wie unter Griechen wenig, ein verständger Mann.
Man schilt das Volk Barbaren; doch ich dächte nicht,
Daß grausam einer wäre, wie vor Ilios
Gar mancher Held sich menschenfresserisch erwies.
Ich acht auf seine Großheit, ihm vertraut ich mich.
Und seine Burg! die solltet ihr mit Augen sehn!
Das ist was anderes gegen plumpes Mauerwerk,
Das eure Väter, mir nichts dir nichts, aufgewälzt,
Cyklopisch wie Cyklopen, rohen Stein sogleich
Auf rohe Steine stürzend! Dort hingegen, dort
Ist alles senk- und waagerecht und regelhaft.
Von außen schaut sie: himmelan sie strebt empor,
So starr, so wohl in Fugen, spiegelglatt wie Stahl!
Zu klettern hier – ja selbst der Gedanke gleitet ab!
Und innen großer Höfe Raumgelasse, rings
Mit Baulichkeit umgeben aller Art und Zweck.
Da seht ihr Säulen, Säulchen, Bogen, Bögelchen,
Atlane, Galerien, zu schauen aus und ein,
Und Wappen.
CHOR.   Was sind Wappen?
PHORKYAS.   Ajax führte ja
Geschlungne Schlang im Schilde, wie ihr selbst gesehn.

Die Sieben dort vor Theben trugen Bildnerein
Ein jeder auf seinem Schilde, reich-bedeutungsvoll.
Da sah man Mond und Stern am nächtigen Himmelsraum,
Auch Göttin, Held und Leiter, Schwerter, Fackeln auch,
Und was Bedrängliches guten Städten grimmig droht.
Ein solch Gebilde führt auch unsre Heldenschar
Von seinen Ururahnen her in Farbenglanz.
Da seht ihr Löwen, Adler, Klau und Schnabel auch,
Dann Büffelhörner, Flügel, Rosen, Pfauenschweif,
Auch Streifen, gold und schwarz und silbern, blau und rot.
Dergleichen hängt in Sälen Reih an Reihe fort,
In Sälen, grenzenlosen, wie die Welt so weit:
Da könnt ihr tanzen!
CHOR.   Sage: gibts auch Tänzer da?
PHORKYAS. Die besten! Goldgelockte, frische Bubenschar!
Die duften Jugend! Paris duftete einzig so,
Als er der Königin zu nahe kam.
HELENA.   Du fällst
Ganz aus der Rolle; sage mir das letzte Wort!
PHORKYAS.
Du sprichst das letzte, sagst mit Ernst vernehmlich Ja!
Sogleich umgeb ich dich mit jener Burg!
CHOR.   O sprich!
Das kurze Wort und rette dich und uns zugleich!
HELENA. Wie? sollt ich fürchten, daß der König Menelas
So grausam sich verginge, mich zu schädigen?
PHORKYAS. Hast du vergessen, wie er deinen Deiphobus,
Des totgekämpften Paris Bruder, unerhört
Verstümmelte, der starrsinnig Witwe dich erstritt
Und glücklich kebste? Nas und Ohren schnitt er ab
Und stümmelte mehr so: Greuel war es anzuschaun.
HELENA. Das tat er jenem, meinetwegen tat er das.
PHORKYAS. Um jenes willen wird er dir das gleiche tun!
Unteilbar ist die Schönheit; der sie ganz besaß,
Zerstört sie lieber, fluchend jedem Teilbesitz.
Trompeten in der Ferne; der Chor fährt zusammen.

Wie scharf der Trompete Schmettern Ohr und Eingeweid
Zerreißend anfaßt, also krallt sich Eifersucht
Im Busen fest des Mannes, der das nie vergißt,
Was einst er besaß und nun verlor, nicht mehr besitzt.

CHOR. Hörst du nicht die Hörner schallen? siehst der Waffen
  Blitze nicht?
PHORKYAS. Sei willkommen, Herr und König! gerne geb ich
CHOR. Aber wir? [Rechenschaft.
PHORKYAS. Ihr wißt es deutlich: seht vor Augen ihren Tod,
Merkt den eurigen dadrinne! nein, zu helfen ist euch nicht.
Pause.
HELENA. Ich sann mir aus das Nächste, was ich wagen darf.
Ein Widerdämon bist du, das empfind ich wohl,
Und fürchte, Gutes wendest du zum Bösen um.
Vor allem aber folgen will ich dir zur Burg;
Das andre weiß ich; was die Königin dabei
In tiefem Busen geheimnisvoll verbergen mag,
Sei jedem unzugänglich! – Alte, geh voran!

CHOR. O wie gern gehen wir hin,
  Eilenden Fußes!
  Hinter uns Tod,
  Vor uns abermals
  Ragender Feste
  Unzugängliche Mauer!
  Schütze sie eben so gut,
  Eben wie Ilios Burg,
  Die doch endlich nur
  Niederträchtiger List erlag!

*Nebel verbreiten sich, umhüllen den Hintergrund, auch die Nähe,
  nach Belieben*

  Wie? aber wie?
  Schwestern, schaut euch um!
  War es nicht heiterer Tag?
  Nebel schwanken streifig empor
  Aus Eurotas heilger Flut:

Schon entschwand das liebliche,
Schilfumkränzte Gestade dem Blick!
Auch die frei, zierlich-stolz,
Sanft hingleitenden Schwäne
In gesellger Schwimmlust
Seh ich, ach, nicht mehr!

Doch, aber doch
Tönen hör ich sie,
Tönen fern heiseren Ton!
Tod verkündenden, sagen sie
Ach, daß uns er nur nicht auch
Statt verheißener Rettung Heil
Untergang verkünde zuletzt,
Uns, den Schwangleichen, Lang-
Schön-Weißhalsigen, und ach!
Unsrer Schwanerzeugten!
Weh uns, weh, weh!

Alles deckte sich schon
Rings mit Nebel umher.
Sehen wir doch einander nicht!
Was geschieht? gehen wir?
Schweben wir nur
Trippelnden Schrittes am Boden hin?
Siehst du nichts? schwebt nicht etwa gar
Hermes voran? blinkt nicht der goldne Stab
Heischend, gebietend uns wieder zurück
Zu dem unerfreulichen, grautagenden,
Ungreifbarer Gebilde vollen,
Überfüllten, ewig leeren Hades?

Ja, auf einmal wird es düster, ohne Glanz entschwebt der Nebel,
Dunkelgräulich, mauerbräunlich. Mauern stellen sich dem Blicke,
Freiem Blicke, starr entgegen. Ists ein Hof? ists tiefe Grube?
Schauerlich in jedem Falle! Schwestern, ach! wir sind gefangen,
So gefangen wie nur je!

INNERER BURGHOF

Umgeben von reichen, phantastischen Gebäuden des Mittelalters

CHORFÜHRERIN.
Vorschnell und töricht, echt-wahrhaftes Weibsgebild!
Vom Augenblicke abhängig, Spiel der Witterung,
Des Glücks und Unglücks: keines von beiden wißt ihr je
Zu bestehn mit Gleichmut! Eine widerspricht ja stets
Der andern heftig, überquer die andern ihr;
In Freud und Schmerz nur heult und lacht ihr gleichen Tons.
Nun schweigt und wartet horchend, was die Herrscherin
Hochsinnig hier beschließen mag für sich und uns!

HELENA. Wo bist du, Pythonissa? heiße, wie du magst,
Aus diesen Gewölben tritt hervor der düstern Burg!
Gingst etwa du, dem wunderbaren Heldenherrn
Mich ankündigen, Wohlempfang bereitend mir,
So habe Dank und führe schnell mich ein zu ihm!
Beschluß der Irrfahrt wünsch ich, Ruhe wünsch ich nur.

CHORFÜHRERIN.
Vergebens blickst du, Königin, allseits um dich her:
Verschwunden ist das leidige Bild, verblieb vielleicht
Im Nebel dort, aus dessen Busen wir hieher,
Ich weiß nicht wie, gekommen, schnell und sonder Schritt.
Vielleicht auch irrt sie zweifelhaft im Labyrinth
Der wundersam aus vielen einsgewordenen Burg,
Dem Herrn erfragend fürstlicher Hochbegrüßung halb.
Doch sieh: dort oben regt in Menge allbereits,
In Galerien, am Fenster, in Portalen rasch
Sich hin und her bewegend, viele Dienerschaft;
Vornehm-willkommnen Gastempfang verkündet es.

CHOR. Aufgeht mir das Herz! o seht nur dahin,
Wie so sittig herab mit verweilendem Tritt
Jungholdeste Schar anständig bewegt
Den geregelten Zug! Wie, auf wessen Befehl
Nur erscheinen, gereiht und gebildet so früh,
Von Jünglingsknaben das herrliche Volk?

Was bewundr ich zumeist? Ist es zierlicher Gang,
Etwa des Haupts Lockhaar um die blendende Stirn,
Etwa der Wänglein Paar, wie die Pfirsiche rot
Und eben auch so weichwollig beflaumt?
Gern biß ich hinein; doch ich schaudre davor:
Denn in ähnlichem Fall, da erfüllte der Mund
Sich, gräßlich zu sagen! mit Asche.

> Aber die Schönsten,
> Sie kommen daher:
> Was tragen sie nur?
> Stufen zum Thron,
> Teppich und Sitz,
> Umhang und zelt-
> artigen Schmuck!
> Überüberwallt er,
> Wolkenkränze bildend,
> Unsrer Königin Haupt;
> Denn schon bestieg sie,
> Eingeladen, herrlichen Pfühl.
> Tretet heran,
> Stufe für Stufe
> Reihet euch ernst!
> Würdig, o würdig, dreifach würdig
> Sei gesegnet ein solcher Empfang!

Alles vom Chor Ausgesprochene geschieht nach und nach.

FAUST. *Nachdem Knaben und Knappen in langem Zug herabgestiegen, erscheint er oben an der Treppe in ritterlicher Hofkleidung des Mittelalters und kommt langsam-würdig herunter.*
CHORFÜHRERIN *ihn aufmerksam beschauend.*
Wenn diesem nicht die Götter, wie sie öfter tun,
Für wenige Zeit nur wundernswürdige Gestalt,
Erhabnen Anstand, liebenswerte Gegenwart
Vorübergänglich liehen, wird ihm jedesmal,
Was er beginnt, gelingen, seis in Männerschlacht,
So auch im kleinen Kriege mit den schönsten Fraun.

Er ist fürwahr gar vielen andern vorzuziehn,
Die ich doch auch als hochgeschätzt mit Augen sah.
Mit langsam-ernstem, ehrfurchtsvoll gehaltnem Schritt
Seh ich den Fürsten: wende dich, o Königin!
FAUST *herantretend, einen Gefesselten zur Seite.*
Statt feierlichsten Grußes, wie sich ziemte,
Statt ehrfurchtsvollem Willkomm bring ich dir
In Ketten hart geschlossen solchen Knecht,
Der, Pflicht verfehlend, mir die Pflicht entwand.
Hier kniee nieder, dieser höchsten Frau
Bekenntnis abzulegen deiner Schuld!
Dies ist, erhabne Herrscherin, der Mann,
Mit seltnem Augenblitz vom hohen Turm
Umherzuschaun bestellt, dort Himmelsraum
Und Erdenbreite scharf zu überspähn,
Was etwa da und dort sich melden mag,
Vom Hügelkreis ins Tal zur festen Burg
Sich regen mag, der Herden Woge seis,
Ein Heereszug vielleicht: wir schützen jene,
Begegnen diesem. Heute: welch Versäumnis!
Du kommst heran, er meldets nicht! verfehlt
Ist ehrenvoller, schuldigster Empfang
So hohen Gastes. Freventlich verwirkt
Das Leben hat er, läge schon im Blut
Verdienten Todes; doch nur du allein
Bestrafst, begnadigst, wie dirs wohlgefällt.
HELENA. So hohe Würde, wie du sie vergönnst,
Als Richterin, als Herrscherin, und wärs
Versuchend nur, wie ich vermuten darf –
So üb ich nun des Richters erste Pflicht:
Beschuldigte zu hören: Rede denn!

TURMWÄRTER LYNKEUS.

Laß mich knieen, laß mich schauen,
Laß mich sterben, laß mich leben,
Denn schon bin ich hingegeben
Dieser gottgegebnen Frauen!

Harrend auf des Morgens Wonne,
Östlich spähend ihren Lauf,
Ging auf einmal mir die Sonne
Wunderbar im Süden auf.

Zog den Blick nach jener Seite,
Statt der Schluchten, statt der Höhn,
Statt der Erd- und Himmelsweite
Sie, die Einzige, zu spähn.

Augenstrahl ist mir verliehen
Wie dem Luchs auf höchstem Baum;
Doch nun mußt ich mich bemühen
Wie aus tiefem, düsterm Traum.

Wüßt ich irgend mich zu finden?
Zinne? Turm? geschlossnes Tor?
Nebel schwanken, Nebel schwinden,
Solche Göttin tritt hervor!

Aug und Brust ihr zugewendet,
Sog ich an den milden Glanz;
Diese Schönheit, wie sie blendet,
Blendete mich Armen ganz.

Ich vergaß des Wächters Pflichten,
Völlig das beschworne Horn –
Drohe nur, mich zu vernichten!
Schönheit bändigt allen Zorn.

HELENA. Das Übel, das ich brachte, darf ich nicht
Bestrafen. Wehe mir! welch streng Geschick
Verfolgt mich, überall der Männer Busen

So zu betören, daß sie weder sich
Noch sonst ein Würdiges verschonten. Raubend jetzt,
Verführend, fechtend, hin und her entrückend,
Halbgötter, Helden, Götter, ja Dämonen,
Sie führten mich im Irren her und hin.
Einfach die Welt verwirrt ich, doppelt mehr;
Nun dreifach, vierfach bring ich Not auf Not. –
Entferne diesen Guten, laß ihn frei!
Den Gottbetörten treffe keine Schmach!
FAUST. Erstaunt, o Königin, seh ich zugleich
Die sicher Treffende, hier den Getroffnen:
Ich seh den Bogen, der den Pfeil entsandt,
Verwundet jenen. Pfeile folgen Pfeilen,
Mich treffend! Allwärts ahn ich überquer
Gefiedert schwirrend sie in Burg und Raum.
Was bin ich nun? Auf einmal machst du mir
Rebellisch die Getreusten, meine Mauern
Unsicher. Also fürcht ich schon: mein Heer
Gehorcht der siegend-unbesiegten Frau.
Was bleibt mir übrig, als mich selbst und alles
Im Wahn das Meine, dir anheimzugeben?
Zu deinen Füßen laß mich, frei und treu,
Dich Herrin anerkennen, die sogleich
Auftretend sich Besitz und Thron erwarb!

LYNKEUS *mit einer Kiste und Männer, die ihm andere nachtragen.*

    Du siehst mich, Königin, zurück!
    Der Reiche bettelt einen Blick,
    Er sieht dich an und fühlt sogleich
    Sich bettelarm und fürstenreich.

    Was war ich erst? was bin ich nun?
    Was ist zu wollen? was zu tun?
    Was hilft der Augen schärfster Blitz!
    Er prallt zurück an deinem Sitz.

Von Osten kamen wir heran,
Und um den Westen wars getan;
Ein lang- und breites Volksgewicht:
Der erste wußte vom letzten nicht.

Der erste fiel, der zweite stand,
Des dritten Lanze war zur Hand;
Ein jeder hundertfach gestärkt,
Erschlagne Tausend unbemerkt.

Wir drängten fort, wir stürmten fort,
Wir waren Herrn von Ort zu Ort,
Und wo ich herrisch heut befahl,
Ein andrer morgen raubt und stahl.

Wir schauten – eilig war die Schau:
Der griff die allerschönste Frau,
Der griff den Stier von festem Tritt,
Die Pferde mußten alle mit.

Ich aber liebte, zu erspähn
Das Seltenste, was man gesehn,
Und was ein andrer auch besaß,
Das war für mich gedörrtes Gras.

Den Schätzen war ich auf der Spur,
Den scharfen Blicken folgt ich nur,
In alle Taschen blickt ich ein,
Durchsichtig war mit jeder Schrein.

Und Haufen Goldes waren mein,
Am herrlichsten der Edelstein:
Nun der Smaragd allein verdient,
Daß er an deinem Herzen grünt.

Nun schwanke zwischen Ohr und Mund
Das Tropfenei aus Meeresgrund!
Rubinen werden gar verscheucht:
Das Wangenrot sie niederbleicht.

Und so den allergrößten Schatz
Versetz ich hier auf deinen Platz;
Zu deinen Füßen sei gebracht
Die Ernte mancher blutgen Schlacht.

So viele Kisten schlepp ich her,
Der Eisenkisten hab ich mehr;
Erlaube mich auf deiner Bahn,
Und Schatzgewölbe füll ich an.

Denn du bestiegest kaum den Thron,
So neigen schon, so beugen schon
Verstand und Reichtum und Gewalt
Sich vor der einzigen Gestalt.

Das alles hielt ich fest und mein:
Nun aber, lose, wird es dein!
Ich glaubt es würdig, hoch und bar:
Nun seh ich, daß es nichtig war!

Verschwunden ist, was ich besaß,
Ein abgemähtes, welkes Gras.
O gib mit einem heitern Blick
Ihm seinen ganzen Wert zurück!

FAUST. Entferne schnell die kühn erworbne Last,
Zwar nicht getadelt, aber unbelohnt!
Schon ist Ihr alles eigen, was die Burg
Im Schoß verbirgt: Besondres Ihr zu bieten,
Ist unnütz. Geh und häufe Schatz auf Schatz
Geordnet an! Der ungesehnen Pracht
Erhabnes Bild stell auf! Laß die Gewölbe
Wie frische Himmel blinken! Paradiese
Von lebelosem Leben richte zu!
Voreilend ihren Tritten, laß beblümt
An Teppich Teppiche sich wälzen: ihrem Tritt
Begegne sanfter Boden, ihrem Blick,
Nur Göttliche nicht blendend, höchster Glanz!

LYNKEUS. Schwach ist, was der Herr befiehlt;
　　　　　Tuts der Diener, es ist gespielt:
　　　　　Herrscht doch über Gut und Blut
　　　　　Dieser Schönheit Übermut.
　　　　　Schon das ganze Heer ist zahm,
　　　　　Alle Schwerter stumpf und lahm,
　　　　　Vor der herrlichen Gestalt
　　　　　Selbst die Sonne matt und kalt,
　　　　　Vor dem Reichtum des Gesichts
　　　　　Alles leer und alles nichts. *Ab.*

HELENA *zu Faust.* Ich wünsche dich zu sprechen, doch herauf
An meine Seite komm! der leere Platz
Beruft den Herrn und sichert mir den meinen.
FAUST. Erst knieend laß die treue Widmung dir
Gefallen, hohe Frau! die Hand, die mich
An deine Seite hebt, laß mich sie küssen!
Bestärke mich als Mitregenten deines
Grenzunbewußten Reichs, gewinne dir
Verehrer, Diener, Wächter all in Einem!
HELENA. Vielfache Wunder seh ich, hör ich an.
Erstaunen trifft mich, fragen möcht ich viel.
Doch wünscht ich Unterricht, warum die Rede
Des Manns mir seltsam klang, seltsam und freundlich:
Ein Ton scheint sich dem andern zu bequemen,
Und hat ein Wort zum Ohre sich gesellt,
Ein andres kommt, dem ersten liebzukosen.
FAUST. Gefällt dir schon die Sprechart unsrer Völker,
O so gewiß entzückt auch der Gesang,
Befriedigt Ohr und Sinn im tiefsten Grunde.
Doch ist am sichersten, wir übens gleich:
Die Wechselrede lockt es, rufts hervor.
HELENA. So sage denn: wie sprech ich auch so schön?
FAUST. Das ist gar leicht: es muß von Herzen gehn!
Und wenn dir Brust von Sehnsucht überfließt,
Man sieht sich um und fragt –

HELENA. Wer mitgenießt.
FAUST. Nun schaut der Geist nicht vorwärts, nicht zurück;
Die Gegenwart allein –
HELENA. Ist unser Glück.
FAUST. Schatz ist sie, Hochgewinn, Besitz und Pfand;
Bestätigung, wer gibt sie?
HELENA. Meine Hand!

CHOR. Wer verdächt es unsrer Fürstin,
Gönnet sie dem Herrn der Burg
Freundliches Erzeigen?
Denn gesteht: sämtliche sind wir
Ja Gefangene, wie schon öfter
Seit dem schmählichen Untergang
Ilios und der ängstlich-
Labyrinthischen Kummerfahrt.

Fraun, gewöhnt an Männerliebe,
Wählerinnen sind sie nicht,
Aber Kennerinnen!
Und wie goldlockigen Hirten
Vielleicht schwarzborstigen Faunen,
Wie es bringt die Gelegenheit,
Über die schwellenden Glieder
Vollerteilen sie gleiches Recht.

Nah und näher sitzen sie schon,
Aneinander gelehnet,
Schulter an Schulter, Knie an Knie;
Hand in Hand wiegen sie sich
Über des Throns
Aufgepolsterter Herrlichkeit.
Nicht versagt sich die Majestät
Heimlicher Freuden
Vor den Augen des Volkes
Übermütiges Offenbarsein.

HELENA. Ich fühle mich so fern und doch so nah,
Und sage nur zu gern: da bin ich! da!
FAUST. Ich atme kaum, mir zittert, stockt das Wort;
Es ist ein Traum, verschwunden Tag und Ort.
HELENA. Ich scheine mir verlebt und doch so neu,
In dich verwebt, dem Unbekannten treu.
FAUST. Durchgrüble nicht das einzigste Geschick!
Dasein ist Pflicht, und wärs ein Augenblick.

PHORKYAS *heftig eintretend.*

> Buchstabiert in Liebesfibeln,
> Tändelnd grübelt nur am Liebeln,
> Müßig liebelt fort im Grübeln!
> Doch dazu ist keine Zeit.
> Fühlt ihr nicht ein dumpfes Wettern?
> Hört nur die Trompete schmettern!
> Das Verderben ist nicht weit:
> Menelas mit Volkeswogen
> Kommt auf euch herangezogen –
> Rüstet euch zu herbem Streit!
> Von der Siegerschar umwimmelt,
> Wie Deiphobus verstümmelt,
> Büßest du das Fraungeleit.
> Bammelt erst die leichte Ware,
> Dieser gleich ist am Altare
> Neugeschliffnes Beil bereit.

FAUST. Verwegne Störung! widerwärtig dringt sie ein!
Auch nicht in Gefahren mag ich sinnlos Ungestüm.
Den schönsten Boten, Unglücksbotschaft häßlich ihn;
Du Häßlichste gar, nur schlimme Botschaft bringst du gern.
Doch diesmal soll dirs nicht geraten; leeren Hauchs
Erschüttere du die Lüfte! Hier ist nicht Gefahr,
Und selbst Gefahr erschiene nur als eitles Dräun.
*Signale, Explosionen von den Türmen, Trompeten und Zinnen,
kriegerische Musik, Durchmarsch gewaltiger Heereskraft.*

FAUST. Nein, gleich sollst du versammelt schauen
 Der Helden ungetrennten Kreis:
 Nur der verdient die Gunst der Frauen,
 Der kräftigst sie zu schützen weiß.

*Zu den Heerführern,
die sich von den Kolonnen absondern und herantreten.*

 Mit angehaltnem stillen Wüten,
 Das euch gewiß den Sieg verschafft,
 Ihr, Nordens jugendliche Blüten,
 Ihr, Ostens blumenreiche Kraft –

 In Stahl gehüllt, vom Strahl umwittert,
 Die Schar, die Reich um Reich zerbrach,
 Sie treten auf, die Erde schüttert,
 Sie schreiten fort, es donnert nach.

 An Pylos traten wir zu Lande,
 Der alte Nestor ist nicht mehr,
 Und alle kleine Königsbande
 Zersprengt das ungebundne Heer.

 Drängt ungesäumt von diesen Mauern
 Jetzt Menelas dem Meer zurück!
 Dort irren mag er, rauben, lauern:
 Ihm war es Neigung und Geschick.

 Herzoge soll ich euch begrüßen,
 Gebietet Spartas Königin;
 Nun legt ihr Berg und Tal zu Füßen,
 Und euer sei des Reichs Gewinn!

 Germane du, Korinthus Buchten
 Verteidige mit Wall und Schutz!
 Achaja dann mit hundert Schluchten
 Empfehl ich, Gote, deinem Trutz.

 Nach Elis ziehn der Franken Heere,
 Messene sei der Sachsen Los!
 Normanne reinige die Meere
 Und Argolis erschaff er groß!

Dann wird ein jeder häuslich wohnen,
Nach außen richten Kraft und Blitz;
Doch Sparta soll euch überthronen,
Der Königin verjährter Sitz.

All-Einzeln sieht sie euch genießen
Des Landes, dem kein Wohl gebricht,
Ihr sucht getrost zu ihren Füßen
Bestätigung und Recht und Licht.

*Faust steigt herab, die Fürsten schließen einen Kreis um ihn,
Befehl und Anordnung näher zu vernehmen.*

CHOR. Wer die Schönste für sich begehrt,
 Tüchtig vor allen Dingen
Seh er nach Waffen weise sich um!
Schmeichelnd wohl gewann er sich,
Was auf Erden das Höchste;
Aber ruhig besitzt ers nicht:
Schleicher listig entschmeicheln sie ihm,
Räuber kühnlich entreißen sie ihm;
Dieses zu hindern, sei er bedacht!

Unsern Fürsten lob ich drum,
Schätz ihn höher vor andern;
Wie er so tapfer-klug sich verband,
Daß die Starken gehorchend stehn,
Jeden Winkes gewärtig.
Seinen Befehl vollziehn sie treu,
Jeder sich selbst zu eignem Nutz
Wie dem Herrscher zu lohnendem Dank,
Beiden zu höchlichem Ruhmesgewinn.

Denn wer entreißet sie jetzt
Dem gewaltgen Besitzer?
Ihm gehört sie, ihm sei sie gegönnt,
Doppelt von uns gegönnt, die er
Samt ihr zugleich innen mit sicherster Mauer,
Außen mit mächtigstem Heer umgab.

FAUST. Die Gaben, diesen hier verliehen –
An jeglichen ein reiches Land! –
Sind groß und herrlich: laß sie ziehen!
Wir halten in der Mitte stand.

Und sie beschützen um die Wette,
Ringsum von Wellen angehüpft,
Nichtinsel dich, mit leichter Hügelkette
Europens letztem Bergast angeknüpft.

Das Land, vor aller Länder Sonnen,
Sei ewig jedem Stamm beglückt,
Nun meiner Königin gewonnen,
Das früh an ihr hinaufgeblickt,

Als mit Eurotas Schilfgeflüster
Sie leuchtend aus der Schale brach,
Der hohen Mutter, dem Geschwister
Das Licht der Augen überstach.

Dies Land, allein zu dir gekehret,
Entbietet seinen höchsten Flor;
Dem Erdkreis, der dir angehöret,
Dein Vaterland, o zieh es vor!

Und duldet auch auf seiner Berge Rücken
Das Zackenhaupt der Sonne kalten Pfeil,
Läßt nun der Fels sich angegrünt erblicken,
Die Ziege nimmt genäschig kargen Teil.

Die Quelle springt, vereinigt stürzen Bäche,
Und schon sind Schluchten, Hänge, Matten grün.
Auf hundert Hügeln unterbrochner Fläche
Siehst Wollenherden ausgebreitet ziehn.

Verteilt, vorsichtig-abgemessen schreitet
Gehörntes Rind hinan zum jähen Rand;
Doch Obdach ist den sämtlichen bereitet:
Zu hundert Höhlen wölbt sich Felsenwand.

Pan schützt sie dort, und Lebensnymphen wohnen
In buschiger Klüfte feucht-erfrischtem Raum,
Und, sehnsuchtsvoll nach höhern Regionen,
Erhebt sich zweighaft Baum gedrängt an Baum.

Altwälder sinds! Die Eiche starret mächtig,
Und eigensinnig zackt sich Ast an Ast;
Der Ahorn, mild, von süßem Safte trächtig,
Steigt rein empor und spielt mit seiner Last.

Und mütterlich im stillen Schattenkreise
Quillt laue Milch bereit für Kind und Lamm;
Obst ist nicht weit, der Ebnen reife Speise,
Und Honig trieft vom ausgehöhlten Stamm.

Hier ist das Wohlbehagen erblich,
Die Wange heitert wie der Mund,
Ein jeder ist an seinem Platz unsterblich:
Sie sind zufrieden und gesund.

Und so entwickelt sich am reinen Tage
Zu Vaterkraft das holde Kind.
Wir staunen drob; noch immer bleibt die Frage:
Obs Götter, ob es Menschen sind!

So war Apoll den Hirten zugestaltet,
Daß ihm der schönsten einer glich;
Denn wo Natur im reinen Kreise waltet,
Ergreifen alle Welten sich.

Neben ihr sitzend.

So ist es mir, so ist es dir gelungen;
Vergangenheit sei hinter uns getan!
O fühle dich vom höchsten Gott entsprungen!
Der ersten Welt gehörst du einzig an.

Nicht feste Burg soll dich umschreiben!
Noch zirkt in ewiger Jugendkraft,
Für uns zu wonnevollem Bleiben,
Arkadien in Spartas Nachbarschaft.

Gelockt, auf selgem Grund zu wohnen,
Du flüchtetest ins heitere Geschick!
Zur Laube wandeln sich die Thronen:
Arkadisch frei sei unser Glück!

DER SCHAUPLATZ VERWANDELT SICH DURCHAUS

An eine Reihe von Felsenhöhlen lehnen sich geschlossene Lauben. Schattiger Hain bis an die rings umgebende Felsenteile hinan. Faust und Helena werden nicht gesehen. Der Chor liegt schlafend verteilt umher.

PHORKYAS. Wie lange Zeit die Mädchen schlafen, weiß ich nicht;
Ob sie sich träumen ließen, was ich hell und klar
Vor Augen sah, ist ebenfalls mir unbekannt.
Drum weck ich sie. Erstaunen soll das junge Volk,
Ihr Bärtigen auch, die ihr dadrunten sitzend harrt,
Glaubhafter Wunder Lösung endlich anzuschaun.
Hervor! hervor! und schüttelt eure Locken rasch!
Schlaf aus den Augen! Blinzt nicht so und hört mich an!

CHOR.
Rede nur! erzähl, erzähle, was sich Wunderlichs begeben!
Hören möchten wir am liebsten, was wir gar nicht glauben
                    können;
Denn wir haben lange Weile, diese Felsen anzusehn.

PHORKYAS.
Kaum die Augen ausgerieben, Kinder, langweilt ihr schon?
So vernehmet: in diesen Höhlen, diesen Grotten, diesen
                    Lauben
Schutz und Schirmung war verliehen, wie idyllischem
                    Liebespaare,
Unserm Herrn und unsrer Frauen.

CHOR.   Wie? dadrinnen?

PHORKYAS.   Abgesondert
Von der Welt, nur mich, die Eine, riefen sie zu stillem Dienste.
Hochgeehrt stand ich zur Seite; doch wie es Vertrauten ziemet,

Schaut ich um nach etwas andrem, wendete mich hier- und dorthin,
Suchte Wurzeln, Moos und Rinden, kundig aller Wirksamkeiten:
Und so blieben sie allein.

CHOR.
Tust du doch, als ob dadrinnen ganze Weltenräume wären,
Wald und Wiese, Bäche, Seen! welche Märchen spinnst du ab!

PHORKYAS.
Allerdings, ihr Unerfahrnen! das sind unerforschte Tiefen:
Saal an Sälen, Hof an Höfen; diese spür ich sinnend aus.
Doch auf einmal ein Gelächter echot in den Höhlenräumen;
Schau ich hin: da springt ein Knabe von der Frauen Schoß zum Manne,
Von dem Vater zu der Mutter! das Gekose, das Getändel,
Töriger Liebe Neckereien, Scherzgeschrei und Lustgejauchze
Wechselnd übertäuben mich.
Nackt, ein Genius ohne Flügel, faunenartig ohne Tierheit,
Springt er auf den festen Boden; doch der Boden, gegenwirkend,
Schnellt ihn zu der luftgen Höhe, und im zweiten, dritten
Rührt er an das Hochgewölb.   [Sprunge

Ängstlich ruft die Mutter: »Springe wiederholt und nach Belieben,
Aber hüte dich zu fliegen! freier Flug ist dir versagt.«
Und so mahnt der treue Vater: »In der Erde liegt die Schnellkraft,
Die dich aufwärts treibt; berühre mit der Zehe nur den Boden,
Wie der Erdensohn Antäus bist du alsobald gestärkt.«
Und so hüpft er auf die Masse dieses Felsens, von der Kante
Zu dem andern und umher so, wie ein Ball geschlagen springt.
Doch auf einmal in der Spalte rauher Schlucht ist er verschwunden,
Und nun scheint er uns verloren! Mutter jammert, Vater tröstet,

Achselzuckend steh ich ängstlich. Doch nun wieder welch Erscheinen!
Liegen Schätze dort verborgen? Blumenstreifige Gewande
Hat er würdig angetan.
Quasten schwanken von den Armen, Binden flattern um den Busen;
In der Hand die goldne Leier, völlig wie ein kleiner Phöbus,
Tritt er wohlgemut zur Kante, zu dem Überhang: wir staunen,
Und die Eltern vor Entzücken werfen wechselnd sich ans Herz.
Denn wie leuchtets ihm zu Haupten? Was erglänzt, ist schwer zu sagen:
Ist es Goldschmuck? ist es Flamme übermächtiger Geisteskraft?
Und so regt er sich gebärdend, sich als Knabe schon verkündend
Künftigen Meister alles Schönen, dem die ewigen Melodien
Durch die Glieder sich bewegen, und so werdet ihr ihn hören,
Und so werdet ihr ihn sehn zu einzigster Bewunderung.

    CHOR. Nennst du ein Wunder dies,
        Kretas Erzeugte?
        Dichtend belehrendem Wort
        Hast du gelauscht wohl nimmer?
        Niemals noch gehört Joniens,
        Nie vernommen auch Hellas
        Urväterlichen Sagen
        Göttlich-heldenhaften Reichtum?

        Alles, was je geschieht
        Heutigen Tages,
        Trauriger Nachklang ists
        Herrlicher Ahnherrntage!
        Nicht vergleicht sich dein Erzählen
        Dem, was liebliche Lüge,
        Glaubhaftiger als Wahrheit,
        Von dem Sohne sang der Maja.

Diesen zierlich und kräftig, doch
Kaum geborenen Säugling
Faltet in reinster Windeln Flaum,
Strenget in köstlicher Wickeln Schmuck
Klatschender Wärterinnen Schar,
Unvernünftigen Wähnens.
Kräftig und zierlich aber zieht
Schon der Schalk die geschmeidigen,
Doch elastischen Glieder
Listig heraus, die purpurne,
Ängstlich drückende Schale
Lassend ruhig an seiner Statt,
Gleich dem fertigen Schmetterling,
Der aus starrem Puppenzwang,
Flügel entfaltend, behendig schlüpft,
Sonnedurchstrahlten Äther kühn
Und mutwillig durchflatternd.

So auch er, der Behendeste,
Daß er Dieben und Schälken,
Vorteilsuchenden allen auch
Ewig günstiger Dämon sei!
Dies betätigt er alsobald
Durch gewandteste Künste:
Schnell des Meeres Beherrscher stiehlt
Er den Trident, ja dem Ares selbst
Schlau das Schwert aus der Scheide,
Bogen und Pfeil dem Phöbus auch,
Wie dem Hephästos die Zange;
Selber Zeus, des Vaters, Blitz
Nähm er, schreckt ihn das Feuer nicht;
Doch dem Eros siegt er ob
In beinstellendem Ringerspiel,
Raubt auch Cyprien, wie sie ihm kost,
Noch vom Busen den Gürtel.

Ein reizendes, rein-melodisches Saitenspiel erklingt aus der Höhle. Alle merken auf und scheinen bald innig gerührt. Von hier an bis zur bemerkten Pause durchaus mit vollstimmiger Musik

PHORKYAS. Höret allerliebste Klänge!
           Macht euch schnell von Fabeln frei!
           Eurer Götter alt Gemenge,
           Laß es hin! es ist vorbei.

           Niemand will euch mehr verstehen,
           Fordern wir doch höhern Zoll:
           Denn es muß von Herzen gehen,
           Was auf Herzen wirken soll.

Sie zieht sich nach den Felsen zurück.

CHOR. Bist du, fürchterliches Wesen,
       Diesem Schmeichelton geneigt,
       Fühlen wir, als frisch genesen,
       Uns zur Tränenlust erweicht.

       Laß der Sonne Glanz verschwinden,
       Wenn es in der Seele tagt:
       Wir im eignen Herzen finden,
       Was die ganze Welt versagt.

Helena, Faust, Euphorion in dem oben beschriebenen Kostüm.

EUPHORION. Hört ihr Kindeslieder singen,
            Gleich ists euer eigner Scherz;
            Seht ihr mich im Takte springen,
            Hüpft euch elterlich das Herz.
HELENA. Liebe, menschlich zu beglücken,
         Nähert sie ein edles Zwei;
         Doch zu göttlichem Entzücken
         Bildet sie ein köstlich Drei.
FAUST. Alles ist sodann gefunden:
        Ich bin dein, und du bist mein,
        Und so stehen wir verbunden;
        Dürft es doch nicht anders sein!

CHOR. Wohlgefallen vieler Jahre
In des Knaben mildem Schein
Sammelt sich auf diesem Paare:
O wie rührt mich der Verein!

EUPHORION. Nun laßt mich hüpfen,
Nun laß mich springen!
Zu allen Lüften
Hinaufzudringen,
Ist mir Begierde:
Sie faßt mich schon.

FAUST. Nur mäßig! mäßig!
Nicht ins Verwegne,
Daß Sturz und Unfall
Dir nicht begegne,
Zugrunde uns richte
Der teure Sohn!

EUPHORION. Ich will nicht länger
Am Boden stocken:
Laßt meine Hände,
Laßt meine Locken,
Laßt meine Kleider!
Sie sind ja mein.

HELENA. O denk, o denke,
Wem du gehörest,
Wie es uns kränke,
Wie du zerstörest
Das schön errungene
Mein, Dein und Sein!

CHOR. Bald löst, ich fürchte,
Sich der Verein!

HELENA UND FAUST. Bändige, bändige,
Eltern zuliebe,
Überlebendige,
Heftige Triebe!
Ländlich im stillen
Ziere den Plan!

EUPHORION. Nur euch zu willen
Halt ich mich an.

Durch den Chor sich schlingend und ihn zum Tanze fortziehend.

Leichter umschweb ich hie
Muntres Geschlecht.
Ist nun die Melodie,
Ist die Bewegung recht?

HELENA. Ja, das ist wohlgetan!
Führe die Schönen an
Künstlichem Reihn!

FAUST. Wäre das doch vorbei!
Mich kann die Gaukelei
Gar nicht erfreun.

*Euphorion und Chor,
tanzend und singend, bewegen sich in verschlungenen Reihen.*

(CHOR). Wenn du der Arme Paar
Lieblich bewegest,
Im Glanz dein lockig Haar
Schütternd erregest,
Wenn dir der Fuß so leicht
Über die Erde schleicht,
Dort und da wieder hin
Glieder um Glied sich ziehn,
Hast du dein Ziel erreicht,
Liebliches Kind!
All unsre Herzen sind
All dir geneigt. *Pause.*

EUPHORION. Ihr seid so viele
Leichtfüßige Rehe,
Zu neuem Spiele
Frisch aus der Nähe!
Ich bin der Jäger,
Ihr seid das Wild.

CHOR. Willst du uns fangen,
Sei nicht behende!

Denn wir verlangen
Doch nur am Ende,
Dich zu umarmen,
Du schönes Bild!

EUPHORION. Nur durch die Haine!
Zu Stock und Steine!
Das leicht Errungene,
Das widert mir,
Nur das Erzwungene
Ergötzt mich schier.

HELENA UND FAUST.
Welch ein Mutwill! welch ein Rasen!
Keine Mäßigung ist zu hoffen!
Klingt es doch wie Hörnerblasen
Über Tal und Wälder dröhnend:
Welch ein Unfug! welch Geschrei!

CHOR *einzeln schnell eintretend.*
Uns ist er vorbeigelaufen!
Mit Verachtung uns verhöhnend
Schleppt er von dem ganzen Haufen
Nun die Wildeste herbei.

EUPHORION *ein junges Mädchen hereintragend.*
Schlepp ich her die derbe Kleine
Zu erzwungenem Genusse!
Mir zur Wonne, mir zur Lust
Drück ich widerspenstige Brust,
Küß ich widerwärtigen Mund,
Tue Kraft und Willen kund.

MÄDCHEN. Laß mich los! In dieser Hülle
Ist auch Geistes Mut und Kraft;
Deinem gleich, ist unser Wille
Nicht so leicht hinweggerafft.
Glaubst du wohl mich im Gedränge?
Deinem Arm vertraust du viel!
Halte fest, und ich versenge
Dich, den Toren, mir zum Spiel.

Sie flammt auf und lodert in die Höhe.
Folge mir in leichte Lüfte,
Folge mir in starre Grüfte,
Hasche das verschwundne Ziel!

EUPHORION *die letzten Flammen abschüttelnd.*
Felsengedränge hier
Zwischen dem Waldgebüsch!
Was soll die Enge mir?
Bin ich doch jung und frisch!
Winde, sie sausen ja,
Wellen, sie brausen da,
Hör ich doch beides fern:
Nah wär ich gern!
Er springt immer höher felsauf.

HELENA, FAUST UND CHOR.
Wolltest du den Gemsen gleichen?
Vor dem Falle muß uns graun.

EUPHORION. Immer höher muß ich steigen,
Immer weiter muß ich schaun!
Weiß ich nun, wo ich bin:
Mitten der Insel drin,
Mitten in Pelops Land,
Erde- wie seeverwandt!

CHOR. Magst nicht in Berg und Wald
Friedlich verweilen?
Suchen wir alsobald
Reben in Zeilen,
Reben am Hügelrand,
Feigen und Apfelgold.
Ach, in dem holden Land
Bleibe du hold!

EUPHORION. Träumt ihr den Friedenstag?
Träume, wer träumen mag!
Krieg ist das Losungswort!
Sieg! und so klingt es fort.

CHOR. Wer im Frieden
Wünschet sich Krieg zurück,
Der ist geschieden
Vom Hoffnungsglück.

EUPHORION. Welche dies Land gebar
Aus Gefahr in Gefahr,
Frei, unbegrenzten Muts,
Verschwenderisch eignen Bluts,
Den nicht zu dämpfenden
Heiligen Sinn
Alle den Kämpfenden
Bring es Gewinn!

CHOR. Seht hinauf wie hoch gestiegen!
Und erscheint uns doch nicht klein:
Wie im Harnisch, wie zum Siegen,
Wie von Erz und Stahl der Schein!

EUPHORION. Keine Wälle, keine Mauern,
Jeder nur sich selbst bewußt!
Feste Burg, um auszudauern,
Ist des Mannes ehrne Brust.
Wollt ihr unerobert wohnen,
Leicht bewaffnet rasch ins Feld!
Frauen werden Amazonen
Und ein jedes Kind ein Held.

CHOR. Heilige Poesie,
Himmelan steige sie!
Glänze, der schönste Stern,
Fern und so weiter fern!
Und sie erreicht uns doch
Immer, man hört sie noch,
Vernimmt sie gern.

EUPHORION. Nein, nicht ein Kind bin ich erschienen:
In Waffen kommt der Jüngling an!
Gesellt zu Starken, Freien, Kühnen,
Hat er im Geiste schon getan.

                        Nun fort!
                        Nun dort
                        Eröffnet sich zum Ruhm die Bahn.
HELENA UND FAUST. Kaum ins Leben eingerufen,
                        Heitrem Tag gegeben kaum,
                        Sehnest du von Schwindelstufen
                        Dich zu schmerzenvollem Raum.
                        Sind denn wir
                        Gar nichts dir?
                        Ist der holde Bund ein Traum?
EUPHORION. Und hört ihr donnern auf dem Meere?
                        Dort widerdonnern Tal um Tal,
                        In Staub und Wellen Heer dem Heere,
                        In Drang um Drang zu Schmerz und Qual!
                        Und der Tod
                        Ist Gebot:
                        Das versteht sich nun einmal.
HELENA, FAUST UND CHOR.
                        Welch Entsetzen! welches Grauen!
                        Ist der Tod denn dir Gebot?
EUPHORION. Sollt ich aus der Ferne schauen?
                        Nein, ich teile Sorg und Not!
DIE VORIGEN. Übermut und Gefahr!
                        Tödliches Los!
EUPHORION. Doch! – Und ein Flügelpaar
                        Faltet sich los!
                        Dorthin! Ich muß! ich muß!
                        Gönnt mir den Flug!

Er wirft sich in die Lüfte, die Gewande tragen ihn einen Augenblick, sein Haupt strahlt, ein Lichtschweif zieht nach.

CHOR. Ikarus! Ikarus!
                        Jammer genug!

Ein schöner Jüngling stürzt zu der Eltern Füßen, man glaubt in dem Toten eine bekannte Gestalt zu erblicken; doch das Körperliche verschwindet sogleich, die Aureole steigt wie ein Komet zum Himmel auf, Kleid, Mantel und Lyra bleiben liegen.

HELENA UND FAUST. Der Freude folgt sogleich
    Grimmige Pein.
EUPHORIONS STIMME *aus der Tiefe.*
    Laß mich im düstern Reich,
    Mutter, mich nicht allein!
    Pause.
CHOR. *Trauergesang.*
    Nicht allein! – wo du auch weilest!
    Denn wir glauben dich zu kennen;
    Ach, wenn du dem Tag enteilest,
    Wird kein Herz von dir sich trennen.
    Wüßten wir doch kaum zu klagen,
    Neidend singen wir dein Los:
    Dir in klar- und trüben Tagen
    Lied und Mut war schön und groß.

    Ach, zum Erdenglück geboren,
    Hoher Ahnen, großer Kraft,
    Leider früh dir selbst verloren,
    Jugendblüte weggerafft!
    Scharfer Blick, die Welt zu schauen,
    Mitsinn jedem Herzensdrang,
    Liebesglut der besten Frauen
    Und ein eigenster Gesang.

    Doch du ranntest unaufhaltsam
    Frei ins willenlose Netz;
    So entzweitest du gewaltsam
    Dich mit Sitte, mit Gesetz;
    Doch zuletzt das höchste Sinnen
    Gab dem reinen Mut Gewicht,
    Wolltest Herrliches gewinnen,
    Aber es gelang dir nicht.

Wem gelingt es? – Trübe Frage,
Der das Schicksal sich vermummt,
Wenn am unglückseligsten Tage
Blutend alles Volk verstummt.
Doch erfrischet neue Lieder,
Steht nicht länger tief gebeugt:
Denn der Boden zeugt sie wieder,
Wie von je er sie gezeugt.

Völlige Pause. Die Musik hört auf.

HELENA *zu Faust.*
Ein altes Wort bewährt sich leider auch an mir:
Daß Glück und Schönheit dauerhaft sich nicht vereint.
Zerrissen ist des Lebens wie der Liebe Band;
Bejammernd beide, sag ich schmerzlich Lebewohl
Und werfe mich noch einmal in die Arme dir. –
Persephoneia, nimmt den Knaben auf und mich!
Sie umarmt Faust, das Körperliche verschwindet, Kleid und Schleier bleiben ihm in den Armen.

PHORKYAS *zu Faust.* Halte fest, was dir von allem übrigblieb!
Das Kleid, laß es nicht los! Da zupfen schon
Dämonen an den Zipfeln, möchten gern
Zur Unterwelt es reißen. Halte fest!
Die Göttin ists nicht mehr, die du verlorst,
Doch göttlich ists! Bediene dich der hohen,
Unschätzbarn Gunst und hebe dich empor:
Es trägt dich über alles Gemeine rasch
Am Äther hin, solange du dauern kannst. –
Wir sehn uns wieder, weit, gar weit von hier.
Helenens Gewande lösen sich in Wolken auf, umgeben Faust, heben ihn in die Höhe und ziehen mit ihm vorüber.
PHORKYAS *nimmt Euphorions Kleid, Mantel und Lyra von der Erde, tritt ins Proszenium, hebt die Exuvien in die Höhe und spricht:* Noch immer glücklich aufgefunden!
   Die Flamme freilich ist verschwunden,
   Doch ist mir um die Welt nicht leid.

Hier bleibt genug, Poeten einzuweihen,
Zu stiften Gild- und Handwerksneid,
Und kann ich die Talente nicht verleihen,
Verborg ich wenigstens das Kleid.

Sie setzt sich im Proszenium an eine Säule nieder.

PANTHALIS. Nun eilig, Mädchen! Sind wir doch den Zauber los,
Der altthessalischen Vettel wüsten Geisteszwang,
So des Geklimpers vielverworrner Töne Rausch,
Das Ohr verwirrend, schlimmer noch den innern Sinn.
Hinab zum Hades! Eilte doch die Königin
Mit ernstem Gang hinunter. Ihrer Sohle sei
Unmittelbar getreuer Mägde Schritt gefügt!
Wir finden sie am Throne der Unerforschlichen.

CHOR. Königinnen freilich, überall sind sie gern;
Auch im Hades stehen sie obenan,
Stolz zu ihresgleichen gesellt,
Mit Persephonen innigst vertraut;
Aber wir, im Hintergrunde
Tiefer Asphodeloswiesen,
Langgestreckten Pappeln,
Unfruchtbaren Weiden zugesellt,
Welchen Zeitvertreib haben wir?
Fledermausgleich zu piepsen,
Geflüster, unerfreulich, gespenstig.

PANTHALIS. Wer keinen Namen sich erwarb noch Edles will,
Gehört den Elementen an: so fahret hin!
Mit meiner Königin zu sein, verlangt mich heiß;
Nicht nur Verdienst, auch Treue wahrt uns die Person. *Ab.*

ALLE. Zurückgegeben sind wir dem Tageslicht,
Zwar Personen nicht mehr,
Das fühlen, das wissen wir,
Aber zum Hades kehren wir nimmer!
Ewig lebendige Natur
Macht auf uns Geister,
Wir auf sie vollgültigen Anspruch.

EIN TEIL DES CHORS.

Wir in dieser tausend Äste Flüsterzittern, Säuselschweben,
Reizen tändelnd, locken leise wurzelauf des Lebens Quellen
Nach den Zweigen; bald mit Blättern, bald mit Blüten
                                          überschwenglich
Zieren wie die Flatterhaare frei zu luftigem Gedeihn.
Fällt die Frucht, sogleich versammeln lebenslustig Volk und
                                          Herden
Sich zum Greifen, sich zum Naschen, eilig kommend, emsig
                                          drängend,
Und wie vor den ersten Göttern bückt sich alles um uns her.

EIN ANDERER TEIL.

Wir, an dieser Felsenwände weithinleuchtend-glattem Spiegel
Schmiegen wir, in sanften Wellen und bewegend,
                                          schmeichelnd an;
Horchen, lauschen jedem Laute, Vogelsängen, Röhrigflöten,
Sei es Pans furchtbarer Stimme: Antwort ist sogleich bereit.
Säuselts, säuseln wir erwidernd, donnerts, rollen unsre
                                          Donner
In erschütterndem Verdoppeln dreifach, zehnfach hintennach.

EIN DRITTER TEIL.

Schwestern, wir, bewegtern Sinnes, eilen mit den Bächen
                                          weiter;
Denn es reizen jener Ferne reichgeschmückte Hügelzüge.
Immer abwärts, immer tiefer wässern wir, mäandrisch
                                          wallend,
Jetzt die Wiese, dann die Matten, gleich den Garten um das
                                          Haus.
Dort bezeichnens der Zypressen schlanke Wipfel, über
                                          Landschaft,
Uferzug und Wellenspiegel nach dem Äther steigende.

EIN VIERTER TEIL.

Wallt ihr andern, wos beliebet: wir umzingeln, wir
                                          umrauschen
Den durchaus bepflanzten Hügel, wo am Stab die Rebe
                                          grünt;

3. AKT · ARKADIEN

Dort zu aller Tage Stunden läßt die Leidenschaft des
             Winzers
Uns des liebevollsten Fleißes zweifelhaft Gelingen sehn.
Bald mit Hacke, bald mit Spaten, bald mit Häufeln, Schneiden,
             Binden
Betet er zu allen Göttern, fördersamst zum Sonnengott.
Bacchus kümmert sich, der Weichling, wenig um den treuen
             Diener,
Ruht in Lauben, lehnt in Höhlen, faselnd mit dem jüngsten
             Faun.
Was zu seiner Träumereien halbem Rausch er je bedurfte,
Immer bleibt es ihm in Schläuchen, ihm in Krügen und
             Gefäßen,
Rechts und links der kühlen Grüfte, ewige Zeiten aufbewahrt.
Haben aber alle Götter, hat nun Helios vor allen,
Lüftend, feuchtend, wärmend, glutend, Beerenfüllhorn
             aufgehäuft,
Wo der stille Winzer wirkte, dort auf einmal wirds lebendig,
Und es rauscht in jedem Laube, raschelt um von Stock zu
             Stock.
Körbe knarren, Eimer klappern, Tragebutten ächzen hin.
Alles nach der großen Kufe zu der Keltrer kräftgem Tanz.
Und so wird die heilige Fülle reingeborner, saftiger Beeren
Frech zertreten: schäumend, sprühend, mischt sichs
             widerlich zerquetscht.
Und nun gellt ins Ohr der Zimbeln mit der Becken Erzgetöne;
Denn es hat sich Dionysos aus Mysterien enthüllt,
Kommt hervor mit Ziegenfüßlern, schwenkend
             Ziegenfüßlerinnen,
Und dazwischen schreit unbändig grell Silenus öhrig Tier.
Nichts geschont! Gespaltne Klauen treten alle Sitte nieder,
Alle Sinne wirbeln taumlig, gräßlich übertäubt das Ohr.
Nach der Schale tappen Trunkne, überfüllt sind Kopf und
             Wänste;
Sorglich ist noch ein- und andrer, doch vermehrt er die
             Tumulte:

Denn um neuen Most zu bergen, leert man rasch den alten Schlauch!

Der Vorhang fällt

Phorkyas, im Proszenium, richtet sich riesenhaft auf, tritt aber von den Kothurnen herunter, lehnt Maske und Schleier zurück und zeigt sich als Mephistopheles, um, insofern es nötig wäre, im Epilog das Stück zu kommentieren.

Vierter Akt

HOCHGEBIRG

starre, zackige Felsengipfel

Eine Wolke zieht herbei, lehnt sich an, senkt sich auf eine vorstehende Platte herab. Sie teilt sich.

FAUST *tritt hervor.*

Der Einsamkeiten tiefste schauend unter meinem Fuß,
Betret ich wohlbedächtig dieser Gipfel Saum,
Entlassend meiner Wolke Tragewerk, die mich sanft
An klaren Tagen über Land und Meer geführt.
Sie löst sich langsam, nicht zerstiebend, von mir ab.
Nach Osten strebt die Masse mit geballtem Zug;
Ihr strebt das Auge staunend in Bewunderung nach.
Sie teilt sich wandelnd, wogenhaft, veränderlich;
Doch will sichs modeln. – Ja, das Auge trügt mich nicht!
Auf sonnbeglänzten Pfühlen herrlich hingestreckt,
Zwar riesenhaft, ein göttergleiches Fraungebild,
Ich sehs! Junonen ähnlich, Ledan, Helenen,
Wie majestätisch-lieblich mirs im Auge schwankt!
Ach! Schon verrückt sichs! Formlos-breit und aufgetürmt
Ruht es in Osten, fernen Eisgebirgen gleich,
Und spiegelt blendend flüchtger Tage großen Sinn.

Doch mir umschwebt ein zarter, lichter Nebelstreif
Noch Brust und Stirn, erheiternd, kühl und schmeichelhaft.
Nun steigt es leicht und zaudernd hoch und höher auf,
Fügt sich zusammen. – Täuscht mich ein entzückend Bild
Als jugenderstes, längstentbehrtes höchstes Gut?
Des tiefsten Herzens frühste Schätze quellen auf:
Aurorens Liebe, leichten Schwungs bezeichnets mir,
Den schnellempfundnen, ersten, kaum verstandnen Blick,
Der, festgehalten, überglänzte jeden Schatz.

Wie Seelenschönheit steigert sich die holde Form,
Löst sich nicht auf, erhebt sich in den Äther hin
Und zieht das Beste meines Innern mit sich fort.

Ein Siebenmeilenstiefel tappt auf. Ein anderer folgt alsbald.
Mephistopheles steigt ab. Die Stiefel schreiten eilig weiter.

MEPHISTOPHELES. Das heiß ich endlich vorgeschritten!
Nun aber sag: was fällt dir ein?
Stiegst ab in solcher Greuel Mitten,
Im gräßlich gähnenden Gestein?
Ich kenn es wohl, doch nicht an dieser Stelle;
Denn eigentlich war das der Grund der Hölle.
FAUST. Es fehlt dir nie an närrischen Legenden;
Fängst wieder an, dergleichen auszuspenden!

MEPHISTOPHELES *ernsthaft.*

Als Gott der Herr – ich weiß auch wohl, warum –
Uns aus der Luft in tiefste Tiefen bannte,
Da, wo, zentralisch glühend, um und um,
Ein ewig Feuer flammend sich durchbrannte,
Wir fanden uns bei allzu großer Hellung
In sehr gedrängter, unbequemer Stellung.
Die Teufel fingen sämtlich an zu husten,
Von oben und von unten auszupusten;
Die Hölle schwoll von Schwefelstank und -säure:
Das gab ein Gas! das ging ins Ungeheure,
So daß gar bald der Länder flache Kruste,
So dick sie war, zerkrachend bersten mußte.
Nun haben wirs an einem andern Zipfel:
Was ehmals Grund war, ist nun Gipfel.
Sie gründen auch hierauf die rechten Lehren,
Das Unterste ins Oberste zu kehren.
Denn wir entrannen knechtisch-heißer Gruft
Ins Übermaß der Herrschaft freier Luft.
Ein offenbar Geheimnis, wohl verwahrt,
Und wird nur spät den Völkern offenbart. *(Ephes. 6, 12)*
FAUST. Gebirgesmasse bleibt mir edel-stumm;

Ich frage nicht: woher? und nicht: warum?
Als die Natur sich in sich selbst gegründet,
Da hat sie rein den Erdball abgeründet,
Der Gipfel sich, der Schluchten sich erfreut
Und Fels an Fels und Berg an Berg gereiht,
Die Hügel dann bequem hinabgebildet,
Mit sanftem Zug sie in das Tal gemildet.
Da grünts und wächst, und um sich zu erfreuen,
Bedarf sie nicht der tollen Strudeleien.

MEPHIST. Da sprecht Ihr so! das scheint Euch sonnenklar;
Doch weiß es anders, der zugegen war.
Ich war dabei, als noch dadrunten siedend
Der Abgrund schwoll und strömend Flammen trug,
Als Molochs Hammer, Fels an Felsen schmiedend,
Gebirgestrümmer in die Ferne schlug.
Noch starrt das Land von fremden Zentnermassen:
Wer gibt Erklärung solcher Schleudermacht?
Der Philosoph, er weiß es nicht zu fassen:
Da liegt der Fels, man muß ihn liegen lassen,
Zuschanden haben wir uns schon gedacht.
Das treu-gemeine Volk allein begreift
Und läßt sich im Begriff nicht stören;
Ihm ist die Weisheit längst gereift:
Ein Wunder ists, der Satan kommt zu Ehren.
Mein Wandrer hinkt an seiner Glaubenskrücke
Zum Teufelsstein, zur Teufelsbrücke.

FAUST. Es ist doch auch bemerkenswert zu achten,
Zu sehn, wie Teufel die Natur betrachten.

MEPHISTOPHELES. Was geht michs an! Natur sei, wie sie sei,
's ist Ehrenpunkt: der Teufel war dabei!
Wir sind die Leute, Großes zu erreichen!
Tumult, Gewalt und Unsinn! sieh das Zeichen! –
Doch daß ich endlich ganz verständlich spreche:
Gefiel dir nichts an unsrer Oberfläche?
Du übersahst in ungemessnen Weiten
Die Reiche der Welt und ihre Herrlichkeiten; *(Matth. 4)*

Doch, ungenügsam, wie du bist,
Empfandest du wohl kein Gelüst?
FAUST. Und doch! Ein Großes zog mich an.
Errate!
MEPHISTOPHELES. Das ist bald getan.
Ich suchte mir so eine Hauptstadt aus,
Im Kerne Bürgernahrungsgraus,
Krumm-enge Gäßchen, spitze Giebeln,
Beschränkter Markt, Kohl, Rüben, Zwiebeln,
Fleischbänke, wo die Schmeißen hausen,
Die fetten Braten anzuschmausen:
Da findest du zu jeder Zeit
Gewiß Gestank und Tätigkeit.
Dann weite Plätze, breite Straßen,
Vornehmen Schein sich anzumaßen,
Und endlich, wo kein Tor beschränkt,
Vorstädte, grenzenlos verlängt.
Da freut ich mich an Rollekutschen,
Am lärmigen Hin- und Widerrutschen,
Am ewigen Hin- und Widerlaufen
Zerstreuter Ameiswimmelhaufen,
Und wenn ich führe, wenn ich ritte,
Erschien ich immer ihre Mitte,
Von Hunderttausenden verehrt.
FAUST. Das kann micht nicht zufrieden stellen!
Man freut sich, daß das Volk sich mehrt,
Nach seiner Art behäglich nährt,
Sogar sich bildet, sich belehrt,
Und man erzieht sich nur Rebellen.
MEPHISTOPHELES. Dann baut ich, grandios, mir selbst bewußt,
Am lustigen Ort ein Schloß zur Lust.
Wald, Hügel, Flächen, Wiesen, Feld
Zum Garten prächtig umbestellt:
Vor grünen Wänden Sammetmatten,
Schnurwege, kunstgerechte Schatten,
Kaskadensturz, durch Fels zu Fels gepaart,

Und Wasserstrahlen aller Art:
Ehrwürdig steigt es dort; doch an den Seiten,
Da zischts und pißts in tausend Kleinigkeiten.
Dann aber ließ ich allerschönsten Frauen
Vertraut-bequeme Häuslein bauen,
Verbrächte da grenzenlose Zeit
In allerliebst-geselliger Einsamkeit.
Ich sage: Fraun! denn ein für allemal
Denk ich die Schönen im Plural.
FAUST. Schlecht und modern! Sardanapal!
MEPHISTOPHELES. Errät man wohl, wornach du strebtest?
Es war gewiß erhaben-kühn!
Der du dem Mond um so viel näher schwebtest,
Dich zog wohl deine Sucht dahin?
FAUST. Mitnichten! Dieser Erdenkreis
Gewährt noch Raum zu großen Taten.
Erstaunenswürdiges soll geraten!
Ich fühle Kraft zu kühnem Fleiß.
MEPHISTOPHELES. Und also willst du Ruhm verdienen?
Man merkts: du kommst von Heroinen!
FAUST. Herrschaft gewinne ich, Eigentum!
Die Tat ist alles, nichts der Ruhm.
MEPHISTOPHELES. Doch werden sich Poeten finden,
Der Nachwelt deinen Glanz zu künden,
Durch Torheit Torheit zu entzünden.
FAUST. Von allem ist dir nichts gewährt.
Was weißt du, was der Mensch begehrt!
Dein widrig Wesen, bitter, scharf,
Was weiß es, was der Mensch bedarf!
MEPHISTOPHELES. Geschehe denn nach deinem Willen!
Vertraue mir den Umfang deiner Grillen!
MEPHISTOPHELES. Mein Auge war aufs hohe Meer gezogen:
Es schwoll empor, sich in sich selbst zu türmen,
Dann ließ es nach und schüttete die Wogen,
Des flachen Ufers Breite zu bestürmen.
Und das verdroß mich, wie der Übermut

Den freien Geist, der alle Rechte schätzt,
Durch leidenschaftlich aufgeregtes Blut
Ins Mißbehagen des Gefühls versetzt.
Ich hielts für Zufall, schärfte meinen Blick:
Die Woge stand und rollte dann zurück,
Entfernte sich vom stolz erreichten Ziel;
Die Stunde kommt, sie wiederholt das Spiel.

MEPHISTOPHELES *ad spectatores.*
Das ist für mich nichts Neues zu erfahren;
Das kenn ich schon seit hunderttausend Jahren.

FAUST *leidenschaftlich fortfahrend.*
Sie schleicht heran, an abertausend Enden,
Unfruchtbar selbst, Unfruchtbarkeit zu spenden;
Nun schwillts und wächst und rollt und überzieht
Der wüsten Strecke widerlich Gebiet.
Da herrschet Well auf Welle kraftbegeistet,
Zieht sich zurück, und es ist nichts geleistet!
Was zur Verzweiflung mich beängstigen könnte:
Zwecklose Kraft unbändiger Elemente!
Da wagt mein Geist, sich selbst zu überfliegen:
Hier möcht ich kämpfen, die möcht ich besiegen!

Und es ist möglich! Flutend, wie sie sei,
An jedem Hügel schmiegt sie sich vorbei;
Sie mag sich noch so übermütig regen,
Geringe Höhe ragt ihr stolz entgegen,
Geringe Tiefe zieht sie mächtig an.
Da faßt ich schnell im Geiste Plan auf Plan:
Erlange dir das köstliche Genießen,
Das herrische Meer vom Ufer auszuschließen,
Der feuchten Breite Grenzen zu verengen
Und weit hinein sie in sich selbst zu drängen!
Schon Schritt für Schritt wußt ich mirs zu erörtern;
Das ist mein Wunsch: den wage zu befördern!

Trommeln und kriegerische Musik im Rücken der Zuschauer, aus der Ferne, von der rechten Seite her.

MEPHIST. Wie leicht ist das! – Hörst du die Trommeln fern?
FAUST. Schon wieder Krieg! Der Kluge hörts nicht gern.
MEPHISTOPHELES. Krieg oder Frieden: klug ist das Bemühen,
Zu seinem Vorteil etwas auszuziehen.
Man paßt, man merkt auf jedes günstige Nu.
Gelegenheit ist da: nun, Fauste, greife zu!
FAUST. Mit solchem Rätselkram verschone mich!
Und kurz und gut: was solls? Erkläre dich!
MEPHIST. Auf meinem Zuge blieb mir nicht verborgen:
Der gute Kaiser schwebt in großen Sorgen;
Du kennst ihn ja! Als wir ihn unterhielten,
Ihm falschen Reichtum in die Hände spielten,
Da war die ganze Welt ihm feil.
Denn jung ward ihm der Thron zuteil,
Und ihm beliebt es, falsch zu schließen:
Es könne wohl zusammengehn
Und sei recht wünschenswert und schön,
Regieren und zugleich genießen.
FAUST. Ein großer Irrtum! Wer befehlen soll,
Muß im Befehlen Seligkeit empfinden;
Ihm ist die Brust von hohem Willen voll,
Doch was er will, es darfs kein Mensch ergründen.
Was er den Treusten in das Ohr geraunt,
Es ist getan, und alle Welt erstaunt.
So wird er stets der Allerhöchste sein,
Der Würdigste! – Genießen macht gemein.
MEPHISTOPHELES. So ist er nicht! Er selbst genoß, und wie!
Indes zerfiel das Reich in Anarchie,
Wo groß und klein sich kreuz und quer befehdeten
Und Brüder sich vertrieben, töteten,
Burg gegen Burg, Stadt gegen Stadt,
Zunft gegen Adel Fehde hatt,
Der Bischof mit Kapitel und Gemeinde:
Was sich nur ansah, waren Feinde.
In Kirchen Mord und Totschlag, vor den Toren
Ist jeder Kauf- und Wandersmann verloren.

Und allen wuchs die Kühnheit nicht gering;
Denn leben hieß: sich wehren! – Nun, das ging.
FAUST. Es ging – es hinkte, fiel, stand wieder auf!
Dann überschlug sichs, rollte plump zuhauf.
MEPHIST. Und solchen Zustand durfte niemand schelten:
Ein jeder konnte, jeder wollte gelten.
Der Kleinste selbst, er galt für voll.
Doch wars zuletzt den Besten allzu toll.
Die Tüchtigen, sie standen auf mit Kraft
Und sagten: »Herr ist, der uns Ruhe schafft.
Der Kaiser kanns nicht, wills nicht – laßt uns wählen,
Den neuen Kaiser neu das Reich beseelen,
Indem er jeden sicherstellt,
In einer frischgeschaffnen Welt
Fried und Gerechtigkeit vermählen!«
FAUST.   Das klingt sehr pfäffisch.
MEPHISTOPHELES.   Pfaffen warens auch!
Sie sicherten den wohlgenährten Bauch;
Sie waren mehr als andere beteiligt.
Der Aufruhr schwoll, der Aufruhr ward geheiligt,
Und unser Kaiser, den wir froh gemacht,
Zieht sich hieher, vielleicht zur letzten Schlacht.
FAUST.   Er jammert mich; er war so gut und offen.
MEPHIST.   Komm, sehn wir zu! der Lebende soll hoffen.
Befrein wir ihn aus diesem engen Tale!
Einmal gerettet, ists für tausend Male.
Wer weiß, wie noch die Würfel fallen!
Und hat er Glück, so hat er auch Vasallen.

Sie steigen über das Mittelgebirg herüber und beschauen die Anordnung des Heeres im Tal. Trommeln und Kriegsmusik schallt von unten auf.

MEPHISTOPHELES.   Die Stellung, seh ich, gut ist sie genommen;
Wir treten zu, dann ist der Sieg vollkommen.
FAUST.   Was kann da zu erwarten sein?
Trug! Zauberblendwerk! hohler Schein!

MEPHISTOPHELES. Kriegslist, um Schlachten zu gewinnen!
Befestige dich bei großen Sinnen,
Indem du deinen Zweck bedenkst!
Erhalten wir dem Kaiser Thron und Lande,
So kniest du nieder und empfängst
Die Lehn von grenzenlosem Strande.
FAUST. Schon manches hast du durchgemacht;
Nun, so gewinn auch eine Schlacht!
MEPHISTOPHELES. Nein, du gewinnst sie! Diesesmal
Bist du der Obergeneral.
FAUST. Das wäre mir die rechte Höhe,
Da zu befehlen, wo ich nichts verstehe!
MEPHISTOPHELES. Laß du den Generalstab sorgen,
Und der Feldmarschall ist geborgen.
Kriegsunrat hab ich längst verspürt,
Den Kriegsrat gleich voraus formiert
Aus Urgebirgs Urmenschenkraft;
Wohl dem, der sie zusammenrafft!
FAUST. Was seh ich dort, was Waffen trägt?
Hast du das Bergvolk aufgeregt?
MEPHISTOPHELES. Nein! aber gleich Herrn Peter Squenz
Vom ganzen Praß die Quintessenz.
Die Drei Gewaltigen treten auf (Sam. II, 23, 8)
MEPHISTOPHELES. Da kommen meine Bursche ja!
Du siehst: von sehr verschiedenen Jahren,
Verschiednem Kleid und Rüstung sind sie da;
Du wirst nicht schlecht mit ihnen fahren. *Ad spectatores.*
Es liebt sich jetzt ein jedes Kind
Den Harnisch und den Ritterkragen,
Und allegorisch, wie die Lumpe sind,
Sie werden nur um desto mehr behagen.
RAUFBOLD *jung, leicht bewaffnet, bunt gekleidet.*
Wenn einer mir ins Auge sieht,
Werd ich ihm mit der Faust gleich in die Fresse fahren,
Und eine Memme, wenn sie flieht,
Faß ich bei ihren letzten Haaren.

HABEBALD *männlich, wohl bewaffnet, reich gekleidet.*
So leere Händel, das sind Possen,
Damit verdirbt man seinen Tag;
Im Nehmen sei nur unverdrossen,
Nach allem andern frag hernach!
HALTEFEST *bejahrt, stark bewaffnet, ohne Gewand.*
Damit ist auch nicht viel gewonnen!
Bald ist ein großes Gut zerronnen,
Es rauscht im Lebensstrom hinab.
Zwar Nehmen ist recht gut, doch besser ists: Behalten!
Laß du den grauen Kerl nur walten,
Und niemand nimmt dir etwas ab!
Sie steigen alle zusammen tiefer.

AUF DEM VORGEBIRG

Trommeln und kriegerische Musik von unten
Des Kaisers Zelt wird aufgeschlagen

Kaiser · Obergeneral · Trabanten

OBERGENERAL. Noch immer scheint der Vorsatz wohlerwogen,
Daß wir in dies gelegene Tal
Das ganze Heer gedrängt zurückgezogen;
Ich hoffe fest: uns glückt die Wahl.
KAISER. Wie es nun geht, es muß sich zeigen;
Doch mich verdrießt die halbe Flucht, das Weichen.
OBERGENERAL.
Schau hier, mein Fürst, auf unsre rechte Flanke!
Solch ein Terrain wünscht sich der Kriegsgedanke:
Nicht steil die Hügel, doch nicht allzu gänglich,
Den Unsern vorteilhaft, dem Feind verfänglich,
Wir, halb versteckt, auf wellenförmigem Plan;
Die Reiterei, sie wagt sich nicht heran.
KAISER. Mir bleibt nichts übrig als zu loben;
Hier kann sich Arm und Brust erproben.
OBERGENERAL. Hier, auf der Mittelwiese flachen Räumlichkeiten,
Siehst du den Phalanx, wohlgemut zu streiten.

Die Piken blinken flimmernd in der Luft,
Im Sonnenglanz, durch Morgennebelduft.
Wie dunkel wogt das mächtige Quadrat!
Zu Tausenden glühts hier auf große Tat.
Du kannst daran der Masse Kraft erkennen;
Ich trau ihr zu, der Feinde Kraft zu trennen.

KAISER. Den schönen Blick hab ich zum erstenmal.
Ein solches Heer gilt für die Doppelzahl.

OBERGENERAL. Von unsrer Linken hab ich nichts zu melden:
Den starren Fels besetzen wackre Helden;
Das Steingeklipp, das jetzt von Waffen blitzt,
Den wichtigen Paß der engen Klause schützt.
Ich ahne schon: hier scheitern Feindeskräfte
Unvorgesehn im blutigen Geschäfte.

KAISER. Dort ziehn sie her, die falschen Anverwandten,
Wie sie mich Oheim, Vetter, Bruder nannten,
Sich immer mehr und wieder mehr erlaubten,
Dem Zepter Kraft, dem Thron Verehrung raubten,
Dann, unter sich entzweit, das Reich verheerten
Und nun, gesamt, sich gegen mich empörten!
Die Menge schwankt im ungewissen Geist;
Dann strömt sie nach, wohin der Strom sie reißt.

OBERGENERAL.
Ein treuer Mann, auf Kundschaft ausgeschickt,
Kommt eilig felsenab; seis ihm geglückt!

ERSTER KUNDSCHAFTER. Glücklich ist sie uns gelungen,
   Listig, mutig, unsre Kunst,
   Daß wir hin- und hergedrungen;
   Doch wir bringen wenig Gunst.
   Viele schwören reine Huldigung
   Dir, wie manche treue Schar;
   Doch Untätigkeitsentschuldigung:
   Innere Gärung, Volksgefahr.

KAISER. Sich selbst erhalten bleibt der Selbstsucht Lehre,
Nicht Dankbarkeit und Neigung, Pflicht und Ehre.

Bedenkt ihr nicht, wenn eure Rechnung voll,
Daß Nachbars Hausbrand euch verzehren soll?

OBERGENERAL. Der zweite kommt, nur langsam steigt er nieder.
Dem müden Manne zittern alle Glieder.

ZWEITER KUNDSCHAFTER. Erst gewahrten wir vergnüglich
    Wilden Wesens irren Lauf;
    Unerwartet, unverzüglich
    Trat ein neuer Kaiser auf,
    Und auf vorgeschriebenen Bahnen
    Zieht die Menge durch die Flur;
    Den entrollten Lügenfahnen
    Folgen alle! – Schafsnatur!

KAISER. Ein Gegenkaiser kommt mir zum Gewinn:
Nun fühl ich erst, daß Ich der Kaiser bin!
Nur als Soldat legt ich den Harnisch an,
Zu höherem Zweck ist er nun umgetan.
Bei jedem Fest, wenns noch so glänzend war,
Nichts ward vermißt: mir fehlte die Gefahr!
Wie ihr auch seid, zum Ringspiel rietet ihr,
Mir schlug das Herz, ich atmete Turnier,
Und hättet ihr mir nicht vom Kriegen abgeraten,
Jetzt glänzt ich schon in lichten Heldentaten.
Selbständig fühlt ich meine Brust besiegelt,
Als ich mich dort im Feuerreich bespiegelt:
Das Element drang gräßlich auf mich los;
Es war nur Schein, allein der Schein war groß.
Von Sieg und Ruhm hab ich verwirrt geträumt;
Ich bringe nach, was frevelhaft versäumt.

Die Herolde werden abgefertigt zur Herausforderung des Gegenkaisers. Faust, geharnischt, mit halbgeschloßnem Helme. Die Drei Gewaltigen, gerüstet und gekleidet wie oben.

FAUST. Wir treten auf und hoffen: ungescholten;
Auch ohne Not hat Vorsicht wohl gegolten.
Du weißt: das Bergvolk denkt und simuliert,
Ist in Natur- und Felsenschrift studiert.

4. AKT · AUF DEM VORGEBIRG

Die Geister, längst dem flachen Land entzogen,
Sind mehr als sonst dem Felsgebirg gewogen.
Sie wirken still durch labyrinthische Klüfte
Im edlen Gas metallisch-reicher Düfte;
In stetem Sondern, Prüfen und Verbinden
Ihr einziger Trieb ist, Neues zu erfinden.
Mit leisem Finger geistiger Gewalten
Erbauen sie durchsichtige Gestalten;
Dann im Kristall und seiner ewigen Schweignis
Erblicken sie der Oberwelt Ereignis.
KAISER. Vernommen hab ichs, und ich glaube dir;
Doch, wackrer Mann, sag an: was soll das hier?
FAUST. Der Nekromant von Norcia, der Sabiner,
Ist dein getreuer, ehrenhafter Diener.
Welch greulich Schicksal droht ihm ungeheuer:
Das Reisig prasselte, schon züngelte das Feuer;
Die trocknen Scheite, ringsumher verschränkt,
Mit Pech und Schwefelruten untermengt;
Nicht Mensch noch Gott noch Teufel konnte retten –
Die Majestät zersprengte glühende Ketten!
Dort wars in Rom. Er bleibt dir hoch verpflichtet,
Auf deinen Gang in Sorge stets gerichtet
Von jener Stund an ganz vergaß er sich,
Er fragt den Stern, die Tiefe nur für dich.
Er trug uns auf als eiligstes Geschäfte,
Bei dir zu stehn. Groß sind des Berges Kräfte;
Da wirkt Natur so übermächtig frei,
Der Pfaffen Stumpfsinn schilt es Zauberei.
KAISER. Am Freudentag, wenn wir die Gäste grüßen,
Die heiter kommen, heiter zu genießen,
Da freut uns jeder, wie er schiebt und drängt
Und, Mann für Mann, der Säle Raum verengt.
Doch höchst willkommen muß der Biedre sein,
Tritt er als Beistand kräfig zu uns ein
Zur Sorgenstunde, die bedenklich waltet,
Weil über ihr des Schicksals Wage schaltet.

Doch lenket hier, im hohen Augenblick,
Die starke Hand vom willigen Schwert zurück!
Ehrt den Moment, wo manche Tausend schreiten,
Für oder wider mich zu streiten!
Selbst ist der Mann! Wer Thron und Kron begehrt,
Persönlich sei er solcher Ehren wert!
Sei das Gespenst, das, gegen uns erstanden,
Sich Kaiser nennt und Herr von unsern Landen,
Des Heeres Herzog, Lehnsherr unsrer Großen,
Mit eigner Faust ins Totenreich gestoßen!
FAUST. Wie es auch sei, das Große zu vollenden,
Du tust nicht wohl, dein Haupt so zu verpfänden.
Ist nicht der Helm mit Kamm und Busch geschmückt?
Er schützt das Haupt, das unsern Mut entzückt.
Was, ohne Haupt, was förderten die Glieder?
Denn schläfert jenes, alle sinken nieder;
Wird es verletzt; gleich alle sind verwundet,
Erstehen frisch, wenn jenes rasch gesundet.
Schnell weiß der Arm sein starkes Recht zu nützen,
Er hebt den Schild, den Schädel zu beschützen;
Das Schwert gewahret seiner Pflicht sogleich,
Lenkt kräftig ab und wiederholt den Streich;
Der tüchtige Fuß nimmt teil an ihrem Glück,
Setzt dem Erschlagenen frisch sich ins Genick.
KAISER. Das ist mein Zorn, so möcht ich ihn behandeln,
Das stolze Haupt in Schemeltritt verwandeln!

> HEROLDE *kommen zurück.*
>
> Wenig Ehre, wenig Geltung
> Haben wir daselbst genossen;
> Unsrer kräftig-edlen Meldung
> Lachten sie als schaler Possen:
> »Euer Kaiser ist verschollen,
> Echo dort im engen Tal!
> Wenn wir sein gedenken sollen,
> Märchen sagt: Es war einmal.«

FAUST. Dem Wunsch gemäß der Besten ists geschehn,
Die, fest und treu, an deiner Seite stehn.
Dort naht der Feind, die Deinen harren brünstig:
Befiehl den Angriff! Der Moment ist günstig.
KAISER. Auf das Kommando leist ich hier Verzicht.
Zum Obergeneral. In deinen Händen, Fürst, sei deine Pflicht!
OBERGENERAL. So trete denn der rechte Flügel an!
Des Feindes Linke, eben jetzt im Steigen,
Soll, eh sie noch den letzten Schritt getan,
Der Jugendkraft geprüfter Treue weichen.
FAUST. Erlaube denn, daß dieser muntre Held
Sich ungesäumt in deine Reihen stellt,
Sich deinen Reihen innigst einverleibt
Und, so gesellt, sein kräftig Wesen treibt!
Er deutet zur Rechten.
RAUFBOLD *tritt vor.*
Wer das Gesicht mir zeigt, der kehrts nicht ab
Als mit zerschlagnen Unter- und Oberbacken;
Wer mir den Rücken kehrt, gleich liegt ihm schlapp
Hals, Kopf und Schopf hinschlotternd gräß im Nacken.
Und schlagen deine Männer dann
Mit Schwert und Kolben, wie ich wüte,
So stürzt der Feind, Mann für Mann,
Ersäuft im eigenen Geblüte. *Ab.*
OBERGENERAL. Der Phalanx unsrer Mitte folge sacht,
Dem Feind begegn er, klug mit aller Macht,
Ein wenig rechts! dort hat bereits, erbittert,
Der Unseren Streitkraft ihren Plan erschüttert.
FAUST *auf den Mittelsten deutend.*
So folge denn auch dieser deinem Wort!
Er ist behend, reißt alles mit sich fort.
HABEBALD *tritt hervor.*
Dem Heldenmut der Kaiserscharen
Soll sich der Durst nach Beute paaren,
Und allen sei das Ziel gestellt:
Des Gegenkaisers reiches Zelt!

Er prahlt nicht lang auf seinem Sitze;
Ich ordne mich dem Phalanx an die Spitze.
EILEBEUTE, *Marketenderin, sich an ihn anschmiegend.*
Bin ich auch ihm nicht angeweibt,
Er mir der liebste Buhle bleibt.
Für uns ist solch ein Herbst gereift!
Die Frau ist grimmig, wenn sie greift,
Ist ohne Schonung, wenn sie raubt;
Im Sieg voran! und alles ist erlaubt. *Beide ab.*
OBERGENERAL. Auf unsre Linke wie vorauszusehn,
Stürzt ihre Rechte kräftig. Widerstehn
Wird Mann für Mann dem wütenden Beginnen,
Den engen Paß des Felswegs zu gewinnen.
FAUST *winkt nach der Linken.*
So bitte, Herr, auch diesen zu bemerken:
Es schadet nichts, wenn Starke sich verstärken.
HALTEFEST *tritt vor.*
Dem linken Flügel keine Sorgen!
Da, wo ich bin, ist der Besitz geborgen;
In ihm bewähret sich der Alte:
Kein Strahlblitz spaltet, was ich halte. *Ab.*
MEPHISTOPHELES *von oben herunterkommend.*
Nun schauet, wie im Hintergrunde
Aus jedem zackigen Felsenschlunde
Bewaffnete hervor sich drängen,
Die schmalen Pfade zu verengen,
Mit Helm und Harnisch, Schwertern, Schilden
In unserm Rücken eine Mauer bilden,
Den Wink erwartend, zuzuschlagen!
Leise zu den Wissenden.
Woher das kommt, müßt ihr nicht fragen!
Ich habe freilich nicht gesäumt,
Die Waffensäle ringsum ausgeräumt:
Da standen sie zu Fuß, zu Pferde,
Als wären sie noch Herrn der Erde;
Sonst warens Ritter, König, Kaiser,

Jetzt sind es nichts als leere Schneckenhäuser;
Gar manch Gespenst hat sich darein geputzt,
Das Mittelalter lebhaft aufgestutzt.
Welch Teufelchen auch drinne steckt,
Für diesmal macht es doch Effekt. *Laut.*
Hört, wie sie sich voraus erbosen,
Blechklappernd aneinander stoßen!
Auch flattern Fahnenfetzen bei Standarten,
Die frischer Lüftchen ungeduldig harrten.
Bedenkt: hier ist ein altes Volk bereit
Und mischte gern sich auch zum neuen Streit.

Furchtbarer Posaunenschall von oben, im feindlichen Heere merkliche Schwankung.

FAUST. Der Horizont hat sich verdunkelt,
Nur hie und da bedeutend funkelt
Ein roter, ahnungsvoller Schein;
Schon blutig blinken die Gewehre,
Der Fels, der Wald, die Atmosphäre,
Der ganze Himmel mischt sich ein.

MEPHISTOPHELES. Die rechte Flanke hält sich kräftig;
Doch seh ich ragend unter diesen
Hans Raufbold, den behenden Riesen,
Auf seine Weise rasch-geschäftig.

KAISER. Erst sah ich einen Arm erhoben,
Jetzt seh ich schon ein Dutzend toben;
Naturgemäß geschieht es nicht.

FAUST. Vernahmst du nichts von Nebelstreifen,
Die auf Siziliens Küsten schweifen?
Dort, schwankend-klar, im Tageslicht,
Erhoben zu den Mittellüften,
Gespiegelt in besondern Düften,
Erscheint ein seltsames Gesicht:
Da schwanken die Städte hin und wider,
Da steigen Gärten auf und nieder,
Wie Bild um Bild den Äther bricht.

KAISER. Doch wie bedenklich! Alle Spitzen

Der hohen Speere seh ich blitzen,
Auf unsers Phalanx blanken Lanzen
Seh ich behende Flämmchen tanzen:
Das scheint mir gar zu geisterhaft.
FAUST. Verzeih, o Herr, das sind die Spuren
Verschollner geistiger Naturen,
Ein Widerschein der Dioskuren,
Bei denen alle Schiffer schwuren:
Sie sammeln hier die letzte Kraft.
KAISER. Doch sage: wem sind wir verpflichtet,
Daß die Natur, auf uns gerichtet,
Das Seltenste zusammenrafft?
MEPHISTOPHELES. Wem als dem Meister, jenem hohen,
Der dein Geschick im Busen trägt?
Durch deiner Feinde starkes Drohen
Ist er im Tiefsten aufgeregt.
Sein Dank will dich gerettet sehen,
Und soll er selbst daran vergehen.
KAISER. Sie jubelten, mich pomphaft umzuführen;
Ich war nun was, das wollt ich auch probieren
Ich fands gelegen, ohne viel zu denken,
Dem weißen Barte kühle Luft zu schenken.
Dem Klerus hab ich eine Lust verdorben
Und ihre Gunst mir freilich nicht erworben.
Nun sollt ich seit so manchen Jahren
Die Wirkung frohen Tuns erfahren?
FAUST. Freiherzige Wohltat wuchert reich.
Laß deinen Blick sich aufwärts wenden!
Mich deucht, Er will ein Zeichen senden –
Gib acht: es deutet sich sogleich!
KAISER. Ein Adler schwebt im Himmelhohen,
Ein Greif ihm nach mit wildem Drohen.
FAUST. Gib acht: gar günstig scheint es mir!
Greif ist ein fabelhaftes Tier;
Wie kann er sich so weit vergessen,
Mit echtem Adler sich zu messen!

KAISER. Nunmehr, in weitgedehnten Kreisen,
Umziehn sie sich – in gleichem Nu
Sie fahren aufeinander zu,
Sich Brust und Hälse zu zerreißen.
FAUST. Nun merke, wie der leidige Greif,
Zerzerrt, zerzaust, nur Schaden findet
Und mit gesenktem Löwenschweif,
Zum Gipfelwald gestürzt, verschwindet.
KAISER. Seis, wie gedeutet, so getan!
Ich nehm es mit Verwundrung an.
MEPHISTOPHELES *gegen die Rechte.*
Dringend wiederholten Streichen
Müssen unsre Feinde weichen,
Und mit ungewissem Fechten
Drängen sie nach ihren Rechten
Und verwirren so im Streite
Ihrer Hauptmacht linke Seite.
Unsers Phalanx feste Spitze
Zieht sich rechts, und gleich dem Blitze
Fährt sie in die schwache Stelle. –
Nun, wie sturmerregte Welle
Sprühend, wüten gleiche Mächte
Wild in doppeltem Gefechte:
Herrlichers ist nichts ersonnen,
Uns ist diese Schlacht gewonnen!
KAISER *an der linken Seite zu Faust.*
Schau! Mir scheint es dort bedenklich:
Unser Posten steht verfänglich.
Keine Steine seh ich fliegen,
Niedre Felsen sind erstiegen,
Obre stehen schon verlassen.
Jetzt! – Der Feind, zu ganzen Massen
Immer näher angedrungen,
Hat vielleicht den Paß errungen:
Schlußerfolg unheiligen Strebens!
Eure Künste sind vergebens! *Pause.*

MEPHISTOPHELES. Da kommen meine beiden Raben:
Was mögen die für Botschaft haben?
Ich fürchte gar: es geht uns schlecht!
KAISER. Was sollen diese leidigen Vögel?
Sie richten ihre schwarzen Segel
Hierher vom heißen Felsgefecht.
MEPHISTOPHELES *zu den Raben.*
Setzt euch ganz nah zu meinen Ohren!
Wen ihr beschützt, ist nicht verloren;
Denn euer Rat ist folgerecht.
FAUST *zum Kaiser.*
Von Tauben hast du ja vernommen,
Die aus den fersten Landen kommen
Zu ihres Nestes Brut und Kost.
Hier ists mit wichtigen Unterschieden:
Die Taubenpost bedient den Frieden,
Der Krieg befiehlt die Rabenpost.
MEPHISTOPHELES. Es meldet sich ein schwer Verhängnis:
Seht hin! gewahret die Bedrängnis
Um unsrer Helden Felsenrand!
Die nächsten Höhen sind erstiegen,
Und würden sie den Paß besiegen,
Wir hätten einen schweren Stand.
KAISER. So bin ich endlich doch betrogen!
Ihr habt mich in das Netz gezogen;
Mir graut, seitdem es mich umstrickt.
MEPHISTOPHELES. Nur Mut! Noch ist es nicht mißglückt.
Geduld und Pfiff zum letzten Knoten!
Gewöhnlich gehts am Ende scharf.
Ich habe meine sichern Boten;
Befehlt, daß ich befehlen darf!
OBERGENERAL, *der indessen herangekommen.*
Mit diesen hast du dich vereinigt,
Mich hats die ganze Zeit gepeinigt;
Das Gaukeln schafft kein festes Glück.
Ich weiß nichts an der Schlacht zu wenden;

Begannen sies, sie mögens enden:
Ich gebe meinen Stab zurück.
KAISER. Behalt ihn bis zu bessern Stunden,
Die uns vielleicht das Glück verleiht!
Mir schaudert vor dem garstigen Kunden
Und seiner Rabentraulichkeit.
Zu Mephistopheles.
Den Stab kann ich dir nicht verleihen,
Du scheinst mir nicht der rechte Mann.
Befiehl und such uns zu befreien!
Geschehe, was geschehen kann!
Ab ins Zelt mit dem Obergeneral.
MEPHISTOPHELES. Mag ihn der stumpfe Stab beschützen!
Uns andern könnt er wenig nützen:
Es war so was vom Kreuz daran.
FAUST. Was ist zu tun?
MEPHISTOPHELES. Es ist getan! –
Nun, schwarze Vettern, rasch im Dienen,
Zum großen Bergsee! grüßt mir die Undinen
Und bittet sie um ihrer Fluten Schein!
Durch Weiberkünste, schwer zu kennen,
Verstehen sie, vom Sein den Schein zu trennen,
Und jeder schwört, das sei das Sein. *Pause.*
FAUST. Den Wasserfräulein müssen unsre Raben
Recht aus dem Grund geschmeichelt haben:
Dort fängt es schon zu rieseln an.
An mancher trocknen, kahlen Felsenstelle
Entwickelt sich die volle, rasche Quelle:
Um jener Sieg ist es getan!
MEPHISTOPHELES. Das ist ein wunderbarer Gruß!
Die kühnsten Kletterer sind konfus.
FAUST. Schon rauscht Ein Bach zu Bächen mächtig nieder,
Aus Schluchten kehren sie gedoppelt wieder,
Ein Strom nun wirft den Bogenstrahl;
Auf einmal legt er sich in flache Felsenbreite
Und rauscht und schäumt nach der und jener Seite,

Und stufenweise wirft er sich ins Tal.
Was hilft ein tapfres, heldenmäßiges Stemmen?
Die mächtige Woge strömt, sie wegzuschwemmen.
Mir schaudert selbst vor solchem wilden Schwall.
MEPHISTOPHELES. Ich sehe nichts von diesen Wasserlügen;
Nur Menschenaugen lassen sich betrügen,
Und mich ergötzt der wunderliche Fall.
Sie stürzen fort zu ganzen hellen Haufen:
Die Narren wähnen zu ersaufen,
Indem sie frei auf festem Lande schnaufen
Und lächerlich mit Schwimmgebärden laufen!
Nun ist Verwirrung überall.
Die Raben sind wiedergekommen.
Ich werd euch bei dem hohen Meister loben;
Wollt ihr euch nun als Meister selbst erproben,
So eilet zu der glühenden Schmiede,
Wo das Gezwergvolk, nimmer müde,
Metall und Stein zu Funken schlägt!
Verlangt, weitläufig sie beschwatzend,
Ein Feuer, leuchtend, blinkend, platzend,
Wie mans im hohen Sinne hegt!
Zwar Wetterleuchten in der weiten Ferne,
Blickschnelles Fallen allerhöchster Sterne
Mag jede Sommernacht geschehn;
Doch Wetterleuchten in verworrnen Büschen
Und Sterne, die am feuchten Boden zischen,
Das hat man nicht so leicht gesehn.
So müßt ihr, ohn euch viel zu quälen,
Zuvörderst bitten, dann befehlen.
Raben ab. Es geschieht wie vorgeschrieben.
MEPHISTOPHELES. Den Feinden dichte Finsternisse!
Und Tritt und Schritt ins Ungewisse!
Irrfunkenblick an allen Enden,
Ein Leuchten, plötzlich zu verblenden!
Das alles wäre wunderschön;
Nun aber brauchts noch Schreckgetön.

FAUST. Die hohlen Waffen aus der Säle Grüften
Empfinden sich erstarkt in freien Lüften;
Dadroben klapperts rasselts lange schon:
Ein wunderbarer falscher Ton.
MEPHISTOPHELES. Ganz recht! Sie sind nicht mehr zu zügeln:
Schon schallts von ritterlichen Prügeln
Wie in der holden alten Zeit!
Armschienen wie der Beine Schienen,
Als Guelfen und als Ghibellinen,
Erneuern rasch den ewigen Streit.
Fest, im ererbten Sinne wöhnlich,
Erweisen sie sich unversöhnlich;
Schon klingt das Tosen weit und breit.
Zuletzt, bei allen Teufelsfesten,
Wirkt der Parteihaß doch zum besten,
Bis in den allerletzten Graus,
Schallt wider-widerwärtig panisch,
Mitunter grell und scharf satanisch,
Erschreckend in das Tal hinaus.
*Kriegstumult im Orchester, zuletzt übergehend in militärisch-
heitre Weisen.*

DES GEGENKAISERS ZELT

Thron, reiche Umgebung
Habebald · Eilebeute

EILEBEUTE. So sind wir doch die ersten hier!
HABEBALD. Kein Rabe fliegt so schnell als wir.
EILEBEUTE. O! welch ein Schatz liegt hier zuhauf!
  Wo fang ich an? wo hör ich auf?
HABEBALD. Steht doch der ganze Raum so voll!
  Weiß nicht, wozu ich greifen soll.
EILEBEUTE. Der Teppich wär mir eben recht!
  Mein Lager ist oft gar zu schlecht.
HABEBALD. Hier hängt von Stahl ein Morgenstern!
  Dergleichen hätt ich lange gern.

EILEBEUTE. Den roten Mantel, goldgesäumt,
   So etwas hatt ich mir geträumt.
HABEBALD *die Waffe nehmend.* Damit ist es gar bald getan:
   Man schlägt ihn tot und geht voran. –
   Du hast so viel schon aufgepackt
   Und doch nichts Rechtes eingesackt.
   Den Plunder laß an seinem Ort:
   Nehm eines dieser Kistchen fort!
   Dies ist des Heers beschiedner Sold,
   In seinem Bauche lauter Gold.
EILEBEUTE. Das hat ein mörderisch Gewicht!
   Ich heb es nicht, ich trag es nicht.
HABEBALD. Geschwinde duck dich! mußt dich bücken!
   Ich hucke dirs auf den starken Rücken.
EILEBEUTE. O weh! O weh, nun ists vorbei!
   Die Last bricht mir das Kreuz entzwei.
   Das Kistchen stürzt und springt auf.
HABEBALD. Da liegt das rote Gold zuhauf:
   Geschwinde zu und raff es auf!
EILEBEUTE *kauert nieder.* Geschwinde nur zum Schoß hinein!
   Noch immer wirds zur Gnüge sein.
HABEBALD. Und so genug! und eile doch! *Sie steht auf.*
   O weh, die Schürze hat ein Loch!
   Wohin du gehst und wo du stehst,
   Verschwenderisch die Schätze säst.
TRABANTEN *unsres Kaisers.*
   Was schafft ihr hier am heiligen Platz?
   Was kramt ihr in dem Kaiserschatz?
HABEBALD. Wir trugen unsre Glieder feil
   Und holen unser Beuteteil.
   In Feindeszelten ists der Brauch,
   Und wir, Soldaten sind wir auch!
TRABANTEN. Das passet nicht in unsern Kreis:
   Zugleich Soldat und Diebsgeschmeiß!
   Und wer sich unserm Kaiser naht,
   Der sei ein redlicher Soldat!

HABEBALD. Die Redlichkeit, die kennt man schon,
   Sie heißet: Kontribution.
   Ihr alle seid auf gleichem Fuß:
   »Gib her!« das ist der Handwerksgruß.
   Zu Eilebeute.
   Mach fort und schleppe, was du hast!
   Hier sind wir nicht willkommner Gast. *Ab.*
ERSTER TRABANT. Sag, warum gabst du nicht sogleich
   Dem frechen Kerl einen Backenstreich?
ZWEITER. Ich weiß nicht, mir verging die Kraft:
   Sie waren so gespensterhaft.
DRITTER. Mir ward es vor den Augen schlecht:
   Da flimmert es, ich sah nicht recht.
VIERTER. Wie ich es nicht zu sagen weiß:
   Es war den ganzen Tag so heiß,
   So bänglich, so beklommen-schwül!
   Der eine stand, der andre fiel,
   Man tappte hin und schlug zugleich,
   Der Gegner fiel vor jedem Streich;
   Vor Augen schwebt es wie ein Flor,
   Dann summts und sausts und zischt im Ohr.
   Das ging so fort, nun sind wir da
   Und wissen selbst nicht, wies geschah.

Kaiser mit vier Fürsten treten auf. Die Trabanten entfernen sich.

KAISER.
Es sei nun, wie ihm sei! uns ist die Schlacht gewonnen,
Des Feinds zerstreute Flucht im flachen Feld zerronnen.
Hier steht der leere Thron; verräterischer Schatz,
Von Teppichen umhüllt, verengt umher den Platz.
Wir, ehrenvoll, geschützt von eigenen Trabanten,
Erwarten kaiserlich der Völker Abgesandten;
Von allen Seiten her kommt frohe Botschaft an:
Beruhigt sei das Reich, uns freudig zugetan.
Hat sich in unsern Kampf auch Gaukelei geflochten,
Am Ende haben wir uns nur allein gefochten.
Zufälle kommen ja den Streitenden zugut:

Vom Himmel fällt ein Stein, dem Feinde regnets Blut,
Aus Felsenhöhlen tönts von mächtigen Wunderklängen,
Die unsre Brust erhöhn, des Feindes Brust verengen.
Der Überwundne fiel, zu stets erneutem Spott;
Der Sieger, wie er prangt, preist den gewognen Gott,
Und alles stimmt mit ein – er braucht nicht zu befehlen –
»Herr Gott, dich loben wir!« aus Millionen Kehlen.
Jedoch zum höchsten Preis wend ich den frommen Blick,
Das selten sonst geschah, zur eignen Brust zurück.
Ein junger, muntrer Fürst mag seinen Tag vergeuden,
Die Jahre lehren ihn des Augenblicks Bedeuten.
Deshalb denn ungesäumt verbind ich mich sogleich
Mit euch vier Würdigen: für Haus und Hof und Reich.
Zum ersten.
Dein war, o Fürst! des Heers geordnet-kluge Schichtung,
Sodann im Hauptmoment heroisch-kühne Richtung:
Im Frieden wirke nun, wie es die Zeit begehrt!
Erzmarschall nenn ich dich, verleihe dir das Schwert.

ERZMARSCHALL.

Dein treues Heer, bis jetzt im Inneren beschäftigt,
Wenns an der Grenze dich und deinen Thron bekräftigt,
Dann sei es uns vergönnt, bei Festesdrang im Saal
Geräumiger Väterburg zu rüsten dir das Mahl!
Blank trag ichs dir dann vor, blank halt ich dirs zur Seite,
Der höchsten Majestät zu ewigem Geleite.

DER KAISER *zum zweiten.*

Der sich, als tapfrer Mann, auch zartgefällig zeigt,
Du, sei Erzkämmerer! der Auftrag ist nicht leicht.
Du bist der Oberste von allem Hausgesinde,
Bei deren innerm Streit ich schlechte Diener finde;
Dein Beispiel sei fortan in Ehren aufgestellt,
Wie man dem Herrn, dem Hof und allen wohlgefällt!

ERZKÄMMERER.

Des Herren großen Sinn zu fördern bringt zu Gnaden:
Den Besten hülfreich sein, den Schlechten selbst nicht
                                       schaden,

Dann klar sein ohne List und ruhig ohne Trug!
Wenn du mich, Herr, durchschaust, geschieht mir schon genug.
Darf sich die Phantasie auf jenes Fest erstrecken?
Wenn du zur Tafel gehst, reich ich das goldne Becken,
Die Ringe halt ich dir, damit zur Wonnezeit
Sich deine Hand erfrischt, wie mich dein Blick erfreut.
KAISER.
Zwar fühl ich mich zu ernst, auf Festlichkeit zu sinnen;
Doch seis! Es fördert auch frohmütiges Beginnen.
Zum dritten.
Dich wähl ich zum Erztruchseß! Also sei fortan
Dir Jagd, Geflügelhof und Vorwerk untertan!
Der Lieblingsspeisen Wahl laß mir zu allen Zeiten,
Wie sie der Monat bringt, und sorgsam zubereiten!
ERZTRUCHSESS.
Streng Fasten sei für mich die angenehmste Pflicht,
Bis, vor dich hingestellt, dich freut ein Wohlgericht!
Der Küche Dienerschaft soll sich mit dir vereinigen,
Das Ferne beizuziehn, die Jahrszeit zu beschleunigen.
Dich reizt nicht Fern und Früh, womit die Tafel prangt:
Einfach und Kräftig ists, wornach dein Sinn verlangt.
KAISER *zum vierten.*
Weil unausweichlich hier sich nur von Festen handelt,
So sei mir, junger Held, zum Schenken umgewandelt!
Erzschenke, sorge nun, daß unsre Kellerei
Aufs reichlichste versorgt mit gutem Weine sei!
Du selbst sei mäßig, laß nicht über Heiterkeiten
Durch der Gelegenheit Verlocken dich verleiten!
ERZSCHENK.
Mein Fürst, die Jugend selbst, wenn man ihr nur vertraut,
Steht, eh man sichs versieht, zu Männern auferbaut.
Auch ich versetzte mich zu jenem großen Feste:
Ein kaiserlich Büfett schmück ich aufs allerbeste
Mit Prachtgefäßen, gülden, silbern allzumal;
Doch wähl ich dir voraus den lieblichsten Pokal:
Ein blank venedisch Glas, worin Behagen lauschet,

Des Weins Geschmack sich stärkt und nimmermehr berauschet.
Auf solchen Wunderschatz vertraut man oft zu sehr;
Doch deine Mäßigkeit, du Höchster, schützt noch mehr.
KAISER. Was ich euch zugedacht in dieser ernsten Stunde,
Vernahmt ihr mit Vertraun aus zuverlässigem Munde.
Des Kaisers Wort ist groß und sichert jede Gift;
Doch zur Bekräftigung bedarfs der edlen Schrift,
Bedarfs der Signatur. Die förmlich zu bereiten,
Seh ich den rechten Mann zu rechter Stunde schreiten.
Der Erzbischof tritt auf.
KAISER. Wenn ein Gewölbe sich dem Schlußstein anvertraut,
Dann ists mit Sicherheit für ewige Zeit erbaut.
Du siehst vier Fürsten da! Wir haben erst erörtert,
Was den Bestand zunächst von Haus und Hof befördert.
Nun aber, was das Reich in seinem Ganzen hegt,
Sei mit Gewicht und Kraft der Fünfzahl auferlegt!
An Ländern sollen sie vor allen andern glänzen!
Deshalb erweitr ich gleich jetzt des Besitztums Grenzen
Vom Erbteil jener, die sich von uns abgewandt.
Euch Treuen sprech ich zu so manches schöne Land,
Zugleich das hohe Recht, euch nach Gelegenheiten
Durch Anfall, Kauf und Tausch ins Weitere zu verbreiten.
Dann sei bestimmt, vergönnt, zu üben ungestört,
Was von Gerechtsamen euch Landesherrn gehört:
Als Richter werdet ihr die Endurteile fällen,
Berufung gelte nicht von euern höchsten Stellen;
Dann Steuer, Zins und Beth, Lehn und Geleit und Zoll,
Berg-, Salz- und Münzregal euch angehören soll.
Denn meine Dankbarkeit vollgültig zu erproben,
Hab ich euch ganz zunächst der Majestät erhoben.
ERZBISCHOF. Im Namen aller sei dir tiefster Dank gebracht!
Du machst uns stark und fest und stärkest deine Macht.
KAISER. Euch fünfen will ich noch erhöhtere Würde geben.
Noch leb ich meinem Reich und habe Lust zu leben;
Doch hoher Ahnen Kette zieht bedächtigen Blick
Aus rascher Strebsamkeit ins Drohende zurück.

Auch werd ich seinerzeit mich von den Teuren trennen:
Dann sei es eure Pflicht, den Folger zu ernennen.
Gekrönt erhebt ihn hoch auf heiligem Altar,
Und friedlich ende dann, was jetzt so stürmisch war!
ERZBISCHOF.
Mit Stolz in tiefster Brust, mit Demut an Gebärde,
Stehn Fürsten dir gebeugt, die ersten auf der Erde.
Solang das treue Blut die vollen Adern regt,
Sind wir der Körper, den dein Wille leicht bewegt.
KAISER. Und also sei zum Schluß, was wir bisher bestätigt,
Für alle Folgezeit durch Schrift und Zug bestätigt!
Zwar habt ihr den Besitz als Herren völlig frei,
Mit dem Beding jedoch, daß er unteilbar sei,
Und wie ihr auch vermehrt, was ihr von uns empfangen,
Es solls der ältste Sohn in gleichem Maß erlangen.
ERZBISCHOF. Dem Pergament alsbald vertrau ich wohlgemut,
Zum Glück dem Reich und uns, das wichtigste Statut;
Reinschrift und Sieglung soll die Kanzlei beschäftigen,
Mit heiliger Signatur wirst dus, der Herr, bekräftigen.
KAISER. Und so entlaß ich euch, damit den großen Tag
Gesammelt jedermann sich überlegen mag.
Die weltlichen Fürsten entfernen sich.
DER GEISTLICHE *bleibt und spricht pathetisch.*
Der Kanzler ging hinweg, der Bischof ist geblieben,
Vom ernsten Warnegeist zu deinem Ohr getrieben!
Sein väterliches Herz, von Sorge bangts um dich.
KAISER. Was hast du Bängliches zur frohen Stunde? sprich!
ERZBISCHOF.
Mit welchem bittern Schmerz find ich in dieser Stunde
Dein hochgeheiligt Haupt mit Satanas im Bunde!
Zwar, wie es scheinen will, gesichert auf dem Thron,
Doch leider! Gott dem Herrn, dem Vater Papst zum Hohn.
Wenn dieser es erfährt, schnell wird er sträflich richten,
Mit heiligem Strahl dein Reich, das sündige, zu vernichten.
Denn noch vergaß er nicht, wie du, zur höchsten Zeit,
An deinem Krönungstag, den Zauberer befreit.

Von deinem Diadem, der Christenheit zum Schaden,
Traf das verfluchte Haupt der erste Strahl der Gnaden.
Doch schlag an deine Brust und gib vom frevlen Glück
Ein mäßig Scherflein gleich dem Heiligtum zurück;
Den breiten Hügelraum, da, wo dein Zelt gestanden,
Wo böse Geister sich zu deinem Schutz verbanden,
Dem Lügenfürsten du ein horchsam Ohr geliehn,
Den stifte, fromm belehrt, zu heiligem Bemühn,
Mit Berg und dichtem Wald, soweit sie sich erstrecken,
Mit Höhen, die sich grün zu fetter Weide decken,
Fischreichen, klaren Seen, dann Bächlein ohne Zahl,
Wie sie sich, eilig schlängelnd, stürzen ab zutal,
Das breite Tal dann selbst mit Wiesen, Gauen, Gründen!
Die Reue spricht sich aus, und du wirst Gnade finden.

KAISER.

Durch meinen schweren Fehl bin ich so tief erschreckt;
Die Grenze sei von dir nach eignem Maß gesteckt!

ERZBISCHOF.

Erst: der entweihte Raum, wo man sich so versündigt,
Sei alsobald zum Dienst des Höchsten angekündigt!
Behende steigt im Geist Gemäuer stark empor:
Der Morgensonne Blick erleuchtet schon das Chor,
Zum Kreuz erweitert sich das wachsende Gebäude,
Das Schiff erlängt, erhöht sich zu der Gläubigen Freude;
Die strömen brünstig schon durchs würdige Portal:
Der erste Glockenruf erscholl durch Berg und Tal!
Von hohen Türmen tönts, wie sie zum Himmel streben,
Der Büßer kommt heran zu neugeschaffnem Leben.
Dem hohen Weihetag – er trete bald herein! –
Wird deine Gegenwart die höchste Zierde sein.

KAISER.

Mag ein so großes Werk den frommen Sinn verkündigen,
Zu preisen Gott den Herrn so wie mich zu entsündigen!
Genug! Ich fühle schon, wie sich mein Sinn erhöht.

ERZBISCHOF.

Als Kanzler fördr ich nun Schluß und Formalität.

KAISER. Ein förmlich Dokument, der Kirche das zu eignen,
Du legst es vor, ich wills mit Freuden unterzeichnen.
ERZBISCHOF *hat sich beurlaubt, kehrt aber beim Ausgang um.*
Dann widmest du zugleich dem Werke, wies entsteht,
Gesamte Landsgefälle: Zehnten, Zinsen, Beth,
Für ewig! Viel bedarfs zu würdiger Unterhaltung,
Und schwere Kosten macht die sorgliche Verwaltung.
Zum schnellen Aufbau selbst auf solchem wüsten Platz
Reichst du uns einiges Gold aus deinem Beuteschatz.
Daneben braucht man auch – ich kann es nicht verschweigen –
Entferntes Holz und Kalk und Schiefer und dergleichen.
Die Fuhren tut das Volk, vom Predigtstuhl belehrt:
Die Kirche segnet den, der ihr zu Diensten fährt. *Ab.*
KAISER. Die Sünd ist groß und schwer, womit ich mich beladen;
Das leidige Zaubervolk bringt mich in harten Schaden.
ERZBISCHOF *abermals zurückkehrend, mit tiefster Verbeugung.*
Verzeih, o Herr! Es ward dem sehr verrufnen Mann
Des Reiches Strand verliehn; doch diesen trifft der Bann,
Verleihst du reuig nicht der hohen Kirchenstelle
Auch dort den Zehnten, Zins und Gaben und Gefälle.
KAISER *verdrießlich.*
Das Land ist noch nicht da: im Meere liegt es breit!
ERZBISCHOF.
Wers Recht hat und Geduld, für den kommt auch die Zeit.
Für uns mög Euer Wort in seinen Kräften bleiben!
KAISER *allein.*
So könnt ich wohl zunächst das ganze Reich verschreiben!

Fünfter Akt

OFFENE GEGEND

WANDERER.

Ja! sie sinds, die dunklen Linden,
Dort, in ihres Alters Kraft,
Und ich soll sie wiederfinden
Nach so langer Wanderschaft!
Ist es doch die alte Stelle,
Jene Hütte, die mich barg,
Als die sturmerregte Welle
Mich an jene Dünen warf!
Meine Wirte möcht ich segnen,
Hilfsbereit, ein wackres Paar,
Das, um heut mir zu begegnen,
Alt schon jener Tage war.
Ach, das waren fromme Leute!
Poch ich? ruf ich? – Seid gegrüßt,
Wenn, gastfreundlich, auch noch heute
Ihr des Wohltuns Glück genießt!

BAUCIS, *Mütterchen, sehr alt.*

Lieber Kömmling, leise! leise!
Ruhe! laß den Gatten ruhn!
Langer Schlaf verleiht dem Greise
Kurzen Wachens rasches Tun.

WANDERER. Sage, Mutter: bist dus eben,
Meinen Dank noch zu empfahn,
Was du für des Jünglings Leben
Mit dem Gatten einst getan?
Bist du Baucis, die geschäftig
Halberstorben Mund erquickt?

Der Gatte tritt auf.

Du Philemon, der so kräftig
Meinen Schatz der Flut entrückt?

Eure Flammen raschen Feuers,
Eures Glöckchens Silberlaut:
Jenes grausen Abenteuers
Lösung war euch anvertraut.

Und nun laßt hervor mich treten,
Schaun das grenzenlose Meer!
Laßt mich knieen, laßt mich beten!
Mich bedrängt die Brust so sehr.
Es schreitet vorwärts auf der Düne.

PHILEMON *zu Baucis.*
Eile nur, den Tisch zu decken,
Wos im Gärtchen munter blüht!
Laß ihn rennen, ihn erschrecken!
Denn er glaubt nicht, was er sieht.
Neben dem Wandrer stehend.
Das Euch grimmig mißgehandelt,
Wog auf Woge, schäumend-wild,
Seht als Garten Ihr behandelt,
Seht ein paradiesisch Bild.
Älter, war ich nicht zuhanden,
Hülfreich nicht wie sonst bereit,
Und wie meine Kräfte schwanden,
War auch schon die Woge weit.
Kluger Herren kühne Knechte
Gruben Gräben, dämmten ein,
Schmälerten des Meeres Rechte,
Herrn an seiner Statt zu sein.
Schaue grünend Wies an Wiese,
Anger, Garten, Dorf und Wald! –
Komm nun aber und genieße;
Denn die Sonne scheidet bald! –
Dort im Fernsten ziehen Segel,
Suchen nächtlich sichern Port:
Kennen doch ihr Nest die Vögel;
Denn jetzt ist der Hafen dort.

So erblickst du in der Weite
Erst des Meeres blauen Saum,
Rechts und links, in aller Breite,
Dichtgedrängt bewohnten Raum.
Am Tische zu drei, im Gärtchen.
BAUCIS. Bleibst du stumm? und keinen Bissen
Bringst du zum verlechzten Mund?
PHILEMON. Möcht er doch vom Wunder wissen!
Sprichst so gerne: tus ihm kund!
BAUCIS. Wohl! ein Wunder ists gewesen!
Läßt mich heute nicht in Ruh;
Denn es ging das ganze Wesen
Nicht mit rechten Dingen zu.
PHILEMON. Kann der Kaiser sich versündgen,
Der das Ufer ihm verliehn?
Täts ein Herold nicht verkündgen
Schmetternd im Vorüberziehn?
Nicht entfernt von unsern Dünen
Ward der erste Fuß gefaßt:
Zelte, Hütten! – Doch im Grünen
Richtet bald sich ein Palast.
BAUCIS. Tags umsonst die Knechte lärmten.
Hack und Schaufel, Schlag um Schlag;
Wo die Flämmchen nächtig schwärmten,
Stand ein Damm den andern Tag!
Menschenopfer mußten bluten,
Nachts erscholl des Jammers Qual;
Meerab flossen Feuergluten:
Morgens war es ein Kanal!
Gottlos ist er, ihn gelüstet
Unsre Hütte, unser Hain!
Wie er sich als Nachbar brüstet,
Soll man untertänig sein.
PHILEMON. Hat er uns doch angeboten
Schönes Gut im neuen Land!

BAUCIS. Traue nicht dem Wasserboden!
Halt auf deiner Höhe stand!
PHILEMON. Laß uns zur Kapelle treten,
Letzten Sonnenblick zu schaun!
Laß uns läuten, knieen, beten
Und dem alten Gott vertraun!

PALAST

Weiter Ziergarten · Großer, gradgeführter Kanal

Faust, im höchsten Alter wandelnd, nachdenkend

LYNKEUS DER TÜRMER *durchs Sprachrohr.*

Die Sonne sinkt, die letzten Schiffe,
Sie ziehen munter hafenein.
Ein großer Kahn ist im Begriffe,
Auf dem Kanale hier zu sein.
Die bunten Wimpel wehen fröhlich,
Die starren Masten stehn bereit:
In dir preist sich der Bootsmann selig,
Dich grüßt das Glück zur höchsten Zeit.

Das Glöckchen läutet auf der Düne.

FAUST *auffahrend.*

Verdammtes Läuten! Allzu schändlich
Verwundets, wie ein tückischer Schuß!
Vor Augen ist mein Reich unendlich,
Im Rücken neckt mich der Verdruß,
Erinnert mich durch neidische Laute:
Mein Hochbesitz, er ist nicht rein!
Der Lindenraum, die braune Baute,
Das morsche Kirchlein ist nicht mein.
Und wünscht ich, dort mich zu erholen,
Vor fremden Schatten schaudert mir,
Ist Dorn den Augen, Dorn den Sohlen –
O, wär ich weit hinweg von hier!

TÜRMER *wie oben.* Wie segelt froh der bunte Kahn
Mit frischem Abendwind heran!
Wie türmt sich sein behender Lauf
In Kisten, Kasten, Säcken auf!

Prächtiger Kahn, reich und bunt beladen mit Erzeugnissen fremder Weltgegenden.

Mephistopheles. Die Drei gewaltigen Gesellen.

        CHORUS. Da landen wir,
                    Da sind wir schon!
                    Glück an dem Herren,
                    Dem Patron!

Sie steigen aus, die Güter werden ans Land geschafft.

MEPHISTOPHELES. So haben wir uns wohl erprobt,
Vergnügt, wenn der Patron es lobt.
Nur mit zwei Schiffen ging es fort,
Mit zwanzig sind wir nun im Port.
Was große Dinge wir getan,
Das sieht man unsrer Ladung an.
Das freie Meer befreit den Geist;
Wer weiß da, was Besinnen heißt!
Da fördert nur ein rascher Griff:
Man fängt den Fisch, man fängt ein Schiff,
Und ist man erst der Herr zu drei,
Dann hakelt man das vierte bei;
Da geht es denn dem fünften schlecht,
Man hat Gewalt, so hat man Recht.
Man fragt ums Was und nicht ums Wie!
Ich müßte keine Schiffahrt kennen:
Krieg, Handel und Piraterie,
Dreieinig sind sie, nicht zu trennen.

        DIE DREI GEWALTIGEN GESELLEN.
            Nicht Dank und Gruß!
            Nicht Gruß und Dank!
            Als brächten wir
            Dem Herrn Gestank.

                    Er macht ein
                    Widerlich Gesicht:
                    Das Königsgut
                    Gefällt ihm nicht.

MEPHISTOPHELES. Erwartet weiter
                    Keinen Lohn!
                    Nahmt ihr doch
                    Euren Teil davon.

DIE GESELLEN.   Das ist nur für
                    Die Langeweil;
                    Wir alle fordern
                    Gleichen Teil.

MEPHISTOPHELES. Erst ordnet oben,
                    Saal an Saal,
                    Die Kostbarkeiten
                    Allzumal!
                    Und tritt er zu
                    Der reichen Schau,
                    Berechnet er alles
                    Mehr genau,
                    Er sich gewiß
                    Nicht lumpen läßt
                    Und gibt der Flotte
                    Fest nach Fest.
                    Die bunten Vögel kommen morgen,
                    Für die werd ich zum besten sorgen.
                    Die Ladung wird weggeschafft.

MEPHISTOPHELES *zu Faust.*
Mit ernster Stirn, mit düstrem Blick
Vernimmst du dein erhaben Glück.
Die hohe Weisheit wird gekrönt:
Das Ufer ist dem Meer versöhnt,
Vom Ufer nimmt zu rascher Bahn
Das Meer die Schiffe willig an.

So sprich, daß hier, hier vom Palast
Dein Arm die ganze Welt umfaßt!
Von dieser Stelle ging es aus:
Hier stand das erste Bretterhaus;
Ein Gräbchen ward hinabgeritzt,
Wo jetzt das Ruder emsig spritzt.
Dein hoher Sinn, der Deinen Fleiß
Erwerb des Meers, der Erde Preis.
Von hieraus –

FAUST.   Das verfluchte Hier!
Das eben, leidig lastets mir.
Dir Vielgewandtem muß ichs sagen:
Mir gibts im Herzen Stich um Stich,
Mir ists unmöglich zu ertragen!
Und wie ichs sage, schäm ich mich:
Die Alten droben sollten weichen,
Die Linden wünscht ich mir zum Sitz;
Die wenig Bäume, nicht mein eigen,
Verderben mir den Weltbesitz.
Dort wollt ich, weit umherzuschauen,
Von Ast zu Ast Gerüste bauen,
Dem Blick eröffnen weite Bahn,
Zu sehn, was alles ich getan,
Zu überschaun mit einem Blick
Des Menschengeistes Meisterstück,
Betätigend mit klugem Sinn
Der Völker breiten Wohngewinn.

So sind am härtsten wir gequält:
Im Reichtum fühlend, was uns fehlt!
Des Glöckchens Klang, der Linden Duft
Umfängt mich wie in Kirch und Gruft.
Des allgewaltigen Willens Kür
Bricht sich an diesem Sande hier.
Wie schaff ich mir es vom Gemüte?
Das Glöcklein läutet, und ich wüte.

MEPHISTOPHELES. Natürlich, daß ein Hauptverdruß
Das Leben dir vergällen muß!
Wer leugnets? Jedem edlen Ohr
Kommt das Geklingel widrig vor,
Und das verfluchte Bim-Baum-Bimmel,
Umnebelnd heitern Abendhimmel,
Mischt sich in jegliches Begebnis
Vom ersten Bad bis zum Begräbnis,
Als wäre zwischen Bim und Baum
Das Leben ein verschollner Traum.
FAUST. Das Widerstehn, der Eigensinn
Verkümmern herrlichsten Gewinn,
Daß man, zu tiefer, grimmiger Pein,
Ermüden muß, gerecht zu sein.
MEPHISTOPHELES. Was willst du dich denn hier genieren?
Mußt du nicht längst kolonisieren?
FAUST. So geht und schafft sie mir zur Seite! –
Das schöne Gütchen kennst du ja,
Das ich den Alten ausersah.
MEPHISTOPHELES. Man trägt sie fort und setzt sie nieder,
Eh man sich umsieht, stehn sie wieder;
Nach überstandener Gewalt
Versöhnt ein schöner Aufenthalt.
Er pfeift gellend. Die Drei treten auf.
MEPHISTOPHELES. Kommt, wie der Herr gebieten läßt!
Und morgen gibts ein Flottenfest.
DIE DREI. Der alte Herr empfing uns schlecht,
Ein flottes Fest ist uns zu Recht.
MEPHISTOPHELES *ad spectatores.*
Auch hier geschieht, was längst geschah;
Denn Naboths Weinberg war schon da. *(Regum I, 21)*

TIEFE NACHT

LYNKEUS DER TÜRMER *auf der Schloßwarte singend.*

    Zum Sehen geboren,
    Zum Schauen bestellt,
    Dem Turme geschworen,
    Gefällt mir die Welt.
    Ich blick in die Ferne,
    Ich seh in der Näh,
    Den Mond und die Sterne,
    Den Wald und das Reh.
    So seh ich in allen
    Die ewige Zier,
    Und wie mirs gefallen,
    Gefall ich auch mir.
    Ihr glücklichen Augen,
    Was je ihr gesehn,
    Es sei, wie es wolle,
    Es war doch so schön! *Pause.*

Nicht allein mich zu ergötzen,
Bin ich hier so hoch gestellt:
Welch ein greuliches Entsetzen
Droht mir aus der finstern Welt!
Funkenblicke seh ich sprühen
Durch der Linden Doppelnacht;
Immer stärker wühlt ein Glühen,
Von der Zugluft angefacht.
Ach, die innre Hütte lodert,
Die bemoost und feucht gestanden!
Schnelle Hülfe wird gefordert,
Keine Rettung ist vorhanden.
Ach, die guten alten Leute,
Sonst so sorglich um das Feuer,
Werden sie dem Qualm zur Beute!
Welch ein schrecklich Abenteuer!
Flamme flammet, rot in Gluten

Steht das schwarze Moosgestelle;
Retteten sich nur die Guten
Aus der wildentbrannten Hölle!
Züngelnd lichte Blitze steigen
Zwischen Blättern, zwischen Zweigen;
Äste, dürr, die flackernd brennen,
Glühen schnell und stürzen ein.
Sollt ihr, Augen, dies erkennen!
Muß ich so weitsichtig sein!
Das Kapellchen bricht zusammen
Von der Äste Sturz und Last.
Schlängelnd sind mit spitzen Flammen
Schon die Gipfel angefaßt.
Bis zur Wurzel glühn die hohlen
Stämme, purpurrot im Glühn. –
Lange Pause, Gesang:
>   Was sich sonst dem Blick empfohlen,
>   Mit Jahrhunderten ist hin!

FAUST *auf dem Balkon, gegen die Dünen.*
Von oben welch ein singend Wimmern?
Das Wort ist hier, der Ton zu spat.
Mein Türmer jammert; mich im Innern
Verdrießt die ungeduldge Tat.
Doch sei der Lindenwuchs vernichtet
Zu halbverkohlter Stämme Graun,
Ein Luginsland ist bald errichtet,
Um ins Unendliche zu schaun.
Da seh ich auch die neue Wohnung,
Die jenes alte Paar umschließt,
Das im Gefühl großmütiger Schonung
Der späten Tage froh genießt.

MEPHISTOPHELES UND DIE DREIE *unten.*
Da kommen wir mit vollem Trab;
Verzeih: es ging nicht gütlich ab!
Wir klopften an, wir pochten an,
Und immer war nicht aufgetan.

Wir rüttelten, wir pochten fort:
Da lag die morsche Türe dort.
Wir riefen laut und drohten schwer;
Allein wir fanden kein Gehör,
Und wies in solchem Fall geschicht:
Sie hörten nicht, sie wollten nicht!
Wir aber haben nicht gesäumt,
Behende dir sie weggeräumt.
Das Paar hat sich nicht viel gequält:
Vor Schrecken fielen sie entseelt.
Ein Fremder, der sich dort versteckt
Und fechten wollte, ward gestreckt.
In wilden Kampfes kurzer Zeit
Von Kohlen, ringsumher gestreut,
Entflammte Stroh: nun lodert's frei
Als Scheiterhaufen dieser drei.

FAUST. Wart ihr für meine Worte taub?
Tausch wollt ich, wollte keinen Raub!
Dem unbesonnenen, wilden Streich,
Ihm fluch ich: teilt es unter euch!

CHORUS. Das alte Wort, das Wort erschallt:
Gehorche willig der Gewalt!
Und bist du kühn und hältst du Stich,
So wage Haus und Hof und – dich! *Ab.*

FAUST *auf dem Balkon.* Die Sterne bergen Blick und Schein,
Das Feuer sinkt und lodert klein;
Ein Schauerwindchen fächelt's an,
Bringt Rauch und Dunst zu mir heran.
Geboten schnell, zu schnell getan! –
Was schwebet schattenhaft heran?

MITTERNACHT

Vier graue Weiber treten auf

ERSTE. Ich heiße der Mangel.
ZWEITE.   Ich heiße die Schuld.

DRITTE. Ich heiße die Sorge.
VIERTE. Ich heiße die Not.
ZU DREI. Die Tür ist verschlossen, wir können nicht ein;
Drin wohnet ein Reicher, wir mögen nicht 'nein.
MANGEL. Da werd ich zum Schatten.
SCHULD. Da werd ich zunicht.
NOT. Man wendet von mir das verwöhnte Gesicht.
SORGE.
Ihr, Schwestern, ihr könnt nicht und dürft nicht hinein.
Die Sorge, sie schleicht sich durchs Schlüsselloch ein.
Sorge verschwindet.
MANGEL. Ihr, graue Geschwister, entfernt euch von hier!
SCHULD. Ganz nah an der Seite verbind ich mich dir.
NOT. Ganz nah an der Ferse begleitet die Not.
ZU DREI. Es ziehen die Wolken, es schwinden die Sterne!
Dahinten, dahinten! von ferne, von ferne,
Da kommt er, der Bruder, da kommt er, der – – – Tod.

FAUST *im Palast.*
Vier sah ich kommen, drei nur gehn;
Den Sinn der Rede konnt ich nicht verstehn.
Es klang so nach, als hieße es: Not,
Ein düstres Reimwort folgte: Tod!
Es tönte hohl, gespensterhaft gedämpft.
Noch hab ich mich ins Freie nicht gekämpft.
Könnt ich Magie von meinem Pfad entfernen,
Die Zaubersprüche ganz und gar verlernen,
Stünd ich, Natur, vor dir ein Mann allein,
Da wärs der Mühe wert, ein Mensch zu sein!

Das war ich sonst, eh ichs im Düstern suchte,
Mit Frevelwort mich und die Welt verfluchte.
Nun ist die Luft von solchem Spuk so voll,
Daß niemand weiß, wie er ihn meiden soll.
Wenn auch Ein Tag uns klar-vernünftig lacht,
Im Traumgespinst verwickelt uns die Nacht!
Wir kehren froh von junger Flur zurück:

Ein Vogel krächzt! Was krächzt er? Mißgeschick!
Von Aberglauben früh und spat umgarnt:
Es eignet sich, es zeigt sich an, es warnt!
Und so verschüchtert, stehen wir allein. –
Die Pforte knarrt, und niemand kommt herein. *Erschüttert.*
Ist jemand hier?

SORGE. Die Frage fordert Ja!
FAUST. Und du, wer bist denn du?
SORGE. Bin einmal da.
FAUST. Entferne dich!
SORGE. Ich bin am rechten Ort.
FAUST *erst ergrimmt, dann besänftigt, für sich.*
Nimm dich in acht und sprich kein Zauberwort.

SORGE. Würde mich kein Ohr vernehmen,
Müßt es doch im Herzen dröhnen,
In verwandelter Gestalt
Üb ich grimmige Gewalt:
Auf den Pfaden, auf der Welle,
Ewig ängstlicher Geselle,
Stets gefunden, nie gesucht,
So geschmeichelt wie verflucht! –
Hast du die Sorge nie gekannt?

FAUST. Ich bin nur durch die Welt gerannt!
Ein jed Gelüst ergriff ich bei den Haaren,
Was nicht genügte, ließ ich fahren,
Was mir entwischte, ließ ich ziehn.
Ich habe nur begehrt und nur vollbracht
Und abermals gewünscht und so mit Macht
Mein Leben durchgestürmt: erst groß und mächtig,
Nun aber geht es weise, geht bedächtig.
Der Erdenkreis ist mir genug bekannt.
Nach drüben ist die Aussicht uns verrannt;
Tor, wer dorthin die Augen blinzelnd richtet,
Sich über Wolken seinesgleichen dichtet!

5. AKT · PALAST

Er stehe fest und sehe hier sich um:
Dem Tüchtigen ist diese Welt nicht stumm!
Was braucht er in die Ewigkeit zu schweifen?
Was er erkennt, läßt sich ergreifen.
Er wandle so den Erdentag entlang;
Wenn Geister spuken, geh er seinen Gang,
Im Weiterschreiten find er Qual und Glück,
Er, unbefriedigt jeden Augenblick!

> SORGE. Wen ich einmal mir besitze,
> Dem ist alle Welt nichts nütze:
> Ewiges Düstre steigt herunter,
> Sonne geht nicht auf noch unter,
> Bei vollkommnen äußern Sinnen
> Wohnen Finsternisse drinnen,
> Und er weiß von allen Schätzen
> Sich nicht in Besitz zu setzen.
> Glück und Unglück wird zur Grille,
> Er verhungert in der Fülle,
> Sei es Wonne, sei es Plage,
> Schiebt ers zu dem andern Tage,
> Ist der Zukunft nur gewärtig,
> Und so wird er niemals fertig.

FAUST. Hör auf! so kommst du mir nicht bei!
Ich mag nicht solchen Unsinn hören.
Fahr hin! Die schlechte Litanei,
Sie könnte selbst den klügsten Mann betören.

> SORGE. Soll er gehen? soll er kommen?
> Der Entschluß ist ihm genommen;
> Auf gebahnten Weges Mitte
> Wankt er tastend halbe Schritte.
> Er verliert sich immer tiefer,
> Siehet alle Dinge schiefer,
> Sich und andre lästig drückend,
> Atem holend und erstickend,
> Nicht erstickt und ohne Leben,

Nicht verzweifelnd, nicht ergeben.
So ein unaufhaltsam Rollen,
Schmerzlich Lassen, widrig Sollen,
Bald Befreien, bald Erdrücken,
Halber Schlaf und schlecht Erquicken
Heftet ihn an seine Stelle
Und bereitet ihn zur Hölle.

FAUST. Unselige Gespenster! so behandelt ihr
Das menschliche Geschlecht zu tausend Malen;
Gleichgültige Tage selbst verwandelt ihr
In garstigen Wirrwarr netzumstrickter Qualen.
Dämonen, weiß ich, wird man schwerlich los,
Das geistig-strenge Band ist nicht zu trennen;
Doch deine Macht, o Sorge, schleichend-groß,
Ich werde sie nicht anerkennen!

SORGE. Erfahre sie, wie ich geschwind
Mich mit Verwünschung von dir wende!
Die Menschen sind im ganzen Leben blind:
Nun, Fauste, werde dus am Ende!

Sie haucht ihn an.
FAUST *erblindet*. Die Nacht scheint tiefer tief hereinzudringen,
Allein im Innern leuchtet helles Licht:
Was ich gedacht, ich eil es zu vollbringen;
Des Herren Wort, es gibt allein Gewicht.
Vom Lager auf, ihr Knechte! Mann für Mann!
Laßt glücklich schauen, was ich kühn ersann!
Ergreift das Werkzeug! Schaufel rührt und Spaten!
Das Abgesteckte muß sogleich geraten.
Auf strenges Ordnen, raschen Fleiß
Erfolgt der allerschönste Preis;
Daß sich das größte Werk vollende,
Genügt Ein Geist für tausend Hände.

GROSSER VORHOF DES PALASTES

Fackeln

MEPHISTOPHELES *als Aufseher voran.*
Herbei! herbei! Herein, herein!
Ihr schlotternden Lemuren,
Aus Bändern, Sehnen und Gebein
Geflickte Halbnaturen!

LEMUREN *im Chor.* Wir treten dir sogleich zur Hand,
    Und wie wir halb vernommen,
    Es gilt wohl gar ein weites Land,
    Das sollen wir bekommen.

    Gespitzte Pfähle, die sind da,
    Die Kette lang fürs Messen;
    Warum an uns der Ruf geschah,
    Das haben wir vergessen.

MEPHISTOPHELES. Hier gilt kein künstlerisch Bemühn!
Verfahret nur nach eignen Maßen:
Der Längste lege längelang sich hin!
Ihr andern lüftet ringsumher den Rasen!
Wie mans für unsre Väter tat,
Vertieft ein längliches Quadrat!
Aus dem Palast ins enge Haus:
So dumm läuft es am Ende doch hinaus.

LEMUREN *mit neckischen Gebärden grabend.*
    Wie jung ich war und lebt und liebt,
    Mich deucht, das war wohl süße!
    Wos fröhlich klang und lustig ging,
    Da rührten sich meine Füße.

    Nun hat das tückische Alter mich
    Mit seiner Krücke getroffen;
    Ich stolperte über Grabes Tür:
    Warum stand sie just offen!

FAUST *aus dem Palaste tretend, tastet an den Türpfosten.*
Wie das Geklirr der Spaten mich ergötzt!

Er ist die Menge, die mir frönet,
Die Erde mit sich selbst versöhnet,
Den Wellen ihre Grenze setzt,
Das Meer mit strengem Band umzieht.
MEPHISTOPHELES *beiseite.* Du bist doch nur für uns bemüht
Mit deinen Dämmen, deinen Buhnen;
Denn du bereitest schon Neptunen,
Dem Wasserteufel, großen Schmaus.
In jeder Art seid ihr verloren:
Die Elemente sind mit uns verschworen,
Und auf Vernichtung läufts hinaus.
FAUST. Aufseher!
MEPHISTOPHELES. Hier!
FAUST. Wie es auch möglich sei,
Arbeiter schaffe Meng auf Menge!
Ermuntere durch Genuß und Strenge!
Bezahle, locke, presse bei!
Mit jedem Tage will ich Nachricht haben,
Wie sich verlängt der unternommene Graben.
MEPHISTOPHELES *halblaut.*
Man spricht, wie man mir Nachricht gab,
Von keinem Graben, doch vom Grab.
FAUST. Ein Sumpf zieht am Gebirge hin,
Verpestet alles schon Errungene;
Den faulen Pfuhl auch abzuziehn,
Das letzte wär das Höchsterrungene.
Eröffn ich Räume vielen Millionen,
Nicht sicher zwar, doch tätig-frei zu wohnen.
Grün das Gefilde, fruchtbar! Mensch und Herde
Sogleich behaglich auf der neusten Erde,
Gleich angesiedelt an des Hügels Kraft,
Den aufgewälzt kühn-emsige Völkerschaft!
Im Innern hier ein paradiesisch Land:
Da rase draußen Flut bis auf zum Rand!
Und wie sie nascht, gewaltsam einzuschießen,
Gemeindrang eilt, die Lücke zu verschließen.

Ja! diesem Sinne bin ich ganz ergeben,
Das ist der Weisheit letzter Schluß:
Nur der verdient sich Freiheit wie das Leben,
Der täglich sie erobern muß!
Und so verbringt, umrungen von Gefahr,
Hier Kindheit, Mann und Greis sein tüchtig Jahr.
Solch ein Gewimmel möcht ich sehn!
Auf freiem Grund mit freiem Volke stehn!
Zum Augenblicke dürft ich sagen:
»Verweile doch, du bist so schön!
Es kann die Spur von meinen Erdetagen
Nicht in Äonen untergehn.« –
Im Vorgefühl von solchem hohen Glück
Genieß ich jetzt den höchsten Augenblick.
Faust sinkt zurück, die Lemuren fassen ihn auf und legen ihn auf den Boden.

MEPHISTOPHELES.
Ihn sättigt keine Lust, ihm gnügt kein Glück,
So buhlt er fort nach wechselnden Gestalten;
Den letzten, schlechten, leeren Augenblick,
Der Arme wünscht ihn festzuhalten.
Der mir so kräftig widerstand,
Die Zeit wird Herr: der Greis hier liegt im Sand!
Die Uhr steht still, –
CHOR. Steht still! sie schweigt wie Mitternacht.
Der Zeiger fällt –
MEPHISTOPHELES. Er fällt! es ist vollbracht.
CHOR. Es ist vorbei!
MEPHISTOPHELES. Vorbei! ein dummes Wort. Warum vorbei?
Vorbei und reines Nicht: vollkommnes Einerlei!
Was soll uns denn das ewge Schaffen?
Geschaffenes zu Nichts hinwegzuraffen?
»Da ists vorbei!« Was ist daran zu lesen?
Es ist so gut, als wär es nicht gewesen,
Und treibt sich doch im Kreis, als wenn es wäre!
Ich liebte mir dafür das Ewigleere.

GRABLEGUNG

LEMUR, *Solo.* Wer hat das Haus so schlecht gebaut
  Mit Schaufeln und mit Spaten?
LEMUREN, *Chor.* Dir, dumpfer Gast im hänfnen Gewand,
  Ists viel zu gut geraten.
LEMUR, *Solo.* Wer hat den Saal so schlecht versorgt?
  Wo blieben Tisch und Stühle?
LEMUREN, *Chor.* Es war auf kurze Zeit geborgt;
  Der Gläubiger sind so viele.

MEPHISTOPHELES.
Der Körper liegt, und will der Geist entfliehn,
Ich zeig ihm rasch den blutgeschriebnen Titel;
Doch leider hat man jetzt so viele Mittel,
Dem Teufel Seelen zu entziehn.
Auf altem Wege stößt man an,
Auf neuem sind wir nicht empfohlen;
Sonst hätt ich es allein getan,
Jetzt muß ich Helfershelfer holen.

Uns gehts in allen Dingen schlecht:
Herkömmliche Gewohnheit, altes Recht,
Man kann auf gar nichts mehr vertrauen!
Sonst mit dem letzten Atem fuhr sie aus,
Ich paßt ihr auf, und, wie die schnellste Maus,
Schnapps! hielt ich sie in festverschlossnen Klauen.
Nun zaudert sie und will den düstern Ort,
Des schlechten Leichnams ekles Haus nicht lassen;
Die Elemente, die sich hassen,
Die treiben sie am Ende schmählich fort.
Und wenn ich Tag und Stunden mich zerplage,
Wann? wie? und wo? das ist die leidige Frage;
Der alte Tod verlor die rasche Kraft:
Das Ob sogar ist lange zweifelhaft!
Oft sah ich lüstern auf die starren Glieder:
Es war nur Schein! das rührte, das regte sich wieder.

5. AKT · GRABLEGUNG

Phantastisch-flügelmännische Beschwörungsgebärden.
Nur frisch heran! verdoppelt euren Schritt,
Ihr Herrn vom graden, Herrn vom krummen Horne!
Von altem Teufelsschrot und -korne,
Bringt ihr zugleich den Höllenrachen mit!
Zwar hat die Hölle Rachen viele! viele!
Nach Standsgebühr und Würden schlingt sie ein;
Doch wird man auch bei diesem letzten Spiele
Ins künftige nicht so bedenklich sein.
Der greuliche Höllenrachen tut sich links auf.
Eckzähne klaffen; dem Gewölb des Schlundes
Entquillt der Feuerstrom in Wut,
Und in dem Siedequalm des Hintergrundes
Seh ich die Flammenstadt in ewiger Glut.
Die rote Brandung schlägt hervor bis an die Zähne,
Verdammte, Rettung hoffend, schwimmen an;
Doch kolossal zerknirscht sie die Hyäne,
Und sie erneuen ängstlich heiße Bahn.
In Winkeln bleibt noch vieles zu entdecken:
So viel Erschreckliches im engsten Raum!
Ihr tut sehr wohl, die Sünder zu erschrecken;
Sie haltens doch für Lug und Trug und Traum.
Zu den Dickteufeln vom kurzen, graden Horne.
Nun, wanstige Schuften mit den Feuerbacken,
Ihr glüht so recht vom Höllenschwefel feist!
Klotzartige, kurze, nie bewegte Nacken!
Hier unten lauert, obs wie Phosphor gleißt!
Das ist das Seelchen, Psyche mit den Flügeln:
Die rupft ihr aus, so ists ein garstiger Wurm!
Mit meinem Stempel will ich sie besiegeln,
Dann fort mit ihr im Feuerwirbelsturm!

Paßt auf die niedern Regionen,
Ihr Schläuche! das ist eure Pflicht.
Obs ihr beliebte, da zu wohnen,
So akkurat weiß man das nicht.

Im Nabel ist sie gern zu Haus:
Nehmt es in acht, sie wischt euch dort heraus!
Zu den Dürrteufeln vom langen, krummen Horne.
Ihr Firlefanze, flügelmännische Riesen,
Greift in die Luft! versucht euch ohne Rast!
Die Arme strack, die Klauen scharf gewiesen,
Daß ihr die Flatternde, die Flüchtige faßt!
Es ist ihr sicher schlecht im alten Haus,
Und das Genie, es will gleich obenaus.

    Glorie von oben, rechts.

HIMMLISCHE HEERSCHAR. Folget, Gesandte,
    Himmelsverwandte,
    Gemächlichen Flugs:
    Sündern vergeben,
    Staub zu beleben!
    Allen Naturen
    Freundliche Spuren
    Wirket im Schweben
    Des weilenden Zugs!

MEPHISTOPHELES. Mißtöne hör ich! garstiges Geklimper,
Von oben kommts mit unwillkommnem Tag:
Es ist das bübisch-mädchenhafte Gestümper,
Wie frömmelnder Geschmack sichs lieben mag.
Ihr wißt, wie wir in tiefverruchten Stunden
Vernichtung sannen menschlichem Geschlecht:
Das Schändlichste, was wir erfunden,
Ist ihrer Andacht eben recht.

Sie kommen gleisnerisch, die Laffen!
So haben sie uns manchen weggeschnappt!
Bekriegen uns mit unsern eignen Waffen:
Es sind auch Teufel, doch verkappt.
Hier zu verlieren, wär euch ewge Schande;
Ans Grab heran und haltet fest am Rande!

5. AKT · GRABLEGUNG

CHOR DER ENGEL, *Rosen streuend.*

> Rosen, ihr blendenden,
> Balsam versendenden!
> Flatternde, schwebende,
> Heimlich belebende,
> Zweigleinbeflügelte,
> Knospenentsiegelte,
> Eilet zu blühn!
>
> Frühling entsprieße,
> Purpur und Grün!
> Tragt Paradiese
> Dem Ruhenden hin!

MEPHISTOPHELES *zu den Satanen.*
Was duckt und zuckt ihr? ist das Höllenbrauch?
So haltet stand und laßt sie streuen!
An seinen Platz ein jeder Gauch!
Sie denken wohl, mit solchen Blümeleien
Die heißen Teufel einzuschneien;
Das schmilzt und schrumpft vor eurem Hauch.
Nun pustet, Püstriche! – Genug, genug!
Vor eurem Brodem bleicht der ganze Flug.
Nicht so gewaltsam! schließet Maul und Nasen!
Fürwahr, ihr habt zu stark geblasen.
Daß ihr doch nie die rechten Maße kennt!
Das schrumpft nicht nur: es bräunt sich, dorrt, es brennt
Schon schwebts heran mit giftig-klaren Flammen:
Stemmt euch dagegen, drängt euch fest zusammen! –
Die Kraft erlischt! dahin ist aller Mut!
Die Teufel wittern fremde Schmeichelglut.

CHOR DER ENGEL. Blüten, die seligen,
> Flammen, die fröhlichen,
> Liebe verbreiten sie,
> Wonne bereiten sie,
> Herz wie es mag.

    Worte, die wahren,
    Äther im klaren
    Ewigen Scharen
    Überall Tag!

MEPHISTOPHELES. O Fluch! o Schande solchen Tröpfen!
Satane stehen auf den Köpfen,
Die Plumpen schlagen Rad auf Rad
Und stürzen ärschlings in die Hölle.
Gesegn euch das verdiente heiße Bad!
Ich aber bleib auf meiner Stelle. –
Sich mit den schwebenden Rosen herumschlagend.
Irrlichter, fort! Du, leuchte noch so stark,
Du bleibst, gehascht, ein ekler Gallertquark.
Was flatterst du? Willst du dich packen! –
Es klemmt wie Pech und Schwefel mir im Nacken.

CHOR DER ENGEL. Was euch nicht angehört,
    Müsset ihr meiden!
    Was euch das Innre stört,
    Dürft ihr nicht leiden!
    Dringt es gewaltig ein,
    Müssen wir tüchtig sein.
    Liebe nur Liebende
    Führet herein!

MEPHISTOPHELES.
Mir brennt der Kopf, das Herz, die Leber brennt!
Ein überteuflisch Element!
Weit spritziger als Höllenfeuer! –
Drum jammert ihr so ungeheuer,
Unglückliche Verliebte! die, verschmäht,
Verdrehten Halses nach der Liebsten späht.

Auch mir! Was zieht den Kopf auf jene Seite?
Bin ich mit ihr doch in geschwornem Streite!
Der Anblick war mir sonst so feindlich scharf.
Hat mich ein Fremdes durch und durch gedrungen?
Ich mag sie gerne sehn, die allerliebsten Jungen;

Was hält mich ab, daß ich nicht fluchen darf? –
Und wenn ich mich betören lasse,
Wer heißt denn künftighin der Tor? –
Die Wetterbuben, die ich hasse,
Sie kommen mir doch gar zu lieblich vor! –

Ihr schönen Kinder, laßt mich wissen:
Seid ihr nicht auch von Luzifers Geschlecht?
Ihr seid so hübsch: fürwahr, ich möcht euch küssen!
Mir ists, als kämt ihr eben recht.
Es ist mir so behaglich, so natürlich,
Als hätt ich euch schon tausendmal gesehn,
So heimlich-kätzchenhaft begierlich:
Mit jedem Blick aufs neue schöner schön!
O nähert euch, o gönnt mir Einen Blick!

CHOR DER ENGEL.
Wir kommen schon, warum weichst du zurück?
Wir nähern uns, und wenn du kannst, so bleib!
Die Engel nehmen, umherziehend, den ganzen Raum ein.
MEPHISTOPHELES *der ins Proszenium gedrängt wird.*
Ihr scheltet uns verdammte Geister
Und seid die wahren Hexenmeister;
Denn ihr verführet Mann und Weib. –
Welch ein verfluchtes Abenteuer!
Ist dies das Liebeselement?
Der ganze Körper steht in Feuer,
Ich fühle kaum, daß es im Nacken brennt. –
Ihr schwanket hin und her: so senkt euch nieder!
Ein bißchen weltlicher bewegt die holden Glieder!
Fürwahr, der Ernst steht euch recht schön;
Doch möcht ich euch nur einmal lächeln sehn!
Das wäre mir ein ewiges Entzücken!
Ich meine so: wie wenn Verliebte blicken!
Ein kleiner Zug am Mund, so ists getan!
Dich, langer Bursche, dich mag ich am liebsten leiden,
Die Pfaffenmiene will dich gar nicht kleiden,

So sieh mich doch ein wenig lüstern an!
Auch könntet ihr anständig-nackter gehen:
Das lange Faltenhemd ist übersittlich!
Sie wenden sich – Von hinten anzusehen! –
Die Racker sind doch gar zu appetitlich!

CHOR DER ENGEL. Wendet zur Klarheit
           Euch, liebende Flammen!
           Die sich verdammen,
           Heile die Wahrheit,
           Daß sie vom Bösen
           Froh sich erlösen,
           Um in dem Allverein
           Selig zu sein!

MEPHISTOPHELES *sich fassend.*
Wie wird mir! – Hiobsartig, Beul an Beule
Der ganze Kerl, dems vor sich selber graut,
Und triumphiert zugleich, wenn er sich ganz durchschaut,
Wenn er auf sich und seinen Stamm vertraut:
Gerettet sind die edlen Teufelsteile,
Der Liebespuk, er wirft sich auf die Haut!
Schon ausgebrannt sind die verruchten Flammen,
Und wie es sich gehört, fluch ich euch allzusammen!

CHOR DER ENGEL. Heilige Gluten,
           Wen sie umschweben,
           Fühlt sich im Leben
           Selig mit Guten.
           Alle vereinigt
           Hebt euch und preist!
           Luft ist gereinigt:
           Atme der Geist!

Sie erheben sich, Faustens Unsterbliches entführend.

MEPHISTOPHELES *sich umsehend.*
Doch wie? – Wo sind sie hingezogen?
Unmündiges Volk, du hast mich überrascht!

Sind mit der Beute himmelwärts entflogen;
Drum haben sie an dieser Gruft genascht!
Mir ist ein großer, einziger Schatz entwendet:
Die hohe Seele, die sich mir verpfändet,
Die haben sie mir pfiffig weggepascht.

Bei wem soll ich mich nun beklagen?
Wer schafft mir mein erworbenes Recht?
Du bist getäuscht in deinen alten Tagen,
Du hasts verdient, es geht dir grimmig schlecht!
Ich habe schimpflich mißgehandelt,
Ein großer Aufwand, schmählich! ist vertan;
Gemein Gelüst, absurde Liebschaft wandelt
Den ausgepichten Teufel an.
Und hat mit diesem kindisch-tollen Ding
Der Klugerfahrene sich beschäftigt,
So ist fürwahr die Torheit nicht gering,
Die seiner sich am Schluß bemächtigt.

BERGSCHLUCHTEN

Wald, Fels, Einöde
Heilige Anachoreten gebirgauf verteilt, gelagert zwischen Klüften

CHOR UND ECHO.

> Waldung, sie schwankt heran,
> Felsen, sie lasten dran,
> Wurzeln, sie klammern an,
> Stamm dicht am Stamm hinan.
> Woge nach Woge spritzt,
> Höhle, die tiefste, schützt.
> Löwen, sie schleichen stumm-
> freundlich um uns herum,
> Ehren geweihten Ort,
> Heiligen Liebeshort.

PATER ECSTATICUS *auf- und abschweifend.*

> Ewiger Wonnebrand,
> Glühendes Liebeband,
> Siedender Schmerz der Brust,
> Schäumende Gotteslust!
> Pfeile, durchdringet mich,
> Lanzen, bezwinget mich,
> Keulen, zerschmettert mich,
> Blitze, durchwettert mich,
> Daß ja das Nichtige
> Alles verflüchtige,
> Glänze der Dauerstern,
> Ewiger Liebe Kern!

PATER PROFUNDUS. *Tiefe Region.*

Wie Felsenabgrund mir zu Füßen
Auf tiefem Abgrund lastend ruht,
Wie tausend Bäche strahlend fließen
Zum grausen Sturz des Schaums der Flut,
Wie strack, mit eignem kräftigen Triebe,
Der Stamm sich in die Lüfte trägt:
So ist es die allmächtige Liebe,
Die alles bildet, alles hegt.

Ist um mich her ein wildes Brausen,
Als wogte Wald und Felsengrund,
Und doch stürzt, liebevoll im Sausen,
Die Wasserfülle sich zum Schlund,
Berufen, gleich das Tal zu wässern;
Der Blitz, der flammend niederschlug,
Die Atmosphäre zu verbessern,
Die Gift und Dunst im Busen trug:

Sind Liebesboten! sie verkünden,
Was ewig schaffend uns umwallt.
Mein Innres mög es auch entzünden,
Wo sich der Geist, verworren-kalt,

Verquält in stumpfer Sinneschranken
Scharfangeschloßnem Kettenschmerz!
O Gott, beschwichtige die Gedanken,
Erleuchte mein bedürftig Herz!

PATER SERAPHICUS. *Mittlere Region.*
Welch ein Morgenwölkchen schwebet
Durch der Tannen schwankend Haar?
Ahn ich, was im Innern lebet?
Es ist junge Geisterschar.

CHOR SELIGER KNABEN. Sag uns, Vater, wo wir wallen,
Sag uns, Guter, wer wir sind!
Glücklich sind wir: allen, allen
Ist das Dasein so gelind.

PATER SERAPHICUS. Knaben, Mitternachtsgeborne,
Halb erschlossen Geist und Sinn,
Für die Eltern gleich Verlorne,
Für die Engel zum Gewinn!
Daß ein Liebender zugegen,
Fühlt ihr wohl: so naht euch nur!
Doch von schroffen Erdewegen,
Glückliche! habt ihr keine Spur.
Steigt herab in meiner Augen
Welt- und erdgemäß Organ!
Könnt sie als die euern brauchen:
Schaut euch diese Gegend an!
   Er nimmt sie in sich.
Das sind Bäume, das sind Felsen,
Wasserstrom, der abestürzt
Und mit ungeheuerm Wälzen
Sich den steilen Weg verkürzt.

SELIGE KNABEN *von innen.*
Das ist mächtig anzuschauen;
Doch zu düster ist der Ort,
Schüttelt uns mit Schreck und Grauen:
Edler, Guter, laß uns fort!

PATER SERAPHICUS

Steigt hinan zu höhrem Kreise,
Wachset immer unvermerkt,
Wie nach ewig reiner Weise
Gottes Gegenwart verstärkt!
Denn das ist der Geister Nahrung,
Die im freisten Äther waltet:
Ewigen Liebens Offenbarung,
Die zur Seligkeit entfaltet.

CHOR SELIGER KNABEN *um die höchsten Gipfel kreisend.*

Hände verschlinget
Freudig zum Ringverein!
Regt euch und singet
Heilge Gefühle drein!
Göttlich belehret,
Dürft ihr vertrauen;
Den ihr verehret,
Werdet ihr schauen.

ENGEL

*schwebend in der höhern Atmosphäre,
Faustens Unsterbliches tragend.*

Gerettet ist das edle Glied
Der Geisterwelt vom Bösen:
Wer immer strebend sich bemüht,
Den können wir erlösen!
Und hat an ihm die Liebe gar
Von oben teilgenommen,
Begegnet ihm die selige Schar
Mit herzlichem Willkommen.

DIE JÜNGEREN ENGEL

Jene Rosen, aus den Händen
Liebend-heiliger Büßerinnen,
Halfen uns den Sieg gewinnen,

Uns das hohe Werk vollenden,
Diesen Seelenschatz erbeuten.
Böse wichen, als wir streuten,
Teufel flohen, als wir trafen.
Statt gewohnter Höllenstrafen
Fühlten Liebesqual die Geister;
Selbst der alte Satansmeister
War von spitzer Pein durchdrungen.
Jauchzet auf! es ist gelungen.

DIE VOLLENDETEREN ENGEL.

Uns bleibt ein Erdenrest
Zu tragen peinlich,
Und wär er von Asbest,
Er ist nicht reinlich.
Wenn starke Geisteskraft
Die Elemente
An sich herangerafft,
Kein Engel trennte
Geeinte Zwienatur
Der innigen beiden:
Die ewige Liebe nur
Vermags zu scheiden.

DIE JÜNGEREN ENGEL.

Nebelnd um Felsenhöh
Spür ich soeben
Regend sich in der Näh
Ein Geisterleben.
Die Wölkchen werden klar:
Ich seh bewegte Schar
Seliger Knaben,
Los von der Erde Druck,
Im Kreis gesellt,
Die sich erlaben
Am neuen Lenz und Schmuck
Der obern Welt.

11945–11977

Sei er zum Anbeginn,
Steigendem Vollgewinn
Diesen gesellt.

DIE SELIGEN KNABEN.

Freudig empfangen wir
Diesen im Puppenstand;
Also erlangen wir
Englisches Unterpfand.
Löset die Flocken los,
Die ihn umgeben!
Schon ist er schön und groß
Von heiligem Leben.

DOCTOR MARIANUS. *In der höchsten, reinlichsten Zelle.*

Hier ist die Aussicht frei,
Der Geist erhoben.
Dort ziehen Fraun vorbei,
Schwebend nach oben.
Die Herrliche, mitteninn,
Im Sternenkranze,
Die Himmelskönigin:
Ich sehs am Glanze.

Entzückt.

Höchste Herrscherin der Welt,
Lasse mich im blauen
Ausgespannten Himmelszelt
Dein Geheimnis schauen!
Billige, was des Mannes Brust
Ernst und zart beweget
Und mit heilger Liebeslust
Dir entgegenträget!

Unbezwinglich unser Mut,
Wenn du hehr gebietest;
Plötzlich mildert sich die Glut,
Wie du uns befriedest.

Jungfrau, rein im schönsten Sinn,
Mutter, Ehren würdig,
Uns erwählte Königin,
Göttern ebenbürtig.

> Um sie verschlingen
> Sich leichte Wölkchen:
> Sind Büßerinnen,
> Ein zartes Völkchen,
> Um ihre Kniee
> Den Äther schlürfend,
> Gnade bedürfend.

Dir, der Unberührbaren,
Ist es nicht benommen,
Daß die leicht Verführbaren
Traulich zu dir kommen.

In die Schwachheit hingerafft,
Sind sie schwer zu retten:
Wer zerreißt aus eigener Kraft
Der Gelüste Ketten?
Wie entgleitet schnell der Fuß
Schiefem, glattem Boden!
Wen betört nicht Blick und Gruß,
Schmeichelhafter Odem?

Mater gloriosa schwebt einher.

CHOR DER BÜSSERINNEN.
Du schwebst zu Höhen
Der ewigen Reiche;
Vernimm das Flehen,
Du Ohnegleiche,
Du Gnadenreiche!

MAGNA PECCATRIX. *(St. Lucae VII, 36.)*
Bei der Liebe, die den Füßen
Deines gottverklärten Sohnes
Tränen ließ zum Balsam fließen
Trotz des Pharisäerhohnes,

> Beim Gefäße, das so reichlich
> Tropfte Wohlgeruch hernieder,
> Bei den Locken, die so weichlich
> Trockneten die heilgen Glieder –

MULIER SAMARITANA. *(St. Joh. IV.)*

> Bei dem Bronn, zu dem schon weiland
> Abram ließ die Herde führen,
> Bei dem Eimer, der dem Heiland
> Kühl die Lippe durft berühren,
> Bei der reinen, reichen Quelle,
> Die nun dorther sich ergießet,
> Überflüssig, ewig helle
> Rings durch alle Welten fließet –

MARIA AEGYPTIACA. *(Acta Sanctorum.)*

> Bei dem hochgeweihten Orte,
> Wo den Herrn man niederließ,
> Bei dem Arm, der von der Pforte
> Warnend mich zurückestieß,
> Bei der vierzigjährigen Buße,
> Der ich treu in Wüsten blieb,
> Bei dem seligen Scheidegruße,
> Den im Sand ich niederschrieb –

ZU DREI.
> Die du großen Sünderinnen
> Deine Nähe nicht verweigerst
> Und ein büßendes Gewinnen
> In die Ewigkeiten steigerst,
> Gönn auch dieser guten Seele,
> Die sich einmal nur vergessen,
> Die nicht ahnte, daß sie fehle,
> Dein Verzeihen angemessen!

UNA POENITENTIUM *sich anschmiegend. Sonst Gretchen genannt.*

> Neige, neige,
> Du Ohnegleiche,
> Du Strahlenreiche,
> Dein Antlitz gnädig meinem Glück!

Der früh Geliebte,
Nicht mehr Getrübte,
Er kommt zurück.

SELIGE KNABEN *in Kreisbewegung sich nähernd.*
Er überwächst uns schon
An mächtigen Gliedern,
Wird treuer Pflege Lohn
Reichlich erwidern.
Wir wurden früh entfernt
Von Lebechören;
Doch dieser hat gelernt:
Er wird uns lehren.

DIE EINE BÜSSERIN, *sonst Gretchen genannt.*
Vom edlen Geisterchor umgeben,
Wird sich der Neue kaum gewahr,
Er ahnet kaum das frische Leben,
So gleicht er schon der heiligen Schar.
Sieh, wie er jedem Erdenbande,
Der alten Hülle sich entrafft
Und aus ätherischem Gewande
Hervortritt erste Jugendkraft!
Vergönne mir, ihn zu belehren:
Noch blendet ihn der neue Tag!

MATER GLORIOSA.

Komm, hebe dich zu höhern Sphären!
Wenn er dich ahnet, folgt er nach.

DOKTOR MARIANUS *auf dem Angesicht anbetend.*
Blicket auf zum Retterblick,
Alle reuig Zarten,
Euch zu seligem Geschick
Dankend umzuarten!
Werde jeder bessre Sinn
Dir zum Dienst erbötig!
Jungfrau, Mutter, Königin,
Göttin, bleibe gnädig!

CHORUS MYSTICUS.

Alles Vergängliche
Ist nur ein Gleichnis;
Das Unzulängliche
Hier wird's Ereignis;
Das Unbeschreibliche,
Hier ist's getan;
Das Ewigweibliche
Zieht uns hinan.

FINIS

Paralipomena

I. SCHLUSSGEDICHTE

1

In goldnen Frühlings Sonnen Stunden
Lag ich gebunden
An dies Gesicht
In holder Dunkelheit der Sinnen
Konnt ich wohl diesen Traum beginnen
Vollenden nicht.

2
Abkündigung.

Den besten Köpfen sei das Stück empfohlen
Der Deutsche sitzt verständig zu Gericht
Wir möchtens gerne wiederholen,
Allein der Beifall gibt allein Gewicht.
Vielleicht daß sich was bessres freilich fände. –
Des Menschenleben ist ein ähnliches Gedicht
Es hat wohl Anfang hat ein Ende.
Allein ein Ganzes ist es nicht.
Ihr Herren seid so gut und klatscht nun in die Hände.

3
Abschied.

Am Ende bin ich nun des Trauerspieles
Das ich zuletzt mit Bangigkeit vollführt,
Nicht mehr vom Drange Menschlichen Gewühles
Nicht von der Macht der Dunkelheit gerührt.
Wer schildert gern den Wirrwarr des Gefühles
Wenn ihn der Weg zur Klarheit aufgeführt
Und so geschlossen sei der Barbareien
Beschränkter Kreis mit seinen Zaubereien.

Und hinterwärts mit allen guten Schatten
Sei auch hinfort der böse Geist gebannt

Mit dem so gern sich Jugendträume gatten
Den ich so früh als Freund und Feind gekannt.
Leb alles wohl was wir hiemit bestatten
Nach Osten sei der sichre Blick gewandt
Begünstige die Muse jedes Streben
Und Lieb und Freundschaft würdige das Leben.

Denn immer halt ich mich an Eurer Seite
Ihr Freunde die das Leben mir gesellt
Ihr fühlt mit mir was Einigkeit bedeute
Sie schafft aus kleinen Kreisen Welt in Welt.
Wir fragen nicht in eigensinngem Streite
Was dieser schilt was jenem nur gefällt,
Wir ehren froh mit immer gleichem Mute
Das Altertum und jedes neue Gute.

O glücklich! wen die holde Kunst in Frieden
Mit jedem Frühling lockt auf neue Flur
Vergnügt mit dem was ihm ein Gott beschieden
Zeigt ihm die Welt des eignen Geistes Spur
Kein Hindernis vermag ihn zu ermüden
Er schreite fort so will es die Natur.
Und wie des wilden Jägers braust von oben
Des Zeiten Geists gewaltig freches Toben.

II. DIE HELENA-DICHTUNG DES JAHRES 1800

4
Helena im Mittelalter

Satyr-Drama,
Episode zu Faust
Konzept.

HELENA. Vom Strande komm ich, wo wir erst gelandet sind,
Noch immer trunken von der Woge schaukelndem
Bewegen, die vom phrygischen Gefild' uns her,
Auf ihrem hohen Rücken, mit Poseidons Gunst
Und Euros Kraft, an heimisches Gestade trug.
Dort unten freut sich nun der König Menelas
Der Rückkehr, mit den tapfersten der Krieger sich.
Du aber heiße mich willkommen, hohes Haus,
Das Tyndareus, mein Vater, an dem Hange sich
Von Pallas Hügel, wiederkehrend, aufgebaut,
Und als ich hier, mit Clytemnestren, schwesterlich,
Mit Castor und mit Pollux, fröhlich spielend, wuchs,
Vor allen Häusern Spartas herrlich ausgeschmückt.
Seid mir gegrüßt der ehrnen Pforte Flügel ihr,
Durch deren weit einladendes Eröffnen einst
Der mir aus vielen Auserwählte Menelas,
In Bräutigams Gestalt entgegen leuchtete.
Eröffnet mir sie wieder, daß ich das Gebot
Des Königes erfülle, wie der Gattin ziemt.
Laßt mich hinein! und alles bleibe hinter mir,
Was mich bisher und andere verworren hat.
Denn seit ich diese Schwelle sorgenlos verließ,
Zu Cypris Tempel wandelnd, heilger Pflicht gemäß,
Mich aber dort ein Räuber griff, der phrygische,
Ist viel geschehen, was die Menschen weit und breit
So gern erzählen, aber der nicht gerne hört
Von dem die seltne Fabel ihren ersten Ursprung nahm.

Genug! mit meinem Gatten bin ich hergeschifft
Und bin von ihm zu seiner Stadt vorausgesandt;
Doch welchen Sinn er hegen mag errat' ich nicht.
Komm ich als Gattin? komm ich eine Königin?
Komm ich ein Opfer für des Fürsten bittern Schmerz
Und für der Griechen lang erduldetes Mißgeschick?
Erobert bin ich, ob gefangen weiß ich nicht!
Denn Ruf und Schicksal gaben die Unsterblichen
Zweideutig mir, der Schönheit zu bedenklichen
Begleitern, die mir an der Schwelle des Palasts,
Mit ihrer düstern Gegenwart, zur Seite stehn.
Denn schon im hohlen Schiffe blickte der Gemahl
Mich selten an und redete kein freundlich Wort.
Als wenn er Unheil sänne saß er gegen mir.
Nun aber als wir des Eurotas tiefe Bucht
Hineingefahren und die ersten Schiffe kaum
Das Land berührten, sprach er, wie vom Gott bewegt:
Hier steigen meine Krieger, nach der Ordnung, aus,
Ich mustre sie, am Strand des Meeres hingereiht;
Du aber ziehe weiter, an des heiligen,
Befruchtenden Eurotas Ufer immer fort
Die Pferde lenkend auf der feuchten Wiese Schmuck,
Bis du zur schönen Ebene gelangen magst,
Wo Lakedämon einst ein fruchtbar weites Feld,
Von ernsten Bergen nah umgeben, angebaut.
Betrete dann das hochgebaute Fürstenhaus
Und mustere die Mägde, die ich dort zurück
Gelassen mit der klugen alten Schaffnerin.
Die zeige dir der Schätze reiche Sammlung vor,
Wie sie dein Vater hinterließ und die ich selbst,
In Krieg und Frieden, stets vermehrend, aufgehäuft.
Du findest alles nach der Ordnung stehen. Denn
Das ist des Fürsten Vorrecht daß er alles treu
In seinem Hause, wiederkehrend, finde, noch
An seinem Platze jedes wie er es verließ.
Denn nichts zu ändern hat für sich der Knecht Gewalt.

Wenn du nun alles nach der Ordnung durchgesehn,
Dann nimm so manchen Dreifuß als du nötig glaubst
Und mancherlei Gefäße, die der Opfrer sich
Zur Hand verlangt, um die Gebräuche zu vollziehn.
Die Kessel und die Schalen, wie das flache Rund.
Das reinste Wasser aus der heilgen Quelle sei
In hohen Krügen, ferner sei das trockne Holz
Das Flammen schnell empfangende bereit,
Ein wohlgeschliffnes Messer fehle nicht zuletzt;
Doch alles andre geb ich deiner Sorge heim.
So sprach er, mich zum Scheiden drängend; aber nichts
Lebendiges bezeichnet mir der Ordnende,
Das er, die Götter zu verehren, schlachten will.
Bedenklich ist es, doch ich sorge weiter nicht
Und alles bleibe hohen Göttern heimgestellt,
Die das vollenden, was in ihrem Sinn sie däucht,
Es werde gut von Menschen, oder werde bös
Geachtet und wir Sterblichen ertragen das.
[Schon machmal hob das schwere Beil der Opfernde,
Nach des gebeugten Tieres Nacken weihend auf,
Und konnt' es nicht vollbringen, denn ihn hinderte,
Des nahen Feindes oder Gottes Zwischenkunft.]
CHORFÜHRERIN.
Verlasset des Gesanges freudumgebnen Pfad
Und wendet zu der Türe Flügel euren Blick.
Was seh ich, Schwestern! schreitet nicht die Königin,
Mit heftiger Bewegung, wieder zu uns her?
Was ist es, große Königin? was konnte dir
In deines Hauses Hallen, statt der Deinen Gruß,
Erschütterndes begegnen? Du verbirgst es nicht;
Denn Widerwillen seh ich an der Stirne dir,
Ein edles Zürnen, das mit Überraschung kämpft.
HELENA. Der Tochter Zeus geziemet nicht gemeine Furcht
Und flüchtig, leise Schreckenshand berührt sie nicht;
Doch das Entsetzen, das dem Schoß der alten Nacht,
Von Urbeginn entsteigend, vielgestaltet noch

Wie glühende Wolken, aus der Berges Feuerschlund,
Herauf sich wälzt, erschüttert auch des Helden Brust.
So haben mir die Götter heute grauenvoll
Den Eintritt in mein Haus bezeichnet, daß ich gern
Von oft betretner, lang ersehnter Schwelle mich,
Gleich einem Fremden scheidenden entfernen mag.
Doch nein! gewichen bin ich her, ans Licht, und weiter sollt
Ihr mich nicht treiben, Mächte, wer ihr immer seid.
Auf Weihe will ich sinnen und, gereinigt, soll
Des Herdes Glut die Frau begrüßen und den Herrn.
CHOR. Entdecke deinen Dienerinnen, edle Frau,
Die dir verehrend beistehen, was begegnet ist.
HELENA. Was ich gesehen, sollt ihr selbst mit Augen sehn,
Wenn ihr Gebilde nicht die alte Nacht sogleich
Zurückgeschlungen, in den Tiefen Wunderschoß.
Doch daß ihrs wisset, sag ichs euch mit Worten an:
Als ich des königlichen Hauses Tiefe nun,
Der nächsten Pflicht gedenkend, feierlich betrat,
Erstaunt' ich ob dem öden, weiten Hallenraum.
Kein Schall der emsig wandelnden begegnete
Dem Ohr, kein Eilen des Geschäftigen dem Blick;
Und keine Magd und keine Schaffnerin erschien,
Die jeden Fremden freundlich sonst begrüßenden.
Als aber ich des Herdes Busen mich genaht,
Da sah ich, bei verglommner Asche lauem Rest,
Am Boden sitzen ein verhülltes, großes Weib,
Der Sinnenden vergleichbar, nicht der Schlafenden.
Mit Herrscherworten ruf ich sie zur Arbeit auf,
Die Schaffnerin vermutend, die, mir unbekannt,
Des scheidenden Gemahles Vorsicht angestellt.
Doch eingefaltet sitzt die Unbewegliche;
Nur endlich rührt sie, auf mein Dräun, den rechten Arm,
Als wiese sie von Herd und Halle mich hinweg.
Ich wende zürnend mich von ihr und eile gleich
Den Stufen zu, auf denen sich der Thalamos
Und nah daran der königliche Schatz erhebt.

Allein das Wunder reißt sich schnell vom Boden auf,
Gebietrisch mir den Weg vertretend, zeigt es sich
In hagrer Größe, hohlen, blutigtrüben Blicks,
Seltsamer Bildung, wie sie Aug und Geist verwirrt.
Doch red ich in die Lüfte; denn das Wort bemüht
Sich nur umsonst Gestalten schöpfrisch aufzubaun.
Da seht sie selbst! sie waget sich ans Licht heraus.
Hier sind wir Meister, bis der Herr und König kommt.
Die grausen Nachtgeburten drängt der Schönheitsfreund,
Phöbus hinweg in Höhlen, oder bändigt sie.
CHOR. Vieles erlebt ich, obgleich die Locke,
Jugendlich, wallet mir um die Schläfe!
Schreckliches hab ich vieles gesehen,
Kriegrischen Jammer, Ilions Nacht,
Als es fiel!

Durch das umwölkte, staubende Tosen,
Drängender Krieger hört ich die Götter
Fürchterlich rufen, hört ich der Zwietracht
Ehrene Stimme schallen durchs Feld,
Mauerwärts!

Ach! sie standen noch
Ilions Mauern;
Aber die Glut zog
Schon, vom Nachbar
Zum Nachbar sich
Verbreitend,
Hier und dort her,
Über die Stadt.

Flüchtend sah ich,
Durch Rauch und Glut,
Zürnender Götter
Gräßliches Nahen;
Wundergestalten,
In dem Düstern
Feuerumleuchteten Qualm.

Sah ichs? oder bildete
Mir der angstumschlungene
Geist solches Verworrene?
Sagen kann ichs nicht;
Aber daß ich dieses
Gräßliche hier
Mit Augen sehe
Weiß ich.

Könnt' es mit Händen fassen,
Hielte die Furcht
Vor dem Gefährlichen
Mich nicht zurück.

Welche von Phorkos
Töchtern bist du?
Denn ich vergleiche Dich
Diesem Geschlecht.
Bist du der Gorgonen
Eine? bist du
Eine der fürchterlich sie,
Schwesterlich hütenden?
Bist du der graugebornen,
Einäugigen, einzähnigen,
Graien eine gekommen.

Wagest du Gräßliche
Neben der Schönheit,
Vor dem Kenner
Phöbos dich zu zeigen?
Doch tritt immer hervor;
Denn das Häßliche
Sieht er nicht,
Wie sein heiliges Aug
Niemals den Schatten sieht.

Aber uns nötigt
Ein trauriges Geschick

Zu dem Augenschmerz;
Den das Verwerfliche
Schönheitsliebenden rege macht.

Ja! so höre denn,
Wenn du frech
Uns entgegenstehst,
Höre Fluch und Schelten,
Aus dem Munde der glücklich
Von den Göttern gebildeten.

Stehe länger, länger!
Und grins' uns an.
Starre länger, länger!
Häßlicher wirst du nur.
Ausgeburt du des Zufalls,
Du, verworrener,
Du erschöpfter Kraft
leidige hohle Brut.

PHORKYAS.
Alt ist das Wort, doch bleibt wahr und hoch der Sinn:
Daß Scham und Schönheit nie zusammen, Hand in Hand,
Den Weg verfolgen, auf des Menschen Lebenspfad.
Tief eingewurzelt wohnt in beiden alter Haß,
Und wenn sie auf dem Wege sich auch irgendwo
Begegnen, jede sogleich der Gegnerin den Rücken kehrt.
Dann eilet jede wieder heftiger, weiter fort,
Die Scham betrübt, die Schönheit aber frech gesinnt,
Bis sie zuletzt des Orkus hohle Nacht umfängt,
Wenn nicht das Alter sie vorher vernichtet hat.
Euch find ich nun ihr frechen, aus der Fremde her,
Mit Übermut ergossen, gleich der Kraniche
Laut, heiser klingendem Zug, der über unser Haupt,
Wie eine Wolke ziehend, krächzendes Getön
Herabschickt, das den stillen Wandrer über sich
Zu blicken lockt; doch ziehn sie ihren Weg dahin,

Er geht den seinen, also wirds mit uns geschehn.
Wer seid denn ihr? daß ihr des Königs hohes Haus
Mit der Mänaden wildem Getümmel umtönen dürft?
Wer seid ihr? daß ihr seiner ernsten Schaffnerin
Entgegenheulet, wie dem Mond der Hunde Schar.
Wähnt ihr daß ich nicht wisse welch Geschlecht ihr seid,
Du kriegerzeugte, schlachterzogne, junge Brut.
Du männerlustige, verführt verführende
Entnervende des Kriegers und des Bürgers Kraft.
Seh ich zu Hauf euch scheint mir ein Cicaden Schwarm
Herabzustürzen auf des Feldes grüne Saat.
Verzehrerinnen fremden Fleißes! Naschende
Vernichterinnen aufgekeimten Wohlstands ihr.
Eroberte, verkaufst, vertauschte Ware du.
HELENA. Wer in der Frauen Gegenwart die Mägde schilt,
Beleidiget die Hoheit der Gebieterin.
Denn ihr gebührt allein das Lobenswürdige
Zu rühmen und zu strafen das Verwerfliche.
Auch bin ich wohl zufrieden mit dem Dienste den
Sie mir geleistet als die Kraft von Ilion
Die Hohe stand, und fiel und lag. Nicht weniger
Als wir der Irrfahrt kummervolle Wechselnot
Ertrugen, wo sonst jeder sich der Nächste bleibt.
Auch hier erwart ich gleiches von der muntren Schar.
Nicht was der Knecht sei fragt der Herr, nur wie er dient.
Drum schweige du und grinse sie nicht länger an.
Hast du das Haus des Königs wohl verwahrt bisher,
Anstatt der Hausfrau, dienet es zum Ruhme dir;
Doch jetzo kommt sie selber, tritt nun du zurück,
Damit nicht Strafe werde statt des Lohnes dir
PHORKYAS.
Den Hausgenossen drohen ist ein großes Recht,
Das eines gottbeglückten Herrschers Gattin sich
Durch langer Jahre weise Leitung wohl verdient.

III. SCHEMATISCHE ÜBERSICHT DER GANZEN DICHTUNG

[11. April 1800]

5

Ideales streben nach Einwirken u*nd* Einfühlen
  in die ganze Natur.
Erscheinung des Geists als Welt u*nd* Taten Genius.

Streit zwischen Form- u*nd* Formlosen.
Vorzug dem formlosen Gehalt
Vor der leeren Form.
Gehalt bringt die Form mit
Form ist nie ohne Gehalt.

Diese Widersprüche, statt sie zu vereinigen
  disparater zu machen.
Helles kaltes Wissensch. Streben Wagner
Dumpfes warmes —   —   Schüler.
Lebens Genuß der Person von außen ges*ehen* I. Teil
  in der Dumpfheit Leidensch*aft.*
Taten Genuß nach außen und Genuß mit Bewußtsei*n.*
  Schönheit. Zweiter *Teil*
Schöpfungs Genuß von innen. Epilog im Chaos
  auf dem Weg zur Hölle.

IV. ZUM VORSPIEL AUF DEM THEATER

6

[LUSTIGE PERSON.]
Und es verzeihen sogar gelegentlich die Frauen
Wenn man mit Anstand den Respekt vergißt.

Seht mir nur ab wie man vor leute tritt
Ich komme lustig angezogen
So ist mir jedes Herz gewogen
Ich lache jeder lacht mir mit
Ihr müßt wie ich erst nur euch selbst vertrauen
Und denken daß hier was zu wagen ist
Denn es verzeihen selbst gelegentlich die Frauen
Wenn man mit Anstand den Respekt vergißt.
[DIREKTOR.] Nicht Wünschelruten nicht Alraune
Die beste Zauberei liegt in der guten Laune
Bin ich mit allen gleich gestimmt
So seh ich nicht daß man was übelnimmt
Drum frisch ans Werk und zaudert mir nicht lange
Das Vorbereiten macht mir bange

7

[LUSTIGE PERSON.]
Und wenn ihr scheltet wenn ihr klagt
Daß ich zu grob mit euch verfahre,
Und wer euch heut recht derb die Wahrheit sagt
Der sagt sie euch auf tausend Jahre.

8

[LUSTIGE PERSON.]
Nur heute schränkt den weiten Blick mir ein
Nur heute laßt die Strenge mir nicht walten
Laßt unser Stück nur reich an Fülle sein
Dann mag der Zufall selbst als Geist der Einheit schalten

Wenn Poesie nicht reicht mag Laune sie verbinden

9

[LUSTIGE PERSON.]
Und wenn der Narr durch alle Szenen läuft,
So ist das Stück genug verbunden.

10

[DICHTER.] Wenn sichs in m*einem* Busen regt
Wen*n* sich m*ein* Auge feuchtet
Auch noch ein Herz das mir entgegen schlägt
Noch ein Geist, der mir entgegen leuchtet.

Das wenige Talent das ich besitze rauben
Den*n* etwas guts zu machen und zu tun
Muß man erst an die Gute*n* glauben

V. ZUM ERSTEN TEIL

[Nacht. Studierzimmer I.)

11

Treten des Elements des Glückes
          Insuffizienz

12

[FAUST.] O wo ist der Genuß der der Begierde gleich
[Darunter andere Fassung:]
Und wo ist ein Genuß der die Begier erreicht.

13

[FAUST.] Fleisch dorrt wie Heu und Bein zerbricht wie Glas
Und alle Schönheit ist ein wahrer Mottenfraß.

[Auditorium.]

14

Disputation.

Andre Hälfte	Das Gedräng, die Wache
Tutti	das ein und ausströmen.
Halbchor	der Studenten den Zustand ausdrückend.

Wagner als Opponent letzter
Macht ein Kompliment.
Einzelne Stimmen.
Rektor zum Pedell
Die Pedellen die Ruhe gebieten
Fahrender Scholastikus tritt auf.
Schilt die Versammlung
Chor der Studenten halb. Ganz.
Schilt den Respondenten
Bescheiden dieser lehnts ab.
Faust nimmts auf

Schilt sein Schwadronier*en*
Verlangt daß er artikulier*e*
M*e*ph. tuts fällt aber gleich ins Lob des Vagierens und der daraus
entstehend*en* Erfahrung
Chor. halb
F*aust*. Ungünstige Schilderung des Vaganten.
Chor halb.
M*e*ph. Kenntnisse die dem Schulweisen fehlen
F*aust*. γνωθι σεαυτον. im schön*en* Sinne.
Fordert den Gegner auf Fragen aus der Erfahrung vorzulegen.
Die F*aust* alle beantworten wolle.
M*e*ph. Gletscher
Bolog*n*esisches Feuer
Charibdis
Fata Morg*a*na
Tier
Mensch
F*aust*. Gegenfrage wo der schaffende Spiegel sei
M*e*ph. Kompliment die Antwort einandermal
F*aust*. Schluß Abdankung
Majorität
Minorität der Zuhör*er* als Chor.

Wagners Sorge die Geister mögten sprechen was der Mensch zu
sich zu sagen glaubte.

15
Auditorium.
Disputation.

SCHÜLER *von innen.*
Laßt uns hinaus! wir haben nicht gegessen.
Wer sprechen darf wird Speis und Trank vergessen,
Wer hören soll wird endlich matt.
SCHÜLER *von außen*
Laßt uns hinein wir kommen schon vom Kauen;
Denn uns hat das Konvikt gespeist.

Laßt uns hinein wir wollen hier verdauen,
Uns fehlt der Wein, und hier ist Geist.
FAHRENDER SCHOLASTIKUS.
Hinaus! Hinein! Und keiner von der Stelle!
Was drängt ihr euch auf dieser Schwelle!
Hier außen Platz u*nd* laßt die innern fort,
Besetzt dann den verlaßnen Ort.
SCHÜLER. Der ist vom fahrenden Geschlecht.
Er renommiert, doch er hat recht.

16

[FAUST.] Zu suchen wo auf Erden dies geworden
Das steht dem Herrn Vaganten frei
Ob es in Süden oder Norden
Mir ist es alles einerlei.

17

M[EPH.] Was uns zerspaltet ist die Wirklichkeit
Doch was uns einigt das sind Worte.

18

M[EPH.] Wer spricht von Zweifeln laßt michs hö*ren*
Wer zweifeln will der muß nicht lehren
Wer lehren will der gebe was.

19

[MEPH.] Mit pathetischem Dünkel
Quadriert der Zirkel
Biseziert den Winkel
Und wo die Klügsten selbst sich wunderlich gebärden
Das kann hier Schüler Arbeit werden.

20

[MEPH.] Die Wahrheit zu ergründen
Spannt ihr vergebens euer blöd Gesicht
Das Wahre wäre leicht zu finden
Doch eben das genügt euch nicht.

[Studierzimmer III.]

[Paktszene.]

21

[FAUST.] Als Pudel als Gespenst und als Scholastikus
Ich habe dich als Pudel doch am liebsten

22

MEPH. Mich darf niemand auf's Gewissen fragen
Ich schäme mich oft meines Geschlechts
Sie meinen wenn sie Teufel sagen;
So sagen sie was rechts.

23

[MEPH.] Mein Freund wenn je der Teufel dein begehrt
Begehrt er dein auf eine Andre Weise
Dein Fleisch und Blut ist wohl schon etwas wert
Allein die Seel ist unsre rechte Speise.

24

[MEPH.] Ei was ich weiß das brauch ich nicht zu glauben,
Der Mensch ist gar erbärmlich dran
Und es steht nur dem Teufel an
Ihm noch das Bißchen Sicherheit zu rauben.

25

[MEPH.] Wenn du nur von den Bissen leben solltest
Die dieser oder jener dir gegönnt.

26

[MEPH.] Der ganze Fehler ist daher entstanden
Das was ihr wißt, das könnt ihr nicht genießen

Was man genießt, das braucht man nicht zu wissen

27

[MEPH.] Denn zum erkennen ist der größte viel zu klein
Und zum genießen ist der kleinste groß genug

28

Denn dein Gespräch gefällt mir nicht

29

[MEPH.] Gibts ein Gespräch wenn wir uns nicht betrügen
Mehr oder weniger versteckt
So ein Ragout von Wahrheit und von Lügen
Das ist die Köcherei die mir am besten schmeckt.

30

[MEPH.] Die bloße Wahrheit ist ein simpel Ding
Die jeder leicht begreifen kann
Allein sie scheint euch zu gering
Und sie befriedigt nicht den Wundermann
Drum wollt ihr daß man euch betrüge
Und kundet [?] daß man es halb verstanden

[Monolog des Mephistopheles vor der Schülerszene.]

31

Und der zuerst sich wie ein Gott erging
Befindet sich noch wohl am Schweinekoben.

32

Auf diesem Wege rollt es eben
Recht hurrliburli durch das Leben
Er nagt nicht lang' an Einem Knochen
Ich muß es ihm gepfeffert kochen.

[Dialog nach der Schülerszene.]

33

[FAUST.] Und schleppe noch bei diesem Sklaven Schrit*t*
Das lange Kleid die weiten Ärmel mit

34

[MEPH.] Wenn du von außen ausgestattet bist
So wird sich alles zu dir drängen
Ein Kerl der nicht ein wenig eitel ist
Der mag sich auf der Stelle hängen.

[Hexenküche.]

35

Faust. Meph.

F. Umgekehrte Richtung der Jugend
M. Gegen Roheit.
F. Widerspricht. Jugend Elastizität, der Teilnahme fehlend. Vorteile der Roheit. u*n*d Abgeschmacktheit.
M. Vorschlag. Geschichte des Tranks.

36

[MEPH.] Und merk dir ein für allemal
Den wichtigsten von allen Sprüchen
Es liegt dir kein Geheimnis in der Zahl
Allein ein großes in den Brüchen

[Einleitung der Gretchen-Szenen.]

37

Doppel-Szene
Andreas Nacht.
Mondschein

Feld u*n*d Wiesen.   Vorstadt öder Platz.
   Faust.   Gretchen.

38

Kleine Reichsstadt.
Das anmutige beschränkte des bürgerlichen Zustands.
Kirchgang
Neugetauftes Kind
Hochzeit.

[Vor der Szene: Nacht. Straße vor Gretchens Türe.]

39

MEPHISTO. Der junge Herr ist freilich schwer zu führen
Doch als erfahrner Gouverneur
Weiß ich den Wildfang zu regieren
Und affiziert mich auch nichts mehr
Ich laß ihn so in seinen Lüsten wandeln
Mag ich doch auch nach meinen Lüsten handeln
Ich rede viel und laß ihn immer gehn
Ist ja ein allzudummer Streich geschehn
Dann muß ich meine Weisheit zeigen
Dann wird er bei den Haarn herausgeführt
Doch gibt man gleich, indem mans repariert,
Gelegenheit zu neuen dummen Streichen

[Walpurgisnacht.]

40

Aufmunterung zu Walpurgis Nacht
Daselbst.
Frauen über die Stücke.
Männer über das L'hombre.
Rattenfänger von Hameln.
Hexe aus der Küche.

41

[FAUST.]
          welch hohe Pracht
In den Bergen waldes Nacht

42

[MEPH.] Wie man nach Norden weiter kommt
Da nehmen Ruß und Hexen zu.

43

[MEPH.] Bestünde nur die Weisheit mit der Jugend
Und Republiken ohne Tugend
So wär die Welt dem höchsten Ziele nah.

44

[MEPH.] Die Welt geht auseinander wie ein fauler Fisch
Wir wollen sie nicht balsamieren

[Erscheinung Gretchens.]

45

[FAUST.] Was für ein hölzern Bild sie an dem Halse hat
Ein heiligs oder ein lebendigs.

46

[FAUST.] Fiel vor mir hin u*nd* küßte mir die Hand
Es brennt mich noch.

[Intermezzo.]

47

Blocksbergs-Kandidaten

STILLING. Das Geisterreich hier kommts zur Schau,
Den Gläubigen ersprießlich;
Doch find ich nicht die weiße Frau,
So bin ich doch verdrießlich.
GRÄFIN. Der weisen Frauen gibts genung
Für ächte Weiberkenner;
Doch sage mir, mein lieber Jung,
Wo sind die weisen Männer?

PTOLEMÄER. Da tritt die Sonne doch hervor
Am alten Himmelsfenster.
COPERNIKUS. Nicht doch! es ist ein Meteor,
Ihr Narren und Gespenster
EUTINER. Mit Fleiß und Tücke webt ich mir
Ein eignes Ruhmgespinste
Doch ist mirs unerträglich hier
Auch hier find ich Verdienste
WUNDERHORN. Hinweg von unserm frohen Tanz
Du alter neidscher Igel.
Gönnst nicht dem Teufel seinen Schwanz
Dem Engel nicht die Flügel

[Satansszenen nach dem Intermezzo.]

48

Nach dem Intermezz
Einsamkeit, Öde
Trompeten Stöße
Blitze, Donner von oben.
Feuersäulen, Rauch Qualm.
Fels der daraus hervorragt.
Ist der Satan.
Großes Volk umher.
Versäumnis
Mittel durchzudringen.
Schaden.
Geschrei
Lied.
Sie stehen im nächsten Kreise.
Man kanns für Hitze kaum aushalten.
Wer zunächst im Kreise steht.
Satans Rede pp
Präsentationen.
Beleihungen.

Mitternacht.

Versinken der Erscheinung
Volkan.
Unordentliches Auseinanderströmen. Brechen und Stürmen.

49

Leuchtende Finger des Meph.

50

Siehst du er kommt den Berg hinauf
Von Weitem steht des Volkes Hauf.
Es segnen staunend sich die Frommen
Gewiß er wird als Sieger kommen.

51

Gipfel   Nacht
Feuer Koloß. nächste Umgebung
Massen, Gruppen.   Rede.

52

SATAN. Die Böcke zur rechten,
Die Ziegen zur linken
Die Ziegen sie riechen   [Dazu am Rande: winken]
Die Böcke sie stinken   [Dazu am Rande: fechten]
Und wenn auch die Böcke
Noch stinkiger wären
So kann doch die Ziege
Des Bocks nicht entbehren.
CHOR. Aufs Angesicht nieder
Verehret den Herrn
Er lehret die Völker
Und lehret sie gern
Vernehmet die Worte
Er zeigt euch die Spur
Des ewigen Lebens
Der tiefsten Natur.
SATAN *rechts gewendet.* Euch gibt es zwei Dinge

So herrlich und groß
Das glänzende Gold
Und der weibliche Schoß.
Das eine verschaffet
Das andre verschlingt
Drum glücklich wer beide
Zusammen erringt
EINE STIMME. Was sagte der Herr denn? –
Entfernt von dem Orte
Vernahm ich nicht deutlich
Die köstlichen Worte
Mir bleibet noch dunkel
Die herrliche Spur
Nicht seh ich das Leben
Der tiefen Natur.
SATAN *links gewendet.* Für euch sind zwei Dinge
Von köstlichem Glanz
Das leuchtende Gold
Und ein glänzender Schwanz
Drum wißt euch ihr Weiber
Am Gold zu ergötzen
Und mehr als das Gold
Noch die Schwänze zu schätzen.
CHOR. Aufs Angesicht nieder
Am heiligen Ort.
O glücklich wer nah steht
Und höret das Wort.
EINE STIMME. Ich stehe von ferne
Und stutze die Ohren
Doch hab ich schon manches
Der Worte verloren
Wer sagt mir es deutlich
Wer zeigt mir die Spur
Des ewigen Lebens
Der tiefsten Natur.
MEPH. *zu einem jungen Mädchen.*

Was weinst du? artger kleiner Schatz
Die Tränen sind hier nicht am Platz
Du wirst in dem Gedräng wohl gar zu arg gestoßen?
MÄDCHEN. Ach nein! der Herr dort spricht so gar kurios,
Von Gold u*nd* Schwanz von Gold u*nd* Schoß,
Und alles freut sich wie es scheint!
Doch das verstehn wohl nur die Großen?
MEPH. Nein liebes Kind nur nicht geweint.
Denn willst du wissen was der Teufel meint,
So greife nur dem Nachbar in die Hosen.
SATAN *grad aus.* Ihr Mägdlein ihr stehet
Hier grad in der Mitten
Ich seh ihr kommt alle
auf Besmen geritten
Seid reinlich bei Tage
Und säuisch bei Nacht
So habt ihrs auf Erden
Am weitesten gebracht.

[Präsentationen.]

53

Einzelne Audienzen.

ZEREMONIEN M*EIST*ER.

X.   und kann ich wie ich bat
Mich unumschränkt in diesem Reiche schauen
So küß ich, bin ich gleich von Haus aus Demokrat
Dir doch Tyrann voll Dankbarkeit die Klauen.
ZEREMONIENM*EIST*ER. Die Klauen! das ist für einmal
Du wirst dich weiter noch entschließen müssen.
X. Was fordert denn das Ritual
ZEREMONIENM*EIST*ER.
Beliebt dem Herrn den hintern Teil zu küssen.
X. Darüber bin ich unverworrn
Ich küsse hinten oder vorn.

Scheint oben deine Nase doch
Durch alle Welten vorzudringen,
So seh ich unten hier ein Loch
Das Universum zu verschlingen
Was duftet aus dem kolossalen Mund!
So wohl kanns nicht im Paradiese riechen
Und dieser wohlgebaute Schlund
erregt den Wunsch hinein zu kriechen.
Was soll ich mehr!

SATAN. Vasall du bist erprobt
Hierdurch beleih ich dich mit Millionen seelen.
Und wer des Teufels Arsch so gut wie du gelobt
Dem soll es nie an Schmeichelphrasen fehlen.

54

Ein Mensch der von sich spricht u*nd* schreibt
Wie einst ein Biograph von ihm geschr*ieben* hätte

55

  er heißt sogar der große
und doch ist ein Gedicht nur unvernünftigre Prose.

56

[KLOPSTOCK.] Ich wäre nicht so arm an Witz
Wär ich nur nicht so arm an Reimen.

57

[MEPHISTOPHELES.] Der liebe Sänger
Von Hameln auch mein alter Freund
Der Vielbeliebte Rattenfänger.
Wie gehts?

RATTENFÄNGER VON HAMELN.
  recht wohl mein Herr! zu dien*en*
Ich bin ein wohl genährter Mann
Patron von zwölf Philanthropinen
Daneben

[Schreibe ein*e* Kinder Bibliothek]

Wegen Papierner Flügel bekannt
Sieht euch auch hier ein jeder an

Ein Paar Löcher sind hinein gebrannt
Das haben die verfluchten Xenien getan.
MUSAGET. Ich folge
Als Musen anzuführen.

58

Ihr Leben ist ein bloßer Zeitvertreib
Zwei lange Beine keinen Leib

Sie kiken [?]
   den Unfug den sie jüngst in Deutsch*land* angestiftet.

59

Und selbst die allerkürzten Flügel
Sind doch ein herrliches Organ.

60

Vier Beine lieb ich mir zu sichrem Stand und Lauf
Er klettert stets und kommt doch nicht hinauf

61

Nur Hunger schärft den Geist der subalternen Wesen
Ein sattes Tier ist gräßlich dumm.

Und mein Verdienst worauf ich stolz bin
Ich schlepp es nicht am Hintern hinten nach

62

Ein Tritt von seinem Fuße
Aufs Haupt ist meine Krone

63

Musik nur her und wärs ein Dudelsack
Wir haben wie manche edle Gesellen
Viel appetit und wenig Geschmack.

64

[MEPHISTOPHELES.]
Was an dem Lumpenpack mich noch am meisten freut
Ist daß es wechselsweis von Herzen sich verachtet.

[Abstieg vom Brocken.]

65

[HEXENCHOR.] Und wie wir nun nach Hause ziehn
Die Saat ist gelb die Stoppel grün,
Zum Schlusse nimmts kein Mensch genau
Es speit die Hexe es scheißt die Sau.

66

FAUST. Schöpfung des Menschen durch die ewige Weisheit
    —   der Hexen zufällig wie Python

67

MEPH. Dem Ruß den Hexen zu entgehen
Muß unser Wimpel südwärts wehen;
Doch dort bequeme dich zu wohnen
Bei Pfaffen und bei Skorpionen.

68

FAUST. Verändrung ist schon alles
Krankheit das Mittel ein Choc damit die Natur nicht unter liege
MEPHISTOPHELES. Will einige Nacht Mahre zaumen und Fausten eine Falle legen. gelingts so holt er ihn
Faust allein
Schmeichel Gesänge
FAUST. Wer ist in der Nähe dem das gelten kann

Fortgesetzte Schmeichelgesänge
MEPHISTOPHELES. Deutet sie auf Faust
FAUSTS Unwille
MEPHISTOPHELES. Keck verrät sich
FAUST. Er solls wo anders anwenden.
MEPHISTOPHELES. Pferde
   sie reiten
Schnelligkeit
Falsche Richtung
Zug nach Osten

69

Hochgerichtserscheinung.

[CHOR.] Wo fließet heißes Menschen Blut
Der Dunst ist allem Zauber gut
Die grau und schwarze Brüderschaft
Sie schöpft zu neuen Werken Kraft
Was deutet auf Blut ist uns genehm,
Was Blut vergießt ist uns bequem.
Um Glut und Blut umkreist den Reihn
In Glut soll Blut vergossen sein.

Die Dirne winkt es ist schon gut
Der Säufer trinkt es deutet auf Blut
Der Blick der Trank er feuert an
Der Dolch ist blank es ist getan.
Ein BlutQuell rieselt nie allein
Es laufen andre Bächlein drein
Sie wälzen sich von Ort zu Ort
Es reißt der Strom die Ströme fort.

Gedräng.

Sie ersteigen ein*en* Baum

G[RETCHEN?]. Reden des Volkes.
Auf glühndem Boden
Nackt das Idol
Die Hände auf dem Rücken
Bedeckt nicht das Gesicht und nicht die Scham
Gesang
Der Kopf fällt ab
Das Blut springt und löscht das Feuer
Nacht.
Rauschen

Geschwätz von Kielkröpfen.
Dadurch Faust erfährt

Faust Meph.

VI. ZUM ZWEITEN TEIL

[Zusammenfassende Inhaltsangaben.]

70

[Die Handlung der Akte I–IV nach älterem Plane.]
[Ein Bericht des Dichters für das 18. Buch von »Dichtung und Wahrheit«.]

Zu Beginn des zweiten Teiles findet man Faust schlafend. Er ist umgeben von Geister Chören die ihm in sichtlichen Symbolen und anmutigen Gesängen die Freuden der Ehre, des Ruhms, der Macht und Herrschaft vorspiegeln. Sie verhüllen in schmeichelnde Worte und Melodien ihre eigentlich ironischen Anträge. Er wacht auf, fühlt sich gestärkt, verschwunden alle vorhergehende Abhängigkeit von Sinnlichkeit und Leidenschaft. Der Geist, gereinigt und frisch, nach dem Höchsten strebend.

Mephistopheles tritt zu ihm ein und macht ihm eine lustige aufregende Beschreibung von dem Reichstage zu Augsburg, welchen Kaiser Maximilian dahin zusammen berufen hat, indem er annimmt, daß alles vor dem Fenster, drunten auf dem Platze, vorgeht, wo Faust jedoch nichts sehen kann. Endlich will Mephistopheles an einem Fenster des Stadthauses den Kaiser sehen, mit einem Fürsten sprechend, und versichert Fausten, daß nach ihm gefragt worden, wo er sich befinde und ob man ihn nicht einmal an Hof schaffen könne. Faust läßt sich bereden und sein Mantel beschleunigt die Reise. In Augsburg landen sie an einer einsamen Halle, Mephistopheles geht aus zu spionieren. Faust verfällt indes in seine früheren abstrusen Spekulationen und Forderungen an sich selbst und als jener zurückkehrt, macht Faust die wunderbare Bedingung, Mephistopheles dürfe nicht in den Saal, sondern müsse auf der Schwelle bleiben, ferner daß in des Kaisers Gegenwart nichts von Gaukelei und Verblendung vorkommen solle. Mephistopheles gibt nach. Wir werden in einen großen Saal versetzt, wo der Kaiser, eben von Tafel aufstehend, mit einem Fürsten ins Fenster tritt und gesteht, daß er sich Faustens Mantel wünsche um in Tyrol zu jagen und morgen zur Sitzung wieder zurück zu sein. Faust wird angemeldet und gnädig aufgenommen. Die Fragen des Kaisers beziehen sich alle auf irdische Hindernisse, wie sie durch Zauberei zu beseitigen. Fausts Antworten deuten auf höhere Forderungen und höhere Mittel. Der Kaiser versteht ihn nicht, der Hofmann noch weniger. Das Gespräch verwirrt sich, stockt und Faust, verlegen, sieht sich nach Mephistopheles um, welcher sogleich hinter ihn tritt und in seinem Namen antwortet. Nun belebt sich das Gespräch, mehrere Personen treten näher und jedermann ist zufrieden mit dem wundervollen Gast. Der Kaiser verlangt Erscheinungen, sie werden zugesagt. Faust entfernt sich der Vorbereitungen wegen. In dem Augenblick nimmt Mephistopheles Fausts Gestalt an, Frauen und Fräuleins zu unterhalten und wird zuletzt für einen ganz unschätzbaren Mann gehalten, da er durch leichte Berührung eine Handwarze, durch einen etwas derbern Tritt seines vermummten Pferdefußes ein HühnerAuge kuriert, und ein blondes Fräulein verschmäht nicht ihr Gesichtchen durch seine hagern und spitzen Finger betupfen zu lassen, indem der Taschenspiegel ihr sogleich, daß eine Sommersprosse nach der andern verschwinde, tröstlich zusagt. Der Abend kommt heran, ein magisches Theater erbaut sich von selbst. Es erscheint die Gestalt der Helena. Die Bemerkungen der Damen über diese Schönheit der Schönheiten beleben die übrigens fürchterliche Szene: Paris tritt hervor und diesem ergehts von Seiten der Männer, wie es jener von Seiten der Frauen ergangen. Der verkappte Faust gibt beiden Teilen recht und es entwickelt sich eine sehr heitere Szene.

Über die Wahl der dritten Erscheinung wird man nicht einig, die herangezogenen Geister werden unruhig; es erscheinen mehrere bedeutende zusammen. Es entstehen sonderbare Verhältnisse, bis endlich Theater und Phantome zugleich verschwinden. Der wirkliche Faust, von drei Lampen beleuchtet, liegt im Hintergrunde ohnmächtig, Mephistopheles macht sich aus dem Staube, man ahndet etwas von dem Doppeltsein, niemanden ist wohl bei der Sache zu Mute.

VI. ZUM ZWEITEN TEIL

Mephistopheles als er wieder auf Fausten trifft, findet diesen in dem leidenschaftlichsten Zustande. Er hat sich in Helena verliebt und verlangt nun daß der Tausendkünstler sie herbeischaffen und ihm in die Arme liefern solle. Es finden sich Schwierigkeiten. Helena gehört dem Orkus und kann durch Zauberkünste wohl herausgelockt aber nicht festgehalten werden. Faust steht nicht ab, Mephistopheles unternimmts. Unendliche Sehnsucht Faust's nach der einmal erkannten höchsten Schönheit. Ein altes Schloß, dessen Besitzer in Palestina Krieg führt, der Kastellan aber ein Zauberer ist, soll der Wohnsitz des neuen Paris werden. Helena erscheint: durch einen magischen Ring ist ihr die Körperlichkeit wieder gegeben. Sie glaubt soeben von Troja zu kommen und in Sparta einzutreffen. Sie findet alles einsam, sehnt sich nach Gesellschaft, besonders nach männlicher, die sie ihr lebelang nicht entbehren können. Faust tritt auf und steht als deutscher Ritter sehr wunderbar gegen die antike Heldengestalt. Sie findet ihn abscheulich, allein da er zu schmeicheln weiß, so findet sie sich nach und nach in ihn, und er wird der Nachfolger so mancher Heroen und Halbgötter. Ein Sohn entspringt aus dieser Verbindung, der, sobald er auf die Welt kommt, tanzt, singt und mit Fechterstreichen die Luft teilt. Nun muß man wissen daß das Schloß mit einer Zaubergrenze umzogen ist, innerhalb welcher allein diese Halbwirklichkeiten gedeihen können. Der immer zunehmende Knabe macht der Mutter viel Freude. Es ist ihm alles erlaubt, nur verboten über einen gewissen Bach zu gehen. Eines Festtags aber hört er drüben Musik und sieht die Landleute und Soldaten tanzen. Er überschreitet die Linie, mischt sich unter sie und kriegt Händel, verwundet viele wird aber zuletzt durch ein geweihtes Schwert erschlagen. Der Zauberer Kastellan rettet den Leichnam. Die Mutter ist untröstlich und indem Helena in Verzweiflung die Hände ringt, streift sie den Ring ab und fällt Faust in die Arme der aber nur ihr leeres Kleid umfaßt. Mutter und Sohn sind verschwunden. Mephistopheles der bisher unter der Gestalt einer alten Schaffnerin von allem Zeuge gewesen, sucht seinen Freund zu trösten und ihm Lust zum Besitz einzuflößen. Der

Schloßherr ist in Palestina umgekommen, Mönche wollen sich der Güter bemächtigen, ihre Segensprüche heben den Zauberkreis auf. Mephistopheles rät zur physischen Gewalt und stellt Fausten drei Helfershelfer, mit Namen: Raufebold, Habebald, Haltefest. Faust glaubt sich nun genug ausgestattet und entläßt den Mephistopheles und Kastellan, führt Krieg mit den Mönchen, rächt den Tod seines Sohnes und gewinnt große Güter. Indessen altert er, und wie es weiter ergangen wird sich zeigen, wenn wir künftig die Fragmente, oder vielmehr die zerstreut gearbeiteten Stellen dieses zweiten Teils zusammen räumen und dadurch einiges retten was den Lesern interessant sein wird.

71
[Die Handlung des ersten Aktes nach älterem Plane.]
[Ein Bericht des Johannes Daniel Falk.]

Es wird nämlich dem Faust, weil er die ganze Welt kennen lernen will, vom Mephistopheles unter Anderm auch der Antrag gemacht, beim Kaiser um eine Audienz nachzusuchen. Es ist gerade Krönungszeit. Faust und Mephistopheles kommen glücklich nach Frankfurt. Nun sollen sie gemeldet werden. Faust will nicht daran, weil er nicht weiß, was er dem Kaiser sagen, oder wovon er sich mit ihm unterhalten soll. Mephistopheles aber heißt ihn gutes Mutes sein; er wolle ihm schon zu gehöriger Zeit an die Hand gehn, ihn, wo die Unterhaltung stocke, unterstützen und, im Fall es gar nicht fort wolle, mit dem Gespräche zugleich auch seine Person übernehmen, sodaß der Kaiser gar nicht inne zu werden brauche, mit wem er eigentlich gesprochen oder nicht gesprochen habe. So läßt sich denn Faust zuletzt den Vorschlag gefallen. Beide gehen ins Audienzzimmer und werden auch wirklich vorgelassen. Faust seinerseits, um sich dieser Gnade wert zu machen, nimmt Alles, was irgend von Geist und Kenntnis in seinem Kopfe ist, zusammen und spricht von den erhabensten Gegenständen. Sein Feuer indessen wärmt nur ihn; den Kaiser selbst läßt es kalt. Er gähnt ein Mal über das andere und steht sogar auf dem Punkte, die ganze Unterhaltung abzubrechen. Dies wird Mephistopheles noch zur rechten Zeit gewahr und kommt dem armen Faust versprochnermaßen zu Hülfe. Er nimmt zu dem Ende dessen Gestalt an und steht mit Mantel, Koller und Kragen, den Degen an seiner Seite, leibhaftig wie Faust vor dem Kaiser da. Nun setzt er das Gespräch genau da fort, wo Faust geendigt hatte; nur mit einem ganz andern und weit glänzendern Erfolge. Er räsoniert nämlich, schwadroniert und radotiert so links und rechts, so kreuz und quer, so in die Welt hinein und aus der Welt heraus, daß der Kaiser vor Erstaunen ganz außer sich gerät und die umstehenden Herren von seinem Hofe versichert, das sei ein grundgelehrter Mann, dem möchte er wohl tage- und wochenlang zuhören, ohne jemals müde zu werden. Anfangs sei es ihm freilich nicht recht von Statten gegangen, aber nach diesem, und wie er gehörig in Fluß gekommen, da lasse sich kaum etwas Prächtigeres denken, als die Art, wie er alles so kurz, und doch zugleich so zierlich und gründlich vortrage. Er als Kaiser müsse bekennen, einen solchen Schatz von Gedanken, Menschenkenntnis und tiefen Erfahrungen nie in einer Person, selbst nicht bei den weisesten von seinen Räten, vereinigt gefunden zu haben. Ob der Kaiser mit diesem Lobe zugleich den Vorschlag verbindet, daß Faust-Mephistopheles in seine Dienste treten oder die Stelle eines dirigierenden Ministers annehmen soll, ist mir [Falk] unbekannt. Wahrscheinlich aber hat Faust einen solchen Antrag aus guten Gründen abgelehnt.

[Ankündigung der Veröffentlichung des dritten Aktes.]

72

[Erster Entwurf.]

Helena, klassisch-romantische Phantasmagorie,
Zwischenspiel zu Faust.

Dem alten, auf die ältere von Faust umgehende Fabel gegründeten Puppenspiel gemäß, sollte im zweiten Teil meiner Tragödie gleichfalls die Verwegenheit Faust's dargestellt werden, womit er die schönste Frau, von der uns die Überlieferung meldet, die schöne Helena aus Griechenland in die Arme begehrt. Dieses war nun nicht durch Blocksbergs Genossen, ebensowenig durch die häßliche, nordischen Hexen und Vampyren nahverwandte Ennyo zu erreichen, sondern, wie in dem zweiten Teile alles auf einer höhern und edlern Stufe gefunden wird, in den Bergklüften Thessaliens unmittelbar bei dämonischen Sibyllen zu suchen, welche durch merkwürdige Verhandlungen es zuletzt dahin vermittelten, daß Persephone der Hellena erlaubte, wieder in die Wirklichkeit zu treten, mit dem Beding, daß sie sich nirgends als auf dem eigentlichen Boden von Sparta des Lebens wieder erfreuen solle; nicht weniger, mit fernerer Bedingung, daß alles Übrige, so wie das Gewinnen ihrer Liebe, auf menschlichen Wege zugehen müsse; Mit phantastischen Einleitungen solle es so streng nicht genommen werden.

Das Stück beginnt also vor dem Palaste des Menelaus zu Sparta, wo Helena, begleitet von einem Chor trojanischer Frauen als eben gelandet auftritt, wie sie in den ersten Worten sogleich zu verstehen gibt:

Vom Strande komm' ich, wo wir erst gelandet sind,
Noch immer trunken von des Gewoges regsamen
Geschaukel, das vom phrygischen Blachgefild uns her
Auf sträubig-hohem Rücken, durch Poseidons Gunst
Und Euros Kraft in vaterländische Buchten trug.
Dort unten freuet nun der König Menelas
Der Rückkehr, samt der tapfersten seiner Krieger sich,
Du aber heiße mich willkommen Hohes Haus, u.s.w.

Mehr aber dürfen wir von dem Gang und Inhalt des Stücks nicht verraten.

Dieses Zwischenspiel war gleich bei der ersten Konzeption des Ganzen ohne Weiteres bestimmt; und von Zeit zu Zeit an die Entwickelung und Ausführung gedacht, worüber ich jedoch kaum Rechenschaft geben könnte. Nur bemerke ich, daß in der Schillerschen Korrespondenz vom Jahr 1800 dieser Arbeit als einer ernstlich vorgenommenen Erwähnung geschieht; wobei ich mich denn gar wohl erinner, daß von Zeit zu Zeit, auf des Freundes Betrieb, wieder Hand angelegt wurde, auch die lange

Zeit her, wie gar manches Andere, was ich früher unternommen, wieder ins Gedächtnis gerufen ward.
Bei der Unternehmung der vollständigen Ausgabe meiner Werke ward auch dieses wohlverwahrte Manuskript wieder vorgenommen und mit neu belebtem Mute dieses Zwischenspiel zu Ende geführt, und um so mehr mit anhaltender Sorgfalt behandelt, als es auch einzeln für sich bestehen kann und in dem 4en Bande der neuen Ausgabe, unter der Rubrik: Dramatisches, mitgeteilt werden soll.
Weimar, den 10. Juni 1826.

73
[Zweiter Entwurf.]

Helena, Zwischenspiel zu Faust. Ankündigung.

Fausts Charakter, auf der Höhe wohin die neue Ausbildung aus dem alten rohen Volksmärchen denselben hervorgehoben hat stellt einen Mann dar, welcher, in den allgemeinen Erdeschranken sich ungeduldig und unbehaglich fühlend, den Besitz des höchsten Wissens, den Genuß der schönsten Güter für unzulänglich achtet seine Sehnsucht auch nur im mindesten zu befriedigen, einen Geist welcher deshalb nach allen Seiten hin sich wendend immer unglücklicher zurückkehrt.
Diese Gesinnung ist der modernen so analog daß mehrere gute Köpfe die Lösung einer solchen Aufgabe zu unternehmen sich gedrängt fanden. Die Art wie ich mich dabei benommen hat sich Beifall erworben; vorzügliche Männer haben darüber gedacht und meinen Text kommentiert, welches ich dankbar anerkannte. Darüber aber mußte ich mich wundern daß diejenigen, welche eine Fortsetzung und Ergänzung meines Fragmentes unternahmen nicht auf den so nahe liegenden Gedanken gekommen sind, man müsse bei Bearbeitung eines zweiten Teils sich notwendig aus der bisherigen kummervollen Sphäre durchaus erheben und einen solchen Mann, in höheren Regionen, durch würdigere Verhältnisse durchführen.
Wie ich nun von meiner Seite dieses begonnen lag im Stillen

vor mir, von Zeit zu Zeit mich zu einiger Bearbeitung aufrufend, wobei ich mein Geheimnis vor allen und jeden sorgfältig verwahrte, immer in Hoffnung das Werk einem gewünschten Abschluß entgegen zu führen. Jetzo aber darf ich nicht mehr zurückhalten und bei Herausgabe meiner sämtlichen Bestrebungen kein Geheimnis mehr vor dem Publikum verbergen, vielmehr fühle ich mich verpflichtet alles mein Bemühen auch fragmentarisch nach und nach vorzulegen.

Deshalb entschließ ich mich zuerst oben benanntes, in den zweiten Teil des Faustes einzupassendes, in sich abgeschlossenes kleineres Drama bei der nächst ersten Sendung [der »Ausgabe letzter Hand«] sogleich mitzuteilen.

Damit aber die große Kluft zwischen dem bekannten jammervollen Abschluß des ersten Teiles und dem Eintritt einer griechischen Heldenfrau einigermaßen überbrückt werde, so nehme man vorerst eine Schilderung des Vorausgegangen*en* freundlich auf und finde solche einsweilen hinreichend.

Die alte Legende sagt nämlich, und das Puppenspiel verfehlt nicht die Szene vorzuführen: daß Faust in seinem herrischen Übermut durch Mephistopheles den Besitz der schönen Helena von Griechenland verlangt, und ihm dieser nach einigem Widerstreben willfahrt habe. Ein solches bedeutendes Motiv in unserer Ausführung nicht zu versäumen war uns Pflicht und wie wir uns derselben zu entledigen gesucht, welche Einleitung dazu wir schicklich gefunden möge Nachstehendes einsweilen aufklären.

Bei einem großen Feste an des deutschen Kaisers Hof werden Faust und Mephistopheles aufgefordert eine Geistererscheinung zu bewirken; ungern zwar, aber gedrängt rufen sie die verlangten Idole von Helena und Paris hervor. Paris tritt auf, die Frauen entzücken sich grenzenlos; die Herren suchen durch einzelnen Tadel den Enthusiasmus abzukühlen, aber vergebens. Helena tritt auf, die Männer sind außer sich, die Frauen betrachten sie aufmerksam und wissen spöttisch den plumpen heroischen Fuß, eine höchst wahrscheinlich angemalte elfenbeinartige Gesichtsfarbe hervorzuheben, besonders aber durch bedenkliche,

VI. ZUM ZWEITEN TEIL

freilich in der wahrhaften Geschichte nur allzusehr gegründete Nachreden, auf die herrliche Persönlichkeit einen verächtlichen Schein zu werfen. Faust, von dem Erhaben-Schönen hingerissen, wagt es den zu ihrer Umarmung sich neigenden Paris wegdrängen zu wollen; ein Donnerschlag streckt ihn nieder, die Erscheinungen verschwinden, das Fest endet tumultuarisch.

Faust aus einer schweren, langen Schlafsucht, während welcher seine Träume sich vor den Augen des Zuschauers sichtbar umständlich begeben, ins Leben zurückgerufen, tritt exaltiert hervor und fordert von dem höchsten Anschauen ganz durchdrungen den Besitz [Helenas] heftig von Mephistopheles. Dieser, der nicht bekennen mag, daß er im klassischen Hades nichts zu sagen habe, auch dort nicht einmal gern gesehen sei, bedient sich seines früheren probaten Mittels seinen Gebieter nach allen Seiten hin und her zu sprengen. Hier gelangen wir zu gar vielen Aufmerksamkeit fordernden Mannigfaltigkeiten und zuletzt noch die wachsende Ungeduld des Herrn zu beschwichtigen beredet er ihn, gleichsam im Vorbeigehen auf dem Wege zum Ziele den akademisch-angestellten Doktor und Professor Wagner zu besuchen den sie in seinem Laboratorium finden hoch gloriierend daß eben ein chemisch Menschlein zustande gekommen sei.

Dieses zersprengt Augenblicks den leuchtenden Glaskolben und tritt als bewegliches wohlgebildetes Zwerglein auf. Das Rezept zu seinem Entstehen wird mystisch angedeutet, von seinen Eigenschaften legt es Proben ab, besonders zeigt sich daß in ihm ein allgemeiner historischer Weltkalender enthalten sei, er wisse nämlich in jedem Augenblick anzugeben was seit Adams Bildung bei gleicher Sonn- Mond- Erd- und Planetenstellung unter Menschen vorgegangen sei. Wie er denn auch zur Probe sogleich verkündet daß die gegenwärtige Nacht gerade mit der Stunde zusammentreffe wo die pharsalische Schlacht vorbereitet worden und welche sowohl Caesar als Pompejus schlaflos zugebracht. Hierüber kommt er mit Mephistopheles in Streit, welcher, nach Angabe der Benediktiner, den Eintritt jener großen Weltbegebenheit zu dieser Stunde nicht will gelten lassen, sondern denselben einige Tage weiter hinausschiebt. Man macht ihm die Einwendung: der Teufel dürfe sich nicht auf Mönche berufen. Da er aber hartnäckig auf diesem Rechte besteht, so würde sich der Streit in eine unentscheidbare chronologische Kontrovers verlieren, wenn das chemische Männlein nicht eine andere Probe seines tiefen historisch-mythischen Naturells ablegte und zu bemerken gäbe: daß zu gleicher Zeit das Fest der klassischen Walpurgisnacht hereintrete das seit Anbeginn der mythischen Welt immer in Thessalien gehalten worden und, nach dem gründlichen durch Epochen bestimmten Zusammenhang der Weltgeschichte, eigentlich Ursach an jenem Unglück gewesen. Alle vier entschließen sich dorthin zu wandern und Wagner bei aller Eilfertigkeit vergißt nicht eine reine Phiole mitzunehmen um, wenn es glückte, hie und da die zu einem chemischen Weiblein nötigen Elemente zusammenzufinden. Er steckt das Glas in die linke Brusttasche, das chemische Männlein in die rechte und so vertrauen sie sich dem Eilmantel. Ein grenzenloses Geschwirre geographisch historischer Notizen auf die Gegenden worüber sie hinstreifen bezüglich, aus dem Munde des eingesackten Männleins läßt sie bei der Pfeilschnelle des Flugwerks unterwegs nicht zu sich selbst kommen, bis sie endlich beim Lichte des klaren obschon abnehmenden Mondes zur Fläche Thessaliens gelangen. Hier auf der Heide treffen sie zuerst mit Erichto zusammen, welche den untilgbaren Modergeruch dieser Felder begierig einzieht. Zu ihr hat sich Erichtonius gesellt und nun wird beider nahe Verwandtschaft, von der das Altertum nichts weiß, etymologisch bewiesen; leider muß sie ihn da er nicht gut zu Fuße ist, öfters auf dem Arme tragen und sogar, als das Wunderkind eine seltsame Leidenschaft zu dem chemischen Männlein dartut diesen auch auf den andern Arm nehmen, wobei Mephistopheles seine bösartigen Glossen keineswegs zurückhält.

Faust hat sich ins Gespräch mit einer, auf den Hinterfüßen ruhenden Sphynx eingelassen, wo die abstrusesten Fragen durch gleich rätselhafte Antworten ins Unendliche gespielt werden. Ein daneben, in gleicher Stellung aufpassender Greif, der goldhütenden einer spricht dazwischen ohne das Mindeste deshalb aufzuklären. Eine kolossale, gleichfalls goldscharrende Ameise welche sich hinzugesellt, macht die Unterhaltung noch verwirrter. Nun aber da der Verstand im Zwiespalt verzweifelt sollen auch die Sinne sich nicht mehr trauen. Empusa tritt hervor die dem heutigen Fest zu ehren einen Eselskopf aufgesetzt hat, und, sich immer umgestaltend, zwar die übrigen entschiedenen Gebilde nicht zur Verwandlung aber doch zu unsteter Ungeduld aufregt. Nun erscheinen unzählbar vermehrt Sphynxe, Greife und Ameisen, sich gleichsam aus sich selbst entwickelnd. Hin und her schwärmen übrigens und rennen die sämtlichen Ungetüme des Altertums, Chimären, Tragelaphe, Gryllen, dazwischen vielköpfige Schlagen in Unzahl. Harpyen flattern und schwanken fledermausartig in unsichern Kreisen; der Drache Python selbst erscheint im Plural und die stymphalischen Raubvögel, scharf geschnabelt mit Schwimmfüßen schnurren einzeln pfeilschnell hintereinander vorbei. Auf einmal jedoch über allen schwebt wolkenartig ein singender und klingender Zug von Sirenen, sie stürzen in den Peneus und baden rauschend und pfeifend, dann baumen sie auf im Gehölze zunächst des Flusses, singen die lieblichsten Lieder. allererst nun Entschuldigung der Nereiden und Tritonen, welche durch ihre Konformation, ohngeachtet der Nähe des Meeres, diesem Feste beizuwohnen gehindert werden. Dann aber laden sie die ganze Gesellschaft aufs dringendste sich in den mannigfaltigen Meeren und Golfen, auch Inseln und Küsten der Nachbarschaft insgesamt zu ergötzen; ein Teil der Menge folgt der lockenden Einladung und stürzt meerwärts.

Unsere Reisenden aber, an solchen Geisterspuk mehr oder weniger gewöhnt, lassen das alles fast unbemerkt um sich her summen. Das chemische Menschlein, an der Erde hinschleichend, klaubt aus dem Humus eine Menge phosphoreszierender Atome auf, deren einige blaues, andere purpurnes Feuer von sich strahlen. Er vertraut sie gewissenhaft Wagnern in die Phiole, zweifelnd jedoch ob daraus künftig ein chemisch Weiblein zu bilden sei. Als aber Wagner um sie näher zu betrachten sie stark schüttelt erscheinen, zu Kohorten gedrängt, Pompejaner und Cäsareaner, um zu legitimer Auferstehung, sich die Bestandteile ihrer Individualitäten stürmisch vielleicht wieder zuzueignen. Beinahe gelänge es ihnen sich dieser ausgegeisteten Körperlichkeiten zu bemächtigen, doch nehmen die vier Winde, welche diese Nacht unablässig gegen einander wehen, den gegenwärtigen Besitzer in Schutz und die Gespenster müssen sich gefallen lassen von allen Seiten her zu vernehmen: daß die Bestandteile ihres römischen Großtums längst durch alle Lüfte zerstoben, durch Millionen Bildungsfolgen aufgenommen und verarbeitet worden.

Der Tumult wird dadurch nicht geringer, allein gewissermaßen auf einen Augenblick beschwichtigt, indem die Aufmerksamkeit zu der Mitte der breit und weiten Ebene gerichtet wird. Dort bebt die Erde zuerst, bläht sich auf und ein Gebirgsreihen bildet sich aufwärts bis Scotusa abwärts bis an den Peneus bedrohlich sogar den Fluß zu hemmen. Haupt und Schultern des Enceladus wühlen sich hervor, der nicht ermangelte, unter Meer und Land heranschleichend, die wichtige Stunde zu verherrlichen. Aus mehreren Klüften lecken flüchtige Flammen; Naturphilosophen die bei dieser Gelegenheit auch nicht ausbleiben konnten, Thales und Anaxagoras geraten über das Phänomen heftig in Streit, jener dem Wasser wie dem Feuchten alles zuschreibend, dieser überall geschmolzene, schmelzende Massen erblickend, perorieren ihre Solos zu dem übrigen Chorgesause, beide führen den Homer an und jeder ruft Vergangenheit und Gegenwart zu Zeugen. Thales beruft sich vergebens auf Spring- und Sündfluten mit didaktisch wogendem Selbstbehagen; Anaxagoras, wild wie das Element das ihn beherrscht, führt eine leidenschaftlichere Sprache, er weissagt einen Steinregen, der denn auch alsobald aus dem Monde herunter fällt. Die Menge preist ihn als einen Halbgott, und sein Gegner muß sich nach dem Meeresufer zurückziehen.

Noch aber haben sich Gebirgsschluchten und Gipfel nicht befestigt und bestätigt, so bemächtigen sich schon aus weit umherklaffenden Schlünden hervorwimmelnde Pygmäen der Oberarme und Schultern des noch gebeugt aufgestemmten Riesen

VI. ZUM ZWEITEN TEIL

und bedienen sich deren als Tanz- und Tummelplatz, inzwischen unzählbare Heere von Kranichen, Gipfelhaupt und Haare, als wären es undurchdringliche Wälder, kreischend umziehen und, vor Schluß des allgemeinen Festes, ein ergötzliches Kampfspiel ankündigen.

So vieles und noch mehr denke sich wem es gelingt als gleichzeitig wie es sich ergibt. Mephistopheles hat indessen mit Ennyo Bekanntschaft gemacht, deren grandiose Häßlichkeit ihn beinahe aus der Fassung gebracht und zu unhöflichen beleidigenden Interjektionen aufgeschreckt hätte. Doch nimmt er sich zusammen und in Betracht ihrer hohen Ahnen und bedeutenden Einflusses sucht er ihre Gunst zu erwerben. Er versteht sich mit ihr und schließt ein Bündnis ab, dessen offenkundige Bedingungen nicht viel heißen wollen, die geheimen aber desto merkwürdiger und folgereicher sind. Faust an seinem Teile ist an den Chiron getreten, der als benachbarter Gebirgsbewohner seine gewöhnliche Runde macht. Ein ernst pädagogisches Gespräch mit diesem Urhofmeister wird, wo nicht unterbrochen doch gestört durch einen Kreis von Lamien, die sich zwischen Chiron und Faust unablässig durch bewegen; Reizendes aller Art, blond, braun, groß, klein, zierlich und stark von Gliedern, jedes spricht oder singt, schreitet oder tanzt, eilt oder gestikuliert, so daß wenn Faust nicht das höchste Gebild der Schönheit in sich selbst aufgenommen hätte er notwendig verführt werden müßte. Auch Chiron indessen, der Alte unerschütterliche, will dem neuen sinnigen Bekannten die Maximen klar machen wornach er seine schätzbaren Helden gebildet, da denn die Argonauten hererzählt werden und Achill den Schluß macht. Wenn aber der Pädagog auf das Resultat seiner Bemühungen gelangen will; so ergibt sich wenig Erfreuliches; denn sie leben und handeln gerade fort als wenn sie nicht erzogen wären.

Als nun Chiron das Begehren und die Absicht von Faust erfährt, erfreut er sich doch auch wieder einmal einen Mann zu sehen der das Unmögliche verlange, wie er denn immer an seinen Zöglingen dergleichen gebilligt. Zugleich bietet er dem modernen Helden Förderung und Leitung an, trägt ihn auf breitem

Rücken kreuzweis hinüber herüber durch alle Furten und Kiese des Peneus, läßt Larissa zur rechten und zeigt seinem Reuter nur hie und da die Stelle wo der unglückliche König von Macedonien Perseus auf der bänglichsten Flucht wenige Minuten verschnaufte. So gelangen sie abwärts bis an den Fuß des Olympus; hier stoßen sie auf eine lange Prozession von Sibyllen, an Zahl weit mehr als zwölfe. Chiron schildert die ersten Vorüberziehenden als alte Bekannte und empfiehlt seinen Schützling der sinnigen, wohldenkenden Tochter des Tiresias, Manto.

Diese eröffnet ihm daß der Weg zum Orkus sich soeben auftuen werde, gegen die Stunde wo ehmals, um so viele große Seelen hinabzulassen, der Berg klaffen müssen. Es ereignet sich wirklich und, von dem horoskopischen Augenblick begünstigt steigen sie sämtlich schweigend hinunter. Auf einmal deckt Manto ihren Beschützten mit dem Schleier und drängt ihn vom Wege ab gegen die Felsenwände, so daß er zu ersticken und zu vergehen fürchtet. Dem bald darauf wieder enthüllten erklärt sie diese Vorsicht, das Gorgonenhaupt nämlich sei ihnen die Schlucht herauf entgegen gezogen, seit Jahrhunderten immer größer und breiter werdend; Prosperpina halte es gern von der Festebene zurück weil die versammelten Gespenster und Ungetüme durch sein Erscheinen aus aller Fassung gebracht sich alsobald zerstreuten. Sie Manto selbst als hochbegabte wage nicht es anzuschauen, hätte Faust darauf geblickt so wär er gleich vernichtet worden, so daß weder von Leib noch Geist im Universum jemals wieder etwas von ihm wäre zu finden gewesen. Sie gelangen endlich zu dem unabsehbaren, von Gestalt um Gestalt überdrängten Hoflager der Proserpina; hier gibt es zu grenzenlosen Inzidenzien Gelegenheit, bis der präsentierte Faust als zweiter Orpheus gut aufgenommen, seine Bitte aber doch einigermaßen seltsam gefunden wird. Die Rede der Manto als Vertreterin, muß bedeutend sein, sie beruft sich zuerst auf die Kraft der Beispiele, führt die Begünstigung des Protesilaus, der Alceste und Euridice umständlich vor. Hat doch Helena schon einmal die Erlaubnis gehabt ins Leben zurückzukehren, um sich mit dem frühgeliebten Achill zu verbinden! Von dem übrigen Gang und Fluß der Rede dürfen wir nichts verraten, am wenigsten von der Peroration, durch welche die bis zu Tränen gerührte Königin, ihr Jawort erteilt und die Bittenden an die drei Richter verweist, in deren ehrenes Gedächtnis sich alles einsenkt was in dem Lethestrome zu ihren Füßen vorüberrollend zu verschwinden scheint.

Hier findet sich nun, daß Helenen das vorigemal die Rückkehr ins Leben vergönnt worden, unter der Bedingung eingeschränkten Wohnens und Bleibens auf der Insel Leuce. Nun soll sie ebenmäßig auf den Boden von Sparta zurückkehren um, als wahrhaft lebendig, dort in einem vorgebildeten Hause des Menelas aufzutreten, wo denn dem neuen Werber überlassen bleibe inwiefern er auf ihren beweglichen Geist und empfänglichen Sinn einwirken und sich ihre Gunst erwerben könne.

Hier tritt nun das angekündigte Zwischenspiel ein, zwar mit dem Gange der Haupthandlung genugsam verbunden, aus Ursachen aber, die sich in der Folge entwickeln werden, als isoliert für diesmal mitgeteilt.

Dieses kurze Schema sollte freilich mit allen Vorteilen der Dicht- und Redekunst ausgeführt und ausgeschmückt dem Publikum übergeben werden, wie es aber da liegt, diene es einsweilen die Antezedenzien bekannt zu machen welche der angekündigten Helena, einem klassisch-romantisch-phantasmagorischen Zwischenspiel zu Faust als vorausgehend genau gekannt und gründlich überdacht werden sollten.

Weimar, den 17. Dezember 1826.

74

[Endgültige Fassung.]

[Gedruckt: »Über Kunst und Altertum«, Sechsten Bandes erstes Heft. 1827.]

Helena.
Zwischenspiel zu Faust.

Fausts Charakter, auf der Höhe, wohin die neue Ausbildung aus dem alten rohen Volksmärchen denselben hervorgehoben hat, stellt einen Mann dar, welcher, in den allgemeinen Erdeschranken sich ungeduldig und unbehaglich fühlend, den Besitz des höchsten Wissens, den Genuß der schönsten Güter für unzulänglich achtet, seine Sehnsucht auch nur im mindesten zu befriedigen, einen Geist, welcher deshalb, nach allen Seiten hin sich wendend, immer unglücklicher zurückkehrt.

Diese Gesinnung ist dem modernen Wesen so analog, daß mehrere gute Köpfe die Lösung einer solchen Aufgabe zu unternehmen sich gedrungen fühlten. Die Art, wie ich mich dabei benommen, hat sich Beifall erworben; vorzügliche Männer haben darüber gedacht und meinen Text kommentiert, welches ich dankbar anerkannte. Darüber aber mußte ich mich wundern, daß diejenigen, welche eine Fortsetzung und Ergänzung meines Fragments unternahmen, nicht auf den so nahe liegenden Gedanken gekommen sind, es müsse die Bearbeitung eines zweiten Teils sich notwendig aus der bisherigen kümmerlichen Sphäre ganz erheben und einen solchen Mann in höheren Regionen durch würdigere Verhältnisse durchführen.

Wie ich nun von meiner Seite dieses angegriffen, lag im Stillen vor mir, von Zeit zu Zeit mich zu einiger Fortarbeit anregend; wobei ich mein Geheimnis vor allen und jeden sorgfältig verwahrte, immer in Hoffnung, das Werk einem gewünschten Abschluß entgegenzuführen. Jetzt aber darf ich nicht zurückhalten und bei Herausgabe meiner sämtlichen Bestrebungen kein Geheimnis mehr vor dem Publikum verbergen, vielmehr fühle ich mich verpflichtet, alles mein Bemühen, wenn auch fragmentarisch, nach und nach vorzulegen.

Deshalb entschließ' ich mich zuvörderst, oben benanntes, in den zweiten Teil des Faust einzupassendes, in sich abgeschlossenes kleineres Drama sogleich bei der ersten Sendung [der »Ausgabe letzter Hand«] mitzuteilen.

Noch ist die große Kluft zwischen dem bekannten jammervollen Abschluß des ersten Teils und dem Eintritt einer griechischen Heldenfrau nicht überbrückt; man genehmige jedoch vorläufig Nachstehendes mit Freundlichkeit.

Die alte Legende sagt nämlich, und das Puppenspiel verfehlt

nicht, die Szene vorzuführen, daß Faust in seinem herrischen Übermut durch Mephistopheles den Besitz der schönen Helena von Griechenland verlangt und dieser ihm nach einigem Widerstreben willfahrt habe. Ein solches bedeutendes Motiv in unserer Ausführung nicht zu versäumen, war uns Pflicht, und wie wir uns derselben zu entledigen gesucht, wird aus dem Zwischenspiel hervorgehen. Was aber zu einer solchen Behandlung die nähere Veranlassung gegeben, und wie nach mannichfaltigen Hindernissen den bekannten magischen Gesellen geglückt, die eigentliche Helena persönlich aus dem Orcus in's Leben heraufzuführen, bleibe vor der Hand noch unausgesprochen. Gegenwärtig ist genug, wenn man zugibt, daß die wahre Helena auf antik-tragischem Kothurn vor ihrer Urwohnung zu Sparta auftreten könne. Sodann aber bittet man, die Art und Weise zu beobachten, wie Faust es unternehmen dürfe, sich um die Gunst der weltberühmten königlichen Schönheit zu bewerben.

[Schematische Entwürfe.]

75

C Ad partem II.
Bedauren der traurig zugebrachten frühern Zeit.
Kühnheit sich in Besitz zu setzen balanciert allein die Möglichkeit der Unfälle.

[Zum ersten Akt.]

76

F.[aust] Schlafend Geister des Ruhms der großen That
F.[aust] M.[ephistopheles] Notiz von des Kaisers Wunsch.
          Streit.

———

Kaisers Hof
M.[ephistopheles] und Marschalk. Wunsch
Faust erscheint als Pracht[?]mann
Kaiser Irdisches Verh.[ältnis?]
Faust höheres Unmögliches / Geister zitieren
Mißverständnis
Meph. hinter Faust.
Ausgeglichen
Faust zur Magie
Meph. als Kurtisan
Erscheinungen
Paris die Frauen loben
    die Männer tadeln
Helena die Frauen tadeln
    die Männer loben
Gebärdenspiel
Schrecknis.
Faust ohnmächtig.
Alles ein tumultuarisch Ende.

77

Andeutungen auf die verborgenen Schätze.
Sie gehören im ganzen Reiche dem Kaiser
Man muß sie auf kluge Weise zu Tage bringen
Man entgegnet aus Furcht vor Zauberei.
Der lustige reduziert alles auf Naturkräfte.
Wünschelrute und Persönlichkeit.
Andeutung auf Faust
Fromme Vorbereitung
Erst Beendigung des Karnevals
Wegen Bedingung des Schatzhebens, Sammlung und Buße
Erwünschter Aschermittwoch.

[Weitläufiger Saal. Mummenschanz.]

78

Zur Mummenschanz
Maskenzüge
Gärtnerinnen
    Blumen für alle Jahrszeit bringend
Gärtner:
    Gelegenheit für alle Pflanzen zu finden.
Vogelsteller
    Mit Leimruten, Schlingen und Netzwänden.
Fischer
    mit Netzen, Reißen [Reusen] Angeln.
Holzhauer.
Buffone und Parasiten
Musikanten
Poeten.
Hofpoet,
    Italiener
        Mythologie
Furien
Parzen.

Mütter und Töchter
Juwelier
Klatschen
Klugheit
    auf dem Elephanten führt gefangen Hoffnung und Furcht.
Triumph des Plutus
        Verschwendung vor ihm wirft aus
                Gefieder
                Grillen
                Farfarellen.
Geiz hinter ihm.
Eisenkasten mit Drachenschlössern.

79

Der Geiz der einen goldnen Becher aus dem Schatze nahm geht in dem Kreise umher und neckt sich mit den Frauen nicht auf die schicklichste Weise; er hört nicht auf die Warnungen des Herolds wird aber zuletzt von einbrechend*e*m wilden Heer überstürzt und an den Kasten zurückgetrieben.

Geiz die Runde machend[, die] Schätze anlachend

Die Menge wirds gewahr und drängt

Herold eingeengt

80

    Plutus
Ankündigend.
    Faunenchor.
Tanz u*nd* Sang.
Annäherung der Kiste.
Maske fällt hinein
lodert auf.
    Herold
Die Kiste schlägt zu
Fliegt fort.

Faun[en]
Entzündet. Der erste
[Rest abgeschnitten.]

81

    Dez. 16. [1827]
    Plutus
Verabschiedet den Wagen.
    Lenker.
Adieu.
    Plutus
Dem Geiz befehlend
[Der gern verheimlicht
Doch auch großtuisch]
Öffnung der Kiste
    Herold
[*gestrichen:* Inhalt.
Andrängen der Menge.
Faunen wilder Kreis.]
    Plutus
Den Stab ergreifend.
Platz machend
Den Kreis beschreitend
    Gemurmel
[*gestrichen:* Beschwert sich]
    Plutus
[*gestrichen:* Ankündigung, Stab]
    Faunenchor
    Gemurmel
Tanz u*nd* Sang.
Annäherung an die Kiste.
Maske fällt hinein
Flammt auf
Entzündet den Faun
Dann die Faunen.
Kiste schlägt zu fliegt fort

[*gestrichen:* Einer verhüllt das Ge*sicht*]
Der Kayser ist entdeckt.
[*gestrichen:* Der Dichter.]
Faust den Heroldst*ab* fassend
Enthüllt das Ganze

82

 Dez. 22. [1827]
 Plutus.
Verabschiedet den Wagen.
 Lenker
Adieu
 Plutus
Dem Geiz befehlend
dem Verheimlicher
dem Prahler
Öffnung der Kiste
 Herold
Inhalt
Wachsende Erscheinung desselbe*n*
 Menge.
Andrängend.
 Plutus
Den Herolds Stab ergreifend
Platz machend.

[Der Rest durch Abschneiden verstümmelt.]
 Die sich aus
  entwickel
 Das Feuer
  Enthüllt
  Kaisers
 Tren*n*ung der
  Fau
 Knieend pp

83

Knabe
    Flämmchen. deutet atmendes Wachstum derselben
Respekt. Äußerlich
Das Würdige nicht zu beschreiben
Doch indirekt beschrieben
    Talar
    Turban
    Mondgesicht
    Behagliches
Name.
Poesie
    Schnippchen als Geschenk
    Verwandlung derselben
Plutus
    Steigt ab.
Avaritia   Geiz
    weigerung
Drachen holen herab
[am Rand: Knabe
               Verherrlichen des Reichthums
               Lorbeerkranz auf dem Haupte des Plutus]
Knabe jagt fort
Faunen kommen an.
Kreisen umher
Begaffen.
Eröffnen der Kiste
Hineinschauen
Maske fällt hinein
Kaiser.
Faust nimmt [mit?] Heroldstab
Schließt die Maskerade
Hof und der Kaiser
Forderung der Gestalten
Versprechen.
Meph. schwürig *[schwierig?]*

84

Knabe
Zu Plutus
   Plutus
Zeugnis.
   Knabe
Geistes Gaben
   Weiber Geklatsch
Gegen den Geiz
   der Abgemagerte
Invektiven.
   Weiber Gegengeklatsch
Angriff.
   Der Herold
Ruhe gebietend.
Drachen regen die Flügel
Speien Feuer
die Weiber entfernen sich
Kiste mit dem Geiz
Hebt sich los.
Setzt sich nieder
Plutus steigt aus
   Plutus
Verabschiedet den Wagen
   Lenker
Adieu.
   Faunen.
Kommen an.
   Herold
Verkündet und beschreibt.
Faunen. Wilder Kreis kreisend.
Kiste springt auf und flammt.
Sie schauen hinein
Maske fällt hinein
Kiste schlägt zu fliegt davon
Der Kaiser ist entdeckt

Faust den Heroldstab fassend
Entwast das Ganze
Stücke [?] trenn*en* sich
Vereinige*n* sich
Fliehen, bleiben
Kreis um den Kaiser
Plutus anred*end*
ajourniert
Kaiser zur Unterhalt*ung*
Geistererscheinungen
Wahl. Paris u*nd* Helen*a*
Meph. widersetzt sich
Faust verspricht

85
[Lustgarten.]
Noch zum ersten Akte.

1. Faust Mephistopheles Kaiserl*icher* Hof.
Beide kniend. Verzeihung wegen des Zauberscherzes bittend.
Kaiser vergnügt darüber
 Erzählung wie ihm zu Mute gewesen.
  Fürst von Salamand*ern*
   Meph
  Das bist du auch
  Elem.
   im Feuer
    stürze dich ins Wasser es wird Krystallgewölbe um
              dich bilden
 Neues wünschend.
Marschalk.
 Interesse an Geistererscheinungen.
 Streit zwischen Dame[*n*?] u*nd* Herr[*n*?]
Helena u*nd* Paris
Meph. Warnung
Kaiser assentiert
Faust verspricht.

[Zum zweiten Akt.]

86

[Bruchstück: Nr. 1 bis 6 fehlt. In einer älteren Niederschrift datiert: 9. Nov. 1826.]

7. Faust niedergelegt an einer Kirchhofsmauer. Träume. Darauf großer Monolog zwischen der Wahnerscheinung von Gretchen und Helena.
8. Faust's Leidenschaft zu Helena bleibt unbezwinglich. Mephistopheles sucht ihn durch mancherlei Zerstreuungen zu beschwichtigen.
9. Wagners Laboratorium. Er sucht ein chemisch Menschlein hervorzubringen.
10. Verschiedene andere Ausweichungen und Ausflüchte.
11. Antike Walpurgisnacht in Theassalien auf der Pharsalischen Ebene.
12. Erichtho macht die Honneurs und Erichthonius zu ihr gesellt. Etymologische und Symbolische Verwandtschaft beider
13. Mephistopheles mit den antiken Ungeheuern und Mißgestalten findet sich zu Hause
Ad 13. Centauren, Sphynxe, Chimären, Greife, Sirenen, Tritonen und Nereiden, die Gorgonen, die Graien.
14. Mephistopheles und Enyo; schaudert vor ihrer Häßlichkeit; im Begriff sich mit ihr zu überwerfen, lenkt er ein. Wegen ihrer hohen Ahnen und wichtigen Einflusses macht er ein Bündnis mit ihr. Die offenbaren Bedingungen wollen nichts heißen, die geheimen Artikel sind die wirksamsten.
15. Faust gelangt zu der Versammlung der Sibyllen. [*Am Rand:* Manto des Tiresias Tochter.] Wichtige Unterhaltung; günstiger Moment.
16. Der Hades tut sich auf, Proserpina wird angegangen
17. Die Beispiele von Protesilaus, Alceste und Euridice werden angeführt. Helena selbst hat schon einmal die Erlaubnis gehabt ins Leben zurückzukehren, um sich mit dem Achill zu verbinden, mit eingeschränkter Wohnung auf die Insel Leuce

18. So soll nun Helena auf den Boden von Sparta zurückkehren und als lebendig dort im Hause des Menelaus empfangen werden, und dem neuen Freier überlassen sein, in wie fern er auf ihren Geist und ihre empfänglichen Sinne einwirken könne.

[Klassische Walpurgisnacht.]

87

    Schema.
Pharsalische Ebene
Peneus
Mond und Sternhelle Nacht
Erichto
Zelte Bivouak der beiden Heere als Nachgesicht

Erichtho
Erichtonius
Der jüngere Pompejus.
Die Luftwandler.
Faust auf klassischen Boden
Sie trennen sich
Mephistoph. umherwandelnd
Kommt zu den Greifen und Sphynxen
Ameisen und Arimaspen treten auf
Mephist. die Sphynxe und Greife, Fortsetzung.
Die Sirenen
Faust, in Betrachtung der Gestalten

Rohr und Schilf, Weidengelispel und Pappelzweige
Meph und Lamien
Faust am Peneus.
Rohr Gelispel Pappelzweige
Faust Chiron

Hinweisung auf Chiron
Die Stymphaliten

Köpfe der Lernea

Mephist. und die Lamien.
Faust und Chiron.
Sirenen sich badend
Erderschütterung
Seismos
Flucht nach dem Meere eingeleitet.
Beschreibung des Bergwachsens.
Sphynxe zum Entstehen des Berges.

Steinregen
Thales
Anaxagoras
Ameisen
Greife
Pygmäen
Kraniche
Wettstreit
Daktyle sonst Däumchen genannt.
Mephist. von Lamien zurückkehrend.
Motiv seiner weitern Forschung.
Meeresgestade
Sirenen flötend und singend.
Mond im Gewässer
Najaden
Tritone
Drachen und Meerpferde
Der Muschelwagen der Venus
Telchinen von Rhodus
Kabiren von Samothrace
Kureten und Koribanten von Creta
Faust mit Chiron und Manto
Exposition des Sibyllenzuges
Zug selbst
Unterirdisch reich
Verhandlung

Rede der Manto
Abschluß die drei Richter.

88

Schema
den 6. Febr. 1830.

Pharsalische Ebene
links der Peneus
Rechts das Gebirg
Erichto
Zelte, Wachfeuer rötlich flammend.
Bivouac der beiden Heere

Das Ganze Als Nachgesicht
Erichto führt sich ein, kommentiert die Erscheinung
Der jüngere Pompejus
Anfrage und Unterhaltung
Aufgang den Mondes.
Die Luftwandler senken sich
Anrede der Erichtho
Faust auf klassischen Boden
Die Zelten verschwinden
Die Feuer brennen fort bläulich
Sie trennen sich.

Faust am Peneus
Rohr- und Schilfgeflüster
Weidenbusch und Pappelzweig Gesäusel.
Faust und Chiron sich entfernend.
Sirenen sich badend
Erderschütterung
Flucht nach dem Meere eingeleitet
Sphynxe inkommodiert.
Anaxagoras Steinregen veranlassend
Thales den Homunkulus zum Meere einladend
Mephist. und Dryas

[*gestrichen:* Derselbe die Phorkyaden
Abschluß dieser Unterhaltung.]
Begegnen Schlangen
Findet die Sphynxe wieder
Verwandelt sich in ihrer Gegenwart.
Abscheu und Abschluß
Heißer Wind und Sandwirbel
Der Berg scheint zu versinken.
Mephist. flüchtet.

Buchten des ägäischen Meers
Sirenen
Thales und Humunkulus.
Nereus und Proteus
Najaden
Tritonen
Drachen und Meerpferde
Muschelwagen der Venus.

Telchinen von Rhodus.
Kabiren von Samothrace
Kureten und Korybanten von Kreta.

Faust mit Chiron und Manto.
[*gestrichen:* Exposition des Sibyllenzuges.
Zug selbst.]
Unterirdisches Reich.
Verhandlung
Rede von Manto
Abschluß die drey Richter

[*am Rand des letzten Absatzes ergänzend:*]
Chiron über Manto sprechend
Fausten bei ihr einführend.
Übereinkunft.
Geheimer Gang

Medusenhaupt
Proserpina verhüllt
Manto ihre Schönheit rühmend
Vortrag
Zugeständnis. Melodisch unvernehm*lich*
Manto erklärt.

89

Faust (am Peneus)
Noch ist ihm nicht geholfen
Alles hat nicht an sie herangereicht
Deutet auf eine wichtige Vorwelt
Sie aber tritt in ein gebildeteres Zeitalter
Göttlichen Ursprungs
Lebhafte Erinnerung an den Traum
Letha und die Schwäne.

90

Interlok*ution*
Sirene*n* (Chorus)
Nereus
Proteus
Thales
Homunkul*us*

[Zum dritten Akt.]

91

Prolog des dritten Akts.

Geheimer Gang
Manto und Faust
Einleitung des Folgenden
Medusenhaupt
Fernerer Fortschritt.
Proserpina verhüllt.

Manto trägt vor
Die Königin an ihr Erdeleben erinnernd.
Unterhaltung von der verhüllten Seite, melodisch artikuliert
  scheinend aber unvernehmlich.
Faust wünscht sie entschleiert zu sehen.
Vorhergehende Entzückung
Manto führt ihn schnell zurück.
Erklärt das Resultat
Ehre den Antezedenzien
Die Helena war schon einmal auf die Insel Leuce beschränkt.
Jetzt auf Spartanischem Gebiet soll sie sich lebendig erweisen.
Der Freyer suche ihre Gunst zu erwerben.
Manto ist die Einleitung überlassen.

Weimar den 18. Juni 1830

92

Helena Egypterin Mägde

H. M[ägden?] befiehlt eine Spartanische Fürstin
Eg. Alberne Späße
H. Verdrießlichkeit
Eg. Weitere Reden
H. Drohung
Eg. Und das heilige Menschenrecht
  Gilt dem Herren wie dem Knecht
  Brauch nichts mehr nach euch zu fragen
  Darf der Frau ein schnippchen schlagen
  Bin dir längst nicht mehr verkauft
  Ich bin Christin bin getauft

[*Daneben am Rande, aber sachlich nicht zugehörig:*
  Schwäne
  Rohr
  Tanz
  Grad od. ungrad.
  Schöne Weiber.]

H. Erstaunen
Eg. Zeigt auf die Architektur

freundl*icher* Ort. Rheinthal
[Daneben am Rande:
Schweigen der Orakel
Kartenschlag u*nd* Händedeutung]
H. Jammer daß Venus sie wieder belogen
 Klage der Schönheit
Eg. Lob der Schönheit
H. Bangigkeit wem sie angehöre
Eg. Trost Faust gerühmt.
 Faust
H Will zu den ihrigen
F Alle dahin. Sie selbst aus Elysium geholt.
H Dankbarkeit. Heidnische Lebensliebe
F. Leidenschaft u*nd* Anteil
H. Widmet sich Fausten
[gestrichen: Wie häßlich neben Schönheit ist die Häßlichkeit]

93

Helena von den Schiffen
Chor
    UrAlte Mythologien
    Säuberung d[er] W[ohnung?]
    Übergang zur Schönheit
    Lacedämon
    Tyndareus u*nd* Leda
    Entspringen der Schönhei*t*
    Helena Clyt*aimn*estra Cast*or* Pollux
              Ewige Jünglinge
          Anrufung
    Helena aus dem Palast
    Chor scheltend das Unget*üm*
    Phorkyas dazu. Increpatio
    Helena die Dienerinnen sch[ilt?]
    Phorkyas schmeichelt sich ein
    Erscheint nicht so hässlich
    Übergang ins magische

       Unheimliches
       Ring Versuch Chor fühlt mit
       [*Am Rand:* Gefühl des Orkus Chor fühlts mit]
       Phorkyas Kuppelei
       Faust. Anstoß an d*er* Kleidung pp
       Phorkyas fortgesetzte Kupp*elei*
Chor   Erinnerung an die vielen Liebhaber u*nd* Zu[stände]
       Auch Lokalitäten Ergetz*lichk*eiten
       Nachgiebigkeit
       Schloß Mittelalter
       Ahnung großer Entfernung der Zeit u*nd* des Raum*es*

94

Helen*a*
    Kind   Theseus
    Gefreit   Patroklus
    Verhe*iratet* Menelaus.
    Str*oh*W*itwe* Paris
    1 Witwe   Deiphobus.
    2 Witw*e*   Menelaus,
    Geist   Achilles. [*gestrichen:* Egypten]
    [*gestrichen:* NichtigkeitsGefühl
               Vermehrt]
    Menelaus Rache
    Deiphobus
    Opferfurcht.
    Men*elaus* wieder Piraten
    Befürchtung zu s*einer* Rückk*ehr*
    Ihr sei sie zu hüten gegeb*en*
    Bis zu jenem traurig*en* Geschick

    Mitleiden

95

Tadel des Run away
—— des Piraten schweifens
    H[elena]

Ausweichend
Vigilantibus iura scripta sunt
Nördlicher Einfall der Gallier
Anachronism.
Anbau
Nachbar
Vorsch[lag?]
 H[*elena*]
Ablehnen
Ob denn auch.
 Ph[*orkyas*]
Wirkung der Eifersucht
Ruhm der Schönheit
 Ch.[*or*]
Belobts.
 H[*elena*]
Zaudert
 Phork.
Mit Opfergerät Beil u*nd* Strick

Zusage
 Magie
 Luft Erscheinungen
Anapäste.
 von Best[*immung* des Rings]
Von [...]

96

S. 11
Einschaltung Zwergen, Altar pp.
   Chorf.[ührerin]
     Spricht ein.
  Sodann Ist leicht zu sagen.
 Fortgefah. Bis Niederträchtiger List erlag
  Sodann Wie aber wie. bis
     ewig Leeren Hades

Zu supplieren Helena	Gegenwart der Burg
	Anrede an Pythonissa.
	Da sie fehlt.
	Bewegung in der Galer*ie*
	Herabschreit*en*
	Das Herz geht mir auf
	Faust Helena.
	Phorkyas Nachricht vom Menelaus.
	Einführung ins Gynäceum
	Helena Faust Einigkeit
	Chor. Nicht zu verdenk*en*
	Phorkyas Nachricht
	Schwangersch*aft*. Niederkunft.
	Drei Einheit*en*.

97

Burg von außen
Besitzer
Dessen Art und Weise
Großmütige Protektorschaft
Burg inwendig.
Lüsterne Beschreibung.
Widerstreben der Helena.
Trompeten von Ferne.
Phorkyas geht zum Palaste
Kommt mit verhüllten Zwergen zurück, welche die sämtlichen Opfergerätschaften bringen.
Phorkias will sich mit ihnen entfernen.
Aufgehalten durch den Chor dem er die Stricke vorzeigte.
Endliche Einstimmung der Helena
mitzugehen, versagendes ja.

[*Am Rand:*   Alte geh voran
               Bewegen wir den Fuß oder nicht zu dem
               Erwünschten Ziel
               Nebel hüllet die Giebel
               Hüllet die Säulen schon]

VI. ZUM ZWEITEN TEIL

Wolkenzüge alles verdeckend
Sich endlich aufklärend.
Sie befinden sich in dem Hofe einer Ritterburg.
Ohne Phorkyas.

Allein die Frauen
Betrachtende Beschreibung
Helena Monolog
    Gesetz des Rings
    Gefühle
Knappen Ritter
Faust
Zorniger Empfang
Ohne Anmeldung u*nd* Einführung
Schutz gesucht
Ritterlich beantwortet
Gegeneinan*der* angewiesen
Handkuß
Verwundrung
Kniet widmet sich [ihr zum?] Ritter
Schärpe
Versprechen der Regierung des Peloponnes
Anweisung zur Seite
Geht ab die Ritter ziehen ab
Helena Monolog
Phorcyas nachricht
    Von Menelaus Ankunft [Abreise?]
      Brautschatz [?] Sparta
Nachricht von den Rüstungen
Einladung auf dem Tu*rm*
Nicht Belagerer [?]

98

Faust tritt ein.
Ausgesprochener Zorn über den Turmwächter.
Gebändigt durch die Gegenwart der höchsten Schönheit.

Er läßt Helena nicht zum Wort kommen.
Thron, Schemel und Baldachin werden herbeigeschafft
und aufgestellt
Faust erbittet sich Ihre Befehle
Schickliche Rede der Helena.
Faust erklärt die bedeutende Gelegenheit zu der sie kommt um
von dem ihr bestimmten Reiche Besitz zu nehmen.
Das Heer tritt auf und zieht vorbei
Herzoge werden genannt
Corinth
Argos
Elis
Messene
Mantinea
Sparta vorbehalten als Oberbesitz.
Jene seine Lehnsleute, Er der Königin Lehnmann.
Helenas Zweifel wegen Menelas und der Vergangenheit.
Faust Darstellung des gegenwärtigen Zustands.
Aufgehobene Seeräuberei.
Flotte.
Schießpulver.
Kanonade von den Zinnen.
Donnergott.
Annäherung.
Verwandlung des Throns in ein Gezelt.
Chorführ*erin* und Chor.
Gespräch zwischen Faust und Helena.
Das Zelt schließt sich und wird weggeschafft.
Chor: Wer verdächt es unsrer Herrscherin
Tanz in den oberen Sälen
Phork*yas* als Zwischenredner.
Chor tumultuarisch wieder eintretend.
Phork*yas* Nachricht von Schwangerschaft und Entbindung.
Chor: Nennst du ein Wunder dies
Faust, Helena und Euphorion
Phorkyas Schwangerschaft verkündigend.

Aufforderung zum Wachen
Halbchor wacht auf
    Trojanische Krieg verschlafen.
    Wiederkehr zum Menelaus
    Neues Abenteuer
    Woher wohin wissen sie selbst nicht.
    Trost den Schönen gehe es überall wohl.
Halbchor erwachend
    Geschichte der Entbindung als Traum.
    Zugleich des wunderbaren Sohnes
    Euphorion genannt
Halbchor Erinnerung an die Geburt des Merkurs.

99

H.[elena]   [*am Rand:* Ring (NB)
Zu sich einladend   Handkuß
    F.[aust]   Schärpe]
Gegenkompl*im*ent
Torwächter mit Geschenken zurück
Wut.
    H.[elena]
Frage nach dem Reim
    F.[aust]
Erklärung. Nationalit*ät*
Anklang der Entfernung von Ort u*nd* Zeit
    Ph.[orkyas]
Heftige Nachricht von Menelas Anrücken.
Aus der großen Leere Bedürfnis des Ergreifens
    H.[elena]
Schu*tz* verlangend
    Faust
Regierung verspr*echend* des P*el*oponnes
Vorüberzieh*ende* Vorst*ellung*]
[*am Rand:*   Germanen   Corint
              Gothen   Argos
              Franken   Elis

    Sachsen Messene
    Normannen Mantinea]
    Sparta Sitz der der K[önigin]
Siegerchor
Schicksal Menelas
Seeräuber.
Im Geschütz (Explosion)
 He[lena]
Furchtsam sich anschm*iegend*
Zelt statt des Th*rons*
Hinweggeholt
 Chor
Wer verdächt es unserer Königin.
Tanz oben
Phorkyas interloquiert
Chor[gesang?] Phork*yas* schilt
Nachricht der Entbindung
Nennst du ein Wunder das?
Faust, Helena Euphorion
Kunststück und Tod.

100

Als Ritterfrau Leere
Annäherung an Faust
Liebschaft / Hymenae*a*
Chor sich zu unterhalt*en*
Geschichten
 Entführung
 Freier
 Beklagen die Helden die sie nicht gekan*n*t
 den Herkules pp
 Wahl des Menelas
 Flucht mit Paris
  Duft beider
[*am Rand:* Schwangerschaft
    Phorkyas Ermahnung zu wachen]

Halb Chor
> Trojanischer Krieg [weiß nicht wie?]
> Wiederkehr von Menelas
> Neues Abenteuer, Woher Wohin wissen sie selbst nicht
> Der Schönen geht es überall wohl.

Phorkyas. Nachricht
> Entbindung. Sohn

Chor
> Geburt des Merkur

101

Abzug der Fürsten
Beschreibung des Friedens
Fernes Donnern.
Freudenschießen.
Anschmiegen.
Zelt statt des Throns.
Chor schläft ein.
Phorkyas erweckend.
Nachricht von der Entbindung.
Chor: Nennst du ein Wunder das
Helena.
Faust
Euphorion.
Kunststücke.
Freudige Eitelkeit
Tod.
Aufgehobener Zauber.

102

Hohes Gebirg
Gebirgsweiden unzugänglich
Schaf und Ziegen nur Weiden.
> Ufer Plätze
Den Pferden gewidmet

              Hügel u*nd* Täler
              Ölbaum
              Kastan*ien*
              Bien*en*
              Honig
    Flöz erhöhtes Land   Feldb*au*
         Weinberge   Weizen
         Feigen   Gerste
         Maulb*eeren*   Baumwolle
    Garten-Quitten

         Wälder
         Eichen   Cypressen
         Tannen   Lorbeer
         Ahorn   Myrthe
                          Mastix Strauch
                          Balsam Kraut.
                          ———
                          Bien*en*
                          Honig

                          103

S. 27. Wechselrede
Faust, Phorkyas, Helena.
28   [*gestrichen:* Chor Lob der Tapfern.]
28ᵃ·   Helena?
30a   Phorkyas
             Erzählung der Wunder
             Bedingungen des Daseins
33.   Helena, Faust, Euphorion, Chor
             Hauptszene.
36a.   Chorführerin zum Aufbruch

Polytheism*us* u*nd* Heroismus ganz edel Mytholog[*isch*]
Anklang vom wunderlichen
Wunderbaren, Mährchenhaften

Folge
Rittertum Galanterie
Natürlich rührendes, natürlich schalk*haftes*
Ideale Rettung, Fassung in der Mythologie, Pantheismus.

[Zum vierten Akt.]

104

Vierter Akt.

Starres Gebirg
Faust sich niedersenkend.
   Wolke nach zwei Seiten
      Monolog
Meph. Freude über die Verwirrung des Reichs
     auffordernd zu Kriegstaten.
   Ruhm u*nd* Mittel gemein
Die drei Bursche
Werbung, Trommeln.

105
[Hochgebirg und Auf dem Vorgebirg.]

Meph im Gebirg der Wolke nach
Faust läßt sich nieder die Wolke steigt als Helena.
   Ab[lösen?] dieser Vision
Meph. Faust umwendung zum Besitz
Gewalt. Aufregung der Völker.
Meph. als Werber. der drei Hauptf*iguren*
Die drei Hauptf*iguren*
Chor als Tat.
Reichstag.
Andr*er* Kaiser
Große Belehn*ung*
Faust Forderungen.
Zugestand*en*
H[err] des Delta

Triumph. Gewinn gegen das Meer

Wanderer Ruhen [?]
Faust. [Folgt Unleserliches.]

106

Mephistopheles im rauhen Gebirg mit siebenmeilen Stiefeln der Wolke nachschreitend.

Sie sinkt nieder
Dolmetsch zum zweiten male deshalb sprechend
Die Wolke steigt halb als Helena nach Süd Osten halb als Gretchen nach Nordwesten
Erwachen.
Mephistopheles und Faust.
Umwendung zum Besitz.
Aufregung der Bergvölker
Mephistopheles als Werber.
Die drei Hauptfiguren treten auf.
Chorgesang zur Tat auftretend. [aufregend?]
Wäre mit dem Kriegerschritt von Pandora und Helena zu rivalisieren.
[Folgt Paralipomenon Nr. 216.]
Paralogus
    Im Proszenium
Faust Wolke
    Helena
    Gretchen
Meph. [Unleserlich.]
    Konfusion im Reiche
    Töriger Kaiser
    Schilderung fortgesetzt jener Hof Szenen
    Weiser Fürst, [den?] sie auf den Thron setzen wollen
    Meph. hofft ihn zu betören.
    Faust soll sich rüsten
    Die Bergvölker aufrufen

Drei Bursche
Weiser Fürst
    Deputation
    Ableh*nung*
    Rat den Mächtig[sten] zu wählen

Der weise Fürst
Deputation der Stände
Meph. als Sprecher
Ablehnung der Kaiserwürde
Andeutung des rechten.

107

Scenario zum 4. Akt des Faust.

Faust aus der Wolke im Hochgebirg.
Siebenmeilen Stiefeln.
Mephisto. steigt aus.
Sagt Faust habe nun die Reiche der Welt und ihre Herrlichkeit gesehen
Ob er sich etwas ausgesucht habe.
Faust läßt den Schein der Welt am Sonnentage gelten.
Jener schildert die Zustände der besitzenden Menschen
Faust hat immer etwas Widerwärtiges.
Meph. schildert ein Sardanapalisches Leben.
Faust entgegnet durch Schilderung der Revolte
Beneidenswert sind ihm die Anwohner des Meeres-Ufers, das sie der Flut abgewinnen wollen.
Zu diesen will er sich gesellen.
Erst bilden und schaffen
Vorzüge der menschlichen Gesellschaft in ihren Anfängen.
[*am Rand:* Später zu bringen]
Mephist. läßts gelten, zeigt die Gelegenheit dazu.
Trommeln u*nd* kriegerische Musik im Rücken der Zuschauer
Fern von der rechten Seite her.
Mephist. macht das Bedrängnis des Kaisers anschaulich.

Die Verwirrung des Reichs pp.
Faust aus alter Neigung wünscht dem Monarchen zu helfen.
Vorschlag die Bergvölker aufzuregen.
Mephist. macht sie lächerlich.
Offeriert höhern Beistand.
Und präsentiert die drei Rüstigen.
Des Kaisers Zelt wird aufgeschlagen.
Gefährliche Lage
Der Kaiser tritt auf mit seinen Getreuen
Trommeln im Rücken der Zuschauer von der linken Seite.
Nachricht daß der gehoffte Sukkurs sich zum Feinde geschlagen habe.
Alles in Beängstigung.
[*am Rand:* Gegen Kaiser
 Ausfoderung]
Faust tritt auf geharnischt.
Erklärung und Warnung.
Die Stellung der Kaiserl. Armee wird gebilligt.
Mephist. tritt auf mit den drei Tüchtigen.
Haltefest zur Linken
Habebald zur Mitte gesellt
Eilebeute die Marketenderin ist bereit.
Die Eigenschaften eines jeden werden gepriesen.
Trompeten u*nd* Freudengeschrei im feindl. Lager.
Der Gegenkaiser sei erwählt u*nd* angekommen.
Der rechte Kaiser fordert ihn zum Zweikampfe.
Faust zeigt das Nutzlose.
Die verneinende Antwort kommt.
Das Gebirg glänzt von Helmen, Panzern, Spießen, Schwertern und Fahnen.
Trompeten von jener Seite verklingen im Winde
Fürchterliche Posaunenzinken Töne von diesseits.
Das Gefecht bricht los.
Die drei Bursche tun Wunder
Völlige Niederlage der Feinde.
Scherzhafte Fälle bei dieser Gelegenheit.

Faust u*nd* Mephist. vom Kaiser als frühere Diener anerkannt.
Die treuen Fürsten werden in ihre Besitztümer eingesetzt.
Haben auch schon Ansprüche auf die Konfiszierten
Faust bringt seine Ansprüche vor an die unfruchtbaren Meeresufer.
Man ist zufrieden ihn so leicht abzufinden.
Er wird damit beliehen und geht um davon Besitz zu nehmen.

G

den 16. Mai 1831

[*Auf gleicher Seite von unten:*]
Plateau auf dem Vorgebirge
man übersieht das Tal
Trommeln kriegerische Musik.
Das Heer in Schlachtor*d*nung.
Des Kaisers Zelt wird aufgeschlag*en*
Kaiser Oberge*n*eral
Leibwache
    O*ber* G*eneral*

108

Plateau auf dem Vorgebirge
Man übersieht das Tal
Trommeln kriegerische Musik von unten auf.
Das Heer in Schlachtordnung
Des Kaisers Zelt wird aufgeschlagen.

Kaiser   Obergeneral   Leibwache
Hier übersiehst du
Das Heer bedächtig aufgestellt
Der Boden ungleich abhängig
Zum Angriff schwer den Feinden
Zum Verteidigen auch wohl
    zum Angriff stark diesseits
[Folgt Paralipomenon Nr. 217.]
Die Reiterei ist ihnen unnütz

Unser Fußvolk tüchtig
Unser rechter Flügel die Mutigsten Streitbegierigsten
Der Phalanx in der Mitte
Kräftig und unerschütterlich
Die linke Flanke eigens fest
Auf Felsenhorsten unersteiglich.
Nicht zu umgehen nicht zu vermeiden.
Geschoß und Steinwurf zu Beschädigung des Feindes.
So hast du es so haben es die Deinigen angeordnet
Dem Glück ist wenig überlassen
[Folgt Paralipomenon Nr. 218.]
Des Kaisers Unmut gegen die Menge
[am Rand:
Der Vortrab des Feindes
Masse mit Piken
Das ist die Menge
Vorstadt
Sperrte mich in meine Hauptstadt ein]
Hoffnung auf die Getreuen festgehalten
Ein Spion wird eingeführt
Nachricht vom [Abfall der] Besseren
Gegenkaiser
  Kaiser
Erhöhter Sinn
Ausforderung
[am Rand: Nur wenn ich falle steht er fest.]
Die Herolde gehen ab
Faust, Mephisto und die drei Gewaltigen
Vorstellung derselben
Die Ausforderung ward verworfen.
[am Rand:
Zweikampf Faustsche Rede dagegen
Haupt das von den Gliedern verteidigt wird]
Eilige Schlacht
Verteilung der drei Gewaltigen
Posaunenton

VI. ZUM ZWEITEN TEIL

Erschütterung des feindlichen Heeres.
Blanke Rüstungen, Waffen Speere Fahnen u. dergl.
Lassen sich zwischen den Felsen sehen.
Posaunen wiederholt
[Folgen variante Verse 10555 f. und 10561 f.]
Furchtbarer Posaunen Schall von oben.
Die Schlacht geht fort
Wird von den Zuschauern im Einzelnen beschrieben.
Der Feind flieht
[*am Rand:*
Zelt des Gegenkaisers
Habebald Eilebeute]
Die Getreuen versammeln sich um den Kaiser.
Belohnungen.
Beleihungen.
Zuletzt mit dem Meeresstrande.

109

    Kaiser   Obergeneral
        ObG.
Legt die Stellung des Heeres aus
Vorteile. Hoffnungen
Erster Kundschafter
Hie und da Abfall
Im Ganzen Lässigkeit
Wenig Trost.
[*am Rand:* Kaiser]
Zweiter Kundschafter
Gegen Kaiser
Aufregung
Ausforderung
Herolde ab.

Kaisers vorerst ablehnende Antwort an Faust
Schlacht.
Motive der beiden Flügel

Und der Mitte.

110

[*Des Gegenkaisers Zelt.*]

Erzbischof (tritt ein)
Der Kaiser meldet ihm wie er Haus und Hof bestellt.
Präsentiert ihm die vier Erzfürsten,
Der allgemein gültigen Form wegen erklärt er ihn zum Erzkanzler.
Sowohl das Innere als das Äußere durch die nötigen Formen zu bekräftigen
Hohe Bedeutung der Fünfe
Sollen mächtige Fürsten sein
Ihre Länder werden Ihnen verliehen
Vermehrung hinzugetan
Weitere Erwerbungen erlaubt
Große Gerechtsame innerhalb dieser Länder.
Bestellung zu Kurfürsten
Wahl und Krönung durch sie entschieden
Glückwunsch und Dank
Der Erzbischof wünscht als Beichtiger den Kaiser allein zu sprechen.

[Zum fünften Akt.]

111

Vier graue Weiber.
Faust und Sorge.
Mephist. und Lemuren.
Faust Zufriedenheit
Vorbei.
Leiche.
Lemuren begrabend.
Entfernt.
Satane und Höllenrachen.

VI. ZUM ZWEITEN TEIL

Verwesung erwartend.
Weil die Seele später als sonst entflieht.
Satanische Posituren sie zu erhaschen.
Engel Himmelsglorie
Schweben heran
Mephist. Widersetzen
Engel streuen Rosen.
Die verwelken auf den Hauch der Satane.
Verwandelt in Liebesflammen
Satane fliehen
Mephist. Liebespein.
Engel entschweben.
Mephist. zur Appellation.

112

Leiche
Lemuren legen ihn ins Grab
Zieh*en* sich zu*rück*
Satane
Verwesung
Seele entflieh*t* Später
Satane in Angst zu erhaschen
Gesang fern
Meph. Ärgerlich

Engel nah
Wort Streit
Die Engel streun Rosen
Die Satane hauchen
Sie welken
Die Rosen in Flam*men* verwandelt flieg*en* auf
Geg*en* die Satane
   diese entflieh*en*
Meph. hält aus.
   Liebespein
Engelscharen
Satan*e* drohn

Meph. ab zur Appellation.
Da Capo.
   Himmel
Christus Mutter und Evangelisten und alle Heiligen
Gericht über Faust.

113

Chor der Büßerinnen

Maria Magdalena
Die Samariterin
   Chor
Gretchen
Seelige Knaben
Gretchen
Mater gloriosa
Doctor Marianus
Chorus in Excelsis

Chor der Büßerinnen
Magna Peccatrix
   zu drei
Mulier Samaritana
   zu drei
Maria Egyptiaca
   zu drei
Gretchen
Seelige Knaben Fortsetzung
Gretchen
Mater gloriosa
Doctor Marianus
Chorus in Excelsis

[Bruchstücke.]
[Erster Akt.]

114

[MEPHISTOPHELES.] Bravo alter Fortinbras, alter Kauz, dir ist

VI. ZUM ZWEITEN TEIL 609

übel zu Mute ich bedaur dich von Herzen. Nimm dich zusammen Noch ein Paar Worte wir hören sobald keinen König wieder reden.

KANZ[LER]. Dafür haben wir das Glück die Weisen Sprüche Ihrer Majestät des Kaisers desto öfter zu vernehmen

M[EPHISTOPHELES]. Das ist was ganz anders. Ew Exzellenz brauchen nicht zu protestieren was wir andre Hexenmeister sagen ist ganz unpräjudizierlich

F[AUST]. Stille stille er regt sich wieder.

[FAUST.] Fahr hin du alter Schwan! Fahr hin Gesegnet seist du für deinen letzten gesang und alles was du uns zuvor gesagt hast. Das Übel was du tun mußtest ist klein dagegen.

MARSCH[ALK]. Redet nicht so laut der Kaiser schläft Ihre Majestät scheinen nicht wohl

M[EPHISTOPHELES]. Ihro Majestät haben zu befehlen ob wir aufhören sollen. Die Geister haben ohne dies nichts weiter zu sagen

F[AUST]. Was siehst du dich um

M[EPHISTOPHELES]. Wo nur die Meerkatzen stecken mögen ich höre sie immer [?] reden [?]

Es ist wie ich schon sagte ein ketzerischer [?] König.

B[ISCHOF]. Es sind heidnische Gesinnungen ich habe dergleichen im Marc aurel gefunden. Es sind die heidnischen Tugenden

M[EPHISTOPHELES]. Glänzende Laster! Und billig daß die Gesinnungen deshalb sämtlich verdammt werden

K[AISER]. Ich finde es hart was sagt Ihr Bischof

B[ISCHOF]. Ohne dem Ausspruch unsrer allweisen Kirche zu entgegnen sollte ich glauben daß gleich –

M[EPHISTOPHELES]. Vergeben! – heidnische Tugenden ich hätte sie gern gestraft gehabt wenns aber nicht anders ist so wollen wir sie vergeben – du bist vors erste absolviert – weiter im Text

Sie verschwinden – Ohne Gestank
Riecht ihr was
Ich nicht
Diese Art Geister stinken nicht meine Herren

115

MEPHIST. Herr Kanzler protestiert nur nicht
Das was ein Geist in seinem Taumel spricht
Das ist politisch unverfänglich

116

FAUST. wie er regieren und nachsichtig sein wolle
MEPH. Schade für die Nachkömmlinge.

117

MEPHIST. Pfui schäme dich daß du nach Ruhm verlangst
Ein Scharlatan bedarf nur Ruhm zu haben.
Gebrauche besser deine Gaben
Statt daß du eitel vor den Menschen prangst.
Nach kurzem Lärm legt Fama sich zur Ruh,
Vergessen wird der Held so wie der Lotterbube,
Der größte König schließt die Augen zu
Und jeder Hund bepißt gleich seine Grube.
Semiramis! hielt sie nicht das Geschick
Der halben Welt in Kriegs und Friedenswaage?
Und war sie nicht so groß im letzten Augenblick
Als wie am ersten ihrer Herrschertage?
Doch kaum erliegt sie ohngefähr
Des Todes unversehenem Streiche,
So fliegen gleich, von allen Enden her,
Skarteken tausendfach und decken ihre Leiche.
Wer wohl versteht was so sich schickt und ziemt
Versteht auch seiner Zeit ein Kränzchen abzujagen;
Doch bist du nur erst hundert Jahr berühmt;
So weiß kein Mensch mehr was von dir zu sagen.

118

MEPHISTOPHELES. Geh' hin versuche nur dein Glück!
Und hast du dich recht durchgeheuchelt,
So komme matt und lahm zurück.
Der Mensch vernimmt nur was ihm schmeichelt.
Sprich mit dem Frommen von der Tugend Lohn,
Mit Ixion sprich von der Wolke,
Mit Königen vom Ansehn der Person,
Von Freiheit und von Gleichheit mit dem Volke!
FAUST. Auch diesmal imponiert mir nicht
Die tiefe Wut mit der du gern zerstörtest,
Dein Tigerblick, dein mächtiges Gesicht.
So höre denn wenn du es niemals hörtest:
Die Menschheit hat ein fein Gehör,
Ein reines Wort erreget schöne Taten.
Der Mensch fühlt sein Bedürfnis nur zu sehr
Und läßt sich gern im Ernste raten.
Mit dieser Aussicht trenn ich mich von dir,
Bin bald und triumphierend wieder hier
MEPHIST. So gehe denn mit deinen schönen Gaben!
Mich freuts wenn sich ein Tor um andre Toren quält.
Denn Rat denkt jeglicher genug bei sich zu haben,
Geld fühlt er eher wenns ihm fehlt.

[Mummenschanz.]

119

[GÄRTNERIN.] Grüßet mich in meiner Laube
Denn ich bin nicht gern allein
Oben drängt die reife Traube
Bricht ein Sonnen Blick herein

120

[GÄRTNERINNEN.] Denn das Falsche wie das Wahre
Haben ihren eignen Reiz

121

[FISCHER.] Und in stets bewegten Fluten
Haschen wir lebendige Schätze,
Lieben Angeln, Leine, Ruten
Und verehren unsre Netze.

122

[FISCHER UND VOGELSTELLER.]
Nicht so eilig eure Straß
Gute Frau*en* schöne Kinder
Denn es lernet sich im Spaß
    nicht minder
Fische fang*en* Vogelstell*en*

123

Mummenschanz.

Irrst du nicht hier so irrst du andrer Orten.
[PULCINELLE.] Narren gibt es heut zu Haufen
Doch so viele da und dort*en*
Auf dem Markt sich stoß*en*d laufen
Größre gibt es wahrlich nicht
Als die sich mit Lasten schlepp

124

POETEN.

I
Natur u*nd* Liebe

Wüßt ich irgend'

Als was mir vor Augen steht
Als was mir zur Seite geht

Leben heißt's und leben lassen
Und so sei es auch fortan

II
Ruhm und Leidenschaft

Nein! was meine Brust beschäftigt
Sprech ich aus in holdem Drang
Denn so wie die Tat bekräftigt,
So erkräftigt der Gesang.
Aus umdämmernden Gedanken
Aus des Haines Zitterlicht
Rief der Hof mich in die Schranken
Und ich übte Ritterpflicht.

Da ein Reiten, streiten, stoßen
Lanze da und Rippe brach,
So die Mittlern wie die Großen
Strebten Allerhöchstem nach
Einen Beifall zu gewinnen
Barg ich mich in stillen (treuen) Fleiß
Denn der darf das Höchste sinnen,
Der sich zu bescheiden weiß.

III
[SATIRIKER.] Wißt ihr was mich Poeten
Erst recht erfreuen sollte?
Dürft ich singen und reden.
Was niemand hören wollte.
HANS LIEDERLICH. Nennt ihr mich auf meinen Wegen
Scheltend Bruder Liederlich
Doch entgegen
Überall auf Pfad' und Stegen
Grüßet man mich brüderlich

Fehlt es mir nicht an Gesellen
Ei so fehlt es mir an nichts.

Heißa Wirt u*nd* Wirtin heißa
Hier den Krug

Denn man danket brüderlich

125

[HEROLD.] Dich Poesie, de*n* Reicht*um* jen*en* Geiz

126

Irrtum d*u* bist gar zu sch*ön*
Könnt ich dich nur wieder find*en*

127

Er mag sich wie er will gebärden,
Er muß zuletzt ein Zaub*rer* werden
PLUTUS. Bist's, unbewußt
      Der Herold ist ein heilig Mann
Ein Faunen Tanz
      das hilft ihm daß er hexen kann.
Es sieht so wild
[PLUTUS.]   Gib deine*n* Stab hier muß ich enden
Die Menge weich*t*
Und wie verscheuch*t*
Tritt alles an die Seit
DICHTER.   erdreist*en*
Und nur der Dichter kann es leisten.
GEIZ. Nur alle hundert Jahr einmal
Doch heute bin ich liberal
CH[OR]. Ach in den Zauberkreis Gebannt
Bis auf die Knochen ausgebr*annt*

128

[KNABE LENKER.] Forschet wollt ihr mich entde*cken*
Kann ich nie doch mich verstecken
Leises Lispeln lauter Schall
Und so bin ich zu entdecken

Nirgends oder überall

Lebe wohl, du voller [Sonnenschein?]
Eilig mach ich mich davon

129

[FAUNE.] Seht ihr die Quelle da
Lustig sie sprudelt ja
Wie ich noch keine sah
Kostete gern.

130

[HEROLD.] Soll immerfort das Übermaß
Das allerherrlichste zerstören

131

[DICHTER.] Wer schildert solchen Übermut
Wenns nicht der Dichter selber tut

Nun tret ich notgedrungen vor
Der Dichter

[Finstere Galerie.]

132

[FAUST.] Und wenn du rufst sie folgen Mann für Mann.
Und Fraun für Fraun die Großen wie die Schönen
Die bringen her so Paris wie Helenen.

133

[MEPHIST.] Nicht Nacht nicht Tag in ewger Dämmerung
Es war und es will ewig sein

134

[MEPH.] Mußt mit Bedacht des Schlüssels Kräfte führen
Sie anzuziehen, nicht sie zu berühren.
Worauf du trittst es bleib dir unbewußt
Es dehnt sich nicht es klemmt sich nicht die Brust

Wohin sich auch dein Blick begierig wende
Nicht Finsternis doch keine Gegenstände
bis endlich

Nun du endlich

Schon daß

135

[MEPHIST.] Am glühnden Schlüssel führst du ihn gefangen
Durch Wunder nur sind Wunder zu erlangen

[Hell erleuchtete Säle.]

136

[MEPHISTOPHELES.] Ein Leibarzt muß zu allem taugen
Wir fingen bei den Sternen an
Und endigen mit Hühneraugen.

Als Phisikus des Hofs auf Taschenspiel Künste.

137

Meph. als *Phisicien de la cour*

138

MEPHISTOPHELES.
Wie man bei Hof sich zwischen Fensterpfeiler
Mit einer schönen Dame stellt

139

[MEPHIST.] Und wenn du ganz was falsches peroriert
Dann glauben sie was rechts zu hören.

140

[MEPHISTOPHELES.] Mit diesen Menschen umzugehen
Ist wahrlich keine große Last
Sie werden dich recht gut verstehen

Wenn du sie nur zum besten hast.

141

[MEPHISTOPHELES.] Wenn du sie nicht zum besten hast
So werden sie dich nie für gut und redlich halten.

142

[MEPHISTOPHELES.] Und was sie gerne wissen wollen
Ist grade das was ich nicht weiß.

143

[MEPHIST.] Wenn du was recht verborgen halten willst
So mußt du's nur vernünftig sagen

144

[HÖFLING.] Er gefällt mir so besonders nicht
Ob er wohl auch französisch spricht
Er führt sich selbst ein wie er glaubt
Einem Zaubrer ist alles erlaubt

145

[MEPHISTOPHELES.] Er will nur deine Künste sehn
Und dir die seinen Produzieren.

146

Ist völlig eins bei Hof und in der Stadt

147

Wer den geringsten Vorzug hat
Wird sich des Vorzugs überheben.

148

Das Wissen wächst die Unruh wächst mit ihm.

[Rittersaal.]

149

[HOFDAME.] Man kleid' ihn ritterlich
Ihr guten Herrn von euch hält keiner Stich

[Zweiter Akt.]
[Klassische Walpurgisnacht.]
[Pharsalische Felder.]

150

[MEPHISTOPHELES.] Das Auge fordert seinen Zoll.
Was hat man an den nackten Heiden?
Ich liebe mir was auszukleiden,
Wenn man doch einmal lieben soll.

151

[Sphinxe und Mephistopheles.]

SPHINX. Du bist ein Gast das kann ich leiden
Du mußt [Unleserliches.]

152

F[AUST]. Wie wunderbar der Anblick tut mir Gnug
                           der große tüchtige Zug

[Am untern Peneios.]
[Faust, Chiron, Manto.]

153

Hascht nach dem nächtgen Wetterleuchten

154

Reden mag man noch so griechisch
Hörts ein Deutscher der verstehts

VI. ZUM ZWEITEN TEIL

[Am obern Peneios.]

155

[ENCELADUS.] Hier von Scotusa bis zum Peneus dort
Wo

156

[SEISMOS.] Ohne gräßliches Gepolter
Durfte keine Welt entstehn

Nur durch plutonisches Gepolter
Konnt eine schöne Welt entstehn

157

[SEISMOS.] Als ich einstmal stark gehustet
Wußt ich nicht wie mir geschah
Hatt ich sie herausgepustet
Und sie stehn als Berge da.

158

[SEISMOS.] Und nun sagt man die Titanen
Hatten alles das erstürmt
Und zu unerstiegnen Bahnen
Das Gebirgswerk aufgetürmt

159

Semestre

Sylvestre

Pedestre
[SEISMOS.] Diese schöne glatte Flur
Und es ist das Gas sylvestren
Das mir einst im Schlaf entfuhr

160

[SEISMOS.] So bin ich der Gott im Winde
All das alte dumme Zeug

Nord und Süd und Westgesinde
Fahren über Meer und Reich [?]
Steigt durch losgelaßne Kräfte
Himmelan ... [unleserlich]
[...]
Plutus hat es nie vermocht [?]

161

[SEISMOS.] Ganz ausgebildet aufwärts quellen
Und stolz sich hoch als Gipfel stellen.

162

Wenn er mit seinem Weibe keift
Dann sprüht der Erdkreis von Vulkanen.
Und Alpen steigen spitzig auf

163

Quidquid non creditur ars est.
Tonat coelum ignaro Jove

Das sind Gewitter
Von denen Jupiter nichts weiß

[Nach dem Lamien-Abenteuer]

164

[MEPHIST.] Wer's mit der Welt nicht lustig nehmen will
Der mag nur seinen Bündel schnüren

165

[MEPHISTOPHELES.] An deinem Gürtelkreis Natur
Auf Urberühmter Felsen Spur

166

MEPH. Ihr seid noch hier?

SPH[INXE].   Das ist nun unsre Lage,
So gleichen wir die Mond und Sonnentage

Sitzen vor den Pyramiden,
Zu der Völker Hochgericht,
Überschwemmung Krieg und Frieden,
Und verziehen kein Gesicht.

Sehr eilig hast du dich benommen,
Und bist wohl übel angekommen.
MEPH. Ich ging – Ihr laßt euch nicht belügen –
Mich ein Momentchen zu Vergnügen,
Doch, hinter holden Masken Zügen
Sah ich Gesichter daß mich's schauerte,
Gar gerne ließ ich mich betrügen
Wenn es nur länger dauerte.

167

[SPHINXE.] Das hätt er denken sollen
Das Böse (Übel) kommt so wenig vor

168

[MEPHISTOPHELES.] Das Böse das Gute
Ich weiß es nicht doch ist mir schlecht zu Mute

[Mephistopheles und die Phorkyaden.]

169

[DRYAS.] Du! schärfe deiner Augen Licht
In diesen Gauen scheints zu blöde
Von Teufeln ist die Frage nicht
Von Göttern ist allhier die Rede.

170

[MEPHISTOPHELES.] Ich kenne dich genau
Da wo du bist ist mir der Himmel blau
Du bist des Lebens [Unleserliches.]
Ich sehe dich nicht gern in den Lichten Höhlen

171

[MEPHISTOPH.] Und wenn's der Teufel ernstlich meint,
So sind es wahrlich keine Späße.

172

[MEPHISTOPHELES.] Das muß dich nicht verdrießen
Wer kuppelt nicht einmal um selber zu genießen

173

M[EPHISTOPHELES]. Zum edlen Zweck es abzutreten frei

174

[MEPHISTOPHELES.] Indessen wir in's Fäustchen lachen
So brüsten sie sich ohne Scheu,
Sie denken, weil sie's anders machen:
Es wäre neu!

[Felsbuchten des Ägäischen Meers.]

175

[NEREUS.] In eurem Irrtum euch entfalten [?]
Die Welt durch euch nicht kann bewirken [?]
Im Eigensinn bedächtig
Stets Rat bedürfend keinen Rat im Ohr

Und in Verzweiflung doch zuletzt
Wenn Übermaß sich selbst ein Ziel gesetzt.

176

[PROTEUS.] Kennte der Jüngling die Welt genau
Er würde im ersten Jahre grau.

177

[THALES.] Wenn du entstehn willst tust du immer besser
Du wirfst dich ins ursprüngliche Gewässer,
Es ist zu klar

178

[SIRENEN.] Dir wirds vor unserm Zauber bang
Der Dich sogar hernieder zwang
Jetzt im mitten stille stehn
Zu ihren heiligen Festen sehn.

179

[DORIDEN.] Nicht so direkt doch wohl im Kreise
Führ ich sie deinem Thron heran
Verführen will ich dir sie dutzendweise
Doch sie zu schlachten geht nicht an.

[Fausts Abstieg zum Hades.]

180

FAUST. Das wohlgedachte glaub ich spricht sich ebenso
In solchen ernsten langgeschwänzten Zeilen aus
Und ist es die Bedingung jene göttliche
Zu sehn, zu sprechen, ihr zu nahn von Hauch zu Hauch
So wage sonst noch andres babylonische
Mir zuzumuten, schülerhaft gehorch ich dir.
Mich reizt es schon von Dingen sonst mit kurzem Wort
Leicht abgetan mich zu ergehen redehaft.
M[ANTO]. Verspare dies bis du zu aller ältesten kommst
Die Lust gibt lange Weile die man genießt
Die Frauen liebens allermeist die Tragischen
Da spricht ein jeder sinnig mit verblümtem Wort
Weitläufig aus was ohngefähr ein jeder weiß.
Doch still hievon gesammelt [?] steh zur Seite scheu
Man spaße nicht wenn sich der Orkus öffnen will

181

[MANTO.] Nur wandle den Weg hier ungestört
Ein jeder stutzt der Unbegreiflichs hört.

182

[FAUST.] Sieh hier die Tiefe dieses Ganges
Es deckt sie uns ein dumpfer Flor
Mich deucht was Riesenhaftes langes
Tritt aus der Finsternis hervor

183

FAUST. Was hüllst du mich in deinen Mantel ein?
Was drängst du mich gewaltsam an die Seite
MANTO. Ich wahre dich vor größrer Pein,
Verehre weisliches Geleite.

[Dritter Akt.]

[Vor dem Palaste des Menelas zu Sparta.]

184

[Siehe Paralipomenon Nr. 92.]
ÄGYPTERIN. Und das heilige Menschenrecht
Gilt dem Herren wie dem Knecht
Brauch nichts mehr nach euch zu fragen
Darf der Frau ein schnippchen schlagen
Bin dir längst nicht mehr verkauft
Ich bin Christin bin getauft

185

[HELENA.] Die spindelförmigen Gestalten!
Und sind für mich die edlen Helden tot
So muß ich mich doch wohl zu diesen Schluckern halten

186

[MEPHISTOPHELES.] Die schönen Frauen jung und alt
Sind nicht gemacht sich abzuhärmen,
Und sind einmal die edlen Helden kalt,
So kann man sich an Schluckern wärmen.

187

[PHORKYAS.]
Doch die es einmal verscherzte nie vermögte sie
Sichs wieder zuzueignen denn sie steht beschämt.
Ohnmächtig steht sie vor den eignen Mägden da.
Zerbrochen ist der goldne Szepter den sie trug
Dem Jeder sonst sich beugte in des Königs Haus
Zerrissen ist die Schlinge die die holde Scham
Auf ihre Stirne drückt
Im Innern herrschet sie über das erworbene
Das erst durch Ordnung zur erwünschten Habe wächst
Vor dem vorhandnen teilet sie jedermann
Nach sein*em* Dienste aus u*nd* hält den Sch*a*tz

188

[PHORKYAS.]
O das ist unter allem verwünschten das verwünschteste
CHOR.   sag es an du Häßliche
PHORKYAS.
Ihr Schönen! denn so belobt man wechselsweise sich
Gesang bloß gibt [?] so

Der Herr verpflichtet sich dem Dien*er* wie d*em* Her*rn*
Der Diener sich.
Der Herr verpflichtet wie dem Herrn der Diener sich.

189

So wird die Schönheit köstlicher als alles Gold
Geachtet von den Menschen, bringt sie doch

Denn sie erregt wütender Begier Gewalt
Das Alter und die Jugend regt sie   auf.

O daß die Götter Sterblichen zu heißer Qual!

190

[PHORKYAS.]
Wer langer Jahre mannigfaltiges Glück genoß,

Ihm scheint zuletzt die höchste Göttergunst ein Traum.
Du freilich, ohne Maß und Ziel Begünstigte
Du schön geborne, schöner noch gewachsene,
Ganz früh begehrter bald entführter Blütenzweig
Umworben dann von Helden ungezählt
Dem Gatten durch des Vaters wählen anvertraut
Du schädlicher als schädlich, allen doch begehrt
H[ELENA]. Mir scheinen deine Worte nicht beruhigend,
Du regest schlimmer Übel als das Schelten auf.
PH[ORKYAS].
Wer Schaden heilen möchte muß erst schädigen
Siehst du zurück du siehst nur unbegreifliches
Undenkbar, unvereinbar, wechselnd Freud und Schmerz
Erinnerst dich des einzelnen
Umschauend Äuglen, männerwechselnde

191

[PHORKYAS.]
Wer langer Jahre mannigfaltges Glück genoß
Ihm scheint zuletzt die höchste Göttergunst ein Traum
Du freilich ohne Maß und Ziel begünstigte
Du schön geboren, schöner noch erwachsene drauf.
So früh begehrter bald entführter Blütenzweig
Umworben dann von Helden-Jugend ohne Zahl,
Dem Gatten durch des Vaters Wählen angetraut,
Halbwitwe dann, umsichtig männerwechslend oft,
Du, schädlicher als schädlich, allen doch begehrt.
H[ELENA]. Mir scheinen deine Worte nicht beruhigend
Du regest schlimmer Übel als im Schelten auf.
PH[ORKYAS]. Wer Schaden heilen möchte, schädige vorher
Und unerwartet fällt sodann der Heilung Los.
Siehst du zurück, und unbegreiflichs tritt hervor
Undenkbar, unvereinbar, alles rätselhaft,
So Schmerz als Freude, Fliehen oder Wiederkehr.

192

[HELENA.] Ich ein Idol ihm dem Idol verband ich mich,
Es war ein Traum, so sagens ja die Worte selbst
PH[ORKYAS.]
Wenn Wahres Traum ist kann der Traum das Wahre sein
Du träumest hier

H[ELENA.] Ich kehre wieder ich erkenn mich allzu wohl
An diese Pforte, diese Angeln mächtiglich
An dieser Säulen riesenhaften festen Bau
Wo Tyndareus mein Vater
      ich war ein Kind
[PHORKYAS.]
Und schon als Kind verwirrtest du der Männer Sinn
[HELENA.]
Nicht meine Schuld ists Cypris hat allein die Schuld

193
[Siehe Paralipomenon Nr. 97.]

Alte geh voran
Bewegen wir den Fuß oder nicht zu dem
Erwünschten Ziel
Nebel hüllet die Giebel
Hüllet die Säulen schon

[Innerer Burghof.]

194

[FAUST.] Peloponnes den ganzn unterwerf ich dir
[HELENA.] Was nennst du mir ein völlig unbekanntes Land
[FAUST.] Du wirst es kennen wenn es dein gehört
[HELENA.] So sage liegt es fern von hier
[FAUST.] Mit nichten du gebietst

[Phorkyas als Zwischenredner.]

[Siehe Paralipomenon Nr. 98.]

195

Erst gings nach Sparta willig fandet ihr Euch ein
Doch war's nicht Sparta euch und uns gefiels nur so
Jetzt sind wir in der Ritterlichen Burg.

196

Denn Liebespaaren zeigtet ihr euch stets geneigt
Euch selbst ertappend gleichfalls in dem Labyrinth
Doch werdet ihr dieselben alsbald wiedersehen
Durch eines Knaben Schönheit elterlich vereint
Sie nennen ihn Euphorion so hieß einmal
Sein Stief-Stiefbruder, fraget hier nicht weiter nach
Genug ihr seht ihn, ob es gleich viel schlimmer ist
Als auf der britischen Bühne, wo ein kleines Kind
Sich nach und nach herauf zum Helden wächst
Hier ists noch toller kaum ist er gezeugt so ist er auch geboren
Er springt, tanzt und [*darüber:* spricht ein zierlich Wort] ficht
                              schon, tadeln viele das,
So denken andere dies sei nicht so grad
Und gröblich zu verstehen, dahinter stecke was
Man wittere wohl Mysterien vielleicht auch gar
Mystifikationen indisches und auch
Ägyptisches und wer das recht zusammenkneipt
Zusammenbraut etymologisch hin und her
Sich zu bewegen Lust hat ist der rechte Mann.

Wir sagens auch und unseres tiefen Sinnes wird
Der neueren Symbolik treuer Schüler sein.
Ich aber bin nichts nütze mehr an diesem Platz
Gespenstisch spinnt der Dichtung faden sich immerfort
Und reißt am Ende tragisch! alle seid gegrüßt,
Wo ihr mich wieder findet werd es euch zur Lust.

[Arkadien.]

197

[CHOR.] ALLE. So verteilen wir uns Schwestern nicht zum
                                    scheiden zum Begegnen
Ewig auf und Nieder steigend, suchend dieses Landes Raum.

[Vierter Akt.]

[Hochgebirg.]

198

[FAUST.] Jeder Trost ist niederträchtig
Und Verzweiflung nur ist Pflicht.

199

[FAUST.] So hab' ich denn auf immerdar verloren
Was mir das Herz zum letztenmal erquickt.

200

[FAUST.] Ein irdischer Verlust ist zu bejammern
Ein geistiger treibt zu Verzweiflung hin.

201

[FAUST.] Der leichte hohe Geist riß mich aus dieser Enge
Die Schönheit aus der Barbarei

202

[MEPHISTOPH.] Und wenn das Leben allen Reiz verloren
Ist der Besitz noch immer etwas wert.

203

[FAUST.] Ich lernte diese Welt verachten
Nun bin ich erst sie zu erobern wert

204

[FAUST.] Von ferne schwillt der Kam*m*. Es klafft
Mit tausend Rachen, schon hinweggerafft

Vom mächtigen Drängen, sachten Schieben
Dann wie vom Sturm unsinnig angetrieben
Rollts, bäumt sich wogt
Mit diesem Ungeheuer möcht ich kämpfen
Mit Menschengeist die Elemente dämpfen

205

[FAUST.] Unfruchtbar kams, unfruchtbar weichts zurück
Und daß es ja unfruchtbar bleibe

Ein ... [unleserlich], ein Erdstreif hält es auf
Ich glaub man hemmte seinen Lauf
Mit einer Reihe Maulwurfshaufen

206

[FAUST.] Ein altes Wrack die längst entblößten Rippen
Grünliebend, Luft bedürfend, Früchte spendend
Unfruchtbar ists Unfruchtbarkeit sein Kommen
Von Stürmen rege, Sturm erregend wütet.

207

[FAUST.] Doppelt schreckliches der Brandung
Flaches Ufer, Tod und Landung
In der Weite fern von Klippen
Alter Wracks entblößte Rippen
Wie nur auch das Auge schweife[?]
Nirgends Wachstum nirgends Reife [?]

208

[MEPH.] Und wenn die Flut dich noch so vorwärts führt
Die Ebbe gleich wird dich zurücke reißen.

209

[MEPHISTOPH.] Das haben die Propheten schon gewußt
Es ist gar eine schlechte Lust
Wenn Ohim, sagt die Schrift, und Zihim sich begegnen.

210

MEPH. Worum man sich doch ängstlich müht und plackt.
Das ist gewöhnlich abgeschmackt.
Zum Beispiel unser täglich Brot
Das ist nun eben nicht das feinste
Auch ist nichts abgeschmackter als der Tod
Und grade der ist der gemeinste

211

[MEPHIST.] Das Menschengeschlecht es quält sich eben
Im Besondern und Allgemeinen.

212

[MEPHIST.] Der Herr ist jung man merkts ihm an

213

[FAUST.] das dauert mir zu lange
Ich nehme lieber als empfange

[Auf dem Vorgebirg.]
[Schlacht.]

214

[KAISER.] Bin ich denn nicht der Kaiser mehr
[HEROLD.] Der Gegen Kaiser rückt heran
O Herr das ist geschwind getan

215

[Herausforderung des Gegenkaisers.]

KAISER *nach einigem Nachdenken:*
Die Menge steht dem Kaiser nie entgegen
Will sie von ihm sich trennen ists Verrat,
Rebellion; stets blieb sie unter ihm
Hub er sie nicht durch Neigung zu sich auf,

Drückt an die Brust sie, liebend väterlich.
Nun flucht er ihr, als einem ungeratnen,
Verwilderten Geschlecht. – Tritt aber tüchtig
Ein Mann hervor und ruft: Ich bin der Kaiser
Das klingt schon anders, klingt persönlich groß
Ein Gegenkaiser, gut! er stelle sich
So seis denn Kaiser gegen Kaiser frisch gewagt.
Die Herolde (gehen ab)

216

[Siehe Paralipomenon Nr. 106]

Die Masken sind von Stahl und Eisen
Ihr Thyrsus blinkt das schärfste Schwert

217

[Siehe Paralipomenon Nr. 108.]

Und ganz natürlich finden wir bewährt
Wie es die Kriegskunst nur begehrt.

218

[Siehe Paralipomenon Nr. 108]

Das Größte was man ausgedacht
Durch anderer Kraft vollführt zu sehen

[*Des Gegenkaisers Zelt.*]

219

[Belehnung.]

DER KANZLER *liest.*
Sodann ist auch vor unserm Thron erschienen
Faustus mit Recht der *Glückliche* genannt,
Denn ihm gelingt wozu er sich ermannt,
Schon längst bestrebsam uns zu dienen,
Schon längst als klug und tüchtig uns bekannt.

Auch heut am Tage glückts ihm hohe Kräfte
Wie sie der Berg verschließt hervorzurufen,
Erleichternd uns die blutigen Geschäfte.
Er trete näher den geweihten Stufen,
Den Ehrenschlag empfang er!
Faust knieet.
KAISER. Nimm ihn hin!
Duld ih*n* von keinem andern!

220

[*Kaiser und Erzbischof.*]

[KAISER.] Das weite Land noch unbesessen liegt

[Fünfter Akt.]

[*Palast.*]

221

Faust. Haltefest.

[FAUST.] Sie flieht, da liegt ein weites Land vor mir,
Sie kehrt zurück und insultiert mich hier.
H[ALTE]F[EST.] Mit jedem Tag wird man gescheiter!
Du bist nun hundert Jahr, ich bin schon etwas weiter,
Wir haben Lust und guten Blick.
Gedacht, getan das Meer es muß zurück.
Die längsten Graben sollen niedergehn,
Die höchsten Dämme stolz entgegen stehn
Wir halten fest recht weit in's Meer hinaus.
Wie braust Neptun! Tyrannen lacht man aus.
FAUST. Nur frisch ans Werk

222

[MEPHISTOPHELES.] Er hat die Händel angefange*n*
Laß mich davon den Vorteil ziehn.

[Mitternacht.]

223

[FAUST.] Ihr seid mir fremd ich mag euch nicht beschwören

224

[FAUST.]   Muß befehlen
S[ORGE.] Das hilft dir nichts du wirst uns doch nicht los
Grad im Befehlen wird die Sorge groß.

225

[SORGE.] Wüßtest du dich drin zu finden
Müßtest glauben wie verblinden

226

[FAUST.] Und so im Wandlen eigentlichst belehrt
Unschätzbar ist was niemals wiederkehrt

Und hätt er's auch gesehn der höchste Blick
Kehrt nur ins Herz zur Herrlichkeit zurück

Und wie der Mensch dem Menschen Weg' bereitet
Dem Menschen ists der Mensch der sie bestreitet.

[Großer Vorhof des Palasts.]

227

[Am Rande, doch kaum zugehörig:] N*ota* B*ene* Taubheit.
M[EPH.] Und Mitternacht bezeichnet dieser Schlag
F[AUST.] Was fabelst du es ist ja hoch Mittag
Wie herrlich muß die Sonne scheinen
Sie tut so wohl den alten Beinen.

Komm mit
M[EPH.]   Du willst
F[AUST.]   Ich fordr es selbst von dir.

228

[MEPH.] Wir sind noch keineswegs geschieden
Der Narr wird noch zuletzt zufrieden
Da läuft er willig mir in's Garn

[Grablegung.]

229

[MEPH.] Das Leben, wie es eilig flieht,
Nehmt ihr genau und stets genauer,
Und wenn man es beim Licht besieht,
G'nügt euch am Ende schon die Dauer.

230

[MEPH.] So ruhe denn an deiner Stätte!
Sie weihen das Paradebette,
Und, eh das Seelchen sich entrafft,
Sich einen neuen Körper schafft,
Verkünd ich oben die gewonnene Wette.
Nun freu ich mich aufs große Fest
Wie sich der Herr vernehmen läßt.

231

[MEPH.] Es war genau in unserm Pakt bestimmt
Ich will doch sehn wer mir den nimmt.

232

[MEPH.] Nein! diesmal gilt kein Weilen und kein Bleiben:
Der Reichsverweser herrscht vom Thron,
Ihn und die Seinen kenn' ich schon,

Sie wissen mich, wie ich die Ratten, zu vertreiben.

233

[MEPH.] Du kommst [kamst?] mir eben recht
Langweilig [folgt Ausradiertes] weich Geschlecht

234

[MEPH.] Zart schwebend aufnehmend
Das oberste zu unterst kehrend.

235

MEPH. Das zierlich höfische Geschlecht
ist uns nur zum Verdruß geboren
Und hat ein armer Teufel einmal Recht,
So kommts gewiß dem König nicht zu Ohren.

236

[MEPH.] Mir grillts im Kopf
          kann ichs erreich*en*
Der listigste von mein*en* Streich*en*

237

[MEPH.] Willst du zu deinem Zweck gelang*en*
Mußt dir nicht selbst im Wege stehn,
Die Griechen wußten wir zu fangen
Wir machten uns auf eine Weile schön.

238

[MEPH.] Getan geschehn sogleich
Verdumpft verschrumpft u*nd* wie die Leiche bleich

239

ENGEL. Liebe, die gnädige,
Hegende, tätige,
Gnade die liebende

Schonung verübende
Schweben uns vor.
Fielen der Bande
Irdischer Flor,
Wolkengewande
Tragt ihn empor.

[Bergschluchten.]

240

[DOCTOR MARIANUS.] In heiliger Liebes Lu*st*
Was männlich in der Brust
Zu dir zu wenden

241

In der allerreinsten Quelle
Badet der bestaubte ja

[Badet in der reinsten Quell*e*
Der bestaubte Wandr*er* sich

In der allerreinsten Quelle
Der bestaubte Wandrer sich]

VII. ZWEIFELHAFTES

242

Und Freude schwebt wie Sternen klang
Uns nur im Traume vor.

243

Warmes Lüftchen weh' heran,
Wehe uns entgegen,
Denn du hast uns wohlgetan
auf den Jugend-Wegen.

244

Von dem was sie verstehn
Woll'n sie nichts weiter wissen.

245

Auch die Gesunden
Will ich den Toten gleich
Wütender Streich
Gräßlich zu nennen [?]
Will ich [?] verwunden

246

Wolken Massen Wolken Ballen
Steigen düster aus dem Meere
[Unleserliches] und Hörner schallen
Wie von aufgeregtem Heere
Dreht sichs da und wirbelt heftig
[Folgt Unleserliches.]

VIII. ÄNDERUNGEN UND ZUSÄTZE

verfaßt für theatralische Aufführungen des Ersten Teiles

247

[Weimarer Inszenierungsversuch 1810 bis 1812.]

[Die arabischen Zahlen links deuten auf die Dekorationen, die »NB.« vielleicht auf musikalische Begleitung, die Seitenzahlen in Akt III: pag. 96 und pag. 129, auf eine Handschrift zu genauer Bezeichnung der beiden Szenen: Straße.]
[Aufgezeichnet von Pius Alexander Wolff. Am Rande Goethische Nachträge.]

Akt I.
1) Zueignung.
   Vorspiel auf dem Theater.   [Goethischer Nachtrag:]
2) Prolog im Himmel.   Spatzenfänger [?]

Akt II.
3) Szene 1. Nacht. Faust
    Szene 2. Faust. Weltgeist.
    Szene 3. Faust . Wagner.
    Szene 4. Faust. Chorgesang.
4) Szene 5. Vor dem Tor.
    Spaziergänger. Faust. Wagner. Bauernhochzeit.
    Szene 6. Faust. Wagner. Pudel.
5 = 3) Szene 7. Studierzimmer.
    Faust. Pudel. Geister vor der Tür.
    Szene 8. Faust erwacht. NB.

Akt III.
Szene 1. Faust. nachher Mephistopheles.
Szene 2. Mephist.
Szene 3. Mephist. Schüler.
Szene 4. Mephist. Faust.

Szene 5. Straße. pag. 96   NB. Kleine Teufel.
                                         [Goethischer Nachtrag:]
                                         Techn[ischer] Einsch[nitt]

Szene 6. Auerbachs Keller.
Szene 7. Hexenküche.
Szene 8. Straße. pag. 129.
Szene 9. Margarethens Stube.

Akt IV.
Szene 1. Spaziergang. Faust. Mephist.
Szene 2. Marthens Zimmer.   [Goethischer Nachtrag:]
   Margarethe, Marthe.   Spaziergang.
                             Faust. Meph
                             Margr. Marthe

Szene 3. Wald und Höhle.
Szene 4. Gretchens Stube
   Margarethe.
       [Goethischer Nachtrag:] Kombination.
Szene 5. Margarethe Faust. NB.
Szene 6. Straße. Valentin p.
Szene 7. Faust. Mephist.
Szene 8. Volk.
Szene 9. Vorhalle des Dom's. [Goethischer Nachtrag:]
                                                Lieschen
   Gretchens. Ach neige Du Schmerzensreiche p
Szene 10. Böser Geist. NB.

Akt V.
Szene 1. Felsen Gegend
Szene 2. Blocks Berg.
Szene 3. Kerker.

248

[Szene für die Aufführungen des Fürsten Radziwill in Berlin.]

[Nach Berlin gesendet 11. April 1814.]

[Zwei Teufelchen und Amor.]

Zwei Teufelchen tauchen aus der rechten Versenkung.

A. Nun, sagt' ich's nicht, da sind wir ja!
B. Das ging geschwind! wo ist denn der Papa?
Wir kriegen's ab für unsern Frevel.
(sie sind herausgetreten.)
A. Er ist nicht weit, es riecht hier stark nach Schwefel.
Wir gehn drauf los, so sind wir bald am Ziel.

AMOR *mit übereinander geschlagenen Füßen und Händen wird durch die Versenkung links schlafend hervorgehoben.*

B. Sieh dort!
A.   Was gibt's?
B.   Da kommt noch ein Gespiel.
O der ist garstig! der ist greulich!
A. So weiß und rot, das find' ich ganz abscheulich.
B. Und Flügel hat er wie ein Strauß.
A. Ich lobe mir die Fledermaus.
B. Es lüstet mich ihn aufzuwecken.
A. Den Laffen müssen wir erschrecken.
A, a! E, e! I, i! O! U!
B. Er regt sich, still! wir horchen zu.

AMOR *an die Zuschauer.*

In welches Land ich auch gekommen,
Fremd, einsam werd' ich nirgend sein.
Erschein' ich – Herzen sind entglommen,
Gesellig finden sie sich ein;
Verschwind' ich, jeder steht allein.

A. *nachäffend.* Allein.
B.   Allein.
BEIDE.   Wir beide sind doch auch zu zwein.

AMOR. Ja die Gesellschaft ist darnach!
A. Er muckt noch!
B.   Sing' ihm was zur Schmach!
A. Das ärmliche Bübchen!
O wärmt mir das Stübchen,
Es klappert, es friert.
B. O wie das Kaninchen,
Das Hermelinchen,
Sich windet, sich ziert!
AMOR. Vergebens wirst du dich erbittern,
Du garstig Fratzenangesicht!
Verlust der Neigung macht mich zittern,
Allein der Haß erschreckt mich nicht.
(in den Hintergrund.)
B. Das ist mir wohl ein saubres Hähnchen!
A. Ein wahres derbes Grobiänchen!
B. Gewiß ein Schalk wie ich und du.
A. Komm, sehn wir etwas näher zu!
Wir wollen ihn mit Schmeicheln kirren.
B. Das kleine Köpfchen leicht verwirren,
So gut als ob's ein großer wär!
(beide verneigend:)
Wo kommt der schöne Herr denn her?
Von unsersgleichen gibt es Hundert;
Nun stehn wir über ihn verwundert.
AMOR. Aus diesen krummgebognen Rücken,
Aus den verdrehten Feuerblicken,
Will immer keine Demut blicken;
Ihr mögt euch winden, mögt euch bücken,
Euch kleidet besser Trotz und Grimm.
Ja, ihr verwünschten Angesichter,
Du erzplutonisches Gelichter,
Das was du wissen willst, vernimm!

Ich liebe von Parnassus Höhen
Zur Pracht des Göttermahls zu gehen,

Dann ist der Gott zum Gott entzückt.
Apoll verbirgt sich unter Hirten,
Doch alle müssen mich bewirten,
Und Hirt und König ist beglückt.
Bereit' ich Jammer einem Herzen,
Dem wird das größte Glück zu Teil.
Wer freuet sich nicht meiner Schmerzen!
Der Schmerz ist mehr als alles Heil.
A. UND B. Nun ist's heraus und offenbar;
So kannst du uns gefallen!
Erlogen ist das Flügelpaar,
Die Pfeile, die sind Krallen.
Die Hörnerchen verbirgt der Kranz:
Er ist ohn' allen Zweifel,
Wie alle Götter Griechenlands,
Auch ein verkappter Teufel.
AMOR. Ihr zieht mich nicht in eure Schmach!
Ich freue mich am goldnen Pfeil und Bogen,
Und kommt denn auch der Teufel hinten nach,
Bin ich schon weit hinweggeflogen.

Amor fliegt gegen die Seite, wo sogleich Faust und Gretchen hervortreten. Die Teufelchen hüpfen in die entgegengesetzte, wo später Mephistopheles und Marthe herauskommen.

249
[Szene für die Aufführungen des Fürsten Radziwill in Berlin.]

[Nach Berlin gesendet 11. April 1814.]

Ein Gartenhäuschen.

Margarete springt herein, steckt sich hinter die Tür, hält die Fingerspitzen an die Lippen, und guckt durch die Ritze.

MARGARETE. Er kommt! Er kommt so schnell,
Er wird mich fragen.
Da draußen ist's so hell –

Ich kann's nicht sagen.
FAUST *kommt.* Ach Schelm, so neckst du mich!
Willst du's nicht sagen?
Ich lieb' ich liebe dich!
Sollt' ich nicht fragen?
MARGARETE. Was soll denn aber das?
Warum verfolgst du mich?
FAUST. Ich will kein ander Was,
Ich will nur dich!
MARGARETE. Verlangst du noch einmal
Was du genommen? –
Komm an mein Herz! du bist
Du bist willkommen!
FAUST. O welchen süßen Schatz
Hab' ich genommen!
So sei denn Herz an Herz
Sich hoch willkommen!
MARTHE UND MEPHISTOPHELES *außen.*
Kluge Frau und kluger Freund
Kennen solche Flammen;
Bis der Herr es redlich meint
Laßt sie nicht beisammen.
FAUST. Wer da?
MEPHISTOPHELES. Gut Freund!
FAUST. Ein Tier!
MEPHISTOPHELES *mit Marthe hereintretend*
Nun endlich, so gefällst du mir!
MEPHISTOPHELES UND MARTHE.
Wer Gelegenheit gegeben
Der soll leben;
Wer Gelegenheit benommen,
Schlecht willkommen!
MARGARETE UND FAUST. Sag wer hat es uns gegeben
Dieses Leben?
Niemals wird es uns genommen
Dies Willkommen

250

[Weimarer Plan,

die beiden großen Monologe Fausts, unter Weglassung der Wagner-Szene, zu einem melodramatischen Monodrama zusammenzufassen, wobei ein längerer Abschnitt des zweiten Monologs (Vs. 630–651) durch eine kürzere Fassung ersetzt werden sollte. 1815.]

[In jenem sel'gen Augenblicke
Ich fühlte mich so klein, so groß;
Du stießest grausam mich zurücke
Ins ungewisse Menschenlos.]
Hier soll ich bangen, soll ich wähnen,
Und hoffen in erneuter Pein,
Soll an Verzweiflung mich gewöhnen
Und größer als Verzweiflung sein.
Du Erdengeist, kennst du die Macht
Was eine Menschenbrust vermag?
Ich breche durch! Nach dieser Nacht
Was kümmert mich ein neuer Tag
Ich sollte wohl im Jammer weilen,
Nachdem ich einmal dich geschaut.
Sieh mich entschlossen, sieh mich eilen.
Das Ende such ich, keine Braut.

[Doch warum heftet sich mein Blick auf jene Stelle?
Ist jenes Fläschchen dort den Augen ein Magnet?]

251

[Zwei Chöre für die Aufführungen des Fürsten
Radziwill in Berlin.]

[Nach Berlin gesendet 3. Juli 1819.]

1.

[Einzuschieben nach den Worten Fausts: »So mag es bei der Fratze bleiben.« Vs. 1739.]

[Geisterchor.]

1. HALBCHOR. Wird er schreiben.
2. HALBCHOR. Er wird schreiben
1. HALBCHOR. Er wird nicht schreiben.
2. HALBCHOR. Er wird schreiben
CHOR. Blut ist ein ganz besondrer Saft.
Wirkend im Innern Kraft aus Kraft.
Reißt ihn die Wunde rasch nach Außen,
Draußen wird er wilde, wilder haussen.
MEPH. Blut ist ein ganz besondrer Saft.

2.

[Einzuschieben nach den Worten des Mephistopheles: »Ich gratuliere dir zum neuen Lebenslauf.« Vs. 2072.]

[Geisterchor.]

CHOR. Hinaus! Hinauf!
Kühn und munter.
Sind wir einmal oben drauf
Gehts wieder hinunter.

VIII. ÄNDERUNGEN UND ZUSÄTZE

252

[Zwei Chöre für die erste Weimarer Aufführung am
29. August 1829.]

1.

[Chor, eingeschoben vor den Worten des Mephistopheles: »Blut
ist ein ganz besondrer Saft.« Vs. 1740.]
No 8
CHOR. *Allegro*
Und wird er schreiben?
Ja er wird schreiben
Er wird nicht schreiben!
Nicht! nein nein!
Er schreibt! Er schreibt,
und zwar mit ganz besonderm Saft.
MEPHISTO. Blut ist ein gar besondrer Saft!

2.

No: 26. Schlußchor
Allegro
MEPH. Sie ist gerichtet.
CHOR. Ist gerettet!
MEPH. Her zu mir!
CHOR. *Andante dolce*
Im Wolkenschoß gebettet,
im Wolkenschoß gebettet!
Heran! heran
In Engelsarmen
entsühnt zu erwarmen
find Erbarmen
Erbarmen, Erbarmen!

Fine

Goethe über den Faust

ÄUSSERUNGEN GOETHES
ÜBER DEN FAUST

Dichtung und Wahrheit, 10. Buch　　　　　　　*Zu Herbst 1770 bis April 1771*

Am sorgfältigsten verbarg ich ihm [Herdern] das Interesse an gewissen Gegenständen, die sich bei mir eingewurzelt hatten und sich nach und nach zu poetischen Gestalten ausbilden wollten. Es war Götz von Berlichingen und Faust. Die Lebensbeschreibung des erstern hatte mich im Innersten ergriffen. Die Gestalt eines rohen wohlmeinenden Selbsthelfers in wilder anarchischer Zeit erregte meinen tiefsten Anteil. Die bedeutende Puppenspielfabel des andern klang und summte gar vieltönig in mir wieder. Auch ich hatte mich in allem Wissen umhergetrieben und war früh genug auf die Eitelkeit desselben hingewiesen worden. Ich hatte es auch im Leben auf allerlei Weise versucht, und war immer unbefriedigter und gequälter zurückgekommen. Nun trug ich diese Dinge, so wie manche andre, mit mir herum und ergötzte mich daran in einsamen Stunden, ohne jedoch etwas davon aufzuschreiben. Am meisten aber verbarg ich vor Herdern meine mystischkabbalistische Chemie und was sich darauf bezog, ob ich mich gleich noch sehr gern heimlich beschäftigte, sie konsequenter auszubilden, als man sie mir überliefert hatte.

Dichtung und Wahrheit, 12. Buch　　　　　　　　　　　*Zu Frühling 1772*

Wie sehr dieser Kreis [die Darmstädter Gesellschaft] mich belebte und förderte, wäre nicht auszusprechen. Man hörte gern die Vorlesung meiner gefertigten oder angefangenen Arbeiten, man munterte mich auf, wenn ich offen und umständlich erzählte, was ich eben vor hatte, und schalt mich, wenn ich bei jedem neuen Anlaß das Früherbegonnene zurücksetzte. Faust war schon vorgerückt, Götz von Berlichingen baute sich nach und nach in meinem Geiste zusammen, das Studium des fünfzehnten und sechzehnten Jahrhunderts beschäftigte mich, und jenes Münstergebäude [zu Straßburg] hatte einen sehr ernsten Eindruck in mir zurückgelassen, der als Hintergrund zu solchen Dichtungen gar wohl dastehn konnte.

Gotter an Goethe, Schluß eines Dankgedichts　　　　　　　*Juni 1773*
für den übersandten Götz

　　　　Schick mir dafür den »Doctor Faust«,
　　　　Sobald Dein Kopf ihn ausgebraust!

An Gottlob Friedrich Ernst Schönhorn 1. *Juni 1774*
Noch einige Plane zu großen Dramas hab' ich erfunden, das heißt, das interessante Detail dazu in der Natur gefunden und in meinem Herzen.

Heinrich Christian Boie *Tagebuch vom 11. Oktober 1774*
Einen ganzen Tag allein, ungestört mit Goethen zugebracht, mit Goethen, dessen Herz so groß und edel wie sein Geist ist! … Er hat mir viel vorlesen müssen, ganz und Fragment, und in allem ist der originale Ton, eigne Kraft, und bei allem Sonderbaren, Unkorrekten, alles mit dem Stempel des Genies geprägt. Sein Faust ist fast fertig und scheint mir das Größte und Eigentümlichste von allem.

Karl L. v. Knebel an Friedrich Justin Bertuch 23. *Dezember 1774*
Ich habe einen Haufen Fragmente von ihm [Goethe], unter anderm zu einem Doktor Faust, wo ganz ausnehmend herrliche Szenen sind. Er zieht die Manuskripte aus allen Winkeln seines Zimmers hervor.

Dichtung und Wahrheit, 18. Buch *Zu März 1775*
Einige besondere Gespräche mit Klopstock erregten gegen ihn, bei der Freundlichkeit die er mir erwies, Offenheit und Vertrauen; ich teilte ihm die neusten Szenen des Faust mit, die er wohl aufzunehmen schien, sie auch, wie ich nachher vernahm, gegen andere Personen mit entschiedenem Beifall, der sonst nicht leicht in seiner Art war, beehrt und die Vollendung des Stücks gewünscht hatte.

Johann Jakob Bodmer an Heinrich Rudof Schinz 11. *Juni 1775*
Man sagt, Goethe wolle bei uns an einem Trauerspiel von Dr. Faustus arbeiten. Eine Farce läßt sich von einem Schwindelkopf leicht daraus machen.

An Auguste Gräfin zu Stolberg 17. *September 1775*
Ist der Tag leidlich und stumpf herumgegangen; da ich aufstund, war mir's gut, ich machte eine Szene an meinem Faust. Vergängelte ein paar Stunden. Verliebelte ein paar mit einem Mädchen, davon Dir die Brüder erzählen mögen, das ein seltsames Geschöpf ist. Aß in einer Gesellschaft ein Dutzend guter Jungens, so grad wie sie Gott erschaffen hat. Fuhr auf dem Wasser selbst auf und nieder, ich hab' die Grille, selbst fahren zu lernen. Spielte ein paar Stunden Pharao und verträumte ein paar mit guten Menschen. Und nun sitz' ich Dir gute Nacht zu sagen. Mir war's in all dem wie einer Ratte, die Gift gefressen hat, sie läuft in alle Löcher, schlurpft alle Feuchtigkeit, verschlingt alles Eßbare, das ihr in Weg kommt, und ihr Innerstes glüht von unauslöschlich verderblichem Feuer.

GOETHE ÜBER DEN FAUST

Nach J. G. von Zimmermann September 1775

Faust avait été annonce de bonne heure, et l'on s'attendait alors à le voir paraître prochainement. Zimmermann ... demanda à son ami [Goethe] des nouvelles de cette composition. Goethe apporta un sac, rempli de petits chiffons de papier. Il le vida sur la table et dit: «Voilà mon Faust».

An Johann Heinrich Merck Oktober 1775

Ich hab das Hohelied Salomons übersetzt, welches ist die herrlichste Sammlung Liebeslieder, die Gott erschaffen hat ... Ich bin leidlich. Hab am Faust viel geschrieben.

Gespräch mit Eckermann, 10. Februar 1829 Zu Herbst 1775

Über die ersten Anfänge des Faust.

»Der Faust entstand mit meinem Werther; ich brachte ihn im Jahre 1775 mit nach Weimar. Ich hatte ihn auf Postpapier geschrieben und nichts daran gestrichen; denn ich hütete mich, eine Zeile niederzuschreiben, die nicht gut war und die nicht bestehen konnte.«

Friedrich Leopold zu Stolberg an seine Schwester Henriette 6. Dezember 1775

Einen Nachmittag las Goethe seinen halbfertigen Faust vor. Die Herzoginnen [Anna Amalia und Luise] waren gewaltig gerührt bei einigen Szenen.

An den Herzog Karl August Rom, 12. Dezember 1786

Nun [nach der nahe bevorstehenden Vollendung der Iphigenie] soll es über die andern Sachen, endlich auch über Faust hergehn. Da ich mir vornahm, meine Fragmente drucken zu lassen, hielt ich mich für tot. Wie froh will ich sein, wenn ich mich durch Vollendung des Angefangnen wieder als lebendig legitimieren kann.

An Charlotte v. Stein Rom, 20. Januar 1787

Ich habe Hoffnung, Egmont, Tasso, Faust zu endigen, und neue Gedanken genug zum Wilhelm. Zugleich les' ich den Livius, und ich würde Dich verwirren, wenn ich Dir sagen wollte, was sonst alles auf mich zudringt.

Italienische Reise Dritter Teil 11. August 1787

Tasso kommt nach dem neuen Jahre. Faust soll auf seinem Mantel als Kurier meine Ankunft melden. Ich habe alsdann eine Hauptepoche zurückgelegt, rein geendigt, und kann wieder anfangen und eingreifen, wo es nötig ist.

An den Herzog Karl August   Rom, 8. Dezember 1787

An Faust gehe ich ganz zuletzt, wenn ich alles andre hinter mir habe. Um das Stück zu vollenden, werd' ich mich sonderbar zusammennehmen müssen. Ich muß einen magischen Kreis um mich ziehen, wozu mir das günstige Glück eine eigne Stätte bereiten möge.

An den Herzog Karl August   Rom, den 16. Februar 1788

Nun steht mir fast nichts als der Hügel Tasso und der Berg Faustus vor der Nase. Ich werde weder Tag noch Nacht ruhen, bis beide fertig sind.

Italienische Reise Dritter Teil   Rom, 1. März 1788

Ich habe den Mut gehabt, meine drei letzten Bände [6–8 der »Schriften«, Faust in Band 7] auf einmal zu überdenken, und ich weiß nun genau, was ich machen will; gebe nun der Himmel Stimmung und Glück, es zu machen! Es war eine reichhaltige Woche, die mir in der Erinnerung wie ein Monat vorkommt. – Zuerst ward der Plan zu Faust gemacht, und ich hoffe, diese Operation soll mir geglückt sein. Natürlich ist es ein ander Ding, das Stück jetzt oder vor fünfzehn Jahren ausschreiben; ich denke, es soll nichts dabei verlieren, besonders da ich jetzt glaube, den Faden wiedergefunden zu haben. Auch was den Ton des Ganzen betrifft, bin ich getröstet; ich habe schon eine neue Szene ausgeführt, und wenn ich das Papier räuchre, so dächt' ich, sollte sie mir niemand aus den alten herausfinden. Da ich durch die lange Ruhe und Abgeschiedenheit ganz auf das Niveau meiner eigenen Existenz zurückgebracht bin, so ist es merkwürdig, wie sehr ich mir gleiche und wie wenig mein Innres durch Jahre und Begebenheiten gelitten hat. Das alte Manuskript macht mir manchmal zu denken, wenn ich es vor mir sehe. Es ist noch das erste, ja in den Hauptszenen gleich so ohne Konzept hingeschrieben; nun ist es so gelb von der Zeit, so vergriffen (die Lagen waren nie geheftet), so mürbe und an den Rändern zerstoßen, daß es wirklich wie ein Fragment eines alten Codex aussieht, so daß ich, wie ich damals in eine frühere Welt mich mit Sinnen und Ahnden versetzte, mich jetzt in eine selbstgelebte Vorzeit wieder versetzen muß.

An den Herzog Karl August   5. Juli 1789

Faust will ich als Fragment geben aus mehr als einer Ursache. Davon mündlich.

An J. F. Reichardt   2. November 1789

... hinter Fausten ist ein Strich gemacht.

GOETHE ÜBER DEN FAUST

An den Herzog Karl August 5. *November 1789*

Ich bin wohl und fleißig gewesen. Faust ist fragmentiert, das heißt, in seiner Art für diesmal abgetan. Mittelsdorf schreibt ihn ab. Ein wunderlicher Konzept ist ihm wohl nie vorgelegt worden. Es ist recht eigen, alle diese Tollheiten von eben der Hand zu sehen, welche uns sonst nur: »Veste, liebe getreue« vorzulegen gewohnt ist. Nun wünsche ich, daß Ihnen das Stückwerk noch einmal einen guten Abend machen möge.

Tagebuch 10. *Januar 1790*

Faust abgeschickt [an Göschen in Leipzig als Druckvorlage für Band 7 der Schriften].

An Schiller 2. *Dezember 1794*

Von Faust kann ich jetzt nichts mitteilen, ich wage nicht, das Paket aufzuschnüren, das ihn gefangen hält. Ich könnte nicht abschreiben ohne auszuarbeiten, und dazu fühle ich mir keinen Mut. Kann mich künftig etwas dazu vermögen, so ist es gewiß Ihre Teilnahme.

Tagebuch 5. *Juni 1797*

Nach Tische Oberons goldene Hochzeit.

An Schiller 22. *Juni 1797*

Da es höchst nötig ist, daß ich mir in meinem jetzigen unruhigen Zustande etwas zu tun gebe, so habe ich mich entschlossen, an meinen Faust zu gehn und ihn, wo nicht zu vollenden, doch wenigstens um ein gutes Teil weiter zu bringen, indem ich das, was gedruckt ist, wieder auflöse und mit dem, was schon fertig oder erfunden ist, in große Massen disponiere, und so die Ausführung des Plans, der eigentlich nur eine Idee ist, näher vorbereite. Nun habe ich eben diese Idee und deren Darstellung wieder vorgenommen und bin mit mir selbst ziemlich einig. Nun wünschte ich aber, daß Sie die Güte hätten, die Sache einmal, in schlafloser Nacht, durchzudenken, mir die Foderungen, die Sie an das Ganze machen würden, vorzulegen und so mir meine eignen Träume als ein wahrer Prophet zu erzählen und zu deuten.

Da die verschiednen Teile dieses Gedichts in Absicht auf die Stimmung verschieden behandelt werden können, wenn sie sich nur dem Geist und Ton des Ganzen subordinieren, da übrigens die ganze Arbeit subjektiv ist, so kann ich in einzelnen Momenten daran arbeiten, und so bin ich auch jetzt etwas zu leisten im Stande.

Schiller an Goethe 23. *Juni 1797*

Ihr Entschluß, an den Faust zu gehen, ist mir in der Tat überraschend, besonders jetzt, da Sie sich zu einer Reise nach Italien gürten. Aber ich hab' es einmal für immer aufgegeben, Sie mit der gewöhnlichen Logik zu messen, und bin also im voraus überzeugt, daß Ihr Genius sich vollkommen gut aus der Sache ziehen wird ... soviel ich kann, will ich Ihren Faden aufzufinden suchen, und wenn das auch nicht geht, so will ich mir einbilden, als ob ich die Fragmente von Faust zufällig fände und solche auszuführen hätte. So viel bemerke ich hier nur, daß der Faust, das Stück nämlich, bei aller seiner dichterischen Individualität die Forderung an eine symbolische Bedeutsamkeit nicht ganz von sich weisen kann, wie auch wahrscheinlich Ihre eigene Idee ist. Die Duplizität der menschlichen Natur und das verunglückte Bestreben, das Göttliche und Physische im Menschen zu vereinigen, verliert man nicht aus den Augen; und weil die Fabel ins Grelle und Formlose geht und gehen muß, so will man nicht bei dem Gegenstand stille stehen, sondern von ihm zu Ideen geleitet werden. Kurz, die Anforderungen an den Faust sind zugleich philosophisch und poetisch, und Sie mögen sich wenden, wie Sie wollen, so wird Ihnen die Natur des Gegenstandes eine philosophische Behandlung auflegen, und die Einbildungskraft wird sich zum Dienst einer Vernunftidee bequemen müssen.

Aber ich sage Ihnen damit schwerlich etwas Neues, denn Sie haben diese Forderung in dem, was bereits da ist, schon in hohem Grad zu befriedigen angefangen.

Tagebuch   Juni 1797

23.: Ausführlicheres Schema zum Faust. – 24.: [Früh] Zueignung an Faust. ... Nachmittag weiter an Faust. – 26., 27.: An Faust.

An Schiller   24. Juni 1797

Dank für Ihre ersten Worte über den wieder auflebenden Faust. Wir werden wohl in der Ansicht dieses Werkes nicht variieren, doch gibt's gleich einen ganz andern Mut zur Arbeit, wenn man seine Gedanken und Vorsätze auch von außen bezeichnet sieht, und Ihre Teilnahme ist in mehr als Einem Sinne fruchtbar ... Ich werde nur vorerst die großen erfundenen und halb bearbeiteten Massen zu enden und mit dem, was gedruckt ist, zusammenzustellen suchen, und das so lange treiben, bis sich der Kreis selbst erschöpft.

Schiller an Goethe   26. Juni 1797

Den Faust habe ich nun wieder gelesen, und mir schwindelt ordentlich vor der Auflösung. Dies ist indes sehr natürlich, denn die Sache beruht auf einer Anschauung, und so lang man die nicht hat, muß ein selbst nicht so reicher Stoff den Verstand in Verlegenheit setzen. Was mich daran ängstigt, ist, daß mir der Faust seiner Anlage nach auch eine Totalität der Materie nach zu erfordern scheint, wenn am Ende die Idee ausgeführt erscheinen soll, und für eine so hoch aufquellende Masse finde ich keinen poetischen Reif, der sie zusammenhält. Nun, Sie werden sich schon zu helfen wissen.

Zum Beispiel, es gehörte sich meines Bedünkens, daß der Faust in das handelnde Leben geführt würde, und welches Stück Sie auch aus dieser Masse erwählen, so scheint es mir immer durch seine Natur eine zu große Umständlichkeit und Breite zu erfordern. In Rücksicht auf die Behandlung finde ich die große Schwierigkeit, zwischen dem Spaß und dem Ernst glücklich durchzukommen; Verstand und Vernunft scheinen mir in diesem Stoff auf Tod und Leben miteinander zu ringen ... Der Teufel behält durch seinen Realism vor dem Verstand, und der Faust vor dem Herzen recht. Zuweilen aber scheinen sie ihre Rollen zu tauschen, und der Teufel nimmt die Vernunft gegen den Faust in Schutz. Eine Schwierigkeit finde ich auch darin, daß der Teufel durch seinen Charakter, der realistisch ist, seine Existenz, die idealistisch ist, aufhebt. Die Vernunft nur kann ihn glauben, und der Verstand nur kann ihn so, wie er da ist, gelten lassen und begreifen. Ich bin überhaupt sehr erwartend, wie die Volksfabel sich dem philosophischen Teil des Ganzen anschmiegen wird.

An Schiller 27. *Juni 1797*

Ihre Bemerkungen zu Faust waren mir sehr erfreulich. Sie treffen, wie es natürlich war, mit meinen Vorsätzen und Planen recht gut zusammen, nur daß ich mir's bei dieser barbarischen Komposition bequemer mache und die höchsten Forderungen mehr zu berühren als zu erfüllen denke. So werden wohl Verstand und Vernunft, wie zwei Klopffechter, sich grimmig herumschlagen, um abends zusammen freundschaftlich auszuruhen. Ich werde sorgen, daß die Teile anmutig und unterhaltend sind und etwas denken lassen ...

An Schiller 1. *Juli 1797*

Meinen Faust habe ich in Absicht auf Schema und Übersicht in der Geschwindigkeit recht vorgeschoben ... Es käme jetzt nur auf einen ruhigen Monat an, so sollte das Werk zu männiglicher Verwunderung und Entsetzen wie eine große Schwammfamilie aus der Erde wachsen.

An Schiller 5. *Juli 1797*

Faust ist die Zeit zurückgelegt worden, die nordischen Phantome sind durch die südlichen Reminiszenzen auf einige Zeit zurückgedrängt worden, doch habe ich das Ganze als Schema und Übersicht sehr umständlich durchgeführt.

An Hirt 25. *Dezember 1797*

Ihre letzten Aufsätze über Laokoon habe ich noch nicht gesehen. ... ich bin für den Moment himmelweit von solchen reinen und edlen Gegenständen entfernt, indem ich meinen Faust zu endigen, mich aber zugleich von aller nordischen Barbarei loszusagen wünsche.

Tagebuch und an Charlotte Schiller April 1798

9.: [Früh] Faust wieder vorgenommen. – *10.:* Früh Faust. – *11.:* [Früh] Faust. – *14.:* Gegen Abend verschiedenes an Faust. *15.:* Beschäftigung an Faust. – *18. an Charlotte Schiller:* Faust rückt alle Tage wenigstens um ein Dutzend Verse. – *18., 19., 21.:* An Faust.

An Charlotte Schiller 21. April 1798

Faust hat diese Tage immer zugenommen; so wenig es ist, bleibt es eine gute Vorbereitung und Vorbedeutung. Was mich so lange Jahre abgehalten hat wieder daran zu gehen, war die Schwierigkeit, den alten geronnenen Stoff wieder ins Schmelzen zu bringen.

An Schiller 5. Mai 1798

Meinen Faust habe ich um ein gutes weitergebracht. Das alte, noch vorratige, höchst konfuse Manuskript ist abgeschrieben, und die Teile sind in abgesonderten Lagen nach den Nummern eines ausführlichen Schemas hintereinander gelegt. Nun kann ich jeden Augenblick der Stimmung nutzen, um einzelne Teile weiter auszuführen und das Ganze früher oder später zusammen zu stellen.

Ein sehr sonderbarer Fall erscheint dabei: Einige tragische Szenen waren in Prosa geschrieben, sie sind durch ihre Natürlichkeit und Stärke, in Verhältnis gegen das andere, ganz unerträglich. Ich suche sie deswegen gegenwärtig in Reime zu bringen, da denn die Idee wie durch einen Flor durchscheint, die unmittelbare Wirkung des ungeheuern Stoffes aber gedämpft wird.

An Cotta 2. Januar 1799

Mein Faust ist zwar im vorigen Jahre ziemlich vorgerückt, doch wüßte ich bei diesem Hexenprodukte die Zeit der Reife nicht voraus zu sagen. Wenn die Hoffnung näher rückt, sollen Sie davon hören.

Tagebuch 18. und 19. September 1799

Früh Faust vorgenommen. – Weniges an Faust.

Schiller an Cotta 24. März 1800

Nun noch einen guten Rat. Ich fürchte, Goethe läßt seinen Faust, an dem schon so viel gemacht ist, ganz liegen, wenn er nicht von außen und durch anlockende Offerten veranlaßt wird, sich noch einmal an diese große Arbeit zu machen und sie zu vollenden ... Sie können ihn, das bin ich überzeugt, durch glänzende Anerbietungen dahin bringen, dieses Werk in diesem Sommer auszuarbeiten.

An Schiller 11. April 1800

Cottas Freiheit ist mir sehr angenehm. Ich habe einen Brief von ihm über Faust, den Sie mir wahrscheinlich zugezogen haben; wofür ich aber danken muß, denn wirklich habe ich auf diese Veranlassung das Werk heute vorgenommen und durchdacht.

Tagebucheintragungen über die Arbeit am Faust am 11. April vom 13. bis 19. und 21. bis 24. April täglich, am 22. Mai, 1. August, 4. und 5. September 1800

An Schiller 16. April 1800

Der Teufel, den ich beschwöre, gebärdet sich sehr wunderlich.

Schiller an Christian Gotffried Körner 28. Juli 1800

In Schriften findet man beinahe gar nichts, was nur irgend poetisch wäre; auch Goethe sagt mir, daß er zu seinem Faust gar keinen Trost in Büchern gefunden hätte.

An Schiller 12. September 1800

Nach verschiedenen Abenteuern bin ich erst heute früh wieder zu der jenaischen Ruhe gelangt und habe gleich etwas versucht, aber nichts getan. Glücklicherweise konnte ich diese acht Tage die Situationen festhalten, von denen Sie wissen, und meine Helena ist wirklich aufgetreten. Nun zieht mich aber das Schöne in der Lage meiner Heldin so sehr an, daß es mich betrübt, wenn ich es zunächst in eine Fratze verwandeln soll. Wirklich fühle ich nicht geringe Lust, eine ernsthafte Tragödie auf das Angefangene zu gründen; allein ich werde mich hüten die Obliegenheiten zu vermehren, deren kümmerliche Erfüllung ohnehin schon die Freude des Lebens wegzehrt.

Tagebucheintragungen über die Arbeit an Helena vom 12. bis 14., 22. bis 26. September 1800

Schiller an Goethe 13. September 1800

Ich wünsche Ihnen Glück zu dem Schritte, den Sie in Ihrem Faust getan. Lassen Sie sich aber ja nicht durch den Gedanken stören, wenn die schönen Gestalten und Situationen kommen, daß es schade sei, sie zu verbarbarisieren. Der Fall könnte Ihnen im zweiten Teil des Faust noch öfters vorkommen, und es möchte einmal für allemal gut sein, Ihr poetisches Gewissen darüber zum Schweigen zu bringen. Das Barbarische der Behandlung, das Ihnen durch den Geist des Ganzen auferlegt wird, kann den höhern Gehalt nicht zerstören und das Schöne nicht aufheben, nur es anders spezifizieren und für ein anderes Seelenvermögen zubereiten. Eben das Höhere und Vornehmere in den Motiven wird dem Werk einen eigenen Reiz geben, und Helena ist in diesem Stück ein Symbol für alle die schönen Gestalten, die sich hineinverirren werden. Es ist ein sehr bedeutender Vorteil, von dem Reinen mit Bewußtsein ins Unreinere zu gehen, anstatt von dem Unreinen einen Aufschwung zum Reinen zu suchen, wie bei uns übrigen Barbaren der Fall ist. Sie müssen also in Ihrem Faust überall Ihr Faustrecht behaupten.

An Schiller 16. *September 1800*

Der Trost, den Sie mir in Ihrem Briefe geben, daß durch die Verbindung des Reinen und Abenteuerlichen ein nicht ganz verwerfliches poetisches Ungeheuer entstehen könne, hat sich durch die Erfahrung schon an mir bestätigt, indem aus dieser Amalgamation seltsame Erscheinungen, an denen ich selbst einiges Gefallen habe, hervortreten.

Schiller an Goethe 23. *September 1800*

Ihre neuliche Vorlesung [der Helena am 21.] hat mich mit einem großen und vornehmen Eindruck entlassen, der edle hohe Geist der alten Tragödie weht aus dem Monolog einem entgegen und macht den gehörigen Effekt, indem er ruhig-mächtig das Tiefste aufregt. Wenn Sie auch sonst nichts Poetisches von Jena zurückbrächten als dieses und was Sie über den fernern Gang dieser tragischen Partie schon mit sich ausgemacht haben, so wäre Ihr Aufenthalt in Jena belohnt. Gelingt Ihnen diese Synthese des Edeln mit dem Barbarischen, wie ich nicht zweifle, so wird auch der Schlüssel zu dem übrigen Teil des Ganzen gefunden sein, und es wird Ihnen alsdann nicht schwer sein, gleichsam analytisch von diesem Punkt aus den Sinn und Geist der übrigen Partien zu bestimmen und zu verteilen. Denn dieser Gipfel, wie Sie ihn selbst nennen, muß von allen Punkten des Ganzen gesehen werden und nach allen hinsehen.

Tagebucheintragungen über die Arbeit am Faust am 2., 3., vom 5. bis 8. November 1800, vom 7. bis 19. Februar 1801, 21. bis 23., am 26. Februar, vom 7. bis 12. März, am 4. und 7. April 1801

An Schiller 9. *Februar 1801*

Arbeiten möcht und könnte ich wohl, besonders auch Ihnen zur Freude, wenn nicht mein zerrißner Zustand mir fast alle Hoffnung und zugleich den Mut benähme.

An Schiller 18. *März 1801*

Keinen eigentlichen Stillstand an Faust habe ich noch nicht gemacht, aber mitunter nur schwache Fortschritte. Da die Philosophen auf diese Arbeit neugierig sind, habe ich mich freilich zusammenzunehmen.

Schiller an Cotta 10. *Dezember 1801*

Sie fragen mich nach Goethen und seinen Arbeiten. [Cotta schrieb am 27. 10.: Ist Goethe für mich ganz tot?] Er hat aber leider seit seiner Krankheit [im April] gar nichts mehr gearbeitet und macht auch keine Anstalten dazu. Bei den trefflichsten Planen und Vorarbeiten, die er hat, fürchte ich dennoch, daß nichts mehr zustande kommen wird, wenn nicht eine große Veränderung mit ihm vorgeht. Er ist zu wenig Herr über seine Stimmung; seine Schwerfälligkeit macht ihn unschlüssig; und über den vielen Liebhaber-Beschäftigungen, die er sich mit wissenschaftlichen Dingen macht, zerstreut er sich zu sehr. Beinahe verzweifle ich daran, daß er seinen Faust noch vollenden wird.

An Cotta 30. *September 1805*

Was ich in den 4. Band [einer neuen Ausgabe, dann 1806–1813 in 13 Bänden erschienen] bringe, darüber bin ich mit mir selbst noch nicht einig. Ist es mir einigermaßen möglich, so tret' ich gleich mit Faust hervor. Er und die übrigen holzschnittartigen Späße machen ein gutes Ganzes und würden bei der ersten Lieferung gleich ein lebhafteres Interesse erregen. Bezeichnen Sie mir den letzten Termin, wann Sie das Manuskript vom 4. Bande haben müssen, damit ich einigermaßen meinen Überschlag machen kann.

Tagebucheintragungen über Durchsicht von Faust zusammen mit Riemer am 21., 24., 25., 28., 29. März, 1., 3., 4., 13., 21., 22., die letzte Eintragung am 25. April 1806:
Faust letztes Arrangement zum Druck.

Das Druckmanuskript wurde dem von der Leipziger Messe zurückkehrenden Cotta persönlich in Weimar übergeben; infolge der Kriegswirren erschien ›Faust, 1. Teil‹ erst zur Ostermesse 1808 als 8. Band der ›Werke‹.

Gespräch mit Heinrich Luden 19. *August 1806*

GOETHE: ...so mögen denn die Orakelsprüche, Sentimentalitäten, Schelmereien, Spitzbübereien auch ihr Interesse haben. Aber es ist ein kleinliches, ein zerhacktes Interesse. Ein höheres Interesse hat doch der Faust, die Idee, welche den Dichter beseelt hat und welche das Einzelne des Gedichtes zum Ganzen verknüpft, für das Einzelne Gesetz ist und dem Einzelnen seine Bedeutung gibt.

LUDEN: Darüber könnte freilich der Dichter den besten Aufschluß geben.

GOETHE: Mit diesem Aufschlußgeben wäre die ganze Herrlichkeit des Dichters dahin. Der Dichter soll doch nicht sein eigener Erklärer sein und seine Dichtung in alltägliche Prosa fein zerlegen; damit würde er aufhören, Dichter zu sein. Der Dichter stellt seine Schöpfung in die Welt hinaus; es ist die Sache des Lesers, des Ästhetikers, des Kritikers, zu untersuchen, was er mit seiner Schöpfung gewollt hat ...

GOETHE: ... In der Poesie gibt es keine Widersprüche. Diese sind nur in der wirklichen Welt, nicht in der Welt der Poesie. Was der Dichter schafft, das muß genommen werden, wie er es geschaffen hat. So wie er seine Welt gemacht hat, so ist sie. Was der poetische Geist erzeugt, muß von einem poetischen Gemüt empfangen werden. Ein kaltes Analysieren zerstört die Poesie und bringt keine Wirklichkeit hervor. Es bleiben nur Scherben übrig, die zu nichts dienen und nur inkommodieren.

Riemers Tagebuch　　　　　　　　　　　*7. Mai in Weimar und 13. Mai 1808 in Hof*

Mittags mit Goethe über den zweiten Teil von Faust. – [Unterwegs mit Goethe] Über den zweiten Teil von Faust.

Tagebuch　　　　　　　　　　　　　　　　　　　　　　　　　*13. Mai 1808*

Unterwegs [zwischen Pößneck und Hof] ... De rebus aestheticis et poeticis. ... de Fausti dramatis parte secunda et quae in ea continebuntur.

Tagebuch Varnhagen von Ense　　　　　　　　　　　　　　　　　*1809?*

Goethe sagte einmal zu Rühle: »Ich heidnisch? Nun habe ich doch Gretchen hinrichten und Ottilie verhungern lassen; ist denn das den Leuten nicht christlich genug? Was wollen sie noch Christlicheres?«

Sulpitz Boisserées Tagebuch　　　　　　　　　　　　　　　　*3. August 1815*

Dann kommt er auf den Faust, der erste Teil ist geschlossen mit Gretchens Tod, nun muß es par ricochet noch einmal anfangen; das sei recht schwer; dazu habe jetzt der Maler eine andere Hand, einen andern Pinsel; was er jetzt zu produzieren vermöchte, würde nicht mit dem Frühern zusammen gehen. Ich erwidere, er dürfe sich keine Skrupel darüber machen, ein anderer vermöchte sich in einen andern zu versetzen, wie viel eher doch der Meister in seine frühern Werke. GOETHE: »Ich gebe es gerne zu, vieles ist auch schon fertig.« Ich frage nach dem Ende. GOETHE: »Das sage ich nicht, darf es nicht sagen, aber es ist auch schon fertig und sehr gut und grandios geraten, aus der besten Zeit.« Ich denke mir, der Teufel behalte unrecht. GOETHE: »Faust macht im Anfang dem Teufel eine Bedingung, woraus alles folgt.«

Zahme Xenien VII　　　　　　　　　　　　　　　　　　*Anfang 1816?*

　　　　　　　　Da loben sie den Faust
　　　　　　　　Und was noch sunsten
　　　　　　　　In meinen Schriften braust
　　　　　　　　Zu ihren Gunsten;
　　　　　　　　Das alte Mick und Mack
　　　　　　　　Das freut sie sehr;
　　　　　　　　Es meint das Lumpenpack,
　　　　　　　　Man wär's nicht mehr!

GOETHE ÜBER DEN FAUST

Gespräch mit Johann Daniel Falk 21. Juni 1816?

»... ich verwünsche alles, was diesem Publikum irgend an mir gefällt. Ich weiß, daß es dem Tag, und daß der Tag ihm angehört; aber ich will nun einmal nicht für den Tag leben ... Ja, wenn ich es nur je dahin noch bringen könnte, daß ich ein Werk verfaßte – aber ich bin zu alt dazu –, daß die Deutschen mich so ein fünfzig oder hundert Jahre hintereinander recht gründlich verwünschten und aller Orten und Enden mir nichts als Übles nachsagten; das sollte mich außer Maßen ergötzen ... Sie mögen mich nicht! Ich habe es ihnen nie recht zu Danke gemacht! Vollends, wenn mein Walpurgissack nach meinem Tode sich einmal eröffnen und alle bis dahin verschlossenen, stygischen Plagegeister, wie sie mich geplagt, so auch zur Plage für andere wieder loslassen sollte; oder wenn sie in der Fortsetzung von Faust etwa zufällig an die Stelle kämen, wo der Teufel selbst Gnad' und Erbarmen vor Gott findet, das, denke ich doch, vergeben sie mir sobald nicht! Dreißig Jahre haben sie sich nun fast mit den Besenstielen des Blocksberges und den Katzengesprächen in der Hexenküche, die im Faust vorkommen, herumgeplagt, und es hat mit dem Interpretieren und dem Allegorisieren dieses dramatisch-humoristischen Unsinns nie so recht fortgewollt. Wahrlich, man sollte sich in seiner Jugend öfter den Spaß machen und ihnen solche Brocken wie den Brocken hinwerfen. Nahm doch selbst die geistreiche Frau von Stael es übel, daß ich in dem Engelgesang, Gott Vater gegenüber, den Teufel so gutmütig gehalten hätte; sie wollte ihn durchaus grimmiger. Was soll es nun werden, wenn sie ihm auf einer noch höheren Staffel und vielleicht gar einmal im Himmel wieder begegnet?

Tagebuch 11. Juni 1818
Doktor Faust von Marlowe.

An Karl Ernst Schubarth 1. November 1820

Was Sie von Zueignung und Vorspiel sagen, ist untadelig; rührend aber waren mir Ihre Konjekturen über den 2. Teil des Faust und über die Auflösung. Daß man sich dem Ideellen nähern und zuletzt darin sich entfalten werde, haben Sie ganz richtig gefühlt; allein meine Behandlung mußte ihren eignen Weg nehmen: und es gibt noch manche herrliche, reale und phantastische Irrtümer auf Erden, in welchen der arme Mensch sich edler, würdiger, höher, als im ersten gemeinen Teile geschieht, verlieren dürfte. – Durch diese sollte unser Freund Faust sich auch durchwürgen. In der Einsamkeit der Jugend hätte ich's aus Ahnung geleistet, am hellen Tage der Welt säh' es wie ein Pasquill aus. – Auch den Ausgang haben Sie richtig gefühlt. Mephistopheles darf seine Wette nur halb gewinnen, und wenn die halbe Schuld auf Faust ruhen bleibt, so tritt das Begnadigungsrecht des alten Herrn sogleich herein, zum heitersten Schluß des Ganzen. – Sie haben mich hierüber wieder so lebhaft denken machen, daß ich's, Ihnen zu Liebe, noch schreiben wollte.

Gespräch mit Eckermann 26. *Februar 1824*

Wenn Eure Exzellenz behaupten, sagte [Eckermann], daß dem Dichter die Welt angeboren sei, so haben Sie wohl nur die Welt des Innern dabei im Sinne, aber nicht die empirische Welt der Erscheinung und Konvenienz; und wenn also dem Dichter eine wahre Darstellung derselben gelingen soll, so muß doch wohl die Erforschung des Wirklichen hinzukommen?

»Allerdings«, erwiderte Goethe, »es ist so. – Die Region der Liebe, des Hasses, der Hoffnung, der Verzweiflung und wie die Zustände und Leidenschaften der Seele heißen, ist dem Dichter angeboren und ihre Darstellung gelingt ihm. Es ist aber nicht angeboren: wie man Gericht hält, oder wie man im Parlament oder bei einer Kaiserkrönung verfährt, und um nicht gegen die Wahrheit solcher Dinge zu verstoßen, muß der Dichter sie aus Erfahrung oder Überlieferung sich aneignen. So konnte ich im Faust den düstern Zustand des Lebensüberdrusses im Helden, sowie die Liebesempfindungen Gretchens recht gut durch Antizipation in meiner Macht haben; allein um zum Beispiel zu sagen:

> Wie traurig steigt die unvollkomme Scheibe
> Des späten Monds mit feuchter Glut heran,

bedurfte es einiger Beobachtung der Natur.«

Es ist aber, sagte ich, im ganzen Faust keine Zeile, die nicht von sorgfältiger Durchforschung der Welt und des Lebens unverkennbare Spuren trüge, und man wird keineswegs erinnert, als sei Ihnen das alles, ohne die reichste Erfahrung, nur so geschenkt worden.

»Mag sein«, antwortete Goethe, »allein hätte ich nicht die Welt durch Antizipation bereits in mir getragen, ich wäre mit sehenden Augen blind geblieben, und alle Erforschung und Erfahrung wäre nichts gewesen als ein ganz totes vergebliches Bemühen. Das Licht ist da, und die Farben umgeben uns; allein trügen wir kein Licht und keine Farben im eigenen Auge, so würden wir auch außer uns dergleichen nicht wahrnehmen.«

Gespräch mit Eckermann 10. *Januar 1825*

»Faust ist ein so seltsames Individuum, daß nur wenige Menschen seine inneren Zustände nachempfinden können. So der Charakter des Mephistopheles ist durch die Ironie und als lebendiges Resultat einer großen Weltbetrachtung wieder etwas sehr Schweres.«

Gespräch mit Eckermann 18. *Januar 1825*

»So singt mein Mephistopheles ein Lied von Shakespeare – und warum sollte er das nicht? Warum sollte ich mir die Mühe geben, ein eigenes zu erfinden, wenn das von Shakespeare eben recht war und eben das sagte, was es sollte? Hat daher auch die Exposition meines Faust mit der des Hiob einige Ähnlichkeit, so ist das wiederum ganz recht, und ich bin deswegen eher zu loben als zu tadeln.«

Ab 24. Februar 1825 finden sich in Goethes Tagebuch fast täglich Eintragungen über die Arbeit am Faust. Der letzte Vermerk in diesem Jahr steht unter dem 5. April. Im folgenden einige Proben:

27. Februar: [Nachmittags] Betrachtungen über Faust. Die ältern Nacharbeiten vorgenommen. Einiges zurechte gestellt. *13. März:* [Früh] Einiges an Faust ... Abends für mich. An Faust den Schluß [Fausts Tod] fernerhin redigiert. Vorhergehende Fragmente betrachtet. *20. März:* Einiges an Faust ... Abends für mich ... Helena im Mittelalter. *3. April:* [Früh] Einiges an Helena ... Mittag Prof. Riemer. Mit demselben die bisherige Helena durchgesprochen. Nachher für mich. ... An Helena weiter gearbeitet. *5. April:* [Früh] Schema an Helena. ... [Nachmittags] Prof. Riemer. Mit letzterem ... über Helena Silbenmaße und dergleichen.

Zahme Xenien VII   *nach 11. Mai 1825?*

    Seid ihr verrückt? was fällt euch ein,
    Den alten Faustus zu verneinen!
    Der Teufelskerl muß eine Welt sein,
    Dergleichen Widerwärtiges zu vereinen.

Bruchstück eines Goetheschen Briefkonzepts, das sich, durchstrichen, in einem Faszikel ›Abgesendete Briefe 1827‹ fand, seinem Inhalt nach wohl in der ersten Hälfte des Monats Juli 1826 geschrieben.

Über Helena nächstens mehr, das Werk ist abgeschlossen und ist so seltsam und problematisch, als ich je etwas geschrieben habe. Vielleicht geben wir im Laufe dieses halben Jahres davon irgendwo nähere Kenntnis. – Das Merkwürdigste bei diesem Stück ist, daß es, ohne den Ort zu verändern, gerade dreitausend Jahre spielt, die Einheit der Handlung und des Orts aufs genaueste beobachtet, die dritte jedoch phantasmagorisch ablaufen läßt.

In Goethes Tagebuch finden sich vom 12. März 1826 bis zum 16. Juli fast täglich Eintragungen über die Arbeit am Faust, zumeist an Helena, deren dritter Akt im Juli zu Ende gelangte. Hier die wichtigsten Stellen:

14. März: [Früh] An Faust fortgefahren ... [Nachmittags] Ich fuhr fort, die einzelnen Papiere zu Faust gehörig zu redigieren. ... Abends Prof. Riemer. ... Auch etwas über Versifikation von Faust gesprochen. *12. Mai:* [Morgens] Helena bedacht. ... Fortgefahren in allem Begonnenen und Vorliegenden. ... Gegen Abend Prof. Riemer. ... Helena durchgesprochen.

22. Mai: Ich beschäftigte mich mit dem Abschluß. *8. Juni:* Völliger Abschluß der Helena. Vorbereitung des Mundums [Reinschrift]. *12. Juni:* Helena im Zuge durchgelesen. Das Einzelne revidiert. *13. Juni:* Überlegung noch einiger wirksamen Chöre zur Helena. *24. Juni:* Völliger Abschluß der Helena durch Umschreiben einiger Bogen. *8. Juli:* [Morgens] Prof. Zelter las die Helena für sich. ... [Nachmittags] Prof. Zelter blieb bei mir und las mir den Anfang der Helena vor. *11. Juli:* Las Zelter die Helena hinaus [zu Ende].

An Karl Wilhelm Göttling   *30. September 1826*

E. W. nehme mir die Freiheit, eine schöne Dame [Helena] zuzuführen, die sich denn selbst einleiten und einschmeicheln möge.

Eigentlich aber zu reden, wünsche diesem sonderbaren Werke eine freundliche Aufnahme; so problematisch es scheinen mag, wird es der Wissende sich leicht erklären. Eines möchte ich bevorworten: wenn das eigentlich Fehlerhafte der reimlos rhythmischen Stellen allerdings zu tilgen sein möchte, so würde man dabei doch nicht allzu genau verfahren; bisher habe ich es mit Professor Riemer durchgegangen, bis wir müde wurden.

An Wilhelm v. Humboldt   *22. Oktober 1826*

Ich habe den ganzen Sommer zuhause zugebracht und ungestört an der Ausgabe meiner Werke fortgearbeitet. Erinnern Sie sich wohl noch, mein Teuerster, einer dramatischen Helena, die im zweiten Teil von Faust erscheinen sollte? Aus Schillers Briefen vom Anfang des Jahrhunderts sehe ich, daß ich ihm den Anfang vorzeigte, auch daß er mich zur Fortsetzung treulich ermahnte. Es ist eine meiner ältesten Konzeptionen, sie ruht auf der Puppenspiel-Überlieferung, daß Faust den Mephistopheles genötigt, ihm die Helena zum Beilager heranzuschaffen. Ich habe von Zeit zu Zeit daran fortgearbeitet, aber abgeschlossen konnte das Stück nicht werden als in der Fülle der Zeiten, da es denn jetzt seine volle 3000 Jahre spielt, von Troias Untergang bis zur Einnahme von Missolunghi. Dies kann man also auch für eine Zeiteinheit rechnen, im höheren Sinne; die Einheit des Orts und der Handlung sind aber auch im gewöhnlichen Sinn aufs genauste beobachtet. Es tritt auf unter dem Titel: Helena. Klassisch-romantische Phantasmagorie. Zwischenspiel zu Faust.

Tagebuch und an Sulpiz Boisserée   *November 1826*

8.: [Früh] Das Schema zu Faust, zweiter Teil, bei Gelegenheit der Helena vorgenommen. ... [Abends] Hofrat Meyer, ... Er las den Anfang der Helena. *10.:* [Morgens] Das Schema zu Fausts zweitem Teil fortgeführt. ... [Nachmittags] Ich verfolgte meine Gedanken von heute früh. *An Boisserée, den 10.:* Gar manches treibt und drängt, sogar Mephistopheles regt sich wieder. *21.:* [Früh] Revidierte an der Helena.

An Sulpiz Boisserée 10. *Dezember 1816*

Die gute und reine Aufnahme meiner eintretenden Helena [die am 22. Januar übersandte 1. Szene], wenn schon gehofft und vorausgesehen, war mir höchst erfreulich. Hier abermals ein Schritt weiter [Vers 8638 bis 8753], und ich denke, es muß Ihnen angenehm sein, zu sehen, wie Ihre Vermutungen und Ahnungen sich erfüllen oder getäuscht werden. Übrigens haben Sie ganz recht gefühlt, daß dieser Quasi-Prolog mit reiner, altertümlicher Liebe verfaßt ist.

Das Tagebuch bringt im Monat Dezember 1826 vom 15. bis 28. fast tägliche Eintragungen über die Arbeit an der Einleitung zur Helena, deren Abschluß und die Vorlesung durch Wilhelm von Humboldt. Am 29. heißt es:

[Früh] mit Hn [Wilhelm] von Humboldt die Unterhaltungen [vom Abend vorher] fortgesetzt. Er las die [Marienbader] Elegie, auch Helena, und teilte verschiedene Bemerkungen mit. Ingleichen las er die Antezedenzien zu Helena, und war auch der Meinung, daß sie gegenwärtig nicht gedruckt werden sollten.

An Sulpiz Boisserée 30. *Dezember 1826*

Sodann folgt abermals eine Sendung Helena und zunächst nun das Ganze ... Freilich bleibt bei so einer Arbeit bis auf die letzte Stunde, da man sie aus Händen gibt, immer noch etwas zu bemerken, zu bestimmen, und man würde gar nicht fertig werden, wenn der Setzer nicht forderte.

Gespräch mit Eckermann 15. *Januar 1827*

Ich [Eckermann] brachte das Gespräch auf den zweiten Teil des Faust, insbesondere auf die klassische Walpurgisnacht, die nur noch in der Skizze dalag, und wovon Goethe mir vor einiger Zeit gesagt hatte, daß er sie als Skizze wolle drucken lassen. Nun hatte ich mir vorgenommen, Goethen zu raten dies nicht zu tun, denn ich fürchtete, sie möchte, einmal gedruckt, für immer unausgeführt bleiben. Goethe mußte in der Zwischenzeit das bedacht haben, denn er kam mir sogleich entgegen, indem er sagte, daß er entschlossen sei, jene Skizze nicht drucken zu lassen. Das ist mir sehr lieb, sagte ich, denn nun habe ich doch die Hoffnung, daß Sie sie ausführen werden. »In einem Vierteljahre«, sagte er, »wäre es getan, allein woher will die Ruhe kommen! Der Tag macht gar zu viele Ansprüche an mich; es hält schwer, mich so sehr abzusondern und zu isolieren. Diesen Morgen war der Erbgroßherzog bei mir, auf morgen mittag hat sich die Großherzogin melden lassen. Ich habe solche Besuche als eine hohe Gnade zu schätzen, sie verschönern mein Leben; allein sie nehmen doch mein Inneres in Anspruch, ich muß doch bedenken, was ich diesen hohen Personen immer Neues vorlegen und wie ich sie würdig unterhalten will.«

Und doch, sagte ich, haben Sie vorigen Winter die Helena vollendet, und Sie waren doch nicht weniger gestört als jetzt. »Freilich«, sagte Goethe, »es geht auch, und muß auch gehen, allein es ist schwer.« Es ist nur gut, sagte ich, daß Sie ein so ausführliches Schema haben. »Das Schema ist wohl da«, sagte Goethe, »allein das Schwierigste ist noch zu tun; und bei der Ausführung hängt doch alles gar zu sehr vom Glück ab. Die Klassische Walpurgisnacht muß in Reimen geschrieben werden, und doch muß alles einen antiken Charakter tragen. Eine solche Versart zu finden ist nicht leicht. Und nun den Dialog!« – Ist denn der nicht im Schema mit erfunden? sagte ich. »Wohl das Was«, antwortete Goethe, »aber nicht das Wie. Und dann bedenken Sie nur, was alles in jener tollen Nacht zur Sprache kommt! Fausts Rede an die Proserpina, um diese zu bewegen, daß sie die Helena herausgibt, was muß das nicht für eine Rede sein, da die Proserpina selbst zu Tränen davon gerührt wird! – Dieses alles ist nicht leicht zu machen und hängt sehr viel vom Glück ab, ja fast ganz von der Stimmung und Kraft des Augenblicks.«

An Sulpiz Boisserée   19. Januar 1827

Hier nun zum letztenmal, mein Bester, eine Abteilung von Helena; sie gelangen dadurch unmittelbar bis zu der Achse, auf der das ganze Stück dreht [Vers 8909–9122].

Tagebuch   25. Januar 1827

[Vormittags] Helena eingepackt ... Abends Dr. Eckermann. Sehr fördernde Gespräche über die Novelle und sonst.

Gespräch mit Eckermann   25. Januar 1827

Ein versiegeltes Paket lag auf dem Tisch. Goethe legte seine Hand darauf. »Was ist das?« sagte er. »Es ist die Helena, die an Cotta zum Druck abgeht.« ...

»Ich habe«, sagte Goethe, »bis jetzt immer noch Kleinigkeiten daran zu tun und nachzuhelfen gefunden. Endlich aber muß es genug sein, und ich bin nun froh, daß es zur Post geht und ich mich mit befreiter Seele zu etwas anderem wenden kann. Es mag nun seine Schicksale erleben! – Was mich tröstet, ist, daß die Kultur in Deutschland doch jetzt unglaublich hoch steht und man also nicht zu fürchten hat, daß eine solche Produktion lange unverstanden und ohne Wirkung bleiben werde.«

Es steckt ein ganzes Altertum darin, sagte ich. »Ja«, sagte Goethe, »die Philologen werden daran zu tun finden.« – Für den antiken Teil, sagte ich, fürchte ich nicht, denn es ist da das große Detail, die gründlichste Entfaltung des Einzelnen, wo jedes geradezu das sagt, was es sagen soll. Allein der moderne, romantische Teil ist sehr schwer, denn eine halbe Weltgeschichte steckt dahinter, die Behandlung ist bei so großem Stoff nur andeutend und macht sehr große Ansprüche an den Leser. »Aber doch«, sagte Goethe, »ist alles sinnlich und wird, auf dem Theater gedacht, jedem gut in die Augen fallen. Und mehr habe ich nicht gewollt. Wenn es nur so ist, daß die Menge der Zuschauer Freude an der Erscheinung hat; dem Eingeweihten wird zugleich der höhere Sinn nicht entgehen, wie es ja auch bei der Zauberflöte und andern Dingen der Fall ist.«

Es wird, sagte ich, auf der Bühne einen ungewohnten Eindruck machen, daß ein Stück als Tragödie anfängt und als Oper endigt. Doch es gehört etwas dazu, die Großheit dieser Personen darzustellen und die erhabenen Reden und Verse zu sprechen. »Der erste Teil«, sagte Goethe, »erfordert die ersten Künstler der Tragödie, so wie nachher im Teile der Oper die Rollen mit den ersten Sängern und Sängerinnen besetzt werden müssen. Die Rolle der Helena kann nicht von einer, sondern sie muß von zwei großen Künstlerinnen gespielt werden; denn es ist ein seltener Fall, daß eine Sängerin zugleich als tragische Künstlerin von hinlänglicher Bedeutung ist.«

Das Ganze, sagte ich, wird zu großer Pracht und Mannigfaltigkeit in Dekorationen und Garderobe Anlaß geben, und ich kann nicht leugnen, ich freue mich darauf, es auf der Bühne zu sehen. Wenn nur ein recht großer Komponist sich daran machte! – »Es müßte einer sein«, sagte Goethe, »der wie Meyerbeer lange in Italien gelebt hat, so daß er seine deutsche Natur mit der italienischen Art und Weise verbände. Doch das wird sich schon finden, und ich habe keinen Zweifel; ich freue mich nur, daß ich es los bin. Auf den Gedanken, daß der Chor nicht wieder in die Unterwelt hinab will, sondern auf der heiteren Oberfläche der Erde sich den Elementen zuwirft, tue ich mir wirklich etwas zugute.« Es ist eine neue Art von Unsterblichkeit, sagte ich.

An Frédéric Albert A. Stapfer 4. April 1827

Dans ce moment il ne sera rien ajouté à la première partie de Faust, que vous avez eu l'obligeance de traduire; elle restera absolument telle qu'elle est. Le nouveau drame que j'ai annoncé, sous le titre d'Hélène, est un intermède appartenant à la seconde partie; et cette seconde partie est complètement différente de la première, soit pour le plan, soit pour l'exécution, soit enfin pour le lieu de la scène, qui est placé dans des régions plus élevées. Elle n'est point encore terminée; et c'est comme échantillon seulement, que je publie l'intermède d'Hélène, lequel doit y entrer plus tard. La presque totalité de cet intermède est écrite en vers iambiques et autres vers employés par les anciens, dont il n'y a pas trace dans la première partie de «Faust». Vous vous convaincrez vous-même, quand vous le lirez qu'il ne peut en aucune façon se rattacher à la première partie et que M. Motte nuirait au succès de sa publication, s'il voulait essayer de l'y joindre.

Gespräch mit Eckermann 18. April 1827

Bei Tisch waren wir sehr heiter. Der junge Goethe hatte die Helena seines Vaters gelesen und sprach darüber mit vieler Einsicht eines natürlichen Verstandes. Über den im antiken Sinne gedichteten Teil ließ er eine entschiedene Freude blicken, während ihm die opernartige romantische Hälfte, wie man merken konnte, beim Lesen nicht lebendig geworden.

»Du hast im Grunde recht, und es ist ein eigenes Ding«, sagte Goethe. »Man kann zwar nicht sagen, daß das Vernünftige immer schön sei; allein das Schöne ist doch immer vernünftig, oder wenigstens, es sollte so sein. Der antike Teil gefällt dir aus dem Grunde, weil er faßlich ist, weil du die einzelnen Teile übersehen und du meiner Vernunft mit der deinigen beikommen kannst. In der zweiten Hälfte ist zwar auch allerlei Verstand und Vernunft gebraucht und verarbeitet worden; allein es ist schwer und erfordert einiges Studium, ehe man den Dingen beikommt und ehe man mit eigener Vernunft die Vernuft des Autors wieder herausfindet.«

Gespräch mit Eckermann 6. Mai 1827

Ich [Eckermann] machte bemerklich, daß es mir vorkomme, als ob die in Terzinen geschriebene prächtige Beschreibung des Sonnenaufgangs in der ersten Szene vom zweiten Teile des Faust aus der Erinnerung jener Natureindrücke des Vierwaldstättersees entstanden sein möchte.

»Ich will es nicht leugnen«, sagte Goethe, »daß diese Anschauungen dortherrühren; ja ich hätte ohne die frischen Eindrücke jener wundervollen Natur den Inhalt der erwähnten Terzinen gar nicht denken können. Das ist aber auch alles, was ich aus dem Golde meiner Tell-Lokalitäten mir gemünzt habe. Das übrige ließ ich Schillern, der denn auch davon, wie wir wissen, den schönsten Gebrauch gemacht ...

Die Deutschen sind übrigens wunderliche Leute! – Sie machen sich durch ihre tiefen Gedanken und Ideen, die sie überall suchen und überall hineinlegen, das Leben schwerer als billig. – Ei! so habt doch endlich einmal die Courage, euch doch den Eindrücken hinzugeben, euch ergötzen zu lassen, euch rühren zu lassen, euch erheben zu lassen, ja euch belehren und zu etwas Großem entflammen und ermutigen zu lassen; aber denkt nur nicht immer, es wäre alles eitel, wenn es nicht irgend abstrakter Gedanke und Idee wäre!

Da kommen sie und fragen: welche Idee ich in meinem Faust zu verkörpern gesucht? – Als ob ich das selber wüßte und aussprechen könnte! – Vom Himmel durch die Welt zur Hölle, das wäre zur Not etwas; aber das ist keine Idee, sondern Gang der Handlung. Und ferner, daß der Teufel die Wette verliert und daß ein aus schweren Verirrungen immerfort zum Besseren aufstrebender Mensch zu erlösen sei, das ist zwar ein wirksamer, manches erklärender guter Gedanke, aber es ist keine Idee, die dem Ganzen und jeder einzelnen Szene im besonderen zugrunde liege. Es hätte auch in der Tat ein schönes Ding werden müssen, wenn ich ein so reiches, buntes und so höchst mannigfaltiges Leben, wie ich es im Faust zur Anschauung gebracht, auf die magere Schnur einer einzigen durchgehenden Idee hätte reihen wollen!

Es war im ganzen«, fuhr Goethe fort, »nicht meine Art, als Poet nach Verkörperung von etwas Abstraktem zu streben. Ich empfing in meinem Innern Eindrücke, und zwar Eindrücke sinnlicher, lebensvoller, lieblicher, bunter, hundertfältiger Art, wie eine rege Einbildungskraft es mir darbot; und ich hatte als Poet weiter nichts zu tun, als solche Anschauungen und Eindrücke in mir künstlerisch zu ründen und auszubilden und durch eine lebendige Darstellung so zum Vorschein zu bringen, daß andere dieselbigen Eindrücke erhielten, wenn sie mein Dargestelltes hörten oder lasen.

Wollte ich jedoch einmal als Poet irgendeine Idee darstellen, so tat ich es in kleinen Gedichten, wo eine entschiedene Einheit herrschen konnte und welches zu übersehen war, wie zum Beispiel die Metamorphose der Tiere, die der Pflanze, das Gedicht Vermächtnis, und viele andere. Das einzige Produkt von größerem Umfang, wo ich mir bewußt bin, nach Darstellung einer durchgreifenden Idee gearbeitet zu haben, wären etwa die Wahlverwandtschaften. Der Roman ist dadurch für den Verstand faßlich geworden; aber ich will nicht sagen, daß er dadurch besser geworden wäre. Vielmehr bin ich der Meinung: je inkommensurabeler und für den Verstand unfaßlicher eine poetische Produktion, desto besser.«

Vom 12. Mai bis 8. Juni zog sich Goethe in sein geliebtes Gartenhaus am Ufer der Ilm zurück; das Tagebuch berichtet für den Monat Mai 1827 über die Arbeit am Faust:

18.: [Früh] Ich griff das Hauptgeschäft an und brachte es auf den rechten Fleck. *21.:* [Abends] Dr. Eckermann. Beredung wegen Helena. Sodann einiges über den zweiten Teil von Faust. *24.:* Ich bedachte den zweiten Teil von Faust und regulierte die vorliegenden ausgeführten Teile. *25.:* Gestriges fortgesetzt. ... Abends für mich in Betrachtung des Nächsten. *27.:* Ich behandelte das Schema von Faust anschließend an das schon Vollendete.

An Karl Friedrich Zelter   *24. Mai 1827*

Nun aber soll das Bekenntnis im stillen zu Dir gelangen, daß ich durch guter Geister fördernde Teilnahme mich wieder an Faust begeben habe, und zwar gerade dahin, wo er, aus der antiken Wolke sich niederlassend, wieder seinem bösen Genius begegnet. Sage das niemanden. Dies aber vertrau' ich Dir, daß ich von diesem Punkt an weiter fortzuschreiten und die Lücke auszufüllen gedenke zwischen dem völligen Schluß, der schon längst fertig ist. Dies alles sei Dir aufbewahrt und vor allem in Manuskript aus Deinem Munde meinem Ohr gegönnt.

An Nees von Esenbeck   25. Mai 1827

Wie ich im stillen langmütig einhergehe, werden Sie an der dreitausendjährigen ›Helena‹ sehen, der ich nun auch schon sechzig Jahre nachschleiche, um ihr einigermaßen etwas abzugewinnen... Es liegen so manche Dinge, die ich selbst wert achten muß, weil sie sich aus einer Zeit herschreiben, die nicht wiederkommt, lange Jahre vor mir da und bedürfen eigentlich nur einer gewissen genialen Redaktion: Vollständige Plane, schematisch aufgestellt, einzelnes ausgearbeitet. Und es kommt nur auf einen reinen genialen Entschluß an, so ist es als eine Art von Ganzem brauchbar und gewiß manchem angenehm. So habe ich voriges Jahr mit einem gewaltsamen Anlauf die ›Helena‹ endlich zum übereinstimmenden Leben gebracht. Wie vielfach hatte sich diese in langen, kaum übersehbaren Jahren gestaltet und umgestaltet. Nun mag sie im Zeitmoment solidesziert endlich verharren.

Gespräch mit Eckermann   5. Juli 1827

Da die Helena einmal zur Sprache gebracht war, so redete Goethe darüber weiter. »Ich hatte den Schluß«, sagte er, »früher ganz anders im Sinne, ich hatte ihn mir auf verschiedene Weise ausgebildet und einmal auch recht gut, aber ich will es euch nicht verraten. Dann brachte mir die Zeit dieses mit Lord Byron und Missolunghi, und ich ließ gern alles übrige fahren. Aber haben Sie bemerkt, der Chor fällt bei dem Trauergesang ganz aus der Rolle; er ist früher und durchgehends antik gehalten oder verleugnet doch nie seine Mädchennatur, hier aber wird er mit einemmal ernst und hoch reflektierend und spricht Dinge aus, woran er nie gedacht hat und auch nie hat denken können.«

v. Müller an Henriette v. Beaulieu, geb. Egloffstein   16. Juli 1827

... diesen Abend fand ich die rechte Stunde, Goethen, nach einem langen Zwiegespräch über Helena, Ihre inhaltsreichen, geistvollen Worte zu zeigen. Er war ungemein davon erbaut, überrascht, ergriffen. [Henriette hatte über Euphorion geschrieben: »Es strebt und schwebt und reißt sich aus der Tiefe los, verschmäht der Erde Grund mit leichten Füßen zu berühren, ergreift im Wirbeltanz das Feuer als sein liebstes Spielzeug, steigt von Fels zu Fels bis zu dem höchsten Gipfel der Begeisterung, und einen flüchtigen Moment von ihr im Äther fortgetragen, stürzt er wie Ikarus zur Erde nieder, verschwindet dann und läßt nur sein Gewand – die Außenseite seines Geistes – in der Hand der Überlebenden zurück. Die Mutter folgt dem Kind – dies ist das größte, schmeichelhafteste Lob – und ihr Gewand bleibt in der Hand der Kraft, die es festzuhalten vermag und der es zum Wolkenwagen sich gestaltet und ihn aufwärts trägt.«]

[GOETHE:] »Kurios, diese Analyse fängt genial genug von hinten an, überspringt keck und frei den ganzen ersten Teil, trifft geradezu den wichtigsten Punkt und schafft sich im Analysieren und Reproduzieren alsobald ein neues, höchst dichterisches und erhabenes Wesen. Kurios, kurios, aber sehr geistreich, sehr liebenswürdig. Besonders ist das ›Greifen des Feuers als Spielzeug‹ und die Andeutung, ›das Gewand bleibt in den Händen der Kraft‹, höchst originell und zart ausgesprochen. – Nun, ein solcher Leser entschädigt für tausend alberne Dunse und Plattköpfe.«

Die wieder aufgenommene Arbeit am Faust, von Goethe stets als das »Hauptgeschäft« oder »Hauptzweck« bezeichnet, spiegelt sich in fast täglichen Tagebucheintragungen vom 28. Juli 1827 bis zum 18. Januar 1828, da der Anfang, Szene 1–3, für den Versand an den Drucker bereitgemacht wurde. Den Anschluß an die hier in Auswahl wiedergegebenen Eintragungen bildet der Brief an Reichel, den Druckereileiter Cottas, vom 22. Januar 1828.

28. Juli: [Früh] Einiges am Hauptgeschäft. *30. Juli:* Befand mich beim Aufwachen nicht wohl und brachte den Tag meist untätig hin, doch war der Hauptzweck nicht versäumt. *27. August:* [Morgens] Am Hauptwerke fortgearbeitet. ... [Nachmittags] Bedenken des Hauptwerkes. *12. September:* Blieb für mich. Einiges am Hauptgeschäft gefördert. *27. September:* Nachts und früh beschäftigt, einige Lücken am Hauptwerke auszufüllen. *13. Oktober:* [Früh] Fortgefahren am Hauptgeschäft. ... [Vor Mittag] Las Zeltern die Szene des Thronsaals vor [Vers 4728 bis 5064]. *5. November:* Nachts Entwickelung der zunächst auszuführenden poetischen Motive. *8. November:* Abends mit ... [Eckermann] das Karneval im Faust. *23. Dezember:* [Früh] an Faust vorgerückt. *28. Dezember:* [Vormittags] Faust zweiten Teil, Konzept und Mundum geordnet und geheftet. *1. Januar 1828:* [Vor Mittag] Fausts dritte Szene [Weitläufiger Saal – Mummenschanz] abgeschlossen. Übergang zu der vierten [Lustgarten]. ... Abends ... Später etwas am Hauptgeschäft. *15. Januar:* [Früh] Dem Abschluß der Arbeit an Faust näher gerückt durch einige Einschaltung. ... Abends Prof. Riemer. Konzepte durchgegangen. Sodann den Abschluß des Karnevals in Fausts zweitem Teil. *18. Januar:* Abends Prof. Riemer. Die Faustischen Szenen nochmals durchgegangen.

An Karl J. L. Iken   *23. September 1827*

Lassen Sie mich nun zuerst das Vergnügen ausdrücken, welches Sie durch den Anteil an »Helena« mir gewährt haben. Bei der hohen Kultur der Bessern unseres Vaterlandes konnte ich zwar ein solches beifälliges Eingreifen gar wohl erwarten, allein die Erfüllung solcher Hoffnungen und Wünsche bleibt doch immer das Vorzüglichste und Notwendigste. In solcher Aussicht habe ich denn diese längst intentionierte und vorbereitete Arbeit vollendet und den Aufwand von Zeit und Kräften, das strenge Beharren auf diesem einen Punkte mir schon während der Arbeit zum Gewinn gerechnet. Ich zweifle niemals, daß die Leser, für die ich eigentlich schrieb, den Hauptsinn dieser Darstellung sogleich fassen würden. Es ist Zeit, daß der leidenschaftliche Zwiespalt zwischen Klassikern und Romantikern sich endlich versöhne. Daß wir uns bilden, ist die Hauptforderung; woher wir uns bilden, wäre gleichgültig, wenn wir uns nicht an falschen Mustern zu verbilden fürchten müßten. Ist es doch eine weitere und reinere Umsicht in und über griechische und römische Literatur, der wir die Befreiung aus mönchischer Barbarei zwischen dem fünfzehnten und sechzehnten Jahrhundert verdanken. Lernen wir nicht auf dieser hohen Stelle alles in seinem wahren, ethisch-ästhetischen Werte schätzen, das Älteste wie das Neueste?

In solchen Hoffnungen einsichtiger Teilnahme habe ich mich bei Ausarbeitung der Helena ganz gehen lassen, ohne an irgendein Publikum noch an einen einzelnen Leser zu denken, überzeugt, daß, wer das Ganze leicht ergreift und faßt, mit liebevoller Geduld sich auch nach und nach das einzelne zueignen werde. Von einer Seite wird dem Philologen nichts Geheimes bleiben, er wird sich vielmehr an dem wiederbelebten Altertum, das er schon kennt, ergötzen; von der andern Seite wird ein Fühlender dasjenige durchdringen, was gemütlich hie und da verdeckt liegt; Eleusis servat, quod ostendat revisentibus. Und es soll mich freuen, wenn diesmal auch das Geheimnisvolle zu öfterer Rückkehr den Freunden Veranlassung gibt.

Auch wegen anderer dunkler Stellen in früheren und späteren Gedichten möchte ich folgendes zu bedenken geben: Da sich gar manches unserer Erfahrungen nicht rund aussprechen und direkt mitteilen läßt, so habe ich seit langem das Mittel gewählt, durch einander gegenübergestellte und sich gleichsam ineinander abspiegelnde Gebilde den geheimeren Sinn dem Aufmerkenden zu offenbaren. Da alles, was von mir mitgeteilt worden, auf Lebenserfahrung beruht, so darf ich wohl andeuten und hoffen, daß man meine Dichtungen auch wieder erleben wolle und werde. Und gewiß, jeder meiner Leser findet es an sich selbst, daß ihm von Zeit zu Zeit bei schon im Allgemeinen bekannten Dingen noch im Besonderen etwas Neues erfreulich aufgeht, welches denn ganz eigentlich uns angehört, indem es von einer wachsenden Bildung zeugt und uns dabei zu einem frischen Gedeihen hinleitet. Geht es uns doch mit allem so, was irgendeinen Gehalt darbietet oder hinter sich hat.

Gespräch mit Eckermann   *1. Oktober 1827*

»Ich habe in dem Kaiser«, sagte er, »einen Fürsten darzustellen gesucht, der alle möglichen Eigenschaften hat, sein Land zu verlieren, welches ihm denn auch später wirklich gelingt.

Das Wohl des Reichs und seiner Untertanen macht ihm keine Sorge; er denkt nur an sich und wie er sich von Tag zu Tag mit etwas Neuem amusiere...

Der Staatsrat will Seiner Majestät über alle diese Gebrechen Vorstellungen tun und ihre Abhülfe beraten; allein der gnädigste Herr ist sehr ungeneigt, solchen unangenehmen Dingen sein hohes Ohr zu leihen; er möchte sich lieber amüsieren. Hier ist nun das wahre Element für Mephisto, der den bisherigen Narren schnell beseitigt und als neuer Narr und Ratgeber sogleich an der Seite des Kaisers ist.«

An Karl Ludwig v. Knebel 14. November 1827

Es ist mir, teurer verehrter Freund, höchst wohltätig, wenn ich erfahre, daß meine ältesten, edelsten Zeitgenossen sich mit Helena beschäftigen, da dieses Werk, ein Erzeugnis vieler Jahre, mir gegenwärtig ebenso wunderbar vorkommt als die hohen Bäume in meinem Garten am Stern, welche, doch noch jünger als diese poetische Konzeption, zu einer Höhe herangewachsen sind, daß ein Wirkliches, welches man selbst verursachte, als ein Wunderbares, Unglaubliches, nicht zu Erlebendes erscheint ...

Die rechte Art ihm beizukommen, es zu beschauen und zu genießen, ist die, welche Du erwählt hast: es nämlich in Gesellschaft mit einem Freunde zu betrachten. Überhaupt ist jedes gemeinsame Anschauen von der größten Wirksamkeit; denn indem ein poetisches Werk für viele geschrieben ist, gehören auch mehrere dazu, um es zu empfangen; da es viele Seiten hat, sollte es auch jederzeit vielseitig angesehen werden. ...

Hier sage [ich] schließlich nur soviel: die Hauptintention ist klar und das Ganze deutlich; auch das Einzelne wird es sein und werden, wenn man die Teile nicht an sich betrachten und erklären, sondern in Beziehung auf das Ganze sich verdeutlichen mag.

An Riemer 29. Dezember 1827

Sie erhalten, mein Wertester, das fragliche wundersame Werk [Faust] bis gegen das Ende. Haben Sie die Gefälligkeit, es genau durchzugehen, die Interpunktion zu berichtigen und allenfallsige Bemerkungen niederzuschreiben, vorzüglich aber folgendes im Auge zu behalten. Ich unterließ, wie Sie sehen, in prosaischer Paranthese, das, was geschieht und vorgeht, auszusprechen und ließ vielmehr alles in dem dichterischen Flusse hinlaufen, anzeigen und andeuten, soviel mir zur Klarheit und Faßlichkeit nötig schien. Da aber unsere lieben deutschen Leser sich nicht leicht bemühen, irgend etwas zu supplieren, wenn es auch noch so nah liegt, so schreiben Sie doch ein, wo Sie irgend glauben, daß eine solche Nachhülfe nötig sei. Das Werk ist, seinem Inhalt nach, rätselhaft genug, so möge es denn der Ausführung an Deutlichkeit nicht fehlen.

An Reichel, Druckereileiter Cottas 29. Dezember 1827

Das Manuskript vom zweiten Teil wünsche solange als möglich zu behalten; gerade in den drei ersten Szenen, die ich mitteile, finden sich Lücken, die sich nicht durch den guten Willen ausfüllen lassen, welches nur zur glücklichsten Stunde gelingt ...

An Reichel 22. Januar 1828

Mit dem nächsten Postwagen gehen die ersten Szenen des zweiten Teils von Faust [die Verse 4613–6036] an dieselben ab. Und ich bin überzeugt, daß Sie beim Abdruck dieses Gedichtes den maître en pages ebenso wie bei Helena gefällig dirigieren werden. Im ganzen läßt sich wohl so viel davon sagen, daß dasjenige, was von einzelnen Personen gesprochen wird, hervorzurücken, dagegen, was von einer Masse und Menge gesprochen wird, wie z. B. das Gemurmel, welches auch kürzere Verse sind, hineinzurücken sei. Ebenso ist auch alles, was als Lied erscheint oder lyrisch vorgetragen wird (wie der größte Teil des Karnevals), gleichfalls einzurücken. Allein es kommen zweideutige Fälle vor, wo der Geschmack das Urteil zu leiten hat, inwiefern nämlich auf irgendeine Stelle die Aufmerksamkeit des Lesers zu heften sein möchte, welche denn hienach einzurichten wären. Doch kommen dergleichen selten vor und ich überlasse sie gänzlich Ihrer Dijudikatur.

Gespräch mit Eckermann 11. März 1828

Jetzt, am zweiten Teil meines Faust, kann ich nur in den frühen Stunden des Tages arbeiten, wo ich mich vom Schlaf erquickt und gestärkt fühle und die Fratzen des täglichen Lebens mich noch nicht verwirrt haben. Und doch, was ist es, das ich ausführe! Im allerglücklichsten Fall eine geschriebene Seite, in der Regel aber nur soviel als man auf den Raum einer Handbreit schreiben könnte, und oft bei unproduktiver Stimmung noch weniger.

Gespräch mit Förster 1828

Ich erinnere mich nur, daß, als ich die Vermutung aussprach, die Schlußszene werde wohl doch in den Himmel verlegt werden und Mephisto als überwunden vor den Hörern bekennen, daß ein guter Mensch in seines Herzens Drange sich des rechten Weges wohl bewußt sei, Goethe kopfschüttelnd sagte: Das wäre ja Aufklärung. Faust endet als Greis, und im Greisenalter werden wir Mystiker.

An Thomas Carlyle 15. Juni 1828

Der Schotte [Carlyle] sucht das Werk zu durchdringen, der Franzose [Ampère] es zu verstehen, und der Russe [Schewireff] es sich anzueignen. Unverabredet haben also diese drei die sämtlichen Kategorien der Teilnahme an einem ästhetischen Werke dargestellt; wobei sich versteht, daß diese drei Arten nicht entschieden getrennt sein können, sondern immer eine jede die andere zu ihren Zwecken zu Hülfe rufen wird.

An Karl Friedrich Zelter 26. Juli 1828

Meine nahe Hoffnung, Euch zu Michael die Fortsetzung von Faust zu geben, wird mir denn auch durch diese Ereignisse vereitelt. [Tod Karl Augusts am 14. Juni]. Wenn dies Ding nicht, fortgesetzt, auf einen übermütigen Zustand hindeutet, wenn es den Leser nicht auch nötigt, sich über sich selber hinauszumuten, so ist es nichts wert. Bis jetzt, denk ich, hat ein guter Kopf und Sinn schon zu tun, wenn er sich will zum Herrn machen von allem dem, was da hineingeheimnisset ist. Dazu bist Du denn gerade der rechte Mann, und es wird Dir auch deshalb die Zeit bis auf die erscheinende Folge nicht zu lange werden. – Der Anfang des zweiten Akts ist gelungen; wir wollen dies ganz bescheiden aussprechen, weil wir ihn, wenn er nicht dastünde, nicht machen würden. Es kommt nun darauf an, den ersten Akt zu schließen, der bis aufs letzte Detail erfunden ist, und ohne dieses Unheil auch schon in behaglichen Reimen ausgeführt stände. Das müssen wir denn auch der vorschwebenden Zeit überlassen.

Die Tagebucheintragungen vom 18. September 1828 bis zum 7. Februar 1829 zeigen die fast tägliche Arbeit am »Hauptgeschäft«. Einige Proben:

18. September: Einiges am Hauptgeschäft arrangiert. *16. Oktober:* [Früh] Das Hauptgeschäft fortgesetzt. ... [Vor Mittag] In dem Vorliegenden fortgefahren. ... [Nachmittags] Schemata ins Reine. Die Schemata fortgesetzt betrachtet. *1. November:* Ich setzte die Betrachtungen über das allernächst zu Leistende bis gegen Abend und durch einen Teil der Nacht fort. *10. November:* An dem Hauptgeschäft fortgearbeitet. *11. November:* Notwendigste Übersicht des Hauptgeschäftes. Schematisierung deshalb. *24. Dezember:* Einiges zum Hauptzwecke. *1. Januar 1829:* [Morgens] Fortarbeit am Hauptgeschäft. *11. Januar* [Früh] Am Hauptgeschäft fortgeschritten. ... [Abends] Vorgedanken für morgen. Auch in der Nacht fortgesetzt. *7. Februar:* Ich fuhr fort, mich dem Hauptgeschäft zu widmen.

Gespräch mit Eckermann 12. Februar 1829

Doch, sagte ich, gebe ich die Hoffnung nicht auf, zum Faust eine passende Musik kommen zu sehen.

»Es ist ganz unmöglich«, sagte Goethe. »Das Abstoßende, Widerwärtige, Furchtbare, was sie stellenweise enthalten müßte, ist der Zeit zuwider. Die Musik müßte im Charakter des Don Juan sein; Mozart hätte den Faust komponieren müssen. Meyerbeer wäre vielleicht dazu fähig, allein der wird sich auf so etwas nicht einlassen; er ist zu sehr mit italienischen Theatern verflochten.«

An Karl Friedrich Zelter 28. März 1829

Unser Theater hat seinen ganz guten Fortgang ... Meinen Faust wollen sie auch geben, dabei verhalt' ich mich passiv, um nicht zu sagen leidend. Doch überhaupt darf mir für dieses Stück nicht bange sein, da es Herzog Bernhard, in Ober-Karolina, bei einem Indianer gefunden hat.

Gespräch mit Eckermann 10. April 1829

Goethe zeigte mir sodann auch auf diesem Grundriß [von Rom] die merkwürdigsten Gebäude und Plätze. »Dies«, sagte er, »ist der Farnesische Garten.« War es nicht hier, sagte ich, wo Sie die Hexenszene des Faust geschrieben? »Nein«, sagte er, »das war im Garten Borghese.«

Gespräch mit Hans Christian Ernst v. Gagern 14. April 1829

Sie müssen gestehen, daß Sie dem Teufel [im Faust] doch eine gar zu schöne Rolle zugeteilt haben. Darauf Goethe mit merkwürdig ernstem Blick aus seinen unvergeßlich schönen braunen Augen: »Ja, es ist etwas von der Hölle darin!«

An Karl Friedrich Zelter 19. Juli 1829

Daß Du auf den zweiten Faust zurückkehrst, tut mir sehr wohl... Der Abschluß ist so gut wie ganz vollbracht, von den Zwischenstellen manches Bedeutende vollendet, und wenn man mich von seiten höchster Gewalten auffangen und auf ein Vierteljahr einer hohen Festung anvertrauen wollte, so sollte nicht viel übrig sein. Ich habe alles so deutlich in Herz und Sinn, daß es mir oft unbequem fällt. –

An Rochlitz 29. September 1829

Den allerschönsten Dank, teuerster Mann, für die gefällig mitgeteilte Nachricht, wie es meinem redigierten Faust vor und nach der Aufführung ergangen. Bei meiner vieljährigen Theaterverwaltung hab ich eine solche oft verlangte, ja dringend geforderte Vorstellung niemals begünstigt und sie auch jetzt am Orte im eigentlichsten Sinne nur geschehen lassen. Was man auch übrigens von der Aufführung halten mag, so geht doch ... die alte Wahrheit, man solle den Teufel nicht an die Wand malen, aufs deutlichste hervor.

Die wichtigsten Stellen aus den Tagebucheintragungen zwischen dem 1. Dezember 1829 und 27. April 1830 lauten:

1. Dezember: Mittag Hr Prof. Riemer; demselben manches Neue mitgeteilt. Auch von Faustischen Szenen etwas vertraut. *2. Dezember:* Szenen im Faust berichtigt. *15. Dezember:* [Früh] Poetisches. ... [Nachmittags] Das Poetische fortsetzend. Abends ... Prof. Riemer. ... Später einiges Poetische wechselseitig mitgeteilt, woraus noch Anmutiges entsprang. *30/31. Dezember:* [Früh] Poetisches. Arrangement einiger Konzepte. ... [Abends] Vorschwebendes Poetische. Solches früh zu Stande gebracht. John mundierte sogleich. [Nachmittags] blieb in den vordern Zimmern und dachte das nächste Poetische durch. Abends ... Fuhr in meinem Geschäft fort und endigte so das Jahr. *6. Januar:* [Früh] Poetisches vorgerückt, konzipiert, mundiert, eingeschaltet, abgerundet. *17. Januar:* [Morgens] Poetisches mundiert und schematisiert. ... Mittag Dr. Eckermann. Einige Vorlesung. Unterhaltung darüber. [Tagebuch Eckermanns: »Szene, wo Faust zu den Müttern geht.«] *10. Januar:* Mittag Dr. Eckermann. Demselben einiges mitgeteilt. [»Fernere Szene, wo Faust nach der Helena fragt und der Berg entsteht.«] *7. Februar:* [Früh] Einiges Poetische. ... [Abends] Blieb für mich. Das zunächst zu fördernde Poetische durchdenkend. *3. März:* Poetisches, Konzept und Mundum. Das zweite reinere Mundum gefördert. Manches vorbedacht. *14. April:* Mittag Dr. Eckermann ... Übergab ihm den Faust. [Akt I und II] *18. April:* Dr. Eckermann. Wurde die Klassische Walpurgisnacht rekapituliert. *27. April:* Abends Prof. Riemer. ... Über die Fortsetzung von Faust gesprochen.

Gespräch mit Eckermann 6. Dezember 1829

»Da die Konzeption so alt ist«, sagte Goethe, »und ich seit fünfzig Jahren darüber nachdenke, so hat sich das innere Material so sehr gehäuft, daß jetzt das Ausscheiden und Ablehnen die schwere Operation ist. Die Erfindung des ganzen zweiten Teiles ist wirklich so alt, wie ich sage. Aber daß ich ihn erst jetzt schreibe, nachdem ich über die weltlichen Dinge so viel klarer geworden, mag der Sache zugute kommen. Es geht mir damit wie einem, der in seiner Jugend sehr viel kleines Silber- und Kupfergeld hat, das er während dem Lauf seines Lebens immer bedeutender einwechselt, so daß er zuletzt seinen Jugendbesitz in reinen Goldstücken vor sich sieht.«

Wir sprachen über die Figur des Bakkalaureus. Ist in ihm, sagte ich, nicht eine gewisse Klasse ideeller Philosophen gemeint? »Nein«, sagte Goethe, »es ist die Anmaßlichkeit in ihm personifiziert, die besonders der Jugend eigen ist, wovon wir in den ersten Jahren nach unserm Befreiungskriege so auffallende Beweise hatten. Auch glaubt jeder in seiner Jugend, daß die Welt eigentlich erst mit ihm angefangen und daß alles eigentlich um seinetwillen da sei.«

Gespräch mit Eckermann 16. Dezember 1829

»Überhaupt«, sagte Goethe, »werden Sie bemerken, daß der Mephistopheles gegen den Homunculus in Nachteil zu stehen kommt, der ihm an geistiger Klarheit gleicht und durch seine Tendenz zum Schönen und förderlich Tätigen so viel vor ihm voraus hat. Übrigens nennt er ihn Herr Vetter; denn solche geistige Wesen wie der Homunculus, die durch eine vollkommene Menschwerdung noch nicht verdüstert und beschränkt worden, zählte man zu den Dämonen, wodurch denn unter beiden eine Art von Verwandtschaft existiert.«

Gewiß, sagte ich, erscheint der Mephistopheles hier in einer untergeordneten Stellung; allein ich kann mich des Gedankens nicht erwehren, daß er zur Entstehung des Homunculus heimlich gewirkt hat, so wie wir ihn bisher kennen und wie er auch in der Helena immer als heimlich wirkendes Wesen erscheint ...

»Sie empfinden das Verhältnis sehr richtig«, sagte Goethe; »es ist so.« Es ist wunderbar, sagte ich, wie in einem solchen Werke die einzelnen Teile aufeinander sich beziehen, aufeinander wirken und einander ergänzen und heben. Durch diesen Traum von der Leda hier im zweiten Akt gewinnt später die Helena erst das eigentliche Fundament. ... Goethe gab mir recht, und es schien ihm lieb, daß ich dieses bemerkte. »So auch«, sagte er, »werden Sie finden, daß schon immer in diesen früheren Akten das Klassische und Romantische anklingt und zur Sprache gebracht wird, damit es, wie auf einem steigenden Terrain, zur Helena hinaufgehe, wo beide Dichtungsformen entschieden hervortreten und eine Art von Ausgleichung finden.«

Gespräch mit Eckermann   *20. Dezember 1829*

Wir sprachen darauf über den Knabe Lenker.

»Daß in der Maske des Plutus der Faust steckt und in der Maske des Geizes der Mephistopheles, werden Sie gemerkt haben. Wer aber ist der Knabe Lenker?«

Ich zauderte und wußte nicht zu antworten. – »Es ist der Euphorion!« sagte Goethe.

Wie kann aber dieser, fragte ich, schon hier im Karneval erscheinen, da er doch erst im dritten Akt geboren wird?

»Der Euphorion«, antwortete Goethe, »ist kein menschliches, sondern nur ein allegorisches Wesen. Es ist in ihm die Poesie personifiziert, die an keine Zeit, an keinen Ort und an keine Person gebunden ist. Derselbige Geist, dem es später beliebt, Euphorion zu sein, erscheint jetzt als Knabe Lenker, und er ist darin den Gespenstern ähnlich, die überall gegenwärtig sein und zu jeder Stunde hervortreten können.«

Gespräch mit Eckermann   *3. Januar 1830*

[Goethe:] »Der Faust ist doch ganz etwas Inkommensurables, und alle Versuche, ihn dem Verstand näher zu bringen, sind vergeblich. Auch muß man bedenken, daß der erste Teil aus einem etwas dunkelen Zustand des Individuums hervorgegangen. Aber eben dieses Dunkel reizt die Menschen, und sie mühen sich daran ab, wie an allen unauflösbaren Problemen.«

Gespräch mit Eckermann   *10. Januar 1830*

»Ich kann Ihnen weiter nichts verraten«, sagte er [Goethe] darauf, »als daß ich beim Plutarch gefunden, daß im griechischen Altertume von Müttern als Gottheiten die Rede gewesen. Dies ist alles, was ich der Überlieferung verdanke, das übrige ist meine eigene Erfindung. Ich gebe Ihnen das Manuskript mit nach Hause, studieren Sie alles wohl und sehen Sie zu, wie Sie zurecht kommen.«

Gespräch mit Eckermann 24. Januar 1830

Wir sprachen sodann über die Klassische Walpurgisnacht, deren Anfang Goethe mir vor einigen Tagen gelesen. »Der mythologischen Figuren, die sich hiebei zudrängen«, sagte er, »sind eine Unzahl; aber ich hüte mich und nehme bloß solche, die bildlich den gehörigen Eindruck machen. Faust ist jetzt mit dem Chiron zusammen, und ich hoffe, die Szene soll mir gelingen. Wenn ich mich fleißig dazu halte, kann ich in ein paar Monaten mit der Walpurgisnacht fertig sein. Es soll mich nun aber auch nichts wieder vom Faust abbringen; denn es wäre doch toll genug, wenn ich es erlebte, ihn zu vollenden! Und möglich ist es; – der fünfte Akt ist so gut wie fertig, und der vierte wird sich sodann wie von selber machen.«

An Karl Friedrich Zelter 2. März 1830

Heute haben wir hohen Barometerstand, kongruierenden Ostwind, erheiterten Himmel, Sonnenschein, und so regt sich wieder Glaube und Hoffnung an und auf die Natur, da denn die Liebe nicht ausbleiben wird. Seit acht Wochen beschäftige ich mich ununterbrochen mit einer Arbeit, die mir Freude macht und Euch auch Freude machen soll; dazu schöpf ich nun frischen Atem und denke noch vor Ostern abzuschließen.

Gespräch mit Eckermann 6. März 1830

Besonders ist es die Klassische Walpurgisnacht, die ihn seit einigen Wochen ganz hinnimmt und die dadurch auch rasch und bedeutend heranwächst. In solchen durchaus produktiven Epochen liebt Goethe die Lektüre überhaupt nicht, es wäre denn, daß sie als etwas Leichtes und Heiteres ihm als ein wohltätiges Ausruhen diente oder auch, daß sie mit dem Gegenstande, den er eben unter Händen hat, in Harmonie stände und dazu behülflich wäre. Er meidet sie dagegen ganz entschieden, wenn sie so bedeutend und aufregend wirkte, daß sie seine ruhige Produktion stören und sein tätiges Interesse zersplittern und ablenken könnte. Das letztere scheint jetzt mit dem Globe und Temps der Fall zu sein. »Ich sehe«, sagte er, »es bereiten sich in Paris bedeutende Dinge vor; wir sind am Vorabend einer großen Explosion. Da ich aber darauf keinen Einfluß habe, so will ich es ruhig abwarten, ohne mich von dem spannenden Gang des Dramas unnützerweise täglich aufregen zu lassen. Ich lese jetzt sowenig den Globe als den Temps, und meine Walpurgisnacht rückt dabei gar nicht schlecht vorwärts.«

Gespräch mit Eckermann 7. März 1830

[Goethe] eröffnete mir, daß er seine Klassische Walpurgisnacht habe zurücklegen müssen, um die letzte Lieferung fertig zu machen. »Hiebei aber«, sagte er, »bin ich klug gewesen, daß ich aufgehört habe, wo ich noch in gutem Zuge war und noch viel bereits Erfundenes zu sagen hatte. Auf diese

Weise läßt sich viel leichter wieder anknüpfen, als wenn ich so lange fortgeschrieben hätte, bis es stockte.«

Nach F. Mendelssohn-Bartholdy 21. Mai/3. Juni 1830

[Goethe] bezeichnete den Grundgedanken der Walpurgisnacht mit den Worten: Dies Gedicht ist hochsymbolisch intentioniert. Denn es muß sich in der Weltgeschichte immerfort wiederholen, daß ein Altes, Gegründetes, Geprüftes, Beruhigendes durch auftauchende Neuerungen gedrängt, geschoben, verrückt und wo nicht vertilgt, doch in den engsten Raum eingepfercht werde. Die Mittelzeit, wo der Haß noch gegenwirken kann und mag, ist hier prägnant genug dargestellt, und ein freudiger, ungestörter Enthusiasmus lodert noch einmal in Glanz und Klarheit hinauf.

Gespräch mit Friedrich v. Müller 8. Juni 1830

[Goethe:] »Eckermann versteht am besten literarische Produktionen mir zu extorquieren durch den verständigen Anteil, den er an dem bereits Geleisteten, bereits Begonnenen nimmt. So ist *er* vorzüglich Ursache, daß ich den Faust fortsetze, daß die zwei ersten Akte des zweiten Teils beinahe fertig sind.«

An August v. Goethe 25. Juni 1830

Sag ihm [Eckermann]: Die Walpurgisnacht sei völlig abgeschlossen, und wegen des fernerhin und weiter Nötigen sei die beste Hoffnung.

Das Tagebuch vom Dezember 1830 bis Juli 1831 spiegelt die letzte große Arbeitsperiode am Faust in fast täglichen Eintragungen, von denen die wichtigsten mitgeteilt seien:

2. Dezember: Nachts an Faust gedacht und einiges gefördert. *3./4. Dezember:* Nach ein Uhr einige Stunden gewacht. Verschiedenes in Gedanken gefördert. Bis früh geschlafen. Einiges am Faust. *7. Dezember:* Nachts wachend, alles Vorliegende durchgedacht und manches gefördert. *12. Dezember:* [Früh] einiges zu Faust. ... Mittag Dr. Eckermann. Brachte das Manuskript von Faust zurück. Das darin ihm Unbekannte wurde besprochen, die letzten Pinselzüge gebilligt. Er nahm die Klassische Walpurgisnacht mit. *14. Dezember:* Beizeiten zu arbeiten angefangen. Das Poetische blieb im Gange. ... Mittag Dr. Eckermann. Die Walpurgisnacht näher besprochen. *17. Dezember:* Abschluß von Faust und Mundum desselben.

Gespräch mit Eckermann 1830

Hier also der Anfang! Da Sie mich kennen, so werden Sie nicht überrascht sein, ganz in meiner bisherigen milden Art! es ist, als wäre alles in den Mantel der Versöhnung eingehüllt. Wenn man bedenkt, welche Greuel beim Schluß des zweiten Akts [wohl des ersten Teiles] auf Gretchen einstürmten und rückwirkend Fausts ganze Seele erschüttern mußten, so konnt' ich mir nicht anders helfen, als den Helden, wie ich's getan, völlig zu paralysieren und als vernichtet zu betrachten, und aus solch scheinbarem Tode ein neues Leben anzuzünden. Ich mußte hiebei eine Zuflucht zu wohltätigen mächtigen Geistern nehmen, wie sie uns in der Gestalt und im Wesen von Elfen überliefert sind. Es ist alles Mitleid und das tiefste Erbarmen. Da wird kein Gericht gehalten und da ist keine Frage, ob er es verdient oder nicht verdient habe, wie es etwa von Menschen-Richtern geschehen könnte. Bei den Elfen kommen solche Dinge nicht in Erwägung. Ihnen ist es gleich, ob er ein Heiliger oder ein Böser, in Sünde Versunkener ist, ›ob er heilig, ob er böse, jammert sie der Unglücksmann‹, und so fahren sie in versöhnender Weise beschwichtigend fort und haben nichts Höheres im Sinne, als ihn durch einen kräftigen, tiefen Schlummer die Greuel der erlebten Vergangenheit vergessen zu machen: ›Erst badet ihn im Tau aus Lethes Flut.‹«

An Karl Friedrich Zelter 4. *Januar 1831*

Die zwei ersten Akte von Faust sind fertig. Die Exklamation des Kardinals von Este, womit er den Ariost zu ehren glaubte, möchte wohl hier am Orte sein. [Messer Lodovico, dove trovaste mai tante coglionerie?] Genug! Helena tritt zu Anfang des dritten Akts nicht als Zwischenspielerin sondern als Heroine ohne weiteres auf. Der Decurs dieser dritten Abteilung [Akte] ist bekannt; inwiefern mir die Götter zum vierten Akte helfen, steht dahin. Der fünfte bis zum Ende des Endes steht auch schon auf dem Papiere.

Fortsetzung des Tagebuches

12. Februar: Das Hauptwerk mutig und glücklich angegriffen [Akt IV]. *20. Februar:* John vollbrachte das Einheften der drei ersten Akte von Faust im Manuskript. Das Mundum war von mancherlei Seiten zusammenzusuchen. *9. April:* Nach Tisch im Garten bis gegen Abend. Die Gebirgsfolgen in dem Gartenhaus am Frauentor durchgesehen. Die Erinnerung, wie solche gesammelt werden, die Örtlichkeiten und Personalitäten rekapitulierend. Anderes Geheime bedenkend. Philemon und Baucis und Verwandtes sehr zusagend. *2. Mai:* Poetisches. Bedeutendes Mundum durch John. [Eckermann: Goethe erfreute mich mit der Nachricht, daß es ihm in diesen Tagen gelungen, den bisher fehlenden Anfang des fünften Aktes von Faust so gut wie fertig zu machen.] *4. Mai:* Abschluß der fünften Abteilung [Akt]. Beginn der vierten. *5. Mai:* Einiges an der 5. Abteilung ajustiert und der Übereinstimmung näher gebracht. *6. Mai:* [Früh] Die 5. Abteilung revidiert und manches ausgeglichen. Die 4. beachtet. *7. Juni:* Mittag Dr. Eckermann. Ich gab ihm den 5. Aufzug von Faust mit. *26. Juni:* Fortgeführter Hauptzweck. *5. Juli:* Den Hauptzweck nicht außer Augen gelassen. Einiges Mundum deshalb. *10. Juli:* Das Hauptgeschäft ununterbrochen fortgesetzt. *12. Juli:* Die Verbindung gelang mit der Hauptpartie. [Wohl Vers 11403–11419, 11437–11452 als Verbindung zur Paktszene im 1. Teil.] *18. Juli:* Am Hauptgeschäft fortgefahren. ... Mittags Dr. Eckermann, dessen Vergnügen am Gelingen der Hauptvorsätze. *21. Juli:* Abschluß des Hauptgeschäftes. *22. Juli:* [Früh] Das Hauptgeschäft zu Stande gebracht. Letztes Mundum. Alles rein Geschriebene eingeheftet.

Gespräch mit Eckermann 13. Februar 1831

Bei Goethe zu Tisch. Er erzählt mir, daß er im vierten Akt des Faust fortfahre und daß ihm jetzt der Anfang so gelungen, wie er es gewünscht. »Das, was geschehen sollte«, sagte er, »hatte ich, wie Sie wissen, längst; allein mit dem Wie war ich noch nicht ganz zufrieden, und da ist es mir nun lieb, daß mir gute Gedanken gekommen sind. Ich werde nun diese ganze Lücke, von der Helena bis zum fertigen fünften Akt, durcherfinden und in einem ausführlichen Schema niederschreiben, damit ich sodann mit völligem Behagen und Sicherheit ausführen und an den Stellen arbeiten kann, die mich zunächst anmuten. Dieser Akt bekommt wieder einen ganz eigenen Charakter, so daß er, wie eine für sich bestehende kleine Welt, das übrige nicht berührt und nur durch einen leisen Bezug zu dem Vorhergehenden und Folgenden sich dem Ganzen anschließt.«

Er wird also, sagte ich, völlig im Charakter des übrigen sein; denn im Grunde sind doch der Auerbachsche Keller, die Hexenküche, der Blocksberg, der Reichstag, die Maskerade, das Papiergeld, das Laboratorium, die Klassische Walpurgisnacht, die Helena, lauter für sich bestehende kleine Weltenkreise, die, in sich abgeschlossen, wohl aufeinander wirken, aber doch einander wenig angehen. Dem Dichter liegt daran, eine mannigfaltige Welt auszusprechen, und er benutzt die Fabel eines berühmten Helden bloß als eine Art von durchgehender Schnur, um darauf aneinander zu reihen, was er Lust hat. Es ist mit der Odyssee und dem Gil Blas auch nicht anders.

»Sie haben vollkommen recht«, sagte Goethe; »auch kommt es bei einer solchen Komposition bloß darauf an, daß die einzelnen Massen bedeutend und klar seien, während es als ein Ganzes immer inkommensurabel bleibt, aber eben deswegen, gleich einem unaufgelösten Problem, die Menschen zu wiederholter Betrachtung immer wieder anlockt.«

Gespräch mit Eckermann 17. Februar 1831

Ich erkundigte mich nach dem Faust und wie er vorrücke. »Der läßt mich nun nicht wieder los«, sagte Goethe, »ich denke und erfinde täglich daran fort. Ich habe nun auch das ganze Manuskript des zweiten Teiles heute heften lassen, damit es mir als eine sinnliche Masse vor Augen sei. Die Stelle des fehlenden vierten Aktes habe ich mit weißem Papier ausgefüllt, und es ist keine Frage, daß das Fertige anlockt und reizt, um das zu vollenden, was noch zu tun ist. Es liegt in solchen sinnlichen Dingen mehr als man denkt, und man muß dem Geistigen mit allerlei Künsten zu Hülfe kommen.« ...

Es kommt doch in diesem zweiten Teil, sagte ich, eine weit reichere Welt zur Erscheinung als im ersten.

»Ich sollte denken«, sagte Goethe. »Der erste Teil ist fast ganz subjektiv; es ist alles aus einem befangeneren, leidenschaftlicheren Individuum hervorgegangen, welches Halbdunkel den Menschen auch so wohl tun mag. Im zweiten Teile aber ist fast gar nichts Subjektives, es erscheint hier eine höhere, breitere, hellere, leidenschaftslosere Welt, und wer sich nicht etwas umgetan und einiges erlebt hat, wird nichts damit anzufangen wissen.«

Gespräch mit Eckermann   21. Februar 1831

»Die alte Walpurgisnacht«, sagte Goethe, »ist monarchisch, indem der Teufel dort überall als entschiedenes Oberhaupt respektiert wird. Die klassische aber ist durchaus republikanisch, indem alles in der Breite nebeneinander steht, so daß der eine so viel gilt wie der andere und niemand sich subordiniert und sich um den andern bekümmert.«

Gespräch mit Eckermann   2. März 1831

»Das Dämonische«, sagte er, »ist dasjenige, was durch Verstand und Vernunft nicht aufzulösen ist. In meiner Natur liegt es nicht, aber ich bin ihm unterworfen.« …

Erscheint nicht auch, sagte ich, das Dämonische in den Begebenheiten? »Ganz besonders«, sagte Goethe, »und zwar in allen, die wir durch Verstand und Vernunft nicht aufzulösen vermögen. Überhaupt manifestiert es sich auf die verschiedenste Weise in der ganzen Natur, in der unsichtbaren wie in der sichtbaren. Manche Geschöpfe sind ganz dämonischer Art, in manchen sind Teile von ihm wirksam.«

Hat nicht auch, sagte ich, der Mephistopheles dämonische Züge?

»Nein«, sagte Goethe; »der Mephistopheles ist ein viel zu negatives Wesen; das Dämonische aber äußert sich in einer durchaus positiven Tatkraft.«

An Karl Friedrich Zelter   1. Juni 1831

Es ist keine Kleinigkeit, das, was man im zwanzigsten Jahre konzipiert hat, im zweiundachtzigsten außer sich darzustellen und ein solches inneres lebendiges Knochengeripp mit Sehnen, Fleisch und Oberhaut zu bekleiden, auch wohl dem fertig Hingestellten noch einige Mantelfalten umzuschlagen, damit alles zusammen ein offenbares Rätsel bleibe, die Menschen fort und fort ergötze und ihnen zu schaffen mache.

Gespräch mit Eckermann   6. Juni 1831

»Mein Philemon und Baucis«, sagte Goethe, «hat mit jenem berühmten Paare des Altertums und der sich daranknüpfenden Sage nichts zu tun. Ich gab meinem Paare bloß jene Namen, um die Charaktere dadurch zu heben.

Es sind ähnliche Personen und ähnliche Verhältnisse, und da wirken denn die ähnlichen Namen durchaus günstig.« ...

»Der Faust, wie er im fünften Akt erscheint«, sagte Goethe ferner, »soll nach meiner Intention gerade hundert Jahr alt sein, und ich bin nicht gewiß, ob es nicht etwa gut wäre, dieses irgendwo ausdrücklich zu bemerken.« ...

Wir sprachen sodann über den Schluß, und Goethe machte mich auf die Stelle aufmerksam, wo es heißt:

> Gerettet ist das edle Glied
> Der Geisterwelt vom Bösen:
> Wer immer strebend sich bemüht,
> Den können wir erlösen,
> Und hat an ihm die Liebe gar
> Von oben teilgenommen,
> Begegnet ihm die selige Schar
> Mit herzlichem Willkommen.

»In diesen Versen«, sagte er, »ist der Schlüssel zu Fausts Rettung enthalten. In Faust selber eine immer höhere und reinere Tätigkeit bis ans Ende, und von oben die ihm zu Hülfe kommende ewige Liebe. Es steht dieses mit unserer religiösen Vorstellung durchaus in Harmonie, nach welcher wir nicht bloß durch eigene Kraft selig werden, sondern durch die hinzukommende göttliche Gnade.

Übrigens werden Sie zugeben, daß der Schluß, wo es mit der geretteten Seele nach oben geht, sehr schwer zu machen war, und daß ich bei so übersinnlichen, kaum zu ahnenden Dingen mich sehr leicht im Vagen hätte verlieren können, wenn ich nicht meinen poetischen Intentionen, durch die scharf umrissenen christlich-kirchlichen Figuren und Vorstellungen, eine wohltätig beschränkende Form und Festigkeit gegeben hätte.« Den noch fehlenden vierten Akt vollendete Goethe darauf in den nächsten Wochen, so daß im August der ganze zweite Teil geheftet und vollkommen fertig dalag. Dieses Ziel, wonach er so lange gestrebt, endlich erreicht zu haben, machte Goethe überaus glücklich.

»Mein ferneres Leben«, sagte er, »kann ich nunmehr als ein reines Geschenk ansehen, und es ist jetzt im Grunde ganz einerlei ob und was ich noch etwa tue.«

An Heinrich Meyer   *20. Juli 1831*

Wundersam bleibt es immer, wie sich der von allem absondernde, teils revolutionäre, teils einsiedlerische Egoismus durch die lebendigen Tätigkeiten aller Art hindurchzieht.

Den meinen, will ich nur bekennen, hab' ich ins Innerste der Produktion zurückgezogen und den nunmehr seit vollen vier Jahren wieder ernstlich aufgenommenen zweiten Teil des Faust in sich selbst arrangiert, bedeutende Zwischenlücken ausgefüllt und vom Ende herein, vom Anfang zum Ende das Vorhandene zusammengeschlossen. Dabei hoffe ich, es soll mir geglückt sein, all den Unterschied des Früheren und Späteren ausgelöscht zu haben.

Ich wußte schon lange her, was, ja sogar, wie ich's wollte, und trug es als ein inneres Märchen seit so vielen Jahren mit mir herum, führte aber nur die einzelnen Stellen aus, die mich von Zeit zu Zeit näher anmuteten. Nun sollte und konnte dieser zweite Teil nicht so fragmentarisch sein als der erste. Der Verstand hat mehr Recht daran, wie man auch wohl schon an dem davon gedruckten Teil ersehen haben wird. Freilich bedurfte es zuletzt einen recht kräftigen Entschluß, das Ganze zusammenzuarbeiten, daß es vor einem gebildeten Geiste bestehen könne. Ich bestimmte daher fest in mir, daß es noch vor meinem Geburtstage vollendet sein müsse. Und so wird es auch. Das Ganze liegt vor mir, und ich habe nur noch Kleinigkeiten zu berichten. So siegle ich's ein, und dann mag es das spezifische Gewicht meiner folgenden Bände, wie es auch damit werden mag, vermehren. Wenn es noch Probleme genug enthält, indem – der Welt- und Menschengeschichte gleich – das zuletzt aufgelöste Problem immer wieder ein neues aufzulösendes darbietet, so wird es doch gewiß denjenigen erfreuen, der sich auf Miene, Wink und leise Hindeutung versteht. Er wird sogar mehr finden, als ich geben konnte.

Und so ist nun ein schwerer Stein über den Bergesgipfel auf die andere Seite hinabgewälzt. Gleich liegen aber wieder andere hinter mir, die auch wieder gefördert sein wollen, damit erfüllt werde, was geschrieben steht: »Solche Mühe hat Gott dem Menschen gegeben.«

Gespräch mit Förster   25. August 1831

Ich suchte das Gespräch wiederum auf die Bearbeitung des Faust für die Bühne zu leiten, und Goethe stimmte meiner Ansicht bei, daß die großen Dramen und Tragödien in alter wie in neuerer und neuester Zeit nur durch die Vorstellungen auf der Bühne zu allgemeinem Verständnis und allgemeiner Anerkennung gelangt wären. »Aber eben die Bearbeitung«, bemerkte Goethe, »das ist der schwierige Punkt, zumal bei einem Drama wie der Faust, bei welchem der Dichter von Haus aus gar nicht an eine Aufführung auf der Bühne gedacht hat.«

An Sulpiz Boisserée   24. November 1831

Als ich meinen abgeschlossenen Faust einsiegelte, war mir denn doch nicht ganz wohl dabei zumute; denn es mußte mir einfallen, daß meine wertesten, im allgemeinen mit mir übereinstimmenden Freunde nicht alsobald den Spaß haben sollten, sich an diesen ernst gemeinten Scherzen einige

Stunden zu ergötzen, und dabei gewahr zu werden, was sich viele Jahre in Kopf und Sinn herumbewegte, bis es endlich diese Gestalt angenommen. Sogar als Dichter, der sein Licht nicht unter den Scheffel setzen will, mußte ich verzweifeln, indem ich auf die nächste unmittelbare Teilnahme Verzicht tat. Mein Trost ist jedoch, daß gerade die, an denen mir gelegen sein muß, alle jünger sind als ich und seiner Zeit das für sie Bereitete und Aufgesparte zu meinem Andenken genießen werden.

An Wilhelm v. Humboldt *1. Dezember 1831*

Von meinem Faust ist viel und wenig zu sagen. Gerade zu einer günstigen Zeit fiel mir das Dictum ein:

> Gebt ihr euch einmal für Poeten,
> So kommandiert die Poesie.

Und durch eine geheime psychologische Wendung, welche vielleicht näher studiert zu werden verdiente, glaube ich mich zu einer Art von Produktion erhoben zu haben, welche bei völligem Bewußtsein dasjenige hervorbrachte, was ich jetzt noch selbst billige, ohne vielleicht jemals in diesem Flusse wieder schwimmen zu können, ja, was Aristoteles und andere Prosaisten einer Art von Wahnsinn zuschreiben würden. Die Schwierigkeit des Gelingens bestand darin, daß der zweite Teil des Faust, dessen gedruckten Partien Sie vielleicht einige Aufmerksamkeit geschenkt haben, seit fünfzig Jahren in seinen Zwecken und Motiven durchgedacht und fragmentarisch – wie mir eine oder die andere Situation gefiel – durchgearbeitet war, das Ganze aber lückenhaft blieb.

Nun hat der Verstand an dem zweiten Teile mehr Forderung als an dem ersten, und in diesem Sinne mußte dem vernünftigen Leser mehr entgegengearbeitet werden, wenn ihm auch an Übergängen zu supplieren genug übrigblieb. Das Ausfüllen gewisser Lücken war sowohl für historische als ästhetische Stetigkeit nötig; welches ich so lange fortsetzte, bis ich endlich für rätlich hielt auszurufen:

Schließet den Wäßrungskanal, genugsam tranken die Wiesen.

Gespräch mit Riemer *zeitlich nicht genau bestimmbar*

[Goethe:] Der zweite Teil sollte und konnte nicht so fragmentarisch sein als der erste. Der Verstand hat mehr Forderungen daran als an den ersten, und in diesem Sinne mußte dem vernünftigen Leser entgegengearbeitet werden. – Die Fabel mußte sich dem Ideellen nähern und zuletzt darein entfalten, die Behandlung aber des Dichters eigenen Weg nehmen. – Es gab noch manche andere, herrliche, reale und phantastische Irrtümer, in welche der arme Mensch sich edler, würdiger, höher, als im ersten gemeinen Teile geschieht, verlieren durfte. – Die Behandlung mußte aus dem Spezifischen mehr in das Generische gehen, denn Spezifikation und Varietät gehören der Jugend an. – Tizian, der große Kolorist, malte im hohen Alter diejenigen Stoffe, die er früher so konkret nachzuahmen gewußt hatte, auch nur in abstracto, z. B. den Sammet nur als Idee davon – eine Anekdote, die Goethe mir mehrmals mit Beziehung auf sich erzählte. – So sind denn freilich einzelne, aber nicht gerade sehr wesentliche Partien nur angelegt und aus dem groben gearbeitet; aber das, worauf es ankam, der Sinn und die Idee des Ganzen, wird sich dem vernünftigen Leser entgegenbringen, wenn ihm auch an Übergängen zu supplieren genug übrigbleibt.

Gespräch mit dem Grafen Stroganoff   *zeitlich nicht genau bestimmbar*

»Aber weil wir einmal im Offenherzigen sind«, sagte [Goethe], »so will ich Ihnen nur gestehen, daß ich den Sinn von allem Besprochenen [über Goethes Philosophie] in den zweiten Teil meines Faust gelegt habe und deshalb gewiß bin, daß dieser Schluß nach meinem Tode von meinen Landsleuten für das langweiligste Produkt meines Lebens wird erklärt werden.«

Tagebuch   *Januar 1832*

8.: Gegen Abend ... Ottilie. Sie hatte das, was vom 2. Teil des Faust gedruckt ist, gelesen und gut überdacht. Es wurde nochmals durchgesprochen, und ich las es nunmehr im Manuskript weiter. *9.:* [Abends] Ottilie. Ich las ihr den Schluß des ersten Akts von Faust vor. *12.:* [Abends] Ottilie und Eckermann. Las im zweiten Teil des Fausts weiter. *13.:* [Nachmittags]. Später Ottilie. Lasen weiter im Faust. *14.:* Abends Ottilie [Vorgelesen]. Schluß zur Klassischen Walpurgisnacht. *15.:* Um 1 Uhr Ottilie zur Vorlesung. Anfang des 4. Akts ... Lasen [abends] weiter im Faust. – *16.:* [Abends] Später Ottilie, las im Faust weiter. *18.:* Einiges umgeschrieben. *20.:* Ottilie, Anfang des 5. Akts gelesen. *24.:* Neue Aufregung zu Faust in Rücksicht größerer Ausführung der Hauptmotive, die ich, um fertig zu werden, allzu lakonisch behandelt hatte. Munda durch John. *27.:* Um 1 Uhr Ottilie. Faust vorgelesen. – *29.:* Abends Ottilie. Faust ausgelesen [zu Ende gelesen].

An Wilhelm v. Humboldt   *17. März 1832, fünf Tage vor Goethes Tod*

Es sind über sechzig Jahre, daß die Konzeption des Faust bei mir jugendlich von vorne herein klar, die ganze Reihenfolge hin weniger ausführlich vorlag. Nun hab' ich die Absicht immer sachte neben mir hergehn lassen und nur die mir gerade interessantesten Stellen einzeln durchgearbeitet, so daß im zweiten Teil Lücken blieben, durch ein gleichmäßiges Interesse mit dem übrigen zu verbinden. Hier trat nun freilich die große Schwierigkeit ein, dasjenige durch Vorsatz und Charakter zu erreichen, was eigentlich der freiwillig tätigen Natur allein zukommen sollte. Es wäre aber nicht gut, wenn es nicht auch nach einem so langen, tätig nachdenkenden Leben möglich geworden wäre, und ich lasse mich keine Furcht angehen, man werde das Ältere von Neueren, das Spätere vom Früheren unterscheiden können; welches wir denn den künftigen Lesern zu geneigter Einsicht übergeben wollen.

Ganz ohne Frage würd' es mir unendliche Freude machen, meinen werten, durchaus dankbar anerkannten, weitverteilten Freunden auch bei Lebzeiten diese sehr ernsten Scherze zu widmen, mitzuteilen und ihre Erwiderung zu vernehmen. Der Tag aber ist wirklich so absurd und konfus, daß ich mich überzeuge, meine redlichen, lange verfolgten Bemühungen um dieses seltsame Gebäu würden schlecht belohnt und an den Strand getrieben wie ein Wrack in Trümmern daliegen und von dem Dünenschutt der Stunden zunächst überschüttet werden. Verwirrende Lehre zu verwirrtem Handel waltet über die Welt, und ich habe nichts angelegentlicher zu tun, als dasjenige, was an mir ist und geblieben ist, womöglich zu steigern und meine Eigentümlichkeiten zu kohobieren, wie Sie es, würdiger Freund, auf Ihrer Burg ja auch bewerkstelligen.

# Anhang

ANMERKUNGEN

Entstehung und Quellen

(Vgl. dazu auch das Nachwort-Kapitel *Fausts Wege vom 16. bis 20. Jahrhundert* und *Goethes Arbeit am Faust-Mythos*).

Hätten Literatur und Künste sich in Rekorden zu überbieten, eine Auszeichnung wäre dem *Faust* gewiß: nämlich das Drama, wenn nicht *das* literarische Werk überhaupt, mit der längsten Entstehungszeit zu sein. Über sechzig Jahre habe ihn das Thema Faust beschäftigt, schrieb Goethe am 17. März 1832 kurz vor seinem Tode an Wilhelm von Humboldt (siehe *Äußerungen*). Demnach datiert Goethe seine früheste Beschäftigung mit dem Faust-Stoff auf die Zeit um 1770. Dessen Konzeption als Drama ist noch die Folge einer mystisch-kabbalistischen Denkweise, die man dem Einfluß von Susanne von Klettenberg, einer pietistischen Stiftsdame und Freundin der Familie, zuschreibt. Mit ihr und unter ihrer Anleitung las Goethe hermetische und medizinphilosophische Schriften, die zu wissen vorgaben, »was die Welt im Innersten zusammenhält«. Zu Beginn des Jahres 1769, während der Genesungszeit nach schwerer Krankheit, lernte er »gewisse mystische chemisch-alchemische Bücher« kennen (*Dichtung und Wahrheit*, 8. Buch), so Georg von Wellings *Opus Mago-Cabbalisticum et Theosophicum* von 1735 (2. Aufl. 1760); er studierte Werke von Theophrastus Paracelsus, dessen Weltbild den Menschen (Mikrokosmos) in Verbindung zu den Mächten des Makrokosmos sieht und der als Begründer der deutschen Pansophie gilt; ferner las er den Benediktinermönch und Alchimisten Basilius Valentinus, der in dem oben genannten Werk von Welling erwähnt wird und ein Anhänger der Schule des Paracelsus ist; ebenso studierte er den im 8. Buch von *Dichtung und Wahrheit* genannten Johann Baptist van Helmont, den Verfasser des *Ortus medicinae*. Goethe berichtet weiter, daß er – angeregt durch die Lektüre des Chemikers und Mediziners Herman Boerhaave – eigene chemische und alchimistische Experimente in seinem Frankfurter Arbeitszimmer durchführte. Noch während seines Studiums beschäftigte er sich mit alchimistischen Experimenten, spürte aber immer deutlicher die Unbefriedigtheit eines nicht eingelösten Erkenntnisanspruchs von ›Geheimwissen‹. Dem Genie-Freund Herder verschwieg er schlechten Gewissens seine heimliche Beschäftigung mit der Alchimie (*Äußerungen*, Dichtung und Wahrheit, 10. Buch. Zu Herbst 1770 bis April 1771).

Mit dem Faust-Stoff war Goethe schon während seiner Kindheit vertraut, vielleicht durch eines der zahlreichen Volksbücher, mit Sicherheit aber durch das allgegenwärtige Puppenspiel vom Dr. Faust. Vielleicht hat er noch als Student eine Aufführung des Faust-Puppenspiels durch das berühmte Straßburger Marionettentheater erlebt. In Goethes Straßburger Zeit fällt ferner seine Beziehung zu Friederike Brion, der Pfarrerstochter aus dem nahegelegenen Sesenheim, die er im Sommer 1771 ohne Abschied verließ. Züge dieses Geschehens, kurzes Glück und schuldhafte Verstrickung, werden auch die Gestalt Margaretes im Faust mit geprägt haben. In die Gretchen-Handlung ging auch ein Frankfurter Ereignis des Jahres 1772 ein: die Ergreifung der 25jährigen Kindsmörderin Susanna Margarethe (!) Brandt, ihre Arretierung im Turmgefängnis in der Nähe des Frankfurter Goethe-Hauses und ihre öffentliche Hinrichtung am 14. Januar 1772. Der Familie Goethe waren die Prozeßakten bekannt; sein Onkel Johann Jost Textor leitete die Untersuchung.

Zu den ältesten Faust-Szenen gehören wahrscheinlich die Szenen »Trüber Tag. Feld«, »Auerbachs Keller« (die Faust-Bilder hatte Goethe in seiner Leipziger Studienzeit in Auerbachs Keller gesehen), die Schüler-Szene, Erdgeist-Szene, »Nacht. Offen Feld« und die Kerkerszene. Sie sind der ersten Entstehungsperiode, den Jahren 1768 bis 1775, zuzuordnen und wahrscheinlich in den Jahren von 1773 bis 1775, großenteils in Frankfurt, niedergeschrieben worden. Im Sommer 1774 las Lavater anläßlich eines Besuches bei Goethe ein paar Szenen des neuen Stückes; auch andere Freunde, wie Boie, Klopstock und Knebel 1774, und F. Jacobi, Bodmer, die Gräfin Auguste zu Stolberg und Merck 1775, erfuhren vom *Faust*-Projekt. Bei der Übersiedelung nach Weimar dachte Goethe noch an einen baldigen Abschluß des Dramas. Verschiedene Zeugnisse berichten von Vorlesungen aus dem Manuskript im Weimarer Hofkreis und unter Freunden, so F. L. zu Stolberg seiner Schwester Henriette von Bernstorff am 6. 12. 1775: »Einen Nachmittag las Göthe seinen halbfertigen ›Faust‹ vor. Es ist ein herrliches Stück. Die Herzoginnen [Anna Amalia und Luise] waren gewaltig gerührt bei einigen Scenen.« Nur einem glücklichen Zufall verdanken wir die Kenntnis dieser unvollständigen Frühfassung des Faust: die Weimarer Hofdame Luise von Göchhausen fertigte eine Abschrift des Bisherigen für sich an (vgl. *Zur Überlieferungslage*). Dieser sogenannte *Urfaust* enthielt 22 Szenen und wurde später von Goethe für die zweite Stufe, das sogenannte *Faust-Fragment*, verändert und erweitert.

Die ersten Weimarer Jahre brachten für den Dichter eine Fülle neuer

ENTSTEHUNG UND QUELLEN

Aufgaben und Ablenkungen, sein Dasein änderte sich so grundlegend, daß an ein Fortschreiten des Werkes nicht zu denken war. So entstand eine nahezu dreizehnjährige Pause. Erst 1788 nahm Goethe den Faden der Dichtung wieder auf, veranlaßt durch eine Anfrage des Verlegers G. J. Göschen, der mit Goethe einen Vertrag über die Veröffentlichung der bisherigen Werke geschlossen hatte. Da Goethe – bestärkt durch den Zuspruch seiner Freunde – an einer Publikation des *Faust* durchaus gelegen war, mußte er für das Bruchstückhafte des Urfaust eine abgerundete Form und Erweiterung suchen – eine Arbeit, für die er erst während seines Italien-Aufenthalts die notwendige Sammlung und Muße fand.

Am 3. November 1787 schrieb Goethe: »Nun liegen noch so zwei Steine vor mir: Faust und Tasso. Da die barmherzigen Götter mir die Strafe des Sisyphus auf die Zukunft erlassen zu haben scheinen, hoffe ich auch, diese Klumpen den Berg hinauf zu bringen. Bin ich einmal damit oben, dann soll es aufs neue angehn, und ich will mein möglichstes tun euren Beifall zu verdienen, da Ihr mir eure Liebe ohne mein Verdienst schenkt und erhaltet.« (Italien. Reise. Zweiter röm. Aufenthalt. Korrespondenz, Gedenkausgabe Bd. 11, S. 476.) Anfang März war die Szene »Hexenküche« vollendet (vgl. *Äußerungen*, Rom, 1. März 1788). Goethe setzte sich die weitere geplante Ausarbeitung des Faust als »Winterarbeit« zum Ziel (an F. H. Jacobi, 21. 7. 1788), aber die Arbeit an der Dichtung geriet erneut ins Stocken, und im Juli 1789 erfahren wir Goethes Entschluß, den *Faust* als Fragment drucken zu lassen (*Äußerungen*, 5. 7., 2. 11. und 8. 12. 1789). Goethe sandte die Druckvorlage Anfang Januar 1790 an den Verleger ab, und das Stück erschien im 7. Band der von Göschen herausgegebenen Schriften zur Ostermesse 1790.

Ob Goethe zu dieser Zeit noch eine Vollendung des Faust-Dramas erwog, läßt sich nicht eindeutig bestimmen. Zumindest traten viele andere Arbeiten in den kommenden Jahren in den Vordergrund, und erst das Interesse Schillers konnte Goethe dazu bewegen, nach fast siebenjähriger Pause das Werk wieder hervorzuholen (*Äußerungen*, 2. 12. 1794). Schiller nannte das bisher erschienene Faust-Fragment von 1790 einen »Torso des Herkules«; »Es herrscht in diesen Scenen eine Kraft und eine Fülle des Genies, die den ersten Meister unverkennbar zeigt.« So schrieb Schiller am 29.11.1794 an Goethe, und wie die Zeugnisse erweisen, ist Schiller auch in den folgenden Jahren immer wieder die treibende Kraft für Goethe Fortsetzung des *Faust* gewesen. Beide besprachen gemeinsam die Szenenentwürfe, und Schiller schuf einen Arbeitsanreiz, indem er 1795 etwaige von Goethe neugeschaffene *Faust*-Szenen zur Veröffentlichung in seiner Zeitschrift ›Die Horen‹ erbat.

Aber erst im Jahr 1797 rückte die Arbeit wieder stärker in Goethes Blickfeld (vgl. *Äußerungen*, An Schiller, 22. Juni 1797 und folgende), die

»Zueignung«, welche das Wiederaufgreifen des Stoffs thematisiert und das »Vorspiels auf dem Theater« entstehen in jener Zeit. In den Jahren von 1797 bis 1801 entstanden außer dem bereits Erwähnten die Szenen »Prolog im Himmel«, »Nacht« (Vs. 602 ff.), »Vor dem Tor« (Osterspaziergang), »Studierzimmer«, »Walpurgisnacht« und »Nacht« (Valentins Tod). Die Kerkerszene wurde von Prosa in Verse umgeschrieben (vgl. *Äußerungen*, An Schiller, 5. 5. 1798). Die Arbeit rückte nur sehr langsam voran, und mehr als einmal befürchtete Schiller, daß das Werk vollends liegenbleibe. Da jedoch bald nach 1800 eine Gesamtausgabe der bisherigen Werke Goethes erwogen wurde, die diesmal bei Cotta erscheinen sollte, brachten die folgenden Jahre zeitweise die Beschäftigung mit Faust wieder in Fluß. Im September 1805 läßt eine briefliche Notiz erkennen, daß er die Absicht hatte, das Manuskript für den Abdruck im 4. Band der Werke fertigzustellen. Im Mai oder Juni 1806 wurde durch Umdisposition der Inhalt von Band 4 für den 8. Band vorgesehen; das Tagebuch vom März/April dokumentiert Goethes fortgesetzte Arbeit am *Faust* bis zum Eintrag: »Faust. Eine Tragödie« mit der voranstehenden Bemerkung: »Erster Theil.« Diese Bezeichnung bestätigte schon früher geäußerte Gedanken Goethes an eine Fortsetzung; die Zeugnisse der Monate nach dem Erscheinen des 1. Teils lassen erkennen, daß Goethe für kurze Zeit mit der Ausführung des 2. Teils befaßt war. Einige Helena-Szenen und Fausts Ende waren schon in den zurückliegenden Jahren entworfen worden, aber wieder drängten sich auch in der Zeit nach 1808 zahlreiche andere Arbeiten und Unternehmungen in den Vordergrund.

Die letzte große Schaffensperiode, die den endgültigen Abschluß brachte, setzte erst wieder 1825 ein. In der Zwischenzeit finden sich nur sporadische Erwähnungen des *Faust*, mit Ausnahme des Jahres 1816, als Goethe am 4. Teil von *Dichtung und Wahrheit* arbeitete und in diesem Zusammenhang auf die Entstehung und die frühen Phasen der *Faust*-Dichtung verwies. Er entwarf einen Plan des Inhalts von *Faust II*, den er in seine Autobiographie einfügen wollte, um dem künftigen Leser einen Überblick über die erwogene Weiterführung zu gewähren. Dieser Entwurf blieb jedoch damals unveröffentlicht; er findet sich in unserer Ausgabe als Paralipomenon Nr. 70 der neuen Hecker-Zählung.

Am 26. Februar 1825 berichtet das Tagebuch: »An ›Faust‹ einiges gedacht und geschrieben«, und fortan hat Goethe die Arbeit am Drama wieder für Monate in ihren Bann gezogen. Im März wird *Faust* fast täglich im Diarium erwähnt; Goethe arbeitete zunächst am 1. und 5. Akt, dann folgte der 3. Akt, für den ja bereits die Helena-Szenen aus der Arbeitsperiode um 1800 vorlagen. Das Tagebuch vom April 1826 an ist erfüllt von Eintragungen zum Fortgang des 2. Teils, vor allem zum 3. Akt, der bereits am 8. Juni vollendet ist. »Völliger Abschluss der

›Helena‹, Vorbereitung des Mundums [Reinschrift]« (Tagebuch vom 8.6.1826); »John endigt das Mundum der ›Helena‹« (Tagebuch vom 10.6.1826); am 24.6.: »Völliger Abschluss der ›Helena‹, durch Umschreiben einiger Bogen.« 1827 erschienen im 4. Band der bei Cotta gedruckten »Ausgabe letzter Hand« ein Vorabdruck des 3. Aktes unter dem Titel *Helena, classisch-romantische Phantasmagorie. Zwischenspiel zu Faust* unter dem Titel *Faust, zweyter Theil* mit der Notiz am Ende des Stückes: »Ist fortzusetzen.«

Die Zeugnisse der folgenden Jahre bis zum August 1831 spiegeln Goethes erstaunlich konsequent fortgesetzte Beschäftigung mit der Vollendung des zweiten Teiles wieder. Am 25.6.1830 schrieb Goethe an seinen Sohn, daß die »Walpurgisnacht« (im 2. Akt) »völlig abgeschlossen« sei, »und wegen des fernerhin und weiter Nötigen sei die beste Hoffnung« (siehe *Äußerungen*). Im Jahr vor seinem Tode vollendete Goethe als letztes den 4. Akt. Eckermanns Gesprächs-Aufzeichnungen vom 6. Juni 1831 (siehe *Äußerungen*) entnehmen wir: »›Den noch fehlenden vierten Akt vollendete Goethe darauf in den nächsten Wochen, so daß im August der ganze zweite Teil geheftet und vollkommen fertig dalag. Dieses Ziel, wonach er so lange gestrebt, endlich erreicht zu haben, machte Goethe überaus glücklich. ›Mein ferneres Leben‹, sagte er, ›kann ich nunmehr als ein reines Geschenk ansehen, und es ist jetzt im Grunde ganz einerlei ob und was ich noch etwa thue.‹«

Sei es, um Distanz zu seinem Lebenswerk zu gewinnen, oder auch nur, um sich die zu erwartenden verständnislosen Reaktionen seiner Zeitgenossen, die er mehr als einmal mit neuartigen, ungewohnten poetologischen Konzeptionen verblüffte, zu ersparen, erklärte er das Stück zu seinem Vermächtnis an die Nachwelt: »Und so wird denn das Manuscript endlich eingesiegelt, daß es verborgen bleibe und dereinst, wenn's glückt, die specifische Schwere der folgenden Bände meiner Werke vermehren möge. Alles was hiezu gehört wird, sorgfältig redigirt und rein geschrieben, in einem aparten Kistchen verwahrt.« (An Sulpiz Boisserée, 8.9.1831). Trotzdem löste Goethe im Januar 1832 noch einmal das Siegel des Manuskriptes, schrieb noch einiges um und notierte im Tagebuch vom 24.1.1832: »Neue Aufregung zu Faust in Rücksicht größerer Ausführung der Hauptmotive, die ich, um fertig zu werden, allzu lakonisch behandelt hatte. Munda durch John.« Am 27.1. heißt es: »Um 1 Uhr Ottilie [Goethes Schwiegertochter]. Faust vorgelesen.«, am 29.: »Abends Ottilie. Faust ausgelesen.« So hat dieses Werk den Dichter in der Tat ein ganzes Leben lang begleitet; es entstand daraus seine größte Dichtung, deren wahre Bedeutung erst nach seinem Tode erkannt werden konnte.

Noch 1832 erschien Faust II im Druck im 1. Nachlaß-Band der »Ausgabe letzter Hand« bei Cotta; zahlreiche weitere Entwürfe und Notizen, die sich in Goethes Nachlaß fanden, gaben Riemer und Eckermann 1836 im Rahmen der Quart-Ausgabe (Q) als »Paralipomena zu Faust« heraus, weiteres Material folgte 1888 in der Weimarer Sophienausgabe im 15. Band. So ist es uns heute möglich, den Arbeitsprozeß an diesem Lebenswerk, das »ich viele Jahre im Kopf und Sinn herumbewegte, bis es endlich diese Gestalt angenommen« (Goethe an S. Boisserée, 24. 11. 1831), auf erstaunlich genaue Weise verfolgen zu können.

Zur Überlieferungslage

Reinschriften Goethes zu *Urfaust*, *Fragment* und *Faust I* sind nicht überliefert. Erhalten hat sich indessen eine Abschrift eines noch aus der vorweimarischen Zeit stammendes *Faust*-Manuskript Goethes durch die Hofdame Luise von Göchhausen. Erich Schmidt hat diese Abschrift 1887 im Hause ihres Großneffen wiederentdeckt und in Band 39 der Weimarer Ausgabe veröffentlicht. Erhalten haben sich ferner eine Reihe von Entwürfen zu *Faust I*, die Szenen und Bruchstücke aus den verschiedenen Entwicklungsphasen des Dramas enthalten. Darüber hinaus sind in der Weimarer Ausgabe 62 Paralipomena zu Faust I und 147 zu Faust II abgedruckt, die sich überwiegend in Goethes Nachlaß befanden.

Zum 2. Teil des *Faust* existiert eine Gesamthandschrift von Schreiberhand mit Korrekturen Goethes und vereinzelten Eintragungen Riemers, Eckermanns und Göttlings. Diese Handschrift bildet die Grundlage für die jüngsten Editionen nach dem Prinzip der ›Frühen Hand‹ (vgl. Abschnitt *Zur Textgestalt*). Darüber hinaus hat sich eine große Anzahl von Einzelhandschriften erhalten, die Entwürfe zu einzelnen Versen, Szenen und Akten aufweisen. Eine Übersicht über dieses Material (insgesamt 317 Handschriften) findet sich in der Weimarer Ausgabe, Abt. I. Bd. 15. 2.

1790 erschien die erste Ausgabe des *Faust* unter dem Titel *Faust, ein Fragment* als Band 7 von *Goethe's Schriften*, Leipzig, bei G. J. Göschen (Sigle: S). Diese Fassung ist gegenüber der Göchhausen-Abschrift erweitert (es fehlt allerdings die Szene 4 »Land Strase« des *Urfaust*) und an vielen Stellen versifiziert, bricht allerdings nach der Dom-Szene abrupt ab, obwohl die Kerker-Szene und andere Teile schon vorlagen. Goethe wollte sich wohl das Ende der Gretchen-Tragödie und den Übergang zum 2. Teil offenhalten. Von dieser Fassung erschien im gleichen Jahr 1790 bei Göschen auch eine Einzelausgabe.

1808 folgte der nun endlich vollendete *Faust I* in *Goethe's Werke*, Band 8, Tübingen, in der J. G. Cotta'schen Buchhandlung (A); darauf der Druck im 9. Band der zweiten Cotta-Ausgabe (B), 1817, und in der »Ausgabe letzter Hand« (C¹), Band 12, 1828. Dieser Band 12 von C¹ enthielt außerdem bereits ein Stück von *Faust II*, und zwar den 1. Akt bis zum Vers 6036. Der gesamte 2. Teil erschien erst 1832 als Band 41 der »Ausgabe letzter Hand« unter dem Titel *Faust. Der Tragödie zweyter Theil* und 1833 als Einzeldruck ebenfalls bei Cotta unter dem Titel *Faust. Eine Tragödie von Goethe. Zweyter Theil in fünf Acten.*

Die bereits im Jahr 1800 begonnenen Helena-Dichtung (siehe Paralipomenon Nr. 4), die in den Jahren 1825/26 weiter ausgearbeitet wurde, hat in Band 4 von C¹ (1827) unter dem Titel *Helena, klassisch-romantische Phantasmagorie, Zwischenspiel zu Faust* ebenfalls eine separate Vorveröffentlichung erhalten.

Zu Editionsgeschichte und Textgestalt

Bis zum Ende des 19. Jahrhunderts sind die legitimen Goethe-Ausgaben im Cotta-Verlag erschienen, die alle auf der »Ausgabe letzter Hand« beruhten. Diese Ausgabe wurde von Goethe als sein Vermächtnis betrachtet. Bei der Erstellung dieser Ausgabe ließ er seinen redaktionellen Helfern Riemer und Eckermann weitgehend freie Hand. Dies gilt insbesondere für den *Faust II*, der erst nach Goethes Tod gedruckt wurde. Als die Autorenrechte 50 Jahre nach Goethes Tod erloschen, regte die Herzogin Sophie von Sachsen-Weimar eine wissenschaftlich fundierte Goethe-Ausgabe an, in der der in Weimar befindliche literarische Nachlaß einbezogen werden sollte. Diese »Sophien-« oder »Weimarer Ausgabe« setzte seinerzeit Maßstäbe, war sie doch die erste textkritische Gesamtausgabe eines deutschen Autors. Praktisch alle Leseausgaben (Cotta ausgenommen) schöpften aus ihr. Dies gilt auch noch für die beiden großen Nachkriegsausgaben, der von Erich Trunz besorgten »Hamburger Ausgabe« und deren Schweizer Gegenstück, der »Artemis-Gedenkausgabe« von Ernst Beutler. Beide hatten das Ziel, den in der ersten Hälfte des 20. Jahrhunderts zum Nationalautor stilisierten und retouchierten Weimarer ›Weltbürger‹ in seiner wahren Gestalt zu präsentieren. Die Hamburger Ausgabe versuchte dies durch eine repräsentative Teilauswahl zu erreichen, die sorgfältig nach damals neu erarbeiteten Interpretationsstandards (Textimmanenz) kommentiert wurde. Die Gedenkausgabe verfolgte eine andere Strategie, nämlich mit einer umfassenden Gesamtausgabe Goethe selbst in seiner ganzen Breite zu Wort kommen zu lassen. Mit einer aufgrund der (Um-)Deutungsversuche der jüngsten Vergangenheit berechtigten Skepsis verzichtete sie auf eine interpretative Textkommentierung und bot neben einer Einführung oder einem Nachwort lediglich bei schwierigen Texten eine dezente Hilfe in Form von Worterklärungen. Ende der fünfziger Jahre unternahm die Ost-Berliner Akademie der Wissenschaften den Versuch, die Weimarer Ausgabe durch eine neue historisch-kritische Ausgabe zu ersetzen. Die »Akademie-Ausgabe« konnte aufgrund ihres hohen editorischen Standards und den damit verbundenen Aufwendungen nicht zu Ende finanziert werden. Es erschienen zwar etliche Textbände, darunter *Urfaust*, *Faust-Fragment* und *Faust I*, doch nur wenige Materialienbände, wodurch die Verwendbarkeit der Ausgabe erheblich eingeschränkt wurde. Eine umfassende Studienausgabe brachte in den sechziger Jahren der Ost-Berliner Aufbau-Verlag heraus. Diese »Berliner Ausgabe« verfügte im Vergleich zur Hamburger Ausgabe über ein vollständigeres Textkorpus und über einen schlankeren, mehr faktisch als interpretativ ausgerichteten Kommentar. In den achziger Jahren entstanden parallel zwei neue ambitionierte Werkausgaben, die »Münchner Ausgabe« im Hanser Verlag und die »Frankfurter Ausgabe« beim Deutschen Klassiker Verlag. Die Münchner Ausgabe brachte den Text in entstehungsgeschichtlicher Reihenfolge – ein nützliches Novum in der Goethe-Edition –, die Frankfurter Ausgabe legte größeren Wert auf Vollständigkeit. Beide Ausgaben wandten ein neues Editionsprinzip an: Gründeten bisher (mit Ausnahme der Akademie-Ausgabe) alle Editionen auf dem Prinzip der ›Letzten Hand‹, so wurden nun die Erstdrucke herangezogen. Der Leitgedanke dieses Prinzips der ›Frühen Hand‹ ist die unverfälschte Wiedergabe eines Werks zum Zeitpunkt der Entstehung. Spätere Korrekturen durch den Autor werden nicht als Verbesserungen, sondern als Veränderungen der Originalgestalt gewertet. Durch dieses Editionsprinzip ist freilich eine Ausgabe, die den ›Letzten Willen‹ des Autors berücksichtigt, bei weitem nicht überflüssig geworden. Es ist vielmehr eine Bereicherung, wenn Leser die für ihre Zwecke oder auch nur Vorlieben gemäße Textgestalt wählen können.

Die neueren Goethe-Editionen beruhen fast ausschließlich auf dem Erstdruck-Prinzip, was durch die lange Vernachlässigung sicher gerechtfertigt war. Andererseits sind die an der endgültigen Textgestalt orientierten Ausgaben heute im Begriff, zur Rarität zu werden. Der vorliegende Text ist deshalb dem Editionsprinzip der ›Letzten Hand‹ verpflichtet, und zwar hinsichtlich Textgestalt und Kommentierungsprinzip namentlich der Artemis-Gedenkausgabe. Das bedeutet: eine komplette Wiedergabe aller Entstehungsschichten bzw. Fassungen des *Faust* einschließlich der Dokumentation der Paralipomena und der Wiedergabe von Änderungen und Zusätzen, die Goethe auf Verlangen für verschiedene Aufführungen angefertigt hatte. Dazu kommt eine umfangreiche Dokumentation von Äußerungen Goethes über den Faust. Die Texte werden durch einen Stellenkommentar erschlossen, der primär der Worterklärung und einem faktischen Textverständnis verpflichtet ist und der interpretatorische Aspekte weitgehend meidet.

Der Text der Gedenkausgabe bildet die Druckvorlage für die Teile *Urfaust*, *Faust-Fragment*, *Faust I* und *Faust II* sowie für die *Äußerungen Goethes*. Für die beiden Teile I und II hat die Gedenkausgabe den Text der Weimarer Ausgabe in zeitgemäßer Modernisierung übernommen. Den *Urfaust* bringt sie in der Originalgestalt, also in der Orthographie der Überlieferin Luise von Göchhausen (während die Weimarer Ausgabe den zweifelhaften Versuch unternahm, Goethes Rechtschreibung zu rekonstruieren). Das *Fragment* wird auf der Grundlage des Erstdrucks in Band 7 (1790) von *Goethe's Schriften* im Göschen-Verlag wiedergegeben. So bietet die vorliegende Ausgabe einerseits eine moderne Lesefassung des Haupttextes, anderseits die historische Textgestalt der Frühfassungen.

Die *Paralipomena* (Notizen, Akt-Schemata, Textvarianten, ausgeschiedene Passagen) sind in der Weimarer Ausgabe noch über mehrere Bände verstreut. Bei ihrer Zusammenfassung stellt sich das Problem der Anordnung. Die handlungschronologische Reihenfolge hat den Vorteil, daß jedes Textfragment bei Kenntnis des Handlungsverlaufs und durch den Kontext vom Leser leicht in das Ganze eingeordnet werden kann. Sie ist gewissermaßen selbsterklärend. (Bei einer entstehungschronologischen Reihung hingegen kann die Zugehörigkeit eines Bruchstücks nicht so ohne weiteres einer bestimmten Szene zugeordnet werden.) Eine solche Anordnung der *Paralipomena* hat der langjährige Archivar des Goethe- und Schiller-Archivs Max Hecker im Rahmen der Welt-Goethe-Ausgabe (Mainz 1932, 1937) vorgelegt. Die Gedenkausgabe hat diese Version übernommen. Für die *Faust*-Ausgabe des Insel Verlags hat Hecker die *Paralipomena* noch einmal überarbeitet und neu beziffert. Diese Anordnung hat sich in der Folgezeit durchgesetzt. (So wurde sie auch von der Berliner Ausgabe übernommen.) Die Konkordanzen wissenschaftlicher Editionen (Bohnenkamp, s.u.) beziehen sich auf diese überarbeitete Version. Deshalb bildet, anders als in der Gedenkausgabe, Max Heckers Paralipomena-Edition von 1941 die Vorlage unseres Druckes.

Während es für die *Faust*-Texte immer noch keine neuere textkritische Edition gibt, sind die *Paralipomena* inzwischen in einer solchen erschienen (Anne Bohnenkamp: »... das Hauptgeschäft nicht außer Augen lassend«. Die Paralipomena zu Goethes ›Faust‹, Frankfurt a. M. 1994). Diese Ausgabe wurde dankbar benutzt, um die Heckerschen Modernisierungen wieder in dem historischen Originalzustand anzunähern. Dies betrifft vor allem die Zeichensetzung und Modernisierungen, die den Lautstand verändern. Personen- und geographische Namen wurden nicht normalisiert, auch wenn bei Goethe die Schreibung gelegentlich variiert.

Inzwischen werden einige Bruchstücke, deren Zugehörigkeit zur

Faust-Dichtung von Anfang an umstritten war, nicht mehr zu den Paralipomena gezählt. Um die standardisierte Numerierung nicht zu verändern, erscheinen sie in unserer Ausgabe nach wie vor, wobei im Kommentar auf die neueren Ansichten in der Forschung verwiesen wird. Es sei betont, daß bei den in Rede stehenden Zweifelsfällen eine absolute Sicherheit über ihre (Nicht-)Zugehörigkeit zum *Faust*-Komplex wohl niemals erreicht werden kann; jeder Versuch einer diesbezüglichen Klassifizierung endet in einer subjektiven Einschätzung.

In der Edition von Bohnenkamp erscheinen gegenüber Hecker zwar scheinbar einige neue Textbruchstücke, doch handelt es sich hier meist um geringfügige Textvarianten zu bereits aufgeführten Fragmenten und ansonsten um textliche Reorganisationen, die durch die entstehungschronologische Textzeugenbeschreibung bedingt sind. Neue Textfunde oder Erkenntnisse, die zur Aufnahme eines Goetheschen Textfragments in den *Faust*-Komplex hätten führen können, hat es nicht gegeben, so daß die Heckersche Sammlung nicht zu erweitern war.

Zum Stellenkommentar

Der *Faust* ist eines der schwierigsten Werke der deutschen Literatur. Nicht etwa, weil die Inhalte außer Mode oder veraltet wären – im Gegenteil, mit der Erzeugung eines Retortenmenschen (Homunculus), mit der Problematisierung des Fortschrittsdenkens, mit der Enthüllung der Untauglichkeit von Wissenschaft als Lebensbewältigung, ja mit der Desavouierung menschlicher Allmachts- und Allwissenheitsphantasien als leerer Wahn ist der Text aktueller und brisanter denn je. Schwierig ist der Text deshalb, weil die Bildungsinhalte heute durchweg andere als zur Goethezeit sind, so daß auch ein gut informierter und gebildeter heutiger Leser nicht ohne Zusatzinformationen auskommen wird, wie sie durch Wörterbücher der deutschen, lateinischen, auch der griechischen Sprache vermittelt werden, ferner durch Fremdwörterbücher, Allgemeinlexika, Lexika der antiken Mythologien, Bibellexika und viele weitere Nachschlagewerke. Der folgende Stellenkommentar möchte dem interessierten Leser die Benutzung dieser Art von Literatur ersparen. Dem Textverständnis geht immer das Wortverständnis voraus, und dieses zu gewährleisten, ist die Hauptaufgabe des vorliegenden Kommentars. Darüber hinaus werden auch Hilfen zum Textverständnis angeboten, vor allem dort, wo Fehldeutungen möglich scheinen oder wo die Gefahr besteht, daß der Sinngehalt des Textes heute nicht mehr zureichend erfaßbar ist. Ein Szenen- oder Handlungskommentar sowie eine auf Vollständigkeit angelegte Textexplikation im Stellenkommentar wurde nicht angestrebt;

hier hat der Leser durchaus Anspruch auf eine eigenständige Erkundung und Aneignung des *Faust*-Kosmos. Bei einer tiefergehenden Beschäftigung wird man ohnehin früher oder später auf die Fachliteratur zurückgreifen müssen. Statt eines Literaturverzeichnisses, das doch nur eine eingeschränkte Auswahl bieten kann, sei auf die leicht zugängliche Goethe-Bibliographie von Helmut G. Hermann verwiesen, die 1991 im Reclam-Verlag erschienen ist. Die Titel der nachfolgenden Jahre findet man in der nach Werken geordneten Jahres-Bibliographie des Goethe-Jahrbuchs (Verlag Hermann Böhlau Nachfolger, Weimar).

Die Teile *Faust I* und *Faust II* sind durchgehend kommentiert, der *Urfaust* hingegen nur bei Abweichungen von der Endfassung. Es empfiehlt sich daher – aber auch aus anderen Gründen –, die Frühfassung nach dem *Faust I* zu lesen. Das *Fragment* bietet praktisch keinen neuen Textbestand gegenüber den beiden anderen Fassungen, so daß auf eine Kommentierung verzichtet werden konnte.

Die Kommentierung der *Paralipomena* beschränkt sich auf wesentliche Zusatzinformation zum Textverständnis, soweit es nicht aus der Textanordnung einschließlich der Szenenangaben Heckers gewonnen werden kann. Es bedarf kaum der Erwähnung, daß für viele Bruchstücke andere szenische Zuordnungen vorgeschlagen worden sind, die im Kommentar nicht im Detail referiert werden können; ebenso wird nicht auf oft umstrittene Datierungsfragen eingegangen (dies leistet die kritische Paralipomena-Edition von Anne Bohnenkamp). Man sollte deshalb die Heckersche Anordnung lediglich als Vorschlag einer Sinnzuschreibung betrachten vor dem Hintergrund, daß die Abkunft vieler Bruchstücke wohl nie endgültig geklärt werden kann.

Urfaust

7 23 *mögt:* ausgesprochen: möcht. Während in der heutigen Bühnensprache nur noch die End-g's palatal verschliffen werden, war dies in der Goethezeit auch bei vielen Binnen-g's der Fall. Das führte einerseits zu Schreibungen wie ›Mädgen‹, andererseits zu Reimen wie »Neige / Du Schmerzensreiche«, die damals als rein galten.

8 57 *inn:* innen.

12 188 *aus:* hinaus.

13 197f *Freundschafft, Liebe, Brüderschafft ... vor:* Laut *Dichtung und Wahrheit* (11. Buch) waren diese beiden Zeilen während Goethes Straßburger Studienzeit »Losung und Feldgeschrei, woran sich die Glieder unserer kleinen akademischen Horde zu erkennen und zu erquicken pflegten.« (Gedenkausgabe Bd. 10, S. 529)

14 vor 249 *Mephisto im Schlafrock:* Es fehlen nicht nur die Szenen »Vor dem Tor« und die Studierzimmer-Szene mit Mephistos Einführung, es muß auch eine Konzeptionsänderung erfolgt sein, denn Mephisto hat sich nicht Fausts Talar übergezogen wie in der späteren Fassung, sondern er agiert im häuslichen Schlafrock. Es ist möglich, daß der junge Goethe hier an seinen Besuch bei »Professor« Gottsched, dachte, der ihn ebenfalls in Schlafrock und Perücke empfing (vgl. *Dichtung und Wahrheit*, 7. Buch, Gedenkausgabe Bd. 10, S. 295 f.). – 258 *Eim:* einem.

15 283 *geilen:* Hier überschneiden sich zwei Bedeutungen: a) lustig, ausgelassen, übermütig sein, b) betteln. – 284 *Vertripplistreichelt:* Zeit vertun (typische Wortschöpfung des Sturm und Drang). – 299 *gefacht:* unterteilt, gefügt.

16 312 *geschiedne Butter:* Butter mit aus Haltbarkeitsgründen vermindertem Rahmgehalt. – 313 *Hopfen Keim:* junge Hopfentriebe, als Delikatesse unter der Bezeichnung »Hopfenspargel« bekannt. – 316 *bass bekleiben:* gut (im Darm) haftenbleiben. – 317 *kühren:* wählen. – 319f *Doch zahlend ... geschwänzt:* ersetzen, was der Vorgänger schuldig geblieben ist. – 332 *Tempe:* die zwischen den Massiven von Olymp und Ossa gelegene, vom Peneios durchströmte Ebene in Thessalien (Mittelgriechenland; vgl. die Klassische Walpurgisnacht in *Faust II*); das Tempe-Tal war ein idyllischer Topos der Literatur des 17./18. Jahrhunderts.

17 367 *lebigs:* lebendiges. – 368 *herauser:* kontrahiert aus dem bekräftigenden »heraus her«. – 372 *Bohrt sich selbst einen Esel:* älteres Sprichwort etwa in der Bedeutung: »hält sich selbst zum Narren«.

20 nach 452 *Drey Teufel:* hier beginnt – trotz eingeschobener Lieder – Prosatext. Die Verszählung setzt deshalb bis zum Ende der Szene auf S. 26 aus. Referenzen werden in Prosa-Passagen mit – auf jeder Seite neu beginnender – Zeilenzählung angegeben. Ab hier beginnt Zeile 1 von Seite 20. – 14f *Hammelmauspastete:* Das Frankfurter Wörterbuch bringt bei Hammelmaus: »Hausgrille, Heimchen«. – 18 *Appartinenzien:* Zubehör (gemeint sind alle anderen Körperteile).

22 3 *Sozietät:* Gesellschaft. – 6 *Storcher:* Storger oder Störger: Landfahrer, Hausierer, Quacksalber, reisender Bader. – 23 *Wurzen:* Dorf bei Leipzig an der Mulde; das damit verbundene, wahrscheinlich im Leipziger Studentenkreis geläufige Wortspiel wird heute nicht mehr verstanden.

23 4 f. *einzusuckeln:* einzusaugen.

24 5 *der Wein geht an:* der Wein ist ansprechend.

25 15 *eingeschifft:* im übertragenen Sinn: eingelullt.

28 503 *geknät:* geknetet.

29 528 *vermünzen:* verprassen. – 529 *Commission:* Kommission zur Überwachung der Staatsfinanzen.

33 659 *pezt:* ärgert, quält, zwickt.

34 668 *Heerings Weibe:* fluchend und schimpfend wie die Marktfrauen vom Fischmarkt. – 673 *Meubel:* (frz. meubles: bewegliche Güter) Hausgegenstände. – 680 *Himmels Mann':* Himmelsmanna.

36 738 *putzt sie auf:* legt ihr den Schmuck an.

37 767 *Neugierde sehr:* vom heute ungebräuchlichen Verb ›neugierden‹: neugierig sein.

39 855 *Geding:* Bedingung, Übereinkunft.

44 1016 *lezt:* zuletzt; im *Faust*-Fragment korrigiert zu »jüngst«. – 1021 *mogt wandeln:* anwandeln möchte.

47 vor 1066 *Spinnrocken:* hölzerner gewundener Stab, auf dem das Spinnmaterial (Flachs, Hanf) angebracht ist. Dieses wird auf die mit einem Gewicht (Wirtel) versehene Spindel geführt. Mit der händisch in Drehung versetzten Spindel wird das Garn zur gewünschten Festigkeit versponnen. Schon im 16. Jahrhundert kamen Spinnräder auf, die bis zum 18. Jahrhundert Rocken und Spindel fast vollständig verdrängten. Zur Entstehungszeit dieser Szene wurden in England bereits die ersten Spinnmaschinen eingesetzt. Vom Fragment an wird Gretchen über den technischen Zeitstandard des Spinnrades verfügen. Im *Urfaust* wirkt der Haushalt Gretchens dagegen antiquierter, ärmlicher, was nicht so recht zu Vs. 967–70 paßt. – 1098 *Mein Schoos, Gott! drängt:* Im veröffentlichten Fragment werden Worte und Affekte dezenter: »Mein Busen drängt«.

48 1106 *dann:* denn. – 1111 *lies:* ließe. – 1117 *Nachtmahl:* dieser mehr im Protestantischen verbreitete Ausdruck entspricht dem katholischen Abendmahl (Kommunion). Da Margarete katholisch ist (Marienverehrung!), wird dieser ›Stilbruch‹ später durch die katholischen Begriffe »Messe« und »Beichte« ersetzt.

51 1221 *diese Engels liebe Seele:* es gibt zwei mögliche Lesarten: »dieses Engels liebe Seele« oder wahrscheinlicher: »diese engelsliebe Seele«.

52 1255 *Nachts:* nach Einbruch der Dunkelheit. – *nabe:* (hin-abe) ein Pleonasmus, da »abe« bereits »hinab« bedeutet; wie die doppelte Verneinung charakteristisch für ungebildeten Sprachgebrauch. – 1264 *durch:* durchgebrannt; später durch »fort« ersetzt.

53 1282 *Mit tauben Schmerzen:* dumpf, betäubt, gefühllos; später durch das gefälligere »mit tausend Schmerzen« ersetzt.

54 vor 1311 *Exequien der Mutter Gretgens:* in den späteren Fassungen nicht mehr als Totenmesse für die am Schlaftrunk gestorbene Mutter Margaretes, sondern schlicht als »Amt« bezeichnet.

55 1326 *Brandschande Maalgeburt:* kombiniert aus Brandmal und Schandgeburt; typische Wortbildung des Sturm und Drang.

59 Zeilen 19-22 *Groser herrlicher Geist ... Verderben sich lezt:* deutlicher als in den späteren Fassungen kommt hier zum Ausdruck, daß Faust Mephisto für einen Abgesandten des Erdgeistes hält.

60 1436-41 *Was weben ... Vorbey:* Die Szene »Nacht, offen Feld« ist eine Prosaszene, die von der Weimarer Ausgabe irrtümlich mit Verszählung versehen wurde. Alle Ausgaben haben diese Zählung übernommen, so daß sie auch hier aus Gründen der Kompatibilität beibehalten wird.

61 17f *Blumen ... Kron:* Verwelkte Blumen verweisen auf die Vergänglichkeit der Schönheit. Zusammen mit dem Jungfern- oder Brautkranz (»Kron«) sind sie ein Symbol der Jungfräulichkeit.

63 30 *Ich lasse dich nicht:* zitiert die Worte Jakobs während des Kampfes mit dem Engel (1. Moses 32,26). Bezeichnenderweise wendet sich Margarete bei ihrem Kampf gegen die Befreiung/Entführung durch Faust an die Engel. Hier wird ihre Erlösung schon angedeutet, wenn auch die »Stimme von oben« mit der Verheißung »Ist gerettet!« noch fehlt.

Faust. Eine Tragödie

139 1 *schwankende Gestalten:* die noch nicht fest umrissenen, unbestimmten Dramenfiguren. Entsprechende Verwendung in Goethes wissenschaftlichen Schriften: »Der Naturhistoriker hingegen nimmt zu dem Morphologen seine Zuflucht, wenn schwankende Gestalten ihn in Verlegenheit setzen« (Weimarer Ausg. II, 12, S. 242). – 28 *lispelnd:* flüsternd. *Äolsharfe:* durch den Wind (und im übertragenen Sinn durch die dichterische Inspiration) bewegte Saiten eines Resonanzkörpers, deren Schwingungen Obertöne mit magisch-irrealer Klangwirkung erzeugen.

142 vor 75 *Lustige Person:* traditionelle Figur der Wanderbühnen und Volkstheater wie Harlekin, Hanswurst oder Pickelhering.

146 234 *Prospekte:* Bühnenbilder. *Maschinen*: Bühnenmechanik.

147 243 *Die Sonne tönt:* Nach pythagoreischer Vorstellung erzeugen die Gestirne (»Brudersphären«) beim Umlauf um die Erde Töne, die als Sinnbild der kosmischen Ordnung in harmonischen Verhältnissen (Sphärenharmonie) zueinander stehen.

148 277 *Pathos ... Lachen:* Der »Schalk« Mephisto (vgl. Vs. 339) spielt auf den Ernst des christlichen Gottes an, der im Gegensatz zu den antiken Göttern nie lacht. – 281 *Der kleine Gott der Welt:* auf 1. Mos. 1,28 zurückgehende, in der Barockzeit (u.a. Leibniz) häufig anzutreffende Umschreibung des Menschen – 292 *Quark:* Dreck, Kot.

149 334f *Staub ... Schlange:* Vgl. 1. Mos. 3,14. – 335 *Muhme:* weibl. Verwandte.

153 377 *Magie:* nicht gleichzusetzen mit Zauberei; im Vordergrund steht die Erkenntnis der Weltzusammenhänge durch pansophistische Spekulation (und nicht, wie in der Wissenschaft, durch Empirie).

155 420 *Nostradamus:* der Arzt und Astrologe Michel de Notredame

(1503-1566) verdankte seinen Ruhm einem Buch mit düsteren Prophezeiungen (*Les vrayes centuries et prophéties*, 1555), die der historische Faust aber noch nicht gekannt haben kann. – vor 430 *Zeichen des Makrokosmos:* die Welt im Großen, das Weltall; zum Zwecke magischer Operationen auf ein Symbol (Zeichen) reduziert. – 443 *Die Geisterwelt:* Als Zitat nicht verifiziert; es klingt jedoch eine Formulierung aus Herders Schrift *Älteste Urkunde des Menschengeschlechts* (1774-76) an. – 449 *Himmelskräfte:* die »Kräfte der Natur« (Vs. 438) stellen den Zusammenhang von Weltall und Erde her, die weitergereichten »goldnen Eimer« (450) symbolisieren die Kausal»kette der tiefsten Wirkung« (261 f.); personifiziert man die Himmelskräfte als Engel, so ergibt sich das biblische Bild der Jakobsleiter (1. Mos. 28,12).

156 vor 460 *Zeichen des Erdgeistes:* die Natur als Elementar-Gottheit; nachdem der metaphysische Gott des Makrokosmos stumm blieb, sucht ihn Faust in der irdischen Natur und entspricht damit dem Spinozismus seines Schöpfers. – 465 *Der Erde Weh ... zu tragen:* Anspielung an die Christophoros- und Atlas-Legende. Die Selbstüberhebung des Sturm- und Drang-Genies wird bei Goethe meist anhand der Figur des Prometheus, eines Bruders des Atlas, dargestellt. Das spöttische »Übermensch« (490) des Erdgeistes kommentiert Fausts Scheitern an seinem Anspruch.

157 482 *Schreckliches Gesicht:* furchterregende Vision; daß es Goethe nicht wörtlich gemeint hat, ersieht man aus seinen Inszenierungs-Vorschlägen, den Erdgeist mit einem Apollo- oder Jupiterkopf darzustellen; ebenso Vs. 520.

158 516 *Ebenbild der Gottheit:* Vgl. 1. Mos. 1, 27. – 518 *Famulus:* akademischer Gehilfe, Assistent. – 530 *Museum:* ursprüngl. Musentempel, hier Studierstube.

159 555 *der Menschheit Schnitzel kräuselt:* die Schulweisheiten, das fragmentarische Wissen der Menschheit in beschönigender Darstellung wiedergeben (vgl. das »Ragout von andrer Schmaus«, Vs. 539). – 558 *die Kunst ist lang:* nach dem Spruch »ars longa vita brevis«, den Seneca Hippokrates zugeschrieben hat. Wagner benutzt eben die von Faust kritisierten Bildungszitate (Schnitzel), so auch das humanistische »ad fontes« (zu den Quellen, Vs. 563). – 576 *ein Buch mit sieben Siegeln:* Mit Joh. Offenbarung 5,1 spielt Faust auf die Unmöglichkeit einer objektiven Geschichtsinterpretation an. – 583 *Haupt- und Staatsaktion:* historisches Schauspiel des Barockzeitalters mit moralisierenden Tendenzen.

161 618 *mehr als Cherub:* Als »Ebenbild der Gottheit« (Vs. 516, 614) dünkte sich Faust auch über höhere Engelordnungen erhaben.

162 666 *leichten Tag:* manche Ausgaben vermuten einen Druckfehler und lesen »lichten Tag« wie Vs. 672, andere sehen hierin eine Entsprechung zu der »Dämmrung schwer«. – 669 *Rad ... Bügel:* Bauteile verschiedener physikalischer Apparaturen. – 670 *Schlüssel:* metaphorisch: Schlüssel zur Naturerkenntnis.

163 690 *Phiole:* bauchiges Reagenzglas in der Chemie. – 692 *Menschenwitz:* menschlicher Erfindergeist. – 702 *Feuerwagen:* Faust denkt an die Himmelfahrt des Propheten Elia (2. Kön. 2,11).

164 740f *erblichen Mängel:* Erbsünde. – 748 *neuen Bunde:* Der Bund des Neuen Testaments (vgl. Jeremia 31,31-33. – 749 *Spezereien:* Gewürz-, Duftstoffe, Balsam.

165 780 *Frühlingsfeier:* Spielt auf Klopstocks berühmte Ode gleichen Namens an, in der ebenfalls ein »neuer Bund« (Vs. 748) geschlossen wird.

167 824 *Plan:* geebnete (Tanz-)Fläche. – 845 *karessieren:* (frz. caresser) liebkosen.

168 878 *Sankt-Andreas-Nacht:* in der Nacht auf den 30. November (Tag des Hl. Andreas) konnte nach altem Volksglauben das künftige Liebesglück beschworen werden. – 880 *Kristall:* Kristallkugel oder -spiegel als Attribut von Wahrsagerinnen.

172 1021 *Venerabile:* lat.: verehrungswürdig; bezieht sich auf das Allerheiligste der kath. Prozession, auf die Monstranz mit der geweihten Hostie.

173 1037 *grillenhafter:* launenhafter. – 1038 *Adepten:* Schüler und Eingeweihte der Alchimie, der mittelalterlich-vorwissenschaftlichen, magischen Form der Chemie. Im folgenden wird eine alchimistische Prozedur beschrieben: In der »schwarzen Küche« (Vs. 1039), dem Laboratorium, werden schwer zu vereinigende Substanzen (»das Widrige«) zusammengebracht. Zur Erzeugung einer Arznei wird hier »roter Leu«, ein rötliches Quecksilberoxid (nach anderen Quellen rötlicher Schwefel) in eine Salzsäure-Lösung (»laues Bad der Lilie«) gegeben (»vermählt«) und erhitzt und dabei von einem Reagenzglas (»Brautgemach«) ins andere gegossen. Entweder – wie hier – das Residuum (»junge Königin«) oder die eingekochte sirupartige Substanz (»Latwerge«) ist dann das gewünschte Heilmittel. – 1053 *den Gift:* mit männl. und weibl. Artikel bezeichnete »Gift« früher die (Arznei-)Gabe.

174 1070f *Abendsonne-Glut ... grünumgebnen Hütten:* Bezieht sich auf den Komplementärkontrast der physiologischen Optik, mit dem sich Goethe im physiologischen Teil seiner *Farbenlehre* beschäftigte. Sieht man etwa in das dunkle Rot der untergehenden Sonne und danach auf eine weiße Fläche (etwa Hauswände), so erscheinen diese in der Komplementärfarbe Grün.

175 1112 *Zwei Seelen wohnen, ach, in meiner Brust:* Den berühmt gewordenen Vers entnahm Goethe Wielands lyrischem Drama *Die Wahl des Herkules*, die ihrerseits auf Aesops *Herakles am Scheideweg* zurückgeht. Wielands Herkules schwankt zwischen Arete (der Tugend) und Kakia (der wollüstigen Untätigkeit) mit den Worten: »Zwei Seelen – ach, ich fühl es zu gewiß! – / Bekämpfen sich in meiner Brust / Mit gleicher Kraft«. – 1116 *Dust:* Staub.

176 1141 *lispeln englisch:* flüstern mit Engelszungen.

177 1177 *Skolar:* eigentlich: Schüler, Student. Im Kontext wird der Pudel als gelehriger Hund bezeichnet, der deshalb bei Studenten besonders beliebt ist. – 1185 *Die Liebe Gottes:* die Liebe zu Gott (gemäß dem lat. Genitivus objectivus).

178 1224 *Im Anfang war das Wort:* Johannesevangelium 1,1.

179 1258 *Salomonis Schlüssel:* mittelalterliches, in unzähligen Abschriften kursierendes Zauberbuch, dessen Titel *Claviculae Salomonis* auf die Weisheit des biblischen Königs anspielt. – 1260 *haußen:* hier außen (vgl. Vs. 1879).

180 1273-76 *Salamander ... Kobold:* Symbolwesen des Feuers (Salamander), des Wassers (Undene), der Luft (Sylphe) und der Erde (Kobold). – 1290 *Incubus:* (wörtl.: Auflieger) Bezeichnete ursprünglich einen schatzhütenden Geist. Erst seit dem Mittelalter verstand man darunter den Buhlteufel der Hexen (Beischläfer). Faust ruft den Kobold als Hüter unterirdischer Schätze also korrekt an. – 1300 *dies Zeichen:* mit Sicherheit ein Christussymbol, höchstwahrscheinlich das Kreuz. Die folgenden Verse 1305-09 beziehen sich auf den Gekreuzigten.

181 vor 1322 und 1324 *fahrender Scholastikus:* Wanderstudent des Mittelalters. – 1324 *Kasus:* (lat.) Fall, Sachverhalt. – 1334 *Fliegengott:* wörtl. für hebr. Baal-Sebub (Beelzebub), so in 2. Könige 1,2–6 und öfter.

182 1367 *Schütteln:* Erdbeben.

183 1395 *Drudenfuß:* (germ.) Drude: Hexe. Ein fünfstrahliger Stern (deshalb auch »Pentagramm«, Vs. 1396), der, in einer Linie durchgezogen, vor bösen Geistern schützen sollte.

187 1559 *Krittel:* Mäkelei, Nörgelei.

188 1561 *Lebensfratzen:* verzerrte Wahrnehmung der Realität infolge von Melancholie bzw. Depression.

189 1599 *Mammon:* personifizierter Reichtum, in der Bibel (Matth. 6,24) Gottes Gegenspieler.

191 1672 *Verbinde dich:* bindend verpflichten, wie Vs. 1624.

192 1712 *Doktorschmaus:* akademisches Festmahl; die vorgesehene Szene fiel einer Konzeptionsänderung zum Opfer.

194 1764 *blöde:* in der älteren Bedeutung: zaghaft, schüchtern.

195 1802 *Mikrokosmos:* meint den Poeten (Vs. 1189), der als Mensch Teil des Makrokosmos ist, der aber dennoch einen ganzen Kosmos in seiner Vorstellungswelt erschaffen kann. – 1808 *Sokken:* eingedeutschter Plural zu *soccus*, dem flachen Komödienschuh des antiken Theaters. »Ellenhoch« ist eine ironisch-rhetorische Übertreibung wie die »Millionen

Locken« der Perücke (Vs. 1807). – 1829 *spekuliert:* ohne Bezug zur Realität sinnieren.

196 1837 *ennuyieren:* (aus dem Frz.) langweilen. – 1864 *Speis' und Trank vor giergen Lippen:* In der griech. Mythologie wurde Tantalos von den Göttern bestraft, indem er, bis zum Hals im Wasser stehend, Speis und Trank vorgesetzt bekam, die sich ihm bei Annäherung entzogen. Auf diese »Tantalusqualen« spielt Mephisto an.

198 1911 *Collegium Logicum:* Vorlesungen in Logik als Teil des Grundstudiums. – 1913 *Spanische Stiefeln:* Folterinstrument der Inquisition. – 1917 *Irrlichteliere:* sprunghaftes Denken gleich einem Irrlicht. – 1923 *Weber-Meisterstück:* veranschaulicht die Gedankenverknüpfungen der Philosophie anhand eines Webstücks.

199 1940 *Encheiresin naturae:* wörtl. »Handgriff der Natur«, ein Begriff, den Goethe von seinem Straßburger Chemieprofessor J. R. Spielmann entlehnte. Goethe übte Kritik an der Chemie, die den ›Trick‹ (Encheiresis) der Natur, wie sie Leben hervorbringe, zu finden suchte und dabei Leben zerstörte. – 1949 *Metaphysik:* Wissenschaft, deren Gegenstandsbereich die nicht-empirischen (übernatürlichen) Dinge sind. – 1959 *Paragraphos:* (Akkusativ) Paragraphen eines Lehrbuchs.

200 2000 *Iota:* Spielt auf den frühchristlichen Streit zwischen Arianern und Athanasianern an, ob Jesus gottähnlich oder gottgleich sei. Die griechischen Bezeichnungen *homoiusios* (wesensähnlich) und *homousios* (wesensgleich) unterscheiden sich nur um ein Iota. Mit dem Satz »Von einem Wort läßt sich kein Iota rauben« schwätzt Mephisto dem Schüler die auf dem Konzil von Nizäa (325 n. Chr.) verworfene arianische Position auf, auf die er in Vs. 2050 noch einmal anspielt.

201 2041 *beschweren:* beschwerlich fallen, jdn. bemühen.

202 2048 *Eritis sicut Deus:* Ihr werdet sein wie Gott, erkennend Gutes und Böses (1. Moses 3,5). – 2054 *Cursum durchschmarutzen:* Faust wird eine Schule der kleinen (Gretchen-Handlung, vgl. Vs. 3355) und der großen Welt (Kaiserhof) mit Mephistos Diensten gleichsam durchschmarotzen. – 2065 *Mantel:* Der fliegende Mantel der Faust-Sage erhält Merkmale des 1783 konstruierten Heißluft-Ballons (»Feuerluft«) der Brüder Montgolfier. In der klassischen Walpurgisnacht betätigen sich Homunculus und Mephisto ebenfalls als Luftfahrer.

203 2082 *Runda:* Trinklieder, die während des Becherkreisens angestimmt wurden (Studentenritual). – 2099 *welch eine Qualität:* spielt auf die angebliche Geschlechtsüberprüfung der Päpste zwischen dem 11. und 16. Jahrhundert an, um einen Fall wie den der legendären Päpstin Johanna zu verhindern.

206 2189 *Rippach:* Dorf bei Leipzig mit Poststation und Pferdewechsel. Der dortige Wirt Hans Ars avancierte bei der Leipziger Studentenschaft zur Spaßfigur »Hans Arsch von Rippach«. (Dieser ist auch im Personarium von Goethes Fragment *Hochzeit des Hanswurst* verzeichnet.) Frosch setzt voraus, daß die Figur den Fremden unbekannt ist; er wird jedoch von Mephisto pariert.

208 2254 *judizieren:* (be)urteilen, verköstigen.

210 2282 *hießen ihn ... seitwärts gehn:* zum Duell fordern.

211 2332 *Mein:* (süddt.) verkürzte Form von »Mein Gott«.

212 vor 2337 *Meerkatze:* Affenart, die mit Satans- und Hexenwesen in Verbindung gebracht wurde, u.a. auch von Luther. – 2341 *Sudelköcherei:* unreines Gebräu. – 2357 *ungemischte Speise:* Naturkost, die zusammen mit einer naturnahen Lebensweise (vgl. die folgenden Verse) »verjüngend« wirken sollten, so Chr. Wilhelm Hufelands Schrift *Die Kunst das menschliche Leben zu verlängern* (1797). Dessen Patient Goethe dürfte von Hufelands Erkenntnissen allerdings schon Jahre vor der Publikation gewußt haben.

213 2392 *Bettelsuppen:* Verdünnte Suppen als Armenspeise. Die Verse 2390–2393 fehlen im Faust-Fragment und sind wahrscheinlich in zeitlicher Nähe zu Goethes Brief an Schiller vom 26.7.1797 entstanden, worin er über ein zeitgenössisches Drama urteilt: »eine Bettelsuppe, wie das deutsche Publikum sie liebt.« Damit wird die Anspielung des Verses 2393 erst verständlich.

214 2401 *Lotto:* Goethe lernte in Italien, wo er diese Szene 1788 verfaßte, dieses Glücksspiel kennen, das sich später über Europa und die ganze Welt verbreitete, indem die Staatsregierungen den menschlichen Spieltrieb als eine zusätzliche Einnahmequelle nutzten. Daß es sich hierbei um ein statistisches Verlustspiel handelt, wird durch Mephisto verschlüsselt ausgedrückt. – vor 2402 *große Kugel:* das Motiv der mit einer Weltkugel spielenden Affen geht wohl zurück auf ein Bild von David Teniers d. J. (Eremitage, St. Petersburg). – 2416 *Sieb:* Requisit der Weissagung; damit läßt sie symbolisch der Sachverhalt ›durchschauen‹.

215 2438 *hingestreckten Leibe:* die Bildvorstellung der Frauengestalt im Zauberspiegel ist wohl aus der italienischen Aktmalerei geschöpft, die Goethe in Italien vor Ort studieren konnte.

217 2491 *Eure beiden Raben:* Raben sind die charakteristischen Begleittiere Wotans; beim Teufel, soweit seine Mythographie nicht mit derjenigen Wotans zusammenfällt (s. u.), kommen sie sonst nicht vor. Daß Goethe Mephisto tatsächlich Eigenschaften Wotans verleiht, ergibt sich aus dem 4. Akt des 2. Teils (vgl. Anm. zu Vs. 10664). Diese Verknüpfung von Wuotan (ahd.) mit dem Teufel geht übrigens zurück auf die germanische Christianisierung, der es zustatten kam, daß dem Germanengott über die Wurzel ›wuot‹ (Wut) alle schlechten Eigenschaften zugeschrieben werden konnten.

218 2518 *schafft:* anschaffen, befehlen. – 2507 *ins Fabelbuch geschrieben:* Standpunkt der aufgeklärten Theologie, daß der Teufel nicht leibhaftig auf Erden wandelt; außerdem ist Mephisto daran gelegen, gegenüber Faust nicht als »Satan« zu erscheinen. Wäre Faust von der leibhaftigen Existenz des Bösen überzeugt, könnte er jederzeit bereuen und der Pakt wäre gefährdet.

219 2540–52 *Du mußt verstehn ... Hexen-Einmaleins:* Im Abstand von fast 40 Jahren ging Goethe in verschiedenen Zusammenhängen beiläufig auf diese Verse ein: »Eben so quälen sie [die Leser] sich und mich mit den Weissagungen des Bakis, früher mit dem Hexen-Einmaleins und so manchem andern Unsinn, den man dem schlichten Menschenverstande anzueignen gedenkt. Suchten sie doch die psychisch-sittlich-ästhetischen Rätsel, die in meinen Werken mit freigebigen Händen ausgestreut sind, sich anzueignen und sich ihre Lebensrätsel dadurch aufzuklären!« (An Zelter, 4.12.1827) Über den Hegel-Schüler Hinrichs urteilt Goethe: »Es gibt aber in seinem Buche nicht wenige Stellen, bei denen der Gedanke nicht rückt und fortschreitet und wobei sich die dunkle Sprache immer auf demselbigen Fleck und immer in demselbigen Kreise bewegt, völlig so wie das Einmaleins der Hexe in meinem ›Faust‹.« (Mit Eckermann, 28.3.1827) Diese Stellen haben, zusammen mit Mephistos Diktum vom »vollkommnen Widerspruch« (Vs. 2557) den Blick für das zugrundeliegende Kompositionsprinzip für das Hexeneinmaleins verstellt, nämlich ein (fast vollkommenes) magisches Quadrat der Größe 3*3, ein sog. Sigillum saturni (Saturnsiegel). Der in neueren Arbeiten ignorierte Faust-Kommentar von Friedrich/Scheithauer (Reclam, Stuttgart 1974 u.ö.) notiert hierzu: »wenn man aus den Zahlen 1,2,3 im Sinne des Spruches verfahrend 10,2,3 bildet, ist man *reich:* man hat die Quersumme 15. Betrachtet man das Hexenrezept für die Zahlen 4,5,6 und *macht* daraus 0,7,8, so ergibt sich wieder die Quersumme 15, ›*so ist's vollbracht*‹; denn die fehlenden drei Ziffern sind nun leicht so einzusetzen, daß bei waagerechter wie senkrechter Zusammenzählung immer die Summe 15 erscheint. Die beiden letzten Verse beziehen sich auf die notwendigen Felderzahlen, aus denen das *Hexen-Einmaleins* zu bilden ist.« Es ergeben sich also die drei Zeilen 10,2,3 / 0,7,8 / 5,6,4. (Eine Diagonale 3,7,5 ergibt ebenfalls 15, die andere 10,7,4 dagegen 21. Deshalb ist dieses magische Quadrat unvollkommen.) Ob diesem Befund über das Strukturschema hinaus eine weitergehende interpretatorische Bedeutung zukommt, ist ungewiß. Immerhin könnte die Zahl 15 auf das Alter Margaretes deuten (vgl. Vs. 2627 und Kommentar). Ferner soll der Trunk Faust um 2*15 Jahre verjüngen (Vs. 2342). Im Tarot (Große Arkana) ist die 15. Karte diejenige des Teufels. Und bildet man aus den drei Spalten- und Zeilensummen 15 jeweils die Quersumme, so ergibt sich waagerecht und senkrecht die Zahl 666, das Satanssymbol (vgl. Offenbarung 13,18). – 2561 *Durch Drei und Eins und Eins und Drei:* Abermals eine Spitze Mephistos gegen den christlichen Trinitätsgedanken (vgl. Kommentar zu Vs. 2000), der hier für den Autor spricht. Jahrzehnte später hat Goethe gegenüber Eckermann bekannt: »Ich glaubte an Gott und die Natur und an den Sieg des Edlen über das Schlechte; aber das war den frommen Seelen nicht genug, ich sollte auch glauben, daß Drei Eins sei und Eins Drei; das aber widerstrebte dem Wahrheitsgefühl meiner Seele.« (Mit Eckermann, 4.1.1824)

220 2567-72 *Die hohe Kraft ... ohne Sorgen:* Unter dem Deckmantel der Unsinnspoesie bereitet sich hier ein intuitiver Zugang zur Wissenschaft vor, den Goethe später mit dem Begriff des »Aperçu« bezeichnen wird. – 2577 *Sibylle:* weise Frau und Wahrsagerin in der gr. Mythologie.

221 2598 *Cupido:* röm. Liebesgott (Amor). – 2605 *Fräulein:* bezeichnete noch im 19. Jh. eine unverheiratete Adelige; deshalb widerspricht Margarete, die Galanterie durchschauend, sofort. – 2619 *Dirne:* Ohne Verführungsabsicht verwendet Faust den gängigen, aber keineswegs abwertenden Begriff für ein Bürgermädchen. – 2623 *am Stuhl:* am Beichtstuhl.

222 2627 *über vierzehn Jahr:* Faust spielt auf die sexuelle Volljährigkeit an. – 2633 *Herr Magister Lobesan:* alte Formel der direkten Anrede: löblicher Herr Magister. – 2652 *welsche Geschicht:* it./frz. erotische Novellen nach dem Vorbild des *Decamerone*.

223 2674 *reüssieren:* erfolgreich sein. – 2676 *revidieren:* nachsehen, den Bestand überprüfen.

224 2706 *Sand:* Zur Pflege des Holzbodens wurde Sand aufgetragen, den Margarete offenbar mit Mustern verziert hat.

225 2727 *Der große Hans:* Prahlhans, Aufschneider.

226 2759 *Thule:* sagenhaftes Inselkönigreich im äußersten Norden. – 2761 *Buhle:* Geliebte; das Wort war früher wertneutral und konnte neben einer Konkubine auch die Ehefrau bezeichnen, sofern diese wirklich geliebt wurde, was bei politischen Heiraten selten der Fall war. Einige neuere Kommentare verwerfen diese Deutungsmöglichkeit und verfehlen damit das Zentralmotiv des Liedes, die Treue. Nur unter der Voraussetzung eines bürgerlichen Eheverständnisses kann Margarete dieses Lied singen.

228 2807 *kneipt:* kneift, ärgert. – 2826 *Himmels-Manna:* biblische Himmelsspeise (2. Moses 16,4 ff., Offenbarung 2,17).

230 2868 *Stroh:* die übliche Matratzenfüllung; vgl. die »Strohwitwe«, deren Mann zwar noch lebt, sie aber auf dem Stroh alleine läßt.

232 2933 *Schaustück:* Gedenkmünze, »Souvenir«.

233 2982 *Napel:* Mephisto deutet an, daß sich Marthes Mann in Neapel mit Syphilis (»mal de Naples«) infiziert habe. – 2991 *Visierte:* hielte Ausschau.

235 3037 *Sancta simplicitas:* Heilige Einfalt. – 3050 *Sophiste:* geringschätzig für Philosoph, Haarspalter.

236 3081 *Inkommodiert:* bemüht.

237 3092 *Hagestolz:* älterer Junggeselle.

240 3203 *Sommervögel:* Mephisto wählt einen oberdt. Begriff für »Schmetterlinge«, »Tagfalter« und deutet damit Flatterhaftigkeit und Leichtsinn des Pärchens an.

242 3217 *Erhabner Geist:* an den Erdgeist gerichtet. – 3218 *Warum:* worum. – 3243 *Gefährten:* Der Agnostiker Faust glaubt Mephisto vom Erdgeist, der personifizierten Natur, gesandt, der Leser weiß es anders. Um hierin keinen Widerspruch zu sehen, muß man nur Gott und Natur gleichsetzen; es resultiert daraus das spinozistische Gottes- und Naturverständnis (»deus sive natura«), dem Goethe anhing.

243 3265 *ennuyiert:* hier: lästig sein, verärgern. – 3268 *Kribskrabs der Imagination:* Wirrwarr der Einbildung, Gedankenflucht. – 3273 *wie ein Schuhu zu versitzen:* der nachtaktive Uhu wirkt am Tag teilnahmslos. – 3278 *Lebenskraft:* evoziert die griech. Mythe des Riesen Antaios, der aus der Berührung der Erde neue Kräfte schöpft. Herakles besiegt ihn, indem er ihn in der Luft erwürgt.

244 3291 *die hohe Intuition:* Mephisto leitet, Fausts Natur-Enthusiasmus verächtlich machend, zur biblischen Mythe des Onan (1. Moses 38, 4–10) über. Fausts psychische Erregung (hohe Intuition) münzt er in eine sexuelle um (nachdem er in den vorangehenden Versen die einschlägigen Reizwörter beigebracht hat: umfassen, aufschwellen, Erde ... durchwühlen, Busen, stolze Kraft, überfließen), die er mit einer Masturbationsgebärde abschließt. – 3300 *abgetrieben:* von Mephistos Weg der Zerstreuung und der irdischen Genüsse abgekommen. – 3312 *Ließ es dem großen Herren gut:* stünde es ihm wohl an. – 3313 *Das arme, affenjunge Blut:* Mephisto zitiert Margaretes Worte aus Vs. 2907, wobei die Abweichung »affenjung« (blutjung) eine verächtliche Komponente enthält.

245 3334 *Leib des Herrn:* Faust ist eifersüchtig auf die Hostie bei der Kommunion. – 3337 *Zwillingspaar, das unter Rosen weidet:* die Brüste Margaretes gemäß Hohelied 4,5. – 3341 *Gelegenheit zu machen:* zu kuppeln; vgl. 1. Moses 1,27 f.

246 3353 *Im Hüttchen auf dem kleinen Alpenfeld:* Nach Albrecht von Hallers Dichtung *Die Alpen* (1729) pflegen die Bergbewohner eine natürliche, von der städt. Zivilisation unverdorbene Lebensweise. Faust sieht sich metaphorisch als immoralischer Städter, der mit »der Laster schwarze Brut« (*Die Alpen, Vs. 472*) die unschuldige »kleine Welt« Margaretes zerstört.

248 3422 *etwas auf dich könnte:* Einfluß auf dich hätte. – 3436 *sich unterwinden:* wagen; möglicherweise spielt Faust auf Apostelgeschichte 19,13 in Luthers Übersetzung an: »Es unterwunden sich aber etliche, den Namen des Herrn Jesu zu nennen.«

251 3521 *Grasaff:* mhd. grâzen: sich übermütig gebärden. Das Kompositum steht für lebhafte Kinder und junge Mädchen (vgl. Kommentar zu Vs. 3313). – 3523 *katechisiert:* in Glaubensfragen standfest gemacht. – 3537 *Physiognomie:* Wie Physiognomik die Kunst, das Wesen eines Menschen aus seiner Gestalt und besonders aus seinen Gesichtszügen abzuleiten. Der junge Goethe hatte zusammen mit Lavater versucht, die Physiognomik in den Status einer Wissenschaft zu heben. – 3540 *ein Genie:* ein Original.

252 3556 *Kurtesiert ihr:* machte ihr den Hof. – 3561 *Blümchen:* Jungfräulichkeit.

253 3574-76 *Kriegt sie ihn ... Häckerling:* Sollte es doch noch zu einer Hochzeit kommen, würden die Buben den Jungfernkranz (»Kränzel«) der Braut herabreißen und die Mädchen gehacktes Stroh (»Häckerling«) statt Blumen streuen. – 3577 *schmälen:* andere herabsetzen oder schelten. – vor 3587 *Mater dolorosa:* Maria, ihren toten Sohn beweinend. Der Schmerz Marias wird durch ein vom Schwert durchbohrtes Herz (Vs. 3590) ausgedrückt.

254 3608 *Scherben:* auch »Blumenscherben«, ältere Bezeichnung für (intakte) Blumentöpfe. – 3622 *Flor:* Blüte, Schönheit. – 3627 Schwadronieren: Prahlen.

256 3669 *Löwentaler:* erster Taler der unabhängigen Niederlande mit einem Ritter mit Löwenschild (Avers) und einem Wappenlöwen (Revers). Die Münze wurde von 1575 bis 1713 geprägt. Goethe kannte sie aus historischen Darstellungen.

257 3706 *Flederwisch:* scherzhaft für einen leichten Zier- oder Stoßdegen (Florett). Valentin als Soldat verwendet einen Haudegen (Säbel), wie die Verse 3702 und 3703 nahelegen. – 3715 *Blutbann:* kirchliche Sanktion bei Kapitalverbrechen; deshalb ist Mephisto hier machtlos.

258 3753 *Metze:* unehrenhafte weibl. Person, etwas schwächer als Hure (Vs. 3731). – 3763 *vermaledeit:* von lat. »male dicere«: schmähen, verfluchen.

259 vor 3776 *Amt:* Messe; aus der »Dies irae«-Sequenz (ab Vs. 3798) wird deutlich, daß es sich um eine Totenmesse handelt. Aus dem Urfaust geht hervor, daß Margaretes Mutter bestattet wird, die am wohl giftigen Schlafmittel gestorben ist (Vs. 3511–14 und darauf bezogen Vs. 3788).

260 3798–99 *Dies irae ... in favilla:* Beginn der Sequenz: Jener Tag des Zorns wird das Weltliche in Asche auflösen. –

3813–15 *Judex ... remanebit:* Wenn sich dann der Richter setzen wird, wird das Verborgene offenbar werden und nichts wird ungesühnt bleiben. – 3825–27 *Quid sum ... securus:* Was werde ich Elender dann sagen, welchen Schutzherrn werde ich anrufen, wenn selbst der Gerechte kaum sicher ist?

261 3834 *Fläschchen:* Riechfläschchen gegen Ohnmacht. – vor 3835 *Walpurgisnacht ... Elend:* Die Nacht vor dem Namenstag der Hl. Walpurga (1. Mai), die Schutzheilige gegen Hexen und Zauberei. In dieser Nacht versammeln sich nach altem Volksglauben auf dem Blocksberg die Hexen und Hexenmeister, um den Hexensabbat zu feiern. Schierke und Elend sind zwei Ortschaften im Harz, am Fuße des Brocken, der als einer von mehreren Bergen mit dem Blocksberg assoziiert wurde. – 3857 *fodern:* ältere Variante von »fordern«.

263 3898 *Masern:* knorrige Auswüchse von Baumstämmen. – 3903 *Funkenwürmer:* Glühwürmchen, Leuchtkäfer. – 3915 *Mammon:* hier die Erzadern des Berges.

264 3933 *Herr Mammon:* hier wie Kommentar zu Vs. 1599. – 3959 *Herr Urian:* einer von vielen Teufelsnamen, vermutlich niederdt. Ursprungs.

265 3962 *Baubo:* in der griech. Mythologie eine alte Amme, die Demeter, welche über die Entführung ihrer Tochter Persephone vergrämt war, durch eine nachgeahmte Geburt aufzuheitern versuchte. Deshalb wird sie in Vs. 3966 als »Mutter« bezeichnet. Der Zusammenhang mit dem Schwein ergibt sich aus dem Umstand, daß Baubo schon bei den eleusischen Mysterien als Personifikation des obszönen Gesangs galt. Damit ist sie die erste Vertreterin für das Bühnenfach der »obszönen Alten« und führt folgerichtig den »ganzen Hexenhauf« an. – 3968 *Ilsenstein:* Harzgipfel nordöstlich des Brocken.

266 4008 *Salbe:* Überlieferungen zufolge eine Salbe mit halluzinatorischen Ingredienzien, die u.a. die sexuelle Ekstase fördern sollte.

267 4023 *Junker Voland:* der Teufel (nach mhd. vâlant: der Erschreckende).

268 4076–4087 *General, Minister, Parvenu:* Offenbar von der Französischen Revolution »zum Teufel gejagte« Repräsentanten des Ancien Régime. Mit dem Sturz des französischen Königshauses und des Adels begann die Epoche des europäischen Nationalismus. Darauf spielt Vs. 4076 an. – 4088 *Autor:* Schriften »von mäßig-klugem Inhalt« ist ein Signum der Aufklärung, die um 1800 ihren innovativen Impetus bereits eingebüßt hatte und nur noch als Trivialaufklärung durch die Literatur spukte.

269 vor 4092 *Mephistopheles, der ... sehr alt erscheint:* dafür gibt es zwei Gründe: Zum einen läßt die durch Aufklärung und Französische Revolution ausgelöste Säkularisierungswelle nicht nur Gott, sondern auch den Teufel »alt erscheinen«, zum andern hatten Weltuntergangsszenarien Hochkonjunktur. So hatte der württembergische Pietist J. A. Bengel die Wiederkehr Christi für das Jahr 1836 vorausgesagt. Die vorausgehende Herrschaft des Antichrist war nun leicht mit der Schreckensherrschaft

FAUST. EINE TRAGÖDIE 717

der Jakobiner in Verbindung zu bringen, und so konnte auch von gläubiger Seite das Ende der Teufelsherrschaft erwartet werden. Sowohl von aufklärerischer (vgl. Anm. zu Vs. 4144) als auch von christlicher Seite läuft Mephistos Weinfäßchen trübe, d. h. der zur Neige gehende Wein wird bereits durch das Depot getrübt. – 4112–13 *Neuigkeiten:* die historischen Mordwerkzeuge der Trödelhexe verwirft Mephisto und damit die Geschichte. Die Welt im Umbruch produziert »Neuigkeiten«. So deutet Faust in Vs. 4115 die Spannweite der Walpurgisnachtsszene (einschließlich des Traums) an: sie ist Satans-, Antiquitäten- und Novitäten-Messe zugleich. – 4119 *Lilith:* Allzu wörtliche Auslegungen von 1. Moses 1,27 nahmen eine erste Frau vor Eva (1. Moses 2,21 ff.) an. Diese wurde mit der weiblichen Dämonengestalt Lilith (Jesaja 34,14) gleichgesetzt. In der Folge wurde Lilith zum weiblichen Teufel der sexuellen Verführung.

270 4144 *Proktophantasmist:* griech. *proktos:* Hinterteil, *phantasma:* Gespenst, zusammen etwa: Arschgespenstler. Mit diesem deftigen Ausdruck bedachte Goethe den Philosophen und Verleger Friedrich Nicolai (1733–1811), eine Zentralfigur der deutschen Spätaufklärung. Seit seiner *Werther*-Parodie von 1775 (*Freuden des jungen Werthers*) war er immer wieder Zielscheibe Goethescher Invektiven. Der unermüdlich gegen den Gespenster- und sonstigen Aberglauben kämpfende Nicolai hatte, offenbar infolge schwerer Hämorrhoidalbeschwerden, heftige Gemütsaffektionen bis hin zu phantastischen Erscheinungen. In einem später veröffentlichten Vortrag vor der Berliner Akademie der Wissenschaften am 28. Februar 1799 berichtete er, wie er die Halluzinationen selbst kuriert habe, indem er am beschwerdeverursachenden Körperteil Blutegel angesetzt habe. Diese intendierte Lektion gegen den Geisterglauben ging freilich nach hinten los und neben Tieck und den Brüdern Schlegel nutzte auch Goethe diese Gelegenheit, Nicolai mit neuerlichem Spott zu bedenken.

271 4161 *Tegel:* Im Hause eines Oberförsters Schulz in Berlin-Tegel habe es gespukt, berichteten die ›Berlinischen Blätter‹ im November 1797. Obwohl längst als Schabernack entlarvt, zog Nicolai in seinem Akademie-Vortrag auch gegen diese vermeintliche Gespenster-Geschichte zu Felde. – 4167 *exerzieren:* hier: nachvollziehen (beabsichtigte Assonanz zu »exorzieren«: austreiben?) – 4169 *Reise:* Von 1783–96 veröffentlichte Nicolai eine zwölfbändige *Beschreibung einer Reise durch Deutschland und die Schweiz.* Als Reiseschriftsteller ist Nicolai auch in den *Xenien* von Goethe und Schiller angegriffen worden. – 4173 *soulagiert:* erleichtert, Linderung verschafft. – 4179 *rotes Mäuschen:* Goethe entnahm dieses Motiv der Hexen-Literatur.

272 4190 *Idol:* Trugbild. – *Meduse:* Eine der Gorgonen, Ungeheuer mit Schlangenhaaren, in der griech. Mythologie. Wer sie anblickt, versteinert auf der Stelle. – 4204 *Ein einzig-rotes Schnürchen:* Vorausdeutung auf die

Enthauptung Margaretes. – 4208 *Perseus:* Sohn des Zeus und der Danae, enthauptete die Meduse und schenkte den Kopf der Göttin Athene, die ihn fortan in ihrem Schild trug. – 4211 *Prater:* Wiener Vergnügungspark, 1766 von Joseph II »der Menschheit gewidmet«. – 4114 *Servibilis:* der Dienstfertige. – *4217 Ein Dilettant hat es geschrieben:* indirekt bezeichnet sich Goethe damit selbst als Dilettant, nicht nur, weil er es sich nicht versagen konnte, auf das undramatische Intermezzo des Walpurgisnachtstraums zu verzichten, sondern auch, weil er sich selbst stets – besonders im Hinblick auf die von ihm ausgeübten bildenden Künste und Naturwissenschaften – als Lernenden empfand, dem der Dilettantismus als notwendige Vorstufe zur Meisterschaft galt. Diese positive Einschätzung schwand jedoch im Diskurs mit K. Ph. Moritz und Schiller, als sich zeigte, daß Dilettantismus als Liebhaberbeschäftigung zwar ein rezeptives, aber kein kreatives Vermögen entwickelte. Aus diesem Grund verwünscht Mephisto die Dilettanten auf den Blocksberg (Vs. 4221 f.).

273 vor 4223 *Oberon … Intermezzo:* Oberon und Titania sind König und Königin der Elfen in Shakespeares *Sommernachtstraum*. Auch dort steht eine Dilettantenaufführung im Zentrum des Geschehens. Allerdings handelt es sich hier nicht um ein Zwischenspiel (Intermezzo) im Wortsinn. Ursprünglich als *Xenien* für Schillers *Musenalmanach auf das Jahr 1797* entworfen, entsprechen sie mit ihren zeitsatirischen Einsprengseln eher der modernen Nummernrevue. – 4224 *Miedings wackre Söhne:* Johann Martin Mieding war Bühnenbildner am Weimarer Hoftheater; dessen »Söhne«, die Bühnenarbeiter, haben im Dilettantenstück dienstfrei. – 4227 *Herold:* Der Ansager spricht in bewußt dilettantischen Versen. – 4235 *Puck:* Kobold aus dem *Sommernachtstraum*. – 4239 *Ariel:* Luftgeist aus Shakespeares *Der Sturm*.

274 4271 *Orthodox:* Für einen rechtgläubigen Christen sind auch Sagengestalten wie Oberon »teuflischer« Aberglaube. – 4273 *Götter Griechenlands:* Anspielung auf Schillers gleichnamiges Gedicht. – 4275 *Nordischer Künstler:* für deutsche Künstler, wie eben auch für Goethe, war ein Studienaufenthalt in Italien nahezu obligatorisch. – 4278 *italienischen Reise:* Auch Goethe konnte als »nordischer Künstler« Italien nicht widerstehen. – 4279 *Purist:* der Tugend- und Sittenwächter entrüstet sich über die Nichteinhaltung einer gesellschaftlichen Konvention (das Pudern) und übersieht dabei geflissentlich die Nacktheit der Hexen. – 4287 *Matrone:* ältere (Hexen-)Dame.

275 vor 4295 *Windfahne:* Opportunisten-Symbol; entsprechend unterschiedlich fallen ihre beiden Sprüche aus. – 4299 *Xenien:* Xenien (griech.) sind ursprünglich Gastgeschenke; Goethe und Schiller benannten so ironisch ihre literarischen Sticheleien. Die Spruchsammlung der *Xenien* verglich Goethe mit stechenden Insekten. Als solche sind sie hier eingeführt. – 4303 *Hennings:* August von Hennings (1746–1826) war dänisch-holsteinischer Staatsmann und Herausgeber der Zeitschrift ›Genius der Zeit‹, deren Titel 1800 in ›Genius des neunzehnten Jahrhunderts‹ umbenannt wurde. – 4307 *Musaget:* Ab 1798 erhielt der ›Genius der Zeit‹ die literarische Beilage ›Der Musaget‹ (Musenführer, Beiname des Apoll), worin verschiedentlich Werke Goethes kritisiert wurden. – vor 4311 *Ci-devant:* (frz.) zuvor; bezieht sich auf den ›Genius den 19. Jahrhunderts‹ der zuvor ›Genius der Zeit‹ hieß. – 4319 *der steife Mann:* ein nicht zweifelsfrei identifizierter Jesuitenverfolger. Der Orden war ab 1773 päpstlich verboten, doch gewährte Friedrich der Große den Mitgliedern der Gesellschaft Jesu Asyl.

276 4323 *Kranich:* Goethes früherer Gefährte, der Theologe Johann Kaspar Lavater (1741–1801). »Sein Gang war wie der eines Kranichs, weswegen er auf dem Blocksberg als Kranich vorkommt« (mit Eckermann, 17. 2. 1829). – 4327 *Weltkind:* Bei einer Rheinreise mit seinen Jugendfreunden Lavater und Basedow reimte Goethe im Gedicht *Diné zu Coblenz:* »Prophete rechts, Prophete links, / Das Weltkind in der Mitten«, womit er sich meinte. – 4328 *Vehikel:* Hilfsmittel, Mittel zum Zweck. – 4330 *Konventikel:* (heimliche) religiöse Zusammenkunft. – 4334 *Die unisonen Dommeln:* unison: im gleichen Ton; (Rohr-)Dommel: ein Reihervogel, der gern im Sumpf steht. Darauf beziehen sich wohl auch die folgenden Verse des Tanzmeisters, wobei die Dommeln den auftretenden Philosophen gleichgesetzt werden, welche sich aus dem Sumpf des Unwissens zu befreien suchen. – 4339 *Fiedler:* Goethe schreibt zwar »Fideler«, doch meint er mit ziemlicher Sicherheit einen Geigenspieler und keinen Lustigen. – 4341–42 *Dudelsack … Orpheus Leier:* In der griech. Sage wurden durch Orpheus' Spiel die wilden Tiere zahm. Die Philosophen werden bei aller Unterschiedlichkeit ihrer Stimmen (Meinungen) geeint durch die Bordunöne des Dudelsacks (durchgehender Grundton eventuell in Verbindung mit der Quinte). – 4347 *Idealist:* für ihn ist die Welt keine Realität, sondern Produkt subjektiver Wahrnehmung. Deshalb hält er sich selbst für verrückt. – 4351 *Realist:* ignoriert das Übernatürliche und verfällt angesichts des Walpurgisnachts-Zaubers in Selbstzweifel. – 4352 *baß:* sehr (ursprünglich Positiv zu »besser«). 4355 *Supernaturalist:* glaubt an das Übernatürliche und fühlt sich deshalb bestätigt.

277 4367 *Sanssouci:* wörtlich: ohne Sorgen. Anspielung auf den französischen Adel, der nach der Revolution in Berlin Asyl und Auskommen (deshalb »die Gewandten«) fand. Ihnen stehen »die Unbehülflichen« gegenüber, die am französischen Hof im Dienst standen (»manchen Bissen erschranzt« haben) und die kaum mehr als ihr nacktes Leben retten konnten. Eine Xenie von 1797 beginnt mit dem Vers: »Vor dem Aristokraten in Lumpen bewahrt mich, ihr Götter«. – 4375 *Irrlichter:* die bürgerli-

chen Parvenus und Revolutionsgewinnler sind aus einem Korruptionssumpf erstanden. – 4379 *Sternschnuppe:* nur eine ›Tagesberühmtheit‹ oder ein Rekurs auf den darniederliegenden französischen Adel? – 4383 *Die Massiven:* die alles niedertrampelnde, breite Volksmasse der Französischen Revolution – 4387 *mastig:* plump, dick. – 4389 *der Plumpst:* der Plumpste (Superlativ).

278 *Rosenhügel:* Wielands *Oberon*-Dichtung endet versöhnlich im Palast des Elfenkönigs am Rosenhügel.

279 *Großer, herrlicher Geist:* Faust ruft den Erdgeist an.

280 *Rabenstein:* die gemauerte Richtstätte mit Galgen befand sich meist außerhalb der Stadt. Allerdings wurden viele Todesurteile aus Abschreckungsgründen auf dem Marktplatz vollzogen. Dies scheint Margarete anzunehmen, wie aus Vs. 4588 hervorgeht. – 4412–20 *Meine Mutter ... fliege fort:* Das Lied basiert auf dem Märchen vom Machandelbaum (Wacholder), das zur Entstehungszeit der Szene noch nicht schriftlich fixiert war. Es wurde erst 1806 von Philipp Otto Runge aufgezeichnet und später von den Brüdern Grimm übernommen.

281 4448 *Sie singen Lieder auf mich:* Bänkelsänger pflegten für Hinrichtungen Moritaten zu verfassen.

282 4467 *Heulen und Klappen der Hölle:* Bibelzitat, Matth. 8,12.

286 4592 *Blutstuhl:* Richtstuhl, auf dem die Enthauptung vollzogen wurde.

Der Tragödie Zweiter Teil

289 4623 *grimmen Strauß:* heftiger Widerstreit (hier: des Gewissens). – 4626 *Vier sind die Pausen:* nach römischer und Klostertradition wurde die zwölf Nachtstunden in vier Wachen (Vigilien) zu je drei Stunden eingeteilt. Diese Vierteilung findet sich in den folgenden vier Strophen des Elfenchors, die ursprünglich die musikalischen Bezeichnungen Serenade (Abendständchen), Notturno (Nachtmusik), Matutino (Morgengesang) und Reveille (Weckruf) tragen sollten. – 4629 *Lethes Flut:* Strom des Vergessens in der griech. Mythologie, aus dem die Toten trinken.

290 4666 *Horen:* griech. Göttinnen der Tages- und Jahreszeiten; sie schließen dem Gott Apoll mit dem Sonnenwagen die Himmelspforten auf. – 4670 *Phöbus:* Beiname des Apoll.

291 4707 *Erfüllungspforten findet flügeloffen:* die offenen Flügel der Hoffnungspforte versprechen Erfüllung.

292 vor 4728 *Pfalz:* eine (von mehreren) Regierungsburgen, in denen die deutschen Kaiser abwechselnd residierten.

293 4741 *Hellebarden:* Hieb- und Stoßspeer des Mittelalters. – 4767

Schönbärte: bärtige Maske; volksetymologisch aus Schembart (von mhd. scheme: Schatten, Maske).
294 4792 *Pfühl:* gepolsterter Sessel, hier: Richterstuhl.
295 4807 *dichtern Flor:* einen undurchsichtigen Schleier vor das Bild ziehen. – 4819 *Mietsoldat:* Söldner. – 4832 *Subsidien:* Hilfeleistungen (benachbarter Monarchen). – 4833 *Röhrenwasser:* Leitungswasser, durch Lecks und Verdunstung oft stark dezimiert.
296 4845 *Ghibellinen wie die Guelfen:* oberitalienische Parteien, die sich im Thronstreit zwischen Staufern (Ghibellinen) und Welfen (Guelfen) gebildet hatten und die in späteren Zeiten entweder mehr dem Papst oder dem Kaiser zuneigten. – 4852 *Marschalk:* Hofmarschall, Verwalter. – 4858 *Welschhühner:* Truthühner. – 4859 *Deputate:* Steuern und Abgaben in Naturalien. *Renten:* Pachtzins. – 4870 *Jude:* an vielen Höfen waren Juden als Geldverleiher tätig. – 4871 *Antizipationen:* Vorschüsse.
297 4875 *vorgegessen:* gegessen, bevor es bezahlt ist. – 4888 *Projekt:* hier: unseriöses Geldgeschäft. – 4897 *Kanzler:* ist zugleich Bischof (vgl. Vs. 10977).
299 vor 4955 *bläst ein:* flüstert ein, souffliert. – 4960 *dräut:* droht. – 4974 *Kalenderei – Chymisterei:* abwertende Bezeichnungen für Astrologie und Alchimie. – 4976 *Gauch:* Tor, Narr.
300 4979f *Alraunen ... schwarzer Hund:* zu magischen Beschwörungen verwendete Wurzel des Nachtschattengewächses Mandragora. Zum Sammeln der Wurzel ist der Sage nach ein schwarzer Hund erforderlich. – 4962 *da liegt Spielmann:* Redewendung ähnlich wie »da liegt der Hund begraben«. – 5011 *Salpeter ... Leimenwand:* An feuchten gekalkten Lehmwänden (Leimenwänden) wie in Ställen bilden sich Salpeterkristalle, die etwa als Dünger weiterverwendet werden konnten.
302 vor 5062 *Exeunt:* (lat.) sie gehen ab. – vor 5065 *Mummenschanz:* (bei Goethe feminin) Fastnachtsumzug; geht auf ein Glücksspiel mit Würfeln (vgl. chance) zurück, das zum Karnevalsbrauch wurde und so die Bedeutungsänderung erzeugte. – 5072 *heiligen Sohlen:* die Füße des Papstes, die die Kaiser bei der Krönung küssen mußten. – 5075 *die Kappe:* der Karneval, als dessen Symbol die Narrenkappe fungiert, kam von Italien nach Deutschland.
303 5090 *Florentinerinnen:* Die Florentiner Tracht hatte für Gärtnerinnen Symbolwert, da der Name Florenz »die Blühende« bedeutet. Der Zusammenhang zwischen Gärtnerinnen und Karneval ergibt sich durch den Frühling (vgl. Schillers Gedicht *Das Mädchen aus der Fremde*).
304 5128 *Ceres:* Römische Göttin des Ackerbaus und der Feldfrüchte. – 5137 *Theophrast:* Philosoph und Botaniker der griech. Antike; schrieb zwei Werke über Pflanzen. Ein Pflanzensystematiker wie Theophrast wäre überfordert, einen künstlichen Phantasie-Strauß zu klassifizieren.

305 vor 5158 *Theorben:* Baßlauten. – 5163 *Pfirschen:* Pfirsiche.

306 5187 *Sponsierer:* Freier. – 5194 *Dritter Mann:* Gesellschaftsspiel.

307 vor 5215 *Pulcinelle:* (Singular) Pulcinella: Spaßmacher-Figur der Commedia dell'arte. – vor 5237 *Parasiten:* Figuren der antiken Komödie, die sich selbst zu Gastmälern einluden. – 5244 *Doppelblasen:* In einer Fabel beschreibt Aesop, wie ein Mann mit einem Atemhauch gleichzeitig die Suppe kühlt und seine Finger wärmt; das Doppelblasen bezeichnet hier die opportunistische Doppeldeutigkeit der Parasiten.

308 5272 *rümpfte diesem:* in bezug auf Kleidung: zusammenfalten; der Dativ entstand durch Goethes (versehentliche?) Korrektur der Haupthandschrift (H) aus »diesen« (so auch die Erstdrucke). Eine andere vorgeschlagene Lesung wäre: »Rümpfte (vor) diesem bunten Rock (die Nase)«.

309 vor 5295 *verschiedene Poeten:* Natur- und höfische Dichtung sind traditionelle Genres, modern (aus Goethes Sicht) ist die zärtliche (Empfindsamkeit) sowie die enthusiastische Dichtung (Sturm und Drang). Ganz aktuell schließlich sind die nach Vs. 9298 erwähnten »Nacht- und Grabdichter«. Der Ausdruck bezieht sich auf die schwarze oder Schauerromantik, die den Vampir-Stoff für sich entdeckt hatte: 1819 erschien John Polidoris Roman *The Vampyre*, der auf Konzepten seines Freundes Lord Byron beruht und unter dessen Namen der Roman zuerst veröffentlicht worden war. Goethe las ihn im Mai 1919 und erklärte ihn »als Byrons bestes Product« (25. 2. 1820; Weimarer Ausg. V, 4, S. 18). In Deutschland schlug sich die durch Polidoris Roman ausgelöste Vampir-Mode in Karl Spindlers Erzählung *Der Vampyr und seine Braut* (1826) nieder. 1828 wurde in Leipzig Heinrich Marschners romantische Oper *Der Vampyr* uraufgeführt, die Goethe zu einem »Gespräch über die neueren Theater-Exhibitionen, den Vampyr und Sonstiges« veranlaßte (Tagebuch April 1829, Weimarer Ausg. III, 12, S. 59). Noch 1827, als Goethe mit der Ausarbeitung der Karnevals-Szene begann, hatte Prosper Mérimée anonym die Gedichtsammlung *Poésies illyriques* veröffentlicht, die Goethe wie folgt kommentierte: »statt jene derbe, mitunter grausame, ja grausenhafte Thätigkeit gewaltig darzustellen, ruft er, als ein wahrer Romantiker, das Gespensterhafteste hervor; schon seine Localitäten heben zum Schauern: nächtliche Kirchen, Kirchhöfe, Kreuzwege, Einsiedlerhütten, Felsen und Felsklüfte umfangen den Hörer ahnungsvoll, und nun erscheinen häufig kurz Verstorbene drohend und erschreckend [...]; der gräßliche Vampirismus mit allem seinen Gefolge« (Weimarer Ausg. I, 42.1, S. 281 f.). – vor 5299 *Grazien:* Chariten, griechische Göttinnen, die zunächst einzeln unter wechselnden Namen, später als Triade angebetet wurden. Griech. ›charis‹ bedeutet zwar auch (a) Anmut, doch erschließen erst die anderen Bedeutungen (b) Gunst, Wohlwollen und (c) Dank, Erkenntlichkeit die eigentliche Funktion der Grazien: sie symbolisieren die Anmut des Gebens und Nehmens, der Gunst und der Dankbarkeit (deshalb zeigen die Darstellungen von der Antike bis zur Renaissance ein Ineinandergreifen der Hände als Zeichen des Gebens und Nehmens). Goethe war der Zusammenhang bekannt, wie die Verse 5299–5304 belegen. – vor 5305 *Parzen:* röm. Schicksalsgöttinnen, gleichbedeutend den griechischen Moiren. In der Überlieferung spinnt Klotho den Lebensfaden, Lachesis mißt ihn zu und Atropos (die Unabwendbare) schneidet ihn ab. Hier haben Klotho und Atropos die Rollen getauscht, es ist schließlich Karneval. Die beiden weisen selbst auf den Rollentausch hin, Atropos in Vs. 5305 f und Klotho in Vs. 5317-20. Damit wird während der närrischen Tage der Lebensernst ausgespart.

310 5335 *Weife:* Garnhaspel.

311 5349 *Furien:* Römischer Name der griech. Erinyen. Normalerweise verfolgen die Rachegöttinnen Alekto, Megära und Tisiphone ungesühnte Kapitalverbrechen wie Meuchelmord und Meineid. Am Karnevalstag spinnen sie jedoch nur höfische Intrigen, säen Zwietracht unter Liebes- (Alekto) und Ehepaare (Megära) und rächen Seitensprung bzw. Ehebruch (Tisiphone), zweifellos ein Seitenhieb auf die freizügige höfische Moral. – 5378 *Asmodi:* gilt aufgrund biblischer Überlieferung (Tobias 3,8) als Eheteufel.

312 5386 *Gischt:* Schaum, Geifer, der bei Erregung aus dem Mund tritt. – 5392 *wer wechselt:* wer den Partner wechselt. – 5397 *Ein Haupt mit langen Zähnen, Schlangenrüssel:* beschrieben wird ein Elefant. In seinem Nacken sitzt die Klugheit, die ihn lenkt (vgl. Paralipomenon Nr. 78). Auf dem Rücken trägt er einen Aufbau, in dem Viktorie, die Siegesgöttin, steht. Die angeketteten »edlen Frauen« sind die Furcht und die Hoffnung. Der Elefant steht für Kraft und Macht, die durch die Klugheit gesteuert wird. Man hat den Elefanten mit Staat oder Gesellschaft, die Klugheit mit der Staatsklugheit identifizieren und darin sogar eine Allegorie der aufkommenden kapitalistischen Tätigkeits-(Industrie-)Gesellschaft sehen wollen. Die Gruppe als ganzes ist jedoch eher eine Allegorie des Krieges mit Kriegselefant, Siegesgöttin, (Feldherrn-)Klugheit sowie Furcht und Hoffnung als Geißeln und hier: Geiseln des Kriegs. Ihr unheilbringendes Wirken ist, wie bei den Parzen, für die Zeit des Karnevals unterbunden. Die Bezeichnung Viktorias als »Göttin aller Tätigkeiten« (Vs. 5456) variiert das heraklitische Wort vom Krieg als Vater aller Dinge.

314 5457 *Zoilo-Thersites:* der griechische Redner Zoilos (um 350 v. Chr.) wurde bekannt durch seine kleinliche Kritik der homerischen Epen; Thersites war ein häßlicher Lästerer im griechischen Heer vor Troia, der von Odysseus gezüchtigt wurde, was hier der Herold übernimmt (vgl. *Ilias* II,211–271). Die Doppelmaske (vgl. »Doppelzwerggestalt«, Vs. 5474) spielt auf den Schmähredner römischer Triumphzüge an, dessen herabsetzende Reden Neid und Zorn der Götter besänftigen sollten. Wegen der Verwandlung in Otter und Fledermaus (Vs. 5479) hat man Mephisto hinter der Maske vermutet, der dann allerdings in der folgenden Gruppe als Geiz gleich wieder auftritt. Die Giftschlange (Doppelzüngigkeit, Lüge) und die Fledermaus (böses Omen) symbolisieren zusammen die üble Nachrede und weisen auf die beiden Figuren zurück.

315 5499 *weder wanke, weder weiche:* die Aussparung des »ich« ist charakteristisch für Goethes Spätstil.

316 5531 *Allegorien:* Den vierspännigen Wagen steuert der Knabe Lenker, eine Allegorie der Poesie (Vs. 5273), wie später auch Euphorion (ursprünglich trug der Knabe Lenker diesen Namen). Für ihn sind die Zugtiere geflügelte Rosse (Vs. 5521), Symbole der Poetik. Auf dem Wagen thront Plutus, der Gott des Reichtums (Vs. 5569), der von Faust dargestellt wird. Am Wagenende kauert Mephisto, der in die Rolle des Geizes geschlüpft ist. Für ihn und die Weiber sind die Fabeltiere feuerspeiende Drachen (Vs. 5680 f.).

319 5627 *Den grünen Zweig:* der Lorbeerkranz als Dichterkrone. – 5633 *Flämmchen:* spielt auf das Pfingstwunder des Heiligen Geistes an (Apg. 2,1–4) und bedeutet hier den Geist der Poesie. – 5649 *Avaritia:* lat. Geiz, Habgier. Goethe nutzt den Umstand, daß die ›Avaritia‹ weiblich, der ›Geiz‹ hingegen männlich ist, zu einer Breitseite gegen weibliche Verschwendungssucht.

320 5670 *Strohmann:* Vogelscheuche. – 5671 *Marterholz:* das Kreuz, aber auch als Schimpfwort verwendet für jemand, der aussieht wie das ›Leiden Christi‹.

323 5794 *Sittlichkeit verletzt:* Mephisto hat unterdessen aus dem Gold – das sich »in alles wandeln« läßt, übrigens eine Anspielung auf den universellen Tauschwert des Metalls – einen Phallus geformt. Im *Römischen Carneval* hatte Goethe einen Pulcinell beobachtet, der an bunten Schnüren ein großes Horn um die Hüfte trug: »Durch eine geringe Bewegung, indem er sich mit den Weibern unterhält, weiß er die Gestalt des alten Gottes der Gärten [Priap] in dem heiligen Rom kecklich nachzuahmen, und seine Leichtfertigkeit erregt mehr Lust als Unwillen.« (Abschnitt *Masken,* Gedenkausgabe Bd. 11, S. 540.)

324 5798 *Narrenteidung:* heute nur noch in der Kurzform ›Narretei‹ gebräuchlich. Goethe hatte das zunächst vorgesehene »Narrenwesen« durch eine historisierende, häufig von Luther verwendete Form ersetzt. – 5804 *Pan:* bocksfüßiger griech. Feld-, Wald- und Hirtengott, der Herden in ›panischen‹ Schrecken versetzen kann. Noch in griech. Zeit wurde der Gott über das Adverb ›pan‹ (all-, ganz) mit dem »All der Welt« (Vs. 5873) assoziiert. – *was keiner weiß:* es enthüllt sich erst am Ende der Szene, daß in der Maske Pans der Kaiser steckt (vgl. Vs. 5951). – 5819 *Faunen:* aus dem altlateinischen Gott Faunus, eine Entsprechung des gr. Pan, wurde im Laufe der Zeit eine Schar lüsterner Waldgeister gebildet. – 5829 *Satyr:* gr. Waldgeist mit Bocksfuß im Gefolge des Rausch-Gottes Dionysos.

325 5840 *Gnomen:* wohlwollende Berg- und Erdgeister, die die Bodenschätze bewachen oder sie als »Felschirurgen« (Vs. 5849) abbauen. – 5848 *Gütchen:* gutmütige Berggeister, Wichte in thüringisch-sächsischen Sagen. – 5864 *wilden Männer:* sagenhafte waldbewohnende Riesen wie Rübezahl.

326 vor 5872 *Nymphen:* weibl. Naturgottheiten der Antike.

327 5903 *Troglodytisch:* (griech.) unterirdisch, höhlenbewohnend. – 5917 *ein Greulichstes eräugnen:* Johann Ludwig Gottfried berichtet in seiner *Historischen Chronica* (1642) von einem Brand am Hofe Karls VI. von Frankreich bei einem Maskenfest im Jahr 1394. Der König und einige Hofleute waren mit Reisig und Harz als Satyrn verkleidet. Als der König an einer Fackel Feuer fing, eilten ihm seine Begleiter zu Hilfe und gerieten selbst in Brand.

329 5990 *Pluto:* röm. Gott der Unterwelt; die Namensähnlichkeit mit Plutus führte dazu, ihn sich in Verbindung mit Reichtum vorzustellen. Dies war naheliegend, insofern er als Herrscher der Unterwelt über die Bodenschätze verfügte.

330 6022 *Nereiden:* griech. Meernymphen, Töchter des Meergreises Nereus. – 6025f *Thetis, Peleus:* Die Nereide Thetis heiratete den thessalischen Königssohn Peleus und gebar ihm den Helden Achilles. Mephisto schmeichelt dem Kaiser als »dem zweiten Peleus«.

331 6033 *Scheherezaden:* Scheherezade ist die Erzählerin der Märchen aus *Tausendundeiner Nacht.* – 6058 *Der Zettel hier ist tausend Kronen wert:* Hier wird die Einführung der Papierwährung in die Zeit Fausts verlegt. Gedeckt ist sie mit den noch zu findenden vergrabenen Schätzen und natürlichen Bodenschätzen. Tatsächlich wurde das Papiergeld im frühen 18. Jahrhundert in Frankreich eingeführt. Während der Französischen Revolution kursierten Schuldverschreibungen, sog. »Assignaten«. Andere Länder übernahmen die Papierwährung. Wegen hemmungsloser Kreditaufnahme verfielen einige Währungen rasch. Goethe hatte deshalb Vorbehalte gegen ungedecktes Papiergeld, dessen Wert nur im Vertrauen auf Deckung bestand. Im Stück fungiert die Papiergeldeinführung nicht umsonst als ein Blendwerk Mephistos.

332 6072 *Tausendkünstler:* Kopisten, Vervielfältiger. – 6081 *Alphabet ... überzählig:* Für einige Sprachpuristen galt das Alphabet als »überzählig«, da es phonetisch redundante Buchstaben (C, X, Y) enthielt. Auch wenn man diese Ansicht nicht teilte – mit der Signatur des Kaisers erhielt das Alphabet gleichsam einen neuen Buchstaben.

333 6100 *Schedel:* von lat. »schedula«: Blatt, Zettel, hier also: signiertes Papiergeld. – 6106 *Brevier:* von lat. »brevis«: leicht; kleines (Gebet-)Buch. – 6134 *Kustoden:* Wächter, Hüter.

335 6169 *Traun:* gewiß. – 6172 *solus:* (lat.) allein.

336 6199 *Hexenfexen:* Hexen-Possenreißer, Narren. – 6200 *Kielkröpfigen Zwergen:* Mißgeburten aus der Verbindung von Teufel und Hexen. – 6202 *Heroinen:* Halbgöttin, hier bezogen auf Helena, Tochter des Zeus und der Sterblichen Leda. – 6216 *Mütter:* Inspiriert durch die Lektüre Plutarchs wertete Goethe die »Mütter« gerufenen Göttinnen der sizilianischen Stadt Engyium zu einem Elementarmythos auf.

337 6249 *Mystagogen:* Geheimnisdeuter, einweihende Priester. – 6250 *Neophyten:* Neulinge, in einen Geheimkult Einzuweihende.

338 6283 *Dreifuß:* Attribut des Orakels von Delphi, auch Gerät in Alchimistenküchen.

340 6325 *kohobiert:* durch wiederholte Destillation gereinigt und angereichert (Begriff aus der Alchimie). – 6329 *umschranzen:* nach Art von Höflingen umschmeicheln. – 6336 *Zu Gleiches Gleichem:* Mephisto parodiert die von Chr. F. Samuel Hahnemann begründete Homöopathie.

342 6405 *Atlas:* Figur der griech. Mythologie aus dem Geschlecht der Titanen, der das Himmelsgewölbe auf seinen Schultern trug. – 6409 *Architekt:* ein Baumeister der Gotik (»Schmalpfeiler«, »Spitzbögiger Zenit«), der massiv (»überlästig«) wirkenden dorischen Architektur nichts abgewinnen kann.

343 6447 *Triglyphe:* (wörtl.: dreifache Kerbung) Zierelement am Fries dorischer Tempel.

344 6477 *Ambrosia:* Götterspeise, die jung erhält; in zeitgenössischer Bedeutung auch Parfümsalbe.

345 6483 *Feuerzungen:* spielt auf die pfingstliche Inspiration an (Apg. 2,3 f.), vielleicht mit der Assoziation an die »Engelszungen« (1. Kor. 13,1). – 9496 *Zauberspiegelung:* Spiegel in der Hexenküche, in dem Faust Margarete das erste mal sah. – 6509 *Endymion und Luna:* der griech. Sage nach war Endymion ein Hirte, der von der Mondgöttin Selene (Luna) geliebt wurde. Als er schlief, stieg Selene zur Erde herab und küßte ihn heimlich. – 6513 *Duenna:* (span.) Hofmeisterin, Gouvernante.

347 6555 *Doppelreich:* Wirklichkeit und Phantasie bzw. Kunst.

348 6568 *paralysiert:* lähmt. – 6583 *Schnaken:* (scherzhafte) Reden; eine Assoziation mit der langbeinigen Stechmücke gleichen Namens scheint angesichts des folgenden Insektenchors beabsichtigt. – 6587 *Rauchwarme Hülle:* ›Pelz‹ wird mitunter als ›Rauchwerk‹ bezeichnet (von rauh: behaart, vgl. Vs. 6716).

349 vor 6592 *Zikaden:* grillenähnliche Insekten. – vor 6592 *Farfarellen:* (ital.) Schmetterlinge; hier: Motten, Falter. – 6615 *Grillen:* auch hier (vgl.

Anm. zu Vs. 6583) eine Doppeldeutigkeit: ›Insekt‹ einerseits und ›schlechte Laune‹, ›absurde Gedanken‹ andererseits. – 6617 *Prinzipal:* vgl. »Patron« (Vs. 6592): Hausherr, Chef.

350 6629 *Vliese:* Pelz. – 6635 *Oremus:* (lat.) lasset uns beten. Darauf bezieht sich Mephistos zweideutige Antwort: »wir lassen beten« bzw. »lassen wir das«. – 6638 *Bemooster Herr:* im Studentenjargon: Student im letzten Semester; sonst: alter, betagter Herr. – 6649 *Die Schlüssel ... Sankt Peter:* Anspielung auf die päpstliche Schlüsselgewalt auf Erden (vgl. Matthäus 16,19).

351 6650 *beschleunen:* beschleunigen. 6651 *Posto ... gefaßt:* Stellung bezogen. – 6688 *erdreusten:* erdreisten.

352 vor 6689 *Baccalaureus:* unterster akademischer Grad (Bachelor). – 6704 *Fuchs:* Student im ersten Jahr. – 6706 *Schnack:* Gerede (vgl. Anm. zu Vs. 6583).

353 6727 *hergeläutet:* vgl. Bühnenanweisung vor Vs. 6620. – 6729 *Chrysalide:* Schmetterlingspuppe. – 6734 *Schwedenkopf:* Kurzhaarschnitt schwedischer Soldaten; mit dieser Haartracht gab man sich als politischer Gegner des »Zopfensystems« (Ancien Regime und Restauration) zu erkennen. – 6736 *absolut:* zunächst eine Warnung vor der Glatze (mit völlig losgelöstem Haar), sodann eine Anspielung auf die zeitgenössische Philosophie des Absoluten (Fichte, Schelling, Hegel).

355 6807 *Original:* Genie, das aus sich selber schöpft. Diesem Sturm und Drang-Konstrukt stand Goethe in späteren Jahren skeptisch gegenüber.

356 *Karfunkel:* (von lat. carbunculus: kleine Kohle) Feuerrubin; Stein, der im Dunkeln leuchtet.

357 6852 *verlutieren:* luftdicht verschließen, abdichten. – 6864 *Kristallisiertes Menschenvolk:* der Gedanke an 1. Moses 19,26 mit der zur Salzsäule erstarrten Frau Loths liegt nahe. Allerdings könnte Mephisto auch auf die Aristoteles-Auslegung von Averroes anspielen, wonach alle Formen (auch die lebendigen) der Materie immanent seien und sich in einem langen Entwicklungsprozeß aus ihr herauskristallisierten. Versteinerte Lebewesen sind dieser Lehre nach nicht Relikte, sondern unvollständig gebliebene Vorformen des Lebens. Zur Goethezeit bereits veraltet, zitiert Lichtenberg die Kristallisationslehre, um das Unwissen der Wissenschaft zu demonstrieren: »Wir wissen so wenig von den Kräften der Materie, daß wir gar nicht wissen können, ob nicht die Tiere ebenfalls durch Krystallisation entstanden sein« (*Sudelbücher* J 1400; in: Schriften und Briefe, hg. v. Wolfgang Promies, München 1971, Bd. 2, S. 257). – vor 6879 *Homunculus:* Menschlein; Goethe übernahm den Begriff aus der alchimistischen Literatur.

359 6916 *Der Schwäne Fürsten:* Zeus in Gestalt eines Schwans, der sich

Leda nähert, um Helena zu zeugen. – 6924 *Im Nebelalter jung geworden:* im Mittelalter (Nebelalter) hatte der Teufelsglaube Hochkonjunktur, wurde gleichsam neu geboren.

360 6946 *Romantische Gespenster:* mittelalterlich-christlicher Teufelsglaube. – 6947 *klassisch:* antik-heidnisch. – 6952 *Peneios:* Fluß in Thessalien, dem Schauplatz der klassischen Walpurgisnacht. – 6955 *Pharsalus, alt und neu:* Ort in Thessalien (östl. Mittelgriechenland). Schon Strabon erwähnt ein altes und ein neues Pharsalos. – 6956 *jene Streite:* Bei Pharsalos wurde im Jahr 48 v. Chr. Pompejus von Caesar besiegt. – 6961 *Asmodeus:* alttestamentlicher Teufel (vgl. Anm. zu Vs. 5378). – 6974 *heitern Sünden:* im Gegensatz zum christlichen Gott galten die antiken Götter als heiter (vgl. Anm. zu Vs. 277).

361 6977 *thessalischen Hexen:* Lukan beschreibt sie in *De bello civili* (6. Buch, Vs. 435–506) als Meisterinnen des Liebeszaubers. Deshalb reagiert Mephisto »lüstern«.

362 vor 7005 *Erichtho:* eine der thessalischen Hexen; sie weissagt die Niederlage des Gnaeus Magnus Pompejus gegen Caesar. Die Dichter, insbesondere Lukan, schildern sie als abscheulich, wogegen sie sich in ihren Auftrittsversen wehrt. Danach rekapituliert sie die Entscheidungsschlacht, die aus der römischen Republik ein Kaiserreich macht (»Der Freiheit ... Kranz zerreißt«, Vs. 7020).

363 7034 *Meteor:* Faust und Mephisto reisen diesmal nicht auf dem Mantel, sondern im Heißluft-Ballon.

364 7077 *Antäus:* wie Antaios bei ägyptischer, so schöpft Faust neue Kraft bei der Berührung griechischer Erde (vgl. auch Anm. zu Vs. 3278). – 7084 *Die Sphinxe schamlos, unverschämt die Greife:* Sphinxe sind ägyptische Fabelwesen mit Frauenkopf und Löwenlaib; seit der Ödipus-Sage auch in der griechischen Mythologie heimisch. Greif (griech: gryps, hebr. kerub), antikes Fabelwesen mit Adlerkopf auf Löwenleib. Schamlos ist die Antike, insofern sie die Nacktheit schätzt. Das Christentum hat mannigfach antike Figuren mit Feigenblättern »modisch überkleistert«. – 7093 *Nicht Greisen! Greifen:* Mephistos Bosheit (in der gotischen Fraktur sind die Buchstaben s und f leicht zu verwechseln!) nehmen die Greifen ernst und wehren sich gegen den Wortstamm ›greis‹, der sie in die unliebsame etymologische Verwandtschaft mit den Adjektiven in Vs. 7096 (einschließlich dem ›Grab‹) brächte. Stattdessen favorisieren sie eine gemeinsame indogermanische Wurzel von ›greif‹ und ›gryps‹, was einerseits umstritten, andererseits aber wieder plausibel ist, da ›grypos‹ im Deutschen ›gekrümmt‹ bedeutet (wie etwa die Finger zur Faust).

365 7106 *Arimaspenvolk:* Herodot schildert, wie Riesenameisen in Asien Gold zusammentragen; außerdem berichtet er von einem einäugigen Volk der Arimaspen, das den Greifen Gold raubte. Goethe verbindet die beiden Episoden. – 7118 *Briten:* spielt auf die Reiselust der Briten an, aber auch an deren Philhellenismus (Byron). – 7123 *Old Iniquity:* (engl. Sünde, Laster, Ungerechtigkeit) im englischen Moralitätenspiel (Morality Play) die Verkörperung des Lasters.

366 7131 *Charaden:* Worträtsel. – 7134–37 *Dem frommen Manne ... zu amüsieren:* die Lösung des Sphinxrätsels ist Mephisto selbst; dem Frommen ist er ein Plastron (lederner Brustpanzer), asketisch (übungshalber) mit Degenstößen zu treffen (rapieren), ihn also zu bekämpfen, dem Sünder ist er Erfüllungsgehilfe seiner Missetaten. – 7151 *Sirenen:* die griechischen Fabelwesen lockten mit ihrem Gesang die Schiffer an ihre Küste und ins Verderben. Odysseus (lat. Ulixes, Ulyß) überlebte als einziger Zuhörer ihren Gesang, weil er sich am Mast seines Schiffes festbinden ließ, während seine Gefährten Wachs in den Ohren hatten. – 7151 *präludieren:* ein Vorspiel anstimmen.

368 7181 *Chiron:* einer der Kentauren, Doppelwesen mit menschlichem Oberkörper und dem Hinterleib eines Pferdes. – 7219 f. *Alcides Pfeilen ... Stymphaliden:* Alcides ist ein Beiname des Herakles (lat. Herkules) der die Stymphaliden besiegte, welche K. Ph. Moritz (*Götterlehre*) folgendermaßen beschreibt: »Eine Art gräßlicher Vögel an dem Stymphalischen See in Arkadien. Die Einbildungskraft der Dichter malt ihr Bild auf das fürchterlichste aus; sie hatten eherne Klauen und Schnäbel, mit denen sie verwunden und töten und jede Waffenrüstung durchbohren konnten.«

369 7220 *Lernäischen Schlange:* vielköpfige Wasserschlange (deshalb der Name Hydra), der für jeden abgeschlagenen Kopf zwei neue nachwuchsen. Herakles überwand sie, indem er die Köpfe abschlug und die Stümpfe ausbrannte. – 7235 *Lamien:* blutgierige und auf Menschenfleisch bedachte Hexen, die in Gestalt junger Mädchen die Männer anlockten. – 7244 *Mond- und Sonnentage:* die Sphinxe bewachten die Pyramiden, die nach astronomischen Gesichtspunkten ausgerichtet waren. Somit ließen sich mit ihnen die Tages- und Jahreszeiten bestimmen.

372 7329 *Philyra:* Nymphe, Tochter des Okeanos. Der Sage nach näherte sich ihr der Gott Saturn in der Gestalt eines Hengstes. Deshalb hat Philyras Sohn Chiron (Cheiron) halb Menschen- und halb Pferdegestalt. – 7337 *Pädagog:* der menschenfreundliche Chiron lehrte dem Asklepios (Äskulap) die Heilkunst (vgl. Vs. 7345–47) und war Erzieher vieler berühmter Helden wie Achill, Theseus, der Dioskuren Kastor und Pollux, der Boreaden und nicht zuletzt Iason, der Anführer der Argonauten, worauf Vs. 7339 und die Passage 7365–80 anspielt. – 7342 *Pallas ... Mentor:* Beiname der Göttin Athene; in der Gestalt von Odysseus' Jugendfreund Mentor beriet sie dessen Sohn Telemach.

373 7375 *Orpheus:* Sohn der Muse Kalliope und begnadeter Sänger; nahm ebenfalls an der Argonautenfahrt nach Kolchis teil, um das Goldene Vlies zu erobern. – 7377 *Lynkeus:* Steuermann der Argo, tritt im 3. und 5. Akt als Türmer auf.

374 7383 *Phöbus:* Beiname des Gottes Apollon. – 7384 *Ares, Hermes:* Ares (röm. Mars) ist der Kriegsgott, Hermes (röm. Merkur) der Götterbote. – 7391 *Gäa:* Gaia ist in der griechischen Kosmogonie die Urmutter Erde; Chiron will sagen: einen wie Herkules sieht die Erde nicht wieder. – 7392 *Hebe:* Tochter des Zeus und der Hera wird die Frau des Herkules und erhebt ihn so in den Rang der Götter.

375 7420 *Eleusis:* Küstenstadt ca. 21 km nordwestlich von Athen; Schauplatz der eleusinischen Mysterien. – 7426 *Erst zehen Jahr:* Neuere Drucke, die auf den Handschriften und nicht auf der textkritischen Weimarer Ausgabe beruhen, bringen »sieben Jahr« (vgl. Anm. zu Vs. 8850). – 7435 *Achill auf Pherä:* Goethe wußte aus seinen mythologischen Quellen, daß die Verbindung von Achill und Helena auf der Insel Leuke nach beider Tod und Rückkehr aus dem Hades geschah. (Darauf bezieht sich die folgende Bemerkung »außer aller Zeit«.) Die Stadt Pherai gehört zur Mythe von Admet und Alkestis, ebenfalls eine Wiederauferstehungsmythe, auf deren Einbau in den Faust Goethe aber schließlich verzichtete (vgl. Paralipomena 86,17 und 91).

376 7450 *Manto:* Wahrsagerin, Tochter des Sehers Teiresias. Goethe bzw. Chiron läßt sie von Äskulap (Asklepios), dem Gott der Heilkunde, abstammen. – 7465 *Rom und Griechenland im Streite:* Bei Pydna, in der Nähe des Olymp-Massivs, besiegte 168 v. Chr. der römische Feldherr Lucius Aemilius Paullus den griechischen König Perseus von Makedonien. Den Sieg des republikanischen Rom über das monarchistische Griechenland setzt Goethe in Vs. 7467 mit den politischen Ereignissen seit der Französischen Revolution in Beziehung.

377 7490 *Persephoneien:* Persephone (lat. Proserpina), Tochter des Zeus und der Demeter, wurde vom Unterweltgott Hades entführt und zur Frau genommen. – 7493 *den Orpheus eingeschwärzt:* ihn in die Unterwelt (zur Befreiung Eurydikes) eingeschmuggelt.

378 vor 7519 *Seismos:* Personifikation des Erdbebens, oft mit dem Meeresgott Poseidon identifiziert. – 7533 *Insel Delos:* Poseidon/Seismos hob die Insel Delos aus dem Meer, um für die schwangere Latona (Leto) ein Refugium für die Geburt der Zwillinge Apoll und Artemis zu schaffen. – 7545 *Karyatide:* steinerne Figur, die das Dachgebälk trägt.

379 7561 *Pelion und Ossa:* zwei Gebirgsmassive, mit denen die Titanen Ball spielten. – 7585 *Imsen:* Ameisen.

380 7606 *Pygmäen:* mythologisches Zwergenvolk.

381 7622 *Daktyle:* Däumlinge (griech. daktylos: Finger); Erzschmiede im Dienst der Pygmäen.

382 7660 *Kraniche des Ibykus:* die Kraniche beobachteten den Mord am Dichter Ibykus und führten die Schuldigen der Bestrafung zu (vgl. Schillers gleichnamige Ballade). – 7669 *Fettbauch-Krummbein-Schelme*: meint die Pygmäen, die Feinde der Kraniche schon in der Antike. Die Kraniche klagen über die Pygmäen, die die verwandten Reiher töten, um mit deren Federn ihre Helme zu schmücken. – 7680–82 *Ilse, Heinrich, Schnarcher, Elend*: topographische Anspielung an die Umgebung des Brocken mit den Berg- und Ortsbezeichnungen Ilsenstein, Heinrichshöhe, Schnarcher(klippen) beim Dorf Elend.

383 7710 *Mannsen*: Männer (wie Weibsen).

384 7732 *Empuse*: (griech.: Einfuß) Gespenst mit einem Eselsfuß und wechselnden Gestalten, hier mit Eselskopf. – 7736 *Mühmichen*: Muhme, weibl. Verwandte.

385 7759 *Metamorphosen*: Gestaltwandlungen. – 7774 *Lazerte*: Eidechse; bei Goethe auch eine Umschreibung für Dirne. – 7777 *Thyrsusstange*: mit Weinlaub bekränzter Stab im Dionysos-Kult. – 7784 *Bovist*: Staubpilz, der bei Berührung platzt und Sporenstaub verbreitet.

386 7811 *Oreas*: Bergnymphe. – 7814 *Pindus*: griechischer Gebirgszug, der Thessalien von Epirus abgrenzt.

387 vor 7851 *Anaxagoras, Thales*: griechische Naturphilosophen; Anaxagoras (ca. 500–428 v. Chr.) versuchte, die Welt zu entmythisieren; so war die Sonne für ihn nicht mehr der Gott Apoll, sondern ein glühender Ball aus Metall. Für Thales (ca. 625–547) war das Wasser der Ursprung allen Lebens. Die beiden Philosophen führen stellvertretend den zur Goethe-Zeit tobenden Streit zwischen Vulkanisten (Entstehung der Erdoberfläche aus Vulkantätigkeit) und Neptunisten (Entstehung aus Wasser durch Ablagerung von Sedimenten).

388 7873 *Myrmidonen*: der Sage nach ein aus Ameisen entstandener Menschenstamm; Goethe faßt mit diesem Begriff die in Vs. 7875 genannten Stämme zusammen.

389 7905 *Diana, Luna, Hekate*: Die vielseitige griech. Titanen-Göttin Hekate wurde gelegentlich mit der Mondgöttin Selene (Luna) und der röm. Jagdgöttin Diana in Verbindung gebracht. Der auch als Frauengöttin verehrten Hekate wurden auch Zauberkräfte zugeschrieben (vgl. Vs. 7920 f.).

391 7959 *Dryas*: Baumnymphe. – 7967 *Phorkyaden*: Töchter des Meergreises Phorkys (vgl. Vs. 8728 f.), dargestellt als alte, häßliche Weiber mit zusammen nur einem Auge und einem Zahn. – 7972 *Alraune*: knorrige Wurzel der Mandragora-Pflanze, die oft mißgestalteten Menschen ähnlich sieht. – 7989 *Ops und Rhea*: Rhea ist Gattin des Kronos und Mutter des Zeus; Ops, ursprünglich eine altitalische Gottheit, wurde nach der Angleichung von griech. und röm. Mythologie mit Rhea gleichgesetzt.

392 7999 *Juno, Pallas, Venus*: die drei Göttinnen standen in Schönheitskonkurrenz zueinander und baten Paris um ein Urteil. Dieser entschied für Venus, die ihm Helena versprochen hatte, und löste damit Götterzwist und Troianischen Krieg aus.

393 *Nereiden und Tritonen:* den 50 Töchtern des Nereus und der Doris (daher auch Doriden genannt) sind die Söhne des Meergottes Poseidon zugesellt wie die Satyrn den Nymphen des Festlandes.

394 8071 *Samothrake:* Ägäisinsel, in hellenistischer Zeit bedeutendste Kultstätte des Kabiren-Kults. Die Kabiren (Vs. 8074), ursprünglich als orientalische (phönizische) Vegetationsgottheiten von Kleinasien in die griech. Mythologie eingedrungen, wurden als Söhne und Töchter des Hephaistos verstanden und als Seegottheiten verehrt. Sie wurden meist in Seenot angerufen.

395 8082 *Nereus:* Meergreis und Wahrsager (vgl. Vs. 8088), warnte Paris vergeblich vor den Folgen der Entführung Helenas.

396 8119 *Ilios:* Troia. – 8123 *Circe:* Kirke, Zauberin, die Odysseus ›bezirzte‹ und seine Gefährten in Schweine verwandelte. – *des Cyklopen:* der einäugige Zyklop Polyphem hielt Odysseus und seine Gefährten in einer Höhle fest. – 8145 *Galatee:* Galateia, eine der 50 Nereiden (Doriden); hat Individualität erlangt, indem sie von Polyphem geliebt wird, ihn aber nicht erhört. – 8146 *Kypris von uns abgekehrt:* Venus entstieg in Zypern dem Meer (deshalb der Beiname Kypris) und wurde zu einer olympischen Gottheit mit einer Kultstätte in Paphos auf Zypern. Damit hat sie sich von den Meeresgöttern abgewendet. Galatee übernimmt bei Goethe die Rolle der noch nicht dem Meer entstiegenen Venus.

397 8152 *Proteus:* einer der Meeresgötter mit der Fähigkeit des Gestaltwandels. – 8170 *Chelonens Riesenschilde:* Panzer einer Riesenschildkröte (griech. chelys, chelone: Schildkröte), auf dem die Kabiren herangetragen werden (Vs. 8178). Deren Anzahl war umstritten; darauf bezieht sich die folgende Passage.

399 8220 *irden-schlechte Töpfe:* die Kabiren wurden beim Handelsvolk der Phönizier auch in der Gestalt von einfachen Transportkrügen (»Töpfe«) verehrt. Die zugehörige Adjektiv-Kombination muß wohl »irden-schlichte« heißen, denn »schlecht« ist nicht durch die »Ungestalten« (Vs. 8219) zu rechtfertigen; dieser Ausdruck bezieht vielmehr sich auf das unbestimmte Wesen der Kabiren.

400 8266 *Es grunelt:* es riecht nach feucht-frischem Laub und Gras.

401 vor 8275 *Telchinen:* Dämonen der Schmiedekunst, sagenhafte Ureinwohner von Rhodos. – *Hippokampen:* Seepferdchen, Mischwesen aus Fisch und Pferd. – 8285 *Helios:* Sonne, Sonnengott. Im 6. Jh. v. Chr. geht Helios im Gott Apollon auf. – 8286 *Gebenedeiten:* Gesegneten. – 8290 *den Bruder:* die Mondgöttin Luna (Selene) war die Schwester des Helios. – 8292 *Päan:* Paian, Apollo-Hymnus.

403 8341 *Tauben:* der Symbolvogel der Venus kommt von der Venus-Kultstätte Paphos; hier auf die im Muschelwagen erscheinende Galatee bezogen. – vor 8359 *Psyllen und Marsen:* bei antiken Autoren erwähnte Völkerstämme aus Afrika bzw. aus dem Apennin. Goethe folgt hier aber Plinius, der sie als zyprische Urvölker bezeichnet.

404 8371f *Weder Adler … noch Mond:* Cypern war nacheinander von Staaten beherrscht, deren Symbole hier angegeben werden: der römische Adler, der venezianische Markus-Löwe, das Kreuz der Kreuzritter-Orden und der türkische (Halb-)Mond.

405 8436 f. *Alles ist … Wasser erhalten:* Die Apotheose der Venus-Galatee ist Goethes mythisch verschlüsseltes persönliches Bekenntnis zum Neptunismus-Vulkanismus-Streit zwischen Anaxagoras und Thales. Die Verbindung der Göttin der Liebe und des Lebens Venus mit der Meernymphe Galatee symbolisiert die Entstehung des Lebens aus dem Meer und der Auftritt der Doppelgöttin den Triumph des Neptunismus. Als Stellvertreter Neptuns fungiert im »heitern Meerfeste« (Vs. 7949) der Meergott Nereus. Im Gegensatz zu Thales ist der Vulkanist Anaxagoras von der Bildfläche verschwunden.

407 8472 *Er wird sich zerschellen:* Homunculus, der die nicht-fleischliche Liebe, den Eros, darstellt, zerschellt am Muschelthron und verbindet sein Element, das Feuer mit dem Wasser. Dies ist ein Sinnbild der ›Urzeugung‹, bei der das lebensspendende Element des Wassers mit Feuerzungen beseelt wird. – *All-Alle!:* das Ausrufezeichen, ungewöhnlich nach der Sprecherbezeichnung, bestätigt, daß es sich hier nicht um eine irrtümliche Verdoppelung handelt, sondern um die Entsprechung zum All-Einen, zu dem spinozistischen Schöpfungsprinzip von Gott in der Natur, ja von der Natur als Gott. Der Schlußchor vervollständigt die vier Elemente und feiert sie als Grundbausteine der Natur und der Schöpfung.

408 vor 8488 *Menelas:* Menelaos, der König von Sparta, ist der erste Gatte Helenas. – 8491 *vom phrygischen Blachgefield:* Phrygien bezeichnet Kleinasien, vor allem die West- und Südküste der heutigen Türkei, wo Troia liegt. ›Blachfeld‹: altes Wort für ›Ebene‹. – 8893 *Euros:* (griech.) Südostwind. – 8494 *Tyndareos:* Nach einigen antiken Quellen ist Zeus, nach anderen der frühere Spartanerkönig Tyndareos Vater der Helena. – 8495 *Pallas Hügel:* Tempelberg der Athene, also die Akropolis von Athen. – *Klytämnestren:* Klytaimestra ist Tochter des Tyndareos und Schwester der Dioskuren Castor und Pollux (Kastor und Polydeukes). – 8511 *Cytherens Tempel:* Beiname der Venus (Aphrodite) nach ihrem Heiligtum auf der Insel Kythera. Dort wurde sie vom »phrygischen Räuber« Paris entführt.

409 8538 *Eurotas:* Fluß in Lakonien, an dem Sparta liegt. – 8547 *Lakedämon:* anderer Name für Sparta.

410 8551 *Schaffnerin:* Verwalterin, Aufseherin.

412 vor 8631 *Panthalis:* von Pausanias überlieferter Name der Dienerin Helenas, fehlt noch in der *Helena*-Dichtung von 1800.

413 *die Stygischen:* die Götter der Unterwelt, genannt nach dem Hadesfluß Styx. – 8685 *Thalamos:* (griech.) Schlafgemach, eheliches Lager.

415 8735 *Graien:* anderer Name für die Phorkyaden (vgl. Vs. 7967).

416 8772 *Mänadisch wild:* rasend wie die Mänaden, die ekstatischen Begleiterinnen des Weingottes Dionysos.

417 8795 *grinse:* in älterer Nebenbedeutung: die Zähne fletschen (vgl. Vs. 664 und 1294), drohend das Gesicht verziehen. – vor 8812 *Choretiden:* Chormitglieder. – 8812 *Vater Erebus:* (griech. Erebos) personifizierte Finsternis, wie die Nacht (Nyx) dem Chaos entsprossen; daneben einer der vielen Namen der Unterwelt (Hades, Tartaros, Orkus). – 8813 *Scylla:* Skylla und Charybdis waren Meeresungeheuer, denen Odysseus knapp entkam. Phorkyas-Mephisto schimpft die Choretide also Charybdis. – 8817 *Tiresias:* dem geblendeten Teiresias verlieh Zeus als Entschädigung die Gabe der Weissagung (so bei Ödipus) und ein siebenfaches Lebensalter. Auf letzteres spielt Phorkyas an (vgl. auch Anm. zu Vs. 7450). – 8818 *Orions Amme:* Orion ist ein Jäger der griech. Mythologie; mit diesem Vergleich belegt die Choretide Phorkyas mit einem hohen ›mythologischen‹ Alter. – 8819 *Harpyen:* häßliche Mischwesen aus Mädchen- und Vogelkörpern; sie fraßen die Speise des blinden Sehers Phineus zum Teil und beschmutzten den Rest mit »Unflat«.

418 8848 *Theseus:* der athenische König Theseus entführte schon vor Paris die noch unverheiratete Helena zusammen mit dem Lapithenkönig Peirithoos. – 8850 *zehnjährig:* folgt dem Text der Weimarer Ausgabe, die Goethes Ermächtigung an Eckermann fortführt, nämlich Helenas Alter an dieser Stelle von dreizehn auf zehn Jahre zu korrigieren. – 8851 *Aphidnus Burg in Attika:* Aphidnai heißen die Bewohner Attikas. Aphidnos kann also ein Herkunftsname Theseus' sein. In der jüngeren Überlieferung wurde Aphidnos möglicherweise als Personenname verstanden und als Freund des Theseus interpretiert. Goethes Formulierung ist für beide Verständnismöglichkeiten offen.

419 8855 *Patroklus:* Freund des Achill, dessen Vater Peleus war (vgl. Anm. zu Vs. 6025 f.). – 8872 *doppelhaft Gebild:* Einer auf den Chorlyriker Stesichoros (600 v. Chr.) zurückgehenden abweichenden Fassung der Mythe zufolge wurde Helena von Hermes auf Befehl des Zeus zu König Proteus nach Ägypten gebracht und dort von Menelaos gefunden und heimgeführt, während Paris nur ein Idol (Abbild, Schattenbild) von Helena besaß. Diese Variante der doppelten Helena ist in der Literatur von der *Helena* des Euripides bis zur *Ägyptischen Helena* von Hofmannsthal und Strauss präsent geblieben. – 8879 *Ich als Idol:* Sowohl Achill als auch Helena sind Scheinbilder, da sie vorübergehend aus dem »Schattenreich« zur Erde wiedergekommen sind (vgl. Anm. zu Vs. 7435).

420 8889 f. *dreiköpfigen Hundes:* der Höllenhund Kerberos (Cerberus) bewacht den Eingang zur Unterwelt.

422 8939 *Tragaltar, dem goldgehörnten:* Symbol des kretisch-minoischen Stiers, der höchsten vorhellenistischen Gottheit. (Die Entführung der Europa durch den in einen Stier verwandelten Zeus nach Kreta ist ein Relikt der mykenisch-minoischen Kultur.)

423 8969 *Rhea:* Gattin des Saturn und Mutter des Zeus und anderer olympischer Götter. Ihr Anruf entspricht dem der Gottesmutter Maria. – 8996 *Taygetos:* Gebirgszug westlich von Sparta. – 8998 *an Rohren:* Schilfrohre.

424 8999f *kühn Geschlecht ... aus cimmerischer Nacht:* bei Homer (*Odyssee* XI,13-19) waren die Kimmerer ein am Nordende des Ozeans (Mittelmeers) angesiedeltes Volk, das in Nacht und Nebel lebte. Phorkyas-Mephisto meint die Kreuzritter, die den Mittelmeerraum unterwarfen. Zu diesem Kulturkreis gehört auch Faust. – 9004 *zwanzig Jahre sinds:* für Helena sind seit ihrer Entführung durch Paris zwanzig Jahre vergangen, die historische Zeit bis ins Mittelalter beträgt jedoch 2500 Jahre. – 9015 *menschenfresserisch:* Achill hat in der *Ilias* XXII,346 f. eine kannibalische Wut auf Hektor. – 9020 *Cyklopisch:* als Zyklopenmauer bezeichnet man eine aus großen Steinquadern und ohne Fugenmaterial errichtete Wand; die berühmtesten Beispiele dieser Bauweise sind die Burgen von Mykene und Tiryns. – 9029 *Atlane:* Vorbauten, Balkone. – 9030 *Wappen:* sie kommen erst mit dem europäischen Rittertum auf; Phorkyas muß sie also durch Schildsymbole erklären wie die des Ajax oder der »Sieben dort vor Theben« (eine Anspielung auf Euripides' Tragödie *Sieben gegen Theben*).

425 9046 *Paris duftete:* vgl. Vs. 6473 ff. – 9047 f. *Du fällst ganz aus der Rolle:* Beispiel einer dramatischen Ironie: Helena tadelt, daß eine solche Bemerkung einer Dienerin nicht zukomme. Der Leser weiß, daß Phorkyas die Begebenheit nicht gekannt haben kann; für ihn fällt Mephisto aus der Rolle. – 9049 *mit Ernst vernehmlich Ja:* noch einmal fällt Mephisto aus der Rolle: er parodiert die Worte des Priesters bei der Hochzeit. – 9057 *kebste:* zur Nebenfrau genommen; nach orientalischem Brauch geht die Ehefrau eines Verstorbenen an dessen Bruder über.

427 9117 *Hermes voran:* die Mägde befürchten, sterben zu müssen, denn sie wähnen, dem Totengeleiter Hermes in den Hades zu folgen.

428 9135 *Pythonissa:* (frz. pythonisse: Wahrsagerin) meint Phorkyas, die sich offenbar entfernt hat; ebenso das »leidige Bild« der Chorführerin (Vs. 9142), denn die Frauen wissen ihren Namen nicht.

429 9165 *Aber die schönsten:* angesichts der blonden Jünglinge schwenkt der Chor in den Adonis-Vers (Adoneus) ein.

431 vor 9218 *Lynkeus:* (griech. lynx: Luchs) der Luchsäugige; darauf spielt Vs. 9231 an.

433 9310 *Tropfenei:* Perle.

435 9372 *Sprechart unsrer Völker:* Zunächst spricht Faust als Gelehrter mit Helena griechisch. Dies wird symbolisch durch den klassischen Blankvers dargestellt, da der Reim in der Antike unbekannt war. Im folgenden lernt Helena mit dem erst in der mittelalterlichen Literatur auftauchenden Reim sehr schnell die Sprache(n) des Nordens. Der Chor und Phorkyas sprechen bis zur Geburt Euphorions weiterhin ›griechisch‹.

437 9430 *Deiphobus:* vgl. Vs. 9054–58.

438 9454 *Pylos:* Hafenstadt auf der westl. Peloponnes. – 9455 *der alte Nestor:* Nestor, König von Pylos, war der älteste Teilnehmer am Kampf um Troia. – 9466 *Germane du:* in Erwartung des Sieges über Menelaos werden peloponnesische Fürstentümer an die germanischen Heerführer verteilt. Faust behält sich für Helena das Machtzentrum Sparta vor.

440 9512 *Nichtinsel:* Die Peloponnesos (wörtlich: Insel des Pelops) ist durch eine schmale Landenge bei Korinth (Isthmos) mit dem Festland verbunden, also keine echte Insel. Gleichzeitig ist sie der letzte Ausläufer des Balkan-Gebirgszuges, worauf »Europens letztem Bergast« anspielt.

441 9569 *Arkadien:* Die Landschaft um Sparta war in der antiken Dichtung der Ort glücklichen Lebens und paradiesischer Zustände, des »Goldenen Zeitalters«.

442 9578 *Ihr Bärtigen:* Phorkyas spricht das Theaterpublikum an, fällt also erneut aus der Rolle.

443 9604 *gegenwirkend:* spielt auf das physikalische Prinzip »actio = reactio« an. – 9611 *Antäus:* vgl. Anm. zu Vs. 7077.

444 9630 *Kretas Erzeugte:* Phorkyas hatte sich in Vs. 8864 als »freigeborne Kreterin« bezeichnet. Dies verbindet der Chor wohl mit der sprichwörtlichen Lügenhaftigkeit der Kreter. Phorkyas' Schilderung der Geburt Euphorions (eu-phoros: leicht, beschwingt) ist für den Chor kein »Wunder«, denn er denkt sofort an die Mythe (vgl. »liebliche Lüge«, Vs. 9642) von der Geburt des ebenso leichtfüßigen Hermes. Dieser kam als Sohn des Zeus und der Nymphe Maia in einer Grotte des arkadischen Bergs Kyllene zur Welt (Vs. 9644).

445 9669 *Trident:* Hermes stiehlt in seiner Eigenschaft als Gott der Diebe u.a. Poseidon den Dreizack (Trident), dem Kriegsgott Ares die Waffe, dem göttlichen Schmied Hephaistos das Werkzeug und Aphrodite/Venus (Cypria) den Gürtel.

446 9695 *Euphorion:* Von Goethe als Sinnbild der modernen (sentimentalischen bzw. romantischen) Poesie gedacht (vgl. Vs. 9863). In diesem Sinne spricht Phorkyas von einer Wirkung »auf Herzen« (Vs. 9685 f.) und der Chor fühlt sich zu »Tränenlust erweicht« (Vs. 9690). Als Repräsentanten der modernen Dichtung sah Goethe Lord Byron, der Griechenland in Gedichten verherrlichte und der schließlich im Umkreis des griechischen Freiheitskampfs zu Tode kam (vor diesem Hintergrund sind die Verse 9895 f. zu verstehen). Daher kommen die kriegerischen Töne im Gesang Euphorions.

448 9751 *Künstlichem Reihn:* kunstvollem Tanz.

452 9897 *ein Flügelpaar:* in der griechischen Sage hat Euphorion, das Kind des Achilleus und der Helena, Flügel und übernatürliche Kräfte. Weil seine Liebe zum Jüngling abgewiesen worden war, tötete Zeus Euphorion. Goethes Euphorion hat hingegen keine Flügel, er ist ein unvollkommener Genius (vgl. Vs. 9929 f.). – 9901 *Ikarus:* Für die Flucht aus dem Labyrinth des kretischen Königs Minos baute Daidalos für sich und seinen Sohn Ikaros künstliche Flügel. Trotz Warnung flog der übermütige Ikaros zu nahe an die Sonne heran, so daß das Wachs, welches die Federn zusammenhielt, schmolz und der Jüngling ins Meer stürzte.

454 9944 *Persephoneia:* (lat. Proserpina) Totengöttin, Gemahlin des Hades. – vor 9955 *Exuvien:* das Abgelegte; verweist auf den Wandlungsprozeß der Metamorphose, insofern eine neue Gestalt aus einer alten hervorwächst wie der Vogel aus dem Ei (ex ovo).

455 9963 *altthessalischen Vettel:* (lat. vetula) altes Weib; Panthalis spielt auf die thessalischen Hexen an (vgl. Vs. 6977) – 9975 *Asphodeloswiesen:* mit Liliengewächsen bepflanzte Wiesen der Unterwelt, wo sich die Seelen der Verstorbenen aufhalten.

456 9992 ff. *Ein Teil des Chores:* die einzelnen Chorteile verwandeln sich in Baumnymphen (Dryaden), in Bergnymphen (Oreaden), in Quell- und Flußnymphen (Najaden) und in das Gefolge des Weingottes Dionysos (Bakchantinnen), dem die Nymphen zusammen mit dem Satyrn oder Silenen (Vs. 10033) zugeordnet sind. – 10004 *In erschütterndem Verdoppeln:* Anspielung auf die Bergnymphe Echo. – 10007 *mäandrisch wallend:* der Fluß Maiandros in Kleinasien (türk. Menderes) weist viele Windungen auf; nach diesem Fluß ist das Mäander-Muster, ein beliebtes Motiv der griechischen Kunst, benannt.

457 10017 *Bacchus:* römischer Name des Dionysos. – 10022 *Helios:* der griechische Sonnengott. – 10030 Zimbeln: (griech. kymbalon) kleine Metallbecken; mit anderem Schlagwerk gehören sie zum Instrumentarium des Dionysos-Schwarms. – 10031 *Dionysos aus Mysterien:* Das anhebende Dionysos-Mysterium ist zugleich das auf die Helena-Tragödie folgende Satyrspiel. – 10033 *Silenus öhrig Tier:* der Esel.

458 nach 10038 *Kothurnen:* der Kothurn ist der stelzenhafte Schauspielerschuh der griechischen Tragödie.

459 10041 *meiner Wolke Tragwerk:* es handelt sich um die aus der Kleidung Helenas entstandene Wolke, die Faust am Ende des 3. Akts (nach Vs. 9954) aufnimmt. Deshalb assoziiert er im folgenden die Wolke mit den mythischen Frauengestalten Juno (Hera), Leda und vor allem Helena. Im folgenden Nebelstreif (Vs. 10055) glaubt er »Als jugenderstes, längstentbehrtes höchstes Gut« Gretchen zu erkennen. Dies läßt sich anhand des Paralipomenons Nr. 106 erschließen. – 10061 *Aurorens Liebe:* evoziert die von Goethe oft verarbeitete Mythe des Jünglings Ganymed, der von der Göttin der Morgenröte Eos (Aurora) geliebt und von Zeus in den Himmel entrückt wird.

460 10090 *Das Unterste ins Oberste zu kehren:* Mephisto präsentiert sich als Augenzeuge und Gewährsmann der Theorie der vulkanistischen Erdentstehung, die ihm als Geist des Widerspruchs und des Aufruhrs besonders nahe steht, und in der Tat spielt Mephisto auf die Französische Revolution an, wo nach dem Umsturz die Teufel »der Herrschaft freier Luft« genossen. Dieser Vorgriff auf die Revolte des Gegenkaisers wird durch das Bibelzitat Epheser 6,12 untermauert.

461 10109 *Molochs Hammer:* der alttestamentarische Götze türmt in Klopstocks *Messias* als »kriegrischer Geist« Berge aufeinander, um die »Gefilde der Hölle« gegen Jehova zu verteidigen (II. Gesang, Vs. 365 ff.). – 10121 *Teufelsstein, zur Teufelsbrücke:* Zur Bekräftigung der Vulkanismus-These führt Mephisto reale Ortsnamen ins Feld, denen Goethe auf seinen Schweizer Reisen begegnete und die er im 18. Buch von *Dichtung und Wahrheit* beschreibt.

462 10137 *Im Kerne Bürgernahrungsgraus:* diese etwas despektierliche Wortschöpfung meint die Marktbuden im Stadtzentrum. – 10140 *Schmeißen:* Schmeiß-, Fleischfliegen. – 10166 *Kaskadensturz:* mehrstufiger Wasserfall.

463 10176 *Sardanapal:* assyrischer König, dem die antike Legende eine ausschweifende Lebensweise andichtete. Goethe mag hier an das ihm gewidmete Stück *Sardanapalus* (1821) von Byron gedacht haben. – 10180 *Sucht:* die ›Mondsucht‹ als Krankheit des Schlafwandlers ist Umkreis des Faustschen Melancholie-Syndroms angesiedelt. Das von Faust immer wieder betonte Prinzip der Tätigkeit (z. B. »Die Tat ist alles«, Vs. 10188) ist der Versuch der Selbstheilung. – 10186 *Heroinen:* weibl. Mythen-Figuren göttlicher Herkunft wie Helena.

465 10266 *Kapitel:* hier: die versammelte Geistlichkeit eines Bistums.

467 10315 f. *Kriegsunrat ... Kriegsrat:* hier in der älteren Nebenbedeutung ›Unrat‹: Hilflosigkeit; ›Rat‹: Hilfe, Unterstützung. Mephisto hat schon die Kriegsmacht der Drei Gewaltigen organisiert. – 10321 *Herrn Peter Squenz:* Schulmeister und dilettierender Schauspieler aus dem gleichnamigen »Schimpfspiel« von Gryphius. – 10322 *Vom ganzen Praß die*

DER TRAGÖDIE ZWEITER TEIL 739

Quintessenz: so wie Peter Squenz für das bürgerliche Dilettantentheater nur den ungebildeten Pöbel rekrutiert, so stellt Mephisto mit den Drei Gewaltigen die Quintessenz, »Allegorien« (Vs. 10329) der Gewalt, des Raubes und der Macht.

468 vor 10345 *Trabanten:* (tschech. drabant) Leibwächter eines Fürsten (vgl. Vs. 10853). – 10360 *Phalanx:* (bei Goethe maskulin) Schlachtordnung des Heeres in rechteckiger Aufstellungsform (vgl. »das mächtige Quadrat«, Vs. 10363).

469 10361 *Pike:* langer Stoßspeer. – 10372 *Klause:* Engpaß, Felsenkluft, Felsweg (vgl. Vs. 10540).

470 10425 *simuliert:* hier: sinnt, grübelt. – 10426 *Natur- und Felsenschrift:* das (mit magischen Kräften ausgestattete) Bergvolk weiß die Zeichen der Natur und der Steine zu deuten.

471 10439 *Nekromant von Norcia:* Goethe fand in dem von ihm übersetzten *Leben des Benvenuto Cellini* eine Bemerkung über den »Meister Cecco von Ascoli, der wegen nekromantischer Schriften im Jahre 1327 zu Florenz verbrannt worden« sei. Dieser lebte in den »Berge[n] von Norcia, zwischen dem Sabinerlande und dem Herzogtum Spoleto« (Gedenkausgabe Bd. 15, S. 901 f.). Cecco (1269–1327) war Arzt und Astronom/Astrolog und wurde von der Kirche der schwarzen Magie angeklagt. Goethes Wort Negromant (Schwarzmagier) wurde von Eckermann in Nekromant (Totenbeschwörer) geändert. Die Weimarer Ausgabe hat, gestützt auf Goethes generelle Autorisierung Eckermanns, Korrekturen vorzunehmen, diesen Eingriff belassen. Neuere Ausgaben restituieren, auch im *Cellini*-Text, Negromant.

472 10488 *Schemeltritt:* der wie ein Schemel zu Füßen liegende Feind ist ein häufiges Bibelmotiv, z.B. Psalm 110,1; Markus 12,36.

473 10514 *graß:* grauenerregend (vgl. gräßlich).

475 10589 *seltsames Gesicht:* beschrieben wird eine Fata Morgana.

476 10596 *behende Flämmchen:* Mephisto erklärt die magischen Leuchterscheinungen als »Elmsfeuer«, das sind kleinere elektromagnetische Entladungen (Miniblitze), die schon von Schiffern der Antike beobachtet und als günstige Zeichen gedeutet worden waren (deshalb »Widerschein der Dioskuren«). – 10606 *dem Meister:* Mephisto meint den Negromanten, auf den sich auch das Kaiserwort von »Dem weißen Barte« (Vs. 10615) bezieht. – 10622 *ein Zeichen:* es folgt eine Nachbildung des römischen Auspiziums, der Deutung der Zukunft aus dem Vogelflug. Der Adler als Wappentier des Kaisers besiegt den Greif, den geflügelten Wappenlöwen des Gegenkaisers. Es ist angeregt worden, den Adler als Symbol des Heiligen Römischen Reiches und den Löwen als Wappentier des Gegenkönigs Günther von Schwarzburg (1349) zu verstehen.

478 10664 *meine beiden Raben:* Goethe verleiht Mephisto Züge Wotans, des obersten Schlachtenlenkers. Dessen Raben Huginn (Gedanke) und Muninn (Gedächtnis) sitzen auf seinen Schultern und raunen ihm die Weltbegebenheiten ins Ohr (vgl. Anm. zu Vs. 2491).

479 10712 *Undinen:* Wassernixen.

481 10772 *Guelfen und Ghibellinen:* vgl. Anm. zu Vs. 4845. – 10791 *Morgenstern:* schwere Stachelkugel an Eisenkette, mit der auch Rüstungen durchschlagen werden konnten.

483 10828 *Kontribution:* Abgaben, die von Bewohnern des unterlegenen Landes gezahlt wurden, um nicht der Plünderung anheimzufallen.

485 10900 *Vorwerk:* Nebenhof eines großen Gutes. – 10921 *venedisch Glas:* das Glas aus Murano bei Venedig war infolge der Einführung neuer Fabrikationstechniken das geschätzteste in ganz Europa.

486 10927 *Gift:* Gabe, Geschenk. – 10931 *Schlußstein:* Bildet den Abschluß einer Gewölbevierung und verhindert deren Einsturz; meist als Zierstein ausgeführt. Die architektonischen Begriffe werden hier auf die Fürsten als die ›Stützen des Reichs‹ angewandt. – 10942 *Anfall:* Zufall durch Erbschaft u. ä. – 10944 *Gerechtsamen:* (Vor-)Rechte. – 10947 *Beth:* (Bethe, Bede, Bete) Erbetene Abgabe aufgrund eines unverlangt durchgeführten Dienstes (z. B. Schutzgeld für das Geleiten von Reisenden durch das Lehensgebiet). – 10948 *Berg-, Salz- und Münzregal:* Hoheitsrechte auf die betreffenden Güter, z.B. das Recht auf Ausbeutung der Bodenschätze und Münzprägung.

487 10988 *den Zauberer befreit:* offenbar hatte der Kaiser an seinem Krönungstag in Rom eine Amnestie erlassen, von welcher auch der Negromant von Norcia profitierte. Deshalb ist er ihm immer noch dankbar (vgl. Vs. 10441–48). Andererseits dürfte dies der Grund gewesen sein, warum die Geistlichkeit vom Kaiser abfiel (vgl. Vs. 10285 ff.).

488 10989 *Diadem:* die Königskrone. – 10995 *Lügenfürsten:* gemeint ist Mephisto. – 11020 *Schluß und Formalität:* Beschluß und schriftlicher Befehl.

489 11024 *Landsgefälle:* alle Erträge, die das Land abwirft.

490 vor 11059 *Baucis:* Goethe kannte die auf Ovid (*Metamorphosen* VIII, 626 ff) zurückgehende Sage vom alten Ehepaar Philemon und Baukis bestens. Sie bewirteten die unerkannt auf Erden wandelnden Götter Jupiter und Merkur und blieben dafür von einer Überschwemmung verschont, die das Land heimsuchte. Ihre Hütte verwandelte sich in einen prächtigen Tempel auf einer Anhöhe, und den Wunsch des Paares, nicht des anderen Tod erleben zu müssen, erfüllte Jupiter, indem er Philemon in eine Eiche, Baucis in eine Linde (vgl. Vs. 11157) verwandelte, die vor dem Tempel stehend lange Zeit kultische Verehrung genossen. Goethe hat die Überlieferung mit Bedacht variiert: das Paar überblickt von seiner Anhöhe einst das offene Meer, bevor dieses von Faust mit Dämmen zurückgedrängt wurde. Ein Hain und eine Kapelle erinnern an ihre mythische Vergangenheit, doch statt eines Gottes beherbergen sie nun einen Sterblichen, der mit dem Paar einen gewaltsamen Tod findet.

492 11126 *Stand ein Damm:* die Landgewinnungsprojekte an der Nordsee galten für Goethe als ein Kampf des Menschen und seiner Technik gegen die feindlichen Elemente der Natur. Die verheerenden Überschwemmungen an der Nordseeküste im Februar 1825 mit zahlreichen Deichbrüchen ließ es für ihn durchaus fraglich erscheinen, ob der Mensch im Wettlauf mit der Natur dauerhaft würde obsiegen können. Die landschaftlichen Großprojekte waren ein brisantes Zeitthema, und so wird verständlich, warum die letzte Aktivität des alten Faust eben dem Deichbau gilt. – 11130 *Kanal:* Goethe hat die Großprojekte des Kanalbaus mit Interesse verfolgt. Gegenüber Eckermann bemerkte er über Suez-, Panama- und Rhein-Main-Donau-Kanal: »Diese drei großen Dinge möchte ich erleben, und es wäre wohl der Mühe wert, ihnen zu Liebe es noch einige funfzig Jahre auszuhalten.« (Mit Eckermann, 21. 2. 1827)

493 vor 11143 *Lynkeus:* nicht notwendigerweise identisch mit dem Türmer des 3. Aktes. Goethe bezeichnete mit diesem Namen eher die Funktion des Spähers.

494 11170 *Patron:* Faust als Schiffseigner. – 11188 *Dreieinig:* parodiert die christl. Trinität durch »Krieg, Handel und Piraterie«.

495 11217 *die bunten Vögel:* mehrdeutig; gemeint sind zunächst die erbeuteten Schiffe (vgl. Vs. 1101 f., 11163), dann auch die Matrosen; vielleicht denkt Mephisto aber auch an Huren, die er für das Fest besorgen will.

497 11266 *Vom ersten Bad:* die Taufe. – 11273 *genieren:* sich stören (an). – 11274 *kolonisieren:* im Hinblick auf Philemon und Baucis: umsiedeln; nebenbei ein Dauerthema in der Epoche der Auswanderungen und des Kolonialismus. – vor 11286 *ad spectatores:* an die Zuschauer. – 11287 *Naboths Weinberg:* setzt die gewaltsame Umsiedlung von Philemon und Baucis in Beziehung zu Naboth (1. Könige 21), dessen Weinberg König Ahab als Kräutergarten für sein benachbartes Schloß haben wollte. Als Naboth den Tausch gegen einen größeren Weinberg ablehnte, wurde er von Ahabs Frau der Gotteslästerung bezichtigt und vom Volk gesteinigt.

499 11339 *das Wort ist hier, der Ton zu spat:* sowohl Wort als auch Ton sind hier zu spät.

502 11417 *eignet:* ursprüngl: ›äugnet‹, zeigt sich dem Auge.

505 11512 *Lemuren:* in der röm. Mythologie die bösen Geister der Verstorbenen. Die im Mai gefeierten Lemuria sollte sie beschwichtigen und aus dem Haus verbannen. – 11513 *Aus Bändern, Sehnen und Gebein:* manche neueren Ausgaben bringen nach einer älteren Korrekturstufe »Aus Ligamenten und Gebein«.

506 11545 *Buhnen:* senkrecht zum Damm ins Meer hineinragende Deichschutz-Vorbauten. – 11561 *Pfuhl:* (vgl. engl. ›pool‹) tiefere Pfütze. Bei großflächigen Entwässerungen kann es dort zu Sumpfbildung kommen, wo die Senkung des Wasserspiegels nur etwa bis zum Grundniveau reicht und als erhöhtes »Grundwasser« in Erscheinung tritt.

507 11584 *Äonen:* Weltalter, Ewigkeiten. – 11594 *es ist vollbracht:* parodiert die letzten Worte Jesu (Johannes 19,30). – 11595 f. *Es ist vorbei … Warum vorbei:* Die Gedenkausgabe weicht hier in der Versaufteilung von der Weimarer Ausgabe ab, die wie folgt verfährt: »Es ist vorbei. Vorbei! Ein dummes Wort./ Warum vorbei?« Grund dieser Maßnahme war offenbar, die Waise (reimloser Vers) zu vermeiden, der sonst bei »Wort« entstehen würde.

508 11613 *Titel:* Rechtstitel, Urkunde. – 11616 f. *Auf altem Wege … Auf neuem:* im mittelalterlichen Glauben (alter Weg) konnte man dem Teufel die Seelen durch (nunmehr anstößigen) Exorzismus entziehen, auf dem neuen Weg des aufgeklärten Glaubens wird der Teufel oder mindestens die Teufelsbesessenheit geleugnet. – 11623–35 *Sonst mit dem letzten Atem … regte sich wieder:* hat die neuesten, etwa von Chr. W. Hufeland und G. H. von Schubert vertretenen medizinischen Erkenntnisse zum Hintergrund, wonach der Körper nicht mit Gewißheit als tot anzusehen sei, bevor nicht die Verwesung eingetreten ist. Um einen Scheintod auszuschließen, wurden in jener Zeit – auch in Weimar – Leichenschauhäuser eingerichtet. Mephisto muß auf Faustens Seele also noch bis zu vier Tagen warten.

509 vor 11636 *flügelmännische:* obwohl auch die Vorstellung vom Teufel als ›Mann mit Flügel‹ mitschwingt, ist hier gemeint: ›übertreibend‹. Dies leitet sich aus der Militärsprache her, wo die größten Soldaten an den Flügeln postiert wurden (vgl. Vs. 11670), damit die Übungen für alle sichtbar waren und synchron ausgeführt werden konnten. Das Vorexerzieren erforderte natürlich ein gewisses Maß an Übertreibung. – 11639 *Höllenrachen:* Requisit mittelalterlicher Passionsspiele und barocker Dramen basierend auf Jesaia 5,14. – 11660 *Psyche:* Mädchen mit Flügeln als Allegorie der menschlichen Seele in der griech. Mythologie; oft auch als Schmetterling dargestellt (hierauf bezieht sich der »garstige Wurm«). – *niedern Regionen:* in der Antike galt die Leber als Sitz der Psyche.

510 11668 *Nabel:* vgl. G. H. von Schuberts *Ahndungen einer allgemeinen Geschichte des Lebens,* Leipzig 1806–1821, Bd. 2, S. 65: »Die heftigste Fäulnis ergreift zuerst die Nabelgegend und die Geschlechtsteile, welche sich hierbei eines ungeheuren Aufschwellens fähig zeigen […] endlich zerspringt die Haut.« – 11676 *Gesandte:* Engel; wörtl. Übersetzung des griech. ›angeloi‹: Boten. – 11693 *gleisnerisch:* heuchlerisch.

513 11767 *Wetterbuben:* etwa: (Blitz- und)Donnerwetter-Buben (vgl.

Vs. 11861). – 11775 *begierlich:* die christliche (Engels-)Liebe wandelt sich bei Mephisto zur Wollust.

514 11809 *Hiobsartig:* In Hiob 2,7 ist es Satan, der Hiob mit Geschwüren schlägt. – 11813 *Gerettet sind die edlen Teufelsteile:* mit letzter Kraft rettet sich Mephisto vor der ›Versuchung‹ und der Erlösung durch Liebe (vgl. die Analogie zu Vs. 11934). – 11826 *Unmündiges Volk:* im Gegensatz zu Mephisto vertreten die Engel keine von Gott abweichende, eigenständige Meinung.

515 11831 *weggepascht:* paschen (Gaunersprache): schmuggeln (wahrscheinlich eine Verbalhornung von: die Grenze ›passieren‹). Im Anschluß an diesen Vers bringen einige Ausgaben ungerechtfertigterweise das Paralipomenon Nr. 239 (»Liebe, die gnädige«). – 11832 *Bei wem soll ich mich nun beklagen:* Die Notiz in Paralipomenon Nr. 112 (»Meph. ab zur Appellation«) läßt vermuten, daß ein Nachspiel im Himmel geplant gewesen sein könnte, wo Mephisto wegen Fausts Seele ›in Berufung‹ geht. – vor 11844 *Anachoreten:* (griech.: die Zurückgezogenen) Einsiedler, namentlich die frühchristlichen Eremiten in der Thebaischen Wüste in Ägypten. Bildliche Vorstellungen der Bergschluchten-Szene empfing Goethe nach einer Reproduktion des Freskos *Die Eremiten in der Thebais* im Camposanto von Pisa. Ebenfalls von Einfluß ist Wilhelm von Humboldts Beschreibung des Montserrat bei Barcelona, in dessen Höhlen ebenfalls Einsiedler wohnten.

516 vor 11854 *Pater Ecstaticus:* Verzückung, Ekstase sind besonders im Orient gebräuchliche Formen der Gottesverehrung. Die Regieanweisung »auf- und abschweifend« versinnbildlicht die in vielen Heiligenlegenden berichtete ›Levitation‹, das Schweben über dem Boden. In seinem Bericht über den Heiligen Philipp Neri schreibt Goethe in der *Italienischen Reise:* »sein brünstiges ekstatisches Gebet setzte seine Umgebungen als übernatürlich in Erstaunen [...] Hierher gehört, daß man ihn nicht allein verschiedentlich während des Meßopfers vor dem Altare wollte emporgehoben gesehen haben, sondern daß sich auch Zeugnisse fanden, man habe ihn [...] dergestalt von der Erde emporgehoben erblickt, daß er mit dem Haupte beinahe die Decke des Zimmers berührt.« (Gedenkausgabe Bd. 11, S. 518) – vor 11866 *Pater Profundus:* spielt auf die Versenkung im Gebet an und auf Psalm 130 (»De profundis«).

517 vor 11890 *Pater Seraphicus:* hat seinen Namen nach den Seraphim, der höchsten Gruppe der Engel. Mit diesem Beinamen wurde auch der Heilige Franziskus von Assisi bedacht, neben Filippo Neri ein weiterer ›fröhlicher‹ Heiliger. – 11898 *Mitternachtsgeborne:* hier symbolisch für Kinder, die vor der Taufe starben; darauf beziehen sich die folgenden drei Verse. – 11911 *abestürzt:* hinabstürzt.

518 11927 *Ringverein:* Reigen.

519 11955 *peinlich:* schmerzlich, qualvoll. – 11956 *Asbest:* (griech. asbestos: unauslöschlich, unvergänglich) an die ursprüngliche Wortbedeutung anknüpfend würde selbst die (unvergängliche) Seele einen Erdenrest aufweisen; bezieht man sich auf die Asbest-Eigenschaft der Unbrennbarkeit, so würde kein Flammen-Purgatorium den Erdenrest vernichten. Beide Lesarten weisen also in die gleiche Richtung.

520 11978 *Sei er:* gemeint ist Faust. – 11982 *Puppenstand:* im Zustand einer Schmetterlingspuppe. Wenn die »Flocken« (die Seidenfäden) gelöst sind, kommt der Schmetterling (Engel) zum Vorschein. – vor 11989 *Doctor Marianus:* als »Pater Marianus« konzipiert könnte man etwa den Heiligen Bernhard von Clairvaux darin erkennen; Goethe schwebte jedenfalls ein marienverehrender mittelalterlicher Gottesgelehrter vor.

521 nach 12031 *Mater gloriosa:* die verklärte Maria im Gegensatz zur leidenden Mater dolorosa der Zwinger-Szene von *Faust I.* – vor 12037 *Magna Peccatrix:* Die folgenden Verse setzen die Kenntnis von der Begebenheit mit der Sünderin (Lukas 7,36 ff.) voraus, der die Sünden vergeben wurden, weil sie »viel geliebt« hat.

522 vor 12045 *Mulier Samaritana:* nach Johannes 4,5–42 bat Jesus eine samaritische Frau um Wasser; dafür spendete er ihr Wasser, das »ins ewige Leben quillt«. – vor 12053 *Maria Aegyptica (Acta Sanctorum):* die *Acta Sanctorum* sind eine Sammlung von Heiligenlegenden begonnen von J. Bollandus (1596–1665). Darin findet sich unter dem Datum des 2. April die Legende einer Dirne aus Ägypten mit dem Namen Maria, die einst die Grabeskirche in Jerusalem betreten wollte aber von einer unsichtbaren Hand zurückgehalten worden war. Sie bereute daraufhin ihre Vergangenheit und lebte über 40 Jahre in der Wüste als Büßerin. Bei ihrem Tode schrieb sie ihren Wunsch nach einem christlichen Begräbnis in den Sand. – vor 12069 *Una Poenitentium:* wörtlich: eine der Büßenden.

523 12076 *Er überwächst uns schon:* die Rede ist von Faust.

524 vor 12204 *Chorus mysticus:* ursprünglich als »Chorus in Excelsis«, also als Engelschor, konzipiert. Da gäben freilich die prägnanten Schlußverse »Das Ewigweibliche / Zieht uns hinan« wenig Sinn. So ist im Rahmen des Stücks eher an die Anachoreten (und darüber hinaus an alle, die sich diesem mystischen Chor verbunden fühlen) zu denken, deren Heilsweg in einer mystischen Vereinigung (unio mystica) mit Gott besteht.

Paralipomena

Nr. 1 wohl eher eine Improvisation Goethes über den unvollendeten *Faust* als zum Stück selbst gehörig.

Nr. 2 als Pendant zum *Vorspiel auf dem Theater* entworfen.

Nr. 3 gedacht als Gegenstück zur *Zueignung*. In der Arbeitsphase um 1798 dachte Goethe noch daran, die Rahmenkonstruktion der Tragödie formal zu schließen. Mit der Ausarbeitung des *Faust II* wurde dieser Plan verworfen und die Paralipomena Nr. 2 und 3 funktionslos.

Nr. 4 Die im Jahr 1800 entworfene Helena-Dichtung sollte wohl ursprünglich als Nachspiel (»Satyr-Drama«) zum *Faust* dienen. Aus ihr wurde die Keimzelle des zweiten Teils. 1825/26 überarbeitete und vollendete Goethe die Szene und ließ sie in Band 4 der Ausgabe letzter Hand (1827) – als noch kein Abschluß des zweiten Teils abzusehen war – unter dem Titel *Helena. Klassisch-romantische Phantasmagorie. Zwischenspiel zu Faust* veröffentlichen. Der Text wird nach der Frühfassung von 1800 wiedergegeben. (Vgl. auch den Stellenkommentar zum 3. Akt des zweiten Teils.)

Nr. 5 Das schwer datierbare Schema mit Ansätzen einer Selbstdeutung des Dramas gehört wahrscheinlich der Arbeitsphase um 1800 zu. Der Erdgeist wird hier als »Welt- und Taten-Genius« bezeichnet.

Nr. 6 Max Morris hat dieses Bruchstück der Lustigen Person des Vorspiels zugewiesen. Hecker hat diese Zuordnung übernommen. Andere Möglichkeiten, etwa die Einbindung in die Hof-Szene vor der Helena-Beschwörung, sind denkbar.

Nr. 8 Als Sprecher dieser Verse ist auch der Theaterdirektor denkbar.

Nr. 14 Das Schema und die folgenden szenischen Bruchstücke sind Bestandteil eines geplanten akademischen »Disputationsactus«, den Goethe dann in der Ausführung verwarf. – γνοι σεαυτον: »Erkenne dich selbst«; Inschrift am Apollo-Tempel in Delphi (Goethe schreibt »gnothi« mit Omikron statt mit Omega). – *Bolognesisches Feuer:* Leuchtfarbe des Bologneser Spats, einer Verbindung, die durch Erhitzen von Schwerspat und Kohle entsteht. – *Charibdis:* Skylla und Charybdis sind bei Homer Ungeheuer, die eine Meerenge bewachen. Odysseus verliert bei der Durchfahrt sechs Gefährten.

Nr. 20 wurde auch als Teil der Kaiserhof-Szene vorgeschlagen.

Nr. 36 Zuordnung umstritten; Hecker deutet die Verse im Umkreis des Hexeneinmaleins. Vorgeschlagen wurden auch die Umgebungen der Disputations- sowie der Studierzimmerszene.

Nr. 37 Diese nächtliche Doppelszene liegt kurz vor oder kurz nach der ersten Begegnung von Faust und Margarete, denn in der Andreas-Nacht konnte man der Sage nach den künftigen Geliebten erblicken. Goethe hat dieses Motiv in der Szene *Vor dem Tor* in anderem Zusammenhang ausgeführt (vgl. Vs. 878f und Anm.).

Nr. 39 *Gouverneur:* Erzieher als Gegenstück zu ›Gouvernante‹. Die Charakterisierungen »junger Herr« und »Wildfang« für Faust sind in jedem Fall nach der Verjüngung in der Hexenküche anzusiedeln.

Nr. 42 verweist auf die ›nordische‹ Walpurgisnacht im Gegensatz zur ›klassischen‹; vgl. auch Nr. 67.

Nr. 47 *Stilling:* Goethes Jugendfreund Johann Heinrich Jung-Stilling brachte 1808 eine *Theorie der Geister-Kunde* heraus, worin auch ein Kupfer der »weisen Frau« Gräfin von Orlamünde enthalten ist. Das Werk beschreibt in § 24 die Ablösung des Ptolemäischen Weltbildes durch Kopernikus. Beim »Eutiner« handelt es sich um den damaligen Eutiner Rektor Johann Heinrich Voß. Der Dichter und Homer-Übersetzer war ein entschiedener Gegner der Romantiker und kritisierte die von Goethe geschätzte Liedersammlung *Des Knaben Wunderhorn*. Deshalb wollte Goethe ihn »auch noch einst auf den Blocksberg zitieren« (Goethe an Kanzler v. Müller, 14.12.1808).

Nr. 49 Auf einem Kupferstich von Michael Herr mit dem Titel *Eigentlicher Entwurf und Abbildung des Gottlosen und verfluchten Zauber Festes* (Mitte 17. Jh.) ist auf dem Blocksberg ein Teufel mit leuchtenden Fingern abgebildet.

Nr. 50 Die Rede ist von Satan, der in der Pose des Erlösers auftreten sollte. Die Satan-Szenen (vgl. auch Nr. 52) wurden von Goethe letztlich aus dem *Faust* verbannt.

Nr. 52 Der Wegfall dieser gewichtigen Szene hat zu allerlei Erklärungsversuchen Anlaß gegeben: Selbstzensur, Terminschwierigkeiten, ästhetische oder kompositorische Rücksichten sind einige der angeführten Gründe. Ein weiterer Gesichtspunkt ist bislang noch nicht erwähnt worden: Wenn Faust Mephisto tatsächlich für einen – wenn auch zynisch-destruktiven – Abgesandten des Erdgeistes hält oder halten soll (vgl. *Urfaust*, S. 59, Zeilen 19–22 und *Faust*, Vs. 3243 f. und Anmerkungen), darf Mephisto nicht für Faust sichtbar mit Satan in Verbindung gebracht werden. Wo dies geschieht, etwa in Vs. 2504 f., dementiert Mephisto entschieden.

Nr. 53 Das Bruchstück bringt ein obligatorisches Ritual einer Satansmesse; gleichzeitig läßt sich diese ›Arschkriecherei‹ politisch als Hofkritik deuten.

Nr. 54 Wahrscheinlich Bruchstück einer Literatursatire der *Walpurgisnacht*.

Nr. 56 Hecker interpretiert diese Zeilen entsprechend Nr. 54 und 55, bezieht sie aber auf Klopstock, was mit Recht bezweifelt wird, da außer dem Wortlaut keinerlei andere Anhaltspunkte dafür existieren.

Nr. 57 Dieses zeitsatirische Bruchstück über den Rattenfänger von Hameln bezieht sich auf den Pädagogen Johann Heinrich Campe, der zeitweise das Philanthropinum in Dessau leitete und der die ›Kleine Kinderbibliothek‹ herausgab. – *Musaget:* vgl. Anmerkungen zu Vs. 4303 und 4307.

Nr. 58 bezieht sich auf das Insekten-Bild der literatur- und zeitsatirischen *Xenien* von Goethe und Schiller (vgl. Anm. zu Vs. 4299). – *kiken:* stechen.

Nr. 63, 64 Die Reim-Motive »Dudelsack« und »Lumpenpack« wurde später in anderer Form im *Walpurgisnachtstraum* (Vs. 4339–42) verwendet.

Nr. 65 korrespondiert der Hexenankunft Vs. 3956–61.

Nr. 66 Nach Ovid (*Metamorphosen* I, 438 ff.) gebar Gaia (die Erde) unwissentlich den Drachen Python. Goethe konzipiert die Hexen hier demnach als Kinder der Erde (des Erdgeistes?).

Nr. 68 *Nacht Mahre:* Nachtgeister, die die Schlafenden quälen, repräsentieren in der Gestalt geflügelter Pferde die Traumphantasie (Alpträume).

Nr. 69 zur Gretchen-Erscheinung gehörend und deren Hinrichtung antizipierend. – *Die grau und schwarze Brüderschaft:* Die Franziskaner wurden wegen ihres mittelalterlichen grauen Habits auch »Graubrüder« genannt. Zusammen mit den Dominikanern, die schwarze Skapuliere über weißen Gewändern trugen, waren sie das Exekutivorgan der Inquisition. – *Geschwätz von Kielkröpfen:* vgl. Anm. zu Vs. 6200.

Nr. 70 Diese *Faust II*-Inhaltsangabe entstand 1816 während der Arbeit an *Dichtung und Wahrheit* und sollte dort Aufnahme finden. Zu diesem Zeitpunkt hatte Goethe die Hoffnung auf eine Vollendung wohl schon aufgegeben, so daß er sich zur Mitteilung des Planes der *Faust*-Fortsetzung entschloß. Der Text ist genaugenommen ein Paralipomenon von *Dichtung und Wahrheit*, andererseits aber ein Schema des *Faust II*. Deshalb gehört es zu Recht in dieses Corpus. Dies spätere Ausarbeitung ab 1825 übernimmt zwar vieles, einige Punkte bleiben jedoch unausgeführt.

Nr. 71 Hier handelt es sich um ein Exzerpt aus Johannes Daniel Falks Bericht *Goethe aus näherm persönlichem Umgange dargestellt*, Leipzig (1832 und) 1836, S. 94 ff. Der Text sollte deshalb nicht den Goethe-Paralipomena zugerechnet werden. – *schwadroniert:* aufschneiden, prahlen. – *radotiert:* ungehemmt schwatzen.

Nr. 72–74 Die ersten beiden Textversionen vom Dezember 1826 sind Entwürfe für Goethes Zeitschrift *Über Kunst und Altertum*. Gedruckt wurde 1827 schließlich die stark gekürzte Version von Nr. 73, die als Nr. 74 folgt. Goethe schließt die Helena-Handlung an den Faust-Stoff an, indem er sich auf das *Faust*-Puppenspiel und auf die ältere Volksbuch-Version (»Fabel«) bezieht. Die mythologischen Worterklärungen findet man, soweit nicht im folgenden aufgeführt, in der Regel an der entsprechenden Stelle im Drama. – **Nr. 72** *Ennyo:* Enyo; eine der drei Phorkyaden (Graien). – *Sibyllen:* siehe Anm. zu Vs. 2577. – *Persephone:* siehe Anm. zu Vs. 9944. – **Nr. 73** *in sich abgeschlossenes kleineres Drama:* die Helena-

Dichtung hat Goethe in der Tat separat in Band 4 der Ausgabe letzter Hand veröffentlicht. – *die alte Legende:* die in mehreren Volksbüchern verbreitete *Faust*-Geschichte. – *Puppenspiel:* Marlowes *Faust*-Drama wurde von englischen Wanderbühnen nach Deutschland reimportiert und dabei (u.a. wegen der Sprachbarriere) mit Elementen der Stegreifkomödie (Pickelhering, Hanswurst) versehen. Dazu gehören auch die in ganz Deutschland populären Puppenspielfassungen. – *Idole:* (griech. eidolon) Trugbilder. – *gloriierend:* (sich selbst) rühmend. – *nach Angabe der Benediktiner:* die Forschung vermutet dahinter das für historische Datierungen lange Zeit maßgebende dreibändige Werk *L'art de vérifier les dates* (Paris 1783–87). – *Erichtonius:* mythischer athenischer König, vgl. Anm. zu Nr. 86. – *Chimären:* von Phorkys und Ceto abstammende feuerspeiende Ungeheuer mit Löwenkopf, Ziegenleib und Drachenschwanz; sie fehlen in der Ausführung. – *Tragelaphe:* mythische Mischwesen aus (Ziegen-)Bock (tragos) und Hirsch (elaphos); wurden ebenfalls fallengelassen. – *Gryllen:* mythische Zwergwesen, in der Endfassung durch Pygmäen ersetzt. – *Konformation:* körperliche Beschaffenheit. – *Scotusa ... Peneus:* Scotusa ist ein ehem. Stadt in Thessalien mit altem Heiligtum; Peneus (Peneios) ist der Zentralfluß durch das thessalische Becken, vgl. Anm. zu Vs. 6952. – *Enceladus:* Der Gigant Enkelados wurde während des Aufstandes gegen die olympischen Götter von Athene mit einem Fels plattgeschlagen. An dieser Stelle entstand die Insel Sizilien. Vergils *Aeneis* (III,578 f.) nimmt darauf Bezug. In der endgültigen Fassung wurde Enceladus durch Seismos ersetzt. – *Larissa:* thessalische Stadt am Peneios. – *Perseus:* vgl. Anm. zu Vs. 7465. – *Inzidenzien:* hier: zufällig sich ergebende Nebenhandlungen. – *Protisalaus, Alceste, Euridice:* vgl. Anm. zu Nr. 86. – *Peroration:* nachdrückliche Rede.

Nr. 75 Die Notiz muß nach 1800 entstanden sein, denn hier hat sich Goethe – erstmals schriftlich dokumentiert – zur Bearbeitung des Faust-Stoffs in zwei Teilen entschlossen.

Nr. 85 Dieser Szenenentwurf ist zunächst identisch mit dem »Lustgarten«, doch fehlt noch die ›Papiergeld‹-Szene, an deren Stelle der Hof »Neues« in Form eines »Magischen Theaters« (vgl. Nr. 70) von Helena und Paris wünscht. – *assentiert:* stimmt zu.

Nr. 86 Dieser Entwurf existiert in zwei Fassungen, von denen die jüngere, erweiterte wiedergegeben wird. Die Punkte 1 bis 6 fehlen in beiden Handschriften und beziehen sich wohl auf den ersten Akt. Der zweite Akt sollte mit einem Monolog des aus neuerlichem ›Heilschlaf‹ erwachenden Faust beginnen. Statt dieser Wahnszene verschläft Faust die Reprise der Studienberatung mit dem inzwischen zum Baccalaureus promovierten Schüler. Auch gibt es in diesem Schema noch keinen Anhaltspunkt, daß Wagner die Erschaffung eines »chemischen Menschleins« tatsächlich gelingt. – *Erichtho:* siehe Anm. vor Vs. 7005. – *Erichthonius:* der Erde entsprossener mythischer König von Athen. Die (zufällige) Namensverwandtschaft mit der thessalischen Hexe Erichtho basiert auf der etymologischen Deutung »eris« (Streit) und »chtonos« (Erde). Anders als im endgültigen Text stammt die Wahrsagerin Manto (Punkt 15) hier korrekt vom Seher Teiresias ab (vgl. Vs. 7450 und Anm.). – *Protesilaus, Alceste, Euridice* (Punkt 17): Nachdem der Grieche Protesilaos vor Troia von Hektor getötet worden war, brachte Hermes ihn für einen Tag aus der Unterwelt zu seiner Gattin zurück. Auch Alkestis durfte, nachdem sie sich für ihren Gatten Admetos geopfert hatte, wieder ins Leben zurück. Ebenso gelingt es Orpheus, seine Gemahlin Eurydike dem Hades zu entlocken mit der Bedingung, daß sie sich nicht umsehen dürfe. Als sie gegen das Verbot verstößt, muß sie endgültig in die Unterwelt zurück.

Nr. 87,88 Die beiden varianten Szenarien kommen der Endfassung der *Klassischen Walpurgisnacht* schon recht nah. Das Szenenbild des Nachtlagers (Biwak) der Heere von Caesar und Pompejus als historische Reminiszenz (»Nachgesicht«) ist indes weggefallen.

Nr. 89 Noch hat Faust Helena nicht erlangt. Er erinnert sich an seinen Traum in der Laboratoriums-Szene (Vs. 6915–20).

Nr. 90 Goethes Abkürzung »Interloc.« wird von den meisten Kommentatoren als ›Interlokution‹ (Einwurf, Zwischenrede) gedeutet. Angesichts des folgenden Personariums verweisen manche auf die Lesart ›Interlokutoren‹ (Redner).

Nr. 91 Noch im Juni 1830 (siehe Datierung) sollte Faust bei der Unterweltsgöttin Proserpina um die Entlassung Helenas aus dem Totenreich bitten. Diese wichtige Szene hat Goethe zunächst vom zweiten in den dritten Akt verschoben und am Ende gar nicht ausgeführt. Diesbezüglich schreibt er am 4.1.1831 an Zelter: »Helena tritt zu Anfang des dritten Acts, nicht als Zwischenspielerin, sondern als Heroine, ohne weiteres auf.« – *Antezedentien:* bezieht sich auf die in Nr. 86 genannten ›Präzedenzfälle‹ Protesilaos, Alkestis, Eurydike und auch auf Helenas frühere Rückkehr ins Leben auf der Insel Leuke.

Nr. 92 Dieses Schema stammt aus einer frühen Arbeitsperiode, wahrscheinlich aus der Zeit um 1800, der Entstehungszeit des Helena-Zwischenspiels. Die Ägypterin ist Phorkyas-Mephisto; später gibt Mephisto Kreta als Heimat der Schaffnerin vor (vgl. Vs. 9630 und Anm.). – *Architektur:* mittelalterliches Schloß (vgl. Nr. 93).

Nr. 93 Dieser Entwurf von 1825 basiert wahrscheinlich auf einem früheren Schema aus der Zeit um 1800. – *Lacedämon:* Sparta. – *Increpatio:* Schmähung.

Nr. 94 Diese Aufstellung versammelt Helenas ›Männergeschichten‹. Schon als Kind wurde sie von Theseus entführt, später warb Achills

Freund Patroklos vergeblich um sie. Nach dem Tode ihres Entführers Paris wurde nach orientalischem Brauch dessen Bruder Deiphobos Helenas troianischer Gatte.

Nr. 95 *Tadel des Run away:* bezieht sich auf die von Phorkyas gesprochenen Verse 8974-81: Menelaos hatte Paris zunächst neun Tage bewirtet, bevor er Sparta verließ, um am Begräbnis seines Großvaters Katreus auf Kreta teilzunehmen. Paris und Helena nutzten diese Gelegenheit zur Flucht. – *Tadel des Piraten schweifens:* siehe Verse 8984–8991. – *Vigilantibus iura scripta sunt:* leichte Abwandlung eines Rechtsgrundsatzes des Justinian: »für die Wachsamen sind die Gesetze geschrieben«. Phorkyas gibt vor, daß sich während der Abwesenheit des Menelaos ein »Geschlecht aus cimmerischer Nacht« (»Gallier«) auf spartanischem Boden angesiedelt habe (Vs. 8994 ff.) und zwar, bedingt durch Menelaos' Vernachlässigung seiner Aufsichtspflicht, rechtmäßig. – *Anachronism:* bezieht sich auf die Konsequenzen von Vs. 9004: Für Helena scheinen nur 20 Jahre vergangen, tatsächlich befindet sie sich aber in der Epoche Fausts, in der Frührenaissance. Der Anachronismus verstärkt sich durch die Darstellung Fausts als mittelalterlicher Kreuzzugs-Ritter. Auf dem 4. Kreuzzug wurde die Peloponnes 1205 erobert, später entstand bei Sparta die fränkische Burg Mistra. Selbst wenn man an den Einfall der Gallier in Griechenland im Jahr 280 v. Chr. erinnert, bleibt der Anachronismus bestehen. – *Anbau:* bezieht sich auf den Bau einer »festen Burg« (Vs. 9001). – *Vorsch:* Helena willigt zunächst nicht in den Vorschlag Phorkyas' ein, sich in den Schutz Fausts zu begeben. Erst nach der drastischen Schilderung von Menelaos' Rache ist sie dazu bereit.

Nr. 96 Das Schema bringt einige bereits entworfene Passagen in die Reihe; es beginnt mit dem Auftritt der Zwerge (Vs. 8937), dann folgen die Rede der Chorführerin (Vs. 8947–53), die Passage vom Vorschlag der Phorkyas (Vs. 8954) bis zur Verwandlung des Schauplatzes (Vs. 9086) und der Rest der Chorrede (Vs. 9088–9121). Es folgen die noch auszuarbeitenden Stellen (»zu supplieren«). – *Gynäceum:* Die Einführung in die Frauengemächer fehlt in der Endfassung. – *Drei Einheit:* wird meist auf die drei aristotelischen Einheiten bezogen; sinnvoll ist aber auch die Lesart ›Dreieinheit‹ in bezug auf Faust/Helena/Euphorion (vgl. die vorletzte Zeile von Nr. 99).

Nr. 99 *Im Geschütz (Explosion):* dieses Motiv fehlt in der Ausführung. – *Phorkyas interloquiert:* Phorkyas spricht dazwischen.

Nr. 100 *Hymenae:* Hymenaion heißt das von den Brautjungfern gesungene Hochzeitlied im antiken Griechenland. Hier ist der Chor »Wer verdächt es unsrer Fürstin« gemeint.

Nr. 102 Hier handelt es sich um ein nicht verwendetes Exzerpt aus verschiedenen Landschaftsbeschreibungen Griechenlands für die arkadische Szenerie. Das von Goethe hauptsächlich verwendete Werk ist Edward Dodwells zweibändiges Werk *Classical and topographical tour through Greece during the years 1801, 1805 & 1806* (London 1818–1819). Die deutsche Ausgabe erschien 1821 bei K. F. L. Stickler in Meiningen.

Nr. 103 Die Seitenzahlen in der ersten Hälfte dieses Schemas beziehen sich auf eine Reinschrift (Mundum) des dritten Aktes. In der zweiten Hälfte finden sich die Handlungsebene transzendierende metadramatische Reflexionen, wie sie sonst nur noch in Nr. 5 zu finden sind.

Nr. 106 Die sich teilende Wolke, in denen Faust die Bildnisse von Helena und Gretchen zu erkennen glaubt, entspricht der weggefallenen Wahnerscheinung des zweiten Aktes (vgl. Nr. 86). Der dort angekündigte Monolog wird hier ausgeführt. Wie zu Beginn des zweiten Akt sollte Faust ursprünglich wohl schlafen und die beiden Wolkenerscheinungen von einem »Dolmetsch« aus dem Proszenium heraus kommentiert werden. Diesen »Paralogus« (beiseite Gesprochenes, Kommentar) teilte Goethe dann in der Endfassung Faust zu. Reste der ursprünglichen Fassung sind noch erkennbar: So ist die »vorstehende Platte« (vor Vs. 10039) ein Relikt des Proszeniums; und der zweigeteilte Wolken-Kommentar (»zum zweiten male deshalb sprechend«) kehrt in Fausts Monolog wieder, wo eine Zäsur nach Vs. 10030 das Ende der Helena- und den Beginn der Gretchen-Wolke kennzeichnet. – *Aufregung der Bergvölker:* Anstachelung zum Aufruhr. – *Kriegerschritt von Pandora und Helena:* Im Festspiel *Pandora* sprechen die Krieger in einem zweihebigen ›marschmäßigen‹ Jambus (Vs. 900 ff), der sich in dieser Form in der Helena-Handlung nicht findet, ebensowenig bei den drei Gewaltigen.

Nr. 107 Diesem Schema entspricht, bis auf die Ausnahmen der Herausforderung des Gegenkaisers zum Zweikampf und der Belehnung Fausts, weitgehend die Ausarbeitung. – *Sukkurs:* Hilfe, Unterstützung.

Nr. 108 *Hier übersiehst du:* von hier bis Ende des Paralipomenons Nr. 218 (das Hecker zusammen mit Nr. 217 überflüssigerweise herausgelöst und separat aufgeführt hat), spricht der Obergeneral. Dies geht aus der letzten Zeile von Nr. 107 hervor.

Nr. 110 *Gerechtsame:* Rechte (vgl. Vs. 10944).

Nr. 111 *Mephist. zur Appellation:* Das *Faust*-Drama spielt sich auf vier Ebenen ab: in der dichterischen Phantasie (Zueignung), auf der Theaterbühne (Vorspiel), als Himmelsgeschehen (Prolog im Himmel) und auf der Binnenebene der Handlung. Ursprünglich beabsichtigte Goethe, die drei äußeren Rahmen nacheinander zu schließen. Der äußerste Rahmen des Dichters sollte durch das Gedicht *Abschied* (Nr. 3) geschlossen werden, der Theater-Rahmen durch den Epilog *Abkündigung* (Nr. 2) und das Himmelsspiel mittels Mephistos neuerlichem Gang in den Himmel, um vor Gott Gerechtigkeit für die entführte Seele Faustens zu fordern. (In der folgenden Nr. 112 ist die Himmels-Handlung in Form eines göttlichen Gericht noch deutlicher erkennbar.) Wahrscheinlich geriet Goethe das Ende der Binnenhandlung mit dem Chorus mysticus zu gewichtig, so daß er sich entschloß, die hochfeierliche Endatmosphäre nicht durch eine vergleichsweise ›profane‹ himmlische Gerichtsverhandlung herabzustimmen.

Nr. 112 *Da Capo:* bezieht sich entweder auf die Wiederaufnahme der Himmelsszene des *Prologs* oder aber wahrscheinlicher auf den Beginn einer neuen Szene im Himmel nach dem Abschluß der irdischen Handlung.

Nr. 114 Dieses Bruchstück wirkt durch den saloppen Prosastil der Goetheschen Sturm und Drang-Dramatik sehr verwandt. Entweder stammt es tatsächlich aus der frühweimarer Zeit nach 1775, als Goethe seine erste Arbeitsphase noch nicht abgeschlossen hatte – die Kaiserhof-Szenen waren damals noch nicht für einen zweiten Teil vorgesehen –, oder es wurde in stilimitatorischer Absicht um 1790 geschrieben. So heißt es etwa in der *Italienischen Reise* unter dem Datum des 1. 3. 1788: »Auch was den Ton des Ganzen betrifft, bin ich getröstet; ich habe schon eine neue Szene ausgeführt, und wenn ich das Papier räuchre, so dächt' ich, sollte sie mir niemand aus den alten herausfinden.« – *Fortinbras:* Mephisto beschwört hier einen Geist mit dem Namen des norwegischen Prinzen aus dem *Hamlet*. Diese Shakespeare-Reminiszenz ist ein weiteres Indiz für den intendierten oder tatsächlichen Sturm und Drang-Duktus. – *unpräjudizierlich:* unvorgreiflich. Offenbar hat der Geist eine unangenehme Weissagung oder Warnung verlautbart. – *Marc aurel:* Der römische Kaiser verfaßte auf griechisch autobiographische Schriften mit dem Titel *Bücher der Gedanken über sich selbst.* Goethe las im Januar 1795 in der ›Neuen Deutschen Monatsschrift‹ die Abhandlung *Fragment einer Vergleichung Friedrichs des Zweyten mit Marc Aurel, besonders in Absicht ihrer Religiosität,* so daß manche Forscher nicht nur mit diesem Argument auf die Entstehungszeit schließen sondern darüber hinaus den Kaiser mit Friedrich dem Großen identifizieren wollen.

Nr. 117 *Semiramis:* meint wohl die von Voltaire als »Semiramis des Nordens« bezeichnete Katharina die Große. – *Skarteke:* (aus dem Frz.) abschätzig für ›Schrift‹, ›Manuskript‹. – *Kränzchen:* Ruhmeskranz (z.B. Lorbeerkranz).

Nr. 118 steht in enger Verbindung mit Nr. 117, ist vielleicht dessen Fortsetzung. – *Ixion:* Als sich der Lapithen-König an der Göttertafel Hera in unzweideutiger Absicht näherte, täuschte ihn Zeus mit einer Wolke von Ansehen und Gestalt seiner Gemahlin.

Nr. 120 Das Fragment gehört in den Kontext des Wettstreites zwischen natürlichen und künstlichen Gewächsen im Gärtner-Aufzug der

Mummenschanz. Hier konkurrieren Olivenzweig, Ährenkranz und Rosenknospen gegen Phantasiekranz und Phantasie-Strauß. Schon im Mandolinenlied der Gärtnerinnen werden die künstlichen Blumen gepriesen (Vs. 5096–99).

Nr. 122 Vgl. hierzu das Sprichwort »Fische fangen und Vogelstellen verderben manchen jungen (guten) Gesellen« (Wander, Deutsches Sprichwörter-Lexikon Bd. 1, S. 1032).

Nr. 124 Den Auftritt der Dichter bei der Mummenschanz wollte Goethe ursprünglich weiter ausführen. Das Szenarium vor Vs. 5295 erwähnt »Naturdichter«; diese sollten die Verse »Natur und Liebe« sprechen. Den »Hof- und Rittersängern« waren die Verse »Ruhm und Leidenschaft« zugedacht. Einzig die Verse des Satirikers wurden beibehalten. Die Figur des Hans Liederlich schließlich ging im »Trunknen« auf.

Nr. 125 Ursprünglich als Antwort des Herolds auf die Aufforderung des Knaben Wagenlenker zur Allegorese (Vs. 5528–32) gedacht.

Nr. 126 Diese schlecht entzifferbare Tintennotiz ist weder im Wortlaut noch in seiner *Faust*-Zugehörigkeit gesichert.

Nr. 127 Die beiden ersten Verse sind wohl Mephisto zuzuordnen. – *liberal*: freizügig, freigiebig.

Nr. 130, 131 Die beiden Notizen werden meist im Kontext der Flammengaukelei am Ende der Mummenschanz-Szene gesehen. Danach sollte ein Dichter das Geschehen kommentieren. Vielleicht hat Goethe diesen Plan wegen der ungünstig scheinenden Verdoppelung von Wort und Szene fallengelassen.

Nr. 132 Die Mehrzahl der Kommentatoren versteht die Verse über die Beschwörung von Totengeistern als Rede Fausts an den Kaiser. Möglich scheint aber auch, daß Mephisto hiermit Faust zum Aufsuchen der »Mütter« einstimmen will.

Nr. 133-135 Der Mephisto zugeordnete Zweizeiler bezieht sich wie die beiden folgenden Paralipomena auf das Reich der »Mütter«.

Nr. 136,137 Die ursprünglich stärker betonte Rolle Mephistos als Leibarzt des Hofes kommt noch in der Szene »Hell erleuchtete Säle« (Vs. 6307 ff.) zum Ausdruck.

Nr. 139-143 Ratschläge Mephistos an Faust zum Reüssieren in der ›großen Welt‹. – *peroriert*: nachdrücklich behauptet.

Nr. 144 wohl die Worte eines Höflings über Faust, der beim Kaiser in der Gunst steht.

Nr. 145 Hier spricht vermutlich Mephisto zu Faust über den Kaiser, der den Gelehrten seinerseits durch seine Konversationskunst beeindrucken möchte.

Nr. 149 Hofdame über Paris, der in antikem Gewand erscheint; in der Endfassung durch Vs. 6461 f. ersetzt.

Nr. 150 steht in früheren Entwürfen zum Teil als Nachtrag zwischen den Versen 7089 und 7090. Sowohl Streichung als auch versehentlicher Wegfall ist möglich.

Nr. 151 Lesung (Gast oder Geist?) und folglich auch Zuordnung sind unsicher.

Nr. 152 Variante von Vs. 7181 f.

Nr. 153 Exzerpt aus Lukans *Pharsalia*. Dort heißt es über die thessalische Hexe: »doch wenn Stürme und schwarze Wolken die Sterne auslöschen, dann kommt sie aus den Gräbern hervor, die sie geplündert hat, und *hascht nächtliche Blitze*« (*Pharsalia* VI, 520).

Nr. 154 Anspielung auf das deutsche Gelehrtentum. In Goethes Zeit prägte sich eine direkte Griechenland-Rezeption ohne Vermittlung des antiken Rom (etwa durch Zwischenübersetzungen) aus (Winckelmann, Voß, Hölderlin).

Nr. 155 *Enceladus, Scotusa, Peneus:* vgl. Anm. zu Nr. 73. Hecker setzt hier gemäß Paralipomenon 73 den unter Gesteinsmassen begrabenen Giganten Enceladus ein. Diese Figur ist in dem Erdbebengott Seismos aufgegangen. Heckers Ergänzung ist unglücklich, insofern sich auf einem anderen Konzeptblatt (WA: II H42, Bohnenkamp: P153 Var) ausdrücklich die Notiz: »SEISMOS. Von Scotusa bis an den Peneus« findet.

Nr. 159 *Semestre, Sylvestre, Pedestre:* (frz.) halbjährlich, Wald-, Fuß-; vermutlich handelt es sich um eine Reimliste zur Waise »Und es ist ...« – *Gas sylvestren:* Sammelbegriff für »alle Säuren in Luftgestalt« (Leonhardi, *Chymisches Wörterbuch* von 1781, Bd. 2, S. 388 f.). Vgl. auch Vs. 10083 f.

Nr. 161 Die Weimarer Ausgabe bringt diesen Zweizeiler als Paralipomenon zu den Gedichten; Bohnenkamp hat ihn nicht in ihre Ausgabe der *Faust*-Paralipomena aufgenommen, während ihn Hecker und andere als thematisch zur Erdbeben-Szene passend betrachten.

Nr. 163 *Quidquid non creditur ars est:* Lukan-Exzerpt; es geht um thessalischen Hexen, von denen es heißt: »und deren Kunst besteht darin, das Unglaubliche zu vollbringen« (*Pharsalia* VI, 437). – *Tonat coelum ignaro Jove:* Goethe hat die Lukan-Stelle (*Pharsalia* VI, 467) anschließend selbst übersetzt.

Nr. 167 Sowohl die Zugehörigkeit zu *Faust* als auch die Einordnung ist umstritten.

Nr. 169 Hecker ordnet die Verse der Baumnymphe (Dryas) zu. Eine ablehnende Antwort von einer der Phorkyaden auf Mephistos Bitte um das Auge und Zahn ist ebenfalls möglich.

Nr. 173 Die Zeile bezieht sich wohl auf das erbetene Auge der Phorkyaden.

Nr. 177 Angesprochen wird Homunculus, der später in einem Flammenmeer vergeht.

Nr. 180 Daß dieses Paralipomenon ursprünglich am Beginn von Fausts Weg zu Persephone, also vor Vs. 7495 gedacht war, ist unumstritten. Demgemäß interpretieren alle älteren Kommentare den mit M. abgekürzten Sprechernamen als Manto. Es wurde inzwischen gezeigt, daß zur Zeit der Niederschrift im März/April 1825 noch nicht Manto, sondern Mephisto als Begleitung Fausts in die Unterwelt vorgesehen war. Dazu paßt ausgezeichnet der mephistophelisch-ironische Unterton der Rede.

Nr. 181 Da diese Zeilen wahrscheinlich nach 1826 und mit Sicherheit vor 1830 entstanden sind, ist es nach einer Konzeptionsänderung (vgl. Nr. 180) nun Manto, die Faust den Weg in die Unterwelt weist.

Nr. 183 Manto verhüllt Faustens Gesicht, damit er nicht dem tödlichen Anblick der Meduse ausgesetzt ist. Diese Begebenheit wird in Nr. 73 erzählt.

Nr. 185 Helena findet Fausts Rittergestalt zunächst »abscheulich, allein da er zu schmeicheln weiß, so findet sie sich nach und nach in ihn, und er wird der Nachfolger so mancher Heroen und Halbgötter.« (Nr. 70)

Nr. 189 Nach dieser Passage folgen zunächst zwei variante Textzeilen (Wie häßlich neben Schönheit ist das Häßliche / Wie unverständig neben Weisheit Unverstand, Vs. 8810 f.), danach folgt die von Hecker nicht gedruckte Zeile: »Mulieres Bohemae magae Bohemiennes.« (lat./frz.) »Magische (zauberkundige) Frauen aus Böhmen, Zigeunerinnen.« Ein weiterer Beleg dafür, daß Phorkyas-Mephisto ursprünglich als Zigeunerin angelegt war.

Nr. 190,191 Der Dialog Nr. 190, wahrscheinlich im März 1825 entstanden, wurde überarbeitet (Nr. 191), um letztlich ganz fallengelassen zu werden. In der Endfassung sind die Männer-Episoden Helenas detaillierter ausgeführt (vgl. Vs. 8845-71).

Nr. 192 Die beiden ersten Zeilen sind Varianten von Vs. 8879 f., der Rest ist ausgeschieden. – *Cypris:* Venus trägt diesen Beinamen, da sie an der Küste Cyperns dem Meer entstieg.

Nr. 194 Der Widerspruch, daß Helena die Peloponnes nicht kennt, findet seine Auflösung darin, daß zu ihren (mythischen) Lebzeiten die Halbinsel noch nicht diesen Namen trug. Bezogen auf die mythische Vorzeit spricht man von Arkadien (vgl. Vs. 9569). Goethe arbeitet ganz bewußt mit der Zeitentfremdung Helenas.

Nr. 195 Erst im Endstadium der Entstehung des 3. Aktes entschloß sich Goethe zur Trennung der Szene in die beiden Spielorte »Vor dem Palaste des Menelas zu Sparta« und »Innerer Burghof«. Damit verbunden sind die Szenenwechsel vom Palastvorhof zum Burghof (ab Vs. 9088) und wieder zurück nach Arkadien (nach Vs. 9573). Ursprünglich sollte der Schauplatz nur das mittelalterliche Schloß Fausts sein. Helena sollte der Täuschung obliegen, nach ihrer Rückkehr aus Troia vor dem Palast des

Menelaos zu stehen, während sie sich in Wirklichkeit schon vor Fausts Schloß befand. Entsprechend war die Frühfassung des Helena-Zwischenspiels »Helena im Mittelalter« betitelt. Am vorliegenden Fragment läßt sich das ursprüngliche Konzept noch erkennen.

Nr. 196 Auf den ersten Blick scheint sich Phorkyas in den Paralipomena Nr. 195 und 196 an den Chor zu wenden. Nimmt man jedoch eine Bemerkung in Nr. 98 ernst (»Phorkyas als Zwischenredner«), dann spricht Mephisto in Form einer Parabase direkt den Zuschauer an. Ein Relikt dieses Konzepts ist vielleicht die letzte Spielanweisung des 3. Aktes, in der Mephisto nach dem Fall des Vorhanges die Phorkyas-Maske ablegt »um, insofern es nötig wäre, im Epilog das Stück zu kommentieren«. – *dieselben:* Faust und Helena. – *Stief-Stiefbruder:* Auf der Insel Leuke zeugten der Sage nach Helena und Achill einen Knaben ebenfalls mit dem Namen Euphorion. – *auf der britischen Bühne:* wohl kein konkretes Stück, sondern eine Charakterisierung der nichtaristotelischen englischen Dramatik (Shakespeare). Wegen der Einheit der Zeit konnte es auf dem europäischen Theater kein ›Entwicklungsdrama‹ entsprechend dem ›Entwicklungsroman‹ geben, ausgenommen vielleicht in England, wo man Aristoteles wesentlich undogmatischer rezipierte. – *Mysterien, Mystifikationen:* Seitenhieb auf die romantische Mythendeutung mit ihrem Versuch, die griechische Mythologie auf ältere ägyptische und indische Ursprünge zurückzuführen, so Friedrich Creuzers *Symbolik und Mythologie der alten Völker, besonders der Griechen*. Über dessen Werk schreibt Goethe am 16.1.1818 an Boisserée: »sehr bald aber zog sich die Betrachtung in Deutung über und verlor sich zuletzt in Deuteleien; wer nicht zu schauen wußte fing an zu wähnen und so verlor man sich in egyptische und indische Fernen, da man das Beste im Vordergrunde ganz nahe hatte. [...] Creuzer, Kanne und nun auch Welcker entziehen uns täglich mehr die großen Vorteile der griechischen lieblichen Mannigfaltigkeit« und am 25.8.1819 an J. H. Meyer: »Sie erhalten hiebei, mein teuerster Freund, ein eben bei mir angekommenes Werk, das ich erst mit nach Carlsbad nehmen wollte. Die aufgeschnittenen Blätter aber gaben mir wenig Freude; das bißchen Heiterkeit was die Griechen hiernach sollen in's Leben gebracht haben, wird von den tristen ägyptisch-indischen Nebelbildern ganz und gar verdüstert, mir wenigstens verdirbt's die Einbildungskraft«.

Nr. 198 Ähnlich Eduard in den *Wahlverwandtschaften* (1. Teil, 18. Kap.): »es gibt Fälle, ja es gibt deren! wo jeder Trost niederträchtig und Verzweiflung Pflicht ist.« (Gedenkausgabe, Bd. 9, S. 131) Fausts Bemerkung bezieht sich auf den Verlust Helenas.

Nr. 202–208 Diese Paralipomena kreisen um Fausts Wunsch, Landbesitz durch Landgewinn am Meer zu erlangen.

Nr. 209 Anspielung auf Jesaia 13,19–21, wo die Zerstörung Babels angekündigt wird: »Es werde auf ewig unbesiedelt und unbewohnt von Geschlecht zu Geschlecht; der Araber zelte daselbst nicht mehr, nicht lasse der Hirt dort lagern! Nein, Ohim lagern sich da, von Zihim sind ihre Häuser gefüllt«. Moderne Übersetzungen bringen »Wüstentiere« für »Ohim« und »Eulen«/»Uhus« für »Zihim«. Der Platz des Fragments im Handlungsverlauf ist umstritten.

Nr. 210 weist die gleiche Einordnung in ein Handlungsschema auf wie Nr. 209 (»ad 22«); ungeklärt ist jedoch die Aktzugehörigkeit. Die Vorschläge reichen vom 2. bis zum 4. Akt.

Nr. 213 steht wahrscheinlich in Zusammenhang mit der fallengelassenen Belehnungs-Szene (vgl. Nr. 219).

Nr. 216 *Thyrsus:* Der Stab des Dionysos scheint trotz subtiler Erklärungsversuche nicht in den Kontext zu passen. Eine überzeugendere Lesung des kaum entzifferbaren Wortes ist bislang nicht gefunden worden.

Nr. 219 Die Belehnungs-Szene ist in der Endfassung weggefallen. Sollte mit der Hervorhebung von »*Faustus* [...] der *Glückliche*« eine Anspielung an das *Fortunatus*-Volksbuch (mit Tiecks dramatischer Bearbeitung) verbunden sein?

Nr. 221 *Sie flieht:* die Flut. – *insultiert:* beleidigt, verhöhnt. – *Du bist nun hundert Jahr:* Am 6.6.1831 bemerkt Goethe gegenüber Eckermann: »Der Faust, wie er im fünften Akt erscheint [...] soll nach meiner Intention gerade hundert Jahr alt sein und ich bin nicht gewiß, ob es nicht gut wäre, dieses irgendwo ausdrücklich zu bemerken.« Darauf hat Goethe letztlich verzichtet.

Nr. 225, 226 Bohnenkamp hält die Wahrscheinlichkeit der *Faust*-Zugehörigkeit dieser beiden Fragmente für so gering, daß sie sie nicht in das Corpus aufnimmt.

Nr. 227 Hecker hält die Bemerkung »Taubheit« für »kaum zugehörig«. Da es sich um ein frühes Konzept von Fausts Ende handelt, kann es durchaus möglich sein, daß Goethe neben Blindheit auch Taubheit als Altersgebrechen Fausts einführen wollte.

Nr. 230 Auch dieses und die folgenden Bruchstücke bezeugen, daß es ursprünglich noch zu einem ›Epilog im Himmel‹ kommen sollte.

Nr. 232 *Reichsverweser:* mit ironischem Unterton für Christus.

Nr. 236 Bohnenkamp bezieht diese Stelle auf die Phorkyaden; demnach ist es Mephistos listigster Streich, in deren Maske aufzutreten.

Nr. 237 Selbstgespräch Mephistos während des Seelenfangs; wie er sich als Phorkyas »schön« machte, um Helena und ihre Begleiterinnen zu umgarnen, so will er nun den Engeln schön tun, um Faustens Seele zu erhaschen.

Nr. 238 Variante zu Vs. 11715–17.

Nr. 239 Diese ausgeschiedene Strophe des Engelschors wird in einigen neueren Ausgaben mit unzureichender Begründung und entgegen editorischen Prinzipien in den Text aufgenommen.

Nr. 241 drei Varianten eines Gedankens, der am Ende doch fallengelassen wurde.

Nr. 242 Andere Kommentatoren sehen diesen Zweizeiler durchaus in *Faust*-Nähe. Obwohl auch die folgenden Bruchstücke von einzelnen Forschern auf den *Faust* bezogen worden sind, geht dort die Begründung meist nicht über einen vagen Verdacht hinaus, der die Einordnung nicht rechtfertigt.

Nr. 247 *Spatzenfänger:* Die eigenhändige Randnotiz Goethes ist undeutlich. Die korrekte Lesart wäre wohl »Spazzefangen« (Weimarer Ausgabe) oder »Spazzefanger« (Bohnenkamp). Hecker interpretierte dies als »Spaziergänger«. Wahrscheinlicher ist jedoch »Spatzenfänger«, wenn man Goethes Gewohnheit berücksichtigt, bei flüchtiger Schreibweise keine Umlautstriche zu setzen. Außerdem ist die Schreibweise »Spaz« für »Spatz« bei Goethe bezeugt. Demgemäß wollte Goethe die Lustige Person des Vorspiels dem Vogelfänger (Papageno) der *Zauberflöte* nachempfunden wissen. Möglicherweise bezieht sich die Regieanweisung aber auch auf Mephisto im *Prolog* – beide Figuren werden üblicherweise vom gleichen Akteur gespielt. Dann wäre der Spatzenfänger eine Bildmetapher für den »Seelenfänger« Mephisto. Dazu passen die Worte Lerses im 3. Akt des *Götz von Berlichingen* (Szene »Saal«) nachdem er einen Häscher erschossen hat: »Da liegt der Spatz.«

Nr. 248 *Papa:* Mephisto. – *Apoll verbirgt sich unter Hirten:* Als Strafe für die Tötung der Kyklopen mußte Apoll ein Jahr lang beim thessalischen König Admetos als Rinderhirte dienen (vgl. Vs. 9558). – *Götter Griechenlands:* Wiederaufnahme des Motivs aus der *Walpurgisnacht* Vs. 4271-74, ähnlich Vs. 11696.

Nr. 252 Der Schlußchor setzt nach den letzten Worten Margaretes »Heinrich! Heinrich!« (Vs. 4612) ein.

Peter Huber

Nachwort

Théâtre imaginaire

Betrachtet man die Wirkungsgeschichte der Klassiker der Weltliteratur von Homer bis Joyce, so fällt auf, daß das Stigma ihres Ruhms keineswegs immer ihre poetische Universalität ist. Fast alle großen Dichter sind für ein Genre, ja vielfach für ein einziges Werk – wie Boccaccio für sein *Decamerone* oder Cervantes für *Don Quijote* – berühmt. So gut wie kein Autor der Weltliteratur ist wegen seiner Universalität zum Klassiker geworden. Goethe bildet hier die fast einzige Ausnahme. Er behauptet vor allem durch seinen Namen – als Universalgenie – einen festen Platz im Kanon der Weltliteratur. Freilich verbinden wir auch diesen Namen heute in erster Linie mit *einem* Werk: *Faust*. Nur dessen erster Teil ist allerdings wirklich ›klassisch‹ geworden. Der zweite Teil war über Jahrzehnte hinweg eher ein Gegenstand der Befremdung und des Spotts. Erst seit der Reichsgründung 1871 wurde er zum nationalen Literaturheiligtum. Diesen Nimbus hat *Faust II* längst wieder verloren. Heute ist seine Lektüre zum literarischen Exerzitium einer gebildeten Elite geworden, und nur selten öffnet sich ihm – in spektakulären Theaterinszenierungen – das große Tor der Öffentlichkeit.

Wie der Namen Goethes für poetische – und nicht nur poetische – Universalität steht, so auch sein Opus summum *Faust*, ist dieser doch eine Art Enzyklopädie des Welttheaters. Von der antiken Tragödie (Helena-Akt) über das mittelalterliche Mysterienspiel (»Prolog im Himmel«, Schluß des *Faust II*) bis zur geschlossenen Form der klassischen französischen oder zur offenen Form der englischen Dramatik des elisabethanischen Zeitalters reicht sein theatraler Spielraum. Auch Goethes heimliche Liebe zum Gesamtkunstwerk der Oper schlägt zumal im zweiten Teil überall durch. Und in der »Mummenschanz« der Szenen am Kaiserhof spiegelt sich Goethes jahrzehntelange Erfahrung in der Inszenierung der »Maskenzüge«, des großen Weimarer Gesellschaftstheaters wider. *Faust* ist Metatheater universalen Stils, Theater auf dem Theater – am signifikantesten in den Szenen am Kaiserhof, wo bei der Mummenschanz und der Beschwörung von Paris und Helena Akteure wie Publikum selbst zum Gegenstand der Bühnendarstellung werden. Die Reflexion des Theaters in seinem eigenen Medium läßt sich freilich nur unvollkommen über Bühne und Rampe vermitteln, zumal dort nicht, wo das Schauspiel zur praktisch kaum realisierbaren Idealoper wird. *Faust* ist mehr oder weniger für ein ›théâtre imaginaire‹ geschrieben, aus dem gewiß manches, vor allem natürlich der erste Teil, auf eine wirkliche Bretterbühne hinübertreten kann; in seiner Ganzheit ist *Faust* jedoch nicht als Bühnenstück gedacht, sondern als Theater über das Theater. Es bedient sich seiner typischen Formen, ohne sie in den Dunstkreis einer trüben Theateröffentlichkeit treten lassen zu wollen, unter welcher der Weimarer Theaterdirektor Goethe lange gelitten hat, nicht weil sie ihm fremd war, sondern weil ihm ihre Idealvorstellung allzu viel bedeutete und er ihr deshalb mit höchst verletzbarer Sensibilität gegenübertrat.

Trotz aller Skepsis gegenüber Schauspiel und Bühne im Laufe eines langen Theaterlebens, trotz seines Rückzugs vom Feld des Dramas in seiner zweiten Lebenshälfte hat Goethe mithin das Höchste und Tiefste, das er zu dichten und zu denken vermochte, der dramatischen Gattung anvertraut: eben seinem Lebenswerk *Faust*, das, je weiter es fortschritt, immer weniger für die ›Bretter‹, die Dimensionen einer wirklichen Bühne berechnet, mehr und mehr für ein Theater von innen geschrieben wurde, das alle Schauspielträume Goethes, alle verlorenen Illusionen in sich aufhob und für die Enttäuschungen eines langen Theaterlebens entschädigte. So verzichtete er auch gänzlich auf die szenische Präsentation seines Hauptwerks. Erst 1829, einundzwanzig Jahre nach seinem Erscheinen, gelangte *Faust I* in Braunschweig zur Uraufführung und wurde zu Goethes achtzigstem Geburtstag auch in Weimar inszeniert. Doch er selber dispensierte sich vom Besuch der Vorstellung, denn er hielt das Werk gewiß, um eine typische Formel von ihm zu verwenden, für kein »bretterrechtes« Stück – und Publikum wie Kritik dachten kaum anders darüber.

Bezeichnend freilich, daß gerade die Züge, die *Faust* dem

Theater seiner Zeit entfremdeten, einer späteren Theaterperiode besonders entgegenkamen. Das gilt zumal für den zweiten Teil der Tragödie. Es war die moderne Theaterreformbewegung, die sich durch *Faust* immer wieder herausgefordert fühlte; einige ihrer wichtigsten Repräsentanten (wie Adolphe Appia oder Georg Fuchs) faßten von ihm her eine neue, mit dem Illusionstheater brechende Bühnenform ins visionäre Auge. Der erste, der durch *Faust* eine neue Bühnenwelt eröffnet sah, ist Richard Wagner gewesen. »Der Tragödie zweiter Teil« ist für ihn das Nonplusultra der dramatischen Kunst, ja er glaubt, »daß kein Theaterstück der Welt eine solche szenische Kraft und Anschaulichkeit aufweist«, wenn man nur das herkömmliche Kulissentheater hinter sich läßt (*Über Schauspieler und Sänger*, 1872). Wagner denkt an eine modernisierte Shakespearebühne, welche auf allen Seiten von Zuschauern umgeben ist. Auf dem »modernen Halbtheater mit seiner nur im Bilde, en face uns vorgeführten Szene« hingegen sei *Faust* verloren. »Vor dieser Bühne bleibt der Zuschauer gänzlich unmitwirksam in sich zurückgezogen und erwartet nun dort oben, und gar endlich dort hinten, praktische Phantasmagorien, die ihn mitten in eine Welt hineinreißen sollen, welcher er andererseits ganz unberührt fern bleiben will.« Wie Wagner sich eine derartige Durchbrechung des Illusionismus vorgestellt hat, zeigt sein Gespräch mit Cosima Wagner am 7. November 1872. Hier entwickelt er die Idee eines spezifischen »Fausttheaters« mit einer bloß angedeuteten, beweglichen Bühne, einer Art Podium »wie im Zirkus«; einige Vorgänge sollten sich gar »hinter den Zuschauern« abspielen, denn das Umdrehen des Publikums belebte den Vorgang, sie wären »Teilnehmende«. Ließe Goethes *Faust* sich dergestalt in Szene setzen, »so möchte schließlich nur noch ein kühner Appell an die mitwirkende Einbildungskraft des Zuschauers nötig sein, um ihn mitten in die Zauberwelt zu versetzen, in welcher vor seinen Augen ›mit bedächtiger Schnelle vom Himmel durch die Welt zur Hölle‹ [*Faust* Vs. 242] gewandelt wird« (*Über Schauspieler und Sänger*).

Fausts Wege vom 16. bis 20. Jahrhundert

Der Fauststoff ist bekanntlich durch die von dem Frankfurter Verleger Johann Spies herausgegebene *Historia von D. Johann Fausten* (1587) in die deutsche Literatur eingegangen. Zeugnisse über das Leben des zu Beginn des 16. Jahrhunderts lebenden Schwarzkünstlers haben sich da mit dem christlich-mittelalterlichen Stoff vom verdammten Magus (Theophilus-Legende) vermischt. Das sogenannte Volksbuch von Spies wurde weitergebildet in den Faust-Büchern Widmans (1599), Pfizers (1674) und des »Christlich-Meynenden« (1725). Bereits wenige Jahre nach seiner ersten Version gelangte der Stoff durch Christopher Marlowes *The Tragicall History of the Life and Death of Doctor Faustus* (aufgeführt 1594) zu erstenmal auf die Bühne. Die englischen Komödianten brachten den dramatisierten Faust wieder nach Deutschland zurück. Zumal durch sie wurde die Sage zum Stoff des Volkstheaters (vor allem in Wien: hier erhielt er seine Prägung durch Stranitzkys *Leben und Tod Fausts*, 1715) und des Marionettenspiels.

Die dramatischen Versuche Lessings (seit 1759; 17. *Literaturbrief*) und Maler Müllers Fragmente aus *Fausts Leben* (1776/78) sowie Friedrich Maximilian Klingers Roman *Fausts Leben, Taten und Höllenfahrt* (1791) sind die wichtigsten literarischen Bearbeitungen des 18. Jahrhunderts neben Goethes Dramatisierung des Stoffs, der wie kein anderer zum ›deutschen Stoff‹ schlechthin geworden ist. Das zeigt auch seine weitere Tradition von Grabbes *Don Juan und Faust* (1829) – »Nicht Faust wär' ich, wenn ich kein Deutscher wäre!« verkündet der Titelheld (I/2) – über die Dichtungen Lenaus (*Faust*, 1836) und Heines »Tanzpoem« *Der Doktor Faust* (1851) bis zu Thomas Manns *Doktor Faustus* (1947), dem vor dem Hintergrund des Nationalsozialismus die Faustgestalt zur Chiffre für das Verhängnis Deutschlands wird. Schon kurz nach Goethes Tod hat sich der Begriff des »Faustischen« von der Gestalt selbst gelöst und ist zu einem bedenklichen Bestandteil »deutscher Ideologie« geworden.

»Es sind noch nicht genug Fauste geschrieben«, hat Achim

von Arnim 1817 in der Vorrede zu Wilhelm Müllers erster deutscher Übersetzung von Marlowes *Doktor Faustus* konstatiert. Zehn Jahre zuvor hatte Görres bemerkt, »jedes Zeitalter« habe »gewissermaßen seinen Faust«. Nicht nur jedes Zeitalter – »jeder Mensch sollte seinen Faust schreiben«, wird gar Heinrich Heine 1824 verkünden. »Der Faust sitzt dem Deutschen wie Blei auf den Schultern, hat sich ihm ins Herz genistet, in sein Blut eingesogen; wir sitzen und dichten und dämmern über das Schicksal, das wir in uns selbst tragen, wir käuen und käuen daran und können uns selbst nicht verdauen«, bemerkt 1835 Ferdinand Gustav Kühne, der Herausgeber der *Zeitung für die elegante Welt*, und er sehnt sich nach einem neuen Aristophanes, der es wagt, »die alte deutsche Faustmythe zu travestieren und mit einem Satyrspiel die elegischen Quälereien unserer Poeten zu beenden«.

Schon vor dem Erscheinen von *Faust I* im Jahre 1808 setzt die Serie der Faust-Dichtungen ein, bei denen Goethe mehr oder weniger Pate gestanden hat, lag doch dessen Faust-*Fragment* seit 1780 vor. Aus dem Jahre 1803 stammt z. B. ein *Faust*-»Versuch« von Adalbert von Chamisso: eine dramatische Szene in »Faustens Studierzimmer«, die diesen als einen umgekehrten Herkules am Scheidewege der Magie im Dreiergespräch zwischen »Bösem Geist« und »Gutem Geist« präsentiert. Der erdrückende Rang von Goethes *Faust I* hat die Rezeption des Fauststoffs im 19. Jahrhundert zum Teil gewissermaßen in den Untergrund getrieben. Dieses untergründige Fortwirken des Stoffs, das also nicht in dessen unmittelbaren Bearbeitungen, sondern in seinen vielfältigen Spiegelungen in anderen Stoffen und Gestalten – wie denen Ahasvers, Prometheus', Don Juans – niederschlägt, hat jedenfalls bedeutendere Alternativen zu Goethes Dichtung hervorgebracht als die meist eben ›oberflächliche‹ Stofftradition in den Faust-Stücken eines Klingemann (1815) und Holtei (1829) oder der – musikalisch heute freilich weit unterschätzten – Faust-Oper von Ludwig Spohr (1816), mit welcher (nach unbedeutenden Vorgängern) der Siegeszug Fausts über die Opernbühne des 19. und 20. Jahrhunderts beginnt, gipfelnd in Charles Gounods *Faust et Marguérite* von 1859. Daß sich auch wirklich bedeutende Dichter wie Grillparzer (in einem knappen Fragment von 1811) oder Puschkin (1826) an dem Stoff versuchten, ist eher die Ausnahme.

Erst unser Jahrhundert, da der belastende Schatten des Goetheschen Werks lichter wurde, erlaubte wieder, dem Stoff mit größerer Freiheit gegenüberzutreten. Daß er auch im 20. Jahrhundert von seiner Faszination nichts eingebüßt hat, zeigt seine Aneignung in vielen Literaturen. Erwähnt seien zumal Paul Valérys episch-dramatische Fragmente *Mon Faust* (entst. 1940) oder Michail Bulgakows Roman *Der Meister und Margarita* (entst. 1928/40) – und pauschal verwiesen sei auf die circa 20 Faust-Opern nach 1900. Sich nach Goethe noch einmal auf den Fauststoff einzulassen, bedurfte freilich der Rechtfertigung. Diese haben viele der neuen Faust-Dichter denn auch mehr oder weniger weitläufig geliefert. Ein Argument taucht dabei – bis hin zu Busonis Begründung seiner Faust-Oper (*Doktor Faust*, 1925) – immer wieder auf. Goethe habe sich von der Volksbuch- und Puppenspiel-Tradition so weit entfernt, daß es legitim sei, zu deren Elementen, zum »Puppenursprung« (Busoni) zurückzukehren und sie in neuer Gestalt zu vergegenwärtigen. Das konnte – wie in Heines »Tanzpoem« – in der Absicht einer kritischen Alternative zu Goethes Dichtung geschehen oder aber, um jeden Vergleich der eigenen mit Goethes Konzeption auszuschließen. So präsentiert Achim von Arnim, ein entschiedener Bewunderer von Goethes *Faust*, in seinem historischen Roman *Die Kronenwächter* (1817) einen kraftstrotzenden Wunderarzt, Saufkumpan und Scharlatan, der mit Goethes Faust nur den Namen gemeinsam hat und nicht an ihm gemessen werden will.

Zu den festen Bestandteilen der Faustsage gehört die Höllenfahrt: *La damnation de Faust*, um den Titel der »dramatischen Legende« von Hector Berlioz (1828/46) zu zitieren, die zu den bedeutendsten Musikalisierungen des Stoffs gehört. Auch die Bearbeitungen im Gefolge des ersten Teils von Goethes *Faust I* verbannen dessen Titelgestalt in der Regel in die Hölle. Seine

Rettung in Goethes *Faust II* bedeutet einen tiefen Einschnitt in der Tradition der Sage. Obwohl manche spätere Bearbeiter den Erlösungsgedanken aufgreifen – als Beispiel sei hier nur Arrigo Boitos Oper *Mefistofele* (1868) mit ihrem grandiosen Himmels- und Höllenspektakel am Ende erwähnt –, dominiert doch in der weiteren Stofftradition, nicht zuletzt in Opposition gegen Goethe, der Verdammungsschluß (so bei Lenau, wo er durch den Selbstmord des weltschmerzlichen Helden ersetzt wird, der am Ende vor dem Scherbenhaufen seiner Selbstvergöttlichungspläne steht, oder bei Heine). Der gerettete Faust wird wieder gerichtet! Das geschieht in gewisser Weise auch in Friedrich Theodor Vischers ausufernder Parodie *Faust. Der Tragödie dritter Teil* (zwei Fassungen 1862 und 1886), wo dem Goetheschen Faust eine Zeit lang der Himmel zur Hölle gemacht wird – da er sich den Kritikern zu stellen hat, die befinden, »Der Geisterwelt präsentes edles Glied, / Nicht ganz so strebend hab' es sich bemüht, / Als nötig, es zu retten / Aus Satans Ketten«. Die endgültige Rettung wird daher von neuen Bewährungsproben abhängig gemacht.

Goethes Arbeit am Faust-Mythos

Goethes Arbeit am *Faust* erstreckt sich über sechs Dezennien seines Lebens: von 1772-1831. Im wesentlichen lassen sich vier, jeweils durch viele Jahre voneinander getrennte Arbeitsphasen unterscheiden. Die erste fällt in die Zeit zwischen 1772 und Goethes Ankunft in Weimar. Aus diesen Jahren stammt der von Goethe nicht publizierte (von seinem Wiederentdecker Erich Schmidt 1887 so genannte) »Urfaust«. Während des ersten Weimarer Jahrzehnts stockt die Arbeit; den Abschluß der zweiten Phase während und nach der Italienischen Reise bildet Goethes erste Veröffentlichung seiner Entwürfe: *Faust, ein Fragment* (1790). In der dritten, durch Schiller inspirierten Phase seit 1797 wird *Faust, der Tragödie erster Teil* (ersch. 1808) abgeschlossen, aber auch schon der Helena-Akt begonnen. Die letzte Phase (unter Eckermanns Anregung) bilden die Jahre 1825-31; nach

Vorveröffentlichungen der *Helena* und der Szenen am Kaiserhof in der »Ausgabe letzter Hand« (1827/28) erscheint in den »Nachgelassenen Werken« 1832 *Faust. Der Tragödie zweiter Teil*, deren Publikation Goethe zu seinen Lebzeiten nicht gewünscht hat.

Anders als die beiden Wilhelm Meister-Romane ist *Faust* ein einziges Werk – wenn auch kein einheitliches. Eine Entstehung in vier von Geist und Stil her mehr oder weniger tiefgreifend voneinander unterschiedenen Perioden läßt eine streng unitarische Deutung nicht zu. Goethe selbst hat, vor allem im Gespräch mit Eckermann, häufig betont, daß man vergeblich nach einer konsistenten »Idee« suche, »die dem Ganzen und jeder einzelnen Szene im besonderen zugrunde liege«. Nicht »von etwas Abstraktem«, sondern von imaginativen »Anschauungen und Eindrücken« her sei das Werk komponiert (Eckermann, 6. Mai 1827). Den vierten Akt des *Faust II* nennt er einmal »eine für sich bestehende kleine Welt«, welche »das Übrige nicht berührt und nur durch einen leisen Bezug zu dem Vorhergehenden und Folgenden sich dem Ganzen anschließt«. Dazu bemerkt Eckermann: »Er wird also völlig im Charakter des übrigen sein; denn im Grunde sind doch der Auerbachsche Keller, die Hexenküche, der Blocksberg, der Reichstag, die Maskerade, das Papiergeld, das Laboratorium, die Klassische Walpurgisnacht, die Helena lauter für sich bestehende kleine Weltenkreise, die in sich abgeschlossen, wohl aufeinander wirken, aber doch einander wenig angehen.« Eckermann vergleicht dieses Verfahren mit dem der Epopöe, etwa der *Odyssee*. Hier wie dort werde die »Fabel eines berühmten Helden bloß als eine Art von durchgehender Schnur« benutzt, »um darauf aneinander zu reihen«, was immer sich begebe. Goethe pflichtet Eckermann bei; es komme »bei einer solchen Komposition bloß darauf an, daß die einzelnen Massen bedeutend und klar seien, während es als ein Ganzes immer inkommensurabel bleibt, aber eben deswegen, gleich einem unaufgelösten Problem, die Menschen zu wiederholter Betrachtung immer wieder anlockt« (13. Februar 1831).

Hier hat Goethe die beispiellose, unüberschaubar verzweigte Rezeptionsgeschichte des *Faust* deutlich vorhergesehen. Die Inkommensurabilität des Ganzen, bei größtmöglicher Faßlichkeit des Einzelnen, das Fürsichbestehen der verschiedenen ›Weltenkreise‹ hat in der Tat etwas von der Struktur des Epos. (Puschkin wird *Faust* eine »Ilias des modernen Lebens« nennen.) Goethe selbst hat in seinem bereits zitierten Brief an Schiller vom 27. Juni 1797 davon gesprochen, daß er sich beim *Faust* vor allem die Ausarbeitung der »Teile« angelegen sein lasse; »bei dem Ganzen, das immer ein Fragment bleiben wird, mag mir die neue Theorie des epischen Gedichts zustatten kommen« – deren Gesetze er soeben mit Schiller eingehend erörtert hat. Als den »Hauptcharakter« des Epos wurde von ihnen aber gerade die »Selbständigkeit seiner Teile« bestimmt!

Diese Selbständigkeit wird freilich durch den Symbolzusammenhang des *Faust*, vor allem des zweiten Teils, wieder relativiert. Dessen ›Weltenkreise‹ sind zwar in einem pragmatischen Sinne weitgehend unabhängig voneinander, aber ihre wechselseitige symbolische Spiegelung stiftet doch zwischen ihnen eine weit engere Beziehung als sie (nach dem Bild Eckermanns) zwischen den bloß aneinandergereihten Perlen einer Schnur besteht. In seinem Brief an Carl Jakob Ludwig Iken vom 27. September 1827 hat Goethe von seinem dichterischen Verfahren gesagt, er habe »seit langem das Mittel gewählt, durch einander gegenüber gestellte und sich gleichsam in einander abspiegelnde Gebilde den geheimeren Sinn dem Aufmerkenden zu offenbaren«. Derart sich ineinander abspiegelnde Gebilde sind im *Faust* etwa die nordische und die »klassische« Walpurgisnacht mit ihren symbolischen Parallelen und Kontrasten: der vom Stachel der Sünde gezeichneten christlichen und der von keinem moralischen Prinzip perhorreszierten antiken Sinnlichkeit, gipfelnd in der Gestalt der Lilith dort und der Galatea hier – oder aus anderem Blickwinkel diese »Klassische Walpurgisnacht« mit ihrem autochthonen Mythos und die Mummenschanz mit ihrer höfisch domestizierten Mythologie. Diese erscheint überhaupt in immer neuen Spiegelungen: aus orthodox christlicher Sicht (die sich sogar Mephisto zueigen macht), aus höfisch-gesellschaftlicher oder romantisch-moderner (Helena-

Akt). Das antik-heidnische Mysterium am Ende des zweiten Akts von *Faust II* weist hinüber zum christlichen Mysterium am Ende des fünften Akts wie zurück zur Perversion des letzteren auf dem Blocksberg des ersten Teils. Auch *Faust I* wird also in das Beziehungsgeflecht der Spiegelungen des Goetheschen Spätstils im nachhinein einbezogen. Auf der anderen Seite enthält schon der »Urfaust« durch seine offene Form: Diskontinuität der Handlung, beliebigen Schauplatzwechsel, bindungslose Reihung selbständiger Szenen ohne Aktgliederung – im Gegensatz zur klassisch-geschlossenen Dramenform – in sich die Möglichkeit einer wechselseitigen symbolisch-kontrastiven Erhellung der einzelnen Szenen sowie einer unbegrenzten ›epischen‹ Ausdehnung. In *Faust II* hat Goethe die Gliederung in fünf Akte wieder eingeführt, aber diese strukturiert das Geschehen nicht mehr in der Weise des klassischen Dramas, sondern eher wie die Gesänge oder Bücher der epischen Großform. In sich selbst behalten die Akte eine lose Szenenfügung, mit Ausnahme des Helena-Aktes: dieser ist ein Drama im Drama, das im ersten Teil fast exakt die Bauform der griechischen Tragödie nachbildet.

Stationen des Faust-Dramas

Goethe hat dem *Faust* drei Prologe vorangestellt, die während der dritten Arbeitsphase (1797-1800) entstanden sind. Diese nähern sich gewissermaßen schrittweise dem eigentlichen Werk: von der lyrischen Selbstaussage des schaffenden Dichters (»Zueignung«) über die von ihm gewählte Darbietungsform, welche im dramatischen Diskurs von Theaterdirektor, Dichter und Schauspieler (lustiger Person) metatheatralisch reflektiert wird (»Vorspiel auf dem Theater«) bis zur Exposition der dramatischen Handlung sub specie aeternitatis (»Prolog im Himmel«). Aber auch die eigentliche Handlung beginnt mit einer Art Prolog: dem Monolog des traditionell-typischen homo melancholicus Faust, seiner Verzweiflung an den akademisch-rationalen Wissenschaften. Dieser Monolog leitet den ersten großen Handlungskomplex ein, das Drama des Wissenschaftlers, das im Satyrspiel der Schüler-Szene (Vs. 1868–2072) ausklingt, in der die Fakultäten und Wissenschaften noch einmal komisch-satirisch gemustert werden.

Fausts Weg führt von Wissenschaft und humanistisch-rhetorischer Bildung (in der Gestalt Wagners parodiert) über das Weltsystem der Pansophie, das er in typisch moderner Wendung als eine Ordnung nicht des An-sich-Seienden, sondern als »Schauspiel« der menschlichen Subjektivität durchschaut (Vs. 454), zur Magie: zur Beschwörung des Erdgeists, des »Welt- und Taten-Genius« (Schema von ca. 1797). Der Erdgeist weist Faust zwar schroff in seine menschlichen Grenzen zurück – die dieser bis an sein Lebensende nicht anerkennen wird und zunächst im Suizid: in der entgrenzenden Erfahrung des Todes zu überschreiten sucht –, aber jener begleitet ihn doch unsichtbar auf seinem weiteren Weg. Nicht nur neue Naturerfahrung – nun nicht mehr im Erkennen, sondern im Gefühl – wie sie sich in der Szene »Wald und Höhle« offenbart, hat Faust dem Wirken des Erdgeists zu verdanken, sondern auch Mephisto scheint zu ihm in einer dunklen Verbindung zu stehen (siehe namentlich Vs. 3241–46): zum Geist der Erde und der Tat gehört auch das Böse. Zwischen dieser vom »Urfaust« und »Fragment« her in das endgültige Werk hineinreichenden Konzeption und dem »Prolog im Himmel«, der das Wirken Mephistos ganz anders, als göttliche Toleranz gegenüber dem letzten Endes zum Guten führenden Wirken des Teufels motiviert, besteht ein oft bemerkter Widerspruch, der sich indessen auflöst, als dramatische Ironie enthüllt, wenn man bedenkt, daß Faust Agnostiker ist, den das »Drüben« nicht kümmert, wie er Mephisto bekennt (Vs. 1660–1670), der einen transzendenten Gott – eine Gottheit außerhalb der Natur – nicht anerkennt, sondern für den die Formel Spinozas gilt: »Deus sive natura«. Noch der alte Faust verkündet mit ganz ähnlichen Worten wie einst im Dialog mit Mephisto der »Sorge« seine agnostische Überzeugung: »Nach drüben ist die Aussicht uns verrannt; / Tor, wer dorthin die Augen blinzelnd richtet, / Sich über Wolken seinesgleichen dichtet!« (Vs. 11442–11444). Wie sollte er also in Mephisto einen Abgesandten des Himmels erkennen, der sich über seiner Welt mitnichten wölbt! Für ihn kann Mephisto nur polarer Bestandteil eines naturhaft-göttlichen Prinzips »dieser Erde« (Vs. 1663) sein (wie Finsternis und Licht, Tod und Leben polar zusammengehören). Dieses Prinzip aber wird für Faust vom »Erdgeist« verkörpert. Der Widerspruch zwischen den beiden Herleitungen Mephistos ist also ein perspektivischer: der Widerspruch zwischen *sub specie aeternitatis* und *sub specie Fausti*, zwischen der Perspektive des Zuschauers, der den »Prolog im Himmel« gesehen hat, und der Perspektive Fausts, dem die »Aussicht« in diesen Himmel »verrannt« ist.

In den Studierzimmerszenen werden noch einmal die geistigen Tendenzen umkreist, welche mit der halb historischen, halb legendären Gestalt Fausts seit dem 16. Jahrhundert in Verbindung gebracht worden sind und die durch sie ausgelöste Faszination wie Verstörung erklären. Faust verkörpert jene menschliche Wißbegierde, deren Ambivalenz schon bei Augustinus durch den Begriff der »curiositas« bezeichnet ist, der im älteren Deutsch mit »Fürwitz« übersetzt wird. Er aber wird das bewegende Prinzip der neuzeitlichen Wissenschaft sein! Der von Offenbarungswissen und kirchlich-orthodoxer Lehre sich emanzipierende ›Geist‹, welcher die inneren Zusammenhänge der Natur zu erkennen strebt, hat vor allem die protestantische Orthodoxie, in deren Geist auch das Volksbuch von 1587 geschrieben ist, zutiefst beunruhigt, da sie ein Erkenntnisstreben unabhängig vom Offenbarungswissen der Bibel, aufgrund der gänzlichen Verdorbenheit der natürlichen Erkenntnisfähigkeit des Menschen durch die Erbsünde, im wahrsten Sinne verteufelte: der Grund für die Verknüpfung der Faustsage mit dem Teufelsbundmotiv. »Natur ist Sünde, Geist ist Teufel, / Sie hegen zwischen sich den Zweifel«; die Einstellung der Orthodoxie gegenüber der Faustgestalt läßt sich durch nichts prägnanter bezeichnen als durch diese Verse des Kanzlers in *Faust II* (Vs. 4900 f.).

Seiner Selbstdefinition in den Versen 1335 ff. nach ist Mephisto der Geist der Verneinung und Vernichtung, der das Nichts an die Stelle des Seins setzen will und demgemäß einen Schöpfungsmythos konstruiert, der den biblischen und Goetheschen (*Dichtung und Wahrheit*, Ende des achten Buches) pervertiert. Das Nichts, die uranfängliche Finsternis hat sich das Licht geboren, das trotz seiner Aufsässigkeit gegen die Nacht wieder zugrunde gehen muß, da es nur in den Körpern, die im Licht aus dem Gestaltlosen entstehen, zur Wirklichkeit wird, also auf die hinfällige materielle Welt angewiesen ist. Mephisto ahnt freilich (Vs. 1335 f., 1362 ff.), daß seine Anstalten, das Licht in Finsternis, das Sein ins Nichts zurückzuführen, letzten Endes immer wieder zu dem seinen Intentionen genau entgegengesetzten Ziel, zum »Guten« geführt werden. Mag er, der ›Vulkanist‹, die Welt noch so gewaltsam erschüttern – »Geruhig bleibt am Ende Meer und Land!« (Vs. 1368: Goethes ›neptunistische‹ Grundüberzeugung). Hier wölbt sich der Bogen zu der göttlichen Rechtfertigung des Bösen im Welthaushalt in den Versen 338 ff. des »Prologs im Himmel«: der Teufel dient, anders als er selber wähnt, dem Menschen nur zur Belebung seiner Tätigkeit. In Vorstellungen der Goetheschen Farbenlehre übersetzt: das Licht bedarf der Finsternis, um Farbe entstehen zu lassen. Die Farbe aber als Mittelsphäre zwischen Licht und Finsternis, göttlicher und materieller Welt ist die angemessene Lebenssphäre des Menschen, denn nach den Worten Fausts in seinem großen Monolog zu Beginn des zweiten Teils gilt: »Am farbigen Abglanz haben wir das Leben.« (Vs. 4727) Das einzige Mal, daß Faust die Bedingtheit des Menschen akzeptiert!

Mephisto wird also immer wieder versuchen, auch Faust ins Nichts hinabzuziehen und doch im letzten scheitern. In allen Daseinskreisen, die Faust und Mephisto nach ihrer »Wette« (Vs. 1692 ff.) durchmessen, wird immer wieder (weit entfernt von der einst angenommenen stufenweisen Höherentwicklung oder Läuterung Fausts) das gleiche Thema variiert: Faust, der dem Pakt gemäß »zugrunde gehen« will, wenn er ein einziges Mal im Augenblicklichen Genüge finden wird, der immer wieder nach absoluten Lösungen Strebende, sich nie Begrenzende, der in seinem »Selbst« genießen will, »was der ganzen Menschheit zugeteilt ist« (Vs. 1770 f.), wird zwar keines seiner Ziele in der von ihm gewähnten Idealität erreichen können, stets werden diese durch Magie, durch das destruktive Wirken Mephistos korrumpiert, und doch wird umgekehrt immer wieder aus dem von Mephisto beabsichtigten und bewirkten Bösen der Funken des Guten schlagen.

Faust entsagt nach Abschluß von Pakt und Wette dem »Wissen« zugunsten der »Sinnlichkeit«, der abgeschiedenen Gelehrtenexistenz zugunsten der ›Welt‹: »Stürzen wir uns in das Rauschen der Zeit, / Ins Rollen der Begebenheit!« (Vs. 1754 f.). Nach dem burlesken Zwischenspiel von »Auerbachs Keller« und der Verjüngung in der »Hexenküche« beginnt das Liebesdrama. Faust erscheint als ein durch den Hexentrank in seiner Identität zutiefst Veränderter, nur von sexueller Begierde erfüllt. Und doch entsteht aus dieser das (am Ende des zweiten Teils allein seine Erlösung bewirkende) Mysterium der Liebe Fausts und Gretchens, das Mephisto nicht zerstören kann, wenn er auch alles daran setzt, Faust in der Orgie der »Walpurgisnacht« der Dämonie des Geschlechtlichen verfallen zu lassen oder ihn und Gretchen ins Verbrecherische hinabzuziehen (Tod der Mutter und Valentins, Gretchens Kindsmord).

Die »Walpurgisnacht« sollte ursprünglich in einer Satansmesse gipfeln, die, in Teilen ausgeführt, von Goethe dann aber doch in dem von ihm so genannten »Walpurgissack« (Gespräch mit Falk um 1808) sekretiert wurde. Diese drastisch-obszönen »Satansszenen« sind eine wüste Parodie des kirchlichen und höfischen Zeremoniells, gipfelnd in der Szene des rituellen Kusses in den Hintern Satans. Die Satansmesse, die Goethe nicht zu veröffentlichen wagte, wird später in *Der Doktor Faust* von Heinrich Heine als »Hexensabbat« einen der Höhepunkte des »Tanzpoems« bilden. Auch dort wird die Szene mit dem »Homagium des Kusses« in den Hintern Satans am Bocksaltar breit entfaltet. (Heine wußte schwerlich Genaueres über Goethes Satansszenen, verwertete aber die gleichen Quellen wie er.)

Nach der erschütternden Gewalt der »Kerker«-Szene wird Faust gleichsam durch einen Lethestrom (Vs. 4629) zu einem neuen Lebensufer geleitet: durch einen Heilschlaf, dem wir bei Goethe so oft begegnen. »Wir sehn die kleine, dann die große Welt«, hatte Mephisto Faust vor ihrem Abschied von seinem Studierzimmer angekündigt (Vs. 2052). Die ›große Welt‹ ist nun in der Tat der ›Weltenkreis‹ des ersten Akts: ein von schweren Krisen geschütteltes Kaiserreich, dem ein »Aufruhr« droht, dessen Zeugen wir im vierten Akt tatsächlich werden. Hinter dem Kostüm des spätmittelalterliche Kaisertums erkennen wir deutlich die (satirisch gezeichneten) Züge des Ancien Régime. Der maßlose Aufwand für die Hofhaltung und der repräsentative Prunk der »Mummenschanz«, bei deren Gestaltung Goethe nicht nur sein Erlebnis des römischen Karnevals, sondern auch seine Erfahrungen mit den Weimarer »Maskenzügen« verwertet, wird mit bedrohlicher Geldnot kontrastiert, die auch eine der Ursachen für den Zusammenbruch des absolutistischen Staates in Frankreich gewesen ist. Der Luxus erhält so das Vorzeichen sträflichen Leichtsinns, zumal der Kaiser sich aufgrund der Genehmigung des von Mephisto erfundenen, durch imaginäre Schätze ›gedeckten‹, inflationären Papiergelds – das den Staatsbankrott nur um so sicherer herbeiführt – aller Rechtlichkeit begibt.

Goethe spielt hier zugleich auf zwei spektakuläre wirtschaftsgeschichtliche Affären an: zunächst gewiß auf die revolutionären Assignaten, die 1789 auf die enteigneten Kirchen-, Kron- und Emigrantengüter ausgestellt wurden, sodann auf eine weiter zurückliegende Begebenheit: 1717 wurde dem Schotten John Law von der frz. Regierung unter dem Herzog von Orléans die Gründung einer Privatnotenbank genehmigt, die der Tilgung der massiven Staatsschulden dienen sollte. Tatsächlich führte dieses Bankunternehmen zu einer vorübergehenden Wirtschaftsblüte. Die forcierte, immer mangelhafter gedeckte Banknotenausgabe hatte jedoch eine galoppierende Inflation zur Folge und stürzte Frankreich nach dem Zusammenbruch des Bankunternehmens 1720 in eine schwere Finanz- und Wirtschaftskrise.

Die Papiergeldaffäre und der mephistophelische Zauber, mit dessen Hilfe es dem Kaiser im vierten Akt allein gelingt, die Ordnung wieder aufzurichten, erinnern an die Anfälligkeit vieler Fürsten des 18. Jahrhunderts für die Geisterseherei sowie die obskuren Machenschaften, mit denen Magier und Scharlatane »die Einbildungskraft der Großen anzuregen, ihren Geist zu verblenden, ihr Vertrauen zu erschleichen wußten«, wie Mirabeau 1786 in einem Brief über Lavater und Cagliostro schreibt. Dieser war ja auch in die Halsbandaffäre um Marie Antoinette verwickelt, die für Goethe die Korruption des französischen Staats und Hofs so erschreckend bloßlegte und die er seinerzeit in seine gallige Komödie *Der Groß-Cophta* (1791) hinübergespiegelt hat. Daß es in der »Mummenschanz« gerade die Magier Faust und Mephisto sind, die das Papiergeld erfinden, daß dessen Schöpfung tatsächlich als eine Art alchemischer Prozeß suggeriert wird, ist so abwegig nicht, wenn man bedenkt, daß der Herzog von Orléans die Berufung von John Law nach Paris mit der sofortigen Entlassung aller Alchemisten verband – was er damit begründete, daß er jetzt eine bessere Methode entdeckt habe, um zu Geld zu kommen. Der Alchemist (Astrolog) am Kaiserhof des *Faust II* wird zwar nicht entlassen, aber er steht bezeichnenderweise mit Mephisto im Bunde und beschreibt dessen Vorhaben orakelhaft mit alchemischen Chiffren (Vs. 4955-70).

In der Mummenschanz (Szene »Weitläufiger Saal«) flüchten Kaiser und Hof sich aus der immer bedrückender werdenden »Tageswelt« in die Zauber einer üppigen Scheinwelt: eine allegorische Revue, in der das Antik-Mythische ganz im Gegensatz zur »Klassischen Walpurgisnacht« des folgenden Akts, die auch das Grauenhafte und Häßliche beschwört, in höfisch gezähmter Form erscheint. Um sich festlich-gefällig zu geben, tauschen die Parzen untereinander spielerisch-scherzhaft ihre Rollen, und die Furien erscheinen gar »Hübsch, wohlgestaltet, freundlich, jung an Jahren« (Vs. 5350) etc. Die Harmlosigkeit festlich-konventioneller Allegorie wird jedoch mit dem Auftreten der Plutus-Gruppe Fausts zum Magischen und Symbolischen hin durchbrochen. Wenn Plutus-Faust den Knaben Lenker, der die Poesie personifiziert, aus der Hofwelt in die »Einsamkeit« verweist (Vs. 5690 ff.), so drückt sich darin aus, daß dem Reichtum, wie er hier durch Plutus personifiziert wird, das Gewand der Künste, der Poesie, die ihn bisher repräsentativ schmückten, nicht mehr ansteht, verwandelt er sich doch in den rein materiellen Besitz. Dieser wird wie in den sekretierten Satansszenen der »Walpurgisnacht« auf einen Nenner mit der Sexualität gebracht. Der in der Schatztruhe aufbewahrte Repräsentationsschmuck (»Kronen, Ketten, Ringe«: Vs. 5713) wird in den nackten materiellen Besitz eingeschmolzen: »Gefäße, goldne, schmelzen sich, / Gemünzte Rollen wälzen sich. – / Dukaten hüpfen wie geprägt« (Vs. 5717–19); Mephisto aber formt aus dem Gold einen Phallus, mit dem er die weibliche Gesellschaft schockiert (Vs. 5781–96)!

Die vom Knaben Lenker ausgestreuten Gaben der Poesie aber vermag die Hofgesellschaft nicht zu fassen; das zeigt sich nicht nur in dieser Szene (Vs. 5590 ff.), sondern mehr noch bei der Beschwörung Helenas (Szene »Rittersaal«). Die Einsamkeit als Sphäre des Schöpferisch-Poetischen erfährt in Fausts Abstieg zu den »Müttern« – dem Reich der »Bilder aller Kreatur« (Vs. 6289), der Ideen und Urbilder alles möglich und wirklich Seienden –, eine so unerhörte mythisch-symbolische Vertiefung, daß von ihrem Standpunkt aus das höfische Getriebe geistleer erscheint. Das »magische Theater« (Skizze von 1816) der Beschwörung Helenas – eines der zahlreichen metatheatralischen Momente des Werks – bleibt für den Hof eine teils bekrittelte, teils ästimierte repräsentative Veranstaltung. Die höfische Gesellschaft erwartet und vermißt in der magischen Paris-Helena-Pantomime Theater in den ihr geläufigen ›schicklichen‹ Dimensionen, während für Faust die Erscheinung Helenas eine sein ganzes Wesen aufwühlende, ihn aus allen gesellschaftlichen Konvenienzen herausreißende geistig-sinnliche Erfahrung ist. Indem Faust freilich die Grenze zwischen Wirklichkeit und magisch beschworener Urbildsphäre unvermittelt zu überschreiten sucht, gewaltsam über die Schwelle des Jetzt in das Einst des

Mythos treten will, endet die magische Veranstaltung mit einem Fiasko.

Hier setzt nun der unerhörte Einfall Goethes ein, Faust über eine Folge von mehreren Szenen hinweg – wiederum – in einen Tiefschlaf zu versenken und erst auf klassischem Boden erwachen zu lassen. Faust wird inzwischen in sein einstiges Studierzimmer zurückgebracht, die Schüler-Szene wiederholt sich mit ausgetauschten Vorzeichen: nun wird der »alte Herr« Mephisto (Vs. 6721) von dem zum Baccalaureus avancierten Studiosus in die Enge getrieben: Satire auf die Anmaßung der Jugend, die ihr empirisches Ich mit dem transzendentalen Ich der idealistischen Philosophie verwechselnd, sich selber zum Weltschöpfer aufbläht (Vs. 6794). Wagner als eine Art Prometheus-Karikatur sucht einen Menschen aus der Retorte zu fabrizieren – bezeichnend für den, der glaubt, alles nach Rezepten ›machen‹ zu können (wie sie sich in seiner Vorliebe für die Anwendungsmuster der Schulrhetorik zeigt), aber auch für die Hybris einer technisierten Naturwissenschaft.

Der nur mit Hilfe mephistophelischer Magie zustande gebrachte Homunculus entzieht sich freilich sofort dem Geist seines ›Vaters‹, er strebt als quasi präexistentielles Wesen nach Existenz – in Griechenland, wo eben die »Klassische Walpurgisnacht« stattfindet. Er wird seine Verkörperung, am Triumphwagen der Galatea zerschellend, im Meer als dem Element proteischer Verwandlungen suchen; von der Urfeuchte aus hat er den Werdegang der Natur nachzuholen. Der in Griechenland wiedererwachte Faust begibt sich auf den Weg in den Hades, um Helena von Persephone loszubitten. Diese Losbittung, von Goethe ursprünglich als einer der Höhepunkte des Dramas konzipiert, wird in der Darstellung übergangen, offenbar weil Goethe eine andere – symbolische – Motivierung der Erscheinung Helenas im dritten Akt wesentlicher wurde: während seines Tiefschlafs erzeugt sich Faust selber Helena, den Mythos von der Begattung Ledas durch den Schwan nachträumend (Vs. 6903 ff.). Dieser Traum symbolisiert die Einheit des schöpferischen Eros mit dem physischen.

Im Traum eignet Faust sich das Urbild der Schönheit kreativ an – das Drama des Ästheten beginnt. Aber noch eine andere symbolische Linie führt zu Helena hin: in ihr vollendet sich der Werdegang der Natur, der in der »Klassischen Walpurgisnacht« feiernd nachvollzogen wird. Helena, das Urbild der Schönheit, ist zugleich Schöpfung der Natur und des künstlerischen Eros. Die 1483 Verse der »Klassischen Walpurgisnacht« sind eine einzigartige poetisch-theatralische Enzyklopädie der Gestaltenwelt des griechischen Mythos unterhalb der olympischen Sphäre, von den chaotisch-monströsen Phorkyaden bis hinauf zur schönen Gestalt der Galatea, die das Erscheinen Helenas unmittelbar vorbereitet. Mephisto hat in dieser Welt, wo Natur eben nicht Sünde ist, als Teufel nichts zu suchen, der Böse muß sich deshalb zum Häßlichen transformieren und leiht sich von den Phorkyaden die angemessene Ungestalt, welche im Helena-Akt die Rolle der Schaffnerin spielt: Mephisto als Androgyn.

Nach dem berauschenden Gewoge der Bilder und Gestalten des zweiten Akts stellt sich die antike Gruppe »Vor dem Palaste des Menelas zu Sparta« in ihrer monumentalen Statuarik um so eindrucksvoller dar. Helena ist ihren eigenen Worten zufolge »Idol« (Vs. 8879), erkennt sich selber als eine gedichtete, als Schein-Gestalt. Sie ist eine einzigartige Kunstfigur, die sich mit ihrer Dichtungs- und Deutungsgeschichte eins weiß: »Bewundert viel und viel gescholten, Helena« (Vs. 8488). – »Das Merkwürdigste bei diesem Stück ist« einem Briefkonzept Goethes (1826) zufolge, »daß es, ohne den Ort zu verändern, gerade dreitausend Jahre spielt, die Einheit der Handlung und des Orts aufs genaueste beobachtet, die dritte jedoch phantasmagorisch ablaufen läßt« – ja Zeit überhaupt aufhebt. (»Phantasmagorie«, vom griechischen Phantasma = Traumgestalt abgeleitet, bezeichnete im 18. Jahrhundert die Darstellung von Geistern mit Hilfe eines aus der Laterna magica entwickelten optischen Apparats, der wohl auch beim »magischen Theater« der Beschwörung Helenas am Kaiserhof zum Einsatz kommt.) Als eine »klassisch-romantische Phantasmagorie« hat Goethe die (vorveröffentlichte) *Helena* bezeichnet: Faust begegnet Helena in der Ritterburg der zweiten Szene auf klassischem Boden, sie ihm jedoch in romantischer, mittelalterlicher Zeit.

In der poetischen Abbreviatur des Lebenslaufs Euphorions – der modernen Poesie, welche aus der Verbindung der klassischen und romantischen entsteht – im Arkadien der dritten Szene schlägt Goethe, souverän-spielerisch die Zeiten ineinanderschiebend, die Brücke zur Gegenwart. Das Ende Euphorions, der sich, ein neuer Ikarus oder Phaeton, in trunkenem Höhenflug zu Tode stürzt – eine Anspielung auf Lord Byron und die Gefahr der Subjektivität des modernen Künstlers, der stets »auf der Kippe steht« (Goethe über Runge; zu S. Boisserée, 4. Mai 1811) – zerstört das arkadische Idyll. Nach der gewaltigen Nänie des Chors (Vs. 9907 ff.) kehrt Helena in den Hades zurück. Wie die »Klassische Walpurgisnacht« sich vom Elementaren zur schönen Gestalt emporläuterte und verdichtete, so löst sich nun alles Gestalthafte im dionysisch-orgiastischen Dithyrambus des Chors, der den Akt beschließt, wieder ins Elementare auf. Hier hat Goethe die von der Frühromantik (Friedrich Schlegel, Schelling) wiederentdeckte dionysisch-rauschhafte Seite des Griechentums, welche dem klassischen Antikebild ferngelegen hatte, Klang und Bild werden lassen. Wenn Phorkyas in der ingeniösen Szenenanweisung des Schlusses von den Kothurnen heruntertritt, Maske und Schleier zurücklehnt, um sich wieder als Mephisto zu zeigen, so wird in solcher theatralischen Desillusionierung offenbar, was der ganze Akt war: magisches Spiel, Phantasmagorie.

Der vierte Akt kehrt auf deutschen Boden zurück: auf das Drama des Wissenschaftlers, des Liebenden, des Ästheten folgt das Drama des Politikers. Der längst fällige Aufruhr im Kaiserreich ist ausgebrochen. Symbolisch gespiegelt wird er in der Lehre des Vulkanismus, wie Mephisto sie sich Vs. 10075 ff. zueigen macht, während Faust sich auf den Standpunkt der neptunistischen Evolutionslehre Goethes stellt. Bereits in der »Klassischen Walpurgisnacht« (Vs. 7503–7950) wurde der Streit zwischen Vulkanismus und Neptunismus (dort zwischen Anaxagoras und Thales ausgetragen) zur Basis einer weitgespannten politischen Allegorie: der vom Seismos, den vulkanisch-gewaltsamen Erdkräften, aufgetürmte Berg bringt die blutige Gewaltherrschaft der Pygmäen mit sich; aus Gewalt entsteht neue Gewalt – Goethes allegorische Satire auf die Französische Revolution (und die »Reprise der Tragödie von 1790« im Jahre 1830: Goethe an Knebel, 12. September 1830), welche der Ancien Régime-Satire des Hofakts korrespondiert.

Nachdem Faust und Mephisto durch magische Gewalt dem fast schon überwundenen Kaiser zum Sieg verholfen haben, wird das Reich restauriert. In der breit ausgestalteten Reichsämterverleihung der letzten Szene wird dieser Restaurationsvorgang symbolisch vergegenwärtigt. Obwohl solche Wiederherstellung der Ordnung nach dem Chaos der Anarchie von Goethe nicht in der gleichen Weise satirisch entlarvt wird wie das Hofgetriebe des ersten Aktes, läßt er uns doch die Überständigkeit dieser Ordnung spüren. Das Pathos der Worte des Kaisers, von Goethe bewußt durch den Gebrauch des hölzernen Alexandriners ins Anachronistische gerückt, wirkt, so selbstverständlich es sich gibt, zudem angekränkelt vom Wissen um den Frevel, dem das Reich seine Wiedergeburt verdankt.

Faust wird als Gegenleistung für seine Unterstützung mit dem Meeresstrand belehnt, auf dem er, um die »Zwecklose Kraft ungebändigter Elemente« (Vs. 10219) zu überwinden, ein großartiges Kolonisationswerk plant. Dieses Projekt ist als Manifestation eines anti-feudalen Unternehmer- und Fortschrittsgeistes je nach der ideologischen Position der Interpreten mit positivem oder negativem Vorzeichen versehen worden – in letzterem Falle als Exempel einer ›Dialektik der Aufklärung‹, deren instrumentalistische Rationalität in eine inhumane Lebenspraxis umschlägt. Fausts Landgewinnungsplan setzt allerdings voraus, daß er den Kaiser bei der Restauration seines durch und durch vom Feudalsystem geprägten Reichs unterstützt hat, daß ihm also allenfalls ein Reservat mit bestimmten politisch-sozialen Sonderrechten zugesprochen wird, welche das Reich als ganzes nicht tangieren. Solche Reservationen haben auch absolutistische Fürsten wie Friedrich der Große und Maria Theresia in neuen Siedlungsgebieten eingerichtet. In *Wilhelm Meisters Wanderjahren* kommt ebenfalls ein Kolonisationsprojekt dieser Art vor. Anders als die Siedlungsunternehmungen der ›Entsagenden‹ in Goethes Roman geht Fausts Plan jedoch nicht auf humanitär-soziale Antriebe, sondern auf seinen titanischen Trotz gegenüber den Elementen zurück. Faust verzichtet auch hier nicht auf die Mittel der Magie und der Gewalt (»Menschenopfer mußten bluten«; Vs. 11127), die von Mephisto wieder bis zum Verbrechen getrieben wird (Mord an Philemon und Baucis). Noch der letzte Befehl Fausts an Mephisto vor seinem Tod wird eine Aufforderung zur Gewalt sein (Vs. 11554)!

Der Despot, der alles nur sich selbst verdanken, den ihm überlassenen Strand ganz sein eigen wissen will, kann deshalb auch das idyllische Reservat Philemons und Baucis' in seinem Herrschaftsbereich nicht ertragen: »Die wenig Bäume, nicht mein eigen, / Verderben mir den Weltbesitz.« (Vs. 11241f.). Jenes Reservat ist für ihn nichts als unzulässig ungenutztes Gelände. »Vor Augen ist mein Reich unendlich, / Im Rücken neckt mich der Verdruß, / Erinnert mich durch neidische Laute: / Mein Hochbesitz er ist nicht rein! / Der Lindenbaum, die braune Baute, / Das morsche Kirchlein ist nicht mein.« (Vs. 11153–58) »Unendlich« soll sein Blick sein, keine Beschränkung und Bedingung seiner absoluten Verfügungsgewalt durch traditionale Rechtsbestände will er »im Rücken« haben. Deshalb veranlaßt er die Umsiedlung von Philemon und Baucis, die eine vormoderne, von Pietät gegenüber dem Überlieferten geprägte Lebensform repräsentieren, welche schon als solche dem auf rastlosen Fortschritt bedachten Unternehmer Faust ein Dorn im Auge ist.

Zwar hat Faust die brutale Gewalt an Philemon und Baucis nicht gewollt – »Tausch wollt ich, wollte keinen Raub« (Vs. 11371) – aber im Grunde war dieser Tausch, war die Umsiedlung nichts anderes als Raub, da er dem Paar gewaltsam die Mitte seiner Existenz nahm, die eben nicht beliebig an einen anderen, von keiner Tradition geheiligten Ort verpflanzbar war. – Der erste Gedanke Fausts nach der Zerstörung des Idylls: »Ein Luginsland ist bald errichtet, / Um ins Unendliche zu schaun.« (Vs. 11344 f.) Ins Unendliche zu schaun – das ist die ganze Lebenstendenz Fausts, der sich nie in die conditio humana fügen, nie die »Grenzen der Menschheit« sehen will. Deshalb kennt er auch die Sorge nicht – will sie nicht kennen. An die Katastrophe Philemons und Baucis' schließt sich unmittelbar die allegorische Szene »Mitternacht« an. Hier tritt die personifizierte »Sorge« Faust gegenüber, der ihr jedoch die Anerkennung verweigert und von ihr geblendet wird.

Anders als im Falle des sophokleischen Ödipus, der im Moment seiner Blendung aus einem geistig Blinden zum Sehenden wird, ist Fausts physische Blindheit nur das Symbol seiner geistigen. Faust verstrickt sich vom Moment seiner Blendung an in eine immer tiefere Täuschung über die Außenwelt. Das zeigt aufs deutlichste die der Blendung folgende – Fausts letzte irdische Szene. Die utopische Vision seines allerletzten Lebensmoments (Vs. 11559–86) ist von den Interpreten lange als Läuterung Fausts verklärt worden. Doch ob sich der despotische Herrschaftswille (der unverkennbar napoleonische Züge trägt) hier wirklich zu republikanischer Gesinnung wandelt, ist sehr zu bezweifeln. Faust bleibt ein aufgeklärter Despot, der alle Mittel der Gewalt einsetzt, um ›sein‹ Volk zur Freiheit zu zwingen: »Bezahle, locke, presse bei!« So lautet sein letzter Befehl an Mephisto (Vs. 11554). Seine Hoffnung, »auf freiem Grund mit freiem Volke« zu stehen (Vs. 11580), wird von Goethe in mehrfacher Hinsicht als Illusion decouvriert. Schon in der bissigen Satire auf die Privilegiengier der katholischen Kirche am Ende des vierten Akts – als sich der Kaiser die geistliche Legitimierung seines mit teuflischen Mitteln restaurierten Reichs vom Erzbischof förmlich erkaufen muß, die Kirche also aus dem Bösen Kapital schlägt – werden der »hohen Kirchenstelle« für den zu kolonisierenden Meeresstrand der »Zehnte, Zins und Gaben und Gefälle« zugesichert (Vs. 11038). Niemals würde der Grund also »frei«, Fausts »Hochbesitz« wirklich »rein« sein (Vs. 11156)! Doch auch davon abgesehen bleibt Fausts Utopie reine Illusion. Während der durch den Anhauch der »Sorge« Erblindete im

Geklirr der Spaten die Arbeit an seinem Werk zu hören meint, schaufeln in Wirklichkeit die Lemuren sein Grab, und Mephisto läßt keinen Zweifel daran, daß dieses mühsam errichtete Werk bald wieder ein Raub der Elemente sein wird: »Du bist doch nur für uns bemüht / Mit deinen Dämmen, deinen Buhnen; / Denn du bereitest schon Neptunen, / Dem Wasserteufel, großen Schmaus. / In jeder Art seid ihr verloren: – / Die Elemente sind mit uns verschworen, / Und auf Vernichtung läufts hinaus.« (Vs. 11544–50)

Das hat einen präzisen technischen Grund. Fausts letzter Monolog beginnt mit den Versen: »Ein Sumpf zieht am Gebirge hin, / Verpestet alles schon Errungene; / Den faulen Pfuhl auch abzuziehn, / Das Letzte wär das Höchsterrungene.« (Vs. 11559 62) Bei diesem faulen Pfuhl handelt es sich aber um eine Folge des Deichbaus selber. In den von ihm konsultierten Werken über den Wasserbau, die er in seiner eigenen Bibliothek stehen hatte, konnte Goethe lesen, daß eine allzu forcierte Kanalisierung – die Fachliteratur der Zeit redet von »hydrotechnischem Terrorism« – aufgrund des Stillstehens der Gewässer und des dadurch bedingten Wucherns der Wasserpflanzen allmählich zur Versumpfung führe. Die gewalttätig vernutzte und übernutzte Natur schlägt verderbenbringend zurück! So erhält Mephistos Kommentar über Fausts »Graben«, seine gigantischen Dammpläne einen unheimlichen Doppelsinn: »Man spricht, wie man mir Nachricht gab, / Von keinem Graben, doch vom Grab.« (Vs. 11555 f.) Nicht nur, daß die Lemuren statt des Grabens Fausts Grab ausheben, sondern jener Graben ist zugleich durch die fortschreitende Versumpfung – die Kehrseite der Modernisierung – das Grab von Fausts forcierten technischen Plänen.

Davon ahnt er in der utopischen Euphorie seiner Sterbevision nicht das Geringste. In seinen letzten Worten: »Zum Augenblicke dürft ich sagen / Verweile doch, du bist so schön! / [...] / Im Vorgefühl von solchem hohen Glück / Genieß ich jetzt den höchsten Augenblick« (Vs. 11581–86) glaubt Mephisto die Fausts Verhängnis besiegelnden Worte der Wette wiederzuerkennen. Doch ist hier eben nur von Vorgefühl die Rede, der Satz der Wette nur im Irrealis, im Hinblick auf die erträumte Zukunft ausgesprochen! Mephisto täuscht sich also, wenn er glaubt, die Wette gewonnen zu haben. Gerade in diesen letzten Worten offenbart sich, daß Faust im *gegenwärtigen* Augenblick niemals Genüge finden wird. So kann nach dem grandiosen, auf die Mysterienspieltradition zurückweisenden Spektakel der »Grablegung«, in dem der Teufel der Genarrte ist, das Erlösungsmysterium der »Bergschluchten«-Szenen beginnen. Hier gestaltet Goethe unter Rückgriff – um sich nicht im »Vagen« zu verlieren – auf die »scharf umrissenen christlich-kirchlichen Figuren und Vorstellungen« (Eckermanns Gespräche, 6. Juni 1831) seine Überzeugung vom rastlosen Fortwirken der »entelechischen Monade« nach dem Tode (an Zelter, 19. März 1827). Im Aufsteigen der Entelechie Fausts innerhalb der hierarchisch gestuften transzendenten Regionen drückt sich seine Erlösung als Ablösung vom Materiellen, Finsteren und Auflösung ins Geistige, Lichte, als Annäherung ans Göttliche aus. Vom letzten Materiellen kann Faust nur durch das »Ewig-Weibliche« (Vs. 12110) gereinigt werden, das sich in der Mater gloriosa und den Büßerinnen, deren eine »sonst Gretchen genannt« ist, offenbart. Im abschließenden Chorus mysticus ist hymnisch-formelhaft die auf den Neuplatonismus zurückweisende Kardinalidee der Goetheschen Weltsicht: die Gleichnishaftigkeit der aus Gott emanierenden und in ihn zurückfließenden Welt, zusammengefaßt.

Göttliche und menschliche Komödie

Als »Tragödie« hat Goethe *Faust* bezeichnet. Ihr Titelheld ist freilich nichts weniger als tragisch. Ob man von der aristotelischen Bestimmung der Tragödie ausgeht oder von ihrer modernen Metaphysik seit Schelling – Faust fehlt die elementare Bedingung des Tragischen: das Leiden. Daher wendet sich ihm auch in keinem Moment das Mitleiden des Zuschauers oder Lesers zu. Woran liegt das? Aristoteles hat im dreizehnten Kapitel seiner *Poetik* die ›Ähnlichkeit‹ zwischen Held und Zuschauer als eine der Bedingungen der tragischen Wirkung bezeichnet, denn sie allein ermöglicht die Identifikation des Zuschauers mit dem Protagonisten. Furcht und Mitleid sind Identifikationsaffekte. Faust indessen – der »Übermensch«, der stets über die conditio humana hinausstrebt (Vs. 490) – ist niemals ›ähnlich‹, erhebt sich über jede begrenzende, bedingende Menschenform und erlaubt daher auch keine Identifikation, die an diese Form gebunden ist. Er, der nach Mephistos Worten »der Erde Freuden überspringt« (Vs. 1859), er überspringt auch deren Leiden.

Immer entzieht Faust sich im Brennpunkt des Scheiterns, da »der Menschheit ganzer Jammer« ihn anfaßt (Vs. 4406), den tragischen Konsequenzen seines Tuns, indem er seine bisherige Erdenform zugunsten einer anderen ablegt. Von der Wissenschaft, vor dem Zusammenbruch seines Wissensgebäudes, flüchtet er in die weiße und – nachdem »Erinnrung« (Vs. 781) ihn vor dem entgrenzenden Freitod bewahrt und noch einmal auf die bedingende »Erde« (Vs. 784) zurückgezogen hat – in die schwarze Magie. Durch Zauber verjüngt, d.h. eines Teils seiner eigenen Lebensgeschichte mit ihren Erinnerungswerten beraubt, verwandelt er sich in den liebenden Jüngling, und als er in dieser Gestalt ein tragisches Verhängnis auslöst, entzieht er sich ihm – nach vergeblichen Versuchen, es durch Trennung zu unterlaufen (»Wald und Höhle«) oder zu verdrängen (»Walpurgisnacht«) – im Moment der Katastrophe durch regelrechte Flucht.

Heilschlaf und Naturmagie in der Szene »Anmutige Gegend« reinigen sein Inneres »im Tau aus Lethes Flut« (Vs. 4629) von »erlebtem Graus« und entfernen »des Vorwurfs glühend bittre Pfeile« (Vs. 4624 f.): wieder wird ein Stück Lebensgeschichte, werden Erinnerung und Reue ausgelöscht. Die Begegnung mit der Antike bleibt Phantasmagorie, die zwar in sich – für Helena – tragische Konsequenzen hat, denen Faust sich aber durch das Zurücktreten in die Realität entziehen kann. Sein Scheitern schließlich als Politiker kommt ihm in seiner physischen Blindheit, die das Symbol seiner geistigen ist, nicht zu Bewußtsein. Er erliegt einer Illusion, die ihn der Tragik enthebt. Und das Erlösungsmysterium des Schlusses löst die Tragödie ohnehin ins Metatragische auf. Faust ist der große Vergesser! Nur durch das Abstreifen der Erinnerung kann er immer wieder von vorn anfangen, eine Existenzform gegen die andere vertauschen und in seinem »Selbst« genießen, was der »ganzen Menschheit zugeteilt« ist (Vs. 1770 f.). Zwar löst er immer wieder Tragödien aus – von Gretchen über Helena bis Philemon und Baucis –, aber er selbst wird von ihnen nicht im Innersten betroffen. Wenn *Faust* eine Tragödie ist, dann ist sie es gegen Faust selber.

Gewiß: im Hinblick auf seine dominierende Stilhöhe und seine Pathosmomente bleibt *Faust* unzweifelhaft eine Tragödie, wenn auch – wie die Tragödien Shakespeares – nach den strengen Stiltrennungsregeln humanistischer Provenienz keine ›reine‹ Ausprägung der Gattung, denn es finden sich darin wie auf dem elisabethanischen Theater komisch-niedrige Momente zuhauf. *Faust* ist wie die Tragödie Shakespeares also ein Theater der Stilmischung. Man könnte ihn mit dem gleichen, ja aufgrund der dramatischen Form mit höherem Recht eine *Divina Commedia* nennen wie Dantes großes episches Gedicht.

Im zehnten Abschnitt seines Briefes an Cangrande hat Dante geschrieben, Tragödie und Komödie unterschieden sich einmal durch den Gang der Handlung, der in der Tragödie von ruhigem und edlem Beginn zu schrecklichem Ende, in der Komödie hingegen von bitterem Anfang zu glücklichem Ende führe. Das aber ist der Verlauf der *Commedia*, die Dantes Wanderung von der Hölle durch das Fegefeuer zum Paradies darstellt. Den genau umgekehrten Weg scheint der Theaterdirektor am Ende von Goethes »Vorspiel auf dem Theater« vorzuschlagen: »Vom Himmel durch die Welt zur Hölle« (Vs. 242), doch das ist nur eine formale Beschreibung der szenischen Möglichkeiten der in drei Regionen gestaffelten und symbolisierten Mysterienbühne, die das Theatermodell des *Faust* bildet, und sie trifft allenfalls für den Verlauf des *Faust I* zu, der mit dem »Prolog im Himmel« beginnt und in der »Walpurgisnacht« schließlich in den Bezirk des Teufels führt. *Faust II* dagegen wird am Ende wieder in den Himmel zurückkehren.

Auch Dante unterscheidet Tragödie und Komödie also zunächst durch die Handlungstendenz, dann aber eben auch durch die Darstellungsart, die aus dem – für die Tragödie spezifischen – Erhabenen und dem – für Komödie charakteristischen – Niedrigen gemischt ist. Diese Mischung prägt aber auch Goethes Faust-Dichtung, die dergestalt kaum weniger *Commedia* ist als Dantes Poem. Doch nicht nur von der Darstellungsart, auch von der Handlungstendenz her wird die Tragödie im Falle Fausts dementiert. Wenn der Herr im »Prolog im Himmel« Faust dem Mephistopheles überläßt, dann geschieht das in der sicheren Voraussicht des glücklichen, erlösenden Endes:

Nun gut, es sei dir überlassen!
Zieh diesen Geist von seinem Urquell ab
Und führ ihn, kannst du ihn erfassen,
Auf deinem Wege mit herab –
Und steh beschämt, wenn du bekennen mußt:
Ein guter Mensch in seinem dunklen Drange,
Ist sich des rechten Weges wohl bewußt.
(Vs. 323–29)

Der Teufel hat im christlichen Heilsdrama, das der Tragödie diametral gegenübersteht, von vorn herein keine Chance. Die Komik des geprellten Teufels gehört ebenso zum Mysterienspiel wie die des personifizierten Lasters zur Moralität. Zumal an den »Vice« der englischen Morality Plays ist zu erinnern, jenes für die englische Bühnen des 16. Jahrhunderts so charakteristische Zwitterwesen aus Teufel und Narr, dessen Spuren über seine ins Menschliche verwandelten Nachfahren in Shakespeares Dramen bis zu Goethes *Faust* reicht. Der theatergeschichtlich gebildete Mephisto selbst stellt sich in der »Klassischen Walpurgisnacht« ausdrücklich in die Tradition der Vice-Gestalt, der komischen Figur des Morality Play: wären Briten hier – die doch sonst so viel reisen –, so antwortet er auf die Frage der

Sphinx nach seinem Namen, »Sie zeugten auch: Im alten Bühnenspiel / Sah man mich dort als Old Iniquity« (Vs. 7122 f.). »Iniquity« war tatsächlich einer der Namen des »Vice«, der die Aufgabe hatte, die Hauptgestalt zum Lasterleben zu verführen – wie es ja auch Mephisto mit Faust im Sinne hat, zunächst auf grobsinnliche Weise (»Auerbachs Keller« – »Walpurgisnacht«) und dann in immer sublimeren Variationen. Das Modell von Mysterien- und Moralitätenspiel, das ins tragödienlose Mittelalter zurückweist, konterkariert im *Faust* ständig das Paradigma der neuzeitlichen Tragödie.

Mephisto bricht von Anfang an das Tragische im Medium des Komischen und boykottiert sowohl durch seinen Redestil als auch durch die von ihm inszenierten Handlungen permanent die erhabene Stilsphäre. Das ist schon durch das »Vorspiel auf dem Theater« vorbereitet, das Theaterdirektor, Theaterdichter und Lustige Person mit sehr unterschiedlichen Interessen im Gespräch vereint. Ist der Direktor begreiflicherweise am geschäftlichen Erfolg seines Unternehmens bei der Menge interessiert, so mag der Dichter als fensterlose Monade von dieser Menge, überhaupt von der Außenwirkung seines Werks nichts wissen, sondern denkt allenfalls an die »Nachwelt« (Vs. 74) – von der wiederum die Lustige Person nichts hören will. Ihr ist der »Spaß« der »Mitwelt« (Vs. 77) Zweck und Ziel des Theaters, und kein Zweifel, mit dieser Maxime steht sie dem Direktor, steht der Direktor ihr weit näher als beide dem Dichter und dieser ihnen. Beide wünschen ein Theater der bunten Stilmischung, ein »Ragout« (Vs. 100) für jeden Geschmack, während der Dichter ganz welt- und bühnenfern nichts als die Geheimnisse der »tiefen Brust« (Vs. 67) offenbaren will. Es ist der tragische, konzessionslos auf die erhabene Stilsphäre bedachte Dichter, der sich gegen Direktor und Lustige Person indessen nicht behaupten kann. Für sie steht es in diesem theatralen Kräftespiel 2:1.

Die Lustige Person ist die komische Figur der Commedia dell'arte, die durch das aufklärerische Reformtheater eines Gottsched und einer Neuberin in Mißkredit geraten ist. Es ist durchaus sinnvoller Brauch, die Lustige Person des Vorspiels durch den Darsteller des Mephisto spielen zu lassen, hat sie sich doch zu einem guten Teil aus der Teufelsgestalt des mittelalterlichen Theaters entwickelt, wie noch die Andeutung des Teufelshorns an der Maske Harlekins signalisiert. Wie die Lustige Person den reinen Stilwillen des Dichters im unreinen Element des Theaters mit seinen trivialen Imponderabilien und der allem Erhabenen beigemischten »Narrheit« (Vs. 88) bricht, wie sie den vom Dichter angeschlagenen hohen Stanzen-Ton gleich senkt, durch das Parlando des Madrigalverses ersetzt, so verläßt im folgenden »Prolog im Himmel« auch Mephisto den von den Engeln angestimmten feierlichen Ton und verfällt mehr und mehr in den gleichen saloppen Madrigalvers wie sein komischer Bruder im Theaterprolog. Wenn dieser freilich aus Gründen der Theaterwirksamkeit die Wonnen menschlicher Gewöhnlichkeit gegenüber dem heiligen Kunstwillen des Dichters ins Spiel bringt, so setzt Mephisto den Menschen und seine höheren Bestrebungen aufgrund seiner diabolischen Misanthropie herab: »In jeden Quark begräbt er seine Nase« (Vs. 292).

Trotz seines Negativismus bleibt er indessen – im ganzen *Faust* – komische Figur und wird als solche vom Herrn im »Prolog im Himmel« toleriert: »Von allen Geistern, die verneinen, / Ist mir der Schalk am wenigsten zur Last.« (Vs. 338 f.) Im göttlichen Haushalt genießt er also im wahrsten Sinne Narrenfreiheit. In fast allen Mythologien gibt es die Figur des göttlichen oder halbgöttlichen Schelmen, des »Tricksters«, der von den anderen Göttern mehr oder weniger widerwillig toleriert wird – eine der Rollen des Hermes etwa in der griechischen oder des Loki in der germanischen Mythologie. Die Mythologie des Hermes als göttlichen »Schalks« entfaltet in Goethes *Faust II* der Chor in einem großen Lied des Helena-Akts (Vs. 9645–78). Folgende Tricks des mythischen Tricksters zählt der Chor etwa auf:

Schnell des Meeres Beherrscher stiehlt
Er den Trident, ja dem Ares selbst
Schlau das Schwert aus der Scheide

Bogen und Pfeil dem Phöbus auch,
Wie dem Hephästos die Zange;
Selber Zeus, des Vaters, Blitz
Nähm er, schreckt ihn das Feuer nicht;
Doch dem Eros siegt er ob
In beinstellendem Ringerspiel,
Raubt auch Cyprien, wie sie ihm kost,
Noch vom Busen den Gürtel.

Fast keine große mythische Dichtung auch noch der Moderne kommt ohne diesen Trickster aus, dessen menschliches Pendant der Pikaro mit seiner eigenen literarischen Gattungstradition ist, welche zweifellos auf jene mythologische Tradition zurückweist: denken wir nur eben an Goethes Mephisto, an Loge in Richard Wagners *Ring des Nibelungen* – in dem gewissermaßen Loki und Mephisto verschmolzen sind – oder an die komödiantischen Varianten des Hermes, mit Goethe- wie Wagner-Spuren, in Thomas Manns *Josephs*romanen, in denen die Titelgestalt selber immer mehr in die Hermes-Rolle schlüpft, auch und gerade in die des Tricksters.

In vielen Mythologien, zumal indianischen und fernöstlichen, hat der Trickster, der göttliche Schelm, eine phallische Tendenz; ihm wird ein so riesiger Phallus zugeschrieben, daß er ihn sich auf seinen Wanderungen um den Leib schlingen muß oder gar zu verlieren droht, so als er ihn eines Nachts ausrollt und er ihm im Schlaf von Tieren abgefressen wird. Der Trickster verkörpert ein nicht selten oppositionelles Element innerhalb der göttlichen Ordnung, eine – von deren Repräsentanten begreiflicherweise nur mit deutlicher reservatio mentalis konzedierte – Aufhebung derselben, die sich immer wieder in den Formen grotesker Übertreibung der Sexualität und der ihr dienenden Körperorgane ausdrückt.

Auch Mephisto hat, wie wir sehen werden, diesen obszönen, phallischen Bezug. Doch selbst in der von Goethe noch einmal beschworenen christlichen Himmelsordnung bleibt dem Trickster – obwohl er nun in die teuflische Gegenwelt zum göttlichen

Kosmos emigriert ist – sein Platz eingeräumt, auch wenn der Herr ihn sehr deutlich von den Engeln als den »echten Göttersöhnen« (Vs. 344) unterscheidet. Mephisto ist gewissermaßen der Narr am göttlichen Hofe. In der Gestalt des »Schalks« ist der verneinende Geist dem Herrn keine Last: »Ich habe deinesgleichen nie gehaßt«, gesteht er ihm mit der Konzilianz dessen, der sich der Intaktheit seiner Weltordnung sicher ist (Vs. 337 ff.). Und selbst in der Menschenwelt billigt er ihm ein Minoritätsrecht zu: »Du darfst auch da nur frei erscheinen« (Vs. 336). Wo die Schalkheit waltet, der Witz mit seinen wie immer auch diabolischen Implikationen, welche die Gesetze der Alltagswelt in Frage stellen und wider den Stachel der etablierten Ordnung löcken, da bleibt der Mensch agil:

Von allen Geistern, die verneinen,
Ist mir der Schalk am wenigsten zur Last.
Des Menschen Tätigkeit kann allzuleicht erschlaffen,
Er liebt sich bald die unbedingte Ruh;
Drum geb ich gern ihm den Gesellen zu,
Der reizt und wirkt und muß als Teufel schaffen. –
(Vs. 338–343)

Gott selbst als Apologet der Verneinung in der Gestalt der Schalkheit. Wann wäre je die subversive Kraft der Komik, des Witzes als eines ständigen Inzitaments menschlichen ›Strebens‹ mit höherer Autorität verkündet worden? Wahrhaftig, Mephisto scheint allen Anlaß zu haben, den »Alten« von Zeit zu Zeit gern zu sehen und mit ihm nicht brechen zu wollen (Vs. 351). Und so schließt er den »Prolog im Himmel« mit einer komischen Pointe, welche die Umgangsform zwischen Gott und Teufel durch das menschliche Verhältnis von Herr und Narr parodiert: »Es ist gar hübsch von einem großen Herrn, / So menschlich mit dem Teufel selbst zu sprechen.« (Vs. 352 f.) Mit dem Teufel, der doch seine Ordnung durch Bosheit und Witz zersetzen will.

Mephisto ist die christlich-teuflische Variante des göttlichen Tricksters. Freilich ist er nicht derjenige, der zuletzt lacht, wird er doch – der im Prolog so sicher ist, daß er die Wette mit dem Herrn um die Seele Fausts gewinnt – am Ende selbst zum Genarrten, ganz seiner Rolle im mittelalterlichen Mysterien- und Heilsdrama gemäß. Das Faustdrama wird vom Herrn selber als Komödie prädestiniert und inszeniert, mit einem Teufel als »Schalk« und stets zur Tätigkeit reizendem »Gesellen« der Hauptgestalt, der endlich freilich aus dem Subjekt zum Objekt der Komik wird. Die göttlich vorgesehene Komödie um Faust spielt sich zugleich mit Mephisto und hinter seinem Rücken ab. Gott steht als der wahre Regisseur in den Kulissen.

Die göttliche Toleranz gegenüber dem Schalk Mephisto widerspricht dessen eigener Einschätzung des Herrn. Daß er nicht wie die Engel »hohe Worte« macht (Vs. 275), die erhabene Stilsphäre als ihm unangemessen meidet, begründet er mit den Versen: »Mein Pathos brächte dich gewiß zum Lachen, / Hättst du dir nicht das Lachen abgewöhnt.« (Vs. 277 f.) Lachen wird also nach der – durchaus geläufigen – Komik-Theorie Mephistos durch eine Inkongruenz ausgelöst: hier durch das dem Erhabenen zugehörende Pathos im Munde einer auf der niedrigen Stilebene angesiedelten Figur wie eben des teuflischen Schalksnarren. Freilich, das Pathos Mephistos wird von diesem selber ebenso in den Irrealis verwiesen wie das Lachen des Herrn. Gott lacht nicht – nicht mehr, seit er durch das Christentum zum reinen Geist abstrahiert worden ist. Lachen ohne Physis ist nicht möglich, bedeutet es doch den momentanen Triumph des Körpers über den Geist. Im Lachen läßt der Mensch Affekte los, so Platon in der *Politeia* (606c), die er kraft seiner Vernunft zurückhalten sollte. Vor allem aber ist es das altchristliche Mönchstum und die Patristik gewesen, die das Lachen als unvereinbar mit der Würde des Menschen verworfen haben. Diese Tradition orthodoxer Lachfeindschaft reicht über die jesuitische wie jansenistische Komödienkritik des 17. Jahrhunderts bis zu Baudelaires Essay *De l'essence du rire*, der das Lachen noch einmal als Signatur der gefallenen Menschheit, als Merkmal des Satanischen im Menschen decouvriert.

Auch Goethes Mephisto mutet dem göttlichen Herrn jene

dogmatisch-christliche Lachfeindschaft zu, wohl wissend, daß Gott sich das Lachen nur »abgewöhnt« hat, es ihm ursprünglich, in vorchristlicher Zeit, durchaus eigen war. Natürlich gibt es diese Elemente auch noch im christlichen Kulturbereich, wie die Teufelskomik des mittelalterlichen Mysterienspiels, der »risus paschalis« der Osterfeier mit ihren vielfach drastisch-komischen Szenen beweist. Diese Einheit des Geistlichen und Komischen löste sich indessen mit der Entstehung der rein weltlich-komischen Farce im Spätmittelalter. Doch der Herr des Goetheschen »Prologs im Himmel« scheint noch einiges von seiner einstigen Komödienfreundlichkeit zu wissen und läßt das Faustdrama als komisches Mysterienspiel mit einem geprellten Teufel am Ende ablaufen.

Die komische Kontrapunktierung des Faustdramas hat natürlich ihren Rückhalt in den Schwankelementen des Faustbuchs des 16. Jahrhunderts und den burlesken Szenen seiner dramatischen Adaptationen, vor allem in den Puppenspielversionen, denen Goethe ja die erste Inspiration zu seinem *Faust* verdankt. In seinen Sturm und Drang-Jahren hat er sich intensiv mit dem drastisch-komischen Schauspiel des 16. Jahrhunderts beschäftigt, seine Farcen nach jenem Vorbild verfaßt – wie das *Jahrmarktsfest zu Plundersweilern, Ein Fastnachtsspiel vom Pater Brey* oder das obszön-fäkalische Fragment *Hanswurst Hochzeit*. Sie stehen in deutlicher Opposition gegen die Schicklichkeitsregeln der höfisch-aristokratischen Gesellschaft. Doch eben nicht nur in der Komödie – in der nach den traditionellen Stiltrennungsregeln die Kreatürlichkeit immer noch ihr mehr oder weniger eingeschnürtes Ausdrucksrecht hatte –, sondern auch in der Tragödie: im *Götz von Berlichingen* setzte Goethe sich nach dem Modell der Dramatik des 16. Jahrhunderts programmatisch über Dezenz- und Stiltrennungsregeln hinweg.

Wie sehr noch hinter den ernsthaftesten Teilen des *Faust* die komische Umkehrung lauert, zeigt etwa der Vergleich von Fausts weltberühmtem Eingangsmonolog »Habe nun, ach!« mit dem Beginn des aus der gleichen Zeit stammenden Fäkaliendramas *Hanswursts Hochzeit*. Hier ist es Hanswursts Vormund Kilian Brustfleck, der von den vergeblichen Versuchen berichtet, sein Mündel zu dem zu erziehen, was der russische Literatur- und Lachtheoretiker Michail Bachtin den »Leibeskanon der Kunst-Literatur und wohlanständigen Rede der Neuzeit« nennt. Worin besteht dieser Leibeskanon? In der Tabuisierung der Geschlechtsorgane, des Afters, des Bauchs, der Nase, all dessen, was herausragt und absteht, und erst recht all dessen, was in den Körper eintritt und aus ihm austritt. Der Leib wird somit nach den Worten Bachtins zur »tauben Fläche«, welche die »Individualität« gegen andere Leiber abschirmt. Mag das in der Tragödie seine Berechtigung haben – die Komödie wird durch diese reliefartige Verflachung des Körpers um ihren ursprünglichen Sinn gebracht, wissen wir doch, daß die antike Komödie und natürlich auch die Commedia dell'arte die abstehenden Körperteile durch Masken, künstliche Bäuche, Stirnen, Lenden und Buckel – wenn nicht gar Phallen – absichtlich übertrieb. Goethe hat diesen Kostümbrauch in seiner Inszenierung der *Brüder* von Terenz 1801 auf dem Weimarer Hoftheater programmatisch wieder eingeführt – natürlich ohne Phallen; das Publikum befremdete die groteske Betonung der anderen Körperteile schon genug.

Zurück zu *Hanswursts Hochzeit*: Kilian Brustfleck hat also sein Mündel Hanswurst ganz im Sinne des modernen Körperkanons zu erziehen versucht: zu geziemender Rede und Konversation sowie strikter Verdrängung all dessen, was mit den Extremitäten und Ausscheidungen zu tun hat. Und diese pädagogische Bemühung mündet in fast der gleichen Resignation – im demselben Knittelvers-Ton vorgetragen – wie Fausts Universalstudium.

Hab ich endlich mit allem Fleiß
Manchem moralisch politischem Schweiß
Meinen Mündel Hanswurst erzogen
Und ihn ziemlich zurechtgebogen.
Zwar seine tölpisch schlüffliche Art
So wenig als seinen kohlschwarzen Bart

Seine Lust in den Weg zu scheißen
Hab nicht können aus der Wurzel reißen.
Was ich nun nicht all kunnt bemeistern
Das wußt ich weise zu überkleistern
Hab ihn gelehrt nach Pflichtgrundsätzen
Ein paar Stunden hintereinander schwätzen
Indes er sich am Arsche reibt
Und Wurstel immer Wurstel bleibt.

Wie hier der aufgeklärte Pädagoge sein Scheitern eingestehen muß, so in Fausts erstem Monolog der verwissenschaftlichte Kopfmensch. Faust ersetzt die gescheiterte Wissenschaft durch Magie, schließlich durch den Teufelsbund. »Armer Tor« nennt er sich (Vs. 358). Er ist also in seinen eigenen Augen eine lächerliche Figur, gerade durch solche Selbstdistanzierung indessen ganz und gar nicht komisch – sehr im Unterschied zu seinem wissensstolzen Famulus Wagner, dem ersten komischen »Toren« des Faust-Dramas.

Wagner gehört zu dem Geschlecht der gelehrten Pedanten, welche seit der Renaissance die Komödienbühne bevölkern; im Dottore der Commedia dell'arte ist der Pedant zum Stereotyp geronnen. Auf dieses Stereotyp greift Goethe zurück, um das tragische Pathos der Monologe Fausts gleich komisch zu kontrapunktieren. Und diese Kontrapunktierung setzt sich konsequent in den Auftritten Mephistos fort – wie in der rein komödiantischen Schüler-Szene, die ja nicht weniger als die Wagner-Szenen eine Satire auf den gelehrten Betrieb darstellt. Auch die Gretchen-Handlung, im Hinblick auf ihre weibliche Hauptgestalt unzweifelhaft eine Tragödie, ist durchzogen von komischen Kontrapunkten. Mephistos Intrigenspiel, das Praktizieren des Schmuckkästchens in Gretchens Kleiderschrank, seine Erzählung von dessen Aneignung durch den Pfarrer, die Art, wie er Marthe an der Nase herumführt und als Kupplerin einspannt, all das gemahnt ebenso an Schwankszenen des deutschen Fastnachtsspiels wie an die altrömische Komödie.

Mephistos Hauptbestreben ist es, alle erhabenen Ambitionen

Fausts zu degradieren, ihn und alles, was er tut, in die banalen und bösen Niederungen des gemeinen Lebens hinabzuziehen und zugleich den erhabenen Ton zu konterkarieren, nicht zuletzt durch seinen obszönen Witz und sein zynisches Parlando. Hat er die Menschen so weit, daß sie wie die Studenten in Auerbachs Keller singen: »Uns ist ganz kannibalisch wohl, / Als wie fünfhundert Säuen!« (Vs. 2293 f.), hat er sie von den Höhen des Geistes in die Niederungen nackter »Bestialität« (Vs. 2297) hinabgezogen, dann ist sein Ziel erreicht. Der Stab, mit dem er die von ihm angezettelten Farcen von »Auerbachs Keller« über die »Walpurgisnacht« bis zur »Mummenschanz« regiert, welche das Niedrig-Komische in ganz und gar negativistischer Absicht zum Einsatz bringen, dieser Stab ist direkt oder indirekt der Phallus. Mit ihm gibt er sich der Hexe in der Hexenküche gleich zu erkennen: »Sieh her, das ist das Wappen, das ich führe! *Er macht eine unanständige Gebärde.*« (Vs. 2513) Die Hexe, mit höllischem Sinn begabt für die phallische Komik des Teufels »*lacht unmäßig.* Ha! Ha! Das ist in Eurer Art! / Ihr seid ein Schelm, wie Ihr nur immer wart!« (Vs. 2514 f.) Den Phallus stellt Mephisto auch in der Szene »Wald und Höhle« als den wahren Regenten aller Dinge hin. Ein Faust, der sich von Gretchen um ihret- und seinetwillen entfernt, sich in die Einsamkeit zurückzieht und einer neuen, nun nicht mehr wissenschaftlichen, sondern mystisch-meditativen Naturbetrachtung hingibt, gefährdet Mephistos Plan und Wette. Er muß Fausts Sinnlichkeit von neuem anstacheln, indem er ihm mit falschem Mitleid Gretchen in Erinnerung ruft. Mephistos Zynismus gipfelt in seiner drastischen Decouvrierung von Fausts Naturmystik als versetztem Geschlechtsakt:

MEPHISTOPHELES. Ein überirdisches Vergnügen!
In Nacht und Tau auf den Gebirgen liegen,
Und Erd und Himmel wonniglich umfassen,
Zu einer Gottheit sich aufschwellen lassen,
Der Erde Mark mit Ahndungsdrang durchwühlen,
Alle sechs Tagewerk im Busen fühlen,

In stolzer Kraft ich weiß nicht was genießen,
Bald liebewonniglich in alles überfließen,
Verschwunden ganz der Erdensohn,
Und dann die hohe Intuition – *Mit einer Gebärde* –
Ich darf nicht sagen, wie – zu schließen!
FAUST. Pfui über dich!
MEPHISTOPHELES. Das will Euch nicht behagen;
Ihr habt das Recht, gesittet Pfui zu sagen.
Man darf das nicht vor keuschen Ohren nennen,
Was keusche Herzen nicht entbehren können.
(Vs. 3282–96)

Eine Spitze gegen die Unaufrichtigkeit aller ›wohlanständigen‹ Rede.

Den Höhepunkt der Versuche Mephistos, Faust ›von seinem Urquell abzuziehen‹ (vgl. Vs. 324), bildet dessen Initiation in die Walpurgisnacht. Die obszönen Wechselreden Fausts und Mephistos mit den nackten Hexen (Vs. 4128–43) haben – trotz der Anstandsstriche, welche die Benennung der Genitalien in den von Goethe autorisierten Drucken ersetzen – immer wieder das Befremden des bürgerlichen Publikums erregt. Was aber hätte dieses erst gesagt, wenn ihm die von Goethe sekretierte Satansmesse innerhalb der Walpurgisnacht bekannt geworden wäre! Da verkündet Satan in einer phallischen ›Bergpredigt‹ den ›Böcken zur Rechten‹:

Euch gibt es zwei Dinge
So herrlich und groß
Das glänzende Gold
Und der weibliche Schoß.
Das eine verschaffet
Das andre verschlingt
Drum glücklich wer beide
Zusammen erringt

Und den ›Ziegen zur Linken‹:

Für euch sind zwei Dinge
Von köstlichem Glanz
Das leuchtende Gold
Und ein glänzender Schwanz
Drum wißt euch ihr Weiber
Am Gold zu ergötzen
Und mehr als das Gold
Noch die Schwänze zu schätzen

Ein »junges Mädchen« versteht diese Predigt nicht und klagt deshalb ihrem Nachbarn Mephisto:

Ach nein! der Herr dort spricht so gar kurios,
Von Gold und Schwanz von Gold und Schoß,
Und alles freut sich wie es scheint!
Doch das verstehn wohl nur die Großen?

Mephistos Trost:

Nein liebes Kind nur nicht geweint.
Denn willst du wissen was der Teufel meint,
So greife nur dem Nachbar in die Hosen.

Einmal mehr schlüpft Mephisto also in die Hosen, sprich: in die phallische Rolle des Tricksters. In einem von Böttiger aufgezeichneten Gespräch Goethes mit Wieland Anfang 1799 hat Goethe unter Anspielung auf Aristophanes gesagt, »daß die ursprünglich einzige vis comica in den Obszönitäten und Anspielungen auf Geschlechtsverhältnisse liege und von der Komödie gar nicht entfernt gedacht werden könne«.

Gold und Genitalien, Besitz- und Geschlechtsgier – in der Komödie von jeher eng verbunden: Gold, Geld und Geschlecht sind ihre Lieblingsthemen von Plautus bis zur Commedia dell'arte – werden in der Predigt Satans gewissermaßen gegeneinander austauschbar, mit der gleichen Metaphorik des »Glanzes« bedacht. Ein Motiv, das später in der »Mummenschanz«

am Kaiserhof des *Faust II* wiederkehrt. Was tut Mephisto, als der in der Schatztruhe aufbewahrte kaiserliche Schmuck eingeschmolzen wird – und sich in Geld verwandelt – in seiner allegorischen Maske des Geizes? Er denkt nur an das ›Eine‹ – an Gold und Schoß. Der Herold des mythologischen Spektakels beobachtet es mit Entsetzen:

Was fängt er an, der magre Tor?
Hat so ein Hungermann Humor?
Er knetet alles Gold zu Teig,
Ihm wird es untern Händen weich;
Wie er es drückt und wie es ballt,
Bleibts immer doch nur ungestalt.
Er wendet sich zu den Weibern dort:
Sie schreien alle, möchten fort,
Gebärden sich gar widerwärtig;
Der Schalk erweist sich übelfertig.
Ich fürchte, daß er sich ergetzt,
Wenn er die Sittlichkeit verletzt.
(Vs. 5783–94)

Offensichtlich hat der Geiz alias Mephisto aus dem Gold einen Phallus geformt, mit dem er öffentliches Ärgernis erregt, insbesondere die weibliche Gesellschaft schockieren will.

Kehren wir noch einmal zur Satansmesse der Walpurgisnacht zurück. Diese infernalische Komödie ist die radikalste Persiflage des höfischen Verhaltenscodes, des zumal von ihm inaugurierten Körperkanons und der geziemenden Rede, welcher wir im Werk Goethes – und nicht nur hier – begegnen. Diesen höfischen Verhaltenscode wird Goethe am Beispiel der Beschwörung Helenas durch Faust am Ende des ersten Akts von *Faust II* satirisch noch einmal verdeutlichen. Das Hofpublikum – das von einer ›Vierten Wand‹ zwischen Bühne und Zuschauerraum nichts weiß und wissen will – ist irritiert oder voyeuristisch aufgeregt durch die von keinen »Hofmanieren« (Vs. 6460) zensierte Körpersprache von Paris und Helena, was nur das jeweils andere Geschlecht der Zuschauer als »natürlich« (Vs. 6472) toleriert. Doch grundsätzlich gilt die Maxime: »Das Schauspiel selbst, hier sollt es höflich sein!« (Vs. 6470). Hier, das heißt: »in Kaisers Gegenwart« (Vs. 6468), der mitten vor der Bühne sitzt. Die größte Verletzung der Schicklichkeit aber ist die Intimität des Kusses, den Helena Paris gibt. »Ein Kuß! – Das Maß ist voll. / [...] Vor allen Leuten! Das ist doch zu toll!« (Vs. 6512 f.) Körperliche Liebe ist auf der tragischen Szene streng tabuisiert.

In der Satansmesse der Walpurgisnacht wird die höfische Schicklichkeit dadurch poetisch ad absurdum geführt, daß sie durch ihr Gegenteil ersetzt, daß gerade ihre radikale Aufhebung zum ›Ritual‹ wird. Satan hält »Audienz«, und sein »Zeremonienmeister« weist einen Untertanen an, »dem Herrn, den hintern Teil zu küssen«. Das ›Homagium‹ des Kusses in Satans Hintern wird bei Goethe also zur obszönen Allegorie höfischer ›Arschkriecherei‹. Der vom Zeremonienmeister angeleitete Untertan ist zu dem Homagium nicht nur ohne Zögern erbötig (»bin ich gleich von Haus aus Demokrat«), sondern er verbindet das »Ritual« auch noch mit einem Panegyrikus auf den Hintern Satans: »So wohl kann's nicht im Paradiese riechen, / Und dieser wohlgebaute Schlund / Erregt den Wunsch, hineinzukriechen.« Satan aber prophezeit dem Lobredner: »wer des Teufels Arsch so gut wie du gelobt, / Dem soll es nie an ›Schmeichelphrasen fehlen.« Eine zynischere Satire auf Ancien Régime und Hof ist in Goethes Gesamtwerk nicht zu finden, zumal sie eine gesellschaftliche Sphäre, in der das Gesetz rigoroser Dezenz waltet, mit poetischen Mitteln attackiert, welche dieses Gesetz drastisch konterkarieren.

Nach der infernalischen Komödie der Walpurgisnacht – nur da, wo der Teufel waltet, scheint in einer domestizierten christlichen Welt die – von Goethe in seinem Gespräch mit Wieland berufene – aristophanische Sexual- und Fäkalkomik noch ein Residuum zu haben – kehrt *Faust* mit dem Ende Gretchens ganz in den tragischen Bezirk zurück. Mephisto will nur die Tragödie Gretchens: »Sie ist gerichtet!« Der Regisseur des Theatrum mundi aber will es noch im selben Vers – nur das Prädikat von

Mephistos Satz austauschend – ganz anders: »Ist gerettet!« ruft die »Stimme von oben« (Vs. 4611). Nicht Gericht und Tod haben das letzte Wort, die tragische Lebensgrenze wird transzendiert zum erlösenden Heilsdrama.

Endet *Faust I* trotz dieser Erlösungsperspektive unzweifelhaft tragisch, so führt uns der erste Akt des zweiten Teils der Dichtung wieder in eine Komödienwelt zurück – vor allem durch den vom Kaiser um der Verdrängung der politischen »Sorgen« willen (Vs. 4766) inszenierten Karneval. Im Karnevalstreiben des *Faust II* kehren zahllose Elemente der Komödientradition seit der Palliata wieder: die typischen Masken, »täppische« Pulcinelle (die süditalienische Spielart der Zanni der Commedia dell'arte; vor Vs. 5215) und »schmeichelnd-lüsterne« Parasiten (vor Vs. 5237), komische Figuren zuhauf, auch ein veritabler Narr, ferner »griechische Mythologie«, travestiert »in moderner Maske« (vor Vs. 5299). Die komische Linie setzt sich im zweiten Akt fort: in der komischen Inversion der Schüler-Szene des *Faust I*, ja auch in der Szene im Laboratorium, in dem Homunculus entsteht; sie schließt bezeichnenderweise mit der typischen Anrede der komischen Figur »ad spectatores« (vor Vs. 7003), dem Adressieren des Publikums über die Rampe hinweg, hier von seiten Mephistos, der in dieser Szene von Homunculus einmal mehr als »Schalk« angeredet wird (Vs. 6885).

Die grandioseste Manifestation der komischen Phantasie Goethes ist der zweite Akt des *Faust II*: die »Klassische Walpurgisnacht«, die antikische Kontrafaktur zur nordischen Walpurgisnacht des ersten Teils. In ihrer von keiner moralischen Zensur beeinträchtigten Körperlichkeit fühlt sich Mephisto bezeichnenderweise »entfremdet« (Vs. 7081), denn seine Welt ist die zensierte, negativ kanonisierte Körperwelt, die als nicht Erlaubtes – unter absichtlicher Verletzung religiöser, moralischer und gesellschaftlicher Tabus – aufgesucht wird. Der Körper als Verbotenes, nicht als Erlaubtes ist Mephistos Element.

Erst mit dem dritten Akt des *Faust II* setzt sich die Tragödie wieder gegen die Komödie durch, freilich auch hier nicht absolut, denn Phorkyas alias Mephisto bildet den ständigen komischen Kontrapunkt, ja enthüllt am Ende mit der typischen desillusionierenden Gebärde der Komödie den phantasmagorischen Charakter des Geschehenen. »Phorkyas [...] lehnt Maske und Schleier zurück und zeigt sich als Mephistopheles, um, insofern es nötig wäre, im Epilog das Stück zu kommentieren.« (nach Vs. 1038)

Der vierte Akt mischt wiederum Tragisches mit Satirischem und Grotesk-Komischem, wie es zumal von den »drei gewaltigen Gesellen« verkörpert wird. Der fünfte Akt inszeniert mit der Philemon und Baucis-Episode zwar die letzte von Faust verschuldete Tragödie, doch ausgerechnet für seinen allerletzten Lebensaugenblick – mit der großen Vision vom »freien Volke« auf »freiem Grund« (Vs. 11581) – läßt die Szene keinen ungebrochenen tragischen Ton zu. Davon zeugt der »neckisch«-schwarzhumoristische Gesang der Lemuren (Vs. 11531 ff.), der mit Fausts Utopie kontrastiert, und der Zynismus Mephistos, der diese Utopie ad absurdum führt. Vollends begibt sich die »Grablegung« mit ihrem Engels- und Teufelsjokus auf das Gebiet einer bewußt anachronistischen Mysterienkomik. Mephisto spielt hier, wie erwähnt, die typische Rolle des geprellten Teufels. Er gerät in sein eigenes Netz, wenn er, der Faust stets durch Lüsternheit bestricken und von seinem »Urquell« (Vs. 324) abziehen wollte, nun selber von den erotischen Reizen der Engel so sehr verführt wird, daß ihm Fausts »Unsterbliches« durch die Lappen geht. »So haben sie uns manchen weggeschnappt! / Bekriegen uns mit unsern eignen Waffen: / Es sind auch Teufel, doch verkappt«, bemerkte Mephisto schon vor der Entführung von Fausts Seele (Vs. 11694–96). Auch der Himmel beherrscht perfekt die Mittel der Intrigenkomödie, ja die handfesten Praktiken der Farce.

Die Tragödie als ›verkappte‹ Komödie. Deren niedriger Form folgt in der letzten Szene ihre göttlich-erhabene Spielart, in der sie mit Dantes *Divina Commedia*, den Kreis von Selbststeigerung, Erlösung und göttlich-kosmologischer Liebe umschreibend, die irdische Geliebte – Beatrice dort, Gretchen hier – in den Rang der Gnadenmittlerin erhebend, über ein halbes Jahrtausend hinweg zusammenklingt. Goethes *Faust* ist wirklich Commedia in einem umfassenden – die divergentesten Formen der Komik umspannenden – Sinne, vom Satanischen zum Göttlichen, von farcenhafter Sexualkomik zu himmlischer Heiterkeit aufsteigend, antike und moderne Komödienelemente verbindend.

Heimliche Oper

Faust transzendiert die Tragödie aber nicht nur zur Komödie, sondern auch zur Oper hin. Wie keine andere seiner Dichtungen ist sein Opus summum ein Werk voller Musik, von durchaus realisierbarer, ja oft genug realisierter Bühnenmusik, also von instrumentalen, lied- und kantatenhaften Einlagen über szenische Analogien musikdramatischer Formen bis zu einer imaginären oder symbolischen Welt der Töne. Kaum eine dramatische Dichtung der Weltliteratur ist so sehr von unhörbarer Musik erfüllt und trotz der zahllosen kompositorischen Annäherungsversuche, trotz der deutlich opernhaften Strukturen des zweiten Teils letzten Endes doch so unkomponierbar wie *Faust*.

»*Mozart* hätte den Faust komponieren müssen«, hat Goethe am 12. Februar 1829 zu Eckermann gesagt, als dieser nach der »passenden Musik« zu seinem Lebenswerk, offensichtlich zu dessen zweitem Teil, fragt. Wenn Goethe auch beiläufig mit dem Gedanken einer Vertonung durch Giacomo Meyerbeer spielt, der Schüler Zelters gewesen ist, hält er es doch im Grunde für »ganz unmöglich«, daß ein Komponist der Gegenwart die adäquate Musik zum *Faust* finden wird: »Das Abstoßende, Widerwärtige, Furchtbare, was sie stellenweise enthalten müßte, ist der Zeit zuwider. Die Musik müßte im Charakter des Don Juan sein«. Ein bemerkenswertes Zeugnis für Goethes unverzärteltes Mozart-Bild. Kein Zweifel: *Faust* ist zu sehr imaginäre Oper, als daß er eine reale hätte werden können. Die Komponisten, welche den Versuch unternahmen, eine musikalisches Äquivalent für ihn zu finden, beschränkten sich denn auch auf fragmentarische Annäherungen, auf die Vertonung von einzelnen Szenen (wie Schumann und Mahler), oder sie entschlossen sich doch zu einer eigenen musikdramatischen Neukonzeption, wie Busoni, dessen musikalische Phantasie zeitlebens um Goethes *Faust* kreiste, der sich dann aber in seinem eigenen *Doktor Faust* doch bewußt am Volksbuch und am Puppenspiel orientierte.

Auch wenn es nicht mehr Goethes Originaldrama war: als Oper ist *Faust* auf der Bühne des 19. und 20. Jahrhunderts so populär geworden, daß man ihn ›den‹ modernen Opernstoff schlechthin nennen kann. Gewiß hängt das mit der immanenten Musikalität von Goethes Drama zusammen. Von den über sechzig Faust-Opern seit 1797 leitet sich ein großer Teil von ihm her. Meist liegt der erste Teil der Tragödie bzw. das Fragment von 1790 den einschlägigen Opern zugrunde, doch auch *Faust II* ist von Boitos *Mefistofele* (1868) bis zu Lili Boulangers Bühnenkantate *Faust et Hélène* (1913) und anderen späteren Helena-Opern musikdramatisch adaptiert worden. Den Faust-Opern zur Seite stehen die zahllosen Versuche einer Vertonung der Goetheschen Originaldichtung, sei es als Lied, sei es als symphonisch-oratorische Exegese des authentischen Textes wie Franz Liszts *Faust-Symphonie* (1857), Robert Schumanns *Faust-Szenen* (1862) und Gustav Mahlers *Achte Symphonie* (1910), welche den altkirchlichen Hymnus *Veni creator spiritus* – den Goethe ins Deutsche übersetzt und als »Appell an das allgemeine Weltgenie« interpretiert hat (an Zelter, 18. Februar 1821) – mit der »Bergschluchten«-Szene des *Faust II* zu einer monumentalen Synthese zwingt.

Kaum ein Komponist hat sich zeit seines Lebens intensiver mit *Faust* befaßt als Richard Wagner. Mit achtzehn Jahren bereits hat er einige ›Nummern‹ des ersten Teils vertont (1831, also noch zu Lebzeiten Goethes); sein vielleicht bedeutendstes reines Instrumentalwerk: *Eine Faust-Ouvertüre* (1839/55) ist aus dem Plan einer ganzen Symphonie über Goethes Dichtung hervorgegangenen. *Eine* Faust-Ouvertüre nennt Wagner sein Opus bezeichnenderweise, so wie Liszt seine von Wagner inspirierte

Symphonie *Eine* Faust-Symphonie überschreibt. Der unbestimmte Artikel bringt hier wie da zum Ausdruck, daß der Musik immer nur ›eine‹ Annäherung an Goethes inkommensurables Werk, niemals ›die‹ Vertonung desselben gelingen kann – eine Idee, die auch für Schumanns *Szenen aus Goethes ›Faust‹* bestimmend ist.

Faust nähert sich zumindest im zweiten Teil der Intention nach einem musikalisch-dramatischen Gesamtkunstwerk an. Wie stark *Faust II* durch Grundformen der Oper, des Oratoriums und anderer musikalisch-literarischer Gattungen strukturiert ist – ganz abgesehen von der durchgängigen musikalischen Symbolik des Werks und seiner klangmalerischen wie klangsymbolischen Verskunst –, ist wiederholt bemerkt worden. Bis heute ist jedoch noch nicht ins allgemeine Bewußtsein der Kenner und Liebhaber Goethes gelangt, welch eminente Bedeutung er der Oper – als der modernen dramatischen Kunstform schlechthin – beigemessen hat. »Diese reine Opernform, welche vielleicht die günstigste aller dramatischen bleibt, war mir so eigen und geläufig geworden, daß ich manchen Gegenstand darin behandelte«, schreibt er in den *Tag- und Jahresheften* zu 1789. Zählen wir die Titel seiner dramatischen Werke und Projekte, so betrifft rund ein Drittel davon ausgeführte und geplante Libretti, hinzu kommen Mischformen zwischen Oper und Schauspiel (*Proserpina*, *Egmont*, Festspiele).

Der Rekurs auf die Oper gehört zu den wichtigsten Tendenzen der gegen die ›naturalistischen‹ Elemente des zeitgenössischen Theaters gerichteten Weimarer Bühnenreform. In seinem »Gespräch« *Über Wahrheit und Wahrscheinlichkeit der Kunstwerke* (1797) wird die Oper Goethe zum Exempel seiner Unterscheidung des »Kunstwahren« vom »Naturwahren«. In die gleiche Richtung weist Schillers vielzitierter Opernbrief an Goethe aus demselben Jahre (29. Dezember 1797): »Ich hatte immer ein gewisses Vertrauen zur Oper, daß aus ihr wie aus den Chören des alten Bacchusfestes das Trauerspiel in einer edlern Gestalt sich loswickeln sollte.« Der Grund: der Oper gelingt es durch die »Macht der Musik«, das Gemüt »notwendig gegen den Stoff gleichgültiger« zu machen, ihr fehlt also die »servile Naturnachahmung«, deren Verdrängung nach Schiller der Ausgangspunkt der »Reform« des Dramas sein muß.

Dem dürfte Goethe voll und ganz zugestimmt haben. Seine Faszination durch die Oper hängt mit seiner »Vermutung« zusammen, daß der »Sinn für Musik«, wie er am 6. September 1827 an Zelter schreibt, »allem und jedem Kunstsinn […] beigesellt sein müsse«; ja diese Vermutung wird ihm zur »Behauptung«, die er »durch Theorie und Erfahrung unterstützen« möchte. Und in den *Maximen und Reflexionen* finden wir die Äußerung: »Die Würde der Kunst erscheint bei der Musik vielleicht am eminentesten, weil sie keinen Stoff hat, der abgerechnet werden müßte. Sie ist ganz Form und Gehalt und erhöht und veredelt alles, was sie ausdrückt.« Eben das ist der Grund für ihre Modellhaftigkeit in Goethes ästhetischer Theorie und Praxis, welch letztere – gerade auf dem Gebiet des Theaters – darauf zielt, im Umgang mit den Künsten den Stoff ›abzurechnen‹.

Diese Idee steht auch hinter Goethes Annäherung des *Faust II* an die Oper. Freilich ist es nicht die wirkliche Oper, die Goethe vor Augen hat, sondern eben ihre Idealform, denn der Schatten, der auf ihren Status quo fällt, ist die Tatsache, daß der Dichter sich in ihr nur selten frei entfalten kann. Der »Text einer Oper«, so heißt es in einem Brief Goethes an den Fürsten Lobkowitz vom 7. Oktober 1812, gehört zu den »Dichtungsarten«, deren Qualität »sehr schwer zu beurteilen« ist, »weil man sie nicht als selbständiges Kunstwerk beurteilen darf«. Bereits *Faust I* ist von zahllosen musikalischen Bezügen geprägt. Da ist zunächst einmal die deutlich als solche gekennzeichnete Musik auf und hinter der Bühne: »Glockenklang und Chorgesang« der Osternachtfeier in der ersten Studierzimmerszene, Gesang und Tanz des Bettlers, der Soldaten und Bauern in der Szene »Vor dem Tor«, der Geister in der zweiten und dritten Studierzimmerszene, Solo- und Chorgesang der Studenten sowie das Flohlied Mephistos in »Auerbachs Keller«, Gretchens Lied vom König in Thule, Mephistos Ständchen in der Nachtszene vor Gretchens Türe, die Domszene mit »Orgel und Gesang«, welche in ihrer

Mischung aus Realität und Imagination, im Wechsel der Stimmen des Bösen Geistes und Gretchens mit dem »Dies irae« des Chors bereits wie eine veritable – von Schumann denn auch in seinen *Faust*-Szenen als ganze vertonte – Opernszene anmutet, die diversen musikalischen Elemente der Walpurgisnacht, schließlich Gretchens Wahnsinnsgesang in der Kerkerszene.

Diese ungewöhnlich dichte Folge von Inzidenzmusiken entfernt bereits *Faust I* vom ›klassischen‹ Drama, weist ihn in die Nähe der Oper. Hinzu kommen Szenen mit musik-analogen Strukturen. So beginnt der »Prolog im Himmel« mit den feierlichen Vierhebern der drei Erzengel, die zwar nicht im wörtlichen Sinne gesungen werden, aber einen metaphorischen Wechselgesang darstellen, wobei die Stimmen der Erzengel zunächst jeweils solistisch hervortreten und sich dann zu einem dreistimmigen Satz vereinigen: ›musica angelica‹, dem in den ersten Versen des Prologs angestimmten Thema des Sphärengesangs korrespondierend. In diesen ›Gesang‹ platzt dann Mephisto mit seinen salopp-irregulären fünf- und mehrhebigen Sprechversen bewußt stilbrechend hinein. Andere musik-analoge Passagen sind die wiederholten melodramatischen Momente in den Studierzimmerszenen und in den lyrischen Szenen Gretchens »am Spinnrade« oder im »Zwinger« (»Ach neige, / Du Schmerzenreiche«), welch letztere der junge Richard Wagner wirklich als Melodram komponiert hat. Ob es sich um reine Inzidenzmusiken oder um die erwähnten analogischen oder metaphorischen Gesangs- und Melodramenszenen handelt, *Faust I* ist deutlich geprägt von einer Kontrapunktik quasi musikalischer und gesprochener Versdramatik.

Sie setzt sich mit weit deutlicherer Ausprägung im zweiten Teil der Tragödie fort. Die Szene »Anmutige Gegend«, welche *Faust II* als heidnisches Pendant zum »Prolog im Himmel« des ersten Teils eröffnet, hat eine so durchgängig musikalische Struktur, daß auch sie für Schumann ohne Schwierigkeiten komponierbar war. Sie beginnt mit dem von Äolsharfen begleiteten Gesang Ariels, zunächst mit einer achtzeiligen Arienstrophe – sie könnte formal von Metastasio, dem Musterlibrettisten der italienischen Opera seria, stammen – in trochäischen Vierhebern, im Wechselreim mit weiblicher und männlicher Kadenz. Darauf folgt quasi ein Rezitativ in jambischen Fünfhebern mit freier Reimordnung. Dann setzt der Chor mit vier Liedstrophen in derselben Form wie Ariels Eingangsarie ein. In Goethes erstem Entwurf hatten sie – entsprechend den vier »Pausen nächtiger Weile«, die Ariel in Vers 4626 beruft, musikalische Gattungsbezeichnungen: »Serenade, Notturno, Matutino, Reveille«. Die rein musikalische Szene schließt mit einer in Strophe und Reim freier gegliederten ›Arie‹ Ariels. Darauf folgt Fausts Monolog in Terzinen, die, wenngleich Schumann auch sie vertont hat, von Goethe eher für die sprachliche Deklamation bestimmt sind.

Der real oder metaphorisch gesungenen Eingangsszene folgt die offenkundig als reine Schauspielszene konzipierte Staatsratsszene am Kaiserhof. Die anschließende »Mummenschanz« wiederum mischt Sprechmonologe und -dialoge mit solistischem und chorischem Wechselgesang, wobei sich im zweiten Teil der Szene die Grenzen zwischen musikalischer und sprachlicher Vor- und Darstellbarkeit wieder verwischen. Die weiteren Szenen des ersten Akts, gipfelnd in der Beschwörung von Paris und Helena vor Kaiser und Hof sind wiederum bloße Sprechszenen. Überhaupt verschwindet die Musik nach der Mummenschanz weithin aus der Dramaturgie des *Faust*. Die Szenen in Fausts einstigem Studierzimmer sind reines Schauspiel, und die »Klassische Walpurgisnacht« des zweiten Akts spielt sich, weitab von der abendländischen Musikerfahrung, auf antikem Boden ab. Freilich gibt es hier, abgesehen von der musikalischen Metaphorik der Dialoge, den Gesang der Sirenen und der sie »in derselben Melodie« parodierenden Sphinxe, den Chor der Nereiden, Tritonen und anderer mythologischer Ensembles bis hin zu dem gewaltigen Schlußchor, den »All Alle« anstimmen. Doch musikalisch vorstellbar ist all das kaum, da Goethe hier bewußt einen Gegenkosmos zur nordisch-romantisch-musikalischen Welt beschwört, dessen ›musiké‹ auch ganz anders tönte als das, was der moderne Mensch mit ›Musik‹ verbindet. Bezeichnenderweise hat sich kaum je ein Komponist an die Vertonung dieses mythologischen Kosmos gewagt. Schumanns *Faust*-Szenen etwa gehen gleich vom ersten zum fünften Akt des *Faust II* über.

Der dritte, der Helena-Akt freilich vertauscht als »klassisch-romantische Phantasmagorie« mit dem Schauplatzwechsel vom Palast des Menelas zur mittelalterlichen Burg Fausts Zug um Zug – und hochthematisch – das Formmodell der griechischen Tragödie gegen das der modernen Oper. Hinter diesem ›Paradigmenwechsel‹ steht die Grundidee Goethes und Schillers, daß die Musik ebenso die exemplarische Kunst der Moderne ist, wie die bildende Kunst ihren ästhetischen Schwerpunkt in der Antike gefunden hat. Die Gattungsgesetze der bildenden Kunst kongruieren demgemäß mehr mit der naiven oder klassischen, diejenigen der Musik eher mit der sentimentalischen oder romantischen Poesie. Schiller spricht in seinem Traktat *Über naive und sentimentalische Dichtung* von der »doppelten Verwandtschaft der Poesie mit der Tonkunst und mit der bildenden Kunst«. »Je nachdem nämlich die Poesie entweder einen bestimmtem *Gegenstand* nachahmt, wie die bildenden Künste, oder je nachdem sie, wie die Tonkunst, bloß einen bestimmten *Zustand des Gemüts* hervorbringt, ohne dazu eines bestimmten Gegenstandes nötig zu haben, kann sie bildend (*plastisch*) oder musikalisch genannt werden.«

Die modern-musikalische Poesie entsteht aus der Vermählung Fausts mit Helena. Mit der Geburt Euphorions wird auch die Musik im abendländischen Sinne geboren. »Ein reizendes, rein-melodisches Saitenspiel erklingt aus der Höhle. Alle merken auf und scheinen bald innig gerührt. Von hier an bis zur bemerkten Pause durchaus mit vollstimmiger Musik.« So die szenische Anweisung. Und nun der Appell der Phorkyas alias Mephisto an die – von einer ihnen bisher unbekannten Rührung erfaßten – antiken Zuhörer: »Höret allerliebste Klänge! / Macht euch schnell von Fabeln frei! / Eurer Götter alt Gemenge, / Laßt es hin! es ist vorbei.« Die Musik als neuer ›Mythos‹ antiquiert die antike Mythologie. »Niemand will euch mehr verstehen, / Fordern wir doch höhern Zoll: / Denn es muß von Herzen gehen, / Was auf Herzen wirken soll.« (»Von Herzen! Möge es wieder zu Herzen gehen«, hat Beethoven über das »Kyrie« im Autograph seiner *Missa solemnis* geschrieben.) Und wirklich bekennt der (antike) Chor, sich durch die Musik »zur Tränenlust erweicht« zu fühlen. Nicht allein die antike Götterwelt, auch die Tageswelt der sichtbaren Dinge stürzt in die Nachtwelt der Innerlichkeit zusammen. »Laß der Sonne Glanz verschwinden, / Wenn es in der Seele tagt: / Wir im eignen Herzen finden, / Was die ganze Welt versagt.«

Nun folgt der Auftritt Euphorions, des Genius der modernen musikalischen Poesie. Dieser ganze Auftritt ist in seiner Folge von ariosen Nummern, Duetten, Terzetten und Ensemble, unter Einbeziehung des Chors, unverkennbar als Opernszene gestaltet – schließend mit dem vierstrophigen Trauergesang des Chors, der die deutlich als solche abgegrenzte musikalische Szene beschließt. Diese endet also mit dem tödlichen Sturz Euphorions. Der spezifische musikalische Ausdruck des Todes ist nach einem Wort Beethovens – übrigens in einer Skizzennotiz zur *Egmont*-Musik – die Pause. Sie wird auch hier von Goethe mit höchstem tragischem Pathos eingesetzt: »Völlige Pause. Die Musik hört auf.« Während in einer Oper die Musik nach einer Generalpause, wie lang sie auch sein mag, wieder anheben muß, endet die musikalische Pause im Helena-Akt des *Faust* nicht. Die Musik verklingt endgültig, Helena und der Chor kehren zu ihrer antiken Gestaltlichkeit zurück, und Panthalis widmet der in ihren Augen nun glücklicherweise ›gestorbenen‹ Musik – »des Geklimpers vielverworrner Töne Rausch, / Das Ohr verwirrend, schlimmer noch den innern Sinn« (Vs. 9964 f.) – einen unfreundlichen Nachruf.

Den vierten Akt können wir als den – bis auf »kriegerische Musik« im Hintergrund – musiklosesten Aufzug des *Faust* hier übergehen. Erst im fünften Akt stellt sich mit dem singenden Lynkeus die Musik allmählich wieder ein. Die »Mitternacht«-Szene mit der Sorge – die erste nach »Anmutige Gegend« die Schumann aus dem *Faust II* vertont hat – nähert sich erneut der musikalischen Dramaturgie an, erst recht die folgenden Szenen mit Mephisto und den Lemuren und die Grablegung Fausts mit dem Chor der Engel. Die Finalszene (»Bergschluchten«) schließlich, in der Gesang als solcher freilich nirgends thematisiert wird, stellt sich weniger als Oper denn als metaphorisches Oratorium dar, über dessen musikalische Faszinationskraft hier nicht mehr geredet zu werden braucht.

Was Goethe in Erinnerung an den Mythos von Orpheus, der durch die Töne seiner Leier Häuser bildete, über die Architektur gesagt hat: sie sei »verstummte Tonkunst«, das ließe sich auch für weite Teile des *Faust* sagen. Wenn nicht verstummte, so ist er stumme Tonkunst. Das gilt nicht nur für seine Dramaturgie, sondern auch für seine Thematik und Symbolik. Aus dem dichten musikalischen Bildgeflecht des *Faust* seien hier wenigstens zwei Motivstränge hervorgehoben. Bereits die »Zueignung« stellt die folgende Dichtung rhapsodisch-epischer Tradition gemäß als »Gesänge« dar, als »Lied« und schreibt diesem eine kathartische Wirkung auf den Dichter selber zu: »Es schwebet nun in unbestimmten Tönen /

Mein lispelnd Lied, der Äolsharfe gleich, / Ein Schauer faßt mich, Träne folgt den Tränen, / Das strenge Herz, es fühlt sich mild und weich« (Vs. 27–30). Treffender ließe sich die Idee der Katharsis nicht in Verse fassen. Bekanntlich entstammt dieser griechische Begriff zwei Bereichen: einmal dem des Kults, in dem er die Reinigung und Läuterung von einer Befleckung bezeichnete, zum andern aus der Medizin, die ihn als Terminus für die Ausscheidung störender Substanzen verwendete. Katharsis bedeutet also Purifikation und Purgierung zugleich.

Im sechsten Kapitel seiner *Poetik* hat Aristoteles die Katharsis zum Angelpunkt seiner Tragödiendefinition gemacht, und in den Kapiteln 8,5–7 seiner *Politik* beschreibt er sie in aller Ausführlichkeit als spezifische Wirkung der Musik: als Heilung von Exaltationen, als Erleichterung, Entspannung, Entladung von negativen Affekten. Goethe hat freilich in seiner *Nachlese zu Aristoteles' Poetik* (1827) von der Bestimmung der Tragödie durch ihre »Wirkung« nichts wissen wollen, ja irrigerweise geleugnet, daß Aristoteles sie in seiner Definition der Tragödie überhaupt ins Auge gefaßt habe. Allerdings kann er nicht leugnen, daß jener in seiner *Politik* die Katharsis unmißverständlich als Wirkungskategorie versteht: »Aristoteles nämlich hatte in der Politik ausgesprochen: daß die Musik zu sittlichen Zwecken bei der Erziehung benutzt werden könnte, indem ja durch heilige Melodien die in den Orgien erst aufgeregten Gemüter wieder besänftigt würden und also auch wohl andere Leidenschaften dadurch könnten ins Gleichgewicht gebracht werden.«

Goethe selber hat die kathartische Wirkung der Musik häufig beschrieben, ja konkret an sich selber erfahren und beobachtet. Das bewegendste Beispiel ist sein Brief an Zelter vom 24. August 1823, in dem er beschreibt, wie sehr er – inmitten der Erschütterung durch die Liebe zu Ulrike von Levetzow – von den Konzerten der Sängerin Anna Milder Hauptmann und der Pianistin Maria Szymanowska im Innersten aufgewühlt worden ist: »Die ungeheure Gewalt der Musik auf mich in diesen Tagen! Die Stimme der Milder, das Klangreiche der Szymanowska [...] falten mich auseinander, wie man eine geballte Faust freundlich flach läßt.« Goethe hat Marie Szymanowska jene Strophen gewidmet, die er vier Jahre später zum dritten Teil seiner *Trilogie der Leidenschaft* machen und denen er den deutlich auf die aristotelische Katharsis anspielenden Titel »Aussöhnung« geben wird.

Da schwebt hervor Musik mit Engelschwingen,
Verflicht zu Millionen Tön' um Töne,
Des Menschen Wesen durch und durch zu dringen,
Zu überfüllen ihn mit ew'ger Schöne:
Das Auge netzt sich, fühlt im höhern Sehnen
Den Götter-Wert der Töne wie der Tränen.

Bewegt Goethe sich mit dieser Idee, die auch den Schlußakkord der »Zueignung« des *Faust* bildet, auf die antike Melotherapie zu, so weist der »Prolog im Himmel« auf eine ganz andere Traditionsbahn zurück. Bereits seine ersten Verse evozieren eine Urvorstellung der antik-abendländischen Musiktheorie: die

Idee der Sphärenharmonie, der musica mundana: »Die Sonne tönt, nach alter Weise / In Brudersphären Wettgesang«. Diese Musik des Makrokosmos, die Harmonie der Sphären, ist – wie die ihr in Boethius' Buch *De institutione musica* hierarchisch untergeordnete musica humana, die Musik des Mikrokosmos, die Harmonie des menschlichen Organismus – eine theoretische Musik, die weit über der eigentlich sinnlich-hörbaren Musik: der musica instrumentalis steht (zu der auch die Vokalmusik gehört). Erst im Verlauf des Mittelalters verwandelt sich die musica mundana in die musica angelica, welche auch die Erzengel in Goethes »Prolog« anstimmen. Als Gesang der Engel wird die musica mundana ebenso hörbar, wie sie in der Eingangsszene des *Faust II* – »Anmutige Gegend« –, die wie erwähnt das heidnische Pendant zum christlichen Prolog des *Faust I* bildet, den »Geistes-Ohren« vernehmbar wird, ja diese können den synästhetisch beschworenen Sphärenklang der Sonne – »Welch Getöse bringt das Licht!« – nicht ertragen, drohen zu ertauben, wenn sie sich nicht in Felsen und Büsche zurückziehen.

Die Idee der musica mundana prägt auch die berühmteste und tiefgründigste aller Äußerungen Goethes über die Musik, seine Huldigung an Bach in der Beilage zu seinem Brief an Zelter vom 21. Juni 1827. In Erinnerung an seine Bach-Exerzitien bei dem Organisten Schütz in Berka seit 1814 schreibt er: »Ich sprach mir's aus: als wenn die ewige Harmonie sich mit sich selbst unterhielte, wie sichs etwa in Gottes Busen, kurz vor der Weltschöpfung möchte zugetragen haben, so bewegte sich's auch in meinem Innern und es war mir als wenn ich weder Ohren, am wenigsten Augen und weiter keine übrigen Sinne besäße noch brauchte.« Eine für den Augen- und Sinnenmenschen Goethe höchst ungewöhnliche Äußerung. Wenn Goethe in seinem Brief sodann einen Abriß der Geschichte der Tonkunst in einem einzigen Satz bietet, sind die Stufen der Musikentwicklung zu erkennen, denen wir auch im Verlauf der *Faust*-Dramas begegnen: von jenem metaphorisch umschriebenen vorsinnlich-metaphysischen Zustand der Musik über ihre Entäußerung an die Sinne (»Schritt und Tanz, Gesang und Jauchzen«) und ihre Entwicklung von der Einstimmigkeit (»reine Kantilene«) zur Mehrstimmigkeit (»der harmonische Chor«) bis zu dem Punkt, da neuplatonischer Vorstellung gemäß »das entfaltete Ganze wieder nach seinem göttlichen Ursprung zurück« strebt – die geistige Bewegung auch der »Bergschluchten«-Szene. Die Musik wird gemäß dieser an Hegel gemahnenden Dialektik ihrer Entwicklung zum Alpha und Omega aller Kunst, ihr transzendentaler Grund, von dem aus zu verstehen ist, warum Goethe geneigt ist, sie jedem Kunstsinn beizugesellen – gewissermaßen als apriorische Bedingung der Möglichkeit aller Kunst, als Inbegriff der »universalia ante rem« im Sinne der musikalischen Philosophie Schopenhauers.

Das Faust-Drama beginnt mit der transzendenten musica mundana, durchmißt alle Möglichkeiten der Musik von ihren niedrigsten bis zu den höchsten, vom studentischen Saufgesang bis zur Engelsmusik, um in den »Bergschluchten« zu ihrer metaphysischen Uridee zurückzukehren. Sie bildet den metatragischen Rahmen der Faust-Tragödie. Ob als Ausdruck vulgärer oder sublimer Lebensfreude, als Katharsis oder als Sphärenmusik, immer evoziert Musik im *Faust* eine vor- oder übertragische Welt. Wenn aber das Tragische in ihr und durch sie nicht zu transzendieren ist, bricht sie ab, wie in der erschütternden Generalpause nach dem tödlichen Sturz Euphorions und der Nänie des Chors im letzten Teil des Helena-Akts.

Goethe hat wiederholt betont, so in seinem Brief an Zelter vom 31. Oktober 1831, er sei »nicht zum tragischen Dichter geboren«, da seine Natur zur Versöhnung neige; daher sei »der rein tragische Fall« ihm fremd, da dieser »eigentlich von Haus aus unversöhnlich sein« müsse. Auch die Tragödie *Faust* hebt sich in der Erlösung des Titelhelden selber auf. Das Kunstelement aber, in dem sich diese Aufhebung der Tragödie real oder metaphorisch vor allem vollzieht, ist die Musik. Sie ist, ähnlich der Komödie, das Element der Versöhnung, das Goethes Natur so sehr entspricht. Sein Wesen kongruiert so wahrhaft mit seiner eigenen Idee der Musik.

Dieter Borchmeyer

Zeittafel

ZEITTAFEL

1506 Erste zeitgenössische Erwähnung Fausts. Johannes Tritheim, Abt von Sponheim, begegnet Faust in einer Schenke bei Gelnhausen.

1536 Letzte zeitgenössische Erwähnung Fausts. Der Tübinger Professor Joachim Camerarius fragt bei einem Würzburger Ratsherrn an, was Faust über den Feldzug Karls V. gegen Franz I. in Italien prophezeite.

1587 Erster Druck des Volksbuches von Faust bei J. Spieß in Frankfurt.

1589 Marlowe verfaßt sein Faustdrama. Vermutlich im Herbst aufgeführt und verboten.

1594 30. September. Erste beglaubigte Aufführung von Marlowes Faust in London. Darsteller des Faust in London und berühmt in dieser Rolle: Edward Alleyn (1566–1626, hat in Deutschland gespielt 1592).

1599 Erster Druck des Volksbuches von Faust in der Bearbeitung von Georg Rudolf Widmann in Hamburg.

1604 Erster Druck von Marlowes: The Tragicall History of the Life and Death of Doctor Faustus.

1608 Erste beglaubigte Aufführung von Marlowes Faust als deutsches Volksschauspiel in Graz.

1626 Zweite bekannte Aufführung in Dresden.

1651 Aufführung belegt für Prag.

1661 Aufführung belegt für Hannover.

1666 Aufführung belegt für Lüneburg.

1668 Aufführung in Danzig. Inhaltsangabe im Tagebuch des Danziger Ratsherrn Georg Schröder.

1674 Erster Druck des Volksbuches von Faust in der Bearbeitung von Nikolaus Pfitzer, Arzt in Nürnberg.

1679 Aufführung belegt für München.

1688 Aufführung belegt für Bremen. Ältester erhaltener Theaterzettel.

1696 Aufführung belegt für Basel.

1725 Erster Druck des gekürzten Volksbuches in der Bearbeitung des »Christlich Meynenden«.

1746 Älteste datierbare Aufführung als Puppenspiel (Marionettenbühne) in Hamburg.

1768 Eine Faustaufführung in Frankfurt durch die Kurzsche Truppe.

1770 Eine Faustaufführung in Straßburg, durch die Illgnersche Truppe.

1772–1775 Entstehung des »Urfaust«.

1790 Druck von Goethes »Faust. Ein Fragment«, als 7. Band von Goethes Schriften, Leipzig, Göschen.

1808 Druck von Goethes »Faust. Eine Tragödie.«, als 8. Band von Goethes Werken, Tübingen, Cotta.

1810/12 Vorbereitungen Goethes, in Verbindung mit dem Weimarer, von Goethe besonders hochgeschätzten Schauspieler Pius Alexander Wolff, zu einer nicht ausgeführten Vorstellung des 1. Teils auf dem Theater in Weimar.

1819 Privataufführung einiger Szenen aus Faust I durch Schauspieler und Mitglieder der Preußischen Hofgesellschaft auf dem Theater in Schloß Monbijou in Berlin unter Leitung des Fürsten Radziwill, der eine eigene Musik für die Aufführung komponiert hatte; die Gesänge wurden durch Mitglieder der Zelterschen Singakademie vorgetragen.
    Faust: Pius Alexander Wolff
    Mephisto: Herzog Karl von Mecklenburg-Strelitz
                (Bruder der Königin Luise)
    Gretchen: Auguste Stich

1820 Aufführung einiger Szenen des Faust I durch das Breslauer Theater nach dem Berliner Vorbild.

1829 19. Januar. Erstaufführung des Faust I am Hoftheater in Braunschweig durch August Klingemann. Das Stück war so zusammengestrichen, daß im Grunde nur die Tragödie Gretchens gegeben ward.
    Faust: Eduard Schütz
    Mephisto: Heinrich Mahr
    Gretchen: Wilhelmine Berger

1829 8. Juni. Aufführung auf dem Hoftheater in Hannover.
27. August. Aufführung in Frankfurt.
27. August. Aufführung in Dresden, in der Bearbeitung durch Ludwig Tieck.
28. August. Aufführung in Leipzig, in der Bearbeitung durch Ludwig Tieck.
28. August. Aufführung in Weimar. Goethe erschien nicht im Theater; daß er Leseproben gehalten, hat Laroche erfunden, um seinem unzulänglichen Mephisto Autorität zu schaffen.
    Faust: A. Durand   Mephisto: Karl Laroche
    Gretchen: Karoline Lortzing

1832 Erster Druck des 2. Teiles, als Bd. I von Goethes Nachgelassenen Werken, Tübingen, Cotta.

1849 Aufführung von Teilen des 1., 2. und 3. Aktes aus Faust II als »Der Raub der Helena« durch Gutzkow in Dresden.

1854 Erste, auf ein Fünftel zusammengestrichene Aufführung des 2. Teiles in Hamburg.

1856 Aufführung der Eckermannschen Bearbeitung des 1. Aktes des 2. Teiles als »Faust am Hofe des Kaisers« am Hoftheater in Weimar.

1876 Erste Aufführung des 1. und 2. Teiles durch Otto Devrient unter Benutzung der sogenannten Mysterienbühne auf dem Hoftheater in Weimar.

1887 Entdeckung des »Urfaust« durch Erich Schmidt im Göchhausenschen Nachlaß zu Dresden.

Inhalt

Faust. Frühe Fassung (Urfaust) 5

Faust. Ein Fragment 65

Faust. Eine Tragödie 137
   Zueignung 139
   Vorspiel auf dem Theater 141
   Prolog im Himmel 147
   Der Tragödie Erster Teil 151
   Der Tragödie Zweiter Teil 287

Paralipomena 525
   I. Schlußgedichte 527
   II. Die Helena-Dichtung des Jahres 1800 529
   III. Schematische Übersicht der ganzen Dichtung 537
   IV. Zum Vorspiel auf dem Theater 538
   V. Zum Ersten Teil 540
   VI. Zum Zweiten Teil 557
   VII. Zweifelhaftes 638
   VIII. Änderungen und Zusätze 639

Äußerungen Goethes über den Faust 649

Anhang

Anmerkungen 693
   Entstehung und Quellen 693
   Zur Überlieferungslage 698
   Zu Editionsgeschichte und Textgestalt 699
   Zum Stellenkommentar 702
   Urfaust 703
   Faust. Eine Tragödie 706
   Der Tragödie Zweiter Teil 720
   Paralipomena 744

Nachwort 759
  Théâtre imaginaire 761
  Fausts Wege vom 16. bis 20. Jahrhundert 764
  Goethes Arbeit am Faust-Mythos 767
  Stationen des Faust-Dramas 770
  Göttliche und menschliche Komödie 785
  Heimliche Oper 804

Zeittafel 817